税务稽查实务轻松入门

Easy Introduction to the Practice of Tax Inspection

梁晶晶 编著

中国财经出版传媒集团
中国财政经济出版社

图书在版编目（CIP）数据

税务稽查实务轻松入门／梁晶晶编著．-- 北京：中国财政经济出版社，2022.12（2025.3重印）
ISBN 978-7-5223-1741-0

Ⅰ.①税… Ⅱ.①梁… Ⅲ.①税务稽查－中国 Ⅳ.①F812.423

中国版本图书馆CIP数据核字（2022）第200931号

责任编辑：陈志伟　　责任印制：史大鹏
封面设计：卜建辰　　责任校对：徐艳丽

税务稽查实务轻松入门
SHUIWU JICHA SHIWU QINGSONG RUMEN

中国财政经济出版社 出版

URL：http://www.cfeph.cn
E-mail：cfeph@cfeph.cn

社址：北京市海淀区阜成路甲28号　邮政编码：100142
营销中心电话：010-88191522
天猫网店：中国财政经济出版社旗舰店
网址：https://zgczjjcbs.tmall.com
北京中兴印刷有限公司印刷　各地新华书店经销
成品尺寸：185mm×260mm　16开　35.75印张　663 000字
2022年12月第1版　2025年3月北京第3次印刷
定价：98.00元
ISBN 978-7-5223-1741-0
（图书出现印装问题，本社负责调换，电话：010-88190548）
本社质量投诉电话：010-88190744

F o r e w o r d

自序

这是一本什么书?

这是一本关于税法的书。

税法，纷繁复杂，头绪众多；横看成岭侧成峰，不同的人会看到不一样的风景。那么，这本书是从哪个角度看税法呢?

这本书，是以税务稽查人的视角看税法!

税务稽查，有两大系列知识，一是程序证据文书方面，二是税收政策实务方面，这本书关注的是哪方面内容呢?

这本书关注的是税收政策实务。

税务稽查中需要了解的税收政策，涉及全行业、全税种，一本书能涵盖稽查所有涉及的税收政策吗?

当然不能。这本书讲述了一些稽查工作中重要的、常见的税收政策和具体问题，让大家对税务稽查工作快速了解和入手。就如同汉字大约有十万个，但普通人一般只需要掌握两三千个常用汉字，即可无障碍阅读写作。本书约等于税务稽查入门中的五百个汉字吧。

不是税务稽查人员，有必要看这本书吗?

只要是对税法感兴趣的人，看看都无妨，开卷有益，可能会带给你不一样的视角和思路。

这本书采用了什么形式?

这本书并没有采用教材的形式，而是采用随笔的形式。确切来说，这是一本税收政策学习笔记的合集，独立成篇，又有机结合。这些笔记，有些是某个特定问题的政策整理，有些是税务咨询中的一问一答，有些是对官方答疑的简评理解，还有一些是对法院判决书的感悟体会。形式虽然各不相同，但共同点是，这些都是在税务稽查工作中会遇到的问题。

为什么会想到写这么一本书?

工作中，曾有一些年轻人对我说，虽然他们也考了各类专业证书，但是面对繁杂的税收政策，千变万化的涉税实务，依然感觉无从下手。这样的迷茫，也曾困扰我多年，所幸在不断的学习摸索中，逐渐走出了山重水复的沮丧，迎来了柳暗花明的豁然。这本书其实是记录了我多年学习工作的感受和体会，希望它能像一个导游，带领大家初步领略一下税法的全貌，之后每个人可以根据自己的兴趣，选择关注特定领域的特有风景。

通常来说，专业书籍遵循的第一原则是规范准确，而本书遵循的第一原则是通俗易懂，便于理解，所以在表述上的规范性、准确性方面，就会有些弱化。另外，由于书中提到的一些问题并没有明确的政策规定，或者是对同样的规定各地理解不一，对这些问题，我只是整理出了相关规定和官方回复，并提出自己的观点，本书中的政策整理不能确保无遗漏，所提及的只是个人观点，不代表任何机构的意见，仅作参考交流之用。

文章所涉及的税收政策，一般均截至写文章之时，之所以不是截至出版之日，是因为最新的税收政策，如果只是通过书籍来获取是非常滞后的，当对特定业务具备了需要缴税的认识和理解，后续更新政策并不是一件难事。我写本书的目的，除了讲述一些基本的税法知识，更多是想给大家呈现一个税法学习者一路走来的学习思考和体会，每一篇文章都像是过去学习的一张老照片，希望大家能通过观看一张张这样的老照片，逐步形成自己的学习方法，不断总结自己的学习体会，这才是最重要的。

在我写作过程中，许多老师给我提出了指导建议，让我受益匪浅。在此感谢安履承、陈晓黎、陈志坚、姜新录、姜伟、蒋玉芳、惠丽、何成实、何广涛、李欣、刘海湘、牛戈、吴天如、吴健、严颖、杨泳、王骏、王镇、王明世、王三石、于文魁、张亮等老师。另外，还有许多通过留言提出建设性意见的网友，人数太多，难以一一列举，在此一并致谢！

在本书的成书过程中，感谢严颖不断地鼓励和督促，感谢中国财政经济出版社商业出版中心尉敏主任的各种建设性意见。尤其要特别感谢我的家人们，正是因为他们始终如一地关心我、支持我，让我充分感受到了爱与理解，我所做的一切，才变得更有意义。

梁晶晶

2022 年 3 月 26 日

C o n t e n t s **目录**

第一篇　学税心理建设

第二篇　税收政策学习

第一篇　学税心理建设

第一章
财税学习感悟

001　从事财税工作，后悔吗？

高考填报志愿的期间，周围好几个朋友家的孩子都参加了高考，讨论学什么专业成了大家见面聊天时的一个热门话题。

朋友说，在备选的三个专业（会计、法律、汉语言文学）中，孩子和父母意见不统一。父母想让孩子学会计或法律，孩子自己想学汉语言文学。

我听后忍不住感叹，一年又一年，剧本是如此相似，只不过是换了一拨又一拨演员。

二十多年前，我也曾面对过相同的剧情，我想学汉语言文学，父母想让我学会计。还记得自己当年在日记中愤愤不平地写道：学了会计今后会是什么样子？可以想象，就是一个老气横秋的账房先生的模样，而学中文将会是什么样？既有“孤标傲世偕谁隐”的风骨，又有“口齿噙香对月吟”的风采，学习不同的专业，今后的人生将是云泥之别，我怎么可能去学会计？

那个时候的我，一心向往的是文学，根本不会去考虑就业挣钱这些现实俗事。

但事实证明，年轻人还是不要轻易立“小目标”，容易打脸。

我忘记自己怎样被当过多年班主任老师的母亲说服，实力相差太悬殊，最终的结果是，我听从了家长的意见，学了会计。

没有遵从自己的心意，选择了自己最不喜欢的会计。我以为以这样的专业选择开端，必将会对应一段乏味的人生。

但事实上，很多事情，不喜欢也许只是因为你对它不了解。

学了会计之后，我才发现，会计真的是人类智慧的结晶，它是用一种简洁科学的语言，去描述一个经济实体方方面面的信息。通过学习，感觉自己似乎拥有了一双透视的眼睛，能知晓财务报表中每一个数字背后的意义，迅速了解企业的现状，并作出合理的分析和预判，当然，这一切建立在数据真实的基础上。以前一直认为，与钱打交道太俗气，我学了会计之后才发现，直面现实生活的烟火气，才会让人心里感觉踏实。因此，我喜欢上了会计。

从事会计工作十多年，每个月平账出报表，我都会忍不住欣赏和分析一番，充分去领略它的美妙。我喜欢上了会计，是欣赏它的平衡之美，精确之美，规则之美。

尽管领会了会计之美，但我并没有去企业从事会计工作，而是从事了税务工作，会计和税法看似孪生兄弟，但其实给人感觉大不相同。税法是杂乱的、破碎的、矛盾的，所以工作后有若干年，我从心底是厌烦税法的，只能是确保完成工作，而不愿意为它多付出一分气力。

但是某一天，我忽然意识到，我不应该让自己一直处于这样的消极状态中，如果一个人因各种原因，无法改变自身环境的时候，所能做的只有一件事情，那就是改变自己的心态。

税法虽然杂乱，但如果换个心态，比如像抱着读红楼梦那样的心态去读它，通过自己的研读，去找到一些以往大家不曾注意的角度，遇到未明确的问题，在法条和文件中寻找相关依据进行合理判断。税法，会让你生命中的每一天都充满不确定的惊喜和发现。

心态一变，天地一新。

虽然每天依然是上班签到、下班回家，虽然每天做的事情和以往并无二致。但只是因为变换了一下自己的观念，生活，似乎丰富有趣了许多。唯一有些愧疚的是，自从我开始专注税法，对会计就没有那么喜欢了，好在它不是人，不会责怪我的移情别恋，于是释然。

美好的生活，真的是在别处吗？不是，我觉得是在内心深处。独立的人生，从一个并不满意的专业、并不喜欢的工作开始，但通过努力，依然可以收获一段满含喜悦的生活。

写下这些，是想和那些准备选择专业、犹豫不定的年轻人说两句过来人的感受：

一是兴趣是会改变的，没有选择自己的兴趣并不是一件天大的事情。

二是我们不知道自己的选择正确与否，但只要通过自己的努力，就可以让过去所有的选择都变得正确。

002　学习税法，心态很重要

税法最大的特点是什么？杂乱，混乱，剪不断，理还乱。税收政策因不断变动，很容易让人产生“学了要改变，学了会作废，不如不学”的抵触感，这种抵触感是影响大家坚持学下去的最大阻力。很多时候，学税的人会越学心中越恼火，把书一合，长叹一声，我为什么要给自己添堵！

如果你有这样的感受，相信我，你并不孤单。

我一直认为，学习税法，最重要的不是其他，而是心理建设。

我参加工作后，有很多年其实是很讨厌税法的，觉得它一直变来变去的招人嫌。怀着这样一种心态去看税法的时候，简直就是相看两厌，根本学不进去。即使是学，也只是为了应付各类考试，考完后就将其束之高阁。当我回望的时候才发现，正是这种抵触的心理，导致了自己许多年虽然一直在学，但真的没有太大长进。

仔细想想，这个世界上，有什么东西是不变的？没有。如果非要说有，唯一不变的就是一直变化。变是正常的，是永恒的，不要畏惧变化，需要畏惧的是我们无法适应变化。微笑面对它，适应它，这是我们面对这个飞速变化世界的唯一生存之道。

我们首先要解决一个问题，为什么要学税法？

如果有人说出于天生的爱好，我会持怀疑态度。我相信有人会出于爱好去唱歌、跳舞、画画，毕竟这些都是艺术，有内在的美感在召唤内心。但出于爱好学税法，真不是一般心性可以达到的。

对我来说，学习税法是因为这是工作，相信对很多人也是如此，去学习税法的主要原因是“工作需要”。所以，“是否要学好税法”这个问题就变成了：是否要做好自己的工作？

工作的目的是什么？很多人觉得是为了挣钱。这确实是主要原因，但不应该成为唯一原因。

我一直觉得，人和工作是相互需要的，工作需要人去做，人不能也不应该离开工作。只有在工作中，我们需要去思考、去琢磨，才能让我们的大脑始终保持活跃状态，只有通过做成的事情，才能让我们获得成就感。

曾经看到过一个报道，一个一夜暴富的人，什么都不需要做了，每日只需要吃喝玩乐，无所事事，时间一长便觉得无聊，通过赌博寻求刺激，最终家财散尽，穷困潦倒。

这样的新闻并不罕见，无须做事并不是人生的幸运，而是另一种磨难。我们每个人都需要通过做事情来感知生命，感受生活。

当然，我也不赞成“996”“007”的工作，那对身体是一种摧残，终日在疲惫中奔波，心灵得不到任何滋养。

人生最大的倦怠，来自目标感的丧失。理想的工作状态是指，根据自己的处境，确定自己现阶段的目标，每天向着目标一点点靠近，发自内心去工作。如果你选择的目标，刚好就是把税法搞明白或者成为税法某个领域的专家，学习税法就不再是一件让人厌烦的事情了。因为你知道，即使路途遥远，但心存希冀，一步步走，总有到达的一天，日子就会变得充实而平和。

当思想挣脱了羁绊后，我才终于走出了税法学习的困顿。

从此，看待税法，不再厌烦，不再焦虑，不再急躁，而是以一种更积极平和的心态去面对。每天习惯性地上网看看，有什么新政策、新规定，和之前的规定有什么不同，对新出台的税收政策，尽量去理解它出台的背景。没有无缘无故的政策，知道了原因，也许就不会对它有厌烦之心。对于税收政策中的漏洞，作为纳税人，发现了可以考虑能否加以利用；作为税务人员，可以考虑怎么才可能预防漏洞。甚至，对于一些特别“弯弯绕”的规定，我也会很有兴趣地去追本溯源，就像琢磨红楼梦中伏脉千里的情节。

人的一生，不过是一场不足百年的游戏；但在这个人数众多的游戏空间中，建造一座属于自己的城池，是一件很有意义的事情。建造的过程虽辛苦，但竣工的时候会让你感觉一切都是值得的。

需要注意的是，不要把学习范围限定在自己工作的一亩三分地，不要说我只是负责成本核算，只要知道发票真伪如何判断、增值税进项税如何计算就可以了，其他一概不学。而是要以自己的岗位为圆心，不断扩大自己的能力圈。如果说，每一个知识点是一块砖，砖太少则不足以建造城池。

税法虐我千百遍，我待税法如初恋。只有保持良好心态，我们才能一步步心平气和地走下去。

003　学习税法的五个建议

常有一些网友留言问我是如何学习税法的，其实我觉得自己并没有资格来回答这个问题，如果说税法是一座山，我最多是行至半山腰，距离山顶还路途漫漫。但近日余暇，我又想到这个问题，如果自己的半程感受能给初学者一点启发，让他们少走一些弯路，那么写下来也是值得的。

有心学习税法的人，应该都是从事与税相关的工作，比如企业的会计人员、税务中介、税务干部、税校老师、税务律师、经侦人员等。如果不是相关从业人员，对于税法就随便看看得了，不必深究找虐。

第一步，考个税务师，快速入门。

学习税法，先考一个税务师证书，是一个快速入门的办法。税务师考试内容是以税为中心设置的，通过考试，会促进大家在短时间内进行反复大量的记忆，有助于大家建立一个对税法的全面认知和大概轮廓。而注册会计师考试，重心不在“税”上，不适合作为入门考试。

但考试只是手段，不是结果。通过考试并不意味着到达了目的地，而只能说明你看清了自己将要面对的战场的地形地貌。如同过去有一款叫帝国时代的游戏，游戏一开始，是你单枪匹马出现在一片漆黑的背景中，你只有通过不断地奔跑探索，周围地形才能显现。只有看清地形地貌后，才能找到对自己有用的资源，开始积累准备升级。

令很多网友感到困扰的是，有时候即使通过了考试，但在实际中遇到问题依然感觉难以下手，想学习，但不知道该如何学。因为税法以其纷繁复杂的规定，变幻莫测的身影，令所有财税从业人员疲惫不堪，疲于奔命。

需要清楚的是，提升工作能力的学习是一种开放的、个性化的学习，和考试中有明确的考试重点是完全不同的，并没有一本通用的教材告诉你应该怎么做。税法之深之广，即使我学了十几年，也觉得自己不过是初窥门道，还有太长的路要走。

第二步，搭建个性化的知识框架。

高楼大厦由钢筋混凝土建造，但钢筋混凝土的无序摆放肯定不是高楼。它们的区别在于，是否搭建了一个框架。

在各类考试中，每一本书都有章节目录，这是一个框架。但在实践中，为什么我们即使已经很了解书本内容了，但遇到一些问题依然会感到无从下手？那是因为，书本搭建的这个框架不够全面，容纳不了这些问题。

考试书本中的内容通常都是纵向的，分税种一个个逐步讲解如何计算、如何缴纳。但实践中还会遇到好些问题是横向的，例如某一个具体业务会涉及哪些税种，各税种互相之间有什么影响等。所以，我们在书本构建的纵向体系之外，需要再建立一个横向的体系，以容纳这些问题。

另外，每个人工作角度不同，看问题的重点也不同。对企业财务人员来说，考虑更多的是如何避税、如何进行税收筹划、如何降低企业税收风险；从税务机关的角度来讲，考虑更多的是如何征税、如何查账、如何降低执法风险。即使同样的业务，在税务机关和企业财务人员眼中，关注点是不一样的，税法也就越发扑朔迷离了。

这个体系，可以借助思维导图，由大到小，逐级推进。也可以用电脑中的文件夹，层层嵌套，形成一个属于自己的个性化的知识框架结构。

搭建好框架后，对于我们每天所接触学习到的税法内容，要思考其属于横向的知识还是纵向的知识，这是征纳双方哪个角度的知识，通过不断总结、归纳，一点点充实自己的存储量，清扫框架中的知识盲区，这座关于税法的知识大厦就在你的脑海中一点点地搭建起来了。

第三步，日积月累，建立体系。

罗马不是一天建成的，一切知识都是积累。

每天工作涉及的问题，网上遇到的问题，自己深入思考掌握后，要尝试着搭建自己的税法体系，不管是通过思维导图的方式，还是其他更合适自己的方法，不断构建一个体系，知识唯有体系化才能成为解决问题的利器。

每一个问题都是多维的、相互关联的，而不是片面的、单纯的。在考试中，我们经常看到一些考题，会写一个附加条件，“不考虑其他税种或其他因素”。这样的学习方式是为了让人聚焦关键点。但在实践中，我们遇到的问题不会这么简单化，而是需要考虑所有税种、所有的相关因素。每一个问题都是牵一发而动全身，判断它会触发哪些规定，唯有掌握税法体系才能快速判断解决，而知识体系化唯有通过学习—实践—思考—积累，不断循环往复才能获得。

第四步，独立思考，学会提问。

很多网友一遇到涉税问题，第一反应就是问。勤学好问，这四个字总连在一起，让人误以为只要不停地问，就是好学的表现。

其实不然，问应该是在自己反复思考、反复查找政策的前提下，思而不得再去问，缺少了思考的过程，问再多都是过眼烟云，起不到提高自身解决问题能力的效果。

所以提问的时候，最好能把自己查找的政策，或经过自己思考后的困惑写出来，这样的问题才是一个好的问题。而这时收到的答复，你才会记忆深刻，才能成为自己深入领会的一个知识点。

第五步，以输出倒逼输入。

在工作中学习的特点是，因为没有一个必须参加的考试逼迫你，所以人们很容易陷入懈怠。而通过讲课或写文章这样一个自我加压的输出方式，会促使自己因此一步步往前走，因为输出，必然需要输入，必须用心去揣摩。

在这个自媒体发达的互联网时代，每个人都可以找一种合适的方式来阐述自己的看法和观点。即使不愿意去讲，不愿意公开写文章，哪怕只是写给自己看，哪怕一天只写三五百字也是好的，因为写作绝对是锻炼思维的不二法门。

在我写微信公众号将近五年的时间中，确确实实感受到，自己原先有很多不求甚解的地方，因写文章反复琢磨而豁然开朗，从而获得了进一步的提升。

当然，也有一些文章，发出来之后就被细心的网友指出错误，这时候，我要么删掉修改后重发，要么在留言中说明。我一直非常庆幸有这样一个平台，能让我迅速认识到自己的不足，避免在浑然不觉中走入歧途。

有些人担心写错会招来嘲笑，其实很少，即使有，这些也不过是过眼烟云。只要我们始终怀着“不求优于别人，只求优于过去的自己”的心态，就可以在自我提升这条路上走得坦坦荡荡，无惧风雨。

004　一个例子告诉您，什么是系统化的税务知识

学习税法，很重要的一步是要建立自己的知识体系。也就是说，要一点点地把碎片化的知识，通过分析、思考、整理，使之成为系统化的知识。

但什么是碎片化？什么是系统化？有些朋友表示似懂非懂，不太能理解。在这里我不作理论阐述，举个例子来说明一下。

在税法考试中，你可能会遇到类似这样的题目：

张某出租了一套住房，一年租金50万元，请问张某应缴纳多少个人所得税？（不考虑其他税费）

这样的问题，显而易见是想考查大家是否知道出租住房的个人所得税税率是10%。

所以，你只需要回答，张某应缴纳个人所得税＝50万元×（1－20%）×10%＝4万元。

回答正确，恭喜您！掌握了一个税法知识点。

这是一个碎片化的知识，不是说它没用，而是说只掌握它远远不够用！

这样一个看似简单的问题，如果放在实务工作中，需要考虑哪些政策呢？

例如，某稽查局2019年7月接到举报信，举报信称张某将自家修建的临街的二层小楼出租给其他个体商户用于经营，每年租金50万元，从2008年建成后到现在，未曾申报缴纳过税款。当月，稽查局立案检查，请问如果你是检查人员，需要考虑哪些问题或相关政策呢？

实务工作中需要考虑的内容如下：

1. 自家修建的二层小楼，用于商业，应该按住房征税还是商铺征税？这需要对房屋的属性作进一步调查，有相关证据后才能确定。

2. 征税的时候，确认一下当地是否有房屋出租综合征收率的规定。这就是税法书和实务中的差异，书中很少告诉你出租房屋有综合征收率，但实务中很多地方都有。

3. 对于张某未缴税款的行为，要根据取得的证据，判定其属于偷税还是不缴少缴税款的行为。偷税是无限期追征，不缴少缴税款是3年到5年。

4. 如果确定追征期是从发现之日起追5年，需要考虑发现之日是以哪个时间来判定。

假设当地没有综合征收率，且发现张某的房屋一半为住房，另一半属于私自加盖的，不能认定为住房，根据其用途确定为商业用房。对上述出租行为涉及的税款，需要将5年（2014年7月—2019年6月）涉及的相关税种逐一考虑，包括但不限于以下政策：

（1）出租住房（财税〔2008〕24号）。对个人出租住房，不区分用途，在3%税率的基础上减半征收营业税，按4%的税率征收房产税，免征城镇土地使用税。租赁合同免征印花税。对个人出租住房取得的所得减按10%税率征收个人所得税。

（2）财税〔2016〕36号附件2《营业税改征增值税试点有关事项的规定》第一条第九款第六项规定，个人出租住房，应按照5%的征收率减按1.5%计算应纳税额。

（3）如果出租的是商铺，不享受上述优惠规定，应该按照5%缴纳营业税或增值税，按照12%缴纳房产税，根据土地等级缴纳土地使用税，按照1‰缴纳印花税，按照20%缴纳个人所得税。

（4）国家税务总局公告2016年第23号。其他个人（指自然人）采取预收款形式出租不动产，取得的预收租金收入，可在预收款对应的租赁期内平均分摊，分摊后的月租金收入不超过3万元的，可享受小微企业免征增值税优惠政策。该规定自2016年5月1日起施行。

（5）国家税务总局公告2019年第4号。其他个人，采取一次性收取租金形式出租不动产取得的租金收入，可在对应的租赁期内平均分摊，分摊后的月租金收入未超过10万元的，免征增值税。该规定自2019年1月1日起施行。

（6）国税函〔2009〕639号第三条。有关财产租赁所得个人所得税前扣除税费的扣除次序调整为：（一）财产租赁过程中缴纳的税费；（二）向出租方支付的租金；（三）由纳税人负担的租赁财产实际开支的修缮费用；（四）税法规定的费用扣除标准。

（7）财税〔2019〕13号。增值税小规模纳税人可以在50%的税额幅度内减征资源税、城市维护建设税、房产税、城镇土地使用税、印花税（不含证券交易印花税）、耕地占用税和教育费附加、地方教育附加。该规定执行期限为2019年1月1日至2021年12月31日。

5. 未自行申报的个人所得税，责任在扣缴义务人还是纳税人？是否处以罚款，是否加收滞纳金？

6. 一次性收取房租，房产税的纳税义务发生时间，当地是否有明确规定？以此来确定滞纳金加收时间。

……

上述规定或问题如果详细阐述，就偏离了本文的主题，所以仅简单罗列在此。

举这样一个例子，就是想说明，当一个经济事项发生时，它所涉及的历年的税收政策以及征收管理规定、全国统一的政策和当地规定，都需要通盘考虑，每少考虑一个步骤，都可能会导致计算结果偏离正确的结果。

不知道是否该庆幸，实务工作不是考试，所以并没有标准答案。即使算错了，对纳税人到底是更有利还是不利，也很难说清。只能说，税企双方通过互相博弈，会无限接近正确的结果。

系统化的知识就是这样，它不是一个封闭的状态，而是一个随着新政策的出台不断生长的系统，每一个政策都是一个孤立的点，但通过学习思考，你需要把它串成一条线，结成一个网，网中的每一个结点一旦被触发，牵一发而动全身，能让你想到所有相关联的规定。

结网的过程就是你把碎片化知识一步步系统化的过程，每个人的工作范围不一样，织的网也不同，这个过程无人能代替，只能自己一点点抽丝剥茧，让它慢慢生长。

005 如何有效地进行税务咨询？

某天，有个朋友打电话过来问，说他们公司给股东的股息分红，是否需要扣缴税款？我问股东是个人还是公司，他说是公司。我又问，投资时间是否超过了 12 个月，他说超过了。按照《企业所得税法》的规定，这项投资收益免征企业所得税。

不过我有些不放心，说你要不拿着相关资料到我办公室来一趟，咱们仔细了解一下情况。等拿来资料，我看后才发现他们公司的股东原来是一家德国公司，属于非居民企业。这种情况就不属于免税收益了，而应该扣缴预提所得税了。

这个事情让我很有感触，税务中征税免税是有很多限定性条件的，而纳税人在咨询的时候，通常并不知道哪些条件会触发政策规定，所以他们的问题会简化很多，会缺少很多关键因素，而这些关键因素是否存在，会导致答案大相径庭。

这也就是很多网站上咨询，经常会看到答案最后有一句话，具体请咨询当地主管税务机关。这固然与政策没有细化明朗有关，同时也因为纳税人网上提问相对简单，而无法给出准确的判断。

所以，最准确的方式，还是拿着合同、账簿凭证等原始资料，找个业务靠谱的税务人员帮你判断。因为获得答案固然不容易，但如何从实际经营业务中提炼出关键因素进行提问，更不容易。提问是个技术活，需要不断学习才能准确把握问题的关键点，从而进行有效的税务咨询。

第二篇 税收政策学习

第二章
增值税

006　增值税规定中的“境内”是什么意思?

“在中华人民共和国境内销售货物或者加工、修理修配劳务（以下简称“劳务”），销售服务、无形资产、不动产以及进口货物的单位和个人，为增值税的纳税人，应当依照本条例缴纳增值税。”

这是增值税暂行条例第一条，它明确了征税范围，可以看出，增值税涵盖了境内销售货物、劳务、服务、无形资产、不动产以及进口货物。基本上只要发生了销售行为，不论是什么形态，都要征收增值税。当然也有一些特殊项目不征收增值税，这个我们以后再了解，我们先着重看一下条例中规定的“境内”是什么意思?

什么是境内呢?可以从“物”和“人”两个方面去把握。如果销售的对象是我国境内的不可移动的“物”，那肯定属于境内行为。比如出租或销售境内不动产，销售境内的自然资源的使用权。

如果没有一个不可移动的参照“物”，那就从“人”的方面去把握（这里的人是购销主体的意思，不是指个人），只要销售方或购买方属于境内的单位或个人，那么这个交易就属于境内。

但是这样规定，包含的范围太广了。比如说中国一个企业去美国办事，在美国酒店中住宿、吃饭、消费。按照上面的规定，因为购买方是我国境内的企业，所以这个美国酒店需要向我国缴纳增值税。这样征税既不可能又不现实。

因此，对于需要从“人”的方面把握的交易，税法给出了三个排除项目，那就是如果境外人向境内人销售完全在境外发生的服务、无形资产、出租完全在境外使用的有形动产，那不属于我们国家的增值税征税范围。这样一来，就把上述所说的中国人在美国住宿、吃饭等这类交易，排除在征税范围之外了。

再比如，中国一个企业购买了美国广告公司的广告服务，如果这个广告是在美国播放，那就符合排除项目中规定的情形，不属于我国的增值税征税范围；如果是在中国播放，这个服务就不是完全发生在境外了，不符合排除项目中规定的情形，属于境内服务。对于美国广告公司收取的广告费就属于增值税应税范围，支付款项的中国企业就需要扣缴美国广告公司的增值税。

总结：

增值税征税范围中“境内”的把握原则，如果销售或出租对象是不能移动的“物”，就看“物”是否在境内。

没有参照“物”，就看交易“人”，“人”只要有一方在中国境内就属于征税范围，但是需要排除三种特例。

■ **政策依据**

《财政部 国家税务总局关于全面推开营业税改征增值税试点的通知》（财税〔2016〕36 号）附件 1 第十二条、第十三条。

007　增值税的纳税人包括哪些？

当我们开始学增值税时，首先会看到增值税暂行条例第一条。

《中华人民共和国增值税暂行条例》第一条规定：“在中华人民共和国境内销售货物或者加工、修理修配劳务，销售服务、无形资产、不动产以及进口货物的单位和个人，为增值税的纳税人，应当依照本条例缴纳增值税。”

在这条规定中，我们可以看到增值税的纳税人包括两类，一类是单位，另一类是个人。单位和个人是什么意思呢？我问过一些朋友，有人说当然是企业和自然人，也有人说是法人和自然人。但实际上并非如此。

根据《中华人民共和国增值税暂行条例实施细则》第九条：单位，是指企业、行政单位、事业单位、军事单位、社会团体及其他单位。

我们可以看到，税收法条在这里并没有对单位给出一个明确的定义，而是通过列举的方式，告诉我们哪些属于单位。通过这些列举，我们可以看到，企业是单位的一个类型，单位是一个大于企业的概念。我们知道企业是有法人和非法人两种形式的，所以单位的范围更是大于法人的，不能和法人画等号。正确的理解应该是，不论是否具备法人资格，不论是否是一个经营实体，只要是一个社会性的组织，就可以称为是一个单位。

同样根据《中华人民共和国增值税暂行条例实施细则》第九条：个人，是指个体工商户和其他个人。其他个人是什么呢？国税函〔2010〕139 号中有进一步的解释，“其他个人就是自然人”。也就是说，增值税中的“个人”包括了个体工商户和自然人。可见增值税中的个人是一个大于自然人的概念。

到这里，我们就明确了，增值税纳税人有两类，单位和个人。单位是一种社会组织，这个社会组织的概念是包含法人的；个人也有两类，一类是个体工商户，另一类是自然人。

有人说，区别这个有意义吗？反正不管是什么身份都需要缴税。当然是有意义的。清晰而正确的概念是学习税法的基石，只有每个概念都吃透了，才能在纷繁复杂的税法中，准确理解税法的规定。

所以，真正学会增值税暂行条例的第一条，就可以一网打尽如下问题：比如我们是行政单位，我们是学校，我们是村委会，或者说我们不是法人，我是自然人，又或者说，我是外国人，我是非居民企业，难道还需要缴增值税？正确的回答是，只要是在我国境内发生了增值税的应税行为，上述身份都是需要缴增值税的。

008　增值税的一般纳税人和小规模纳税人如何划分？

我们知道，增值税的纳税人根据管理的需要分为两类，一类是小规模纳税人，另一类是一般纳税人。小规模纳税人计算增值税的时候不抵扣进项税，一般纳税人则是需要计算销项，抵扣进项。这两种类型纳税人是如何划分的呢？

我们先把“单位和个人”进一步细分为：常规企业、不经常发生应税行为的企业、非企业单位、个体工商户、自然人。再分别看如何划分一般纳税人和小规模纳税人。

对于常规企业和个体工商户来说，通常是根据年销售额来划分的。

根据财税〔2018〕33号规定，从2018年5月1日起，增值税小规模纳税人标准为年应征增值税销售额500万元及以下。超过该标准是一般纳税人，不达是小规模纳税人。这是硬性规定，不可选择。

当然，如果企业实在达不到销售额的标准，但又特别想成为一般纳税人，比如新办企业，只要会计核算健全，也是可以登记为一般纳税人的。注意，自2018年2月1日起，一般纳税人登记即可，不需要审批。

对于不经常发生应税行为的企业、非企业单位，如果销售额超过了上述标准，可以选择成为小规模纳税人，他们有一些自主权。

对于自然人，无论从事什么行业，无论销售额有多大，都是小规模纳税人，不可以登记为一般纳税人。

需要特别提示的是，小规模纳税人可以升级为一般纳税人，但一般纳税人不能降格为小规模纳税人（2018年、2019年、2020年这三年有特殊规定，可以转回），这是一条单行线，不能掉头，“好马不吃回头草”。

销售额确定规则：

既然年销售额是划分的一个重要标准，我们有必要了解年销售额是怎么确定的。

会计核算通常是在每年1月1日到12月31日，但这里的年度销售额不是这样计算的，它是根据连续不超过12个月或4个季度的经营期累计计算的。可以是4月1日到第二年的3月31日，也可以是去年下半年和今年上半年。如果你问，能不能5月15日到次年5月14日？过来，我告诉你，你这样学习理解是剑走偏锋，容易走火入魔。月是最小的单位，不能拆分。

这个销售额不仅包括纳税申报销售额，还包括稽查查补销售额、纳税评估调整销售额。有的纳税人说，我是差额纳税，也就是说销售收入500万元，需要扣除300万元，然后按照200万元缴纳增值税。那该如何确定销售额呢？很简单，是按照500万元来确认销售额的。

如果有的纳税人偶然发生的销售无形资产、转让不动产这样的业务，导致销售额突然达到了1 000万元，而平时一年经营不过20多万元，这该怎么办呢？这些偶发的业务销售额是可以不计入的，还是按照20万元来判断是否达标。

■ **政策依据**

1.《财政部 税务总局关于统一增值税小规模纳税人标准的通知》（财税〔2018〕33号）；

2.《增值税一般纳税人登记管理办法》（国家税务总局令第43号）；

3.《财政部 国家税务总局关于全面推开营业税改征增值税试点的通知》（财税〔2016〕36号）第三条；

4.《中华人民共和国增值税暂行条例实施细则》第二十八条、第二十九条。

009　增值税纳税义务发生时间，你心中有数吗？

时间点，无论在生活中还是在法律中都是一件非常重要的事情。如果你和朋友约定了3点见面，但到5点才姗姗来迟。朋友一定会不爽，也许还会拂袖而去。

在税法中，更是如此。税款不是想什么时候缴，就什么时候缴。你缴迟了，国家倒不会拂袖而去，反而会紧盯着你。除了补税款，再让你补缴点滞纳金、罚款。非让你记住这个教训才好。

什么是纳税义务发生时间？通俗来说，是指一个企业什么时候开始产生纳税的义务。它是某项业务是否应该缴税的时间节点，到了这个时间点，就产生纳税义务，应该缴税，不到这个时间点，就不需要缴税。

纳税义务发生时间，在简单的业务中其实是很好确定的，比如你去商店买衣服，一手交钱，一手交货。如果顾客需要发票，同时开具。这是一个多么省心省力的交易啊，对于商店来说，收款日、发货日、开票日是同一天。这一天确认纳税义务发生时间是妥妥地没问题。

一、先行先走的“开票日”

但事情不会总这么顺当，有可能顾客交款提货，想开发票却因各种原因不合适开具。收银员会面带微笑地说，您下个月再来吧，到时候一定给您开。

这种情况下，商店收了款，发了货，但是开票日移到了下个月。增值税纳税义务发生时间是当月还是下月呢？答案是当月。

有的人可能会反驳说，不对啊，我记得增值税是以开票日为纳税义务发生时间的。请记住，增值税规定的是，先开具发票的，以开票日为纳税义务发生时间。这个先，指的是在交易之前，而上述案例，是在交易后开具发票的，所以不能以开票日作为纳税义务发生时间。

我们可以看到，纳税义务发生时间的关注点在“收款 + 交货”的日期上。开票日呢？如果提前，可以否掉“收款 + 交货”日，直接将纳税义务发生时间提前到开票日；如果靠后，则失去这个“法力”。

当然，开票日理想的状态是和交易同时发生。这个“同时”，不是说必须在同一天，其实只要在一个月之内（或一个季度之内），对增值税的计算缴纳都不会产生影响。

二、特立独行的“预收款日”

有一个特殊的日子——预收款日，是指货物服务还没提供的时候，先提前收取一笔款项的时间。在收到预收款的当天，多数经济业务也不会产生纳税义务。

但对于租赁服务以及销售生产期限超过 12 个月的大型设备来说，这个时点就会产生增值税纳税义务。原先建筑业也在此列，但从 2017 年 7 月 1 日起作废了，建筑业在收到预收款的时候没有纳税义务了，不过有预缴税款的义务。预缴义务和纳税义务并不是一个概念，在此不展开讲解。

三、广义概念的“收款日”

关于收款，税法中有这么几个日期，“收款日”“合同约定收款日”“取得索取销售凭据的当天”。

收款日，就是实际收到款项的当天，通过银行对账单是很容易确定的，实际收到款项在多数情况下会产生纳税义务。在这里要区分，它和预收款的概念不同，是在劳务、货物开始提供之后或同时发生的。

合同约定收款日，很好理解，合同约定收款的日期，即使企业没有收到款项，但在税法中是相当于实际收款日，都会产生税收义务，所以，纳税人在签订合同的时候要谨慎安排合同约定收款日。

“取得索取销售凭据的当天”，这个日期该如何理解呢？我们先看一下这个销售凭据指的是什么。首先，它是一种凭据，具有证据功能；其次，要求是“索取”的，排除自制凭据。一般来说，购买方签字确认的收货单具备这样的功能，拿到这个单据的那天，就是税法中规定的“取得索取销售凭据的当天”，另外，在销售服务、无形资产、不动产业务中，“取得索取销售凭据的当天”，文件明确规定就是“合同约定收款日”，可以看到，虽然这几个日期表述虽有所区别，但在税法中的效力是一模一样的，完全可以归为一类。

所以，概括地讲，上面三个日期，可以通称为一个广义的“收款日”。

四、本质相通的“交付日”

关于“交付”的日期，在税法中也有几个具体的概念。“发货日”“劳务完成日”“权属转移日”，分别对应销售货物、提供劳务、转让无形资产以及销售不动产业务，虽然它们的名称不相同，但其实质是一样的。为了表述方便，我们可以统称为“交付日”。

五、增值税纳税义务发生时间确定的顺序

在判断增值税纳税义务发生时间中，判断顺序如下：

1. 先看是否提前开票，如果提前开，开票日即可认定为纳税义务发生时间。

2. 再看是否存在预收款项。如果是特定行业，租赁、销售生产期限在 12 个月以上的大型设备，预收款日即可认定。对于非特定行业，收取预收款在“发货日”认定。

3. 如果不是预收款项，而是在开始提供劳务、货物过程中或者同时收取款项，“收款日”就是纳税义务发生日。

4. 如果没有收款日，就以“交付日”为纳税义务发生时间。

以上是为了便于大家理解，对增值税纳税义务发生时间作的一个简要归纳，还有一些特殊的规定没有包括进来，具体实务还需要看政策条文规定。

010　增值税纳税义务发生时间分类整理

对于增值税体系来说，增值税的纳税义务发生时间，相当于一座大楼的地基，基础不牢，地动山摇。

不过它也是一个很烦琐、让人很容易感到混乱的问题。学习两三次都不一定能搞定，应该经常学、反复学，也许重复多次后才能豁然开朗。

我们先从增值税的应税范围着手，分类整理增值税纳税义务发生时间的相关规定。

一、货物

【一般规定】

（一）销售货物

总原则：发生应税销售行为，纳税义务发生时间为收讫销售款项或者取得索取销售款项凭据的当天；先开具发票的，为开具发票的当天。

1. 采取直接收款方式销售货物，不论货物是否发出，均为收到销售款或者取得索取销售款凭据的当天。

自2011年8月1日起，纳税人生产经营活动中采取直接收款方式销售货物，已将货物移送对方并暂估销售收入入账，但既未取得销售款或取得索取销售款凭据，也未开具销售发票的，其增值税纳税义务发生时间为取得销售款或取得索取销售款凭据的当天；先开具发票的，为开具发票的当天。

2. 采取托收承付和委托银行收款方式销售货物的，为发出货物并办妥托收手续的当天。

3. 采取赊销和分期收款方式销售货物的，为书面合同约定的收款日期的当天；无书面合同的或者书面合同没有约定收款日期的，为货物发出的当天。

4. 采取预收货款方式销售货物的，为货物发出的当天；但生产销售生产工期超过12个月的大型机械设备、船舶、飞机等货物的，为收到预收款或者书面合同约定的收款日期的当天。

5. 委托其他纳税人代销货物的，为收到代销单位的代销清单或者收到全部或者部分货款的当天。未收到代销清单及货款的，为发出代销货物满180天的当天。

■ **政策依据**

1.《中华人民共和国增值税暂行条例》；

2.《中华人民共和国增值税暂行条例实施细则》；

3.《国家税务总局关于增值税纳税义务发生时间有关问题的公告》（国家税务总局公告2011年第40号）。

【晶晶亮评析】

取得销售款或取得索取销售款凭据的当天，我们在此简化统称为“收款日”。

销售货物纳税义务发生时间就是在开票日、收款日、发货日三者中选其一，三者的优先级别是不一样的。

第一优先级是开发票日，只要先开发票，开发票日就是纳税义务发生时间。

没有先开发票的，“收款日”和“发货日”需要分情况确定。

①直接收款、有合同约定的赊销和分期付款、生产超过12个月的货物的，委托代销方式，是以收款日为纳税义务发生时间。

②采取托收承付和委托银行收款的，预收货款方式，无合同约定的赊销和分期付款，是以发货日为纳税义务发生时间。

③代销货物未收到清单货款，以发出货物满180天的当天作为纳税义务发生时间。这是个特例，不容易混淆。

通过分析上述情形可以看出，收款日是优先于发货日的，发生应税行为，一般是先考虑收款日，没有收款日，或收款不足以认定发生应税行为的，才考虑发货日。

（二）视同销售货物

下列行为视同销售货物：

1. 设有两个以上机构并实行统一核算的纳税人，将货物从一个机构移送其他机构用于销售，但相关机构设在同一县（市）的除外；

2. 将自产或者委托加工的货物用于非增值税应税项目；

3. 将自产、委托加工的货物用于集体福利或者个人消费；

4. 将自产、委托加工或者购进的货物作为投资，提供给其他单位或者个体工商户；

5. 将自产、委托加工或者购进的货物分配给股东或者投资者；

6. 将自产、委托加工或者购进的货物无偿赠送其他单位或者个人。

纳税人发生视同销售货物行为，纳税义务发生时间为货物移送的当天。

■ 政策依据

《中华人民共和国增值税暂行条例实施细则》。

【晶晶亮评析】

视同销售不需要考虑开票日和收款日，只有一个货物移送日，纳税义务发生时间很好确定。

（三）进口货物

纳税人进口货物，纳税义务发生时间为报关进口的当天。

■ **政策依据**

《中华人民共和国增值税暂行条例》。

【晶晶亮评析】

进口货物的纳税义务发生时间也很简单，为报关日当天。

【特别规定】

电力产品：

关于发电、供电企业销售电力产品的纳税义务发生时间，具体规定如下。

1. 发电企业和其他企事业单位销售电力产品的纳税义务发生时间为电力上网并开具确认单据的当天。

2. 供电企业采取直接收取电费结算方式的，销售对象属于企事业单位，为开具发票的当天；属于居民个人，为开具电费缴纳凭证的当天。

3. 供电企业采取预收电费结算方式的，为发行电量的当天。

4. 发电、供电企业将电力产品用于非应税项目、集体福利、个人消费的，为发出电量的当天。

5. 发电、供电企业之间互供电力的，为双方核对计数量、开具抄表确认单据的当天。

6. 发电、供电企业销售电力产品以外其他货物的，其纳税义务发生时间按《中华人民共和国增值税暂行条例》及其实施细则的有关规定执行。

■ **政策依据**

《电力产品增值税征收管理办法》（国家税务总局令第10号发布）。

【晶晶亮评析】

规定很具体，有很强的指导性。发电、供电企业的财务人员仔细对照学习一下，其他行业人员忽略。

二、劳务

销售应税劳务：

纳税义务发生时间为：提供劳务同时收讫销售款或者取得索取销售款的凭据的当天。

■ **政策依据**

《中华人民共和国增值税暂行条例实施细则》。

三、服务、无形资产、不动产

【一般规定】

（一）销售应税服务、无形资产、不动产

纳税义务发生时间为纳税人发生应税行为并收讫销售款项或者取得索取销售款项凭据的当天；先开具发票的，为开具发票的当天。

收讫销售款项，是指纳税人销售服务、无形资产、不动产过程中或者完成后收到款项。

取得索取销售款项凭据的当天，是指书面合同确定的付款日期；未签订书面合同或者书面合同未确定付款日期的，为服务、无形资产转让完成的当天或者不动产权属变更的当天。

【晶晶亮评析】

我们在此把服务、无形资产转让完成的当天或者不动产权属变更的当天，简称为“交付日”。

这里也是涉及三个时间点：开票日、收款日、交付日。纳税义务发生时间是依次确定的，先到达哪个日期就以哪个日期为纳税义务发生日。

需要注意的是，收款日必须是在应税行为开始之后的收款，如果还没有发生应税行为的收款，是预收款，自 2017 年 7 月 1 日起，只有租赁服务预收款构成纳税义务发生时间。

（二）视同销售服务、无形资产、不动产

下列情形视同销售服务、无形资产或者不动产：

1. 单位或者个体工商户向其他单位或者个人无偿提供服务，但用于公益事业或者以社会公众为对象的除外。

2. 单位或者个人向其他单位或者个人无偿转让无形资产或者不动产，但用于公益事业或者以社会公众为对象的除外。

纳税人发生视同销售行为，其纳税义务发生时间为服务、无形资产转让完成的当天或者不动产权属变更的当天。

■ 政策依据

《财政部 国家税务总局关于全面推开营业税改征增值税试点的通知》（财税〔2016〕36 号）。

【特别规定】

（三）租赁服务

租赁服务采取预收款方式的，其纳税义务发生时间为收到预收款的当天。

（四）建筑服务

1. 纳税人提供建筑服务采取预收款方式的，其纳税义务发生时间为收到预收款的当天（备注：该规定自 2017 年 7 月 1 日起废止）。

■ **政策依据**

《财政部 税务总局关于建筑服务等营改增试点政策的通知》（财税〔2017〕58 号）。

2. 建筑服务扣押的质保金

纳税人提供建筑服务，被工程发包方从应支付的工程款中扣押的质押金、保证金，未开具发票的，以纳税人实际收到质押金、保证金的当天为纳税义务发生时间。

■ **政策依据**

《国家税务总局关于在境外提供建筑服务等有关问题的公告》（国家税务总局公告 2016 年第 69 号）。

【晶晶亮评析】

注意：前提是未开具发票的。另外，是以实际收款日为纳税义务发生日；而不是合同约定收款日。

（五）金融服务

1. 金融商品转让

纳税人从事金融商品转让的，纳税义务发生时间为金融商品所有权转移的当天。

2. 贷款服务

金融企业发放贷款后，自结息日起 90 天内发生的应收未收利息按现行规定缴纳增值税，自结息日起 90 天后发生的应收未收利息暂不缴纳增值税，待实际收到利息时按规定缴纳增值税。

上述所称金融企业，是指银行（包括国有、集体、股份制、合资、外资银行以及其他所有制形式的银行）、城市信用社、农村信用社、信托投资公司、财务公司。

纳税人提供贷款服务，一般按月或按季结息。银行提供贷款服务按期计收利息的，结息日当日计收的全部利息收入，均应计入结息日所属期的销售额，按照现行规定计算缴纳增值税。

■ **政策依据**

1.《财政部 国家税务总局关于全面推开营业税改征增值税试点的通知》（财税〔2016〕36号）；

2.《财政部 国家税务总局关于明确金融 房地产开发 教育辅助服务等增值税政策的通知》（财税〔2016〕140号）；

3.《国家税务总局关于营改增试点若干征管问题的公告》（国家税务总局公告2016年第53号）。

【晶晶亮评析】

贷款服务很特殊，前90日按应收利息日确认纳税义务发生日，90日后按实际收到利息日确认纳税义务发生日。

011 房地产企业增值税纳税义务发生时间如何确定？

有朋友问，房地产企业销售房屋，预收的房款需要预缴增值税，开具编码为602“销售自行开发的房地产项目预收款”的不征税发票，这个她是清楚的，但让她困惑的是，到底什么时候需要正式计算增值税，不再预缴呢？

这是一个判断增值税纳税义务发生时间的问题。增值税的纳税义务发生时间，在财税〔2016〕36号文有高度概括的规定条款，不过是一百多字，却涵盖了所有原征营业税的行业，所以有些抽象，很多人会觉得不容易理解，政策原文如下。

财税〔2016〕36号附件1《营业税改征增值税试点实施办法》第四十五条“增值税纳税义务、扣缴义务发生时间为：

纳税人发生应税行为并收讫销售款项或者取得索取销售款项凭据的当天；先开具发票的，为开具发票的当天。

收讫销售款项，是指纳税人销售服务、无形资产、不动产过程中或者完成后收到款项。

取得索取销售款项凭据的当天，是指书面合同确定的付款日期；未签订书面合同或者书面合同未确定付款日期的，为服务、无形资产转让完成的当天或者不动产权属变更的当天。”

具体到房地产行业，如何将抽象的政策规定还原为易于理解、便于操作的规定呢？我们将政策规定进行一下拆解分析。

第一个要点（A）：发生了应税行为。

什么是发生了应税行为？对于销售不动产这个行为来说，有三种行为都可以被认定为发生了应税行为：一是签订了销售合同，约定了交付房屋；二是实际交房；三是办理不动产权属变更。

在民法中，不动产物权登记才生效。但税法和民法是不一样的，具体到增值税来说，它是对应税的经济行为征税，经济行为的发生，最直观的表现就是签订合同，对于已经签订了销售合同，约定了交付房屋的时间，时间一到就可以认定为发生了应税行为。而实际交房、不动产权属变更都是真实发生的经济行为，无论有没有合同，也都是增值税征税范围内的应税行为。

一般来说，上述三个行为的时间点，不动产权属变更日比前两个时间要晚得多，除非是在没有签订销售合同下，才需要考虑这个时间。如果有销售合同，判断是否发生了应税行为，我们只需要考虑前两个时间，合同约定交房时间和实际交付房屋的时间，哪一个行为时间在前，就可以在此时间点认定纳税人已经发生了销售不动产行为。

第二个要点（B）：收讫了销售款，或取得了索取销售款项凭据，或开具了发票。

收讫了销售款该如何理解呢？如果没有发生应税行为，也就是说如果未到合同约定的交房日或实际交房日，收到的款项都应该属于预收款，而不是销售款。根据国家税务总局公告 2016 年第 18 号的规定，“一般纳税人采取预收款方式销售自行开发的房地产项目，应在收到预收款时按照 3% 的预征率预缴增值税。”等到了应税行为发生日，预收款就转变为销售款。

取得了索取销售款项的凭据是什么意思？就是看是否到了书面合同约定的付款日期，这个日期一到，无论房地产公司是否实际收到房款，都属于取得了索取销售款的凭据，相当于收到了销售款。

开具发票日如何理解？财税〔2016〕36 号文中规定“先开具发票的，为开具发票的当天”，根据国家税务总局货物和劳务税司《全面推开营业税改征增值税试点政策培训参考材料》的解释：“以开具发票的当天为纳税义务发生时间的前提，是纳税人发生应税行为。”

也就是说，发生在合同约定交房日或实际交房日之后的开具发票，才会被认定为以开具发票当天作为纳税义务发生时间。这里提到的发票，是指按适用税率开具的发票。

合同约定交房日或实际交房日之前，只能开 602“销售自行开发的房地产项目预收款”的不征税发票。

通过分析上述两个政策要点，我们可以得出的结论是，房地产企业销售不动产增值税纳税义务发生时间为同时满足 A + B 两个条件的最早日期。

通俗点说，在实践中可以这样把握：

1. 如果已经预收销售款（包括合同约定收款，下同），合同约定交房日就是增值税纳税义务发生日。若实际交房日早于合同约定交房日，以实际交房日为纳税义务发生时间。

2. 如果没有预收销售款，在合同约定交房日或实际交房日之后，才收取销售款，收款日为纳税义务发生日。

3. 如果没有预收销售款，在合同约定交房日或实际交房日之后，开具了发票，开发票日就是纳税义务发生时间。

4. 对于视同销售的无偿转让不动产行为，因不需要收取销售款项，房地产公司不需要考虑条件B，因为没有合同约定交房日，所以应当以实际交房日和不动产权属变更日哪个日期在前，以哪个日期为纳税义务发生日。

当然，上述结论是笔者根据财税〔2016〕36号文政策，分析归纳出的纳税义务发生时间，非官方解读，仅供大家税收政策学习交流用。具体实践中，全国很多省市税务机关都对此问题做过不同的解读，因总局未出台全国统一口径，以当地税务机关的解释为准。

012　说一说增值税的税率和征收率

税率，是一个税种中最基本的税制要素。

征收率，并不属于税制要素，它其实是由税率派生出来的一个比率，是因为纳税人财务会计核算制度不健全等原因，不能按照法定的税率来计算税款，国家另行制定的一个用来简化计算税款的比率。

增值税的税率和征收率，近些年调整频繁，如果纳税人自查补税或税务机关进行稽查时，到底某个时间段应该适用哪个税率，是一个需要费心思量的事情。下面笔者把近些年增值税税率和征收率的变化作一个简单的归纳，方便大家快速锁定。

1. 2009年1月1日，增值税的税率为17%、13%、0。

2. 2012年1月1日，上海实施了交通运输业和部分现代服务业营改增；2012年9月1日至2012年12月1日，营改增试点由上海市分4批次扩大至北京、江苏、安徽、福建、广东、天津、浙江、湖北8省（市），新增11%和6%两档税率。

3. 2013年8月1日，营改增试点推向全国，同时将广播影视服务纳入试点范围。

4. 2014年1月1日，铁路运输业和邮政业在全国范围实施营改增试点。

5. 2014年6月1日，电信业在全国范围实施营改增试点。

6. 2016年5月1日，剩余的四大行业——建筑业、房地产业、金融业、生活服务业实施营改增。营改增全面推开。此时增值税税率有五档：17%、13%、11%、6%、0。

7. 2017年7月1日，增值税税率实行简并档次，将原先13%这一档税率归入了

11%这一档。从此，增值税税率成为了17%、11%、6%、0。

8. 2018年5月1日，增值税税率由17%降低到16%，11%的税率降低到了10%。从此，增值税税率变成了16%、10%、6%、0。

9. 2019年4月1日，增值税税率继续下调，16%降低到13%，10%的税率降低到了9%，6%的税率保持不变，从此，增值税税率变成了13%、9%、6%、0。

上述变化，可以表2-1的形式归纳。

表2-1　　增值税税率变化情况一览表

起止日期	增值税税率	备注
2016年5月1日—2017年6月30日	17%、13%、11%、6%、0	17%、13%、0是老税率，11%、6%是营改增后新增的税率
2017年7月1日—2018年4月30日	17%、11%、6%、0	13%并入11%
2018年5月1日—2019年3月31日	16%、10%、6%、0	17%降到16%、11%降到10%
2019年4月1日—未知的将来	13%、9%、6%、0	16%降到13%、10%降到9%

增值税的征收率有两档，分别为3%和5%。

2009年1月1日开始，小规模纳税人的征收率为3%，适用绝大多数的销售行为。另外一个为5%，属于比较特殊的征收率，只针对一些特殊的销售项目。

需要注意的是，并不是只有小规模纳税人才适用3%和5%的征收率，一般纳税人也有若干项目，适用上述两档征收率。

征收率中还有一种优惠比率，可以称为“减按”。

2020年之前减按有两类，一类是3%的征收率减按2%，另一类是5%的征收率减按1.5%。

2020年开始，减按这种形式新增了两类：3%的征收率减按1%，3%的征收率减按0.5%，具体规定如下：

1. 自2020年3月1日至2022年3月31日，对湖北省增值税小规模纳税人，适用3%征收率的应税销售收入，免征增值税；除湖北省外，其他省、自治区、直辖市的增值税小规模纳税人，适用3%征收率的应税销售收入，减按1%征收率征收增值税（财政部 税务总局公告2020年第13号、财政部 税务总局公告2020年第24号、财政部 税务总局公告2021年第7号、财政部 税务总局公告2022年第15号）。

2. 自2020年5月1日至2023年12月31日，从事二手车经销的纳税人销售其收购的二手车，由原按照简易办法依3%征收率减按2%征收增值税，改为减按0.5%征收增值税（财政部 税务总局公告2020年第17号）。

历经多次变化之后，2020年5月1日之后最新的增值税税率和征收率，如表2-2至表2-6所示。

表 2－2　　　　一般纳税人增值税税目税率表

大类	中类	小类	税率
销售货物	销售或者进口货物	除下面列举以外的其他货物	13%
	销售或者进口特定货物	农产品（含粮食）、自来水、暖气、石油液化气、天然气、食用植物油、冷气、煤气、居民煤炭制品、食用盐、农机、饲料、农药、农膜、化肥、沼气、二甲醚、图书、报纸、杂志、音像制品、电子出版物	9%
提供加工、修理修配劳务			13%
销售服务	交通运输业	陆路、水路、航空、管道	9%
	邮政通信业	邮政普遍服务、邮政特殊服务、其他邮政服务	9%
	电信服务	基础电信服务	9%
		增值电信服务	6%
	建筑服务	工程服务、安装服务、修缮服务、装饰服务、其他建筑服务	9%
	金融服务	贷款服务、直接收费金融服务、保险服务、金融商品转让	6%
	现代服务业	研发和技术服务（研发服务、合同能源管理服务、工程勘察勘探服务、专业技术服务）	6%
		信息技术服务（软件服务、电路设计及测试服务、信息系统服务、业务流程及管理服务、信息系统增值服务）	
		文化创意服务（设计服务、知识产权服务、广告服务、会议展览服务）	
		物流辅助服务（航空、港口码头服务、货运客运场站服务、打捞救助服务、装卸搬运服务、仓储服务、收派服务）	
		鉴证咨询服务（认证服务、鉴证服务、咨询服务）	
		广播影视服务［广播影视节目（作品）的制作服务、发行服务、播映（含放映）服务］	
		商务辅助服务（企业管理服务、经纪代理服务、人力资源服务、安全保护服务）	
		其他现代服务（除列举的以外围绕制作业、文化产业、现代物流产业等提供技术性、知识性服务的业务活动）	
		租赁服务（有形动产融资租赁、经营租赁服务）	13%
		租赁服务（不动产融资租赁、经营租赁服务）	9%

续表

大类	中类	小类	税率
销售服务	生活服务业	文化体育服务	6%
		教育医疗服务	
		旅游娱乐服务	
		餐饮住宿服务	
		居民日常服务（市容市政管理、家政、婚庆、养老、殡葬、照料和护理、救助救济、美容美发、按摩、桑拿、氧吧、足疗、沐浴、洗染、摄影扩印等服务）	
		其他生活服务（除列举的生活服务之外的其他满足城乡居民日常生活需求提供的服务活动）	
销售无形资产	技术	专利技术、非专利技术	6%
	商标		6%
	商誉		6%
	其他权益性无形资产	基础设施资产经营权、公共事业特许权、配额、经营权、经销权、分销权、代理权、会员权、席位权、网络游戏虚拟道具、域名、名称权、肖像权、冠名权、转会费	6%
	自然资源使用权	海域使用权、探矿权、采矿权、取水权、其他自然资源使用权	6%
		土地使用权	9%
销售不动产	建筑物		9%
	构筑物		9%
国际运输服务	在境内载运旅客或货物出境		0
	在境外载运旅客或者货物入境		
	在境外载运旅客或者货物		
航天运输服务			0
向境外单位提供的完全在境外消费的下列服务	研发服务、合同能源管理服务		0
	设计服务、广播影视节目（作品）制作和发行服务		
	软件服务、电路设计及测试服务		
	信息系统服务、业务流程管理服务		
	离岸服务外包业务、转让技术		
	财政部和国家税务总局规定的其他服务		
出口货物			0

表 2-3　　一般纳税人征收率为 5%的情形

序号	一般纳税人征收率为 5% 的情形	文件依据
1	出租 2016 年 4 月 30 日前取得的不动产	财税〔2016〕36 号
2	房地产开发企业，出租自行开发的老项目	财税〔2016〕68 号
3	房地产开发企业，销售自行开发的老项目	财税〔2016〕36 号
4	2016 年 4 月 30 日前签订的不动产融资租赁合同，或以 2016 年 4 月 30 日前取得的不动产提供融资租赁服务	财税〔2016〕47 号
5	将 2016 年 4 月 30 日前租入的不动产对外转租的	财税〔2016〕71 号
6	销售 2016 年 4 月 30 日前取得的不动产，差额计税	财税〔2016〕36 号
7	销售 2016 年 4 月 30 日前自建的不动产，全额计税	财税〔2016〕36 号
8	收取 2016 年 4 月 30 日前开工的一级公路、二级公路、桥、闸通行费，按不动产租赁缴纳	财税〔2016〕47 号
9	转让 2016 年 4 月 30 日前土地使用权，差额计税	财税〔2016〕47 号
10	劳务派遣、安全保护服务，差额计税	财税〔2016〕68 号
11	提供人力资源外包服务	财税〔2016〕47 号
12	中外合作油（气）田按照合同开采的原油、天然气。不抵扣进项，出口不退	国税发〔1998〕219 号

表 2-4　　一般纳税人征收率为 3%的情形

序号	一般纳税人征收率为 3% 的情形	文件依据
1	销售自产的用微生物、微生物代谢产物、动物毒素、人或动物的血液或组织制成的生物制品	财税〔2009〕9 号、财税〔2014〕57 号
2	寄售商店代销寄售物品（包括居民个人寄售的物品在内）	财税〔2009〕9 号、财税〔2014〕57 号
3	典当业销售死当物品	财税〔2009〕9 号、财税〔2014〕57 号
4	销售自产的县级及县级以下小型水力发电单位生产的电力	财税〔2009〕9 号、财税〔2014〕57 号
5	销售自产的自来水	财税〔2009〕9 号、财税〔2014〕57 号
6	销售自产的建筑用和生产建筑材料所用的砂、土、石料	财税〔2009〕9 号、财税〔2014〕57 号
7	销售自产的以自己采掘的砂、土、石料或其他矿物连续生产的砖、瓦、石灰（不含粘土实心砖、瓦）	财税〔2009〕9 号、财税〔2014〕57 号
8	销售自产的商品混凝土（仅限于以水泥为原料生产的水泥混凝土）	财税〔2009〕9 号、财税〔2014〕57 号
9	单采血浆站销售非临床用人体血液	国税函〔2009〕456 号、总局公告 2014 年第 36 号

续表

序号	一般纳税人征收率为3%的情形	文件依据
10	药品经营企业销售生物制品	国家税务总局公告2012年第20号
11	一般纳税人提供城市电影放映服务	财教〔2014〕56号
12	光伏发电项目发电户销售电力产品	国家税务总局公告2014年第32号
13	自2015年9月1日起至2016年6月30日，增值税一般纳税人销售的库存化肥	财税〔2015〕97号
14	销售自己使用过的固定资产，适用简易办法依照3%征收率减按2%征收增值税政策的，可以放弃减税，按照简易办法依照3%征收率缴纳增值税，并可以开具增值税专用发票	国家税务总局公告2015年第90号
15	兽用药品经营企业销售兽用生物制品	国家税务总局公告2016年第8号
16	公共交通运输服务。包括轮客渡、公交客运、地铁、城市轻轨、出租车、长途客运、班车	财税〔2016〕36号附件2
17	经认定的动漫企业为开发动漫产品提供的服务，以及在境内转让动漫版权	财税〔2016〕36号附件2
18	电影放映服务、仓储服务、装卸搬运服务、收派服务和文化体育服务（含纳税人在游览场所经营索道、摆渡车、电瓶车、游船等取得的收入）	财税〔2016〕36号附件2，财税〔2016〕140号
19	以纳入营改增试点之日前取得的有形动产为标的物提供的经营租赁服务	财税〔2016〕36号附件2
20	纳入营改增试点之日前签订的尚未执行完毕的有形动产租赁合同	财税〔2016〕36号附件2
21	以清包工方式提供的建筑服务	财税〔2016〕36号附件2
22	为甲供工程提供的建筑服务	财税〔2016〕36号附件2
23	为建筑工程老项目提供的建筑服务	财税〔2016〕36号附件2、国家税务总局公告2016年第17号
24	公路经营企业收取试点前开工的高速公路的车辆通行费	财税〔2016〕36号附件2
25	中国农业发展银行总行及其各分支机构提供涉农贷款取得的利息收入	财税〔2016〕39号
26	农村信用社、村镇银行、农村资金互助社、由银行业机构全资发起设立的贷款公司、法人机构在县（县级市、区、旗）及县以下地区的农村合作银行和农村商业银行提供金融服务收入	财税〔2016〕46号
27	对中国农业银行纳入“三农金融事业部”改革试点的各省、自治区、直辖市、计划单列市分行下辖的县域支行和新疆生产建设兵团分行下辖的县域支行（也称县事业部），提供农户贷款、农村企业和农村各类组织贷款取得的利息收入	财税〔2016〕46号
28	提供非学历教育服务	财税〔2016〕68号
29	提供教育辅助服务	财税〔2016〕140号

续表

序号	一般纳税人征收率为3%的情形	文件依据
30	非企业性单位中的一般纳税人提供的研发和技术服务、信息技术服务、鉴证咨询服务，以及销售技术、著作权等无形资产	财税〔2016〕140号
31	非企业性单位中的一般纳税人提供技术转让、技术开发和与之相关的技术咨询、技术服务	财税〔2016〕140号
32	提供物业管理服务的纳税人，向服务接受方收取的自来水水费，以扣除其对外支付的自来水水费后的余额为销售额，按照简易计税方法依3%的征收率计算缴纳增值税	国家税务总局公告2016年第54号
33	一般纳税人销售电梯的同时提供安装服务，其安装服务可以按照甲供工程选择适用简易计税方法计税	国家税务总局公告2017年第11号
34	建筑工程总承包单位为房屋建筑的地基与基础、主体结构提供工程服务，建设单位自行采购全部或部分钢材、混凝土、砌体材料、预制构件的，适用简易计税方法计税	财税〔2017〕58号
35	资管产品管理人运营资管产品过程中发生的增值税应税行为，暂适用简易计税方法，按照3%的征收率缴纳增值税	财税〔2017〕56号
36	自2018年5月1日起，一般纳税人生产销售和批发、零售抗癌药品，可选择简易计税方法	财税〔2018〕47号
37	自2018年5月1日起，对进口抗癌药品，减按3%征收进口环节增值税	财税〔2018〕47号
38	自2019年3月1日起，增值税一般纳税人生产销售和批发、零售罕见病药品，可选择按照简易办法依照3%征收率计算缴纳增值税	财税〔2019〕24号
39	自2019年3月1日起，对进口罕见病药品，减按3%征收进口环节增值税	财税〔2019〕24号

表2-5　小规模纳税人征收率为5%的情形

序号	小规模纳税人征收率为5%的情形	文件依据
1	房地产开发企业，出租自行开发的房地产项目	财税〔2016〕68号
2	房地产开发企业，销售自行开发的房地产项目	财税〔2016〕36号
3	出租其取得的不动产（不含个人出租住房）	财税〔2016〕36号
4	销售自建的不动产，全额计税	财税〔2016〕36号
5	销售取得的不动产，差额计税	财税〔2016〕36号
6	转让2016年4月30日前取得的土地使用权，差额计税	财税〔2016〕47号
7	提供劳务派遣服务，可选择（全部收入-工资福利社保公积金）余额计税	财税〔2016〕47号
8	提供安全保护服务，比照劳务派遣	财税〔2016〕68号

表2-6　征收率减按征收的情形

序号	征收率为3%减按2%征收的情形	文号
1	2008年12月31日以前未纳入扩大增值税抵扣范围试点的纳税人，销售自己使用过的2008年12月31日以前购进或者自制的固定资产	财税〔2008〕170号、财税〔2014〕57号
2	销售自己使用过的在本地区扩大增值税抵扣范围试点以前购进或者自制的固定资产	财税〔2008〕170号、财税〔2014〕57号

续表

序号	征收率为3%减按2%征收的情形	文号
3	销售自己使用过的属于增值税暂行条例第十条规定不得抵扣且未抵扣进项税额的固定资产	财税〔2009〕9号、财税〔2014〕57号
4	纳税人销售旧货	财税〔2009〕9号、财税〔2014〕57号
5	纳税人购进或者自制固定资产时为小规模纳税人，认定为一般纳税人后销售该固定资产	国家税务总局公告2012年第1号、国家税务总局公告2014年第36号
序号	征收率3%减按1%征收的情形	文号
1	2020年3月1日至2022年3月31日，除湖北省外其他地区的增值税小规模纳税人，适用3%征收率的应税销售收入，减按1%	财政部 税务总局公告2020年第13号、财政部 税务总局公告2020年第24号、财政部 税务总局公告2021年第7号、财政部 税务总局公告2022年第15号
序号	征收率3%减按0.5%征收的情形	文号
1	2020年5月1日至2023年12月31日，从事二手车经销的纳税人销售其收购的二手车，3%征收率减按0.5%征收	财政部 税务总局公告2020年第17号
序号	征收率5%减按1.5%征收的情形	文号
1	个人出租住房，5%的征收率减按1.5%	财税〔2016〕36号
2	住房租赁企业向个人出租住房，按照5%的征收率减按1.5%	财政部 税务总局 住房城乡建设部公告2021年第24号

由于税目税率众多，很多朋友觉得难以记忆，笔者简单对税率做了归类，希望能对大家记忆税率有所帮助。

因为增值税征税的对象有五类，货物、劳务、服务、无形资产、不动产。为了便于理解记忆，我们可以分为两大类来记忆，一大类是货物，另一大类是其余四项，我们称为非货物。

货物只有两档税率，一档是13%，另一档是9%。

9%的优惠税率仅仅适用列举的22项，这22项货物基本都和农业、文化、国计民生相关，具体是哪些，就不一一列举了，大家可查一下税目税率表。除了这些优惠的货物，剩下的其他货物销售适用税率都是13%。

非货物的税率有三档，13%、9%、6%。

适用13%税率的非货物只有两种，一类是加工修理修配劳务，另一类是有形动产租赁服务。加工修理修配劳务是老的增值税税目，而且又不属于优惠的范畴，所以一直和最高一档的货物销售税率保持一致，现在已经统一调减到13%了。有形动产租赁为什么也是13%呢？因为有形动产本质上也是一种货物，货物销售是13%，如果货物租赁是低税率，会成为一个明显的政策漏洞，大量的货物销售都可能以租赁的名义进行，所以有形动产租赁的税率也必定和货物销售一致为13%。

适用9%的税目，简单一句话概括就是，要么是“不动”，要么是“移动”。“不动”的意思是说和不动产相关，比如说建筑业、销售不动产、出租不动产、销售土地使用权。“移动”的意思是指交通运输业、邮电通信业、电信业。不过在电信业里有个细分，适用9%的是基础电信服务，而增值电信服务可以适用更优惠的6%。

适用6%的税目，主要是金融服务、生活服务、现代服务、转让无形资产（除了土地使用权）。它们原先在营业税中适用5%的税率，由于这些行业进项抵扣不会太多，为了保持税负基本平衡，在增值税中就全部按照最低的6%的税率执行，而且这几年，6%这一档税率是一直没有变动过的。

关于0税率，我们粗略记忆一下，那就是和境外有关系的货物或服务。当然，本单位的货物或服务是否具体适用，应该仔细对照税目。

至于征收率，很难归类记忆，大家可自行对照文件和相关表格查看。

013　小规模纳税人首笔业务超500万元，需要按一般纳税人缴增值税吗？

问题描述：

我们是一家房地产企业，公司成立注册后几年一直以小规模纳税人存在着，后来公司摘牌一块土地共价值5 800万元地价款，并缴纳了对应的契税。现在公司要转让这块土地使用权，转让价格10 000万元，请问我公司应该如何开具发票和缴纳增值税？

A. 按3%开具发票并按3%征收率缴纳增值税

B. 按5%开具发票并按5%征收率差额征收缴纳增值税

C. 其他合法合理的开票和缴纳税款方式

请河南省税务有关处室专家或12366平台针对问题给回复或在A、B、C选项中作出选择，如果选择C选项请给出切实可行的方案……

答复机构：河南税务局

答复时间：2021—05—25

答复内容：

您好！您所咨询的问题收悉。现针对您所提供的信息回复如下：

1. 根据《财政部 国家税务总局关于全面推开营业税改征增值税试点的通知》（财税〔2016〕36号）附件1规定，第十六条，增值税征收率为3%，财政部和国家税务总局另有规定的除外。第十九条，小规模纳税人发生应税行为适用简易计税方法计税。第三十四条，简易计税方法的应纳税额，是指按照销售额和增值税征收率计算的增值税额，不得抵扣进项税额。应纳税额计算公式：应纳税额 = 销售额 × 征收率。第三十五条，简易计税方法的销售额不包括其应纳税额，纳税人采用销售额和应纳税额合并定价方法的，按照下列公式计算销售额：销售额 = 含税销售额 ÷ （1 + 征收率）。附：销售服务、无形资产、不动产注释。二、销售无形资产……自然资源使用权，包括土地使用权、海域使用权、探矿权、采矿权、取水权和其他自然资源使用权。

2. 根据《财政部 税务总局关于支持个体工商户复工复业增值税政策的公告》（财政部 税务总局公告 2020 年第 13 号）规定，自 2020 年 3 月 1 日至 5 月 31 日，对湖北省增值税小规模纳税人……除湖北省外，其他省、自治区、直辖市的增值税小规模纳税人，适用 3% 征收率的应税销售收入，减按 1% 征收率征收增值税；适用 3% 预征率的预缴增值税项目，减按 1% 预征率预缴增值税。

3. 根据《财政部 税务总局关于延续实施应对疫情部分税费优惠政策的公告》（财政部 税务总局公告 2021 年第 7 号）规定，《财政部 税务总局关于支持个体工商户复工复业增值税政策的公告》（财政部 税务总局公告 2020 年第 13 号）规定的税收优惠政策，执行期限延长至 2021 年 12 月 31 日。其中，自 2021 年 4 月 1 日至 2021 年 12 月 31 日，湖北省增值税小规模纳税人适用 3% 征收率的应税销售收入，减按 1% 征收率征收增值税；适用 3% 预征率的预缴增值税项目，减按 1% 预征率预缴增值税。

4. 根据《财政部 国家税务总局关于进一步明确全面推开营改增试点有关劳务派遣服务、收费公路通行费抵扣等政策的通知》（财税〔2016〕47 号）规定，纳税人转让 2016 年 4 月 30 日前取得的土地使用权，可以选择适用简易计税方法，以取得的全部价款和价外费用减去取得该土地使用权的原价后的余额为销售额，按照 5% 的征收率计算缴纳增值税。

5. 根据《国务院关于修改〈中华人民共和国发票管理办法〉的决定》（中华人民共和国国务院令第 587 号）第二十二条规定，开具发票应当按照规定的时限、顺序、栏目，全部联次一次性如实开具，并加盖发票专用章。任何单位和个人不得有下列虚开发票行为：（一）为他人、为自己开具与实际经营业务情况不符的发票；（二）让他人为自己开具与实际经营业务情况不符的发票；（三）介绍他人开具与实际经营业务情况不符的发票。

6. 根据《国家税务总局关于增值税一般纳税人登记管理办法》（国家税务总局令第 43 号）规定，第二条，增值税纳税人（以下简称“纳税人”），年应税销售额超过财政部、国家税务总局规定的小规模纳税人标准（以下简称“规定标准”）的，除该办法第四条规定外，应当向主管税务机关办理一般纳税人登记。销售服务、无形资产或者不动产（以下简称“应税行为”）有扣除项目的纳税人，其应税行为年应税销售额按未扣除之前的销售额计算。纳税人偶然发生的销售无形资产、转让不动产的销售额，不计入应税行为年应税销售额。第八条，纳税人在年应税销售额超过规定标准的月份（或季度）的所属申报期结束后15日内按照该办法第六条或者第七条的规定办理相关手续；未按规定时限办理的，主管税务机关应当在规定时限结束后5日内制作《税务事项通知书》，告知纳税人应当在5日内向主管税务机关办理相关手续；逾期仍不办理的，次月起按销售额依照增值税税率计算应纳税额，不得抵扣进项税额，直至纳税人办理相关手续为止。第九条，纳税人自一般纳税人生效之日起，按照增值税一般计税方法计算应纳税额……

因此，根据上述文件规定，小规模纳税人转让土地使用权属于销售无形资产，适用增值税征收率为3%。目前小规模纳税人可享受3%减按1%的税收优惠，优惠执行至2021年12月31日。如小规模纳税人转让2016年4月30日前取得的土地使用权，可以选择适用简易计税方法，以取得的全部价款和价外费用减去取得该土地使用权的原价后的余额为销售额，按照5%的征收率计算缴纳增值税。建议您根据您企业实际业务如实开具发票并缴纳增值税。具体涉税事宜您可联系主管税务机关进一步确认。

感谢您的咨询！上述回复仅供参考，若您对此仍有疑问，请联系12366纳税服务热线或主管税务机关。

【晶晶亮评析】

纳税人一般不喜欢看大段的文件依据，希望得到简单明了的答案。但对于12366这样的官方问答平台来说，需要把政策依据写清楚。

当然，确实有很多问题只写依据，最后没有给出结论的，那一般是因为政策不够清晰或有争议，难以下结论。

就这个问题而言，12366回答得很全面了，但不知道纳税人是否充分理解了相关文件的意思。

小规模纳税人首笔业务超500万元如何缴税？纳税人担忧的是因金额超标准被当作一般纳税人征税，根据《国家税务总局关于增值税一般纳税人登记管理办法》（国家税务总局令第43号）第八条，“纳税人在年应税销售额超过规定标准的月份（或季度）的所属申报期结束后15日内，按照本办法第六条或者第七条的规定办理相关手续。”

从上面规定的流程可知，小规模纳税人无须为首笔金额过大而担忧。不止是首笔，当月或当季不管有多少笔业务，都是按小规模纳税人申报缴税，在申报期结束后才能确定本月或本季销售额，才能判定是否超标，才需要按规定办理一般纳税人的手续。

所以对这笔1亿元的转让土地使用权销售额，应该按小规模纳税人缴税，具体如何缴纳增值税呢？

1. 按适用增值税征收率3%计算，目前小规模纳税人可享受3%减按1%的税收优惠，优惠执行至2021年12月31日。

2. 如果该纳税人转让的是2016年4月30日前取得的土地使用权，可以选择适用简易计税方法，以取得的全部价款和价外费用减去取得该土地使用权的原价后的余额为销售额，按照5%的征收率计算缴纳增值税。

014　增值税进项抵扣凭证知多少？

企业之间发生业务往来时，购买方通常会向销售方索取增值税专用发票，发票上注明的税额可作为进项税额进行抵扣。那么，有哪些凭证可以抵扣进项税呢？我们一起了解一下：

1. 增值税专用发票

从销售方取得的增值税专用发票上注明的增值税额，准予从销项税额中抵扣。抵扣方式为勾选确认。

2. 机动车销售统一发票

从销售方取得的税控机动车销售统一发票上注明的增值税额，准予从销项税额中抵扣。抵扣方式为勾选确认。

3. 海关进口增值税专用缴款书

从海关取得的海关进口增值税专用缴款书上注明的增值税额，准予从销项税额中抵扣。抵扣方式为勾选确认。

4. 农产品收购发票

购进农产品，按照农产品收购发票上注明的农产品买价和9%扣除率计算的进项税额，准予从销项税额中抵扣，抵扣方式为计算抵扣。

购进用于生产或者委托加工13%税率货物的农产品，按照10%的扣除率计算进项税额。

5. 农产品销售发票

购进农产品，按照农产品销售发票上注明的农产品买价和9%扣除率计算的进项税额，准予从销项税额中抵扣，抵扣方式为计算抵扣。

从小规模纳税人取得的3%的专票，以增值税专用发票上注明的金额×9%扣除率计算。

购进用于生产或者委托加工13%税率货物的农产品，按照10%的扣除率计算进项税额。

6. 解缴税款的完税凭证

从境外单位或者个人购进服务、无形资产或者不动产，自税务机关或者扣缴义务人取得的解缴税款的完税凭证上注明的增值税额，准予从销项税额中抵扣。抵扣方式为直接填列申报。

7. 通行费增值税电子普通发票

纳税人支付的道路通行费，按照收费公路通行费增值税电子普通发票上注明的增值税额抵扣进项税额。抵扣方式为勾选确认。

8. 通行费发票（过桥、闸）

纳税人支付的桥、闸通行费，凭取得的通行费发票上注明的收费金额按照下列公式计算可抵扣的进项税额：桥、闸通行费可抵扣进项税额 = 桥、闸通行费发票上注明的金额 ÷ (1 + 5%) × 5%。抵扣方式为计算抵扣。

9. 旅客运输服务发票

纳税人购进国内旅客运输服务，其进项税额允许从销项税额中抵扣。纳税人未取得增值税专用发票的，暂按照以下规定确定进项税额：

（1）取得增值税电子普通发票的，为发票上注明的税额；

（2）取得注明旅客身份信息的航空运输电子客票行程单的，按照下列公式计算进项税额：航空旅客运输进项税额 = (票价 + 燃油附加费) ÷ (1 + 9%) × 9%；

（3）取得注明旅客身份信息的铁路车票的，按照下列公式计算进项税额：铁路旅客运输进项税额 = 票面金额 ÷ (1 + 9%) × 9%；

（4）取得注明旅客身份信息的公路、水路等其他客票的，按照下列公式计算进项税额：公路、水路等其他旅客运输进项税额 = 票面金额 ÷ (1 + 3%) × 3%。

10. 外贸企业进项税额抵扣证明

税务机关出口退税部门开具的“外贸企业出口视同内销征税货物进项税额抵扣证明”允许抵扣的进项税额。

需要特别注意的是，取得的增值税扣税凭证不符合法律、行政法规或者国家税务总局有关规定的，其进项税额不得从销项税额中抵扣；凭完税凭证抵扣进项税额的，应当具备书面合同、付款证明和境外单位的对账单或者发票。资料不全的，其进项税额不得从销项税额中抵扣。

015 增值税进项税抵扣问题，快把我搞晕了！

2020 年 3 月的某一天，朋友打电话说：这个增值税进项税能不能抵扣的问题，简直把我搞晕了，税务局来查账，一会儿是票不合适不能抵扣，票合适了适用项目又不对，我都不知道该怎么办了。快帮帮我吧！

我说：电话里说不清，你抽空过来，我和你唠唠这个问题。

朋友说：那你等着我啊，我马上就去。

半个小时不到，朋友就出现在我面前。

我赞叹道：好迅速！真是一个好学的中年妇女，你们老板应该给你发个鼓励奖。

朋友没好气地说：还鼓励奖呢，老板不扣我奖金我就烧高香了。说正经的，这次税务局的人检查，我们公司主要问题就是增值税进项抵扣。检查的人给我看了好多税法规定，看是看了，就是感觉特别晕，还是没个头绪。

我说：你每次去机场坐飞机，是不是都要经过一道安检。

朋友说：对啊，岂止机场，好些地方都要安检呢！

我说：进项税能不能抵扣，就像坐飞机需要安检一样，需要认真审查，而且它的审查更细致，一共要经过四道安检门，全部通过后才能抵扣进项税。

朋友说：这么严啊！有哪四道安检呢？

我说：第一道安检，检查身份项目。也就是说，只有一般纳税人的一般计税项目才能进行进项税抵扣。如果是小规模纳税人，或者一般纳税人的简易计税项目，进项税是不能抵扣的，这是一个大前提。很多纳税人会忽视了这一点，我遇到有些人会问这样的问题，小规模纳税人能不能计算旅客运输的进项税？这都是因为学得太久，都忘记了为什么要出发。如果不是一般纳税人的一般计税项目，就不用考虑进项税如何抵扣了。

朋友忙说：我们公司是一般纳税人，也有一般计税项目。这第一道安检应该是可以通过了。

我说：第二道安检，检查凭证是否合规。扣税凭证合规是基本的要求，如果凭证不合规，就不用再往下考虑了。

朋友面有嘚瑟地说：这个我懂，扣税凭证就是增值税专用发票吧，我现在对来报账的发票审查得可仔细了，只要有缺章漏项的情况，一律都退回去重开。

我说：增值税专用发票只是扣税凭证的一种，2019 年 4 月 1 日以后可以抵扣进项税的有 10 种凭证。

朋友愣了一下：有这么多吗？

我说：我给你点一点啊，1. 增值税专用发票，2. 机动车销售统一发票，3. 通行费增值税电子普通发票，4. 海关进口增值税专用缴款书，5. 农产品收购发票，6. 农产品销售发票，7. 解缴税款的完税凭证，8. 通行费发票（过桥、闸），9. 外贸企业进项税额抵扣证明，10. 旅客运输服务发票。需要注意的是，旅客运输的票据抵扣进项税是从 2019 年 4 月 1 日才开始。

朋友想了想说：不对吧，应该还有高速公路和一二级公路的通行费票据可以计算抵扣吧，我一直记得有个计算抵扣的口诀“高速低率、低速高率”。

我说：道路通行费如果是电子普通发票，根据电子普通发票上的税额抵扣进项税。高速公路非电子发票计算抵扣时限为2018年6月30日，一级、二级公路非电子发票计算抵扣时限为2018年12月31日。你说的那个口诀已经过期了。

朋友懊恼地说：我刚记住，就又失效了。

我笑着说：你换个思路，你应该想，还有好些税收政策没学呢，它就已经作废了，真好，省了好多力气。

朋友说：好吧，取得这些合规的票据就算是通过第二道安检了吗？

我说：票据合规性审查是很重要的，包括的内容很多，你刚才说的缺章漏项的情况，一律都退回去重开，是对的，那是对票据形式上是否合规作审查。但除了形式上合规，还要注意实质上合规，比如发票上编码选择、税率税额是否正确，再比如税法不允许开增值税专用发票的业务，纳税人却错误地开具了专用发票，也是不能抵扣进项税的。总之，对票据的实质合规性进行审查，需要对相关的税收政策比较了解才能判断出来，不是一两句就能说完的，随后一点点学习吧。

朋友说：好的，这个我慢慢学，第三道安检门是什么？

我说：第三道安检，检查进项税的来源和去向。

朋友说：这是什么意思？

我说：进项税能否抵扣，税法采取了一个“负面清单”的形式，针对来源和用途两个大方向，规定了相应的负面清单，也就是说来源于某些特定项目、用于某些特定用途的进项税不能抵扣。除此之外的来源和用途都可以抵扣。

朋友说：你说的这些特定项目是什么？

我说：来源的特定项目包括餐饮服务、居民日常服务、娱乐服务、贷款服务。也就是说，企业购入的来自这四种业务的进项税是不能抵扣的，即使取得了专用发票也不能抵扣。

朋友说：为什么不能抵？我觉得这是歧视。

我说：一刀切的政策看似公平，其实更不公平，因为经济业务是繁杂的，需要具体情况具体分析。餐饮服务、居民日常服务、娱乐服务不让抵扣进项税，是因为这些服务中，公司消费和个人消费其实很难划分清楚，担心出现太大征管漏洞。

贷款服务，也就是企业的利息支出不能抵扣进项税，主要是考虑如果允许利息支出抵扣进项税，按照增值税抵扣链条的原则，相应就应该对存款利息征税，在我国现阶段，对存款利息征税难度很大，所以，对贷款服务也暂时不允许抵扣进项税。

随着时间推移，来源类的不得抵扣范围应该会逐步缩小，原先旅客运输服务也不允许抵扣进项税的，从2019年4月1日起已经可以抵扣了。

朋友说：好吧，那你说的特定用途不能抵扣进项税，是哪些用途呢？

我说：两大类用途不能抵扣进项税。一类是用于了终端项目，这里包括用于简易计税项目、免税项目、集体福利或个人消费的购进货物、劳务、服务、无形资产和不动产。因为此时，增值税已经进入了抵扣链条的末端，所以就不能再计算抵扣进项税了。

另一类是用于非正常损失。这里包括：非正常损失的购进货物及相关的加工修理修配劳务和交通运输服务；非正常损失的在产品、产成品所耗用的购进货物（不含固定资产）、加工修理修配劳务和交通运输服务；非正常损失的不动产，以及该不动产所耗用的购进货物、设计服务和建筑服务。

需要注意，非正常损失，在税法中有明确的限定范围，是指因管理不善造成货物被盗、丢失、霉烂变质，以及因违反法律法规造成货物或不动产被依法没收、销毁、拆除。如果是因自然灾害造成的损失，进项税是可以抵扣的。

朋友说：那如果我购进的进项税既用于一般计税项目，又用于简易计税项目，分不清该怎么办呢？

我说：如果进项税额是专用于简易计税项目的，不能抵扣；如果进项税额既用于简易计税项目又用于一般计税项目的，涉及固定资产、无形资产、不动产的进项税额可全额抵扣。如果是其他的货物、劳务服务购进的进项税额，那就按销售额的比例来划分不得抵扣的进项税。

朋友说：怎么用销售额比例划分呢？

我说：举个例子说吧，你们公司2月的进项税额一共是100万元，2月总的销售额一共是1 000万元，其中简易计税项目销售额是300万元，还有免征增值税项目的销售额是100万元。那么不能抵扣的进项税 = 100 ×（300 + 100）÷1 000 = 40万元。

朋友说：哦，我明白了，那你说的第四道安检是什么？

我说：第四道安检，检查上游。也就是说，如果给你开发票的企业走逃了，你取得的是他开具的异常凭证，那么也暂时不能抵扣进项税，如果已经抵扣了，要作进项税转出。当然如果税务机关核查后，确认业务真实还是可以抵扣的。

朋友说：供货商跑了，给我开的发票就不能抵扣，这不公平啊！

我说：是这样的，走逃失联户开出来的异常凭证，虚开的可能性非常大。增值税是链条抵扣，企业之间有点像“一根绳上的蚂蚱”。所以，最重要的不是抱怨，而是要在合作的时候就尽量选一个靠谱的合作伙伴。

朋友说：我们怎么可能知道他靠谱不靠谱？

我说：一般来说，这些公司有一些共同的特点，成立时间短，经营范围广，业务量大，人员少。总之，遇到这些公司多留心，不要贪小便宜吃大亏。

朋友无奈地说：人在江湖飘，哪能不挨刀啊。

我也无可奈何地说：好吧，那就希望你少挨刀吧。你记住今天这四个安检，在进项税抵扣上应该就不会挨刀了。

朋友想了想说：你说的四个安检，一是检查身份项目，这个简单；二是检查票据合规，这个要再深入学习；三是检查来源和去向，这个我已经明白了；四是检查上游，今后提醒业务人员谨慎选择合作伙伴吧。你这么一说，我好像思路理清了一些，回去我再消化消化。

我说：提醒一下，政策是有保鲜期的，我现在说的政策只代表现在，不代表一直如此啊。回去要随时留心最新政策，不断学习更新啊。

朋友说：这太累了，我有更简便的办法，我决定了，以后每个月来你这里转一圈。

016　农产品，到底该怎么抵扣进项税?

朋友一进门就唉声叹气：这个农产品怎么这么麻烦啊，进项税抵扣问题我本来以为已经搞明白了，结果公司从超市买了些水果、蔬菜，开的有专票和普票，我查了半天，搞不清楚应不应该抵扣进项税。你说，农产品到底该怎么抵扣进项税呢?

我说：农产品的进项税抵扣确实比较特殊，需要专门聊一聊。

朋友说：我就不明白了，为啥农产品要搞特殊化?

我说：你想啊，农民伯伯辛辛苦苦地种出粮食、水果，饲养的牲口卖出去，又挣不了多少钱，你忍心让他们缴税?

朋友说：我是不忍心让他们缴税，可我听你叫农民伯伯我更不忍心，小孩这么叫还可以，你这把年纪还这样称呼，我有点起鸡皮疙瘩。

我说：我这不是从小学生开始就这么称呼习惯了嘛。说正经的，农业生产者销售自产的农产品是免增值税的。支持三农，这个没话说。但你知道增值税是环环抵扣政策，具有传导机制，国家对最上游的初级农产品免税，如果不进行政策上的特殊规定，最直接的结果会导致下游企业没办法抵扣进项税，多缴增值税，整体看就成了转移税负，而不是扶持农业了。所以政策上既要免除农业生产者的增值税，又要想办法让下游企业充分抵扣进项税，所以，购进农产品抵扣进项税政策就格外烦琐。

朋友说：哦，这样啊，那政策上作了什么特殊规定呢?

我说：对于企业购进农产品抵扣进项税，一共有两种抵扣方式，第一种方式是凭票抵扣；第二种方式是核定扣除。各有各的特殊规定。

朋友说：那你先说说第一种凭票抵扣有什么具体规定吧。

我说：农产品凭票扣税，你只需要记住：有四种凭证，四种抵扣方法。

这四种可以扣税的凭证有：一是增值税专用发票；二是海关专用缴款书；三是农产品销售发票；四是农产品收购发票，后面这两种属于普通发票。

朋友忍不住嘀咕：为啥又是销售发票，又是收购发票，这农产品发票到底应该是谁开?

我说：这是农产品的一个特殊点，其他货物当然都是销售方开发票，但农产品既可以由农业生产者开具销售发票，又因为农产品收购企业会面对许多农户，很多农户是不具备开发票的条件和能力的，所以允许反向开具发票，由收购企业向农户开具农产品收购发票。

朋友说：哦，四种凭证我了解了，那四种抵扣方法是什么？

我说：农产品的四种进项税抵扣方法。第一种：收到一般纳税人开具的增值税专用发票或海关专用缴款书，就是按发票上的税额抵扣，这个很常规化。

第二种：从小规模纳税人购进农产品，取得3%征收率的增值税专用发票，发票上标明的税额虽然是3%，但从2019年4月1日起，按票面金额和9%的扣除率计算抵扣进项税。取得的是3%的专用发票却可以按9%计算抵扣，这种抵扣方式可是独一份啊！

第三种：从农业生产者手中购进农产品，按收购发票和销售发票上注明的买价和9%扣除率计算进项税。

第四种：如果购进的农产品用于生产13%税率的货物，在领用当期加计扣除1%的进项税，也就等于实际扣除率是10%。这是营改增后简并税率的时候出现的规定，主要是为了维持原先的扣税力度而专门制定的。

朋友说：哦，是这样啊，让我琢磨一下啊。普通发票，除了农产品收购发票和销售发票，其他的都不能抵扣吗？

我说：是的，采取凭票扣税的方式，农产品只有上面这四种能抵扣的凭证和四种扣税方式，其他的都不能。比如你们公司从小超市购进蔬菜取得的免税的普通发票，或者买了点水果，取得了3%征收率的普通发票，这些都不能抵扣进项税。

朋友说：我觉得这个农产品收购发票听起来还挺方便的，上次我们公司从养殖场买了一些鸡鸭肉，作为员工福利发放，可养殖场没有给我们公司开票，我们公司能不能自己开一张农产品收购发票来计算抵扣进项税呢？

我哑然失笑：当然不可以。首先，这个收购发票必须是对农业生产者个人开具，肯定不能给养殖场开收购发票。其次，农产品收购发票不是你想领就能领的，前提是你公司确实有收购农产品的业务，另外还需要具备其他的一些条件，经过申请审批后才能领购。像你们公司偶尔买点农产品这样的业务，肯定是不能领购农产品收购发票的。

朋友说：哦，好吧。那你再说第二种方式，农产品核定扣除进项税，有什么具体规定呢？

我说：那个说来话又长了，不早了，你先搞明白这个，核定扣税咱们下次再聊。

017 农产品核定扣除到底是怎么一回事儿？

2019年4月的某一天，朋友打电话说：今天有空吗？上次答应我，要给我讲讲农产品核定扣除的问题，能兑现承诺了吗？

我说：可以，正好今天休息，要不咱们去附近的茶餐厅坐坐，聊一聊这个事儿。

半小时后，两人坐定。

我调侃说：我不记得你原来这么好学啊，现在这争分夺秒的学习劲头儿真让我刮目相看啊！

朋友说：实话说，我准备跳槽，去面试一个酒厂的财务岗位，其他的我觉得问题不大，但这部分我一直没搞懂，这不是赶紧临阵磨枪嘛。

我说：好吧，那我就给你讲讲农产品核定抵扣进项的主要脉络。你知道为啥国家要实行农产品核定抵扣吗？

朋友一脸茫然地说：为啥啊？

我说：因为农产品免税，为了保证下游农产品加工企业抵扣进项税，在凭票抵扣的时候不得不出台了很多特殊的规定，比如农产品销售发票和收购发票都可以计算抵扣进项税。

这些特殊规定，其实存在很多的征管漏洞，尤其是收购发票表现得最明显，“自开自抵”，监守自盗，很难监管。比如有的企业向农民收购农产品时虚开金额数量，多抵扣进项税；还有的企业原本不是向农业生产者购入农产品，而是其他单位个人，都开具收购发票，自己多抵扣税款，还帮助对方逃税等。正是因为凭票抵扣的漏洞比较大，所以国家开始推行农产品核定抵扣进项税。

朋友说：哦，原来如此。那都有哪些企业购进农产品实行核定抵扣进项税呢？

我说：从 2012 年 7 月 1 日开始，在全国范围内，以农产品为原料生产液体乳及乳制品、酒及酒精、植物油的增值税一般纳税人实行了农产品进项税核定抵扣（备注：财税〔2012〕38 号）。从 2013 年 9 月 1 日起，各省可根据自己的情况，选择一些行业实行核定抵扣，所以现在就难说了，每个省选的农产品都不一样，不统一。

不过，北京市规定从 2017 年 8 月 1 日开始，以购进农产品为原料生产销售家具、食品、药品及其他产品的纳税人，都实行进项税额核定扣除。意思是北京已经全行业覆盖了，农产品不再凭票抵扣进项税。

朋友说：看来农产品核定抵扣进项税是大势所趋啊，我还以为就只限定一小部分企业这么操作呢。那具体该如何核定抵扣呢？

我说：先不说核定方法。首先要注意，有一个准备工作不能忘，企业自实施核定扣除之日起，要将期初库存农产品以及库存半成品、产成品耗用的农产品增值税进项税额作转出处理。

朋友呆了一下说：为啥要转出啊？

我说：进项税抵扣方法变了，过渡衔接时，如果不转出原先的进项税，再实行新的核定进项税抵扣，就会造成重复抵扣。一张白纸好作画，先转出去，再按新的方法计算进项税额。

朋友说：转出去之后呢？下一步该怎么办？

我说：转出去之后，就需要看企业采取什么样的核定扣除方法了。税法规定了三种方法，一是投入产出法，二是成本法，三是参照法。不过最后一种参照法其实就是参照前两种方法。所以真正需要了解的就是投入产出法和成本法。

朋友说：哦，那你先给我讲讲投入产出法吧。

我说：投入产出法。通俗来讲，就是按照企业每个月销售的商品数量，根据行业标准或者国家标准，确定耗用了多少农产品数量，然后用农产品耗用数量乘以农产品平均单价，用这个作为一个含税价，再乘以一个和产品适用税率相同的扣除率，来计算核定的进项税额。

详细的计算公式是：

当期允许抵扣农产品增值税进项税额 = 当期销售货物数量 × 农产品单耗数量 × 农产品平均购买单价 × $\frac{\text{扣除率}}{1+\text{扣除率}}$

朋友说：好像懂了，又好像不太懂。

我说：举个例子说吧，例如，某个大米生产企业，2019 年 4 月销售了 50 吨大米，每吨大米 6 000 元。大米耗用稻谷，根据当地农产品统一扣除标准，稻谷的单耗数量，也就是扣除标准为 1.404，稻谷的平均单价是 3 500 元/吨。销售大米的适用税率从 2019 年 4 月 1 日之后是 9%，这也是农产品的扣除率。

所以，该企业可抵扣的进项税 = 50 × 1.404 × 3 500 ÷ (1 + 9%) × 9% = 20 287.16 元。

朋友说：哦，原来是这么回事啊。我好像明白了。

我说：我这只是说了一个投入产出法的大概意思，这里还有几个细节要注意，如果一个月有期初农产品库存，本月又购进好几批价格数量不同的农产品，农产品的平均单价你会算吗？

朋友不服气地说：你太小看我了，好歹我也做了好些年财务工作了，不就是用加权平均法来计算单价？

我说：噢对，看来我是多虑了，是加权平均法，也就是总的金额除以总的数量，得出平均单价。另外要注意，这个价格不包括买价之外单独支付的运费和入库前的整理费用。

朋友说：嗯，我懂了。

我说：还有个问题，上面说的是一对一的情况，但农产品投入和产出经常不会是一对一，更常见的是一对多、多对多，这个时候投入产出法该如何应用呢？

朋友说：嗯，那我好像又不知道了。

我说：总的原则是，根据合理的方法归集每种产品耗用的农产品数量。只要方法合理，都可以认可的。例如，如果企业购入的农产品会生产出 A、B 两种产品，其中 A 是主产品，B 是副产品。这个时候可以采取“主产品法”，也就是主产品计算耗用的农产品数量，副产品不计算耗用数量。当然，这个方法适合那些能区分主副产品的企业。

朋友说：那要区分不出来呢？

我说：那可以采取产值比重法、重量比重法、折合系数法等，因为核定抵扣进项税，本身就不是一个精确的计算方法，出现的各种情况，只要方法合理，能大致算出耗用的农产品数量，就都可以采用。

朋友说：你再举个例子说说呗。

我说：好吧，例如，一个食用植物油加工厂，购入的农产品是花生米，生产了两种产品，花生原油和花生粕。花生原油的农产品单耗数量为 2.532，花生粕的农产品单耗数量为 1.733；2019 年 4 月产出花生原油 55 吨，当期产出花生粕 90 吨，花生米平均收购单价为 5 000 元/吨。2019 年 4 月花生原油销售 50 吨，花生粕销售 80 吨。

我们按照重量比重法来分配：

花生原油重量比重 = 55 ÷ (55 + 90) = 37.93%

花生粕重量比重 = 90 ÷ (55 + 90) = 62.07%

销售花生原油耗用的农产品数量 = 50 × 2.532 × 37.93% = 48.02（吨）

销售花生粕耗用的农产品数量 = 80 × 1.733 × 62.07% = 86.05（吨）

合计核定耗用农产品数量为 134.07 吨。

当期允许抵扣农产品增值税进项税额 = 134.07 × 5 000 × 9% ÷ (1 + 9%)
= 55 350（元）

朋友说：我以为用花生油和花生粕的销售数量，分别乘单耗标准，加起来就是农产品的耗用数量了，为啥还要乘个重量比重呢？

我说：你想的挺美啊，一吨花生米同时生产出两个产品，你分别乘单耗标准，直接加起来，相当于重复计算农产品耗用量了，一定需要找个合适的系数分摊开。我们这里例子是重量比重，还可以是其他的系数。

朋友说：这么一说我应该是明白了。那成本法是怎么算呢？

我说：成本法要先算一个农产品耗用率，这个耗用率 = 上一年度投入生产的外购农产品金额 ÷ 生产成本来确定。有了这个耗用率，进项税就可以按下面这个公式计算：当期允许抵扣农产品增值税进项税额 = 当期主营业务成本 × 农产品耗用率 × $\frac{\text{扣除率}}{1+\text{扣除率}}$。

朋友说：这个进项税不是按销售额来算，而是按成本来算？

我赞叹道：你的理解很到位，这两种方法确实差别很大，成本法是按主营业务成本来计算，投入产出法是按销售额计算。

我接着说：这里需要注意，计算农产品耗用率的时候，农产品外购金额不包括不构成货物实体的农产品和在购进农产品之外单独支付的运费、入库前的整理费用。

朋友说：不构成货物实体的农产品是什么意思？

我说：这样说吧，如果企业购入木材是为了生产家具，这属于购入了构成货物实体的农产品，如果企业购入木材是为了给机器设备做包装物，那就属于购入了不构成货物实体的农产品，所以说，只要购入后是作为包装物、辅助材料、燃料、低值易耗品来核算的，就属于不构成货物实体的农产品。

朋友说：听起来这个农产品耗用率，是一个企业一个率？

我说：对，这个农产品耗用率每个企业都不一样，而且每年终了，税务机关还需要重新核定一次，作为下一年度的农产品耗用率。

朋友说：噢，还真麻烦啊，那确定了耗用率该怎么算进项税呢？

我说：再举个例子吧，一个棉花加工厂，外购籽棉生产销售皮棉。2018 年农产品耗用率为 80%，2019 年 4 月结转皮棉主营业务成本 100 万元，皮棉适用的扣除率是 9%，所以 2019 年 4 月允许抵扣农产品增值税进项税额 = 当期主营业务成本 × 农产品耗用率 × 扣除率 ÷（1 + 扣除率）= 100 × 80% × 9% ÷（1 + 9%）= 66 055. 05 元。

朋友说：成本法听起来挺好理解的。那参照法是什么？

我说：参照法是针对新办的纳税人或者纳税人新增产品的。刚开始什么资料都没有，就可以参照所属行业或者生产结构相近的其他纳税人确定农产品单耗数量或者农产品耗用率。第二年再申请核定当期的农产品单耗数量或者农产品耗用率。

朋友说：第二年核定以后，如果和原来的耗用率不一样，需要调整上一年的进项税吗？

我说：需要的，核定后重新计算进项税额，如果超过上一年实际抵扣增值税进项税额的，其差额部分可以结转下期继续抵扣；核定的进项税额低于实际抵扣增值税进项税额的，其差额部分应该作进项税额转出处理。

朋友说：哦，这个简单，我明白了。三种方法都说完了，农产品核定扣除进项税是不是就这些内容了。

我说：这三种方法针对的是在购进农产品用来生产产品的情况下，核定进项税的方法。还有两种情况没说，一种是购进农产品直接销售；另一种是购进农产品用于生产经营但不构成货物实体，就是我刚才说的用于包装物等这种情况。它们的进项税核定抵扣要简单一些。

朋友说：还有啊，我以为都要结束了。

我说：简单说一下吧。购进农产品直接销售，2019 年 4 月 1 日以后，当期允许抵扣农产品增值税进项税额 = 当期销售农产品数量 ÷（1 − 损耗率）× 农产品平均购买单价 × 9% ÷（1 + 9%）。

朋友说：这个损耗率是国家统一规定的吗？

我说：这个不是，这是企业实际发生的损耗。

朋友说：哦，那这个公式我明白了，挺好理解的，就是销售数量倒算出来相应的购进数量，乘以单价，然后按9%计算进项税呗。

我说：你这么聪明，我可省劲了。最后一种情况，对于购进农产品做包装物等不构成货物实体的情况，这里又需要分两种情况抵扣进项税：一是如果用于适用税率为13%的货物实体的包装物等，那就按照10%的扣除率来计算；二是如果用于适用税率为9%的货物实体的包装物等，就按照9%的扣除率来计算。我把公式给你写一下。

购进农产品用于生产经营且不构成货物实体的（13%税率）：

当期可抵扣进项税 = 农产品单耗数量 × 当期销售数量 × 当期收购单价 × 10% ÷（1 +10%）

购进农产品用于生产经营且不构成货物实体的（9%税率）：

当期可抵扣进项税 = 农产品单耗数量 × 当期销售数量 × 当期收购单价 × 9% ÷（1 +9%）

朋友说：这不是和投入产出法挺像的吗？

我说：是挺像的。唯一不一样的是，构成货物实体的投入产出法，农产品用于了13%税率的货物，扣除率和税率一样就是13%；但在不构成货物实体的时候，农产品的扣除率是10%。

朋友说：农产品核定抵扣真麻烦啊！

我说：是有点麻烦，但只要静心捋一遍，就没想象中那么麻烦了。

朋友说：好吧，那我回去再仔细捋一捋。

018　关于农产品凭票抵扣，有6个易被忽视的问题

前几天，我发了两篇有关农产品抵扣的文章，总体政策都讲了，但还有一些网友提问，让我意识到有些内容说得不够全面，也有不够准确的地方，在此重新归纳和补充一下。

1. 农产品抵扣进项税有几种方式？

答：农产品抵扣进项税有凭票抵扣和核定扣除两种方式。在凭票抵扣的方式下，根据取得票据的不同，有直接采用发票上的税额抵扣，也有根据发票金额计算抵扣，但要清楚这个计算是建立在发票金额上的计算，不要和核定扣除方式下的计算混为一谈。

2. 凭票抵扣有哪几种票据?

答：有四种票据，一是增值税专用发票，二是海关进口增值税专用缴款书，三是农产品收购发票，四是农产品销售发票。

3. 凭票抵扣有几种进项税额抵扣规定?

答：有 3 +2 种抵扣规定，其中 3 种是普遍规定，2 种是特殊规定。

3 种普遍规定：

一是收到一般纳税人开具的增值税专用发票或海关专用缴款书，按发票上的税额抵扣。因为农产品 2019 年 4 月 1 日以后的税率是 9%，所以这个发票上的税额，等于金额 ×9%。

二是从小规模纳税人购进农产品，取得 3% 征收率的增值税专用发票。从 2019 年 4 月 1 日起，按票面金额和 9% 的扣除率计算抵扣进项税。

三是从农业生产者手中购进农产品，按收购发票和销售发票上注明的买价和 9% 扣除率计算进项税。

2 种特殊规定：

一是如果企业能分别核算，购进的农产品确实是用于生产 13% 税率的货物的，在领用当期加计扣除 1% 的进项税，也就等于实际扣除率是 10%。

二是如果企业未分别核算，购进的农产品既用于了 13% 的货物，又用于了其他货物服务，这时不仅不能享受加计扣除，而且从小规模纳税人取得的 3% 的专票，也只能按照 3% 抵扣，不能按照票面金额和 9% 的扣除率计算抵扣进项税。

4. 如何理解农产品销售发票?

答：这个农产品销售发票，是指农业生产者销售自产农产品适用免征增值税政策而开具的普通发票。农业生产者既包括企业，也包括农业合作社和个人（个体工商户和自然人）。

农产品，是指种植业、养殖业、林业、牧业、水产业生产的各种植物、动物的初级产品。具体征税范围暂继续按照《财政部 国家税务总局关于印发〈农业产品征税范围注释〉的通知》（财税字〔1995〕52 号）及现行相关规定执行，并包括挂面、干姜、姜黄、玉米胚芽、动物骨粒、按照《食品安全国家标准——巴氏杀菌乳》（GB19645 -2010）生产的巴氏杀菌乳、按照《食品安全国家标准——灭菌乳》（GB25190 -2010）生产的灭菌乳。

5. 农产品免税发票有哪几种情形？可计算抵扣进项税的有哪些?

答：截至 2021 年底，能开具农产品免税发票的有以下六种情况。

一是农业生产者销售自产初级农产品（《中华人民共和国增值税暂行条例》第十五条）；

二是农民专业合作社销售本社成员生产的农业产品（财税〔2008〕81 号）；

三是制种企业在特定生产经营模式下，生产销售种子（国家税务总局公告 2010 年第 17 号）；

四是从事蔬菜批发、零售的纳税人销售的蔬菜（财税〔2011〕137 号）；

五是从事农产品批发、零售的纳税人销售部分鲜活肉蛋产品（财税〔2012〕75 号）；

六是采取“公司 + 农户”经营模式销售畜禽（国家税务总局公告 2013 年第 8 号）。

上述六种可开具农产品免税发票的情形中，第一、二、三、六种均视为农业生产者销售自产的农产品，取得这四种免税发票，可以按农产品销售发票计算抵扣进项税。而取得第四、五种情况的免税发票，不能计算抵扣进项税。

6. 农产品收购发票领购开具中应该注意什么？

答：一般纳税人如果要开具农产品收购发票，需要向当地税务主管部门申请领购，经过批准后才能开具。一般来说，需要向税务机关就本公司的生产经营情况作出说明，比如企业的类型（属于购销企业还是生产企业）、注册资金、流动资金、经营的主要产品（或商品）、经营场所；生产型企业的年设计生产能力、主要原材料品种；购买农产品品种、购销计划、收购及销售渠道、相关的仓储设施或设备等。

农产品收购发票，纳税人只能是向农业生产者个人购买自产农产品这种业务才能开具。如果向从事农业生产的自然人以外的单位和个人购进农产品，应向对方索取增值税专用发票或普通发票，不能自行开具农产品收购发票。

纳税人应按规定妥善保管向从事农业生产的自然人收购自产农产品业务相关的原始凭证以备查验，如从事农业生产的自然人的身份证复印件，收购农产品的过磅单、入库单、收付款凭证等。

很多纳税人对此重视不够，经常会出现身份证信息错误、遗失，以及弄虚作假的行为，在税务机关进行检查时，如果企业无法提供相应的材料，会被认定存在不真实的交易行为，面临虚开发票的风险。

019　十年来农产品扣除率的变化

农产品进项税扣除率的变化见图 2－1。

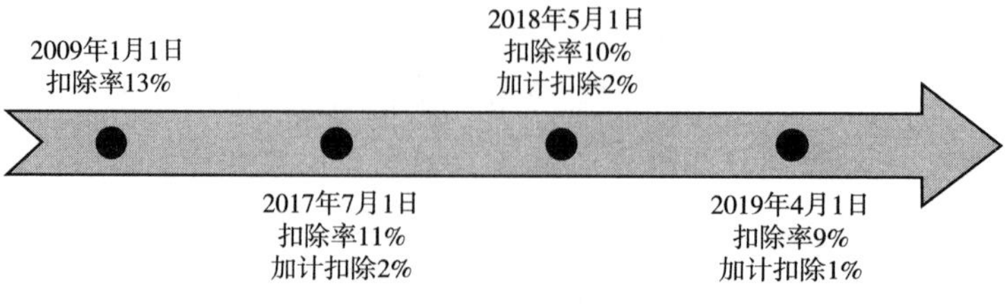

图 2－1　农产品进项税扣除率的变化

之前写了三篇文章，讲农产品进项税抵扣的相关政策，但一直没整理农产品扣除率的变化。有朋友问，我才意识到这个知识点也是刚需。其实很简单，就是随着增值税税率的变化而变化。

2009 年 1 月 1 日起，13% 的扣除率持续了很多年。

2017 年 7 月 1 日起，因为增值税简并税率，13% 整体归入了 11% 档次，扣除率也随之发生了变化，但为了维持原先扣除力度不变，出现了一个加计 2% 的扣除。

2018 年 5 月 1 日起，扣除率随着税率的下调而下调到 10%，但加计 2% 扣除率不变。

2019 年 4 月 1 日起，扣除率继续随税率下调到 9%，加计扣除率为 1%。

虽然说是十年来，其实最多的变化就是三年内，这些年是税法的动荡之年，几天不关注政策，税法就像川剧中的变脸似的，呈现出一张新面孔。我们唯有以不变的学习姿态来应对这个变化的年代。

020　增值税简易计税是不是税收优惠?

之前我写了一篇文章，把常见的 10 个优惠政策按照纳税人的身份作了一个区分。有网友留言说，文章没有把“一般纳税人特定业务可以适用简易计税”写进去。

我理解他的意思，这估计也是很多人的一个误区，认为简易计税是一种税收优惠。真的是这样吗？我们可以举个例子看看：

假设有三个公司 A、B、C，它们都是一般纳税人，实行一般计税方式。这时候，每个公司和全社会的增值税纳税额如图 2－2 所示。

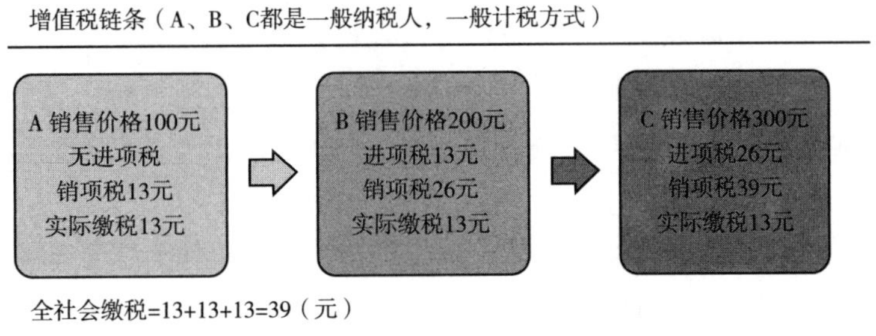

图 2－2　增值税链条（一般计税方式）

如果接下来，在第二年，B 公司可以实行简易计税方式，这时候，每个公司和全社会的缴税额如图 2－3 所示。

我们可以明显看到，在价格未发生变化的情况下，由于中间环节的 B 公司实行了

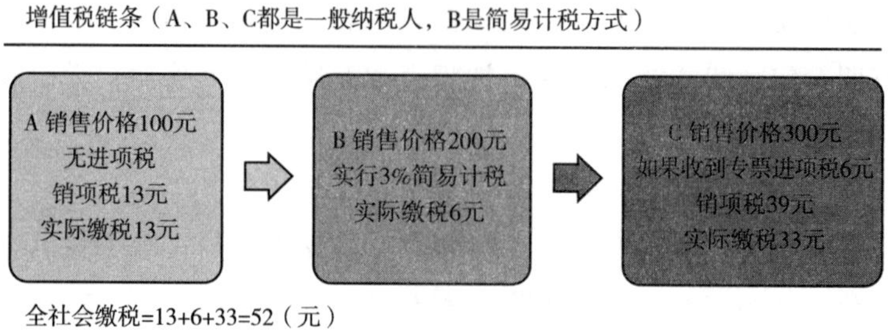

图 2－3　增值税链条（B 是简易计税方式）

简易计税，导致了全社会的缴税额发生了增加。

这时候，虽然从 B 的角度看，原先缴纳 13 元，现在缴纳 6 元，确实是少缴了。但是 C 原先缴 13 元，现在缴 33 元，肯定是不乐意的。市场平衡被打破了，这时候就会通过新一轮的博弈重新确定价格。具体谁多缴谁少缴难以确定，但社会总缴税额增加，不是一件好事，有可能市场中的每一个主体都会比原先多缴税。

如果不是 B 实行简易计税，而是作为终端的 C 实行简易计税呢？每个公司和全社会的缴税额如图 2－4 所示。

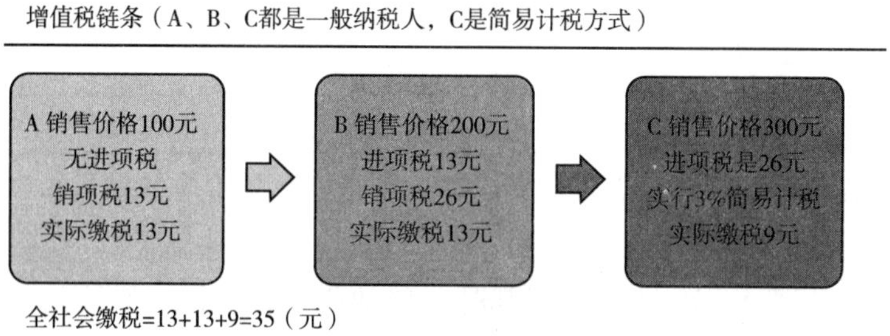

图 2－4　增值税链条（C 是简易计税方式）

这样看来，如果流通终端实行简易计税，全社会缴税额下降，C 的缴税额也从 13 元降到了 9 元。这种情况下，简易计税还是不错的，起到了降税的作用。

但是否都是如此呢？如果 C 的销售价格不是 300 元，而是 250 元，则增值税链条如图 2－5 所示。

可以看出来，C 的销售价格在 250 元的情况下，一般计税比简易计税更划算。

这四种情形，归纳起来就是两句话：

如果是中间环节简易计税，全社会的税额会增加，价格博弈会产生，博弈结果可能是大家都会多缴税。当然，不排除强势企业少缴税。

如果是终端环节简易计税，全社会的税额有可能增加也可能减少，是一件不确定的事情。

得出的结论只有一个：简易计税是一种计税方式，真的不是一项税收优惠。

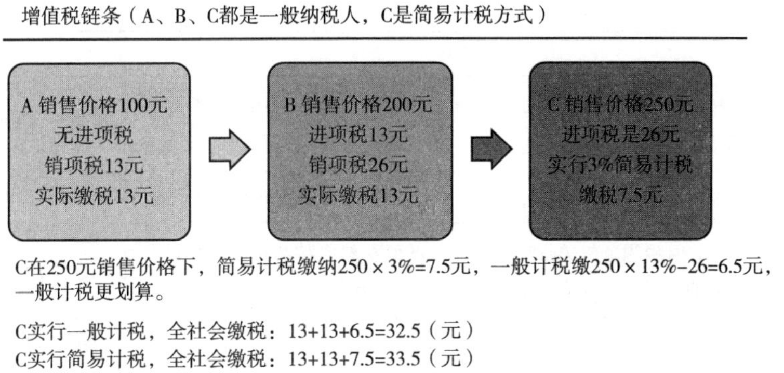

图 2-5　增值税链条（C 是简易计税方式，C 销售价格为 250 元）

021　增值税不征税项目知多少?

大家都知道，增值税的应税范围是在中华人民共和国境内销售货物或者加工、修理修配劳务，销售服务、无形资产、不动产以及进口货物。

虽然说这个范围相当广泛，基本上涵盖了经济活动中的大部分业务，但依然有一些业务是不属于增值税应税范围的。截至 2020 年 11 月，我整理统计的增值税的不征税项目有以下三类。

第一类：有文件明确规定不征增值税，但不能开具不征税发票的项目。据笔者统计有 31 项（见表 2-7）。

表 2-7　　增值税不征税项目明细表（不开具不征税发票）

序号	政策内容	文件依据
1	基本建设单位和从事建筑安装业务的企业附设的工厂、车间在建筑现场制造的预制构件，凡直接用于本单位或本企业建筑工程的，不征收增值税	国税发〔1993〕154 号
2	执罚部门和单位查处的属于一般商业部门经营的商品，具备拍卖条件的，由执罚部门或单位商同级财政部门同意后，公开拍卖。其拍卖收入作为罚没收入由执罚部门和单位如数上缴财政，不予征税	财税字〔1995〕69 号
3	供应或开采未经加工的天然水（如水库供应农业灌溉用水，工厂自采地下水用于生产），不征收增值税	国税发〔1993〕154 号
4	对国家管理部门行使其管理职能，发放的执照、牌照和有关证书等取得的工本费收入，不征收增值税	国税函发〔1995〕288 号

续表

序号	政策内容	文件依据
5	供电工程贴费不属于增值税销售货物和收取价外费用的范围，不应当征收增值税	财税字〔1997〕102 号
6	对卫生防疫站调拨或发放的由政府财政负担的免费防疫苗不征收增值税	国税函〔1999〕191 号
7	对统一核算，且经税务机关批准汇总缴纳增值税的成品油销售单位跨县市调配成品油的，不征收增值税	国家税务总局令第 2 号
8	对增值税纳税人收取的会员费收入不征收增值税	财税〔2005〕165 号
9	各燃油电厂从政府财政专户取得的发电补贴不属于规定的价外费用，不计入应税销售额，不征收增值税	国税函〔2006〕1235 号
10	中国移动有限公司内地子公司开展的以业务销售附带赠送实物业务（包括赠送用户 SIM 卡、手机或有价物品等实物），属于电信单位提供电信业劳务的同时赠送实物的行为，按照现行流转税政策规定，不征收增值税，其进项税额不得予以抵扣	国税函〔2006〕1278 号
11	中国电信子公司开展的以业务销售附带赠送实物业务［包括赠送用户小灵通（手机）、电话机、SIM 卡、网络终端或有价物品等实物］，属于电信单位提供电信业劳务的同时赠送实物的行为，按照现行流转税政策规定，不征收增值税，其进项税额不得予以抵扣	国税函〔2007〕414 号
12	中国联通有限公司及所属分公司和中国联合通信有限公司贵州分公司开展的以业务销售附带赠送实物业务（包括赠送用户手机识别卡、手机、电信终端或有价物品等实物），属于电信单位提供电信业劳务的同时赠送实物的行为，按照现行流转税政策规定，不征收增值税	国税函〔2007〕778 号
13	纳税人受托代理销售二手车，凡同时具备以下条件的，不征收增值税：（一）受托方不向委托方预付货款；（二）委托方将“二手车销售统一发票”直接开具给购买方；（三）受托方按购买方实际支付的价款和增值税额（如系代理进口销售货物则为海关代征的增值税额）与委托方结算货款，并另外收取手续费	国家税务总局公告 2012 年第 23 号
14	航空运输企业提供的旅客利用里程积分兑换的航空运输服务，不征收增值税	财税〔2013〕106 号附件 2 第一条第（三）项
15	以积分兑换形式赠送的电信业服务，不征收增值税	财税〔2014〕43 号
16	药品生产企业销售自产创新药的销售额，为向购买方收取的全部价款和价外费用，其提供给患者后续免费使用的相同创新药，不属于增值税视同销售范围	财税〔2015〕4 号
17	境外单位或者个人向境内单位或者个人销售完全在境外发生的服务	财税〔2016〕36 号附件 1
18	境外单位或者个人向境内单位或者个人销售完全在境外使用的无形资产	财税〔2016〕36 号附件 1
19	境外单位或者个人向境内单位或者个人出租完全在境外使用的有形动产	财税〔2016〕36 号附件 1

续表

序号	政策内容	文件依据
20	行政单位收取的同时满足以下条件的政府性基金或者行政事业性收费 （1）由国务院或者财政部批准设立的政府性基金，由国务院或者省级人民政府及其财政、价格主管部门批准设立的行政事业性收费 （2）收取时开具省级以上（含省级）财政部门监（印）制的财政票据 （3）所收款项全额上缴财政	财税〔2016〕36 号附件 1
21	单位或者个体工商户聘用的员工为本单位或者雇主提供取得工资的服务	财税〔2016〕36 号附件 1
22	单位或者个体工商户为聘用的员工提供服务	财税〔2016〕36 号附件 1
23	根据国家指令无偿提供的铁路运输服务、航空运输服务，属于用于公益事业的服务	财税〔2016〕36 号附件 2
24	存款利息	财税〔2016〕36 号附件 2
25	被保险人获得的保险赔付	财税〔2016〕36 号附件 2
26	房地产主管部门或者其指定机构、公积金管理中心、开发企业以及物业管理单位代收的住宅专项维修资金	财税〔2016〕36 号附件 2
27	各党派、共青团、工会、妇联、中科协、青联、台联、侨联收取党费、团费、会费，以及政府间国际组织收取会费，属于非经营活动，不征收增值税	财税〔2016〕68 号
28	金融商品持有期间（含到期）取得的非保本的收益，不属于利息或利息性质的收入，不征收增值税	财税〔2016〕140 号
29	纳税人购入基金、信托、理财产品等各类资产管理产品持有至到期，不属于金融商品转让	财税〔2016〕140 号
30	纳税人出租不动产，租赁合同中约定免租期的，不属于财税〔2016〕36 号第十四条规定的视同销售服务	国家税务总局公告 2016 年第 86 号
31	纳税人取得的财政补贴收入，与其销售货物、劳务、服务、无形资产、不动产的收入或者数量直接挂钩的，应按规定计算缴纳增值税。纳税人取得的其他情形的财政补贴收入，不属于增值税应税收入，不征收增值税	国家税务总局公告 2019 年第 45 号

第二类：有文件明确规定不征收增值税，且可以开具不征税发票的项目，据我统计是 16 项（见表 2－8）。

表 2－8　　增值税不征税项目明细表（开具不征税发票）

编码	项目内容	政策依据
601	预付卡销售和充值	国家税务总局公告 2016 年第 53 号
602	销售自行开发的房地产项目预收款	财税〔2016〕36 号 国家税务总局公告 2016 年 18 号 国家税务总局公告 2016 年 53 号

续表

编码	项目内容	政策依据
603	已申报缴纳营业税未开票补开票	国家税务总局公告 2016 年 23 号 国家税务总局公告 2017 年 11 号 国家税务总局公告 2018 年 12 号
604	代收印花税	国家税务总局公告 2016 年 77 号
605	代收车船税	国家税务总局公告 2016 年 51 号
606	融资性售后回租业务中承租方出售资产的行为	国家税务总局公告 2010 年第 13 号
607	资产重组涉及的房屋等不动产	财税〔2016〕36 号附件 2
608	资产重组涉及的土地使用权	财税〔2016〕36 号附件 2
609	代理进口免税的货物货款	国家税务总局公告 2016 年第 69 号
610	有奖发票奖金支付	税总函〔2017〕158 号
611	不征税自来水	国家税务总局公告 2017 年 47 号
612	建筑服务预收款	财税〔2016〕36 号 财税〔2017〕58 号
613	代收民航发展基金	财税〔2016〕36 号 财综〔2012〕17 号
614	拍卖行受托拍卖文物艺术品代收货款	国家税务总局公告 2020 年 9 号
615	与销售行为不挂钩的财政补贴收入	国家税务总局公告 2019 年第 45 号
616	资产重组涉及的货物	国家税务总局公告 2011 年第 13 号 国家税务总局公告 2015 年第 66 号

第三类是没有文件明确规定，但根据现有政策规定可以判断出不属于增值税征税范围的项目，现列示了常见的 7 项，如表 2－9 所示。

表 2－9　　常见的非增值税应税项目

序号	项目内容
1	单位或个体工商户为公益事业或社会公众无偿提供服务
2	自然人无偿提供服务
3	单位或个人为公益事业或社会公众无偿转让无形资产或不动产
4	股权转让收入
5	权益性投资分红
6	解除合同收取的违约金、赔偿金
7	因未发生应税行为，而没收客户的款项

022　增值税销售额，什么时候用全额？什么时候用差额？

增值税的差额纳税，是营改增的产物，是指特定业务在计算增值税时，销售额可以扣除规定的项目金额。对于有差额征税业务的纳税人来说，看到政策文件中销售额这个概念，就很容易产生困惑，到底是指全额销售额，还是差额后的销售额呢？这个真不能一概而论，不同文件中销售额的意思是不一样的。我在 2019 年 10 月 14 日整理了一下，并总结了两句口诀，希望对大家有所帮助。

一、判断身份用全额

（一）小规模纳税人转一般纳税人

《国家税务总局关于增值税一般纳税人登记管理办法》（国家税务总局令第 43 号）第二条规定，增值税纳税人，年应税销售额超过财政部、国家税务总局规定的小规模纳税人标准（以下简称“规定标准”）的，除该办法第四条规定外，应当向主管税务机关办理一般纳税人登记。销售服务、无形资产或者不动产（以下简称“应税行为”）有扣除项目的纳税人，其应税行为年应税销售额按未扣除之前的销售额计算。纳税人偶然发生的销售无形资产、转让不动产的销售额，不计入应税行为年应税销售额。

（二）一般纳税人转登记为小规模纳税人

《国家税务总局关于小规模纳税人免征增值税政策有关征管问题的公告》（国家税务总局公告 2019 年第 4 号）第五条规定，转登记日前连续 12 个月或者连续 4 个季度累计销售额未超过 500 万元的一般纳税人，在 2019 年 12 月 31 日前，可选择转登记为小规模纳税人。

> **【晶晶亮评析】**该文件虽然没有提及用差额前还是差额后的销售额，但一般纳税人和小规模纳税人互转，以 500 万元销售额为界限，500 万元的计算口径肯定是一致的。

二、享受优惠用差额

（一）小规模纳税人享受小微免税优惠

《国家税务总局关于小规模纳税人免征增值税政策有关征管问题的公告》（国家税

务总局公告2019年第4号）第一条规定：小规模纳税人发生增值税应税销售行为，合计月销售额未超过10万元（以1个季度为1个纳税期的，季度销售额未超过30万元，下同）的，免征增值税。

第二条规定：适用增值税差额征税政策的小规模纳税人，以差额后的销售额确定是否可以享受本公告规定的免征增值税政策。

“增值税纳税申报表（小规模纳税人适用）”中的“免税销售额”相关栏次，填写差额后的销售额。

（二）享受加计抵减政策

进项税加计抵减政策有两类，一类是基础版10%，另一类是进阶版15%。文件规定如下：

财政部 税务总局 海关总署公告2019年第39号规定：自2019年4月1日至2021年12月31日，允许生产、生活性服务业纳税人按照当期可抵扣进项税额加计10%，抵减应纳税额。

生产、生活性服务业纳税人，是指提供邮政服务、电信服务、现代服务、生活服务（以下称“四项服务”）取得的销售额占全部销售额的比重超过50%的纳税人。

财政部 税务总局公告2019年第87号规定：2019年10月1日至2021年12月31日，允许生活性服务业纳税人按照当期可抵扣进项税额加计15%，抵减应纳税额。生活性服务业纳税人，是指提供生活服务取得的销售额占全部销售额的比重超过50%的纳税人。

上述两类加计抵减政策，原定是2021年到期，财政部 税务总局公告2022年第11号规定：延续实验生产、生活性服务业增值税加计抵减政策至2022年12月31日。

【晶晶亮评析】

这两个进项税加计抵减政策，文件中并没有明确销售额的计算口径。但总局在深化增值税改革即问即答中，明确了用差额后销售额计算。问题及答疑如下：

生产、生活性服务业纳税人是指提供四项服务取得的销售额占全部销售额的比重超过50%的纳税人。如果纳税人享受差额计税政策，纳税人应该以差额前的全部价款和价外费用参与计算，还是以差额后的销售额参与计算？

答：应按照差额后的销售额参与计算。例如，某纳税人提供服务，按照规定可以享受差额计税政策，以差额后的销售额计算缴纳增值税。该纳税人在计算销售额占比时，货物销售额为2万元，提供四项服务差额前的全部价款和价外费用共20万元，差额后的销售额为4万元。则应按照4÷(2+4)来进行计算占比。因该纳税人四项服务销售额占全部销售额的比重超过50%，按照规定，可以享受加计抵减政策。

023　难分难解的“混合销售”和“兼营”

混合销售和兼营，是税法中比较令人头疼的概念。很多财税人会在此处晕头转向，始终处于看着概念似乎懂，遇到问题又不明白的阶段。

但这又是一个无法回避的问题，因为混合销售和兼营的税务处理是不一样的，判断不对，就可能产生税款多缴或少缴的风险。所以，尽管难分难解，我们依然需要努力去分辨清楚。

一、兼营

什么是兼营呢？简单地说，就是经营多种业务。

增值税把经营行为分成了五大类，也就是销售货物、劳务、服务、无形资产和不动产。有些新入行的朋友不清楚劳务和服务的区别，其实对于增值税来说，劳务是专指加工修理修配，而服务是其他的提供劳动以满足他人需要的行为。

如果一个公司，经营行为涉及上述两类及以上的业务，就可以称为兼营。

这个其实不难理解，比如我们去移动公司交话费，移动公司同时还卖手机。也就是说，移动公司从事了增值税中的两种不同业务，一种是销售电信服务，另一种是销售货物，这两种经营行为彼此间是独立存在的，顾客可以只缴费，也可以只买手机，这种经营模式就是兼营。

兼营怎么缴税呢？按照《中华人民共和国增值税暂行条例》第三条的规定，纳税人兼营不同税率的项目，应当分别核算不同税率项目的销售额；未分别核算销售额的，从高适用税率。

比如移动公司，收取话费执行的是增值电信服务6%、基础电信服务9%的税率，销售手机在2019年4月1日以后是按照13%缴税，各算各的税。如果移动公司不能分别核算清楚，税法规定从高适用税率，那就全部按照13%来缴税。这个当然不用担心，移动公司肯定是会算清楚的。

二、混合销售

什么是混合销售呢？按照财税〔2016〕36号第四十条规定：一项销售行为如果既涉及服务又涉及货物为混合销售。这个概念该如何理解呢？关键点有两个：

第一，必须是一项销售行为。

第二，这项行为是“货物 + 服务”的模式。“货物”是指有形动产。“服务”是指交通运输服务、建筑服务、金融保险服务、邮政服务、电信服务、现代服务、生活服务等，也就是属于原先营业税的那些税目，而不包括加工修理修配劳务。

这里特别注意，混合销售概念中只有“货物 + 服务”这一种形式的叠加。没有“货物 + 销售不动产”，没有“货物 + 销售无形资产”，也没有“货物 + 劳务”这些形式。这一点和兼营有明显不同，兼营是五个类别中的任何两个都有可能叠加在一起的。

假设你去商场买了个电视，商店负责送货上门。这里，商场既提供了销售电器的行为，又提供了送货上门这种物流辅助服务。这是一项包含了服务在内的商品销售行为，涉及销售“货物 + 服务”，所以它是一项混合销售行为。

判断混合销售行为需要把握住的原则是：货物和服务是有内在关联性的。因为你买电器了，我才提供送货的服务，这就是一项销售行为。如果商场就有一个送货门市部，无论是否在本商场买货，只要出运费，都提供送货服务，这种情况就属于兼营行为了。

另外，我们还要体会一下，货物和服务之间其实是有一个从属关系的，一个是红花，另一个是绿叶，绿叶的存在是为了衬托红花的绚丽。

我们再举一个例子，如果我办了个培训班，给大家讲税法，每个人收取一定的培训费用，这个培训费属于“生活服务”中的教育医疗服务。但同时，我把上课的讲义装订成册，在培训中发给大家，培训费又包含了一部分销售货物行为，这项业务实际上就是“生活服务 + 销售货物”的混合销售行为。发讲义是为了让培训的效果更好，所以讲义的销售和培训是相辅相成的，这两者之间是有内在关联性的。

如果我在培训班外面设置了现场卖书的摊位，培训的人路过的时候看到后可能会买，也可能不买。讲课和卖书之间没有什么内在的关联性，只是一种经营互补，开培训班和卖书是两个不同的销售行为，这就是兼营了。

混合销售如何缴税呢？

规范的说法是：“从事货物的生产、批发或者零售的单位和个体工商户的混合销售行为，按照销售货物缴纳增值税；其他单位和个体工商户的混合销售行为，按照销售服务缴纳增值税。”

通俗的说法是：如果你以卖货为主，就按销售货物缴增值税，如果你以提供服务为主，就按服务业缴增值税。

简单的说法是：按照主业缴税。

当然，如果所有的业务都这么泾渭分明，就很好办。但实际中还是有些特殊情况，比较难区分，所以总局就作了一些特殊规定。

特别规定之一：餐饮行业的外卖业务

民以食为天，餐饮行业是和大家生活接触得最为密切的行业了。但餐饮中的外卖该如何适用税率，财政部和税务总局是操碎了心。

餐饮行业，如果是堂食，按照餐饮服务 6% 缴税；如果是外卖，提供的应该是销售货物服务，理论上讲，应该按 13% 缴税。

从税法角度来说，作这样的区分符合增值税对经营业务的划分。但同样是炒菜做饭，从业人员付出同样的劳动，仅仅因为顾客就餐方式的选择，堂食按 6%，外卖按 13%，造成如此大的税负差异显然不合理。

于是，财税〔2016〕140 号规定：提供餐饮服务的纳税人销售的外卖食品，按照“餐饮服务”缴纳增值税。当然，根据政策解读，这里的外卖食品仅指纳税人参与了制作的食品，而不包括外购纳税人未进行加工的食品。

国家税务总局公告 2019 年第 31 号中对此进一步明确规定：纳税人现场制作食品并直接销售给消费者，按照“餐饮服务”缴纳增值税。在该文件的政策解读中：为统一征管口径，确保“堂食”和“外卖”税收处理的一致性，《公告》明确规定，纳税人现场制作食品并直接销售给消费者的行为，应按照“餐饮服务”缴纳增值税。

这里面需要注意，只有现场制作食品并直接销售给消费者，才可以按“餐饮服务”缴纳增值税。如果是将外购的酒水、农产品等货物，未进行后续加工而直接与外卖食品一同销售的，应根据该货物的适用税率，按照兼营的有关规定计算缴纳增值税。

也就是说，虽然饭店外卖是一项销售行为，是“餐饮服务 + 销售货物”，但也需要按照兼营来处理。

举例来说，一个饭店是一般纳税人，2019 年 8 月堂食销售收入是 50 万元（其中外购酒水销售 20 万元，饭店自己加工食品 30 万元）；外卖销售 10 万元（其中外购酒水销售 2 万元，饭店自己加工的食品是 8 万元）。

这里面，堂食中的销售收入无论是饭店自己加工的食品，还是销售酒水，都属于餐饮服务，应该按照 6% 的税率征税。而外卖的食品中，如果是饭店自己加工的食品，属于餐饮服务，也按 6%。而外卖收入中属于外购酒水的 2 万元，则属于销售货物，应该按照 13% 的税率缴税。

增值税的销项税 $= (50 + 8) \times 6\% + 2 \times 13\% = 3.74$（万元）

如果这个饭店核算不清楚外卖的酒水和堂食的酒水，按照兼营的政策规定，就应该全部从高征税，也就是 60 万元 $\times 13\% = 7.8$ 万元。

为什么要界定外卖的自制食品是餐饮服务，外卖的酒水不是呢？如果不作这样的规定，就会出现一个明显的漏洞，所有卖酒水饮料的商店都可以假借一个饭店的名义来卖，税率就直接从 13% 降到了 6%。

当然，如果饭店是小规模纳税人，销售货物和提供餐饮服务征收率都是3%，就不需要费心作这样的区分了。

特别规定之二：货物销售 + 安装

国家税务总局公告2017年第11号规定：纳税人销售活动板房、机器设备、钢结构件等自产货物的同时提供建筑、安装服务，不属于混合销售，应分别核算货物和建筑服务的销售额，分别适用不同的税率或者征收率。

国家税务总局公告2018年第42号第六条规定：

一般纳税人销售自产机器设备的同时提供安装服务，应分别核算机器设备和安装服务的销售额，安装服务可以按照甲供工程选择适用简易计税方法计税。

一般纳税人销售外购机器设备的同时提供安装服务，如果已经按照兼营的有关规定，分别核算机器设备和安装服务的销售额，安装服务可以按照甲供工程选择适用简易计税方法计税。

这三类情况，一是销售活动板房等自产货物并提供建筑安装服务；二是销售自产机器设备的同时提供安装服务；三是销售外购机器设备的同时提供安装服务。

按照我们刚才讲的原则，上面这三种按原理判断应该是属于混合销售行为的。因为一项行为涉及“货物 + 服务”，应该是按照主业来征税。但税法对此作出了例外规定。

第一种、第二种规定必须按照兼营处理，第三种可以按照兼营处理。

为什么需要进行例外的规定？

混合销售中的两种行为，通常是一主一辅，好比红花和绿叶，绿叶随着红花缴税，也是比较合理的。“货物 + 建筑安装服务”这种模式，有它的特殊性，即很难判断出哪个是红花，哪个是绿叶，两者在总的销售额中经常会呈现分庭抗礼的局面。这种情况下，如果税务机关判定销售货物为主，全部按照销售货物13%征税，纳税人负担重，争议很大；如果纳税人通过合同协议来证明是以建筑安装为主，全部按照建筑安装9%征税，税收筹划的空间太大。所以，折中的办法，就是允许上述混合销售行为，在分别核算的前提下，可以按照兼营来进行税务处理。

024　增值税视同销售行为有哪些？

增值税纳税人有三类，分别是单位、个体工商户、其他个人（自然人）。

增值税应税范围有五类，分别是销售货物、销售劳务（即提供加工修理修配劳务）、销售服务、销售无形资产、销售不动产。

增值税应税行为可以分为两类，正常销售行为和视同销售行为。正常销售行为是有偿的，视同销售行为是无偿的，但要视同有偿来缴税。

本文把增值税视同销售行为的相关规定作了一个总结。

一、基本原则是只要属于增值税应税范围内，无偿都要视同有偿，其中存在几种例外情况

（一）从应税范围看，无偿销售劳务，不会被视同销售

在增值税五类应税范围中，无论是什么纳税主体，无偿销售劳务（提供加工修理修配劳务）都不属于视同销售范围。其他四类应税范围可能会被视同销售。

（二）从纳税主体看，自然人无偿销售货物、服务不会被视同销售

自然人无偿销售货物、服务不会被视同销售。但无偿提供无形资产和不动产有可能会被视同销售。

（三）从服务对象看，以公益事业和社会公众为对象的，不视同销售

用于公益事业或者以社会公众为对象的，单位、个体工商户无偿提供服务，不视同销售。

用于公益事业或者以社会公众为对象的，单位、个体工商户、自然人无偿转让无形资产或者不动产，不视同销售。

二、表面无偿、实质有偿不属于视同销售行为

（一）免租期不视同销售

《关于土地价款扣除时间等增值税征管问题的公告》（国家税务总局公告 2016 年第 86 号）第七条规定，纳税人出租不动产，租赁合同中约定免租期的，不属于《营业税改征增值税试点实施办法》（财税〔2016〕36 号）第十四条规定的视同销售服务。

（二）后续免费使用创新药不视同销售

《财政部 国家税务总局关于创新药后续免费使用有关增值税政策的通知》（财税〔2015〕4 号）规定，药品生产企业销售自产创新药的销售额，为向购买方收取的全部价款和价外费用，其提供给患者后续免费使用的相同创新药，不属于增值税视同销售范围。

三、属于视同销售行为，但可以免税

（一）无偿借贷视同销售，免税

《财政部 税务总局关于明确养老机构免征增值税等政策的通知》（财税〔2019〕20号）规定，自2019年2月1日至2020年12月31日，对企业集团内单位（含企业集团）之间的资金无偿借贷行为，免征增值税（视同销售贷款服务免税）。

（二）捐赠扶贫货物视同销售，免税

《财政部 税务总局 国务院扶贫办关于扶贫货物捐赠免征增值税政策的公告》（财政部 税务总局 国务院扶贫办公告2019年第55号）规定，自2019年1月1日至2022年12月31日起，对单位或者个体工商户将自产、委托加工或购买的货物通过公益性社会组织、县级及以上人民政府及其组成部门和直属机构，或直接无偿捐赠给目标脱贫地区的单位和个人，免征增值税。在2015年1月1日至2018年12月31日期间已发生的符合上述条件的扶贫货物捐赠，可追溯执行上述增值税政策（视同销售货物免税）。

（三）捐赠抗疫货物视同销售，免税

《财政部 税务总局关于支持新型冠状病毒感染的肺炎疫情防控有关捐赠税收政策的公告》（财政部 税务总局公告2020年第9号）规定，单位和个体工商户将自产、委托加工或购买的货物，通过公益性社会组织和县级以上人民政府及其部门等国家机关，或者直接向承担疫情防治任务的医院，无偿捐赠用于应对新型冠状病毒感染的肺炎疫情的，免征增值税、消费税、城市维护建设税、教育费附加、地方教育附加。

四、视同销售行为销售额的确定

纳税人有视同销售行为而无销售额的，按下列顺序确定销售额：

（一）按纳税人最近时期同类货物、服务、无形资产或者不动产的平均销售价格确定；

（二）按其他纳税人最近时期同类货物、同类服务、无形资产或者不动产的平均价格确定；

（三）按组成计税价格确定。组成计税价格的公式为：

组成计税价格 = 成本 ×（1 + 成本利润率）

属于应征消费税的货物，其组成计税价格中应加计消费税额。公式中的成本利润

率由国家税务总局确定。成本利润率为 10%。

《财政部 税务总局关于明确无偿转让股票等增值税政策的公告》(财政部 税务总局公告 2020 年第 40 号) 第一条规定：纳税人无偿转让股票时，转出方以该股票的买入价为卖出价，按照"金融商品转让"计算缴纳增值税；在转入方将上述股票再转让时，以原转出方的卖出价为买入价，按照"金融商品转让"计算缴纳增值税。

五、视同销售行为纳税义务发生时间

纳税人发生视同销售货物行为，为货物移送的当天。

纳税人发生其他视同销售行为，其纳税义务发生时间为服务、无形资产转让完成的当天或者不动产权属变更的当天。

025　增值税视同销售、进项税转出如何区分?

一个原地税的朋友问我：最近学增值税，看到增值税的视同销售和进项税转出这块，做了一道题，把我搞晕了。我给你说一下题啊，有四种情况：某酒厂把生产的酒送给了客户，某酒厂把购买的酒送给了客户，某酒厂把生产的酒用于公司年会，某酒厂把购买的酒用于公司年会。你说这四种情况到底啥时候增值税应该视同销售，啥时候该进项税转出呢?

我说：你别着急，不要一来就像绕口令一样，我先给你看一下政策规定，你复习一下，咱们再逐项对照。

一、增值税视同销售的政策规定

《增值税暂行条例实施细则》第四条，单位或者个体工商户的下列行为，视同销售货物：

(一) 将货物交付其他单位或者个人代销；

(二) 销售代销货物；

(三) 设有两个以上机构并实行统一核算的纳税人，将货物从一个机构移送其他机构用于销售，但相关机构设在同一县 (市) 的除外；

(四) 将自产或者委托加工的货物用于非增值税应税项目；

(五) 将自产、委托加工的货物用于集体福利或者个人消费；

(六) 将自产、委托加工或者购进的货物作为投资，提供给其他单位或者个体工

商户；

（七）将自产、委托加工或者购进的货物分配给股东或者投资者；

（八）将自产、委托加工或者购进的货物无偿赠送其他单位或者个人。

财税〔2016〕36号第十四条，下列情形视同销售服务、无形资产或者不动产：

（一）单位或者个体工商户向其他单位或者个人无偿提供服务，但用于公益事业或者以社会公众为对象的除外。

（二）单位或者个人向其他单位或者个人无偿转让无形资产或者不动产，但用于公益事业或者以社会公众为对象的除外。

（三）财政部和国家税务总局规定的其他情形。

二、增值税进项税转出的政策规定

《增值税暂行条例》第十条，下列项目的进项税额不得从销项税额中抵扣：

（一）用于简易计税方法计税项目、免征增值税项目、集体福利或者个人消费的购进货物、劳务、服务、无形资产和不动产；

（二）非正常损失的购进货物，以及相关的劳务和交通运输服务；

（三）非正常损失的在产品、产成品所耗用的购进货物（不包括固定资产）、劳务和交通运输服务；

（四）国务院规定的其他项目。

三、政策对照分析

我说：你说的这四种情况，对照上面的政策咱们逐一来看看。

"某酒厂把生产的酒送给了客户、某酒厂把购买的酒送给了客户"这属于视同销售政策中的第（八）项："将自产、委托加工或者购进的货物无偿赠送其他单位或者个人。"所以这前两种情况是视同销售。

"某酒厂把生产的酒用于公司年会"，这属于视同销售政策中的第（五）项："将自产、委托加工的货物用于集体福利或者个人消费。"所以这也是视同销售。

"某酒厂把购买的酒用于公司年会"，这属于进项税转出政策中的"集体福利或者个人消费的购进货物"，所以只有这种情况增值税是进项税转出的。

朋友说：当然这样一个个去对照，好像也能对出来，但我脑子里对这个问题就是感觉很模糊，一会儿自产的酒、一会儿外购的酒，又送客户，又集体福利的。我以为会是一半对一半的结果，没想到居然是三种情况视同销售，一种进项税转出，多奇怪啊。

我说：其实不奇怪，容易混，是因为你还没完全搞清楚视同销售和进项税转出的区别。我给你说一个判断的方法，两步就能迎刃而解。

首先看货物是否经过了加工，加工过的货物无论用途都视同销售。只要是经过了加工的货物，不管是自己加工还是委托加工，货物都发生了增值，这个时候无论是将货物送给客户，还是自己消费，都应该视同销售计算销项税。

其次，如果未加工的外购货物，看用于“对内”还是“对外”，对内就作进项税额转出，对外就视同销售。

没有加工过的货物，内外有别。对内就是指用于公司里的集体福利、个人消费或免征增值税项目等，对外就是用于投资、分配和赠送。

朋友说：噢，你这么说我好像明白了点。

我说：这个顺序你千万别搞反了。先看加工，加工过的货物无论内外都视同销售；再看内外，没有加工过的外购货物，对内进项税转出，对外视同销售。

朋友说：好的，这下我记住口诀了，先看加工，再看内外。这样确实清楚了很多啊。

我说：容易混淆的就是你问的这四种情况，其他的视同销售和进项税转出规定，应该不容易混吧。比如代销是视同销售，非正常损失需要进项税转出。

朋友连声说：这些规定都很清楚不冲突，记下来就好，这些混不了的。

026 企业购买理财产品收益，缴不缴增值税？

有网友问，企业将暂时闲置的资金购买的理财产品，取得了 5 万元理财收益，该不该缴纳增值税？

我回复说：是否缴增值税仅凭上述信息不足以判断，还需要明确两个问题：一是理财产品是否保本，二是理财产品是否持有至到期。所以，需要具体情况具体分析。

对于保本理财产品：

如果持有到期，取得的收益按贷款服务缴纳增值税。

如果没有持有至到期转让，取得的持有期间的收益按贷款服务缴纳增值税，取得的转让收益按金融商品转让缴纳增值税。

对于非保本理财产品：

如果持有到期，取得的收益不缴增值税。

如果没有持有至到期转让，取得的持有期间的收益不缴纳增值税，取得的转让收益按金融商品转让缴纳增值税。

总而言之，承受的市场风险大了，税负就轻。反之，承受市场风险小，税负就重。

保本理财更安全，非保本理财更节税。

举例来说，甲公司是一般纳税人，2020 年购买了三款资管产品。其中 A 理财产品，理财期限是 183 天，合同中明确承诺到期本金可全部收回，预计年化收益率为 4%；B 理财产品，理财期限 91 天，合同注明预计到期本金可全部收回，预计年化收益率是 4.5%；C 理财产品，是在证券交易市场中购买的场内货币基金，购入价为 100 元/份，赎回价为 105 元/份。

2020 年 8 月，企业取得持有到期的 A、B 理财产品收益 10 万元，赎回 C 产品 10 000 份。

对于上述三款资管产品，A 产品因合同明确承诺本金可全部收回，属于保本收益，取得 10 万元收益时按照贷款服务 6% 缴纳增值税。即 10 ÷ (1 + 6%) × 6% = 0.57万元。

B 产品因合同没有承诺本金可全部收回，属于非保本收益，取得 10 万元收益不缴增值税。

C 产品取得的收益属于金融商品转让，以卖出价减去买入价的余额为销售额，即为 (105 - 100) × 10 000 = 5 万元，应缴纳增值税 = 5 ÷ (1 + 6%) × 6% = 0.28 万元。

对于金融服务的增值税，一般纳税人适用税率为 6%，小规模纳税人征收率为 3%。

另外，需要注意的是，2018 年 4 月 27 日，中国人民银行、中国银行保险监督管理委员会、中国证券监督管理委员会、国家外汇管理局发布《关于规范金融机构资产管理业务的指导意见》(银发〔2018〕106 号)，提出今后银行理财产品要打破刚性兑付，向净值化转型，投资者要自负盈亏；此外，银行不得开展表内理财，也就意味着保本理财要彻底退出。该政策从 2022 年正式落地。

因为保本理财产品已经退出市场，目前很多企业开始购买结构性存款，结构性存款保本保息，协议中的定义是“本产品是银行吸入的嵌入金融衍生产品的存款。”

结构性存款大有替代保本理财产品的态势，那么对其收益应该按照存款利息收入免增值税，还是按照保本理财产品缴纳增值税呢？这个问题是存在一定争议的。

支持对结构性存款利息征收增值税的主要理由，是结构性存款属于理财产品。

但根据《商业银行理财业务监督管理办法》的规定，理财产品是独立于商业银行自有财产的，而结构性存款按照存款管理纳入表内核算。二者的发行、管理、运营、核算均有本质不同。

个人认为，结构性存款不属于理财产品，而应划归存款，对其利息适用不征增值税政策。另外，既然税收政策规定了存款利息不征收增值税，而并未对存款作任何限定性的规定，就应该理解为包括各类存款。

■ **政策规定：**

1.《财政部 国家税务总局关于全面推开营业税改征增值税试点的通知》(财税〔2016〕36 号) 附件 1 附录《销售服务、无形资产、不动产注释》

规定：

贷款服务。贷款，是指将资金贷与他人使用而取得利息收入的业务活动。各种占用、拆借资金取得的收入，包括金融商品持有期间（含到期）利息（保本收益、报酬、资金占用费、补偿金等）收入、信用卡透支利息收入、买入返售金融商品利息收入、融资融券收取的利息收入，以及融资性售后回租、押汇、罚息、票据贴现、转贷等业务取得的利息及利息性质的收入，按照贷款服务缴纳增值税。

金融商品转让。金融商品转让，是指转让外汇、有价证券、非货物期货和其他金融商品所有权的业务活动。其他金融商品转让包括基金、信托、理财产品等各类资产管理产品和各种金融衍生品的转让。

2. 财税〔2016〕36号文附件2《营业税改征增值税试点有关事项的规定》第一条第（二）项规定：

不征收增值税项目：存款利息。

3. 财税〔2016〕36号附件2第一条第（三）项规定：

金融商品转让，按照卖出价扣除买入价后的余额为销售额。转让金融商品出现的正负差，按盈亏相抵后的余额为销售额。若相抵后出现负差，可结转下一纳税期与下期转让金融商品销售额相抵，但年末时仍出现负差的，不得转入下一个会计年度。

4.《财政部 国家税务总局关于明确金融 房地产开发 教育辅助服务等增值税政策的通知》（财税〔2016〕140号）规定：

一、《销售服务、无形资产、不动产注释》（财税〔2016〕36号）第一条第（五）项第1点所称“保本收益、报酬、资金占用费、补偿金”，是指合同中明确承诺到期本金可全部收回的投资收益。金融商品持有期间（含到期）取得的非保本的上述收益，不属于利息或利息性质的收入，不征收增值税。

二、纳税人购入基金、信托、理财产品等各类资产管理产品持有至到期，不属于《销售服务、无形资产、不动产注释》（财税〔2016〕36号）第一条第（五）项第4点所称的金融商品转让。

027　企业转让新三板股权是否缴纳增值税？

近期有网友咨询：企业转让新三板企业的股权是否缴纳增值税？

我说：这是个讨论很多次的问题，也是一个全国目前没有明确统一标准的问题，你最好去问问当地主管税务机关的意见，看他们的执行口径是什么。

他说：那能不能先说说你的个人看法。

我说：也可以。

企业转让股票，属于增值税范围内的金融商品转让，应该缴纳增值税；企业转让股权，不缴纳增值税。这个大家都是没有异议的。

但新三板公司股权转让，和一般公司的股权转让不同，它虽然不属于上市公司，但有特定的转让市场，也就是“全国中小企业股份转让系统”，俗称“新三板”。

国务院对新三板市场的税收政策，是有一个指导意见的，根据《国务院关于全国中小企业股份转让系统有关问题的决定》（国发〔2013〕49 号）规定，国务院有关部门应当加强统筹协调，为中小微企业利用全国股份转让系统发展创造良好的制度环境。市场建设中涉及税收政策的，原则上比照上市公司投资者的税收政策处理。

基于这样一个原则，对买卖新三板股票所涉及的印花税、个人所得税等相关政策，和买卖上市公司股票的规定是一样的，而且均有明确的文件规定。

但对于企业买卖新三板股票是否缴纳增值税，由于没有专门发布文件，于是大家就有了不同的理解。

有人认为，根据《全国中小企业股份转让系统有限责任公司管理暂行办法》（中国证券监督管理委员会令第 89 号）规定，全国中小企业股份转让系统是经国务院批准设立的全国性证券交易场所，股票在全国股份转让系统挂牌的公司为非上市公众公司。

因为新三板不是上市公司，所以买卖新三板不应该按照买卖上市公司股票一样缴纳增值税。

这个说法很有点像童话中的鸟兽大战，蝙蝠到底应该属于哪一方呢？它既是哺乳动物，又像飞禽一样可以飞翔，所以蝙蝠就可以在不同的时机宣称对自己有利的特性。

我们来看看，增值税的征税范围中，金融商品转让到底包括些什么。

根据《财政部 国家税务总局关于全面推开营业税改征增值税试点的通知》（财税〔2016〕36 号）附件 1《营业税改征增值税试点实施办法》及附录《销售服务、无形资产、不动产注释》的规定：金融商品转让，是指转让外汇、有价证券、非货物期货和其他金融商品所有权的业务活动。其他金融商品转让包括基金、信托、理财产品等各类资产管理产品和各种金融衍生品的转让。

有价证券最常见的表现形式就是股票和债券。在增值税征税范围中，并没有规定说有价证券专指上市公司的股票。

在《全国中小企业股份转让系统有限责任公司管理暂行办法》（中国证券监督管理委员会令第 89 号）中也已经明确表示，新三板公司的股份也是股票。

事实上，只要具有有价证券特征的金融商品，都在增值税的征税范围。

所以说，我认为企业转让新三板公司股权的行为，应该缴纳增值税。

这个问题在 12366 网站上有若干纳税人进行了提问，在回复中，有些回复仅罗列政策，没有作出肯定或否定的结论，没有太大的参考价值。

难得的是湖北省税务局2020年年底给出了明确的答复，那就是征税。我和湖北省税务局的观点是一致的（见图2－6）。

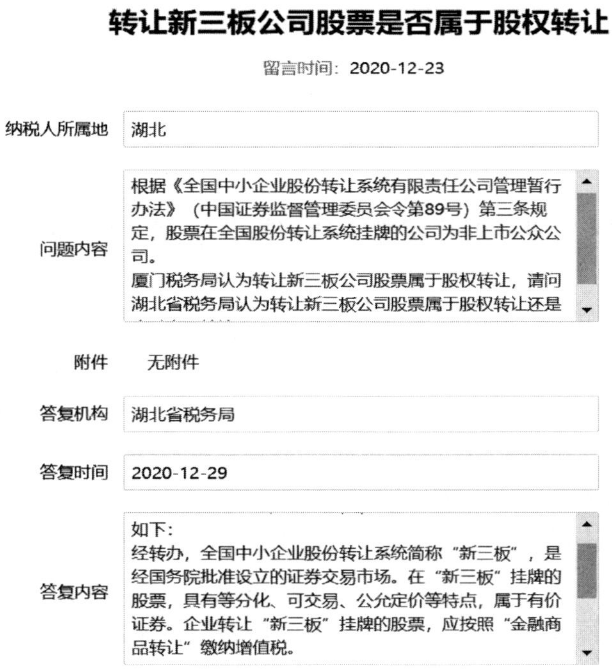

转让新三板公司股票是否属于股权转让

留言时间：2020-12-23

纳税人所属地：湖北

问题内容：根据《全国中小企业股份转让系统有限责任公司管理暂行办法》（中国证券监督管理委员会令第89号）第三条规定，股票在全国股份转让系统挂牌的公司为非上市公众公司。
厦门税务局认为转让新三板公司股票属于股权转让，请问湖北省税务局认为转让新三板公司股票属于股权转让还是

附件：无附件

答复机构：湖北省税务局

答复时间：2020-12-29

答复内容：如下：
经转办，全国中小企业股份转让系统简称“新三板”，是经国务院批准设立的证券交易市场。在“新三板”挂牌的股票，具有等分化、可交易、公允定价等特点，属于有价证券。企业转让“新三板”挂牌的股票，应按照“金融商品转让”缴纳增值税。

图2－6　湖北省税务局关于转让新三板股票是否属于股权转让的答复

当然，实务中也有一些税务机关认为这属于股权转让，不缴纳增值税。所以，一切讨论仅供参考，不代表任何机构，不构成任何建议。

第三章
个人所得税

028 如何理解个人所得税中的“个人”？

个人所得税是对个人征收。在我国的个人所得税法中，个人分为两类，一类叫居民个人，另一类叫非居民个人。

为什么要作这样的划分呢？主要是一个税收管辖权的问题，也就是说税款应该缴给哪个国家。对大多数一直在境内工作的中国人来说，这不是问题。但对于那些经常跨国跨境工作的人来说，这个问题就很突出了。于是，根据税收征管的需要，将个人区分为居民个人和非居民个人两种不同类型的纳税人。居民个人，需要承担无限纳税义务，不管来源于境内还是境外的所得，都要缴税。而如果是非居民个人，那就只需要就来源于境内的所得缴税。

什么是居民个人，什么又是非居民个人呢？有些朋友以为，具有中国国籍的人是居民个人，外国人是非居民个人，这当然是个误解。国籍不是判断是否为居民个人的条件，真正的判断标准有两个，一个是住所，另一个是居住时间。

需要注意的是，这两个标准既不是并列的关系，也不是选择的关系，而是强弱关系。满足第一个条件后就不需要考虑第二个条件，不满足的话再看第二个条件。

第一个条件是住所，如果你在中国境内有住所，那毫无疑问应该是属于个人所得税法中的居民个人。什么是住所呢？是不是买了房子就是有住所，没买房子就是无住所呢？不是这样的，在中国境内有住所的个人，是指因户籍、家庭、经济利益关系而在中国境内习惯性居住的个人。

国税发〔1994〕89 号规定：所谓习惯性居住，是判定纳税义务人是居民或非居民的一个法律意义上的标准，不是指实际居住或在某一个特定时期内的居住地。如因学习、工作、探亲、旅游等而在中国境外居住的，在其原因消除之后，必须回到中国境内居住的个人，则中国即为该纳税人习惯性居住地。

《民法典》第二十五条规定：“自然人以户籍登记或者其他有效身份登记记载的居所为住所；经常居所与住所不一致的，经常居所视为住所。”

居民个人负无限纳税义务，无限纳税义务意思是来源于境内境外的所有所得都要缴纳个人所得税。

如果一个人在中国境内有住所，那确定是居民个人。那如果一个人在境内无住所，就是非居民个人吗？并不是，还需要看第二个判断标准，作进一步区分。如果无住所的个人在一个纳税年度内在中国境内累计居住超过 183 天，也是居民个人，这些人被称为无住所的居民个人。

如果一个人无住所且一个纳税年度内在中国境内累计居住不满 183 天的，那就属于非居民个人。如果一个人在中国没有住所，且不在中国居住，可以相当于是居住时间为 0，但他有来源于中国境内的所得，也属于非居民个人的范畴，也需要就该项所得在中国缴纳个人所得税。

非居民个人负有限纳税义务，有限纳税义务的意思是仅就来源于中国境内的所得缴纳个人所得税。

029　一文了解个人所得税专项附加扣除的要点！

个人所得税专项附加扣除，从 2019 年 1 月 1 日开始实行，到 2021 年 12 月 31 日，是 6 项扣除，在 2022 年新增了一项“3 岁以下婴幼儿照护”，变成了 7 项。这 7 项扣除我们可以分成三大类来理解记忆。

1. 倡导学习的“教育”扣除（见表 3－1、表 3－2）

我们处于一个终身学习的社会，科技发展日新月异，学习不是一个阶段的事情，而是一辈子的事情，个税中的“教育类”扣除有两项，一是子女教育扣除，二是继续教育扣除。国家从政策上支持每一个人在学习的道路上不断前进。

表 3－1　　子女教育扣除

扣除范围	学前教育支出	学历教育支出
	满 3 周岁至小学入学前（不包括 0—3 岁阶段）	义务教育（小学、初中教育）、高中阶段教育（普通高中、中等职业、技工教育）、高等教育（大学专科、大学本科、硕士研究生、博士研究生教育）
扣除方式	定额扣除	定额扣除
扣除标准	1 000 元/月/每个子女	
扣除主体	父母（法定监护人）各扣除 50% 父母（法定监护人）选择一方全额扣除	

续表

注意事项	1. 子女在境内学校或境外学校接受教育，在公办学校或民办学校接受教育均可享受 2. 子女已经不再接受全日制学历教育的不可以填报子女教育专项附加扣除 3. 具体扣除方式在一个纳税年度内不能变更 4. 纳税人子女在中国境外接受教育的，纳税人应当留存境外学校录取通知书、留学签证等相关教育的证明资料备查

表 3－2　　继续教育支出

扣除范围	学历继续教育支出	技能人员职业资格继续教育支出	专业技术人员职业资格继续教育支出
	境内学历（学位）教育期间	取得证书的年度	
扣除方式	定额扣除	定额扣除	
扣除标准	400 元/月 最长不超过 48 个月	3 600 元	
扣除主体	本人扣除 个人接受本科（含）以下学历（学位）继续教育，可以选择由其父母扣除	本人扣除	
注意事项	1. 对同时接受多个学历继续教育，或者同时取得多个职业资格证书的，只需填报其中一个即可。但如果同时存在学历继续教育、职业资格继续教育两类继续教育情形，则每一类都要填写 2. 纳税人接受技能人员职业资格继续教育、专业技术人员职业资格继续教育的，应当留存相关证书等资料备查		

2. 解决民生的“住房”扣除（见表 3－3、表 3－4）

有恒产者有恒心，安居方能乐业。住房向来是每一个家庭最大的一项支出，住房类扣除，分为住房贷款利息扣除和住房租金扣除两大类。需要注意的是，这两者只能选择一种来扣，“房住不炒”，对真正的住房刚需，不论是贷款利息还是租房租金，国家都给予了税前扣除政策优惠。

表 3－3　　住房贷款利息扣除

扣除范围	纳税人本人或其配偶单独或共同使用商业银行或住房公积金个人住房贷款为本人或其配偶购买中国境内住房，发生的首套住房贷款利息支出
	实际发生贷款利息的年度（不超过 240 个月）
扣除方式	定额扣除
扣除标准	1 000 元/月
扣除主体	经夫妻双方约定，可以选择由其中一方扣除，具体扣除方式在一个纳税年度内不能变更
	夫妻双方婚前分别购买住房发生的首套住房贷款利息，婚后可选择其中一套房，由购买方按扣除标准的 100% 扣除，或对各自购买住房分别按扣除标准的 50% 扣除，具体扣除方式在一个纳税年度内不能变更
注意事项	1. 所称首套住房贷款是指购买住房享受首套住房贷款利率的住房贷款 2. 纳税人应当留存住房贷款合同、贷款还款支出凭证备查

表 3-4　　住房租金扣除

扣除范围	纳税人在主要工作城市没有自有住房而发生的住房租金支出		
	直辖市、省会（首府）城市、计划单列市以及国务院确定城市	市辖区户籍人口 >100 万	市辖区户籍人口 ≤100 万
扣除方式	定额扣除		
扣除标准	1 500 元/月	1 100 元/月	800 元/月
扣除主体	签订租赁合同的承租人 夫妻双方主要工作城市相同：只能由一方（即承租人）扣除 夫妻双方主要工作城市不同，且各自在其主要工作城市都没有住房的：分别扣除		
注意事项	1. 纳税人及其配偶在一个纳税年度内不能同时分别享受住房贷款利息和住房租金专项附加扣除 2. 纳税人应当留存住房租赁合同、协议等有关资料备查		

3. 绕不开的“老幼病”扣除（见表 3-5、表 3-6、表 3-7）

尊老爱幼、扶危济困是中华民族的传统美德。体现在个税扣除上，就是赡养老人、婴幼儿照护和大病医疗扣除。

表 3-5　　赡养老人扣除

扣除范围	纳税人赡养一位及以上被赡养人的赡养支出	
	被赡养人是指年满 60 周岁（含）的父母，以及子女均已去世的年满 60 周岁的祖父母、外祖父母	
	独生子女	非独生子女
扣除方式	定额扣除	定额扣除
扣除标准	2 000 元/月	每人不超过 1 000 元/月（分摊每月 2 000 元的扣除额度）
扣除主体	本人扣除	平均分摊：赡养人平均分摊 约定分摊：赡养人自行约定分摊比例 指定分摊：由被赡养人指定分摊比例
注意事项	1. 指定分摊及约定分摊必须签订书面协议 2. 指定分摊优先于约定分摊 3. 具体分摊方式和额度在一个纳税年度内不能变更	

表 3-6　　婴幼儿照护

扣除范围	纳税人照护 3 岁以下婴幼儿的相关支出 从婴幼儿出生的当月至年满 3 周岁的前一个月
扣除方式	定额扣除
扣除标准	1 000 元/月/每孩
扣除主体	父母（监护人）可以选择由其中一方按扣除标准的 100% 扣除 父母（监护人）也可以选择由双方分别按扣除标准的 50% 扣除
注意事项	1. 具体扣除方式在一个纳税年度内不能变更 2. 纳税人需要留存子女的出生医学证明等资料备查

表 3-7　　大病医疗扣除

扣除范围	基本医保相关医药费除去医保报销后发生的支出 个人负担（医保目录范围内的自付部分）累计超过 15 000 元的部分
扣除方式	限额内据实扣除
扣除标准	每年在 80 000 元限额内据实扣除
扣除主体	医药费用支出可以选择由本人或者其配偶扣除 未成年子女发生的医药费用支出可以选择由其父母一方扣除
注意事项	1. 次年汇算清缴时享受扣除 2. 纳税人应当留存大病患者医药服务收费及医保报销相关票据原件或复印件，或者医疗保障部门出具的纳税年度医药费用清单等资料备查
温馨提示	可通过手机下载“国家医保服务平台”APP 并注册、登录、激活医保电子凭证后，通过首页的“年度费用汇总查询”模块查询大病医疗相关数额

具体这三大类七项扣除有哪些规定，无须记忆，需要的时候根据上文各表查找对照一下即可一目了然。

030　关于个人所得税的税率和预扣率，你不可不知的 12 个要点

很多朋友反映，搞不清楚个人所得税的税率和预扣率，不知道什么时候该用什么率。的确，新个税法较之前是烦琐复杂了好多，笔者将相关内容进行了总结（见表 3-8），遇到问题可以按图索骥。

表 3-8　　个人所得税适用税率和预扣率明细表

所得类型	税率	预扣率	备注
居民个人综合所得	3%—45% 年度税率表	工资薪金适用 3%—45% 预扣率 劳务报酬适用 20%—40% 预扣率 稿酬适用 20% 预扣率 特许权使用费适用 20% 预扣率	保险营销员、证券经纪人佣金、实习生所得属于劳务报酬，但适用工资薪金预扣率
解除劳动关系取得一次性补偿收入超过当地上年职工平均工资 3 倍数额的部分；提前退休取得一次性补贴收入	3%—45% 年度税率表	没有预扣率	扣缴义务人直接扣缴
单独计算的全年一次性奖金；按月按季领取、非特殊原因一次性领取企业年金和职业年金；单位低价向职工售房	3%—45% 月度税率表	没有预扣率	扣缴义务人直接扣缴

续表

所得类型	税率	预扣率	备注
非居民个人工资薪金、劳务报酬所得、稿酬所得、特许权使用费所得	3%—45% 月度税率表	没有预扣率	扣缴义务人直接扣缴
经营所得	5%—35% 税率表	没有预扣率	纳税人自行申报
利息股息红利所得、财产租赁所得、财产转让所得、偶然所得	20%	没有预扣率	扣缴义务人直接扣缴

有关个税的税率和预扣率，可以通过以下 12 个要点来学习理解：

1. 个人所得税有税率和预扣率两种计算比率。

2. 个人所得税税率有综合所得税率、经营所得税率、按月换算后的综合所得税率以及 20% 比例税率四种，如表 3－9、表 3－10、表 3－11 所示。

表 3－9　　综合所得适用税率

级数	全年应纳税所得额	税率（%）	速算扣除数
1	不超过 36 000 元	3	0
2	超过 36 000 元至 144 000 元的部分	10	2 520
3	超过 144 000 元至 300 000 元的部分	20	16 920
4	超过 300 000 元至 420 000 元的部分	25	31 920
5	超过 420 000 元至 660 000 元的部分	30	52 920
6	超过 660 000 元至 960 000 元的部分	35	85 920
7	超过 960 000 元的部分	45	181 920

表 3－10　　经营所得适用税率

级数	全年应纳税所得额	税率（%）	速算扣除数
1	不超过 30 000 元的	5	0
2	超过 30 000 元至 90 000 元的部分	10	1 500
3	超过 90 000 元至 300 000 元的部分	20	10 500
4	超过 300 000 元至 500 000 元的部分	30	40 500
5	超过 500 000 元的部分	35	65 500

表 3－11　　按月换算后的综合所得税率

级数	应纳税所得额	税率（%）	速算扣除数
1	不超过 3 000 元	3	0
2	超过 3 000 元至 12 000 元的部分	10	210

续表

级数	应纳税所得额	税率（%）	速算扣除数
3	超过 12 000 元至 25 000 元的部分	20	1 410
4	超过 25 000 元至 35 000 元的部分	25	2 660
5	超过 35 000 元至 55 000 元的部分	30	4 410
6	超过 55 000 元至 80 000 元的部分	35	7 160
7	超过 80 000 元的部分	45	15 160

3. 个人所得税预扣率有预扣率表一和预扣率表二，以及 20% 的预扣率。如表 3-12、表 3-13 所示。

表 3-12　个人所得税预扣率表一（居民个人工资、薪金所得预扣预缴适用）

级数	累计预扣预缴应纳税所得额	预扣率（%）	速算扣除数
1	不超过 36 000 元	3	0
2	超过 36 000 元至 144 000 元的部分	10	2 520
3	超过 144 000 元至 300 000 元的部分	20	16 920
4	超过 300 000 元至 420 000 元的部分	25	31 920
5	超过 420 000 元至 660 000 元的部分	30	52 920
6	超过 660 000 元至 960 000 元的部分	35	85 920
7	超过 960 000 元的部分	45	181 920

表 3-13　个人所得税预扣率表二（居民个人劳务报酬所得预扣预缴适用）

级数	预扣预缴应纳税所得额	预扣率（%）	速算扣除数
1	不超过 20 000 元	20	0
2	超过 20 000 元至 50 000 元的部分	30	2 000
3	超过 50 000 元的部分	40	7 000

4. 适用 20% 税率和适用 20% 预扣率的是完全不同的税目。

5. 只有居民个人的综合所得才会使用预扣率，年终统一适用综合所得税率，多退少补。

6. 预扣率表一和综合所得税率表的数字是一样的，它适用居民工资薪金的预扣预缴。预扣率表二和旧个人所得税法下的劳务报酬税率的数字是一样的，它适用居民个人劳务报酬所得预扣预缴。20% 的预扣率适用居民个人的稿酬所得和特许权使用费所得。

7. 保险营销员、证券经纪人佣金收入、实习生劳务报酬所得比较特殊，它虽然属于劳务报酬，但在预扣的时候适用的是工资薪金的预扣率表一。

8. 按月换算后的综合所得税率，主要适用非居民个人工资、薪金所得，劳务报酬所得，稿酬所得，特许权使用费所得。非居民个人这些所得不存在预扣预缴的问题。

9. 单独计算的全年一次性资金，按月和按季领取、非特殊原因（备注：特殊原因是指①个人因出境定居而一次性领取的年金个人账户资金；②个人死亡后，其指定的受益人或法定继承人一次性领取的年金个人账户余额）一次性领取的企业年金和职业年金，单位低价向职工售房，同样适用按月换算后的综合所得税率。

10. 解除劳动关系取得一次性补偿收入超过当地上年职工平均工资 3 倍数额的部分，提前退休取得一次性补贴收入，适用综合所得税率。

11. 个体工商户业主、个人独资企业投资者、合伙企业个人合伙人、承包承租经营者个人以及其他从事生产、经营活动的个人取得的经营所得，适用经营所得税率。

12. 利息、股息、红利所得，财产租赁所得，财产转让所得，偶然所得。这几项所得统一适用 20% 的税率。不区分居民个人和非居民个人，不需要预扣税款，由扣缴义务人直接扣缴税款。

上述明细表和 12 条要点，您清楚了吗？

031 通信费补贴收入个税扣除标准是多少？这 24 个地方有明确说法！

国家税务总局在 1999 年出台了《国家税务总局关于个人所得税有关政策问题的通知》（国税发〔1999〕58 号），文件中第二条规定：个人因公务用车和通信制度改革而取得的公务用车、通信补贴收入，扣除一定标准的公务费用后，按照“工资、薪金”所得项目计征个人所得税。公务费用的扣除标准，由省级地方税务局根据纳税人公务交通、通信费用的实际发生情况调查测算，报经省级人民政府批准后确定，并报国家税务总局备案。

有哪些省市出台了当地的扣除标准呢？有哪些省市明确没有扣除标准呢？截至 2021 年 5 月，我收集到的执行口径有 24 个，具体如下：

1. 山西

国家税务总局山西省税务局公告 2020 年第 10 号：个人因通信制度改革而取得的通信补贴收入，每月不超过 500 元的部分，可以作为公务费用扣除；超过部分并入当月工资，按照“工资、薪金”所得项目计征个人所得税。

2. 西藏

藏政发〔2018〕38 号：个人取得的交通、通信补贴收入，扣除一定标准的公务费用后，按照“工资、薪金”所得项目计征个人所得税。公务费用限额扣除标准如下：公务交通补贴每人每月 4 000 元，公务通信补贴每人每月 1 000 元。个人取得公务用车补贴、通信补贴在上述限额标准之内的，缴纳个人所得税时据实扣除，超过限额部分按规定计征个人所得税。

3. 广西

广西壮族自治区税务局公告 2018 年第 13 号：对公务人员按规定标准取得的公务通信补贴收入，即：厅级每人每月 240 元，处级每人每月 180 元，科级每人每月 130 元，科员及以下每人每月 80 元的标准，允许在计算个人所得税税前全额扣除，超出规定标准部分按照“工资、薪金”所得项目计征个人所得税。

对我区企业职工取得的通信补贴收入，无论是以现金形式，还是以报销方式取得的通信补贴收入，在计征个人所得税时，准予在每人每月不超过 240 元的标准内据实税前扣除，超出规定标准部分按照“工资、薪金”所得项目计征个人所得税。

4. 贵州

贵州省地方税务局公告 2018 年第 4 号：在我省取得工资、薪金所得的纳税人，每月从任职单位取得的通信补贴收入，可在 300 元以内据实扣除，超过部分并入工资、薪金所得计算缴纳个人所得税。按月发放的，并入当月“工资、薪金”所得计缴个人所得税；不按月发放的，分解到所属月份并与该月份“工资、薪金”所得合并后计缴个人所得税。

5. 湖南

湖南省地方税务局公告 2018 年第 2 号：单位为个人通信工具（因公需要）负担通信费采取实报实销的，可不并入“工资、薪金”所得征收个人所得税。采取发放补贴形式的，一律并入当月“工资、薪金”所得计征个人所得税。

6. 甘肃

甘财税法〔2018〕15 号：关于个人取得的公务通信费补贴收入征税问题。企业实行通信公务费补贴的，可凭真实、合法的票据在个人所得税应纳税所得额中扣除。每人每月不得超过 300 元，且仅限一人一号。

7. 陕西

陕西省地方税务局公告 2017 年第 2 号：通信补贴征收个人所得税公务费用税前扣除限额为每人每月 300 元。纳税人取得通信补贴收入在限额内的，按实际收入全额扣除；超过限额的，按限额 300 元扣除。

8. 天津

天津市地方税务局公告 2017 年第 7 号：以现金形式发放给个人的办公通信补贴，或以报销方式支付给个人的办公通信费用，费用扣除标准为每月不超过 500 元（含 500 元）。其中，机关、事业单位发放给个人的办公通信补贴，费用扣除标准为我市财政、人力社保部门规定的发放标准，但每月最高不得超过 500 元（含 500 元）。

9. 海南

海南省地方税务局公告2017年第2号：企事业单位员工因通信制度改革取得的通信补贴收入，在100元/人/月的公务费用标准内，按实际取得数额予以扣除，超出标准部分按照“工资、薪金”所得项目计征个人所得税。

10. 河北

冀地税发〔2009〕46号：各级行政事业单位按照当地政府（县以上）规定标准向职工个人发放的通信补贴（包括报销、现金等形式）暂免征收个人所得税，超过标准部分并入当月工资、薪金所得计算征收个人所得税；各类企业单位，参照当地行政事业单位标准执行，但企业职工个人取得通信补贴的标准最高不得超过每人每月500元，在标准内据实扣除，超过当地政府规定的标准或超过每人每月500元最高限额的，并入当月工资、薪金所得计算征收个人所得税；当地政府未规定具体标准的，按通信补贴（包括报销、现金等形式）全额的20%并入当月工资、薪金所得计算征收个人所得税。

11. 重庆

渝地税发〔2008〕3号：企事业单位、党政机关及社会团体因通信制度改革，按照一定的标准发放给个人的通信补贴收入，扣除一定标准的公务费用后，按照工资、薪金所得计征个人所得税。按月发放的，并入当月工资、薪金所得计征个人所得税；不按月发放的，分解到所属月份并与该月份工资、薪金所得合并后计征个人所得税。公务费用的税前扣除标准确定为每月400元（含400元），在此标准内据实扣除。

12. 内蒙古

内地税字〔2007〕355号：企业因通信制度改革而实际发放或报销的通信补贴收入，每人每月在200元以内的，作为公务费用据实扣除，免予征收个人所得税。企业实际发放或报销的住宅电话费用，每人每月50元以内的，免予征收个人所得税。

13. 广州

穗地税发〔2007〕201号：单位高层管理人员（包括总经理、副总经理、总会计师以及在本单位受薪的董事会成员）在每人每月500元的标准额度内，其他人员在每人每月300元的标准额度内，凭发票在单位报销通信费用的部分，准予在计征个人所得税前扣除。超过上述规定标准为职工报销的通信费用以及发给职工的现金通信补贴，应并入个人当月“工资、薪金”所得项目计征个人所得税。

14. 宁夏

宁地税发〔2006〕85号：通信费税前扣除标准如下。（1）电话费补贴：企业单位厂长、经理80元，其他因工作需要经单位领导集体研究批准的特殊岗位人员50元；（2）移动通信费补贴：企业单位移动通信费包干给个人的，厂长、经理扣除限额为300元，其他因工作需要经单位领导集体研究批准的特殊岗位人员200元。

15. 黑龙江

黑地税函〔2006〕11 号：保留行政级别的企事业单位，其领导班子成员及特殊岗位人员住宅电话和移动电话补贴，扣除参照党政机关干部的相关规定标准发放的通信费补贴额，超出部分计征个人所得税；没有行政级别的企事业单位，其领导班子成员住宅电话和移动电话补贴两项合计每人每月扣除 400 元，超出部分计征个人所得税；特殊岗位人员两项合计每人每月最高扣除 300 元，超出部分计征个人所得税。

16. 辽宁

辽宁省税务局答复（2019 - 11 - 28）：按照《辽宁省省直机关公务移动通信费用补贴管理办法》（辽人发〔2004〕13 号）规定的范围及标准发给个人的移动通信费补贴，在计征个人所得税时给予全额扣除。个人因公务通信制度改革而取得的公务移动通信费补贴收入，可按照当地市级人民政府规定的补贴发放范围及标准，在计征个人所得税时给予全额扣除。

17. 大连

大地税函〔2010〕7 号：通信公务费用每人每月不得超过当月实际发生通信费用的 80%，且仅限一人一号。

18. 宁波

甬地税一〔2003〕181 号：对实行通信制度改革的单位，其个人从任职单位取得的通信补贴收入，在按实扣除每人每月 300 元公务费用后，按照“工资、薪金”所得项目计征个人所得税。按月发放的，并入当月“工资、薪金”所得项目计征个人所得税；不按月发放的，分解到所属月份并与该月份“工资、薪金”所得合并后计征个人所得税。

19. 北京

北京市地方税务局关于对公司员工报销手机费征收个人所得税问题的批复（京地税个〔2002〕116 号）：一、单位为个人通信工具（因公需要）负担通信费采取金额实报实销或限额实报实销部分的，可不并入当月工资、薪金征收个人所得税。二、单位为个人通信工具负担通信费采取发放补贴形式的，应并入当月工资、薪金计征个人所得税。

20. 浙江

浙地税发〔2001〕118 号：按照企事业单位规定取得通信费补贴的工作人员，其单位主要负责人在每月 500 元额度内按实际取得数予以扣除，其他人员在每月 300 元额度内按实际取得数予以扣除。

21. 河南

河南省税务局答复（2020 - 03 - 03）：河南省目前没有制定通信费补贴标准。因此，单位按月发放的通信费补贴需要并入当月工资、薪金计征个人所得税。

22. 安徽

国家税务总局安徽省税务局12366纳税服务中心答复（2020-10-20）：根据个人所得税法规定，企业给员工发放的交通补贴、通信补贴，并入当月工资、薪金依法计征个人所得税。

23. 江西

国家税务总局江西省税务局12366纳税服务中心答复（2020-06-23）：目前，我省并未出台通信补贴收入的公务费用扣除标准，因此，个人取得单位发放的通信补贴收入，应按规定计征个人所得税。

24. 福建

国家税务总局福建省税务局12366纳税服务中心答复（2019-12-23）：我省目前无具体的扣除标准，所以个人因公务用车和通信制度改革而取得的公务用车、通信补贴收入应并入工资、薪金所得计算缴纳个人所得税。

032 公务交通补贴个人所得税扣除标准是多少？这些地方有明确标准！

在公务用车制度改革期初，《国家税务总局关于个人所得税有关政策问题的通知》（国税发〔1999〕58号）就明确了关于个人取得公务交通、通信补贴收入征税的问题。该文件规定，个人因公务用车和通信制度改革而取得的公务用车、通信补贴收入，扣除一定标准的公务费用后，按照“工资、薪金”所得项目计征个人所得税。公务费用的扣除标准，由省级地税局根据纳税人公务交通、通信费用的实际发生情况调查测算，报经省级人民政府批准后确定，并报国家税务总局备案。

此后，国家税务总局专门下发了《关于个人因公务用车制度改革取得补贴收入征收个人所得税问题的通知》（国税函〔2006〕245号），具体规定为：一、因公务用车制度改革而以现金、报销等形式向职工个人支付的收入，均应视为个人取得公务用车补贴收入，按照“工资、薪金所得”项目计征个人所得税。二、具体计征方法，按国家税务总局《关于个人所得税有关政策问题的通知》（国税发〔1999〕58号）第二条“关于个人取得公务交通、通信补贴收入征税问题”的有关规定执行。

在实务中，纳税人对“扣除一定标准的公务费用”十分关注，截至2021年6月底，我收集到以下省市自治区对此问题有明确的规定。

1. 辽宁

《辽宁省地方税务局关于进一步明确公务用车制度改革后个人所得税政策的通知》（辽地税发〔2009〕76号）第三条规定：实行公务用车制度改革的单位，其职工以现金或实报实销方式取得的车改补贴收入，均扣除70%的公务费用后并入“工资、薪金所得”计征个人所得税。公务费用扣除最高限额为每月2 500元，超过的部分并入“工资、薪金所得”计征个人所得税。未备案的公务用车改革单位，其向职工个人支付的现金补贴或限额内实报实销的公务用车费用，均应全额并入当月工资薪金中征收个人所得税。

根据辽宁省该文件的规定，企业发放给职工的公务用车补贴，个人所得税前准予扣除的标准为公务用车补贴的70%，但最高限额每月不得超过2 500元。但企业需要特别注意的是，实行公务用车制度改革应向当地主管地税机关报送公务用车改革方案，经核实后报省局备案，未备案的公务用车改革单位发放或报销的公务用车费用，须全部并入当月工资、薪金计征个税。

2. 大连

《大连市地方税务局关于调整公务用车费用及通信公务费用个人所得税税前扣除标准的通知》（大地税函〔2010〕7号）规定：公务用车费用每人每月不得超过2 700元。实际发生额不超过2 700元的，按实际发生额在应纳税所得额中扣除；实际发生额超过2 700元的，其余额不得结转到以后月份的应纳税所得额中扣除。

3. 吉林

《吉林省地方税务局关于个人取得的公车改革补贴收入征收个人所得税问题的通知》（吉地税发〔2007〕69号）第三条规定：个人从本单位取得的符合前两项规定条件的公务用车制度改革补贴收入（以下简称“补贴收入”），公务费用扣除标准为：长春、吉林市暂定每人每月2 500元，其他市（州）暂定2 000元，县（市）暂定1 500元。补贴收入低于上述扣除标准的，在计征个人所得税前予以扣除；超过扣除标准的，就超出部分并入当月工资收入征收个人所得税。

4. 西藏

《西藏自治区国家税务局关于个人取得公务用车补贴和通信费补贴征收个人所得税有关问题的通知》（藏国税发〔2006〕83号）第二条公务费用扣除标准规定：为体现个人所得税调节高收入和税收公平原则，根据近年来全区实际发放公务用车补贴和通信费情况，现将公务费用扣除标准制定如下：公务用车补贴每人每月600元，通信费补贴每人每月400元。

5. 宁夏

《宁夏回族自治区人民政府关于个人因公务用车制度改革取得补贴收入征免个人所得税有关问题的批复》（宁政函〔2006〕123号）规定：实行公务用车制度改革单位向主管税务机关备案后，允许在个人所得额中扣除一定公务费用标准后征收个人所得税。具体扣除标准为：以现金支付的，每人每月扣除费用不超过1 200元；凭票报销的，每人每月扣除费用不超过1 800元。凭票报销的费用包括：燃油（燃气）费、保险费（个险、车险）、过路过桥费、停车费、养路费。

6. 黑龙江

《黑龙江省地方税务局关于个人取得公务交通、通信费补贴有关公务费用个人所得税扣除标准的通知》（黑地税函〔2006〕11 号）第一条规定：实行公务用车改革的党政机关和企事业单位交通费用补贴每人每月扣除 1 000 元，超出部分计征个人所得税。其他形式的交通费补贴一律计征个人所得税。

7. 内蒙古

《内蒙古自治区财政厅地方税务局关于个人因公务用车制度改革取得的公务交通补贴收入有关个人所得税政策的通知》（内财税〔2016〕376 号）：我区公务用车制度改革实施后，经自治区公务用车改革领导机构批准，各级党政机关（包括党委、人大、政府、政协、审判、检察机关，各民主党派和工商联，参照公务员法管理的人民团体、群众团体、事业单位）有关人员在补贴标准内取得的公务交通补贴收入，允许计征个人所得税时在税前扣除。

8. 广西

《国家税务总局广西壮族自治区税务局关于公务交通补贴个人所得税有关问题的公告》（国家税务总局广西壮族自治区税务局公告 2018 年第 12 号）：对企业职工公务用车费用扣除标准划分为高级管理人员和其他人员两档处理，具体为：（一）高级管理人员每人每月 1 950 元；（二）其他人员每人每月 1 200 元。

9. 海南

《海南省地方税务局关于明确公务交通通信补贴扣除标准的公告》（海南省地方税务局公告 2017 年第 2 号）：企事业单位员工因公务用车制度改革取得的公务交通补贴收入，允许在以下公务费用扣除标准内，按实际取得数额予以扣除，超出标准部分按照“工资、薪金”所得项目计征个人所得税。（一）海口、三亚、三沙、儋州、洋浦的公务费用扣除标准：高级管理人员 1 690 元/人/月，其他人员 1 040 元/人/月。（二）其他市县的公务费用扣除标准：高级管理人员 1 000 元/人/月，其他人员 600 元/人/月。

10. 甘肃

《甘肃省财政厅 甘肃省地方税务局关于公务交通补贴等个人所得税问题的通知》（甘财税法〔2018〕15 号）：（二）对其他企事业单位实施公务用车改革发放的公务交通补贴，按以下原则确定扣除标准：1. 比照本地区党政机关及其所属参公事业单位职工扣除标准确定。2. 扣除标准按照行政单位相应级别分三级确定：企业董事、总经理、副总经理等企业高层管理者每人每月不超过 1 950 元；企业各部门经理每人每月不超过 1 200 元；其他人员每人每月不超过 600 元。3. 职工个人取得的公务交通补贴超过以上扣除标准的，按标准扣除；不足标准的，按发放金额据实扣除。（三）个人取得超过规定标准部分的公务交通补贴收入，或没有实行公务用车改革取得的公务交通补贴收入，均应并入当月工资、薪金所得计征个人所得税。

11. 河北

《河北省地方税务局关于个人所得税若干业务问题的通知》（冀地税发〔2009〕46号）：各单位向职工个人发放的交通补贴（包括报销、现金等形式），按交通补贴全额的30%作为个人收入并入当月工资、薪金所得征收个人所得税。

12. 河南

《河南省财政厅 河南省地方税务局关于公务用车制度改革取得补贴收入有关个人所得税扣除标准的通知》（豫财税政〔2015〕82号）：一、因公务用车制度改革，省级及以下各级党政机关（包括党委、人大、政府、政协、审判、检察机关，各民主党派和工商联，参照公务员法管理的人民团体、群众团体、事业单位）职工按规定取得的公务交通补贴收入，允许在计算个人所得税税前据实扣除。二、本通知自2015年11月1日起执行。

13. 山西

《山西省人民政府办公厅关于个人因公务用车制度改革取得公务交通补贴征收个人所得税有关问题的通知》（晋政办发〔2015〕121号）：对已进行公务用车制度改革的各级党政机关（包括党委、人大、政府、政协、审判、检察机关，各民主党派和工商联，参照公务员法管理的人民团体、群众团体、事业单位）的有关人员按规定取得的公务交通补贴征收个人所得税时，公务费用的扣除标准依据《山西省公务用车制度改革总体方案》（晋办发〔2015〕45号）确定的公务交通补贴实际发放标准执行。其他事业单位和企业开展公务用车制度改革后，对其单位高层、中层以及其他管理人员按规定取得的公务交通补贴征收个人所得税时，公务费用的扣除标准可参照上述标准执行。

14. 陕西

《陕西省财政厅 陕西省地方税务局关于个人因公务用车制度改革取得的补贴收入有关个人所得税问题的通知》（陕财税〔2015〕10号）：一、对党政机关及所属参公事业单位职工按规定取得的公车改革补贴收入，允许在计算个人所得税税前据实全额扣除。二、对其他企业事业单位职工取得的公车补贴收入，暂按公务费用扣除标准据实扣除，超过公务费用扣除标准的按标准扣除，超出部分按照“工资、薪金”所得项目计征个人所得税。公务费用扣除标准暂时比照《陕西省省级机关公务用车制度改革实施方案》规定的党政机关及所属参公事业单位职工扣除标准确定，扣除标准上限为：企业董事、总经理、副总经理等企业高层管理者每人每月1 690元；企业各部门经理等中层管理者每人每月1 040元；其他人员每人每月650元。三、本通知自2015年1月1日起执行。

15. 安徽

《安徽省地方税务局关于个人取得公务交通补贴收入个人所得税问题的公告》（安徽省地方税务局公告2016年第1号）：一、个人因实施公务用车制度改革取得的公务交通补贴收入，扣除一定标准的公务费用后，按照工资、薪金所得项目计征个人所得税。二、我省个人公务交通费用扣除标准，按照省直机关公务用车制度改革实施方案、省辖市公务用车制度改革实施方案明确的公车改革适用范围内相应职级人员对应的公务用车货币补贴标准确定。各主管地税机关应根据省直机关公务用车制度改革实施方案、市公务用车制度改革实施方案和本公告，公告管辖范围内个人所得税允许扣除公务交通费用的具体标准，并层报上级税务机关备案。三、个人取得超过扣除标准部分的公务交通补贴收入，或取得不属于公务用车改革实施方案适用范围的公务交通补贴收入，无论是直接计入月工资薪金的，或是采用限额实报实销的，凡按月发放的，并入当月工资、薪金所得计征个人所得税；凡不按月发放的，分解到所属月份与该月份工资、薪金所得合并计征个人所得税。四、本公告自发布之日起施行，此前未处理的事项，按本公告规定执行。

另外，还有以下省市自治区是明确不作任何金额扣除的。

1. 新疆

《关于上报个人所得税有关减免税和不征税项目及标准的报告》（新地税发〔2006〕23 号）：公务用车补贴无扣除数额。

2. 云南

《云南省地方税务局转发国家税务总局关于个人因公务用车制度改革取得补贴收入征收个人所得税问题的通知》（云地税二字〔2006〕37 号）规定：我省个人因公务用车和通信制度改革而取得公务用车和通信补贴收入的公务费用扣除标准问题，目前正作调查研究，待省政府批准确定后执行。在省政府尚未批准确定以前，暂不作公务费用的扣除。

3. 山东

《山东省地方税务局关于个人所得税若干政策问题的通知》（鲁地税二函〔2005〕15 号）第二条规定：关于机关车改补贴收入征免个人所得税问题按照《国家税务总局关于个人所得税有关政策问题的通知》（国税发〔1999〕58 号）的有关规定，对于个人因公务用车制度改革而取得的公务用车补贴收入，可扣除一定标准的公务费用，费用扣除标准应经省级人民政府批准后确定。由于我省目前尚未进行公务用车制度改革，对个别地区和单位发放给个人的公务用车补贴，应并入个人当月工资、薪金所得，计算征收个人所得税。

033　取暖费补贴是否征收个人所得税？这 3 个地方有明确规定

冬季到了，很多单位都会给职工发放取暖费补贴，那么取暖费补贴是否需要扣缴个人所得税，是近期咨询热度比较高的一个问题。

财政部、税务总局并没有出台过相关文件对此项补贴进行明确规定，各地执行的都是本省规定。所以情况千差万别，有些省市虽然出台过文件或便函，但由于时间过于久远，无法查证是否有效。有些省则没有出台过任何规定，以内部执法口径掌握。

截至2020年底，我查询到以下三个省市有明确规定，且文件是现行有效的，供大家参考。

一、《甘肃省财政厅 甘肃省地方税务局关于公务交通补贴等个人所得税问题的通知》（甘财税法〔2018〕15号）

三、关于个人取得的取暖补贴收入征税问题

对个人按规定标准取得的取暖补贴暂免征收个人所得税。具体按以下政策执行：

（一）当地政府对取暖补贴发放标准有具体规定的，按规定执行。

（二）当地政府对取暖补贴发放标准没有具体规定的，发放单位应制订合理的取暖补贴方案，报当地主管税务机关备案。

（三）超过规定标准的取暖补贴，可分摊到取暖期所属月份计征个人所得税。

二、《河北省地方税务局关于取暖补贴征免个人所得税问题的通知》（冀地税函〔2008〕236号）

省直单位公务员工资改革后，取暖补贴的发放标准发生了变化，为便于执行，现将有关政策明确如下：

一、取暖补贴实行“明补”后，个人从单位取得的取暖补贴征免个人所得税问题按下列原则执行：

（一）公务员工资改革已到位的驻石（石家庄市区，下同）省直行政事业单位的职工按照《河北省财政厅 河北省人事厅关于驻石省直行政事业单位职工住宅取暖补贴发放问题的通知》（冀财预〔2008〕86号）规定的标准（即一个取暖期的取暖补贴计发标准为：本人10月份当月的职务工资、级别工资、生活补贴、工作津贴之和）取得的取暖补贴免征个人所得税，超过规定标准的部分分摊到取暖期所属月份计征个人所得税。

（二）非驻石省直行政事业单位和其他各级行政事业单位的职工按照当地政府规定的标准取得的取暖补贴免征个人所得税，超过部分分摊到取暖期所属月份计征个人所得税。

（三）各类企业职工取得的取暖补贴按以下原则执行：

1. 当地政府对企业的取暖补贴发放标准有具体规定的，按政府规定执行；没有具体标准的，可参照当地政府对行政事业单位的取暖补贴标准执行，但企业职工取得取暖补贴的标准最高不得超过 3 500 元，在标准内据实扣除。

2. 企业职工取得的超过当地政府规定标准或超过 3 500 元最高限额的取暖补贴，分摊到取暖期所属月份计征个人所得税。

二、对取暖补贴仍然实行“暗补”的企业或企业职工不需要负担取暖费的，企业职工取得的取暖补贴收入应在发放月并入其当月的工资、薪金收入计征个人所得税。

（晶晶亮备注：虽然该文件是 2008 年发布的，但河北省税务局在 2020 年文件清理公示的时候，明确这个文件是有效的。）

三、《天津市地方税务局关于提高我市机关企事业单位集中供热采暖补贴、冬季取暖补贴有关个人所得税问题的通知》（津地税所〔2004〕14 号）

经市政府批准，从 2004 年起调整我市居民住宅供热价格，同时，相应提高供热采暖补贴和冬季取暖补贴。对提高后的供热采暖补贴和冬季取暖补贴，暂免征收个人所得税。本通知自 2004 年 1 月 1 日起执行。

（晶晶亮备注：该文件是 2004 年发布的，但天津税务局在 2018 年文件清理公示的时候，明确这个文件是有效的。）

【晶晶亮评析】

河北省税务局出台的文件内容规定得最为详细，可操作性比较强，且文件清理公告非常及时，赞一个！

这三个地方的文件都是标准内发放的补贴免征，但不代表所有地方都是这个类似的口径，具体还需要咨询当地税务机关。

034　补发的工资如何扣缴个税？

补发工资应当如何计算个人所得税？是归属到工资、薪金所属月份计税，还是在实际发放当期合并计入当月工资、薪金计税？我们来看看近期国家税务总局 12366 纳税服务平台中对补发工资问题的答复。

问题 1：7 月份补发了 2019 年半年的工资，在计算个税时补发的工资应该计算进去吗？计算进去会导致我的个税偏高。

河北省税务局答复：

根据《个人所得税改革常见问题汇总（一）》规定：

进行个人所得税申报时如何区分工资所属期、工资发放期、税款所属期和税款申报期?

个人所得税申报时所涉及的是工资发放期、税款所属期和税款申报期，与工资所属期无关。

工资发放期是指工资实际发放的日期，按照个人所得税法的规定，工资实际发放的日期所属的月份即为税款所属期，税款所属期下月的征期为该所属期税款对应的申报期。

纳税人应当按照工资发放期进行税款的计算，在税法规定的税款申报期内进行税款的申报。

问题2：公司欠了员工一年的工资，因没发工资，公司未申报个人所得税，现在公司拟发2019年部分工资，请问应怎样申报个人所得税?

厦门市税务局答复：

补发工资是指扣缴单位因劳动争议等特殊原因，经政府有关部门调解、劳动仲裁或法院判决而补发的工资。

若是劳动仲裁或法院判决而补发的工资，须更正之前税款所属期的申报。若不属于，则按正常月薪申报个人所得税，税款所属期填写发放工资的当月，在发放的次月申报期内申报。

问题3：请问，教师2019年补发的2017年目标考核奖、2017年一次性奖励金、2018年绩效工资等也需要计入2019年度个人所得税年度汇算吗?

安徽省税务局答复：

根据国税发〔2005〕9号规定："全年一次性奖金是指行政机关、企事业单位等扣缴义务人根据其全年经济效益和对雇员全年工作业绩的综合考核情况，向雇员发放的一次性奖金。上述一次性奖金也包括年终加薪、实行年薪制和绩效工资办法的单位根据考核情况兑现的年薪和绩效工资。"

根据《个人所得税法》及相关政策规定，纳税人取得工资薪金、年终奖金等所得，纳税义务发生时间按实际取得的时间确定。

属于上述补发全年一次性奖金情形的需要按照实际取得的时间确定纳税义务发生时间。

纳税人因政策性调资、职务晋升、新员工定级、单位筹建期或资金困难等原因在2019年补发2018年度所属月份工资、薪金，应将个人所补发工资、薪金归属到工资、薪金所属月份计税。

【晶晶亮评析】

个人所得税申报时所涉及的是工资发放期、税款所属期和税款申报期，与工资所属期无关。很多人的想法都有一个误区，以为工资所属期就是税款所属期。其实不是，工资发放期才是个税税款所属期，税款所属期下月的征期为该所属期税款对应的申报期。

对于补发工资如何计算缴纳个人所得税，从国家层面制定的个税相关规定上看，个税计算的基础基本上是收付实现制。

不过由于一次补发数月或数年的工资、薪金所得，确实会造成发放当期工资、薪金过高，一些省市出台过地方口径，允许因某些特殊情况造成的补发工资，在有充分证据的情况下，将补发工资分解到工资所属期计算扣缴个税。比如上述安徽、厦门的答复就体现了这一点。

也有的地方是没有出台过这样的规定，不论什么原因，都直接在发放当期计算应扣缴的个人所得税。

不让分摊，是合法的，让分摊，是合理的。所以如何处理，只能是咨询当地税务机关了。

2019 年新个税法下，这样的问题应该不会太突出了，至少当年补发数月工资，只要不跨年，不会影响最终计算结果。

035　提前发放的工资，是否合并申报个人所得税？

问题 1：企业本应在 5 月份发放的工资，根据《工资支付暂行规定》提前在 4 月份发放，是应该在 5 月份征期与 4 月份发放的 4 月份工资合并申报，还是在 6 月份申报？

发布日期：2021－06－15 12：01

来源：厦门市税务局

回复：如果符合《工资支付暂行规定》第七条规定，提前发放的工资税款所属期仍为 5 月，则仍于 6 月征期申报。如果不符合《工资支付暂行规定》，应于 5 月征期按照税款所属期 4 月合并计税。

【晶晶亮评析】

提前发放工资的情形比较少见，但也是存在的。根据劳动部关于印发《工资支付暂行规定》的通知第七条，工资必须在用人单位与劳动者约定的日期支付。如遇节假日或休息日，则应提前在最近的工作日支付。工资至少每月支付一次，实行周、日、小时工资制的可按周、日、小时支付工资。

提前发放工资该如何缴税呢？这个问题总局并没有明确的文件规定，行政执法中经常会遇到这种情况，面对的都是极其具体而细小的问题，不可能每一个问题都有文件给出具体答案，所以考验的是具体执法机关，在一定范围内，在法律的框架内给出一个合理的执法尺度。

厦门税局对此没有笼统地说合并或不合并，而是将这个问题进行了细分。也就是说符合劳动部门规定的提前发放工资，不需要合并到当月；而对于不符合规定的提前发放工资，则需要合并到当月申报缴纳个税。既照顾了合法的提前发放，又杜绝了因此可能产生的避税行为。

这个问题与补发工资是否需要合并到当月一起申报个税，有异曲同工之处。

对于补发工资问题，厦门税局同样有精彩回复。

问题2：公司欠了员工一年的工资，因没发工资，公司未申报个人所得税，现在公司拟发2019年部分工资，请问应怎样申报个人所得税？

厦门市税务局回复：

补发工资是指扣缴单位因劳动争议等特殊原因，经政府有关部门调解、劳动仲裁或法院判决，而补发的工资。

若是劳动仲裁或法院判决而补发的工资，须更正之前税款所属期的申报。若不属于，则按正常月薪申报个人所得税，税款所属期填写发放工资的当月，在发放的次月申报期内申报。

同样是区分不同情况，作出不同的处理，既体现了政策的合理性，又避免了政策漏洞。值得学习！

036　个税的“福利费”和企业所得税的“职工福利费”是一回事儿吗？

我一直认为，税法应该有一个基本的法典，把所有涉及的基本概念作一个统一的规定。否则原本就纷繁复杂、枝蔓缠绕的税收法条，由于缺乏一个清晰而准确的定义，更易让财税人员陷入许多不必要的误区。

比如，今天我就碰到这样一个会计，他很兴奋地向我求证说：原来企业计提的福利费发给职工，是免征个人所得税的啊，看来得好好学一下税法，原来我就不知道。“书中自有黄金屋”果然没错，这样的话就可以省下好些个税了。

我问：你所说的黄金法条是不是《个人所得税法》第四条第四款规定的“福利费、抚恤金、救济金，免纳个人所得税”？

他说：对啊，我们每个月都按工资计提14%的福利费，然后给员工发补贴。这不是个人所得税法中明明白白规定说免税的吗！

我说：你先别激动，真有这么大一块金子放在这里，大家早发现了，个人所得税法中虽然说“福利费”免税，但它和企业计提的“职工福利费”不是一回事儿。

他诧异道：不都是福利费吗？这还有区别？

我说：你要时刻记住，不同税种之间，即使是同一个名词，都很有可能说的不是同一个意思。个人所得税中说的福利费，根据实施条例第十一条规定，是指根据国家有关规定，从企业、事业单位、国家机关、社会团体提留的福利费或者工会经费中支付给个人的生活补助费。

另外，根据国税发〔1998〕155号第一条规定，生活补助费，是指由于某些特定事件或原因而给纳税人或其家庭的正常生活造成一定困难，其任职单位按国家规定从提留的福利费或者工会经费中向其支付的临时性生活困难补助。

所以说，个人所得税中规定的免税的福利费，就是临时性生活困难补助，不是企业按照工资薪金提取并发放的“职工福利费”。

他说：这么说，我们公司计提并发放的职工福利费，除了临时性生活困难补助，其他都需要缴纳个税？

我说：也不能这么说，还有一些在企业职工福利费中列支的费用，是不需要缴纳个人所得税的，比如财税〔2012〕40号提到的丧葬补助金、供养亲属抚恤金和一次性工亡补助金等。

他问：这些都是针对特定职工的补助，那是不是只要人人有份的补贴，都需要缴纳个人所得税？

我说：是的，国税发〔1998〕155号中是这样规定的，从福利费和工会经费中支付给单位职工的人人有份的补贴、补助，不免个人所得税。不过，也有一些虽然国家层面政策没有明确，但在各地执行过程中，也存在免税的情形。比如按照规定标准发放的取暖费补贴，大部分省市执行操作中都是可以免税的。

他说：哦，原来如此，这下我总算搞明白了。

037　科技人员迎来个人所得税的春天

虽然减税已成为一个趋势，但不是每个行业每个人都能享受同样的税收礼包。这时候，就要看哪些企业和个人能够站在优惠的风口，尽情享受税收优惠的春风。在中美贸易战的背景下，不用想，个人所得税税收优惠一定会向科技人员倾斜。

《关于科技人员取得职务科技成果转化现金奖励有关个人所得税政策的通知》（财税〔2018〕58号）就这样应时而生，要充分理解它，我们需要从以下六个方面来把握：

1. 机构有限定

必须是非营利性科研机构和高校才具备享受优惠的前提，这个非营利性科研机构和高校，既包括国家设立的，也包括民办的。国家设立的科研机构和高校，在认定上应该很简单，财政拨款、事业单位法人证书是两个必备条件。民办的则要求多一些，需要三个条件：一是有登记证书，二是业务范围和类型应符合规定，三是取得企业所得税非营利组织免税资格。

2. 人员须公示

必须是在转化职务科技成果中作出重要贡献的人员才能享受优惠，且人员名单需要公示。重要贡献，是一个很难量化考核的事情。尤其对于财政拨款的单位，职务上区分三六九是很容易的，但贡献上区分就太难了。也许基于这样的考虑，才明确规定必须公示。虽然依然很难，但公示一下，总归会起到一些制约作用，不至于把不沾边的人都作为重要贡献人员。需要注意的是，研发国防专利的人员是例外的，不用公示，这样的研发人员更应该保密。

3. 成果有要求

必须是专利技术（含国防专利）、计算机软件著作权、集成电路布图设计专有权、植物新品种权、生物医药新品种，以及科技部、财政部、税务总局确定的其他技术成果。其他技术成果，在没有明确政策的情况下，视同没有，所以必须是上述五种成果。

4. 顺序有先后

技术成果必须是先转化了，有了收入才能发奖励。不能是研发了一个完全没有实际用途的成果，科研机构就开始犒劳三军。如果是这样，是不能享受这个优惠政策的。

5. 时间 3 年内

有了科技成果转化收入，必须在 3 年内奖励科技人员。任何东西都有保质期，过期不候。不能研发机构 10 年后发奖金，还用 10 年前的技术成果作理由。

6. 奖励是现金

现金发放的奖励，才能享受这项优惠政策，即减按 50% 计入科技人员当月“工资、薪金所得”来计算个人所得税。

有的朋友说，如果我们不是发现金，而是发股权呢，是不是就不能享受优惠了？哎，你为啥不早说，一开始告诉我是支付股权，我就不费劲说这么多了，早已经有政策（国税发〔1999〕125 号）规定了，给科研人员的股份不征税、不征税、不征税啊！

038　个人取得的三类一次性补偿收入，如何计算个人所得税？

在个人所得税计算中，有三类个人取得的一次性收入，在计算个税的时候很容易让人混淆。它们分别是关于解除劳动关系、提前退休、内部退养的一次性补偿收入，这三类补偿收入都是单独计税，方法却大相径庭。财税〔2018〕164号文件和国税发〔1999〕58号分别给出了政策规定。我们一起来对比学习下这三类一次性补偿收入的计算要点。

一、解除劳动关系取得的一次性补偿收入

【政策理解】对于员工来说，解除劳动关系其实就是失业了，对于个人因失业取得的收入，税法规定一定的免税额度是必要的。

【计算要点】

1. 在当地上年职工平均工资3倍数额以内的部分，免征个人所得税。

2. 超过3倍数额的部分，单独计算个人所得税，不并入综合所得。

3. 直接适用综合所得税率表。

【例3-1】张某和甲公司解约，取得一次性补偿收入15万元，当地上年职工平均工资是4万元。请问甲公司需要扣缴张某多少个人所得税？

解析：应扣缴的个人所得税 =（150 000 - 40 000 × 3）× 3% = 900（元）

二、提前退休取得的一次性补偿收入

【政策理解】提前退休不是正常退休，不能享受免税待遇，也没有免征额的规定，但可以按提前的年度数分年度平均收入，减除费用扣除标准，再计算税款。可以说是另一种形式的“先分后税”（不是合伙企业的先分后税的意思）。

【计算要点】

1. 确定提前退休的年度数。比如应该2021年办理退休，实际在2019年办理提前退休，提前退休的年度数就是3年。

2. 将收入按年度数平均，减除费用扣除标准，用综合所得税率表计算个税。注意，不能减除专项扣除、专项附加扣除、其他扣除。

3. 计算出每年的税额，然后再乘以年度数。

【例3-2】老王2019年58岁，本应在2021年退休，因病无法继续工作，于是提前在2019年办理了退休手续，单位支付了其提前退休一次性补偿收入21万元，单位应扣缴的个税是多少？

解析：

第一步：平均收入 = 21 ÷ 3 = 7（万元）

第二步：计算每一年应扣的个税 =（70 000 - 60 000）× 3% = 300（元）

第三步：计算全部应纳税额 = 300 × 3 = 900（元）

当然，上述分三步是为了便于大家理解，如果比较熟练，可以直接用汇总的公式：应纳税额 = {[(一次性补贴收入 ÷ 办理提前退休手续至法定退休年龄的实际年度数) − 费用扣除标准] × 适用税率 − 速算扣除数} × 办理提前退休手续至法定退休年龄的实际年度数。

三、内部退养取得的一次性补偿收入

【政策理解】内部退养同样不属于退休，取得的收入不能按退休工资免税，也没有免征额。和提前退休相似的一点是也可以按规定的时间平摊收入，不同的是需要按月平摊，适用的是月度税率表。

【计算要点】

1. 补偿收入分月摊。计算距离法定退休的月份数，将一次性补偿收入按月平均。

2. 收入相加定税率。用（平均的月收入 + 当月工资薪金 − 费用扣除标准）来找对应的月度税率表的适用税率。

3. 汇总收入乘税率。用（一次性补偿总收入 + 当月工资薪金 − 费用扣除标准）× 适用税率

【例 3－3】老李 2019 年 3 月因企业减员增效办理了内部退养手续，距离法定退休时间尚有 25 个月，单位 3 月份支付一次性内部退养补偿款 10 万元，工资 4 500 元。请问单位应代扣多少个税？

解析：补偿收入平均 = 10 万元 ÷ 25 = 4 000（元）

定税率：4 000 + 4 500 − 5 000 = 3 500 元，适用月度税率表中 10% 的税率、210 元的速算扣除数。

应纳税额 =（100 000 + 4 500 − 5 000）× 10% − 210 = 9 740（元）

（备注：该方法适用于 2019 年 1 月 1 日前）

总之，这三类补偿收入个人所得税的计算方法截然不同，税额更是千差万别，财务朋友在扣税的时候一定要仔细区分。通过这样对比计算，您清楚了吗？

039　内部退养取得一次性收入，如何缴个税？政策口径通过问答形式修改了！

内部退养是什么？可能有些年轻人会觉得比较陌生，以前企业减员增效和行政、事业单位、社会团体在机构改革过程中，经常会采取这种办法。不是正式退休，但也不需要工作。个人离开的时候如果取得了一次性收入，该如何缴税呢？

因为现在内部退养的情况很少，总局在出台新旧个税政策衔接文件财税〔2018〕164号文的时候，没有对它进行明确规定，仅告诉大家按老规矩办。

老规矩是什么？根据国税发〔1999〕58号规定：个人在办理内部退养手续后从原任职单位取得的一次性收入，应按办理内部退养手续后至法定离退休年龄之间的所属月份进行平均，并与领取当月的“工资、薪金”所得合并后减除当月费用扣除标准，以余额为基数确定适用税率，再将当月工资、薪金加上取得的一次性收入，减去费用扣除标准，按适用税率计征个人所得税。

上述政策规定我们分解一下是这样的：

1. 补偿收入分月摊。计算距离法定退休的月份数，将一次性补偿收入按月平均。

2. 收入相加定税率。用（平均的月收入 + 当月工资薪金 - 费用扣除标准）来找对应的月度税率表的适用税率。

3. 汇总收入乘税率。用（一次性补偿总收入 + 当月工资薪金 - 费用扣除标准）× 适用税率 - 速算扣除数。

举一个例子来说：

张三2019年5月工资6 000元，同月办理了内部退养手续，距离法定退休年龄还有25个月。取得了一次性补偿收入12万元。该如何缴个税呢？

收入平均：12万元 ÷ 25 = 4 800（元）

定税率：4 800 + 6 000 - 5 000 = 5 800元，适用月度税率表中10%的税率、210元的速算扣除数。

应纳税额 =（120 000 + 6 000 - 5 000）× 10% - 210 = 11 890（元）

这样计算个人所得税的方法，在旧个税法下没有一点问题，但在新个税法下就不太妥当了。请注意，5月的工资6 000元，在正常的综合所得预扣预缴时要缴税，在单独计算内退收入应缴个税的时候，又并入进去算了一次税，一笔收入算两次税，明显不合理。

这个问题一经发现，已有一些省市向总局请示该如何处理，于是，大家都在等待一个明确的批复。

也许是这个问题太不起眼，不值得大动干戈发个补丁文件。于是总局在个人所得税官方答疑中，给大家展示了一个新的计算方法。

税务总局发布的《个人所得税综合所得年度汇算政策百问百答》中第21个问题：

21. 个人办理内部退养手续后从原任职单位取得的一次性收入该如何计税？

答：个人办理内部退养手续从原任职单位取得一次性补贴收入，不需纳入综合所得进行年度汇算。计税时，按照办理内部退养手续后至法定离退休年龄之间的所属月份进行平均后的商数，先与当月工资合并查找税率、计算税额，再减除当月工资收入应缴的税额，即为该项补贴收入应纳税额。

发放一次性补贴收入当月取得的工资收入，仍需要并入综合所得计算缴税。在年终汇算时，正常按照税法规定扣除基本减除费用。

举例：李海2019年每月取得工资7 000元。2019年5月李海办理了内部退养手续，从单位取得了一次性内部退养收入10万元。李海离正式退休时间还有20个月，假定李海2019年度没有其他综合所得，可享受1名子女教育专项附加扣除，如何计算李海应缴纳的个人所得税？

1. 李海离正式退休时间还有20个月，平均分摊一次性收入为：100 000 ÷ 20 = 5 000元；

2. 5 000元与当月工资7 000元合并，减除当月费用扣除标准5 000元，以其余额为基数确定使用税率和速算扣除数：(5 000 + 7 000) − 5 000 = 7 000，应适用税率10%，速算扣除数210；

3. 将当月工资7 000元加上当月取得的一次性收入100 000元，减去费用扣除标准5 000元，计算税款为：(7 000 + 100 000 − 5 000) × 10% − 210 = 9 990元。

模拟计算单月工资应计算的税款：(7 000 − 5 000) × 3% = 60（元）

内部退养应缴纳的税款：9 990 − 60 = 9 930（元）

4. 除李海2019年度取得内部退养一次性收入不并入当月外，其他月份另行累计预扣预缴税款为：(7 000 × 12 − 5 000 × 12 − 1 000 × 12) × 3% = 360元。

5. 李海2019年全年应缴纳个人所得税 = 9 930 + 360 = 10 290（元）

不得不说，这个计算方法还是挺新颖的，出现了一个模拟计算单月工资应计算的税款。我原先以为，总局新口径会直接把当月工资去掉，单独计算一次性内退补贴收入就好了，看来还是想得过于简单了。

不管计算是否复杂，现在终于有了一个正式的口径，解决了一个令人困惑、悬而未决的问题，尘埃落定，是一件好事。

040　竞业禁止补偿金如何扣缴个税？来看看16省市的答复！

我看到有网友在12366上有如下提问：

你好，麻烦问下。我公司与员工签订劳动合同时约定，如果员工离职，2年内不得自营或与他人合作经营与我公司同类的业务，员工离职时分2年支付竞业禁止补偿金。现在每月发放给离职员工的竞业禁止补偿金按什么规定、怎么代扣个税（见图3−1）？

国家税务总局 StateTaxationAdministration　12366纳税服务平台　网上留言

标题	留言内容	纳税人所属地	留言时间
竞业禁止补偿金	你好，麻烦问下：我公司与员工签订劳动合同时...	湖南	2021-04-21
竞业禁止补偿金	你好，麻烦问下：我公司与员工签订劳动合同时...	湖北	2021-04-21
竞业禁止补偿金	你好，麻烦问下：我公司与员工签订劳动合同时...	河南	2021-04-21
竞业禁止补偿金	你好，麻烦问下：我公司与员工签订劳动合同时...	江西	2021-04-21
竞业禁止补偿金	你好，麻烦问下：我公司与员工签订劳动合同时...	厦门	2021-04-21
竞业禁止补偿金	你好，麻烦问下：我公司与员工签订劳动合同时...	福建	2021-04-21
竞业禁止补偿金	你好，麻烦问下：我公司与员工签订劳动合同时...	安徽	2021-04-21
竞业禁止补偿金	你好，麻烦问下：我公司与员工签订劳动合同时...	浙江	2021-04-21
标题	留言内容	纳税人所属地	留言时间
竞业禁止补偿金	你好，麻烦问下：我公司与员工签订劳动合同时...	黑龙江	2021-04-21
竞业禁止补偿金	你好，麻烦问下：我公司与员工签订劳动合同时...	大连	2021-04-21
竞业禁止补偿金	你好，麻烦问下：我公司与员工签订劳动合同时...	辽宁	2021-04-21
竞业禁止补偿金	你好，麻烦问下：我公司与员工签订劳动合同时...	内蒙古	2021-04-21
竞业禁止补偿金	你好，麻烦问下：我公司与员工签订劳动合同时...	山西	2021-04-21
竞业禁止补偿金	你好，麻烦问下：我公司与员工签订劳动合同时...	新疆	2021-04-21
竞业禁止补偿金	你好，麻烦问下：我公司与员工签订劳动合同时...	河北	2021-04-21
竞业禁止补偿金	你好，麻烦问下：我公司与员工签订劳动合同时...	北京	2021-04-21

图 3－1　关于竞业禁止补偿金如何扣缴个税的 16 省市的回复

也许这是一个遍及全国的集团公司吧，这位网友同样的问题连续问了 16 个省市，得到了如下回复。

1. 湖南

尊敬的纳税人朋友：您好，您所提交的问题已收悉。企业按月支付竞业禁止补偿金需要按照工资、薪金所得预扣预缴个人所得税。

2. 湖北

您好！您提交的问题已收悉，现针对您所提供的信息回复如下：企业按月支付竞业禁止补偿金需要按照工资、薪金所得预扣预缴个人所得税。

3. 河南

您好！您所咨询的问题收悉。现针对您所提供的信息回复如下：

（1）根据《全国人民代表大会常务委员会关于修改〈中华人民共和国个人所得税法〉的决定》（中华人民共和国主席令第九号）第二条规定，下列各项个人所得，应当缴纳个人所得税：（一）工资、薪金所得；……居民个人取得前款第一项至第四项所得（以下称综合所得），按纳税年度合并计算个人所得税；非居民个人取得前款第一项至第四项所得，按月或者按次分项计算个人所得税。纳税人取得前款第五项至第九项所得，依照该法规定分别计算个人所得税。

（2）根据《中华人民共和国个人所得税法实施条例》（国务院令第707号）第六条规定，个人所得税法规定的各项个人所得的范围：（一）工资、薪金所得，是指个人因任职或者受雇取得的工资、薪金、奖金、年终加薪、劳动分红、津贴、补贴以及与任职或者受雇有关的其他所得……

因此，建议您参考上述文件规定，企业按月支付竞业禁止补偿金需要按照工资、薪金所得预扣预缴个人所得税。具体事宜建议联系主管税务机关进一步确认。

4. 江西

尊敬的纳税人您好！您的提问已收悉，现答复如下：企业按月支付竞业禁止补偿金需要按照工资、薪金所得预扣预缴个人所得税。

5. 厦门

尊敬的纳税人（扣缴义务人、缴费人）您好！您提交的网上留言咨询已收悉，现答复如下：企业按月支付竞业禁止补偿金需要按照工资、薪金所得预扣预缴个人所得税。

6. 福建

您好！您提交的网上留言咨询已收悉，现答复如下：企业按月支付竞业禁止补偿金需要按照工资、薪金所得预扣预缴个人所得税。

7. 安徽

您好！您提交的问题已收悉，现针对您所提供的信息回复如下：企业按月支付竞业禁止补偿金需要按照工资、薪金所得预扣预缴个人所得税。

8. 浙江

您好，您在网站上提交的纳税咨询问题收悉，现针对您所提供的信息简要回复如下：企业按月支付竞业禁止补偿金需要按照工资、薪金所得预扣预缴个人所得税。

9. 黑龙江

您好，企业按月支付竞业禁止补偿金需要按照工资、薪金所得预扣预缴个人所得税。

10. 大连

尊敬的纳税人您好！您提交的网上留言咨询已收悉，现答复如下：企业按月支付竞业禁止补偿金需要按照工资、薪金所得预扣预缴个人所得税。

11. 辽宁

您好！您提交的问题已收悉，现针对您所提供的信息回复如下：企业按月支付竞业禁止补偿金需要按照工资、薪金所得预扣预缴个人所得税。

12. 内蒙古

您好！您提交的问题已收悉，现针对您所提供的信息回复如下：根据《中华人民共和国个人所得税法实施条例》第六条第（一）款规定，工资、薪金所得，是指个人因任职或者受雇取得的工资、薪金、奖金、年终加薪、劳动分红、津贴、补贴以及与任职或者受雇有关的其他所得。根据《国家税务总局关于发布〈个人所得税扣缴申报管理办法（试行）〉的公告》（国家税务总局公告2018年第61号）第六条规定，扣缴义务人向居民个人支付工资、薪金所得时，应当按照累计预扣法计算预扣税款，并按月办理扣缴申报。

因此，企业按月支付竞业禁止补偿金需要按照工资、薪金所得预扣预缴个人所得税。

13. 山西

尊敬的纳税人（扣缴义务人、缴费人）您好！您提交的网上留言咨询已收悉，现答复如下：根据《中华人民共和国个人所得税法实施条例》第六条规定，个人所得税法规定的各项个人所得的范围：（一）工资、薪金所得，是指个人因任职或者受雇取得的工资、薪金、奖金、年终加薪、劳动分红、津贴、补贴以及与任职或者受雇有关的其他所得。企业按月支付竞业禁止补偿金需要按照工资、薪金所得预扣预缴个人所得税。

14. 新疆

感谢您的咨询！您的问题我们已通过电话形式答复，若您对此仍有疑问，请联系新疆税务12366或主管税务机关。

15. 河北

您好！您提交的问题已收悉，现针对您所提供的信息回复如下：企业按月支付竞业禁止补偿金需要按照工资、薪金所得预扣预缴个人所得税。

16. 北京

您好，企业按月支付竞业禁止补偿金需要按照工资、薪金所得预扣预缴个人所得税。

【晶晶亮评析】

这16家省市，除了新疆表示电话沟通之外，其余15家口径都非常统一，那就是按照工资、薪金所得预扣预缴。看来这个问题已经基本形成了共识，无须争议了。

041　商业健康险的税是税非

最近，个人所得税汇算清缴热度很高，问题很多，连续有几个朋友在问，扣除项目中的商业健康险到底是怎么回事？

根据财税〔2017〕39号相关规定，2017年7月1日，商业健康险的税收优惠覆盖全国，个人购买商业健康保险，每月可税前扣除商业健康险保费200元。虽然这个政策实施已经有几年了，但大家似乎对它还比较陌生，我们通过以下五个问题来进一步了解一下。

一、商业健康险是什么？包括哪些？

商业健康保险是以被保险人的身体为保险标的，保证被保险人在疾病或意外事故所致伤害时的直接费用或间接损失获得补偿的保险。

《健康保险管理办法》把健康保险分为疾病保险、医疗保险、失能收入损失保险和护理保险四种基本类型。

二、是否购买所有的商业健康险，个人都享受税收优惠？

否。不是所有的商业健康险都享受税收优惠，而是必须符合特定条件的商业健康保险保费才可以享受优惠。财税〔2017〕39号中专门列举了五个条件，满足这些条件的商业健康保险才可以享受税收优惠。其中第二条是“被保险人为16周岁以上、未满法定退休年龄的纳税人群。保险公司不得因被保险人既往病史拒保，并保证续保”。按照这个条件，市面上的健康保险基本都会被淘汰。

符合税收优惠的商业健康保险，将会是一个专门的保险产品，且带有“税优识别码”。这个保险产品的定位是与基本医疗保险、大病保险等基本医保相衔接的。可以说，它相当于一个商业机构办理的社保产品。虽惠及民生，但营利性应该很差，估计商业保险机构的积极性不会太高。

三、是不是所有人都可以享受这个政策优惠？

否。并不是所有的个人都可以享受这个税收优惠，可享受优惠的个人有以下几类：

1. 取得工资薪金所得、连续性劳务报酬所得的个人；

2. 取得个体工商户生产经营所得、对企事业单位的承包承租经营所得的个体工商户业主；

3. 个人独资企业投资者；

4. 合伙企业合伙人；

5. 承包承租经营者。

在第一类中，“连续性劳务报酬所得”是个新鲜的提法，在其他文件中没有见过。它是指连续三个月在同一单位取得劳务报酬。

另外，我们注意到，这里没有财产转让人、财产租赁人、偶然所得人等。假设一个人只有被动的收入，比如类似包租婆这样的人，每月收入只是房租，是不能享受这个政策优惠的。当然，估计这样的人群也不会在意这点蚂蚁肉。

四、单位负担的商业健康保险费可否在企业所得税前扣除?

需要区分不同情况。财税〔2017〕39 号中，没有明确提及单位负担的商业健康保险费可否在企业所得税前扣除，但有这样一句话：“单位负担部分应当实名计入个人工资、薪金明细清单”，这说明单位负担的商业保险费是需要计入工资、薪金中的，而企业所得税的规定是，符合规定的工资、薪金可以全额在企业所得税税前扣除。所以我们可以推导出，商业健康保险费可以在企业所得税税前扣除。特别注意，作为工资、薪金组成部分的商业健康保险费，在企业所得税税前并没有比例和金额限制。

当然，有人可能会说，我就不愿意这么做账，我就是喜欢企业直接缴纳后，凭保费发票做一张管理费用列支的会计凭证。如果你非要这样，我也不拦着你。这样做账的后果是，你没有实名记入工资、薪金中，无法区分每个人的保费支出，个人所得税每月 200 元的税前扣除肯定是享受不到了。另外，根据《企业所得税法实施条例》第三十六条，除企业依照国家有关规定为特殊工种职工支付的人身安全保险费和国务院财政、税务主管部门规定可以扣除的其他商业保险费外，企业为投资者或者职工支付的商业保险费，不得扣除。所以商业健康险在没有明确税收文件规定的情况下，不能在企业所得税税前扣除。

五、商业健康保险和补充医疗保险是一回事儿吗?

不是一回事儿。之所以要区分这两个概念，是因税收政策中对补充医疗保险也有专门的规定，如果不加以区分，会让人产生误解，以为是同一事物的两个不同称呼。

不需要从两种保险产品的定义来区分，作为财税人员，我们只需要明白它们是不一样的。根据保监发〔2015〕82 号第九条，个人税优健康保险产品采取万能险方式，包含医疗保险和个人账户积累两项责任。医疗保险应当与基本医保、补充医疗保险相衔接，用于补偿被保险人在经基本医保、补充医疗保险补偿后自负的医疗费用。

从这里我们可以明确看到，商业健康保险是与基本医保和补充医疗保险相衔接的一种保险。它在设计之初，就和补充医疗保险不相容。桥归桥，路归路，不要在税收政策层面搞混淆了。

■ **政策依据**

补充医疗保险的基本涉税规定：

企业所得税，按工资总额的5%在税前扣除（财税〔2009〕27号）；个人所得税，应在企业向保险公司缴付时（即该保险落到被保险人的保险账户）并入员工当期的工资收入，按“工资、薪金所得”项目计征个人所得税（国税函〔2005〕318号）。

042 从境外取得一次性奖金可否用特殊算法？

关于居民个人从境外取得的全年一次性奖金是否可以适用财税〔2018〕164号文件规定的计税方法的问答如图3－2所示。

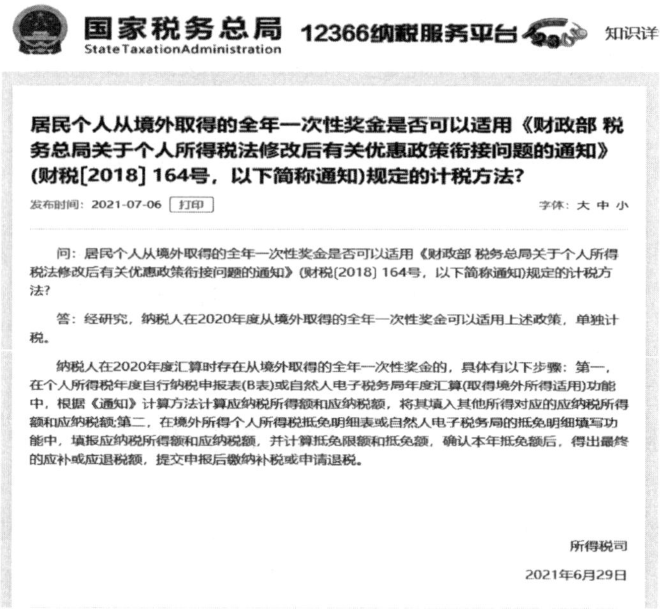

国家税务总局 State Taxation Administration 12366纳税服务平台 知识详

居民个人从境外取得的全年一次性奖金是否可以适用《财政部 税务总局关于个人所得税法修改后有关优惠政策衔接问题的通知》(财税[2018] 164号，以下简称通知)规定的计税方法?

发布时间：2021-07-06 打印 字体：大 中 小

问：居民个人从境外取得的全年一次性奖金是否可以适用《财政部 税务总局关于个人所得税法修改后有关优惠政策衔接问题的通知》(财税[2018] 164号，以下简称通知)规定的计税方法?

答：经研究，纳税人在2020年度从境外取得的全年一次性奖金可以适用上述政策，单独计税。

纳税人在2020年度汇算时存在从境外取得的全年一次性奖金的，具体有以下步骤：第一，在个人所得税年度自行纳税申报表(B表)或自然人电子税务局年度汇算(取得境外所得适用)功能中，根据《通知》计算方法计算应纳税所得额和应纳税额，将其填入其他所得对应的应纳税所得额和应纳税额;第二，在境外所得个人所得税抵免明细表或自然人电子税务局的抵免明细填写功能中，填报应纳税所得额和应纳税额，并计算抵免限额和抵免额，确认本年抵免额后，得出最终的应补或应退税额，提交申报后缴纳补税或申请退税。

所得税司

2021年6月29日

图3－2 关于居民个人从境外取得的全年一次性奖金是否可以适用财税〔2018〕164号文件规定的计税方法的问答

问：居民个人从境外取得的全年一次性奖金是否可以适用《财政部 税务总局关于个人所得税法修改后有关优惠政策衔接问题的通知》（财税〔2018〕164号，以下简称通知）规定的计税方法？

答：经研究，纳税人在2020年度从境外取得的全年一次性奖金可以适用上述政策，单独计税。

纳税人在2020年度汇算时存在从境外取得的全年一次性奖金的，具体有以下步骤：

第一，在个人所得税年度自行纳税申报表（B表）或自然人电子税务局年度汇算（取得境外所得适用）功能中，根据《通知》计算方法计算应纳税所得额和应纳税额，将其填入其他所得对应的应纳税所得额和应纳税额；

第二，在境外所得个人所得税抵免明细表或自然人电子税务局的抵免明细填写功能中，填报应纳税所得额和应纳税额，并计算抵免限额和抵免额，确认本年抵免额后，得出最终的应补或应退税额，提交申报后缴纳补税或申请退税。

所得税司

2021年6月29日

【晶晶亮评析】

如果以境内境外来划分，个人的所得可以详细划分为四类：

（1）境内所得境内支付；

（2）境内所得境外支付；

（3）境外所得境内支付；

（4）境外所得境外支付。

举例来说：

张某在跨国公司工作，同时在中国母公司和法国子公司任职。1月在中国境内工作，2月在境外法国工作。1月中国母公司给他支付工资6万元，法国子公司给他支付工资3万元。2月中国母公司给他支付工资5万元，法国子公司给他支付工资4万元。

对于张某来说：

1月中国母公司给他支付工资6万元，属于境内所得境内支付；

1月法国子公司给他支付工资3万元，属于境内所得境外支付。

2月中国母公司给他支付工资5万元，属于境外所得境内支付；

2月法国子公司给他支付工资4万元，属于境外所得境外支付。

如果把例题中的工资替换成全年一次性奖金，我们来看看这个咨询及回复。

咨询者问的是“从境外取得的所得”，而不是“境外所得”，这里其实容易引发歧义，对于不太了解税法的人，有可能是指上述分类中的（2）+（4），而对于了解税法的人，会默认为是（3）+（4）。

从回复中看填写报表的部分，可以明确看出回答的是“境外所得”，也就是（3）+（4）。

那如果纳税人取得的是（2）类收入，可否适用这个政策呢？

我理解也是可以的，因为（2）属于境内所得，只要政策文件没有明确排除，所有境内所得的相关政策规定，都适用于（2）。

043　如何区分工资、薪金所得和劳务报酬所得？

2021 年 5 月，我遇到这样一个稽查实务案例，某公司会计凭证中显示，2020 年某月支付给张三、李四工资、薪金各 50 000 元，未扣缴个人所得税，上述两人仅领取了这一个月工资，之前和之后均无支付工资记录。

税务机关责令该公司补扣个人所得税时，产生了分歧。一种观点认为该公司应按工资、薪金所得补扣，另一种观点认为仅有一个月的工资支付，不符合常理，应该按劳务报酬补扣。矛盾的关键点在于：如何区分工资、薪金所得和劳务报酬所得？

2019 年新个税法实施后，工资、薪金所得和劳务报酬所得都属于综合所得，最终它们是需要统一汇总计算个人所得税的。但两种所得在预扣预缴环节中，所适用的计算方法不同，扣缴的税款也不一样。

我们先来看看国家税务总局相关文件对两种所得是如何区分的。

《国家税务总局关于印发〈征收个人所得税若干问题的规定〉的通知》（国税发〔1994〕89 号）中规定：十九，关于工资、薪金所得与劳务报酬所得的区分问题。工资、薪金所得是属于非独立个人劳务活动，即在机关、团体、学校、部队、企事业单位及其他组织中任职、受雇而得到的报酬；劳务报酬所得则是个人独立从事各种技艺、提供各项劳务取得的报酬。两者的主要区别在于，前者存在雇佣与被雇佣关系，后者则不存在这种关系。

根据上述文件规定，工资、薪金所得与劳务报酬所得，最本质的判断标准是，是否存在雇佣和被雇佣的关系。

雇佣关系是指受雇人向雇佣人提供劳务，雇佣人支付相应报酬形成权利义务关系。雇佣关系是雇主和受雇人达成契约的基础上成立的，雇佣合同可以是口头的也可以是书面的。

雇佣合同在我国法律没有明确规定，但大陆法系各国一般都对雇佣合同设有规定，例如《法国民法典》《德国民法典》。广义上的雇佣关系包含“劳动关系”，对二者的区别，台湾著名学者史尚宽先生认为主要有两个方面：一是劳动契约的受雇人与雇佣人之间存在“特殊的从属关系”，受雇人的劳动须“在于高度服从雇方之情形下行之"；二是劳动者系提供其职业上之劳动力。

虽然雇佣关系和劳动关系并不相同，但广义上的雇佣关系是包括劳动关系的。如果能证明上述两个人与公司存在劳动关系，就应该认定为工资、薪金所得。最好的证据资料当然是签订有效劳动合同，但鉴于实务中存在大量未签订劳动合同的雇佣关系，所以不能仅凭没有劳动合同就否认劳动关系，还可以参考以下规定来证明劳动关系。

《关于确立劳动关系有关事项的通知》（劳社部发〔2005〕12 号）规定，用人单位未与劳动者签订劳动合同，认定双方存在劳动关系时可参照下列凭证：

（一）工资支付凭证或记录（职工工资发放花名册）、缴纳各项社会保险费的记录；

（二）用人单位向劳动者发放的"工作证""服务证"等能够证明身份的证件；

（三）劳动者填写的用人单位招工招聘"登记表""报名表"等招用记录；

（四）考勤记录；

（五）其他劳动者的证言等。

从上述规定可以看出，只要有工资支付凭证和记录，就应该认可存在劳动关系，就应该按工资、薪金所得来预扣预缴个人所得税。并不需要有连续几个月的支付记录。

当然，如果为了避免争议，再调取一些上述其他证据来佐证，如证人证言、考勤记录等，案件证据会更加充分。

044　这笔劳务报酬明年汇算时能退多少个人所得税？

朋友上个月取得了一笔专家评审费，去税务机关代开了一张发票，发票上显示税额 87.38 元，金额 2 912.62 元，价税合计 3 000 元。支付单位拿到他代开的发票后扣缴了个人所得税 422.52 元，给他转账了 2 577.48 元。

他找到我问：你说这个单位扣的个人所得税怎么算的？对不对啊？

我说：我给你算一算，你这笔劳务报酬的不含税收入是 2 912.62 元，不足 4 000 元，减除 800 元费用，按照 20% 预扣率计算。应预扣的个人所得税 =（2 912.62 − 800）×20% =422.52 元。

你给他开了一张 3 000 元的发票，3 000 − 422.52 = 2 577.48 元。他给你转了 2 577.48元。这个没问题。

他叹口气说：好不容易有点外快，扣了这么多税。

我安慰说：不用着急啊，等明年个人所得税汇算清缴的时候，很有可能会退税的。

他说：是吗？那你现在帮我算算，我这笔劳务报酬明年汇算时能退多少个人所得税？让我现在心里有个数。

我很为难地说：你全年工资以及其他的劳务报酬啊、稿酬啊、特许权使用费都不知道，我没法算啊！

他说：不要紧，工资每年都差不多，就是8万元左右，工资的个人所得税单位都扣了，其他你说的那几项收入我都没有，假如我就这一笔劳务报酬，你说能退多少税？

我说：好吧，就按你的假设，工资个税缴足了，另外你的工资8万元加上这一笔评审费，扣除6万元减除费用以及其他各类扣除后，依然适用3%这一档综合所得的税率。

综合所得适用税率表见表3-14。

表3-14　　综合所得适用税率表

级数	全年应纳税所得额	税率（%）	速算扣除数
1	不超过36 000元	3	0
2	超过36 000元至144 000元的部分	10	2 520
3	超过144 000元至300 000元的部分	20	16 920
4	超过300 000元至420 000元的部分	25	31 920
5	超过420 000元至660 000元的部分	30	52 920
6	超过660 000元至960 000元的部分	35	85 920
7	超过960 000元的部分	45	181 920

那么这笔劳务报酬实际应缴纳的个人所得税 $=2\ 912.62\times(1-20\%)\times3\%=69.90$ 元，你明年应该申请退税 $422.52-69.90=352.62$ 元。

我把算式写在纸上，他盯着看了一会儿，忽然说：为什么两次不一样？

我说：原先预扣的时候，劳务报酬2万元以下，都是20%的预扣率。最终汇算的时候，需要看你综合所得在哪个档次，在哪个区间范围内就适用相应的税率。根据你的情况，假定你还属于3%这一档的税率，所以税率肯定是不一样的，才产生了退税这回事。

他说：我不是说税率不一样，我是说扣除的数字也不一样，你原来告诉我，劳务报酬不足4 000元的，可以减除800元的费用。怎么汇算的时候不减800元，减了20%呢？

我赞叹道：真是个心细如发的人啊！

这正是我想和你强调的：劳务报酬，在预扣预缴的时候，4 000元以下是减除800元的费用，4 000元以上减除20%的费用。要记住，这是预扣预缴的规定。但在汇算清缴的时候，不是这样的，不区分4 000元，统一减除20%的费用。

他困惑地说：这是为什么啊？为啥预扣时和汇算时费用扣除不保持一致啊？感觉好折腾。

我说：劳务报酬预扣预缴税款的计算方法，其实和旧个税法下没有区别，不作更改，有利于新旧税制平稳过渡吧！

等汇算清缴，是完全用新的方法计算了，统一扣除 20%，而且全年汇算没有必要区别 4 000 元以下和以上来分别进行费用扣除，相对来说税制更简洁一些。

他把我写的纸条叠了一下，放在口袋里。边走边说：行，那我就等明年去办一下退税，看能不能退了这个税！

我说：你要记清前提假设啊，如果你今年工资奖金涨了，税率跳档了，可就不是这个数字啦。

他说：好啦，知道，退了税请你吃饭。

我说：还是别请了，估计一顿饭下来，你还得倒贴，我于心不忍啊。

045 “劳务报酬”涉税问题多？一文帮您搞清楚！

对于公司来说，支付的人工费用中除了工资、薪金，最常见的应该是劳务报酬，但即使是出现频率很高的一个支出项目，许多朋友在实践中依然存在诸多疑问，我们通过 10 个常见问题，彻底把劳务报酬的相关困惑解决掉。

1. 什么是劳务报酬?

根据《中华人民共和国个人所得税法实施条例》（国务院令第 707 号）规定：劳务报酬所得，是指个人从事劳务取得的所得，包括从事设计、装潢、安装、制图、化验、测试、医疗、法律、会计、咨询、讲学、翻译、审稿、书画、雕刻、影视、录音、录像、演出、表演、广告、展览、技术服务、介绍服务、经纪服务、代办服务以及其他劳务取得的所得。

2. 劳务报酬和工资、薪金的区别是什么?

根据《国家税务总局关于印发〈征收个人所得税若干问题的规定〉的通知》（国税发〔1994〕89 号）规定：工资、薪金所得是属于非独立个人劳务活动，即在机关、团体、学校、部队、企事业单位及其他组织中任职、受雇而得到的报酬；劳务报酬所得则是个人独立从事各种技艺、提供各项劳务取得的报酬。两者的主要区别在于，前者存在雇佣与被雇佣关系，后者则不存在这种关系。

3. 临时工工资是劳务报酬还是工资、薪金?

若临时工与单位存在雇佣关系，按照工资、薪金所得申报纳税，若临时工与单位不存在雇佣关系，按照劳务报酬所得申报纳税。

4. 劳务报酬和经营所得的区别是什么?

个人所得税经营所得，一般是指有稳定的机构场所、持续经营且不是独立的个人活动而取得的所得。劳务报酬所得，是指个人独立从事劳务活动而取得的所得。

5. 公司支付给个人的劳务报酬如何预扣预缴税款？

根据《国家税务总局关于发布〈个人所得税扣缴申报管理办法（试行）〉的公告》（国家税务总局公告2018年第61号）相关规定，扣缴义务人向居民个人支付劳务报酬所得时，应当按照以下方法按次或者按月预扣预缴税款：

劳务报酬所得，以收入减除费用后的余额为收入额。

减除费用：预扣预缴税款时，劳务报酬所得每次收入不超过4 000元的，减除费用按800元计算；每次收入4 000元以上的，减除费用按收入的20%计算。

应纳税所得额：劳务报酬所得以每次收入额为预扣预缴应纳税所得额，计算应预扣预缴税额。劳务报酬所得适用个人所得税预扣率表二（见表3-15）。

表3-15　个人所得税预扣率表二（居民个人劳务报酬所得预扣预缴适用）

级数	预扣预缴应纳税所得额	预扣率（%）	速算扣除数
1	不超过20 000元	20	0
2	超过20 000元至50 000元的部分	30	2 000
3	超过50 000元的部分	40	7 000

6. 企业请老师分别在不同月份来讲课，但报酬在同一个月支付的，申报个税时是否属于“同一项目连续性收入”，合并在一起申报？

答：根据《中华人民共和国个人所得税法实施条例》第十四条，劳务报酬所得属于一次性收入的，以取得该项收入为一次；属于同一项目连续性收入的，以一个月内取得的收入为一次。企业请老师分别在不同月份来讲课，但报酬在同一个月支付的，属于同一项目连续性收入，应以一个月内取得的收入为一次。

7. 支付给自然人的劳务报酬，税前扣除是否需要发票？

答：个人提供劳务报酬，属于增值税的应税范围，所以企业列支劳务报酬，需要取得劳务报酬的发票，才可以税前扣除。

如果是不超过500元的小额支出，不达增值税起征点，不需要缴增值税，可以不需要发票，根据国家税务总局公告2018年第28号的规定，公司可以用收款凭证税前扣除。

8. 自然人去税务局代开发票，开票时税务机关是否会代征个人所得税？

答：因为支付单位是个人所得税法定扣缴义务人，所以自然人取得劳务报酬所得申请代开发票时，在代开发票环节税务局不征收个人所得税。代开发票单位（包括税务机关和接受税务机关委托代开发票的单位）会在发票备注栏内统一注明“个人所得税由支付人依法扣缴”。

9. 支付自然人的劳务报酬不超过800元的，是不是不需要申报扣缴个人所得税？

答：不是，公司作为劳务报酬的支付方，应履行扣缴的义务。劳务报酬所得每次收入未超过800元的，由于计算预扣预缴时“劳务报酬所得每次收入不超过4 000元的，减除费用按800元计算”，所以应预扣预缴个人所得税税额为0。但0并不代表不需要申报。

10. 甲公司2020年5月支付非湖北地区人员刘师傅劳务报酬10 100元，请问代扣个税时的计税依据是什么？

笔者答：支付刘师傅劳务报酬含税收入为10 100元，不含税收入＝10 100÷1.01＝10 000元。

刘师傅应缴纳的增值税为10 000×1%＝100（元）

城市维护建设税＝100×7%×50%＝3.5（元）

教育费附加、地方教育附加免征。

甲公司应代扣的个税＝(10 000－3.5)×(1－20%)×20%＝1 599.44（元）

参考1：国家税务总局云南省12366纳税服务中心答复。劳务报酬所得项目计税依据为不含增值税收入。计算个人所得税时，已缴纳的增值税附征税费，可以从不含增值税收入中扣除后，再减除费用。

参考2：12366北京中心答复。劳务报酬所得项目计税依据为不含增值税收入。计算个人所得税时，已缴纳的增值税附征税费，可以从不含增值税收入中扣除后，再减除费用。

请注意：从个人所得税相关法律规定中，明确规定减除附加费用的，只有财税〔2018〕164号规定：“保险营销员、证券经纪人取得的佣金收入，属于劳务报酬所得，以不含增值税的收入减除20%的费用后的余额为收入额，收入额减去展业成本以及附加税费后，并入当年综合所得，计算缴纳个人所得税。”

一般自然人的劳务报酬并没有明确法条规定可以扣除，但在个人所得税自行申报表中，扣除项目中有一列“允许扣除的税费”，不知道这是否意味着全部劳务报酬的附加税费都可以扣除。

在实际税收征管中，是否可以扣除附加税费，要看当地主管税务机关的执行口径。

046　代开发票不附征个税，需要走出“两个误区”

2019年新个税法实施后，黑龙江、广西、湖南、山西等省税务局相继出台了代开发票的相关政策（见图3－3、图3－4、图3－5）。主要内容是，个人去税务机关代开劳务报酬发票不再附征个税。当然，每个省的规定都不尽相同。大家需要对照本地税务机关的政策仔细琢磨。

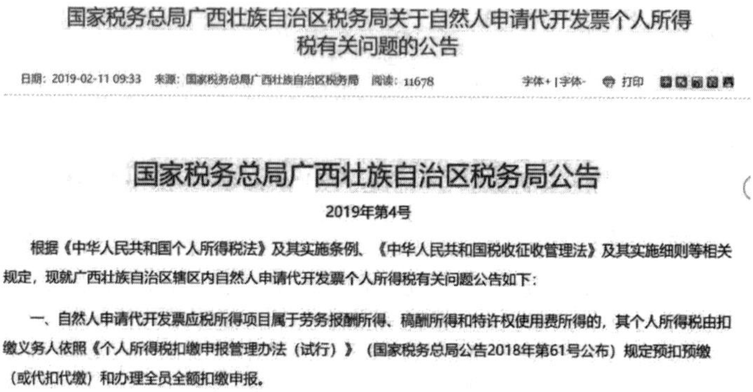
国家税务总局广西壮族自治区税务局关于自然人申请代开发票个人所得税有关问题的公告

日期：2019-02-11 09:33 来源：国家税务总局广西壮族自治区税务局 阅读：11678 字体+ | 字体- 打印

国家税务总局广西壮族自治区税务局公告

2019年第4号

根据《中华人民共和国个人所得税法》及其实施条例、《中华人民共和国税收征收管理法》及其实施细则等相关规定，现就广西壮族自治区辖区内自然人申请代开发票个人所得税有关问题公告如下：

一、自然人申请代开发票应税所得项目属于劳务报酬所得、稿酬所得和特许权使用费所得的，其个人所得税由扣缴义务人依照《个人所得税扣缴申报管理办法（试行）》（国家税务总局公告2018年第61号公布）规定预扣预缴（或代扣代缴）和办理全员全额扣缴申报。

图 3－3　广西壮族自治区税务局公告

国家税务总局黑龙江省税务局

Heilongjiang Provincial Tax Service, State Administration of Taxation

请输入关键词

首页 信息公开 办税服务 公众参与 税收宣

所在位置：首页 > 信息公开 > 政策法规 > 最新文件

国家税务总局黑龙江省税务局关于自然人申请代开发票个人所得税有关问题的公告

2019年第1号

发布日期：2019-02-21 访问次数:3749 字号：[大中小]

根据《中华人民共和国个人所得税法》及其实施条例、《中华人民共和国税收征收管理法》及其实施细则等相关规定，现就黑龙江省辖区内自然人申请代开发票个人所得税有关问题公告如下：

一、对自然人纳税人取得劳务报酬所得、稿酬所得和特许权使用费所得需要代开发票的，在代开发票环节不再征收个人所得税。其个人所得税由扣缴义务人依照《个人所得税扣缴申报管理办法（试行）》（国家税务总局公告2018年第61号）规定预扣预缴（或代扣代缴）和办理全员全额扣缴申报。代开发票单位在开具发票时，应在发票备注栏内统一注

图 3－4　黑龙江省税务局公告

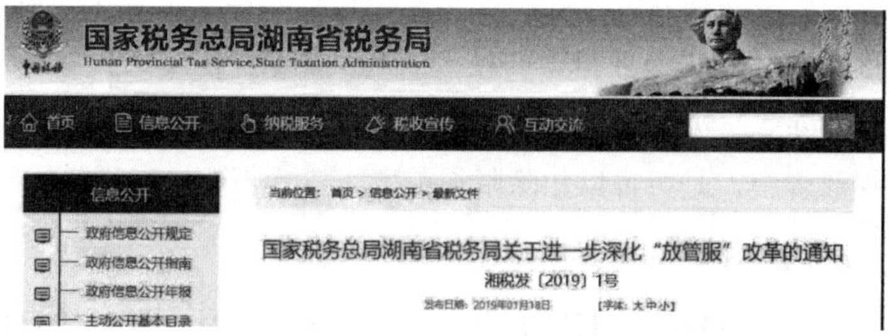
国家税务总局湖南省税务局

Hunan Provincial Tax Service,State Taxation Administration

首页 信息公开 纳税服务 税收宣传 互动交流

信息公开

政府信息公开规定

政府信息公开指南

政府信息公开年报

主动公开基本目录

当前位置：首页 > 信息公开 > 最新文件

国家税务总局湖南省税务局关于进一步深化“放管服”改革的通知

湘税发〔2019〕1号

发布日期：2019年01月18日 [字体：大中小]

图 3－5　湖南省税务局通知

政策出台后，我陆续接到一些纳税人的咨询，发现很多人对这个政策的理解有些偏差，归纳起来主要有两种误区。

第一种误区，“太好了！又降低税负了！”

很多人一听说，不需要附征个税了，不由得欢呼雀跃，“太好了！又降低税负了！”其实，这只是一种征管方式的改变，真的和减税降费没关系。

比如，2019 年 5 月，小明给大华公司提供了咨询服务，需要去税务机关代开一张 10 000 元的发票。

如果按原先政策，假设当地原先是按 1.5% 附征个税。小明代开发票的时候除了缴纳 3% 的增值税和各地不完全一样的附加税费，还需要缴纳 150 元的个人所得税。但是，税务机关附征 150 元的个人所得税，并不能免除大华公司作为扣缴义务人的法律责任，大华公司还需要预扣预缴个税 1 450（10 000 × 80% × 20% − 150）元。

而实行新的劳务报酬不附征个税政策后，小明去税务机关代开发票，只需要缴纳增值税及附加税费，不再缴纳个人所得税。大华公司作为扣缴义务人，需要预扣预缴个人所得税 1 600 元。

所以，我们可以看到，附征不附征，小明被预扣预缴的个人所得税是一样的。这个政策，并不存在减税降费的作用。

如果非要琢磨一下政策出台前后有什么不同，那就是大华公司若不履行扣缴义务，被税务机关查到后，按照未扣缴税款的 50% 罚款，第一种情况会被罚 725 元，第二种情况会被罚 800 元。这么看来，扣缴义务人面临的风险其实是加大了。

第二种误区，受票企业问：“是不是个人拿过来的代开发票都需要扣缴个人所得税啊？”

大华公司以前只要拿到个人代开的发票就作了支出，根本没有考虑过代扣个人所得税的问题。现在听到这个政策，会计人员“压力山大”，忙过来问我：是不是个人拿过来的代开发票都需要扣缴个人所得税啊？

其实，并不都是这样，比如说小明卖了一批 10 万元的货给大华公司。去税务机关代开了一张发票，大华公司拿这张发票付货款的时候就不需要代扣个人所得税。

为什么呢？因为个人所得税现在有 9 个税目，分别是：工资、薪金所得；劳务报酬所得；稿酬所得；特许权使用费所得；经营所得；利息、股息、红利所得；财产租赁所得；财产转让所得；偶然所得。这 9 个税目中，有 8 个支付款项方需要扣缴个人所得税，剩下一个经营所得是不需要支付款项方代扣个人所得税的。

什么属于经营所得呢？有四种情况：

1. 个体工商户从事生产、经营活动取得的所得，个人独资企业投资人、合伙企业的个人合伙人来源于境内注册的个人独资企业、合伙企业生产、经营的所得；

2. 个人依法从事办学、医疗、咨询以及其他有偿服务活动取得的所得；

3. 个人对企业、事业单位承包经营、承租经营以及转包、转租取得的所得；

4. 个人从事其他生产、经营活动取得的所得。

所以，小明是销售了一批货物给大华公司，属于个人从事生产经营活动，小明应该缴纳的是经营所得个人所得税，有的地方税务机关已经直接核定征收了，有的地方需要小明自行申报。

经营所得没有法定扣缴义务人，至于小明是否会按时足额申报缴纳税款，与大华公司没有任何关系，不需要操心。

走出这两个误区，大家对个人代开发票的个人所得税政策规定的理解是不是更清晰了一些呢？

047　个人劳务报酬代开发票，代开环节税务机关为什么不征个税？

2019 年新个税法实施以来，陆续有很多省税务局出台新政策新规定，明确了对个人代开劳务报酬发票不再代扣个人所得税。一时间，引发了无数人的议论和困惑。其中，讨论最多的一个问题是，既然个人已经去税务机关代开发票了，为什么税务机关不征个税，而要让支付方扣缴个人所得税（见图 3－6）呢？

很多财务人员对此意见很大，认为这是税务机关在推卸责任，究竟是怎么回事？

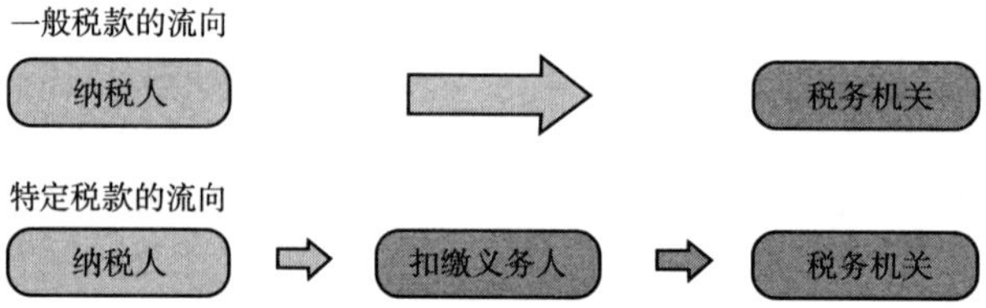

图 3－6　税款缴纳流向

大多数的税款都是纳税人直接缴给税务机关的，但是也有一些特定的税款，最常见的是个人所得税的一些征收项目，按照法律规定，必须通过一个中间环节，也就是扣缴义务人的环节，缴纳给税务机关。为什么要这么设置？

那是因为考虑到处于这个环节的扣缴人，有税务机关不可比拟的优势，能更准确计算出税款，更便利地扣缴税款，方便征管，而且能降低整个社会的征收成本。因此，专门在法律中明确了这么一个环节，所以这个环节不但是必经的，而且是法定的。

2019 年之前，很长一段时间，税务机关为了加强管理，在个人代开劳务报酬发票时会预扣一部分个人所得税，剩余的税款再由扣缴义务人来缴纳，导致税款的流向遭到了破坏，变成了如图 3－7 所示的样子。虽然这样做是为了确保税款不流失，但这种做法客观上加大了扣缴义务人的计算工作量，导致了大家观念意识上的混乱。

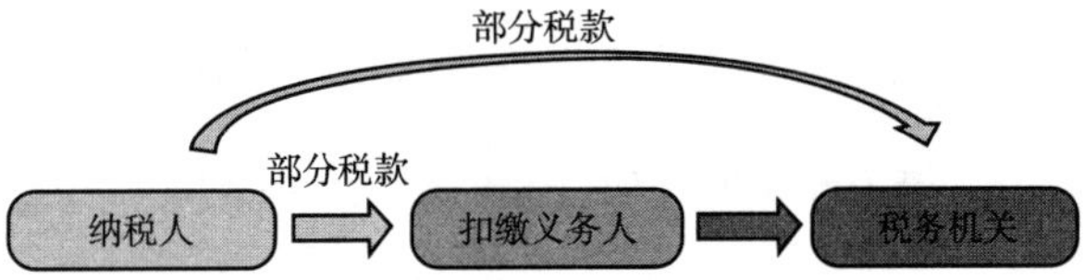

图 3－7　不规范的税款流向

于是，时间久了，在很多时候很多地方，税款的流向就变成图 3－8 所示的模样。

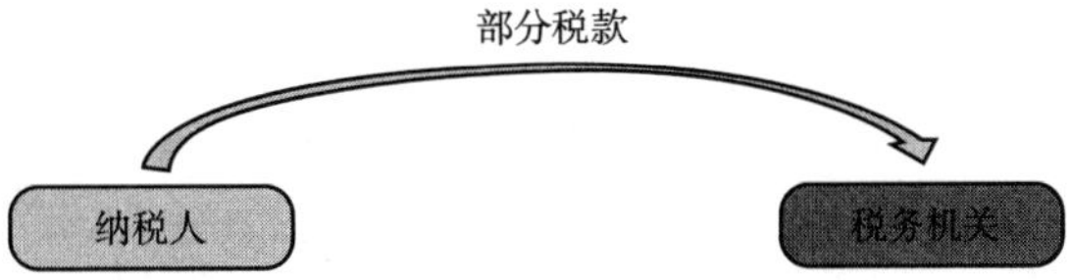

图 3－8　不规范的税款流向

这种情况下，扣缴义务人已经完全忘记了自己有扣缴税款的义务。税务机关的“越俎代庖”导致了扣缴义务人法律意识上的缺位。

而 2019 年之后各地的新规定，就是正本溯源，桥归桥、路归路。每个环节的责任因此会变得更加清晰。

当然，因为之前很多扣缴义务人缺位时间比较长，导致一些单位都不知道自己有这项法定义务。我们再来回顾一下，扣缴义务人在支付下列款项时，无论对方有没有发票，款项支付方一定有个人所得税的扣缴义务。

1. 工资、薪金所得；
2. 劳务报酬所得；
3. 稿酬所得；
4. 特许权使用费所得；
5. 利息、股息、红利所得；
6. 财产租赁所得；
7. 财产转让所得；
8. 偶然所得。

注意，在上述扣缴义务中，没有经营所得，没有经营所得，没有经营所得！

048　关于代开发票代扣个税的五个常见问题

个人所得税的代扣代缴规定原本是很清晰的，但当它和个人代开发票结合在一起，再加上税务机关一些预征个税政策，大家普遍的感觉是懵圈。我分别写过两篇相关文章，但依然有很多朋友在问。我们先在此作一个概念上的简单梳理（见表3－16）。

表3－16　　　　个人所得项目扣缴个税、代开发票一览表

个人所得税项目	支付单位是否需要扣缴个人所得税	个人取得该项目所得是否需要开发票
工资、薪金所得	需要扣缴	不需要开发票
劳务报酬所得	需要扣缴	需要开发票
稿酬所得	需要扣缴	增值税免税项目，原则上需要开发票
特许权使用费所得	需要扣缴	需要开发票
经营所得	不需要扣缴	需要开发票
利息、股息、红利所得	需要扣缴	利息要开发票，股息、红利不开
财产租赁所得	需要扣缴	需要开发票
财产转让所得	需要扣缴	股权转让不开，其他要开发票
偶然所得	需要扣缴	不需要开发票

通过表3－16可以看到，除了经营所得，其他剩余的8个项目，款项支付单位都需要扣缴个人所得税。

这里面，那些不需要开发票的项目，有工资、薪金所得、偶然所得等。一般来说，款项支付单位扣缴个税的思路是比较清晰的。

比较容易混淆的是需要开票的项目，到底扣不扣个人所得税，最常见的问题有以下四个：

一、什么属于经营所得呢？

根据个人所得税法实施条例，以下四种情况属于经营所得：

1. 个体工商户从事生产、经营活动取得的所得，个人独资企业投资人、合伙企业的个人合伙人来源于境内注册的个人独资企业、合伙企业生产、经营的所得；

2. 个人依法从事办学、医疗、咨询以及其他有偿服务活动取得的所得；

3. 个人对企业、事业单位承包经营、承租经营以及转包、转租取得的所得；

4. 个人从事其他生产、经营活动取得的所得。

二、经营所得中销售商品的和转让财产所得有什么区别？

个人所得税并没有对此作出明确的规定，但是企业所得税有相关的概念，我们可

以借鉴一下。销售货物收入，是指销售商品、产品、原材料、包装物、低值易耗品以及其他存货取得的收入。转让财产收入，是指转让固定资产、生物资产、无形资产、股权、债权等财产取得的收入。

按照会计思维来界定这两种所得，那就是经营所得是销售存货，转让财产所得转让的是非存货。虽然自然人不会做一张资产损益表，但我们可以用这种会计思维判断出来，小明转让自己的1台用过的洗衣机，这是转让财产所得。如果小明去洗衣机厂批发了10台洗衣机，然后在网上销售，那就是经营所得。

三、如果我单位买了小明1台用过的电视机，需要代扣个人所得税吗？

这属于小明的财产转让所得，按照规定是需要代扣的，但是一般财产，收入减去成本就是负数了，其实是没有个人所得的。

最常见的财产转让所得，第一是房屋，对于房屋买卖交易，相关税收在房子交易过户的时候就统一征收或免征了。第二是股权转让，股权转让不需要开发票，购买个人股权，支付款项的单位注意代扣代缴个税。

四、劳务报酬所得，需要预扣的个税金额比较高，双方容易产生矛盾，在实践中该如何处理？

对于经常提供劳务的自然人，建议最好去办理个体工商户登记，纳入正常的税收管理中，可以享受增值税税收优惠，且不需要款项支付单位代扣个税，自行申报个人所得税。经营所得建账核算的话，可以扣减的成本费用很多，不建账核算实行核定征收，核定的征收率也比较低，其实是对自然人非常有利的一种做法。

对于不常提供劳务、不办理税务登记的个人，扣缴单位还是应该做好解释工作，按照税法规定的劳务报酬的预扣预缴率，如实扣缴税款，避免今后的涉税风险。

049　特许权使用费到底是个什么东西？

大家都知道个人所得税法中，综合所得包括四项：工资、薪金所得、劳务报酬所得、稿酬所得和特许权使用费所得。

在这四项所得中，估计最让人感觉到陌生的项目就是特许权使用费所得了，毕竟有特许权使用费所得的人群不算太多。但作为具有法定扣缴义务的扣缴义务人，还是有必要了解清楚特许权使用费究竟是个什么东东，不要把它和稿酬所得、劳务报酬所得弄混淆了。

我们先看一波官方的解释，《个人所得税法实施条例》第六条第（四）项规定：特许权使用费所得，是指个人提供专利权、商标权、著作权、非专利技术以及其他特许权的使用权取得的所得。提供著作权的使用权取得的所得，不包括稿酬所得。

虽然有解释，似乎讲得也很清楚，但是遇到实际问题还是让人感觉很懵。税务总局也下了多个文件来帮大家厘清易混项目所得的性质。我们具体通过实例来领会一下：

【情形一】设计者张三设计了一套卡通人物，甲广告制作商在制作广告时使用了该卡通人物，支付了 1 万元报酬，这是特许权使用费还是劳务报酬？

答：这是著作权使用权的转让所得，张三这笔所得属于特许权使用费所得。

【情形二】甲广告制作商超过合同授权，扩大了适用范围，张三向其索赔，取得赔偿款 2 万元。这是特许权使用费还是偶然所得？

答：特许权使用的赔偿款，也属于特许权使用费所得的范畴。

【情形三】某知名作家将自己的手稿拍卖，以 20 万元成交。这是特许权使用费还是稿酬所得？

答：该收入属于特许权使用费所得。国税发〔1994〕089 号第五条，作者将自己的文字作品手稿原件或复印件公开拍卖（竞价）取得的所得，应按特许权使用费所得项目征收个人所得税。

【情形四】李四写了一个剧本，被本单位影视制作中心看中准备拍摄，支付了 30 万元。这是特许权使用费所得、稿酬所得还是工资薪金所得？

答：该笔所得属于特许权使用费所得。国税发〔2002〕52 号规定：对于剧本作者从电影、电视剧的制作单位取得的剧本使用费，不再区分剧本的使用方是否为其任职单位，统一按特许权使用费所得项目计征个人所得税。

【情形五】王五许可某招聘网站使用他的头像，取得使用权 3 万元，这是特许权使用费所得还是劳务报酬所得？

答：这是劳务报酬所得。根据《国家税务总局关于印发〈广告市场个人所得税征收管理暂行办法〉的通知》（国税发〔1996〕148 号）文件规定，纳税人在广告设计、制作、发布过程中提供名义、形象而取得的所得，应按劳务报酬所得项目计算纳税。

【情形六】书法家赵长河参观一个企业，为该企业家题字“天道酬勤”，获得 5 万元润笔费，这是特许权使用费所得、稿酬所得还是劳务报酬所得？

答：这是劳务报酬所得。劳务报酬所得，是指个人从事劳务取得的所得，包括从事设计、装潢、安装、制图、化验、测试、医疗、法律、会计、咨询、讲学、翻译、审稿、书画、雕刻、影视、录音、录像、演出、表演、广告、展览、技术服务、介绍服务、经纪服务、代办服务以及其他劳务取得的所得。

【情形七】某企业家将书法家赵长河的作品“天道酬勤”拿去拍卖，取得拍卖收入 10 万元，这属于什么所得？

答：这属于财产转让所得。国税发〔2007〕38 号规定：个人拍卖除文字作品原稿及复印件外的其他财产，应以其转让收入额减除财产原值和合理费用后的余额为应纳税所得额，按照“财产转让所得”项目适用 20% 税率缴纳个人所得税。

【情形八】韩玲玲有一项自己研制的配方，制作出来的辣酱深受顾客喜爱，她将此配方卖给了一家酱菜厂，取得收入 100 万元。这是什么所得？

答：这是转让非专利技术，属于特许权使用费所得。

总之，对特许权使用费所得的判断，要紧扣专利权、商标权、著作权、非专利技术转让的所得及其衍生的所得。其他的特许权使用费，截至 2021 年底，尚未见到明确的规定，暂时不用过多考虑。

050　合伙人取得的工资，应该按“工资薪金所得”缴纳个人所得税吗？

前两天，一个网友提了这么一个问题：一个合伙企业的投资人，每个月从合伙企业中领取 1 万元工资，按照工资、薪金扣缴了个税，现在这个合伙企业作汇算清缴，有规定说投资人工资、薪金不能扣除，这规定感觉不合理啊？

我们就一起探讨一下：投资人的工资、薪金，能不能按工资、薪金代扣个人所得税？

可能有的人会觉得奇怪，工资按照“工资、薪金所得”税目缴纳个人所得税，难道不是天经地义的吗？

当然不是，因为这既不是员工的工资，也不是高管的工资，而是合伙人取得的工资。对于个人独资企业的投资人、合伙企业的合伙人，他们的工资就是这么特殊，就像一首歌里唱的：我就是我，是不一样的烟火。

这些虽然名义上也叫工资，但并不能按照工资、薪金来缴纳个人所得税。

■ 政策依据

《财政部 国家税务总局关于印发〈关于个人独资企业和合伙企业投资者征收个人所得税的法规〉的通知》（财税〔2000〕91 号）规定：

第三条　个人独资企业以投资者为纳税义务人，合伙企业以每一个合伙人为纳税义务人（以下简称投资者）。

第四条　个人独资企业和合伙企业（以下简称企业）每一纳税年度的收入总额减除成本、费用以及损失后的余额，作为投资者个人的生产经营所得，比照个人所得税法的“个体工商户的生产经营所得”应税项目（作者备注：2019年后该税目名称改为“经营所得”），适用5%—35%的五级超额累进税率，计算征收个人所得税。

这里可以看到，合伙企业从事生产经营，合伙企业层面并不需要缴纳所得税，而是要穿透到每一个合伙人为纳税人，按照经营所得来缴税。

作为合伙企业，从事生产经营取得的各项收入，除了对外投资分回的利息或者股息、红利不并入企业的收入，单独按照“利息、股息、红利所得”缴税外，其他的各项收入在扣除相应的成本费用损失后，全部需要按经营所得来缴税。

■ **政策依据**

《国家税务总局关于〈个人独资企业和合伙企业投资者征收个人所得税的规定〉执行口径的通知》（国税函〔2001〕84号）规定：

个人独资企业和合伙企业对外投资分回的利息或者股息、红利，不并入企业的收入，而应单独作为投资者个人取得的利息、股息、红利所得，按“利息、股息、红利所得”应税项目计算缴纳个人所得税。

根据上述政策规定，合伙企业的合伙人，取得的与合伙企业相关的所得，在缴纳个人所得税的时候，只会涉及两个税目，一个是利息、股息、红利所得，另一个是经营所得。所以，不存在按照“工资、薪金所得”来缴纳个人所得税的情形。他们取得的所谓的“工资、薪金”，其实是经营所得的一部分，应该并入经营所得中，一并计算个人所得税。

当然，在计算合伙人的经营所得时，该扣除的费用也是允许扣的。《个人所得税法实施条例》第十五条规定：取得经营所得的个人，没有综合所得的，计算其每一纳税年度的应纳税所得额时，应当减除费用6万元、专项扣除、专项附加扣除以及依法确定的其他扣除。专项附加扣除在办理汇算清缴时减除。

这里需要注意的是，2019年和2020年个人所得税汇算时，按规定是没有综合所得才能在经营所得中减除费用6万元以及各类扣除，如果有综合所得，应该先在综合所得中减除。但在2021年这个规定发生了变化，《国家税务总局关于办理2021年度个人所得税综合所得汇算清缴事项的公告》（国家税务总局公告2022年第1号）第四条第二款规定：同时取得综合所得和经营所得的纳税人，可在综合所得或经营所得中申报减除费用6万元、专项扣除、专项附加扣除以及依法确定的其他扣除，但不得重复申报减除。

回到现在讨论的问题，投资人工资该如何缴个人所得税呢？

举例说明一下，比如张三、李四两个自然人成立了一个甲合伙企业，各占50%的份额，甲合伙企业每月给张三、李四两个合伙人各发1万元工资，2019年，合伙企业生产经营所得为 40 万元。

2020 年 1—3 月，投资人汇算的时候，张三、李四两人的经营所得按比例分配为每人 20 万元，加上平时发的工资 12 万元，每人的经营所得是 32 万元，减去费用 6 万元，假设专项扣除、专项附加扣除、其他扣除共计 4 万元。

按照经营所得 5%—35% 的税目税率表，适用 20% 的税率，减去速算扣除数 10 500 元。就计算出了相应的个人所得税，即：

(200 000 + 120 000 - 60 000 - 40 000) × 20% - 10 500 = 33 500（元）

通过这个例子，我们就可以清楚地看到，合伙人取得的工资是如何计算个人所得税的，不要再误以为要按照“工资、薪金所得”税目缴纳个人所得税了。

051　律师的个人所得税有点乱？ 我们一起捋一捋！

2020 年 3 月，有若干网友给我留言，希望能说一说律师事务所的个人所得税。确实，律师事务所的税收政策是有些特别规定的。而且政策也多次变更，难免会让人有晕头转向的感觉。我们一起来看看律师事务所的个人所得税的相关规定。

对律师事务所的个人所得税，我们从三类不同人员、两类特殊收入来分别了解掌握。

三类人员：合伙人律师，雇员律师，其他从业人员。两类特殊收入：一类是法律顾问费，另一类是法律援助办案补贴。

一、第一类：合伙人律师

合伙人律师，也就是每个律师事务所的合伙人，他们的个人所得税需要按“经营所得“来计算缴纳。

经营所得如何计算？按照国家税务总局令第 35 号《国家税务总局个体工商户个人所得税计税办法》和财税〔2000〕91 号《关于个人独资企业和合伙企业投资者征收个人所得税的法规》规定的标准计算扣除就可以了。通过查账征收方式计算合伙人经营所得个人所得税，需要注意四点：

1. 在计算经营所得时，合伙人律师本人的工资、薪金不得扣除。

2. 收入分成办法的律师办案费用不得在律师事务所重复列支（国家税务总局公告 2012 年第 53 号）。所谓收入分成办法的律师，属于下面第二类的雇员律师。

3. 律师个人承担的按照律师协会规定参加的业务培训费用，可据实扣除。这里规定是按照律师协会规定的业务培训，如果是律师个人自行参加的业务培训，不能扣除。

4. 合伙制律师事务所应将年度经营所得全额作为基数，按出资比例或者事先约定的比例计算各合伙人应分配的所得，据以征收个人所得税（国税发〔2000〕149 号）。

对于合伙人律师的个人所得税，有两个历史政策变更需要了解一下：

1. 国家税务总局公告 2012 年第 53 号曾经有一个特殊规定。合伙人律师在计算应纳税所得额时，应凭合法有效凭据按照个人所得税法和有关规定扣除费用；对确实不能提供合法有效凭据而实际发生与业务有关的费用，经当事人签名确认后，可再按下列标准扣除费用：个人年营业收入不超过 50 万元的部分，按 8% 扣除；个人年营业收入超过 50 万元至 100 万元的部分，按 6% 扣除；个人年营业收入超过 100 万元的部分，按 5% 扣除。这个政策是有期限限制的，有效时间为 2013 年 1 月 1 日—2015 年 12 月 31 日，后续没有延期的政策文件，在 2016 年之后经营所得计算时不能适用。

2. 国税发〔2002〕123 号曾经规定：律师事务所不允许全行业核定征收，有条件查账征收一定要查账征收，如果确实不符合查账征收条件，当地税务机关核定的时候要从高，应税所得率不得低于 25%。这个规定被国家税务总局 2016 年 5 号公告废止了。国税发〔2010〕54 号规定，对律师实务所不得实行核定征收个人所得税。

二、第二类：雇员律师

雇员律师，包括专职的律师和兼职的律师，他们从律所取得的收入是按“工资、薪金所得”缴纳个人所得税。兼职律师是指取得律师资格和律师执业证书、不脱离本职工作从事律师职业的人员。

雇员律师在计算个人所得税时，有一个需要特殊考虑的事项，就是办案费支出。该支出在律师事务所有两种列支方式，一种是按比例扣除，另一种是据实扣除。

如果雇员律师和事务所采取了收入分成的方式，取得的分成收入扣除一定比例的办案费后计入工资、薪金所得。

这个一定比例的办案费是各省税务机关确定的，不超过分成收入的 30%。国家税务总局公告 2012 年第 53 号规定，在 2013 年 1 月 1 日至 2015 年 12 月 31 日，可以不超过分成收入的 35%。因为该政策到期后没有延续，所以 2016 年之后应该还执行 30%。

如果雇员律师的办案费支出在律师事务所采取的是据实扣除，也就是说交通费、资料费、通信费及聘请人员等费用已经据实列支了，雇员律师在计算工资、薪金个人所得税时，就按实际取得的工资、薪金缴税，不能再按上述比例扣减办案费了。总的原则是办案费支出只能扣减一次。

兼职的雇员律师在取得工资、薪金，律师事务所在扣缴个人所得税时，需注意，不减除税法规定的各项费用，以收入全额（取得分成收入的为扣除办理案件支出费用后的余额）直接确定适用税率，计算扣缴个人所得税。兼职律师工资、薪金所得应扣除的各项费用由原单位来扣除。

三、第三类：其他从业人员

在律师事务所工作的其他人员，如后勤管理等人员，从律所取得的收入，按照工资、薪金缴纳个税。

如果是雇员律师以个人名义再聘请人员，雇员律师应按照“劳务报酬所得”扣缴再聘请人员的个人所得税，为了便于操作，这个扣缴税款可由其任职的律师事务所代为缴入国库（国税发〔2000〕149号）。

四、第一类特殊收入：法律顾问费

律师如果从接受法律事务服务的当事人处取得法律顾问费或其他酬金等收入，应并入其从律师事务所取得的其他收入，一并计算缴纳个人所得税。国税发〔2000〕149号曾规定过该项目按“劳务报酬”计税，2012年第53号公告将其废止。所以，在没有特殊规定的情况下，应该执行合伙律师按“经营所得”、雇员律师按“工资、薪金所得”缴纳个人所得税的规定。

五、第二类特殊收入：法律援助补贴

法律援助补贴是否应该征收个人所得税？前些年有朋友问过我，只能说从该项所得的补偿范围分析，免税是合理的，但当时并没有明确的政策规定，不过这个政策模糊点终于在2022年以文件形式明确了。

《财政部 税务总局关于法律援助补贴有关税收政策的公告》（财政部 税务总局公告2022年第25号）规定：对法律援助人员按照《中华人民共和国法律援助法》规定获得的法律援助补贴，免征增值税和个人所得税。法律援助机构向法律援助人员支付法律援助补贴时，应当为获得补贴的法律援助人员办理个人所得税劳务报酬所得免税申报。

最后举一个小例子：

张律师2020年1月从任职的律师事务所取得了工资7 000元，补贴1 000元，专项扣除为800元，专项附加扣除3 000元，业务分成收入25 000元。在案件办理过程中，张某以个人名义聘请了兼职律师李四协助，支付李四报酬4 000元。张某为一家公司提供法律咨询，当月取得法律顾问费10 000元。当地分成收入的扣除比例是30%。请计算张律师2020年1月应缴纳的个人所得税。

解析：

2020年1月应纳税所得额＝7 000＋1 000＋25 000×（1－30%）＋10 000－5 000－

800 - 3 000 = 26 700（元）

适用年度个人所得税税率表中的 3% 的税率。

律所应预扣预缴张某个人所得税 = 26 700 × 3% = 801（元）

这样归纳一下，大家对于律所从业人员该如何缴纳个人所得税，是不是清晰条理了一些呢？

主要政策依据：

《国家税务总局关于律师事务所从业人员有关个人所得税问题的公告》（国家税务总局公告 2012 年第 53 号）；

《国家税务总局关于律师事务所从业人员取得收入征收个人所得税有关业务问题的通知》（国税发〔2000〕149 号）。

052　经营所得的汇算清缴，需要注意哪些问题？

一说起汇算清缴，财税人员脑海中第一反应是企业所得税汇算清缴，第二反应是，个人取得综合所得也需要汇算清缴。如果再问，还有什么需要汇算清缴，可能许多人脑海中就是一片懵，还有吗？

同样是汇算清缴，经营所得个人所得税汇算清缴就是这么不显山不露水。但我们不能因为它低调，就把它忘记，它的汇算清缴期是 1 月 1 日至 3 月 31 日。我们一起来看看个人取得经营所得汇算清缴应该关注的问题。

一、什么人需要进行经营所得汇算清缴？

根据国家税务总局公告 2019 年 7 号公告中的“个人所得税经营所得纳税申报表（B 表）”填表说明，个体工商户业主、个人独资企业投资人、合伙企业个人合伙人、承包承租经营者个人以及其他从事生产、经营活动的个人在中国境内取得经营所得，且实行查账征收的，在办理个人所得税汇算清缴纳税申报时。填报“个人所得税经营所得纳税申报表（B 表）”。

所以，该填表说明表明了经营所得汇算清缴是以查账征收为前提的。核定征收，无论是定额征收还是核定应税所得率征收都不需要进行汇算清缴。

二、两处以上经营所得是否需要合并申报？

昨天有网友问，如果某自然人张三有两处以上经营所得，一处是核定应税所得率征收，一处是查账征收。是否需要填报“个人所得税经营所得纳税申报表（C表）”？

这个问题还真是难以痛快地给出答案，因为同样没有一个明确的政策条款规定。

我们只能再看看C表的填表说明：本表适用于个体工商户业主、个人独资企业投资人、合伙企业个人合伙人、承包承租经营者个人以及其他从事生产、经营活动的个人在中国境内两处以上取得经营所得，办理合并计算个人所得税的年度汇总纳税申报时，向税务机关报送。

从填表说明上看，只要是有两处以上经营所得就需要填写C表，就需要办理年度汇总纳税申报，前面并没有限定经营所得需要采用什么征收方式。

但需要注意的是，B表和C表并不是互斥的，上例中，张三的核定应税所得率的经营所得，不需要填写B表，但需要填写C表。而查账征收的经营所得，既需要填写B表，也需要填写C表。

为什么核定征收方式也需要填写C表合并纳税申报呢？因为经营所得是累进税率，两处所得就可能造成应纳税所得额适用的税率升档，不合并申报就存在少缴税款的可能。

请注意：全部经营所得需要合并申报填写C表，仅是我个人的观点，因为政策不够明确，各地理解和执行并不一样。

三、个体工商户、个人独资企业、合伙企业征收方式有什么限制性规定吗？

对于上述企业的征收方式，需要关注以下三个限制性政策：

1.《个体工商户税收定期定额征收管理办法》（国家税务总局令第16号）规定，个体工商户、个人独资企业可以采取定期定额征收方式。但合伙企业并不能适用该办法，所以，合伙企业是不能采用定期定额征收方式的。

2. 财税〔2000〕91号第十条规定：实行核定征税的投资者，不能享受个人所得税的优惠政策。

3. 国税发〔2010〕54号规定：税务师、会计师、律师、资产评估和房地产估价等鉴证类中介机构不得实行核定征收个人所得税。

四、经营所得汇算清缴的计算步骤是什么？

我们可以大致把应纳税所得额的计算过程分为三大步骤。

查账征收的经营所得，和企业所得税的计算方式类似，也是采用一种倒算的方法。第一大步骤是先把被投资单位的利润总额计算出来，然后再进行纳税调整。计算出纳税调整后所得，减去弥补以前年度亏损后，乘以合伙人的分配比例，相当于第一大步骤是计算出了投资者从被投资单位分得的所得。

第二大步骤是用上述所得减去投资人减除费用6万元，以及专项扣除、专项附加扣除、其他扣除、允许扣除的捐赠后，就是投资人经营所得的应纳税所得额。

第三大步骤就是用应纳税所得额，计算出应纳税额，然后减去减免税额、已缴税额，算出应补退税额。

这里需要注意的是，2019年和2020年个人所得税汇算时，按《个人所得税法实施条例》第十五条的规定是没有综合所得，才能在经营所得中减除费用6万元以及各类扣除，如果有综合所得，应该先在综合所得中减除。但在2021年这个规定发生了变化，《国家税务总局关于办理2021年度个人所得税综合所得汇算清缴事项的公告》（国家税务总局公告2022年第1号）第四条第二款规定：同时取得综合所得和经营所得的纳税人，可在综合所得或经营所得中申报减除费用6万元、专项扣除、专项附加扣除以及依法确定的其他扣除，但不得重复申报减除。

五、经营所得计算中有哪些支出不能扣除？

经营所得计算中不得扣除的支出项目，主要有个人所得税税款、罚款、税收滞纳金、投资者的工资薪金支出、用于家庭和个人的支出、赞助支出、不合规定的捐赠支出、与经营无关的其他支出等。

需要关注的是用于家庭和个人的支出，如果生活费用和经营费用混合了，该怎么办呢？税法在这里有个比较有意思的区别对待。

《个体工商户个人所得税计税办法》第十六条：个体工商户生产经营活动中，应当分别核算生产经营费用和个人、家庭费用。对于生产经营与个人、家庭生活混用难以分清的费用，其40%视为与生产经营有关费用，准予扣除。

财税〔2000〕91号《个人独资企业和合伙企业投资者征收个人所得税的规定》第6条规定，投资者及其家庭发生的生活费用不允许在税前扣除。投资者及其家庭发生的生活费用与企业生产经营费用混合在一起，并且难以划分的，全部视为投资者个人及其家庭发生的生活费用，不允许在税前扣除。

不知道为什么在这里出现了区别对待的政策，可能认为个人独资企业和合伙企业，应该比个体工商户在账务上更加规范一些吧，也许类似于老师对优秀的学生要求更高、更严厉。

另外，还需要注意一下固定资产的支出扣除。企业所得税对固定资产的税前扣除有若干优惠规定，比如财税〔2018〕54号规定：企业在2018年1月1日至2020年12月31日期间新购进的设备、器具，单位价值不超过500万元的，允许一次性计入当期成本费用在计算应纳税所得额时扣除，而且该政策已经延期到了2023年12月31日。

但对于个体工商户、个人独资企业、合伙企业则并没有这样的规定，按照《个体工商户个人所得税计税办法》中的规定，个体工商户研究开发新产品、新技术、新工艺所发生的开发费用，以及研究开发新产品、新技术而购置单台价值在10万元以下的测试仪器和试验性装置的购置费准予直接扣除。这个一次性扣除固定资产的标准依然是规定用途的10万元，多年来没有改变。

053　经营所得个人所得税有哪些优惠？

有朋友说，周围很多人都注册了个体工商户或个人独资企业，他想问问是不是注册后，个人所得税有优惠呢？

据笔者整理，经营所得个人所得税减免税优惠主要有三类，第一类是对经营范围的免税，第二类是对特定人员的优惠，第三类是对特定情形的优惠。我们逐一来看：

一、经营范围优惠

“四业”所得暂不征税：

四业即种植业、养殖业、饲养业、捕捞业。无论是个人、个体工商户，还是个体独资企业、合伙企业从事，取得的“四业”所得暂不征收个人所得税。

政策依据：财税〔2004〕30号；财税〔2010〕96号。

二、特定人员优惠

（一）自主就业退役士兵从事个体经营，3年限额免征

自办理个体工商户登记当月起，在3年（36个月）内按每户每年12 000元为限额依次扣减其当年实际应缴纳的增值税、城市维护建设税、教育费附加、地方教育附加和个人所得税。限额标准最高可上浮20%，各省、自治区、直辖市人民政府可根据本地区实际情况在此幅度内确定具体限额标准。

政策依据：财税〔2019〕21号。

（二）建档立卡贫困人口、持“就业创业证”（注明“自主创业税收政策”或“毕业年度内自主创业税收政策”）或“就业失业登记证”（注明“自主创业税收政策”）的人员，从事个体经营，3年限额免征

自办理个体工商户登记当月起，在3年（36个月）内按每户每年12 000元为限额

依次扣减其当年实际应缴纳的增值税、城市维护建设税、教育费附加、地方教育附加和个人所得税。限额标准最高可上浮20%，各省自行确定具体限额标准。

上述人员具体包括：

1. 纳入全国扶贫开发信息系统的建档立卡贫困人口；

2. 在人力资源社会保障部门公共就业服务机构登记失业半年以上的人员；

3. 零就业家庭、享受城市居民最低生活保障家庭劳动年龄内的登记失业人员；

4. 毕业年度内高校毕业生。高校毕业生是指实施高等学历教育的普通高等学校、成人高等学校应届毕业的学生；毕业年度是指毕业所在自然年，即1月1日至12月31日。

政策依据：财税〔2019〕22号。

（三）随军家属从事个体经营3年免征

从事个体经营的随军家属，自领取税务登记证之日起，3年内免征个人所得税。每一随军家属只能按上述规定，享受一次免税政策。

政策依据：财税〔2000〕84号。

（四）军队转业干部从事个体经营3年免征

从事个体经营的军队转业干部，经主管税务机关批准，自领取税务登记证之日起，3年内免征个人所得税。自主择业的军队转业干部必须持有师以上部队颁发的转业证件。

政策依据：财税〔2003〕26号。

（五）残疾、孤老、烈属从事个体经营可减征

《中华人民共和国个人所得税法》第五条，有下列情形之一的，可以减征个人所得税，具体幅度和期限，由省、自治区、直辖市人民政府规定，并报同级人民代表大会常务委员会备案：残疾、孤老人员和烈属的所得。

《国家税务总局关于明确残疾人所得征免个人所得税范围的批复》（国税函〔1999〕329号）规定，经省级人民政府批准可减征个人所得税的残疾、孤老人员和烈属的所得仅限于劳动所得，具体所得项目为：工资、薪金所得，个体工商户的生产经营所得，对企事业单位的承包经营、承租经营所得（作者备注：2019年新个税法实施后的“经营所得”），劳务报酬所得，稿酬所得，特许权使用费所得。

三、对特定情形优惠

（一）自然灾害受重大损失可减征

《中华人民共和国个人所得税法》第五条，有下列情形之一的，可以减征个人所

得税，具体幅度和期限，由省、自治区、直辖市人民政府规定，并报同级人民代表大会常务委员会备案：因自然灾害遭受重大损失的。

除此之外，经营所得并没有其他税收优惠，之所以许多人会对经营所得个人所得税趋之若鹜，其实并不是因为经营所得的税收优惠力度有多大，只是这项所得可以核定征收而已，核定征收方式才是一个最大的隐形优惠。不过，自从众多明星网红因为税务问题翻车之后，经营所得核定征收已经从紧了，并不是想核定就可以核定。

（二）个体工商户应纳税所得额100万元以下减半优惠

《国家税务总局关于落实支持小型微利企业和个体工商户发展所得税优惠政策有关事项的公告》（国家税务总局公告2021年第8号）规定：自2021年1月1日至2022年12月31日，对个体工商户经营所得年应纳税所得额不超过100万元的部分，在现行优惠政策基础上，再减半征收个人所得税。个体工商户不区分征收方式，均可享受。

054　这笔出租收入，应该按什么税目来缴个人所得税?

前几天有个朋友和我说，他有一台设备，出租给甲公司使用，另外他本人有一家个人独资企业。甲公司支付他租金的时候，要代扣他个人所得税，他想问一下，甲是否应该代扣他的税款。

我说：判断甲是不是应该代扣你的个人所得税，首先需要搞清楚，你取得的是什么性质的所得，自然人出租财产，肯定是财产租赁所得，甲在支付租金的时候就应该代扣你的个人所得税。但如果是个人独资企业出租设备，那属于个人独资企业的所得，虽然纳税人也是你，但这笔收入的性质就是经营所得，经营所得不需要甲公司来代扣你的个人所得税，需要你自行纳税申报。

财税〔2000〕91号《关于个人独资企业和合伙企业投资者征收个人所得税的法规》第四条规定，个人独资企业和合伙企业（以下简称“企业”）每一纳税年度的收入总额减除成本、费用以及损失后的余额，作为投资者个人的生产经营所得，比照个人所得税法的“个体工商户的生产经营所得”应税项目，适用5%—35%的五级超额累进税率，计算征收个人所得税。

前款所称收入总额，是指企业从事生产经营以及与生产经营有关的活动所取得的各项收入，包括商品（产品）销售收入、营运收入、劳务服务收入、工程价款收入、财产出租或转让收入、利息收入、其他业务收入和营业外收入。

朋友问：那这笔租金到底算我本人的，还是我办的这个独资企业的？到底是财产租赁所得，还是经营所得呢？怎么判断啊？

我说：如果设备属于独资企业的财产，就属于经营所得。如果设备属于个人的财产，那就属于你个人的财产租赁所得。

朋友说：其实我这个独资企业的账也不太规范，不是查账征收，是核定应税所得率征收，这个设备是个咖啡机，挺贵的，在家里放了几天，后来又放到我企业办公的地方了，不过一直都没怎么用，正好有个亲戚的公司，他想在公司放一个咖啡机，我就出租给他了。你说这算独资企业的财产还是个人家庭财产呢？

我说：你这算是企业和家庭共用的固定资产，税法没有规定这种情况租赁收入该怎么判定，但共用固定资产税前扣除折旧费该怎么扣，是有规定的，授权给主管税务机关去判断。所以你最好问一下具体的税务管理机关。

财税〔2000〕91号规定，企业生产经营和投资者及其家庭生活共用的固定资产，是难以划分的，由主管税务机关根据企业的生产经营类型、规模等具体情况，核定准予在税前扣除的折旧费用的数额或比例。

朋友说：那如果是你遇到这种实际情况，你怎么判定呢？

我说：我一般会通过租赁合同的出租方到底是个人独资企业还是自然人，来判定出租方到底是谁，从而确定这笔租赁收入的所得性质。另外，若对此项财产的归属有疑问，可能会通过购买时间、出资账户、设备是商用还是家用等具体情况来看。

朋友说：那好，我明白了，谢谢你！

055　个人和个人独资企业之间转让财产需要缴个税吗？

我在网上看到了12366的三个答复，有关投资人和其个人独资企业之间财产往来，是否需要缴纳个人所得税的问题，与大家分享一下。

一、个人将股权转让给同一个人独资企业是否需要缴个税？

留言时间：2019－12－08

咨询对象：浙江省税务局

问题内容：个人股东A将其所持有100%股权的甲公司转让给自己的个人独资企业B，这种情况下A需要缴个税吗？

收到您的答复如下：

根据《国家税务总局关于发布〈股权转让所得个人所得税管理办法（试行）〉的

公告》（国家税务总局公告 2014 年第 67 号）规定：“第三条，本办法所称股权转让是指个人将股权转让给其他个人或法人的行为。”

继续问：

公告称的个人将股权转让给“其他个人”在我的问题中不能对应，因为我的情况是个人将股权转让给自己的个人独资企业，所以我认为您引用的条款不成立。那么，请问像我这种情况是否需要缴个税？

答复时间：2019 - 12 - 09

答复内容：浙江财税 12366 服务中心答复。

您好：您在网站上提交的纳税咨询问题收悉，现针对您所提供的信息简要回复如下。

自然人和个人独资企业是两个不同的主体，发生股权转让行为应按规定计算缴纳个人所得税。

上述回复仅供参考，欢迎拨打 0571 - 12366。

二、个人将资产（土地、股权等）转入个人独资企业是否征个税？

留言时间：2020 - 02 - 28

咨询对象：浙江省税务局

问题内容：自然人个人将资产（土地、股权等）变更到这个自然人个人开办的个人独资企业，该资产（土地、股权等）是否按转让缴纳个人所得税？

《海南省地方税务局关于个人以土地使用权投资入股征免土地增值税和个人所得税问题的通知》（琼地税函〔2010〕304 号）第一条第二款（现行有效）规定是免个人所得税。

原浙江省地税的（浙财农税字〔2006〕37 号）规定（现行有效），个人独资企业资产所有权属于个人，个人独资企业是非法人企业，其财产为投资人个人所有。个人独资企业是非法人企业，其财产为投资人个人所有。自然人投资设立的个人独资企业与该自然人之间发生的房屋、土地转移行为，其权属没有变动，不属于契税征税范围，不征收契税。

请问，对于个人将资产（土地、股权等）转入个人独资企业是否征个税？因为资产权属没有改变，如果征税，依据是什么？或者浙江省是否有出具征税的相关文件？

答复时间：2020 - 03 - 02

答复内容：浙江财税 12366 服务中心答复。

您好：您在网站上提交的纳税咨询问题收悉，现针对您所提供的信息简要回复如下。

根据《财政部 国家税务总局关于个人非货币性资产投资有关个人所得税政策的通知》（财税〔2015〕41号）规定："一、个人以非货币性资产投资，属于个人转让非货币性资产和投资同时发生。对个人转让非货币性资产的所得，应按照"财产转让所得"项目，依法计算缴纳个人所得税。

五、本通知所称非货币性资产，是指现金、银行存款等货币性资产以外的资产，包括股权、不动产、技术发明成果以及其他形式的非货币性资产。

本通知所称非货币性资产投资，包括以非货币性资产出资设立新的企业，以及以非货币性资产出资参与企业增资扩股、定向增发股票、股权置换、重组改制等投资行为。"

上述回复仅供参考，欢迎拨打0571－12366。

三、个人独资企业缴纳增值税、附加税和个人生产经营所得税后是否缴纳个人所得税？

留言时间：2020－07－10

问题内容：您好！个人独资企业如果是核定征收，在缴纳完增值税、附加税和个人生产经营所得税后，从个人独资企业账户转账到法人私人账户还需要缴纳个人所得税吗？

答复机构：重庆市税务局

答复时间：2020－07－10

答复内容：重庆税务12366纳税服务热线。

您好，您的留言已收悉，现向您回复如下：

根据《财政部 国家税务总局关于印发〈关于个人独资企业和合伙企业投资者征收个人所得税的规定〉的通知》（财税〔2000〕91号）第五条规定，个人独资企业的投资者以全部生产经营所得为应纳税所得额；合伙企业的投资者按照合伙企业的全部生产经营所得和合伙协议约定的分配比例确定应纳税所得额，合伙协议没有约定分配比例的，以全部生产经营所得和合伙人数量平均计算每个投资者的应纳税所得额。

前款所称生产经营所得，包括企业分配给投资者个人的所得和企业当年留存的所得（利润）。

个人独资企业和合伙企业按照上述政策申报缴纳经营所得个人所得税后，将利润分配给投资者不再缴纳个人所得税。

【晶晶亮评析】

当看完第一个问题的答案时，"自然人和个人独资企业是两个不同的主体，发生股权转让行为应按规定计算缴纳个人所得税。”我反而糊涂了。

投资人和他投资的个人独资企业之间，在个人所得税上，到底是一个主体还是两个主体？我们来看一下文件规定：

《财政部 国家税务总局关于印发〈关于个人独资企业和合伙企业投资者征收个人所得税的规定〉的通知》（财税〔2000〕91 号）附件 1《关于个人独资企业和合伙企业投资者征收个人所得税的规定》第三条：个人独资企业以投资者为纳税义务人，合伙企业以每一个合伙人为纳税义务人（以下简称“投资者”）。

文件规定得很明确，投资人和个人独资企业在计算个人所得税时，并不存在两个主体。同一个主体之间转让股权需要缴个税，于理不通。

第二个问题：个人将资产（土地、股权等）转入个人独资企业是否征个税？其实回复的答案没有明示，但意思也很明显，就是需要缴个税。这个答案其实没什么新意，值得一看的是提问的纳税人所列举的文件琼地税函〔2010〕304 号。文件原文如下：

海南省地方税务局关于个人以土地使用权投资入股征免土地增值税和个人所得税问题的通知

琼地税函〔2010〕304 号

各直属地方税务局、各直属稽查局：

近来，部分直属地方税务局来电来函，要求对个人以土地使用权投资成立个人独资企业和一人有限责任公司，是否征收土地增值税和个人所得税的问题予以明确。经研究，现就有关问题通知如下：

一、关于个人以土地使用权投资成立个人独资企业涉税问题

（一）《中华人民共和国个人独资企业法》第二条规定：个人独资企业，是指依法在中国境内设立，由一个自然人投资，财产为投资人个人所有，投资人以其个人财产对企业债务承担无限责任的经济实体。由于个人独资企业的财产为投资人个人所有，因此，个人以其拥有的土地使用权投资成立（或转入）个人独资企业的行为，不属于土地增值税的应税行为，不征收土地增值税。

（二）个人投入（或转入）个人独资企业的土地，不论企业记载该土地的成本是以投资人原购土地价格，还是以投资时的评估价格，企业将该土地转让或进行房地产开发后销售的，在计算征收土地增值税和个人所得税时，其允许扣除的土地成本，以投资人原购入该土地所支付的金额为准。

原海南地税这个文件，对个人和个人独资企业之间的关系阐述得非常清晰。也就是说个人将土地转让给个人独资企业时，是免土地增值税和个人所

得税的。

第三个问题的答案，“个人独资企业和合伙企业按照上述政策申报缴纳经营所得个人所得税后，将利润分配给投资者不再缴纳个人所得税。”说明重庆税务局对个人独资企业和投资者是个人所得税的同一纳税人这个事实，也有清晰的把握。

056 五年等待，新三板个人所得税政策终明确！

2018 年 11 月 30 日，我正走在回家的路上，看到手机上有新闻推送，“新三板个人所得税政策明确了”，心中不由一喜。大家别误会，我并不是手握新三板股票的股民，它的门槛太高我还进不去。心生欢喜只是因为这些年遇到了太多咨询这个业务的纳税人，我一直无法给出一个准确的回复，颇感无奈。五年了，这个政策的到来，让朦胧多年的业务拨云见月，我突然有了一种豁然开朗的感觉。

新三板，规范的称呼是“全国中小企业股份转让系统”，2012 年 9 月 20 日成立，经营的业务是组织非上市股份公司股份公开转让。从成立到 2018 年 11 月，6 年多时间，已经有 10 769 家公司登陆新三板，这个速度可算是神速了。中国的 A 股市场，上证和深证，1990 年成立迄今已有 28 年时间，上市的公司不过 3 500 多家。

当然，这两者其实是不具有可比性的，因为在新三板市场上交易的公司，并不能称为上市公司，公司上新三板，比上市要容易许多。在新三板交易的股票，本质上虽然和 A 股的股票不一样，但在形式上，又有些相似。

那么对于在新三板交易的股票，转让股票所得缴不缴税呢？税收政策一直不明朗，国务院在 2013 年曾经下发过一个文件，国发〔2013〕49 号《国务院关于全国中小企业股份转让系统有关问题的决定》规定，“市场建设中涉及税收政策的，原则上比照上市公司投资者的税收政策处理”。

有的朋友可能会说，有这个文件，难道不是很明确了吗？其实不然，一些原则性的框架性的规定，在实际工作中其实很难执行。一笔税收，由谁缴？缴多少？在什么地方缴？什么时候缴？等等诸多问题，都需要有详细的规定才好落地执行。所以，一个原则性的政策都必须有相应的配套的规范性文件来详细明确。

从 2013 年国务院下发原则性规定，五年之后具体政策才终于落地。财税〔2018〕137 号《关于个人转让全国中小企业股份转让系统挂牌公司股票有关个人所得税政策的通知》于 2018 年 11 月 30 日发布，它主要规范了两个主要内容：

1. 买卖非原始股不征个人所得税

自 2018 年 11 月 1 日起，对个人转让新三板挂牌公司非原始股取得的所得，暂免征收个人所得税。2018 年 11 月 1 日之前，个人转让新三板挂牌公司非原始股，尚未进行税收处理的，可比照执行，已经进行相关税收处理的，不再进行税收调整。

非原始股，也就是挂牌之后才买的股票，相当于在 A 股二级市场买卖的股票，买卖这些股票的所得是不用缴纳个人所得税的。这里比较吃亏的是如果之前已经征收了，那也不进行税收调整，也就是说不退税了。之前会有人缴过吗？无从查证，我感觉不应该有人去缴过。

2. 买卖原始股按“财产转让”征税

对个人转让新三板挂牌公司原始股取得的所得，按照“财产转让所得”，适用 20% 的比例税率征收个人所得税。2019 年 9 月 1 日之前，以股票受让方为扣缴义务人，由被投资企业所在地税务机关负责征收管理。自 2019 年 9 月 1 日（含）起，个人转让新三板挂牌公司原始股的个人所得税，以股票托管的证券机构为扣缴义务人，由股票托管的证券机构所在地主管税务机关负责征收管理。

原始股，相当于 A 股的限售股，按“财产转让所得”征税是必然的。这里唯一需要注意的是，以 2019 年 9 月 1 日为界限，扣缴义务人和征收机关不一样。在这之前，假如上海张三购买了北京李四手中的新三板原始股，而这个新三板公司是在广州，张三有义务扣缴李四的个人所得税，然后去广州税务局缴税。这样一波操作，想想都挺累的。

2019 年 9 月 1 日之后，就简单了，北京的李四通过北京的证券公司卖了原始股，北京的证券公司就可以直接扣缴个人所得税，然后缴纳给北京税务局即可。想要这么便捷，需要给中国证券登记结算公司、各证券公司一些时间，所有的事情都需要一步步来。为了避免麻烦，个人想要进行新三板原始股的交易，不妨再等一等。

事缓则全，想一想，如果真有心急的人，在交易新三板非原始股的时候，就缴纳了个人所得税，这个时候，该去哪里哭啊？

057　没有分红？视同分红的 4 种情况

视同这个概念，不仅存在于增值税和企业所得税的视同销售中，其实，在个人所得税的分红中也有类似的规定。特定情况下，即使企业并没有作出真正的分红行为，但也需要按“视同”分红进行税务处理，具体有以下四种情况：

1. 财税〔2003〕158 号规定：除个人独资企业、合伙企业以外的其他企业的个人投资者，以企业资金为本人、家庭成员及其相关人员支付与企业生产经营无关的消费性支出及购买汽车、住房等财产性支出，视为企业对个人投资者的红利分配，依照“利息、股息、红利所得”项目计征个人所得税。

2. 财税〔2003〕158号规定：纳税年度内个人投资者从其投资企业（个人独资企业、合伙企业除外）借款，在该纳税年度终了后既不归还，又未用于企业生产经营的，其未归还的借款可视为企业对个人投资者的红利分配，依照“利息、股息、红利所得”项目计征个人所得税。

3. 国税函〔2005〕364号规定：企业购买车辆并将车辆所有权办到股东个人名下，其实质为企业对股东进行了红利性质的实物分配，应按照“利息、股息、红利所得”项目征收个人所得税。考虑到该股东个人名下的车辆同时也为企业经营使用的实际情况，允许合理减除部分所得，减除的具体数额由主管税务机关根据车辆的实际使用情况合理确定。

4. 税总函〔2013〕748号规定：房屋买受人在未办理房屋产权证的情况下，按照与房地产公司约定条件（如对房屋的占有、使用、收益和处分权进行限制）在一定时期后无条件退房而取得的补偿款，应按照“利息、股息、红利所得”项目缴纳个人所得税，税款由支付补偿款的房地产公司代扣代缴。

这些不是分红视同分红的行为，你是否进行了正确的税务处理了呢？

058　公司转增股本，股东个人所得税分析（上篇）

公司转增股本或注册资本（以下简称“转增股本”），个人股东是否需要缴纳个人所得税呢？国家税务总局从1994年之后，已经颁布了若干个文件来规范这件事情的税务处理，有的项目已经比较清晰了，有的项目还依然处于争议之中。争议的焦点是哪些项目转增股本需要缴税，哪些不需要。

我们按照总局的发文顺序来学习一下相关规定。

一、国税发〔1994〕89号：十一、关于派发红股的征税问题。股份制企业在分配股息、红利时，以股票形式向股东个人支付应得的股息、红利（即派发红股），应以派发红股的股票票面金额为收入额，按利息、股息、红利项目计征个人所得税。

【学习心得】这是与转增股本相关的第一个文件。公司如果采取股票形式派发红股，相当于是用资本公积或盈余公积转增了股本，在89号文中，并没有对转增来源作出区分，而是笼统地规定了，只要派发红股就需要按照“利息、股息、红利”征收个人所得税。

另外，我们还要注意到一点，文件中的前提是“股份制企业”，股份制企业到底包括了什么？文件并没有下定义，这也是今后引发争议的一个主要矛盾点。税务文件没有下定义，有一个非税文件则明确过这个问题，体改生〔1992〕30号：“我国的股份制企业主要有股份有限公司和有限责任公司两种组织形式。”所以，理论上讲，股份制企业是包括有限责任公司的。

但是，我们再仔细看一下税务总局 89 号，从上下文表述中可以看出，总局表述的股份制企业，是发行股票的公司，转增是以股票形式，计税的时候是“以派发红股的股票票面金额为收入额”。有限责任公司有股票吗？没有！可以用股票票面金额作为收入额吗？不能！所以，符合文件条件的只有股份有限公司。上下文联系起来，可以看出该文件的本义是专指股份有限公司，而不包括有限责任公司。

二、国税发〔1997〕198 号：股份制企业用资本公积金转增股本不属于股息、红利性质的分配，对个人取得的转增股本数额，不作为个人所得，不征收个人所得税。股份制企业用盈余公积金派发红股属于股息、红利性质的分配，对个人取得的红股数额，应作为个人所得征税。

【学习心得】这是关于转增的一个很重要的文件。这里将转增股本的项目作了区别对待：如果用资本公积转增股本，不征税。如果用盈余公积派发红股，则需要征税。

盈余公积派发红股征收个税，国税发 89 号和 198 号文件都这么规定，对于这部分缴税大家没有什么争议。争议点还是在于股份制企业是否包括有限责任公司。延续上面的观点，这个文件的表述是“盈余公积金派发红股”，而不是盈余公积转增股本，派发红股这样的分配行为，显然是只有在股份有限责任公司才可能发生，这说明总局的股份制企业依然特指股份有限公司。

三、国税函〔1998〕289 号：国税发〔1997〕198 号中所表述的“资本公积金”是指股份制企业股票溢价发行收入所形成的资本公积金。将此转增股本由个人取得的数额，不作为应税所得征收个人所得税。而与此不相符合的其他资本公积金分配个人所得部分，应当依法征收个人所得税。

【学习心得】这个文件是 198 号的补充文件，将不征税的“资本公积金”作了进一步明确，它仅指“股份制企业股票溢价发行收入所形成的资本公积金”。而与此不相符合的其他资本公积金，转增的时候都应该征税。截至这个文件的实施，对于股份有限公司来说，征免税规定就很清楚了，股票溢价的资本公积金转增不征税，盈余公积转增要征税。

争议不断的问题是：有限责任公司的资本溢价，转增股本是否需要缴纳个人所得税？能否参照上面这个不征税的规定。我们看一下文件的表述“股票溢价发行收入”，这样的收入只有股份有限公司才可能有，根据这样的用语以及我们上面的分析，说明总局制定上述三个文件的本义，股份制企业是指股份有限公司，而不是有限责任公司。

四、国税函发〔1998〕333 号：××有限公司将从税后利润中提取的法定公积金和任意公积金转增注册资本，实际上是该公司将盈余公积金向股东分配了股息、红利，股东再以分得的股息、红利增加注册资本。

因此，依据国税发〔1997〕198号精神，对属于个人股东分得并再投入公司（转增注册资本）的部分应按照“利息、股息、红利所得”项目征收个人所得税。

【学习心得】这是总局一个针对具体公司具体业务的批复，但此文件是下发给全国的税务机关的。所以这个文件里的税务处理方式是适用全国所有此类业务的。

这个文件首先对转增行为进行了业务拆解，将其分成了两个步骤，第一个步骤是公司分配股息，第二个步骤是股东增加注册资本。这样的拆解在税务处理中是很常见的，一些复杂的经济业务一旦拆解成若干个简单的业务，如何进行税务处理就一目了然了。

根据拆解，可以看出，需要征税的只是第一个步骤，也就是分配股息。如何征税呢？对“属于个人股东分得并再投入公司（转增注册资本）的部分”征税。也就是说，征税对象一定是个人股东从公司分得的那部分，如果个人股东没有从公司分得所得，就不应该征税。

另外，这个批复中所针对的公司是有限责任公司，文件表述是“转增注册资本”，说明这是针对有限责任公司转增注册资本是否征税、如何征税的一个文件。虽然文件中只提到了对盈余公积转增，但文件提到的转增业务拆解办法以及征税对象，对资本公积转增也具有参考意义。

五、国税发〔2010〕54号：加强企业转增注册资本和股本管理，对以未分配利润、盈余公积和除股票溢价发行外的其他资本公积转增注册资本和股本的，要按照“利息、股息、红利所得”项目，依据现行政策规定计征个人所得税。

【学习心得】这里明确指出了发文目的，是要“加强企业转增注册资本和股本管理”，从行文表述中可以清楚看到，总局在这个文件里是严格区分了有限责任公司和股份有限公司的，一个是注册资本，一个是股本，表述很规范。

所以后面的“以未分配利润、盈余公积和除股票溢价发行外的其他资本公积转增注册资本和股本”这句话，就明明白白显示了，不征税的资本公积转增，只有股份有限公司才可能形成的股票溢价发行形成的资本公积，而不包括有限责任公司资本溢价形成的资本公积。如果总局本义是要包括，这里一定会明确写出来。

那么，既然没有规定资本溢价转增不征税，是不是说明有限责任公司的资本溢价转增，个人股东一定要缴税呢？

例如，甲公司注册资本300万元，有张三、李四两个股东，张三出资100万元，李四出资200万元。2年后新股东王某要加入，出资500万元，其中200万元进入实收资本，300万元计入资本公积——资本溢价。半年后，甲公司决定将这300万元全部转增注册资本，其中张三增资60万元，李四增资120万元、王某增资120万元。

请问这三个股东是否应该就转增资本缴税？

这个例子争议很大的就是有限责任公司的资本溢价转增的问题，如何处理呢？根据上述分析，可以看出因为没有明确的资本溢价转增不征税的规定，所以张三和李四取得的增资额，应该征税。而且，通过业务拆解的方式来分析，可以看出，张三、李四的实收资本账上确实是取得了60万元和120万元的所得。

而王某增资的120万元，其实只是他自己的部分出资额，他本人并没有从公司取得所得，按照国税函发〔1998〕333号的业务拆解方式，这个转增行为对他而言并不是从公司取得了股息，无所得则不应该纳税，所以王某的增资额不应该缴税。

六、财税〔2015〕116号：全国范围内的中小高新技术企业以未分配利润、盈余公积、资本公积向个人股东转增股本时，个人股东一次缴纳个人所得税确有困难的，可根据实际情况自行制订分期缴税计划，在不超过5个公历年度内（含）分期缴纳。

【学习心得】这个文件其实主要是规范转增股本如何缴税的问题，而不是规范什么项目应该缴税的问题。不过这里也提到了资本公积转增股本，个人股东需要缴税，只是不够清晰明确。

根据上述分析总结一下：哪些项目转增股本，需要缴税呢？

股份有限公司：股票溢价收入产生的资本公积转增不缴税，其他项目转增都需要缴税。

有限责任公司：转增行为没有不征税规定。但需要具体分析个人股东是否真正从公司取得了所得。有所得则缴，没有所得则不缴。

接下来的问题，如果确定了个人股东需要缴税，不同类型的公司具体该如何缴税呢？税法则又有不同的规定。

059　公司转增股本，股东个人所得税分析（下篇）

关于公司转增股本或注册资本（以下简称“转增股本”），个人股东缴纳个人所得税问题，应该拆分成两个问题来考虑：第一个问题是，哪些项目转增需要缴税，哪些不需要缴税？第二个问题是，如果要缴税，应该如何缴？

前两天，我写了第一个问题（公司转增股本，个人股东是否需要缴税?），哪些项目转增股本需要缴税？因为时间比较紧，急于推文，只写了常见的情况，还有一种特殊情况没有写。

这个特殊情况就是国家税务总局公告2013年23号文提到的情形，文件表述有些烦琐，大意是如果个人投资者收购了一个公司100%的股权，收购前，公司的盈余积累（也就是资本公积、盈余公积、未分配利润）没有转增股本，而是在股权交易的时候计入了股权转让价格并且已履行了所得税纳税义务。那么收购以后，盈余积累要转增股本，个人股东该如何缴税呢？需要分情况考虑。

举例说，2018 年 12 月 31 日，甲公司资产总额 8 000 万元，负债 3 000 万元，所有者权益 5 000 万元（其中，实收资本 1 000 万元，资本公积、盈余公积、未分配利润等盈余积累 4 000 万元），张某是唯一股东。2019 年 1 月 1 日，自然人李四以 4 500 万元（主管机关认可价）向张某购买了甲公司 100% 的股权。2019 年 3 月 1 日，甲公司用 4 000 万元盈余积累转增实收资本。

首先看，张三以 4 500 万元转让 1 000 万元股权，虽低于净资产但税务机关认可具有正当理由。应缴纳财产转让所得个人所得税：3 500 × 20% = 700（万元）。

张三缴完税以后，李四转增就符合 23 号公告所说的特定情形，4 500 万元交易价格减去 1 000 万元的原股权成本等于 3 500 万元，这 3 500 万元的转增，李四不需要缴税。对于 4 500 万元减去原所有者权益 5 000 万元等于 500 万元这部分，转增股本，李四需要缴税。

当然，如果李四直接以大于 5 000 万元的价格购买了，这 4 000 万元转增，都不需要缴税。

文件看似很烦琐，其实政策精神很容易理解，李四支付的股权价格，包含盈余积累的部分转增股本，不过是从左口袋到右口袋，李四并没有取得所得，所以不用缴税。李四股权价格中没有包含的盈余积累转增股本，相当于李四取得了所得，应该缴税。

有人问，如果李四 4 500 万元购买后，只转增了 500 万元，这 500 万元是免税的转增，还是应税的转增啊？这种情况下，23 号公告规定了一个顺序，先是应税的盈余积累转增，后是免税的盈余积累转增。所以这 500 万元属于应税的转增，应该先缴税。

可以看到，在这种特殊的情形下，转增缴税不缴税，不再考虑转增来源的项目，而是考虑前期股权交易价格是否大于原所有者权益，包含了多少原盈余积累。

到此，我们结合上一篇文章的内容，总结回答第一个问题：哪些项目转增股本需要缴税（见表 3 - 17）？

表 3 - 17　　转增股本需要缴税的项目

企业类型	转增来源	个人股东是否缴税	特殊情形备注
股份有限公司	资本公积——股本溢价	不缴税	
	资本公积——其他	缴税	股权收购中的已计入收购价的免税
	盈余公积	缴税	股权收购中的已计入收购价的免税
	未分配利润	缴税	股权收购中的已计入收购价的免税

续表

企业类型	转增来源	个人股东是否缴税	特殊情形备注
有限责任公司	资本公积——资本溢价	有争议	按个税法，有所得者征税
	资本公积——其他	缴税	股权收购中的已计入收购价的免税
	盈余公积	缴税	股权收购中的已计入收购价的免税
	未分配利润	缴税	股权收购中的已计入收购价的免税

第二个问题：如果转增股本，个人股东需要缴税，该如何缴？这个问题根据公司的类型分三种情况考虑。

第一类：上市公司和新三板挂牌公司，差别化政策。

上市公司转增，个人股东缴纳个人所得税，适用财税〔2015〕101号文件的规定：持股期限超过1年的，股息、红利所得暂免征收个人所得税；持股期限在1个月以内（含1个月）的，其股息、红利所得全额计入应纳税所得额；持股期限在1个月以上至1年（含1年）的，暂减按50%计入应纳税所得额。

如果个人持有的是上市公司限售股，解禁后取得的股息、红利，按上市规定计算纳税，持股时间自解禁日起计算；解禁前取得的股息、红利继续暂减按50%计入应纳税所得额。

新三板挂牌公司转增后个人股东缴税，适用财政部、税务总局、证监会公告2019年第78号的规定，这个文件中差别化的税收政策和上市公司是一样的。

第二类：中小型高新技术企业，可分期缴税。

根据财税〔2015〕116号规定：自2016年1月1日起，全国范围内的中小高新技术企业以未分配利润、盈余公积、资本公积向个人股东转增股本时，个人股东一次缴纳个人所得税确有困难的，可根据实际情况自行制订分期缴税计划，在不超过5个公历年度内（含）分期缴纳，并将有关资料报主管税务机关备案。个人股东获得转增的股本，应按照“利息、股息、红利所得”项目，适用20%税率征收个人所得税。

那么什么是中小高新技术企业呢？需要符合这么几个条件：注册在中国境内实行查账征收的、经认定取得高新技术企业资格，且年销售额和资产总额均不超过2亿元、从业人数不超过500人的企业。

第三类：其他企业，一次性缴税。

不符合上述两类企业的，都可以归到其他企业里，这一类企业，如果转增，个人股东没有税收优惠，只能是按“利息、股息、红利”20%一次性缴税了。

关于转增后个人股东如何缴税？政策规定总结如表3－18所示。

表 3-18　转增后个人股东如何缴税的规定

企业类型大类	企业类型小类	持股期限	政策规定	利息、股息、红利税率
上市公司 挂牌公司		超过1年	暂免	
		1月到1年	暂减按50%计入应纳税所得额	20%
		不超过1个月	全额计入应纳税所得额	20%
其他公司	中小型高新技术企业		自2016年起，困难者可在5个公历纳税年度内分期缴纳	20%
	其他高新技术企业		不可分期缴纳	20%
	非高新技术企业		不可分期缴纳	20%

总的来说，搞清楚这两个问题的政策规定，关于公司转增涉及的个人所得税基本上就能做到心中有数了。

060　公司转增股本，股东要缴个人所得税吗？

一个朋友来找我说：我是一个公司的小股东，公司说要转增股本，要扣缴我的个人所得税，你说这是不是太奇怪了？我啥也没得到，凭啥要缴税呢？

我说：其实这个不奇怪，缴税是有相关的政策规定的，但需要具体情况具体分析。我先问问你，你投资的这个公司转增股本，是用什么资金转增的？盈余公积还是资本公积？公司是不是中小型高新技术企业？

他愣了一下：其实我只是少投了一些资金，整个公司的经营管理我也不参与，还真不清楚。

我说：要不我写几个问题你回去搞清楚了再来说？

他说：既然来了，干脆你把转增资本每一种情况的税收规定都告诉我！我回去自己对照吧。

我说：好吧，正好今天也有空，我就给你具体说一下。你不用奇怪缴税的事，转增股本为什么个人股东需要缴税？因为通常来说，转增 = 分红 + 再投资。比如你原先投入了100万元作为资本，如果公司用未分配利润给你转增了实收资本20万元，这时候你在公司就有了120万元的资本；这和公司先分配股利给你20万元，你再将这20万元投入公司的结果是一样的。唯一不同的是，你没有现金流入，这时缴税可能会有资金压力……

当然，需要注意的例外情形是，如果用溢价的资本公积转增股本是不需要缴税的。这个也好理解，比如你原先投入公司100万元，当时接收的时候公司记账把它分开了，实收资本记了80万元，资本公积记了20万元；现在公司如果用资本公积20万元转增实收资本，你的实收资本在账上就变成100万元了。但这样的转增，对你来说没有增加任何收益，所以这种情况是不需要缴税的。

他说：我好像听明白了，也就是说除了我原先投资的溢价，转增资本不用缴税；其他的转增股本，都需要缴税，对吗？

我说：是的。

他说：如果需要缴税，该怎么缴？

我说：按个人所得税中的利息、股息、红利税目，依20%的税率缴税。

他说：直接算？不用扣点啥成本费用？

我说：直接算，不扣成本费用。

他说：那就像你说的那样，如果公司转增股本，让我缴税，但我又没拿到钱，怎么缴？

我说：那你只能另外掏钱啦。不过也有针对特殊类型公司的优惠，你投的公司是不是中小型高新技术企业？

他说：如果是，就不用缴了？

我笑着说：想得美！如果是的话，可以分期缴纳。你一次缴税确有困难，可根据实际情况自行制订分期缴税计划，在不超过5个公历年度内分期缴纳。比如公司是2019年转增，你可以在2019—2023这5个公历年度里分期缴。

他说：分期缴，又不是不用缴了，没多大意思。

我说：你要这么想，现在出10万元，和过三四年出10万元，效果能一样吗？货币在贬值，资金有时间价值啊，推迟缴就相当于少缴了。况且，如果你真不想缴，还有一种情况不用缴。

他急忙问：什么情况？

我说：如果这个公司宣告破产了，清算后你没有取得收益或收益小于你最初投资额的，税务机关对你未缴纳的个人所得税可不予追征。

他嘟囔着说：我以为是什么好办法呢？原来是等我赔钱了啊。

我说：不错啦，知足吧。这是专门针对中小型高新技术企业的优惠，其他企业还没这个好政策呢！

他说：对了，什么条件属于中小型高新技术企业呢？

我说：中小型高新技术企业是指注册在中国境内实行查账征收的、经认定取得高新技术企业资格，且年销售额和资产总额均不超过2亿元、从业人数不超过500人的企业。

他说：那是不是除了中小型高新技术企业转增股本，个人股东可以分期缴纳，其他企业转增股本，个人股东都需要一次性缴税？

我说：还有除了上市公司和新三板挂牌公司，这两类公司转增，个人股东既不是一次缴纳，也不是分期缴纳。

他说：你说挂牌，我想起来了，我开会时听大股东们商量说要挂牌，挂牌以后转增，是什么税收政策？

我说：公司挂牌以后再转增股本，根据持股期限的不同有相应的优惠政策。具体来说，就是持股期限在 1 个月以内（含 1 个月）的，股息、红利所得全额计入应纳税所得额；持股期限在 1 个月以上至 1 年（含 1 年）的，其股息、红利所得暂减按 50% 计入应纳税所得额；持股期限超过 1 年的，对股息、红利所得暂免征收个人所得税。

他一拍腿说：这个规定好，我持股时间长一些，就可以免税啦。

我说：政策都告诉你了，你回去看看，你们到底是挂牌前转增，还是挂牌后转增呢？对照一下看自己符合哪一个政策规定吧。

他说：今天没白来，了解了不少税收政策，多谢你啦！

061　定向增发的股票是否属于限售股？

某天，我在一个税法考试中遇到一个问题：上市公司定向增发的股票是否属于限售股？思索良久，不能确认。于是下考场后专门查找了一番相关规定。

限售股，字面上的意思就是限制出售的股票。如果按字面意思考虑，只要是有禁售期的股票都可以称为限售股。

但在税法中，限售股是有特定含义的。大家都知道，个人转让限售股是需要缴纳个人所得税的，而转让流通股则不需要缴纳个税。所以搞清楚税法中需要征税的限售股指的是什么，非常重要。

我们先来看两个税收文件。

根据财税〔2009〕167 号文件，该通知所称限售股包括：

1. 上市公司股权分置改革完成后，股票复牌日之前，股东所持原非流通股股份，以及股票复牌日至解禁日期间由上述股份孳生的送、转股（以下统称股改限售股）；

2. 2006 年股权分置改革新老划断后，首次公开发行股票并上市的公司形成的限售股，以及上市首日至解禁日期间由上述股份孳生的送、转股（以下统称新股限售股）；

3. 财政部、税务总局、法制办和证监会共同确定的其他限售股。

根据财税〔2010〕70 号文件，该通知所称限售股包括：

1. 财税〔2009〕167 号文件规定的限售股；

2. 个人从机构或其他个人受让的未解禁限售股；

3. 个人因依法继承或家庭财产依法分割取得的限售股；

4. 个人持有的从代办股份转让系统转到主板市场（或中小板、创业板市场）的限售股；

5. 上市公司吸收合并中，个人持有的原被合并方公司限售股所转换的合并方公司股份；

6. 上市公司分立中，个人持有的被分立方公司限售股所转换的分立后公司股份；

7. 其他限售股。

这两个文件是税法中对限售股范围的规定，通过逐一对照分析，我们可以看出：定向增发股票并不在上述的任何一个项目之内。

当然，有的朋友会说，那会不会属于其他项目呢？朋友，你想多了，其他项目是需要有总局专门文件规定的，不能凭自己想象来推导适用。

其实仔细琢磨一下这两类股票的来龙去脉，定向增发股票也不应该属于征税的限售股范畴。

国家之所以会规定对限售股转让征收个税，那是因为无论是股改限售股还是新股限售股，它们的原始成本和上市后的市场价格之间差距非常惊人，股价可以说是鲤鱼跃龙门。这其中的巨额的股转收益如果不征税，不仅是国家税源大量流失，更加剧了社会贫富差距，有悖于个人所得税调节贫富差距的社会意义。

而定向增发的股票，也称为非公开发行股票。根据证监会相关规定，关于非公开发行，发行对象不得超过 10 人，发行价不得低于市价的 90%，发行股份 12 个月内（大股东认购的为 36 个月）不得转让，募资用途须符合国家产业政策，上市公司及其高管不得有违规行为等。

由此可见，定向增发的购买价仅仅是市场价的 9 折左右，更何况随着股市上下波动，这 10% 折扣不过是一个涨跌停板的价差，根本不会包含多大的股转收益，所以，尽管它也有禁售期，但不属于税法文件中所称的限售股。

最后，看一个总局的解读。

《国家税务总局所得税司关于印发〈限售股个人所得税政策解读稿〉的通知》（所便函〔2010〕5 号）所附《限售股个人所得税政策解读稿》第二条关于征税限售股的范围问题规定：

此次明确要征税的限售股主要是针对股改限售股和新股限售股以及其在解禁日前所获得的送转股，不包括股改复牌后和新股上市后限售股的配股、新股发行时的配售股、上市公司为引入战略投资者而定向增发形成的限售股。关于限售股的范围，在具体实施时，由中国证券登记结算公司通过结算系统给予锁定。另外，对上市公司实施股权激励给予员工的股权激励限售股，现行个人所得税政策规定其属于“工资、薪金所得”，并明确规定了征税办法，转让这部分限售股暂免征税，因此，《通知》中的限售股也不包括股权激励的限售股。至于财政部、税务总局、法制办和证监会共同确定的其他限售股，是兜底的规定，将来视实际情况而定。

这么一解释，这个问题就很清楚了，上市公司的定向增发股票不属于税法中需要征税的限售股。

062　转让限售股征收个税，政策因何出台？

紫金矿业的大股东陈某某避税，引发了财税〔2009〕167 号文件出台。此事件的前因后果如下：

紫金矿业 2008 年上市，其招股说明书显示三家公司持有紫金矿业的股份，而陈某某本人并未直接持有。也就是说，陈某某对紫金矿业是间接持股。这样的安排实际上就是为了逃避股息分配的个人所得税。因为间接持股就意味着紫金矿业有利润不用直接分给陈某某，而是先分到中间控股公司，控股公司再将这些钱对外投资，自然就不涉及个人所得税的问题了。

随着紫金矿业谋划上市，陈某某进行了税收筹划，将间接持股变为直接持股。即将紫金矿业持有的三家公司的股票以每股 0.1 元的价格转让给陈某某，合计转让 35 888.16万股，陈某某总计支付转让款 3 588.82 万元。经过股份转让，陈某某对紫金矿业的持股方式就由间接持股成为直接持有。

那么，陈某某为什么要进行这样的筹划呢？因为在间接持股模式下，陈某某如果要转让手中的股票，需要通过中间控股公司，控股公司转让股票收入，要缴纳企业所得税，剩余收益分配给陈某某时，又要缴纳一道个人所得税。两道所得税，税负达到 40%。

如果是个人持有股票，按《财政部 国家税务总局关于个人转让股票所得继续暂免征收个人所得税的通知》（财税〔1998〕61 号）规定，个人转让股票继续暂免征收个人所得税。文件并没有明确，转让上市公司股票继续免征个人所得税的规定中的“股票”是限售股还是二级市场上流通的股票。所以理论上讲，只要转让上市公司的股票均可免税。陈某某正是利用了这个文件的漏洞，作了上述筹划。

紫金矿业于 2008 年 4 月 25 日在 A 股上市，发行价为 7.13 元/股，陈某某等自然人股东持有的原始股票的限售期为 1 年。至 2009 年 4 月 27 日，紫金矿业限售股解禁流通，仅仅在 2009 年的 4 月—7 月三个月中，陈某某前后两次减持紫金矿业股份总计约 2.94 亿股，套现 27.3 亿元，而成本仅仅是 2 940 万元，利润达 27 亿元。如果陈某某当时没作筹划，这 27.3 亿元，中间控股公司转让时要缴纳 25% 的企业所得税，税额近 7 亿元。剩下的 20 亿元分给陈某某再缴 20% 的个人所得税，即 4 亿元，加在一起就是 11 亿元的税款。而改为个人持股后，陈某某转让股票一分钱的税款都不用缴！

限售股、原始股转让一夜暴富的情况很快引起了社会的广泛关注，“陈某某事件”也成了人们热议的话题。随着“IPO”上市重启，新的上市公司，除了限售股转让外，自然人股东转让原始股也将能获取巨额所得，如果不对他们征税，有失公平。一是自然人转让上市公司股票本质上是财产转让，不征税税负不公平；二是法人转让上市公司和非上市公司的原始股要缴税，但自然人转让却不缴税，也造成了税负不公。

在这种情况下，国务院法制办、财政部和国家税务总局多次磋商，最终在2009年最后一天出台了《关于个人转让上市公司限售股所得征收个人所得税有关问题的通知》（财税〔2009〕167号），明确了将从2010年开始对限售股转让征收个人所得税，按财产转让所得20%的税率征税。

这个金额不菲的政策漏洞终于补上了。

063 自然人通过合伙企业持有上市公司股票取得的股息、红利，能否适用差别化税收优惠?

“自然人通过合伙企业持有上市公司股票超过1年，取得的分红，能否按投资人个人取得的股资红利免税?”

公众号“陇上税语”的姜新录老师收集了几个关于该问题的“12366”的答复。

湖北税务12366纳税服务热线2019年7月15日答复：

您所描述的情形没有相关文件明确规定可以免征个人所得税，应当由当地主管税务机关依据相关政策法规并结合贵公司实际经营情况来判定。

宁波市12366呼叫中心2020年4月10日答复：

财税〔2015〕101号文件规定的，上市公司股息、红利差别化个人所得税政策，仅适用于个人从公开发行和转让市场取得的上市公司股票的股利。您的情况，不在该文件的范围内。

【晶晶亮评析】

这个问题之所以经常会被拿来讨论，主要原因是税法中概念不够清晰造成的。财税〔2015〕101号确实是说“个人”，但“个人”在税法中并不必然等于“自然人”，个人所得税中的个人，既包括自然人，也包括个体工商户业主、个人独资企业投资人、合伙企业的自然人合伙人。所以用这个文件来回答，感觉政策依据并不充分。

虽然依据不够充分，但我本人还是认同宁波12366的答复的，也就是股息、红利差别化政策应该只适用自然人，不能适用合伙企业的自然人合伙人。

因为通常来说，自然人在股票市场上处于弱势地位，“侠之大者，为国接盘”，股市中一茬茬的韭菜基本都是前赴后继的散户。通过合伙企业进入股票市场，就属于机构投资者了，本身在市场中处于更专业、更有利的地位，不应该和弱势群体享有同等的税收优惠。我认为这样是符合优惠政策的本意的。

064 股份公司资本公积转增股本不征个税，是否适用合伙企业的自然人合伙人？

问题：股份有限公司资本公积转增股本免税是否适用于合伙企业股东？

留言时间：2020－02－19

问题内容：

根据《国家税务总局关于股份制企业转增股本和派发红股征免个人所得税的通知》（国税发〔1997〕198号）、《国家税务总局关于原城市信用社在转制为城市合作银行过程中个人股增值所得应纳个人所得税的批复》（国税函〔1998〕289号）、《国家税务总局关于进一步加强高收入者个人所得税征收管理的通知》（国税发〔2010〕54号）、《财政部 国家税务总局关于将国家自主创新示范区有关税收试点政策推广到全国范围实施的通知》（财税〔2015〕116号）等的规定，股份制企业用资本公积金（股改后股份制企业股票溢价发行收入所形成的）转增股本不属于股息、红利性质的分配，对个人股东取得的转增股本数额，不作为个人所得，不征收个人所得税。

对于合伙企业股东（穿透之后均是个人投资者）取得的转增股本数额，是否适用上述优惠政策，是否需要征收个人所得税？谢谢！

答复机构：福建省税务局

答复时间：2020－02－21

答复内容：

国家税务总局福建省12366纳税服务中心答复。

尊敬的纳税人，您好！根据您所述情况，答复如下：需要是股份制企业股票溢价发行收入所形成的资本公积金。将此转增股本由个人取得的数额，不作为应税所得征收个人所得税。如果股东是合伙企业则不适用下列文件规定。

文件依据：

根据《国家税务总局关于原城市信用社在转制为城市合作银行过程中个人股增值所得应纳个人所得税的批复》（国税函〔1998〕289号）第二条规定：“《国家税务总局关于股份制企业转增股本和派发红股征免个人所得税的通知》（国税发〔1997〕198号）中所表述的‘资本公积金’是指股份制企业股票溢价发行收入所形成的资本公积

金。将此转增股本由个人取得的数额，不作为应税所得征收个人所得税。而与此不相符合的其他资本公积金分配个人所得部分，应当依法征收个人所得税。”

另根据《国家税务总局关于股份制企业转增股本和派发红股征免个人所得税的通知》（国税发〔1997〕198 号）规定：

“一、股份制企业用资本公积金转增股本不属于股息、红利性质的分配，对个人取得的转增股本数额，不作为个人所得，不征收个人所得税。

二、股份制企业用盈余公积金派发红股属于股息、红利性质的分配，对个人取得的红股数额，应作为个人所得征税。”

上述回复仅供参考，具体以国家相关政策规定为准。感谢您的咨询，顺祝生活愉快！

【晶晶亮评析】

在我看来，这应该是 12366 平台中比较优秀的问答。提问者对税收政策也很熟悉，问题很专业。答复者也直截了当给了答案，没有打太极。

我和福建 12366 的观点是一致的。可以适用转增股本不征个税的个人，是个人股东，并非合伙企业。

尽管合伙企业本身不缴所得税，穿透后均是个人投资者。但在法律主体上，根据《民法典》第一百零二条，非法人组织是不具有法人资格，但是能够依法以自己的名义从事民事活动的组织。非法人组织包括个人独资企业、合伙企业、不具有法人资格的专业服务机构等。

个人和合伙企业在法律主体上是完全不同的两个概念，所以不能适用有关个人的不征税规定。

065 股东借款被扣个人所得税，归还时可以退税吗？

问题：个人向其投资的公司借款。

留言时间：2021－05－23

问题内容：

自然人甲于 2020 年 12 月 1 日向其投资的乙公司借款 1 000 万元，未在 2020 年 12 月 31 日前归还，甲在 2021 年 5 月 23 日归还了该笔借款。根据财税〔2003〕158 号第二条和国税发〔2005〕120 号第三十五条第（四）项规定，请问：

1. 乙公司是否应当在 12 月 31 日代扣甲“利息、股息、红利所得”的个人所得税 200 万元？

2. 年底未归还，但实际借款期限不足6个月，是否属于期限超过1年？

3. 已代扣代缴，甲归还了该笔借款，是否可以申请退税？

答复机构：河北省税务局

答复时间：2021－05－24

答复内容：

您好！您提交的问题已收悉，现针对您所提供的信息回复如下：根据《财政部 国家税务总局关于规范个人投资者个人所得税征收管理的通知》（财税〔2003〕158号）规定，第二条，纳税年度内个人投资者从其投资的企业（个人独资企业、合伙企业除外）借款，在该纳税年度终了后既不归还，又未用于企业生产经营的，其未归还的借款可视为企业对个人投资者的红利分配，依照利息、股息、红利所得项目计征个人所得税。

根据《河北省地方税务局关于秦皇岛市局个人投资者借款征收个人所得税问题请示的批复》（冀地税函〔2013〕68号）规定：一、个人投资者归还从其投资企业取得的1年以上借款，已经按照“利息、股息、红利”征收的个人所得税，应予以退还或在以后应纳个人所得税款中抵扣。

感谢您的咨询！若您对此仍有疑问，请联系河北税务12366或您的主管税务机关。

【晶晶亮评析】

网友之所以提出第一个和第二个问题，主要是基于以下规定。

国税发〔2005〕120号第三十五条第（四）项：加强个人投资者从其投资企业借款的管理，对期限超过1年又未用于企业生产经营的借款，严格按照有关规定征税。

上述规定和财税〔2003〕158号第二条是有明显区别的，158号文只强调年底未归还，没有说期限超过1年。

两个文件看似有点冲突，实际如何执行呢？河北税局的态度已经很明确了，按财税〔2003〕158号文件执行，为什么这样？其实不难理解。

国税发〔2005〕120号强调的是某种行为“严格按照有关规定征税”，并不是说只有这种行为需要征税。这里提到的有关借款征税的规定，指向的就是财税〔2003〕158号，所以不需要纠结借款期限的问题，就以年度终了未归还未用于生产经营来判断即可。

比较有突破性的是第三个问题，河北税局明确回复了如果投资人后续归还了借款，已缴纳的个人所得税可以退还或抵扣。对于河北的股东们来说，这确实是一个值得高兴的规定。

总局没有对这个问题进行明确规定，有很多地方是不退税的。

该不该退税呢？退税，合乎情理，但很容易被利用，可能会导致这个反避税的政策文件形同虚设，很难下定论。

066　赔偿金缴不缴个人所得税?

有人咨询了一个这样的问题，张某从商场购买了一个充电护眼台灯，正常使用过程中发生爆炸，对张某造成了伤害，张某向商场索赔5万元。对于张某取得的赔偿款需不需要缴个人所得税?

我的答复是，张某取得的赔偿款不需要缴个人所得税。

有政策规定吗？并没有，因为个人所得税应税项目属于正列举，所以如果无法归类到列举的九大类应税项目的所得，就不需要缴税。

那是不是说，所有个人取得的赔偿款都不需要缴税呢?

不能这么绝对，需要具体情况具体分析，本案例中张某取得赔偿是建立在一个购买行为上，而购买行为取得所得，是不能归类到个人所得税任何一个应税征税项目中的。

在新个税法实施以前，有一个特别的例外规定，那就是国税函〔2006〕865号，对个人因解除购房合同取得的违约金按照“其他所得”征税的规定。在新个税法实施后，财政部、税务总局公告2019年第74号对“其他所得”项目进行了清理和归并，这一条征税规定已经从2019年1月1日起废止了。

废止了这个文件以后，就不再有基于购买行为获得赔偿征税的规定，新的个税体系更加条理了。

如果赔偿金是基于销售、转让行为，那就应该将其归入销售额或转让额中，一起来计算相关税款。

我们可以看三个文件：

一是个人股权转让取得的违约金收入，需要征税。

《国家税务总局关于个人股权转让过程中取得违约金收入征收个人所得税问题的批复》（国税函〔2006〕866号）规定：股权成功转让后，转让方个人因受让方个人未按规定期限支付价款而取得的违约金收入，属于因财产转让而产生的收入。转让方个人取得的该违约金应并入财产转让收入，按照“财产转让所得”项目计算缴纳个人所得税，税款由取得所得的转让方个人向主管税务机关自行申报缴纳。

二是个人取得专利赔偿所得，需要征税。

根据《国家税务总局关于个人取得专利赔偿所得征收个人所得税问题的批复》（国税函〔2000〕257号）的规定，因专利权被使用而取得的经济赔偿收入，应按照个人所得税法及其实施条例的规定，按“特许权使用费所得”应税项目缴纳个人所得税，税款由支付赔款的单位代扣代缴。

三是个人终止投资取得赔偿收入，需要征税。

根据《国家税务总局关于个人终止投资经营收回款项征收个人所得税问题的公告》（国家税务总局公告 2011 年第 41 号）的规定，个人因各种原因终止投资、联营、经营合作等行为，从被投资企业或合作项目、被投资企业的其他投资者以及合作项目的经营合作人取得股权转让收入、违约金、补偿金、赔偿金及以其他名目收回的款项等，均属于个人所得税应税收入，应按照“财产转让所得”项目适用的规定计算缴纳个人所得税。应纳税所得额 = 个人取得的股权转让收入、违约金、补偿金、赔偿金及以其他名目收回款项合计数 - 原实际出资额（投入额）及相关税费。

如果取得赔偿是基于受雇行为，属于征税范围，但有免税优惠。

一是解除劳动合同取得的赔偿金，3 倍以内免征。

财税〔2018〕164 号规定：个人与用人单位解除劳动关系取得一次性补偿收入（包括用人单位发放的经济补偿金、生活补助费和其他补助费），在当地上年职工平均工资 3 倍数额以内的部分，免征个人所得税；超过 3 倍数额的部分，不并入当年综合所得，单独适用综合所得税率表，计算纳税。

二是个人取得工伤保险待遇，免征。

财税〔2012〕40 号规定：对工伤职工及其近亲属按照《工伤保险条例》（国务院令第 586 号）规定取得的工伤保险待遇，免征个人所得税。

工伤保险待遇，包括工伤职工按照《工伤保险条例》（国务院令第 586 号）规定取得的一次性伤残补助金、伤残津贴、一次性工伤医疗补助金、一次性伤残就业补助金、工伤医疗待遇、住院伙食补助费、外地就医交通食宿费用、工伤康复费用、辅助器具费用、生活护理费等，以及职工因工死亡，其近亲属按照《工伤保险条例》（国务院令第 586 号）规定取得的丧葬补助金、供养亲属抚恤金和一次性工亡补助金等。

总之，赔偿金要不要缴纳个人所得税，需要具体情况具体分析，真不是一句话能解决的事情。

067　个人收到网络红包，需要缴纳个人所得税吗？

抢红包已经逐渐成为新的年俗。2021 年春节，支付宝集五福分 5 亿元，抖音分 20 亿元，快手分 21 亿元，百度分 22 亿元，拼多多分 28 亿元……除了大公司这些红包工程，企业给个人、个人之间相互派发红包也非常普遍，对于财税人员来说，你可以对抢红包不感兴趣，但不能对红包的涉税问题不感兴趣，网络红包是否缴税，需要分四种情形来考虑，我们一起来看看吧！

【情形一】小明收到支付宝公司的现金红包 18.88 元。

解析：小明需要缴纳个人所得税，税款由支付宝公司代扣代缴。

财政部、税务总局公告 2019 年第 74 号规定：对于企业在业务宣传、广告等活动中，随机向本单位以外的个人赠送礼品（包括网络红包），以及企业在年会、座谈会、庆典以及其他活动中向本单位以外的个人赠送礼品，个人取得的礼品收入，按照“偶然所得”项目计算缴纳个人所得税。

税总函〔2015〕409 号：对个人取得企业派发的现金网络红包，应按照偶然所得项目计算缴纳个人所得税，税款由派发红包的企业代扣代缴。

【情形二】小明收到淘宝商家赠与的 20 元购物红包，满 100 元可以使用。

解析：小明不需要缴个人所得税，企业无须扣缴个税

根据财税〔2011〕50 号的规定：企业通过价格折扣、折让方式向个人销售商品（产品）和提供服务等情形，不征收个人所得税。

税总函〔2015〕409 号：对个人取得企业派发的且用于购买该企业商品（产品）或服务才能使用的非现金网络红包，包括各种消费券、代金券、抵用券、优惠券等，以及个人因购买该企业商品或服务达到一定额度而取得企业返还的现金网络红包，属于企业销售商品（产品）或提供服务的价格折扣、折让，不征收个人所得税。

【情形三】小明收到任职公司在微信群中派发的每人 500 元的过年红包。

解析：小明需要缴纳个人所得税，由任职公司代扣代缴个税。

这属于与任职受雇有关的“工资、薪金所得”，适用 3%—45% 的超额累进税率。

【情形四】小明收到了公司老板在群里发放的 6.66 元拜年红包。

解析：个人之间发放红包不需要缴纳个人所得税。

《国家税务总局关于加强网络红包个人所得税征收管理的通知》（税总函〔2015〕409 号）：个人之间赠送网络红包，不属于个人所得税法规定的应税所得，不需要缴纳个人所得税。

此外，还需要注意两个问题：

1. 发放红包通过什么会计科目核算？

企业发红包时，一般是将银行存款转到微信或支付宝中，转入的资金可以通过“其他货币资金——微信”“其他货币资金——支付宝”进行核算。

2. 发放红包是否需要取得发票？企业所得税如何进行税前扣除？

对于企业促销发放出去的红包，按偶然所得扣缴个税，不需要取得发票，凭转账记录和支付的截图税前扣除。

对于发放给员工的过节费，不需要取得发票，但应该附企业自制的发放明细表，凭银行转账记录以及支付的截图税前扣除。

当然，不能机械理解发票的问题，如果有公司是以红包形式支付货款或服务款，那肯定是需要取得相应的购货发票才能税前扣除。

068　需要征税的“偶然所得”有哪些？

什么是偶然所得？根据《个人所得税法实施条例》第六条第（九）项的规定，是指个人得奖、中奖、中彩以及其他偶然性质的所得。可以看到，税法是把偶然所得分成了四类。从 2019 年 6 月 30 日财政部、国家税务总局 2019 年 74 号公告发布之后，“偶然所得”家族增加了 3 个新成员，我们汇总来看一下，按照上述分类，截至 2019 年 6 月，需要按照“偶然所得”项目征税的文件规定有哪些？

一、中彩所得

中彩所得就是买彩票中彩取得的所得。我们国家对福利彩票和体育彩票有扶持政策，中彩 1 万元以下免税。其他的彩票中彩后，不论金额大小都要直接缴税，没有免税门槛。

另外需要注意，我国居民个人去境外，如澳门等地参加博彩所得，也是需要按照本税目缴税的。当然，澳门赌场是不会代扣代缴个人所得税了，所以，如果出去博彩挣了钱，应该清楚，回到境内是需要自行申报缴纳个税。当然，能挣了钱回来，都已经是人生赢家了，不应该在乎这点税款了。有 3 个文件明确规定了三项中彩所得（见表 3－19）。

表 3－19　　中彩所得规定

序号	政策要点	文件号	分类
1	个人购买社会福利有奖募捐奖券一次中奖收入超过 1 万元的	国税发〔1994〕127 号	中彩
2	个人购买体育彩票中奖收入，超过 1 万元的	财税字〔1996〕77 号、财税字〔1998〕12 号	中彩
3	个人在境外取得博彩所得	国税函〔1995〕663 号	中彩

二、中奖所得

中奖所得和中彩所得其实区别不大，缴税也无差别，但为了便于整理归纳，我根据抽奖机会是否需要花钱购买，将需要花钱购买抽奖机会的归类为中彩所得，不需要自己花钱购买抽奖机会的归类为中奖所得。有4个文件（见表3－20）对中奖所得进行了规范，比如有奖储蓄、消费抽奖、有奖发票，另外需要特别注意的是最后一项，中奖所得即使取得的不是钱，而是其他经济利益，比如房子、汽车的使用权，也是需要按照偶然所得缴税的。

表3－20　　中奖所得规定

序号	政策要点	文件号	分类
4	个人参加有奖储蓄取得中奖所得	国税函〔1995〕98号	中奖
5	个人累积消费达一定额度抽奖获奖所得	财税〔2011〕50号	中奖
6	个人单张有奖发票超过800元的获奖所得	财税〔2007〕34号	中奖
7	个人获得用房屋、汽车等使用权做奖项的中奖收入	国税函〔1999〕549号	中奖

三、得奖所得

得奖所得，是个人因在某些方面表现突出，获得某机构的奖励。得奖所得，有明确规定征税的文件有2个（见表3－21），但不能理解为只有这两个得奖需要缴税，正确的理解是：所有的得奖所得，只要是没有明确是免税规定的都应该征税。之所以会出现这2个征税文件，主要是因为有下级税务机关请示，总局专门作批复进一步明确了。

表3－21　　得奖所得规定

序号	政策要点	文件号	分类
8	个人参加“营多杯”中国体育运动队队歌征集大奖赛而获得的奖金收入	国税函发〔1994〕448号	得奖
9	个人因突出贡献获得省级以下人民政府及其所属部门取得的一次性奖励收入	国税函〔1998〕293号	得奖

四、其他偶然性质的所得

其他偶然性质的所得，是应该特别关注的，税收文件规定中有四项（见表3－22）应该归入此类。可以看出来，这里面前两项属于受赠性质的所得，按偶然所得征税比较好理解。后面两项，一是个人为单位或他人提供担保获得收入，二是企业向个人支付的不竞争款项收入。无论怎么看，这两项都看不出偶然所得的模样，想不明白为什么要按照偶然所得征税。但不论是否明白理解，文件既然已经规定了，实践中也只能按规定执行。

表 3－22　　其他偶然性质的所得规定

序号	政策要点	文件号	分类
10	受赠人因无偿受赠房屋取得的受赠收入（除三种例外情况）	财政部 税务总局公告 2019 年第 74 号	其他
11	企业在活动中，随机向本单位以外的个人赠送礼品	财政部 税务总局公告 2019 年第 74 号	其他
12	个人为单位或他人提供担保获得收入	财政部 税务总局公告 2019 年第 74 号	其他
13	企业向个人支付的不竞争款项	财税〔2007〕102 号	其他

069　“无偿受赠房产取得受赠收入”，这个项目个人所得税“不一般”

财政部、税务总局公告 2019 年第 74 号发布，把原先十项“其他所得”大刀阔斧地进行了调整，有一项“其他所得”调整成“工资、薪金所得”，有六项取消，有三项“其他所得”调整成“偶然所得”，其中包括无偿受赠房产取得受赠收入。

大家需要注意，需要缴税的无偿受赠房产取得的受赠收入，不包括将房产无偿赠与配偶、父母、子女、祖父母、外祖父母、孙子女、外孙子女、兄弟姐妹；抚养人或者赡养人、法定继承人、遗嘱继承人或者受遗赠人。

我仔细观察一番，发现对“无偿受赠房产取得受赠收入”征收个人所得税，和相关征税项目比较，有两个明显的“不一般”。

1. 计税依据不一般

经过 74 号公告改天换地，偶然所得队伍逐步壮大起来，据统计，截至 2022 年 6 月明确规定按“偶然所得”征税的项目，一共有 13 个，如表 3－23 所示。

表 3－23　　“偶然所得”征税明细表

序号	政策要点	文件号	分类
1	个人购买社会福利有奖募捐奖券一次中奖收入超过 1 万元的	国税发〔1994〕127 号	中彩
2	个人购买体育彩票中奖收入，超过 1 万元的	财税字〔1996〕77 号、财税字〔1998〕12 号	中彩
3	个人在境外取得博彩所得	国税函〔1995〕663 号	中彩
4	个人参加有奖储蓄取得中奖所得	国税函〔1995〕98 号	中奖

续表

序号	政策要点	文件号	分类
5	个人累积消费达一定额度抽奖获奖所得	财税〔2011〕50号	中奖
6	个人单张有奖发票超过800元的获奖所得	财税〔2007〕34号	中奖
7	个人获得用房屋、汽车等使用权做奖项的中奖收入	国税函〔1999〕549号	中奖
8	个人参加“营多杯”中国体育运动队队歌征集大奖赛而获得的奖金收入	国税函发〔1994〕448号	得奖
9	个人因突出贡献获得省级以下人民政府及其所属部门取得的一次性奖励收入	国税函〔1998〕293号	得奖
10	受赠人因无偿受赠房屋取得的受赠收入（除三种例外情况）	财政部 税务总局公告2019年第74号	其他
11	企业在活动中，随机向本单位以外的个人赠送礼品	财政部 税务总局公告2019年第74号	其他
12	个人为单位或他人提供担保获得收入	财政部 税务总局公告2019年第74号	其他
13	企业向个人支付的不竞争款项	财税〔2007〕102号	其他

在上述13个项目中，如果需要找出一个和其他都不同的项目，你会选择哪一个？在我看来，就是受赠房产取得受赠收入这一项了，因为它的计税依据与众不同。

我们先来看看，偶然所得的计税依据是怎样规定的。根据《个人所得税法》第六条规定，偶然所得，以每次收入额为应纳税所得额。

也就是说，“偶然所得”在计算税款时不能扣减任何费用，取得多少收入就按多少收入计税。但对于无偿受赠房屋，在计征个人所得税时，财税〔2009〕78号文给了一个特殊的规定：“对受赠人无偿受赠房屋计征个人所得税时，其应纳税所得额为房地产赠与合同上标明的赠与房屋价值减除赠与过程中受赠人支付的相关税费后的余额。”

用余额作为偶然所得的计税依据，仅此一项，就显示出了这个征税项目卓尔不群的气质。

2. 纳税人和税目不一般

股权和房产，在个人财产中，应该是很类似的两种财产，股权和房产的转移，都应该在相关部门登记。当它们发生所有权转移，在印花税中政策是相同的，都需要按照“产权转移书据”来缴税。但在个人所得税中，出现无偿赠送的情形时，税收待遇却迥然不同。

个人无偿转让股权，转让方是纳税人，按“财产转让所得”缴纳个人所得税（总局公告2014年第67号）。

个人无偿赠送房产，受让方是纳税人，按“偶然所得”缴纳个人所得税（财政部税务总局公告2019年第74号）。

一样的财产无偿转让，不一样的税收规定。别问为什么，这个逻辑我也不懂。“为什么”留给学者讨论，作为执行者，只能考虑“是什么”。

经过这样一番比对，“无偿受赠房产”的个人所得税，这个不按逻辑出牌的征税项目，是不是让人想忘也忘不了了？

070　免税的“偶然所得”有多少？

有网友问：公司的员工获得“精神文明先进个人”称号，从市精神文明办获得的奖金如何缴税？是否可以免税？

答：个人因在各行各业作出突出贡献而从省级以下人民政府及其所属部门取得的一次性奖励收入，不论其奖金来源于何处，均不属于税法所规定的免税范畴，应按“偶然所得”项目征收个人所得税（国税函〔1998〕293号）。

类似这样的问题很多，因为大家得了奖很高兴，如果能免税就更高兴了，所以总想问问有没有免税政策。

我把截至2022年3月个人所得税中现行有效的“偶然所得”项目税收优惠政策整理了一下，只要符合政策规定就免税，不符合就不免，再也不需要到处咨询了。

我将其分为了两大类，一类是通用的优惠（见表3－24），另一类是专项奖金的优惠（见表3－25）。

表3－24　　个人所得税减免税优惠——偶然所得（通用）

序号	减免税项目	文件号
1	省级人民政府、国务院部委和中国人民解放军军以上单位，以及外国组织、国际组织颁发的科学、教育、技术、文化、卫生、体育、环境保护等方面的奖金	《中华人民共和国个人所得税法》第四条第（一）项
2	个人购买体育彩票一次中奖收入不超过1万元的，暂免征收个人所得税	财税字〔1998〕12号
3	个人取得单张有奖发票奖金所得不超过800元（含800元）的，暂免征收个人所得税	财税〔2007〕34号
4	个人购买社会福利有奖募捐奖券一次中奖收入不超过1万元的，暂免征收个人所得税	国税发〔1994〕127号第二条
5	见义勇为奖金免税	财税字〔1995〕25号
6	举报、协查违法犯罪奖金免税	财税字〔1994〕20号第二条（四）项

表 3-25　个人所得税减免税优惠——偶然所得（专项）

序号	减免税项目	文件号
1	曾宪梓教育基金会教师奖免征个人所得税	国税函〔1994〕376 号
2	国际青少年消除贫困奖免征个人所得税	财税字〔1997〕51 号
3	“长江学者奖励计划”有关个人收入免征个人所得税	国税函〔1998〕632 号
4	“特聘教授奖金”免征个人所得税	国税函〔1999〕525 号
5	“长江小小科学家”奖金免征个人所得税	国税函〔2000〕688 号
6	“母亲河（波司登）奖”奖金所得免征个人所得税	国税函〔2003〕961 号
7	陈嘉庚科学奖获奖免征个人所得税	国税函〔2006〕561 号
8	刘东生青年科学家奖和刘东生地球科学奖学金获奖者奖金免征个人所得税	国税函〔2010〕74 号
9	全国职工职业技能大赛奖金免征个人所得税	国税函〔2010〕78 号
10	中华宝钢环境优秀奖奖金免征个人所得税	国税函〔2010〕130 号
11	2011 年度李四光地质科学奖奖金免征个人所得税	国家税务总局公告 2011 年第 68 号
12	第五届黄汲清青年地质科学技术奖奖金免征个人所得税问题	国家税务总局公告 2012 年第 4 号
13	明天小小科学家奖金免征个人所得税问题	国家税务总局公告 2012 年第 28 号

071　看来暗示不行，必须明示，这 6 项所得终于有了交代

旧个人所得税法下，税务总局曾经发文明确了 10 项所得按照“其他所得”税目缴纳个人所得税。

2019 年新个税法实施后，因为征税范围中取消了“其他所得”，所以必须对原先的“其他所得”何去何从给一个交代。

于是，财政部、税务总局公告 2019 年第 74 号文件出台，它的使命就是将 10 项“其他所得”的身后事作一个重新安排。

该文件中，明确了其中三项所得改按“偶然所得”征税，分别是：1. 个人为单位或他人提供担保获得收入；2. 房屋产权所有人将房屋产权无偿赠与他人的，受赠人因无偿受赠房屋取得的受赠收入（符合规定情形不征）；3. 在活动中，企业向本单位以外的人赠送礼品。

明确了其中一项所得改按“工资、薪金所得”征税。具体内容是：领取的税收递延型商业养老保险的养老金收入，其中 25% 部分予以免税，其余 75% 部分按照 10% 的比例税率计算缴纳个人所得税。

剩下六项其他所得如何处理呢？文件没有说。但 74 号公告最后一条，作废之前发布的与其他所得相关的文件及条款。

这是什么意思？

这难道不是显而易见的吗？之前征税的文件条款作废了，之后也没有明确按什么征税，那当然是不征了。

我原先以为这是不言自明的事情，没想到，这个问题实务中遇到过两三人和我争论，他们认为文件没有提及的其他所得，只是尚未明确，而不能说明不征税。

多次争论僵持后，大家只能求同存异，不再试图互相说服。

我相信，从全国来看，类似的争论不会是少数。

2021 年 7 月 21 日，总局 12366 纳税服务平台对此问题有了一个明确的回复（见图 3－9）。

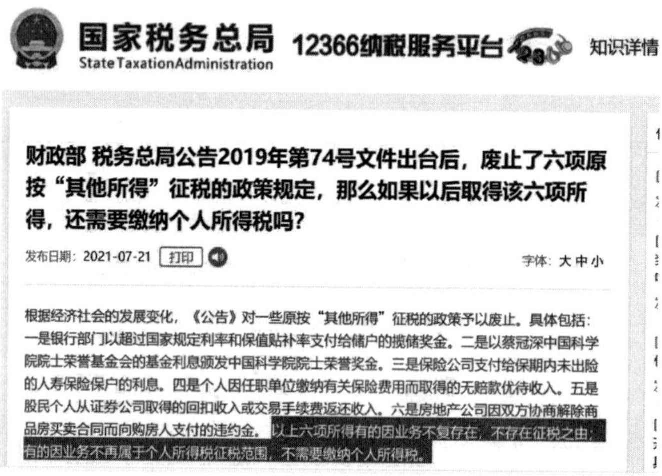

国家税务总局 StateTaxationAdministration 12366纳税服务平台 知识详情

财政部 税务总局公告2019年第74号文件出台后，废止了六项原按“其他所得”征税的政策规定，那么如果以后取得该六项所得，还需要缴纳个人所得税吗？

发布日期：2021-07-21 打印　　字体：大 中 小

根据经济社会的发展变化，《公告》对一些原按“其他所得”征税的政策予以废止。具体包括：一是银行部门以超过国家规定利率和保值贴补率支付给储户的揽储奖金。二是以蔡冠深中国科学院院士荣誉基金会的基金利息颁发中国科学院院士荣誉奖金。三是保险公司支付给保期内未出险的人寿保险保户的利息。四是个人因任职单位缴纳有关保险费用而取得的无赔款优待收入。五是股民个人从证券公司取得的回扣收入或交易手续费返还收入。六是房地产公司因双方协商解除商品房买卖合同而向购房人支付的违约金。以上六项所得有的因业务不复存在，不存在征税之由；有的因业务不再属于个人所得税征税范围，不需要缴纳个人所得税。

图 3－9　财政部、税务总局关于取得原按“其他所得”征税的六项所得是否需要缴纳个人所得税的答复

标题为：财政部、税务总局公告 2019 年第 74 号文件出台后，废止了六项原按“其他所得”征税的政策规定，那么如果以后取得该六项所得，还需要缴纳个人所得税吗？

根据经济社会的发展变化，《公告》对一些原按“其他所得”征税的政策予以废止。具体包括：

一是银行部门以超过国家规定利率和保值贴补率支付给储户的揽储奖金。

二是以蔡冠深中国科学院院士荣誉基金会的基金利息颁发中国科学院院士荣誉奖金。

三是保险公司支付给保期内未出险的人寿保险保户的利息。

四是个人因任职单位缴纳有关保险费用而取得的无赔款优待收入。

五是股民个人从证券公司取得的回扣收入或交易手续费返还收入。

六是房地产公司因双方协商解除商品房买卖合同而向购房人支付的违约金。

以上六项所得，有的因业务不复存在，不存在征税之由；有的因业务不再属于个人所得税征税范围，不需要缴纳个人所得税。

看来有些事情暗示是行不通的，必须明示，否则必会引发争议，让人心心念念的六项所得，如今终于有了一个明确的说法。希望这个回复能让相关争论尘埃落地！

072　境外所得个人所得税，你需要了解这 14 个问题

2020 年 1 月的某一天下午，原本准备开启春节度假模式的我，突然看到新发布的财政部、税务总局公告 2020 年第 3 号《关于境外所得有关个人所得税政策的公告》，这无疑又是有关个人所得税汇算的一个重磅文件，想想政策制定者还在加班加点地工作，而作为一个基层执行者，却计划闲散度日，深感惭愧，于是赶紧坐在桌前，认认真真学习了一下公告。这个公告可以通过以下 14 个问题来掌握：

一、什么是境外所得？

境外所得，不同的所得项目有不同的判断标准。具体如下：

工资薪金和劳务报酬：劳务提供地在境外，不论支付者是境内还是境外；

稿酬所得：支付者是境外企业或组织；

特许权使用费所得：使用地在境外；

经营所得：经营活动地在境外；

利息、股息、红利和偶然所得：支付者是境外企业或组织或非居民个人；

财产租赁：承租人在境外使用；

财产转让：转让境外的不动产、转让对中国境外企业以及其他组织投资形成的股票、股权以及其他权益性资产，或者在中国境外转让其他财产取得的所得。这里需要注意一个例外，如果张三转让他持有的美国甲公司的股票，但在转让前 36 个月内的某个月，甲公司的资产公允价值的 50% 以上，是直接或间接来源于它持有的中国境内的不动产。此时，张三取得的股票转让所得属于境内所得。

二、居民个人有境外所得，如何计算应纳税额？

综合所得：境内境外合并计算。

经营所得：境内境外合并计算。但如果境外亏损，不能抵减境内所得，只能以后年度用该国的境外经营所得弥补亏损。

分类所得：分别单独计算。

三、境外所得，在境外已缴的所得税如何处理？

可以在抵免限额内进行税收抵免。

四、抵免限额如何计算？

抵免限额是分国不分项。境外一个国家计算一个抵免限额，具体每个国家的抵免限额计算如下。

综合所得抵免限额＝境内境外综合所得计算出的应纳税额×来源于该国的综合收入额占全部收入额的比例

经营所得抵免限额＝境内境外经营所得计算出的应纳税额×来源于该国的经营所得应纳税所得额占全部应纳税所得额的比例

分类所得抵免限额＝该分类所得按我国税法计算的应纳税额

把上述汇总加起来就是某国某年度的总的抵免限额。

五、可抵免的境外所得税额有什么具体要求？

可抵免的境外所得税额，是在来源国应当缴纳且实际已经缴纳的所得税性质的税额。不包括下面几种情形：

1. 在境外错缴的税款；
2. 按税收协定境外不应该征收的税款；
3. 因境外少缴迟缴产生的利息、滞纳金、罚款；
4. 在境外取得的有返回或补偿的所得税款；
5. 在我国规定免税的所得，负担的境外所得税款。

六、我的境外所得，在境外享受了免税或减税，减免的税款可以税收抵免吗？

如果境外所得是来源于与我国签订了税收协定的国家，且该免税或减税的数额按照税收协定饶让条款规定应视同已缴税额，可以申报税收抵免。

七、我在 A 国所得实际已缴税款 20 万元，按我国计算的抵免限额是 15 万元；我在 B 国所得实际已缴税款 8 万元，按我国计算的抵免限额是 10 万元。我到底可以抵免多少税额?

A 国所得可以抵免 15 万元，B 国所得可以抵免 8 万元。A 国没有抵完的 5 万元在以后 5 年内可以结转抵免。

八、居民个人从中国境外取得所得，什么时候申报纳税?

应在取得所得的次年 3 月 1 日至 6 月 30 日内申报纳税。

九、居民个人从中国境外取得所得，在什么地方申报纳税?

可以分别在以下地点申报纳税：一是任职受雇所在地；二是户籍所在地；三是经常居住地。

如果有任职受雇地应选第一个地点，如果没有任职受雇地，在第二个和第三个地点中任选一处。

十、某国的纳税年度是从公历 4 月 1 日到第二年的 3 月 31 日。我 2018 年 7 月到 2018 年 12 月取得该国境外不动产租赁所得，缴纳了所得税，这个境外收入属于 2018 年度还是 2019 年度?

居民个人取得境外所得的境外纳税年度是与公历年度不一致的，取得境外所得的境外纳税年度最后一日所在的公历年度，为境外所得对应的我国纳税年度。

因为该国纳税年度最后一日为 2019 年 3 月 31 日，对应我国 2019 年纳税年度，所以上述取得的所得属于居民个人 2019 年的境外所得，并申报税收抵免。

十一、进行税收抵免应提供什么资料?

一般应当提供境外征税主体出具的税款所属年度的完税证明、税收缴款书或者纳税记录等纳税凭证，未提供符合要求的纳税凭证，不予抵免。

纳税人确实无法提供纳税凭证的，可同时凭境外所得纳税申报表（或者境外征税主体确认的缴税通知书）以及对应的银行缴款凭证办理境外所得抵免事宜。

后期提供纳税凭证的，可追溯抵免，但追溯期不超过 5 年。

十二、我被境内单位派出境外工作，取得的工资、薪金所得，谁来扣缴？

如果是境内派出单位支付，由派出单位预扣预缴个税。

如果是境外单位支付，境外单位属于中方机构，由中方机构预扣预缴，并委托派出单位申报纳税。

如果中方机构未预扣税款的或者境外单位不是中方机构的，派出单位应当于次年 2 月 28 日前向其主管税务机关报送外派人员情况。

十三、我取得的所得是外币，如何折算成人民币？

按照办理纳税申报或者扣缴申报的上一月最后一日人民币汇率中间价，折合成人民币计算应纳税所得额。

年度终了后办理汇算清缴的，对已经按月、按季或者按次预缴税款的人民币以外的货币所得，不再重新折算；对应当补缴税款的所得部分，按照上一纳税年度最后一日人民币汇率中间价，折合成人民币计算应纳税所得额。

十四、如果没有办理纳税申报或扣缴申报，有什么后果吗？

有法律后果。税务机关会按照《中华人民共和国税收征收管理法》和个人所得税法及其实施条例等有关规定处理，并按规定纳入个人纳税信用管理。

073　例解捐赠个人所得税政策的三个热议问题

据《2018 年度中国慈善捐助报告》显示：2018 年我国内地全年捐赠款物共 1 439.15 亿元。其中，个人捐赠共 360.47 亿元，占比约 25.05%。2018 年中国的 GDP 为 13.6 万亿美元，折合人民币约为 919 281 亿元。个人捐赠与 GDP 总额相比约占其 0.04%。

2018 年美国捐款共计 4 277.1 亿美元，其中有 68% 来自个人捐赠。2018 年美国的 GDP 为 20.5 万亿美元。个人捐赠与 GDP 总额相比约占其 1.42%。

从上述数据对比可以看出，我国的个人捐赠还处于起步阶段，想要追赶美国的水平，不仅是靠经济发展，更重要的是需要有一系列完善的制度规范保障慈善事业发展。

而这其中，与个人捐赠的相关税收政策是非常重要的。

据美国《财富》杂志报道，2018 年美国人对慈善机构的捐款数额减少了，一部分原因是美国总统特朗普 2017 年底签署的减税法案导致许多人无法再因捐款享受税收优惠。

而财政部、税务总局 2019 年第 99 号公告《关于公益慈善事业捐赠个人所得税政策的公告》（以下简称“99 号公告”）是新的个人所得税法颁布实施后，有关个人慈善事业捐款的一个较为全面的税收政策，也是对我国慈善事业发展非常重要的税收政策规定，有必要深入学习。

我们就关于个人捐赠的三个问题作一个详细了解。

一、计算基数应纳税所得额到底是指什么？

《中华人民共和国个人所得税法》第六条：“个人将其所得对教育、扶贫、济困等公益慈善事业进行捐赠，捐赠额未超过纳税人申报的应纳税所得额百分之三十的部分，可以从其应纳税所得额中扣除；国务院规定对公益慈善事业捐赠实行全额税前扣除的，从其规定。”

《中华人民共和国个人所得税法实施条例》第十九条：“个人所得税法第六条第三款所称个人将其所得对教育、扶贫、济困等公益慈善事业进行捐赠，是指个人将其所得通过中国境内的公益性社会组织、国家机关向教育、扶贫、济困等公益慈善事业的捐赠；所称应纳税所得额，是指计算扣除捐赠额之前的应纳税所得额。

法条中，捐赠额没有特指哪种类型的捐赠额，常规的理解应该是既包括全额扣除的捐赠额，也包括限额扣除的捐赠额。

【例 3－4】2019 年 6 月，路人甲中奖 50 万元，捐赠了 20 万元，其中可以全额扣除的捐款 4 万元，限额扣除的捐款 16 万元。路人甲应缴多少个人所得税？

解析：计算扣除捐赠额之前的应纳税所得额是 50 万元，扣除限额 $=50\times30\%=15$ 万元。16 万元限额捐赠不能全部扣除，只能扣 15 万元。

应纳税所得额 $=50-4-15=31$（万元）

应缴个人所得税 $=31\times20\%=6.2$（万元）

二、分类所得是整体计算扣除标准，还是分项计算扣除标准？

99 号公告第三条第（二）项：居民个人发生的公益捐赠支出，在综合所得、经营所得中扣除的，扣除限额分别为当年综合所得、当年经营所得应纳税所得额的百分之三十；在分类所得中扣除的，扣除限额为当月分类所得应纳税所得额的百分之三十。

看完这一条规定后，有朋友认为，一个人如果有两项及以上分类所得，是不是需要合在一起计算应纳税所得额呢？

其实不然，我们看一下第三条第（一）项规定：

居民个人发生的公益捐赠支出可以在财产租赁所得、财产转让所得、利息股息红利所得、偶然所得（以下统称“分类所得”）、综合所得或者经营所得中扣除。在当期一个所得项目扣除不完的公益捐赠支出，可以按规定在其他所得项目中继续扣除。

分类所得在文件中是为了表述方便的一个统称，具体在计算的时候，分类所得还是需要一个一个来分别计算扣除限额的。

【例 3－5】2019 年 6 月，路人甲除了中奖 50 万元，捐赠了 20 万元，其中可以全额扣除的捐款 4 万元，限额扣除的捐款 16 万元。另外还取得了上市公司分配的股息所得 2 万元，已扣个人所得税 2 000 元，实际到账 18 000 元。

解析：偶然所得计算扣除捐赠额之前的应纳税所得额是 50 万元，扣除限额 =50×30% =15 万元。16 万元限额捐赠不能全部扣除，只能扣 15 万元。

应纳税所得额 =50 －4 －15 =31（万元）

应缴个人所得税 =31×20% =6.2（万元）

还有 1 万元捐赠额未扣除，路人甲可以选择在股息所得中继续扣除。

股息所得计算扣除捐赠额之前的应纳税所得额是 2 万元，扣除限额 =2×30% =0.6 万元。

股息所得应纳税所得额 =2 －0.6 =1.4（万元）

应纳个人所得税 =1.4×10% =1 400（元）

因为上市公司已经扣缴了 2 000 元的个税，多扣了 600 元个税。所以按照 99 号公告规定，甲应该在 1 月 31 日前通过扣缴义务人向征收税款的税务机关提出追补扣除申请。

不过，联系上市公司提出追补扣除申请，估计比较麻烦，而且捐赠额还没扣完。所以甲有选择自由，可以不在股息中扣除，改在当月工资薪金发放时或者综合所得汇算清缴时扣除。

【例 3－6】接上例，甲选择汇算时补扣 1 万元捐赠额，2019 年全年的综合所得累计收入额是 26 万元，基本减除费用、专项扣除、专项附加扣除、其他扣除累计应扣除 11 万元。全年应缴多少个人所得税？

解析：综合所得计算扣除捐赠额之前的应纳税所得额是 26 －11 =15 万元。

扣除限额 =15×30% =4.5（万元）

尚余的 1 万元限额捐赠可以全部扣除。

应纳税所得额 =15 －1 =14（万元）

应纳个人所得税 =140 000×10% －2 520 =11 480（元）

三、是否可以用捐赠日之前的所得扣除？

我们看一下99号公告的有关规定：

五、居民个人发生的公益捐赠支出，可在捐赠当月取得的分类所得中扣除。当月分类所得应扣除未扣除的公益捐赠支出，可以按照以下规定追补扣除。

七、非居民个人发生的公益捐赠支出，未超过其在公益捐赠支出发生的当月应纳税所得额百分之三十的部分，可以从其应纳税所得额中扣除。扣除不完的公益捐赠支出，可以在经营所得中继续扣除。

居民个人取得工资薪金所得的，可以选择在预扣预缴时扣除，也可以选择在年度汇算清缴时扣除。居民个人选择在预扣预缴时扣除的，应按照累计预扣法计算扣除限额，其捐赠当月的扣除限额为截止当月累计应纳税所得额的百分之三十。

这些规定已经明确表示了，捐赠扣除只能用当月及之后的应纳税所得额扣除，而不能用捐赠日之前的所得扣除。

【例3－7】上述例子我们稍微变更一下，甲于2019年6月中奖50万元，股息所得2万元。2019年7月捐赠了20万元，可以全额扣除的捐款4万元，限额扣除的捐款16万元。7月有累计的工资薪金所得应纳税所得额10万元，稿酬所得3万元。

解析：2019年7月，甲不能用6月的中奖所得50万元和股息所得2万元来扣除捐赠。7月工资薪金可以扣，但计算基数比较小，不划算。稿酬所得预扣预缴时不能扣捐赠。所以甲最好等到2020年进行个人所得税汇算清缴的时候，再进行捐赠的计算扣除。

074　个人捐赠如何进行税务处理，是不是还在困扰你？

一场新冠肺炎疫情，引无数人捐款捐物。那么个人捐赠业务应该如何进行税务处理呢？这成了近期一个居高不下的讨论话题。

虽然说财政部、税务总局公告2019年第99号《关于公益慈善事业捐赠个人所得税政策的公告》的颁布，使得个人捐赠业务税务处理，已经比之前规范了许多。但在实践中，依然有很多具体问题，让人困惑。

我们就来学习一下相关问答，以下十个问题精选自税务总局《防控疫情税收优惠政策热点问答（第七期）》，我将其分了四大类。学习日期为2020年3月11日，若有新变化，以新规定为准。

一、捐赠扣除时点

（一）个人对新冠肺炎疫情的捐赠能税前扣除么？怎么扣？

答：根据《财政部 税务总局关于支持新型冠状病毒感染的肺炎疫情防控有关捐赠税收政策的公告》（财政部 税务总局公告2020年第9号，以下简称“财税2020年第9号公告”）规定，个人通过公益性社会组织或者县级以上人民政府及其部门等国家机关的捐赠，以及个人直接向承担疫情防治任务的医院捐赠，都可以在个人所得税前扣除，而且可以全额税前扣除。具体扣除办法，可以按照《财政部 税务总局关于公益慈善事业捐赠个人所得税政策的公告》（财政部 税务总局公告2019年第99号，以下简称“财税2019年第99号公告”）规定执行。扣除时，既可以在工薪所得预扣预缴个人所得税、分类所得代扣代缴个人所得税时扣除，也可以在综合所得和经营所得年度汇算清缴时办理扣除。

> **【晶晶亮学习笔记】**这里提到了捐赠扣除的四个时间点：工资薪金预扣预缴、分类所得代扣代缴、综合所得汇算清缴、经营所得汇算清缴。
>
> 其实这个回答不够全面，99号公告中还提到经营所得在预缴税款时也是可以扣公益捐赠支出的。劳务报酬、稿酬、特许权使用费预扣预缴时不能扣。

（二）我1月份发生了一笔符合条件的防疫捐赠支出，能在3月份发放工资时全额扣除吗？怎么扣除？

答：可以。根据财税2019年第99号公告规定，纳税人可以选择在工资薪金所得预扣预缴环节享受捐赠扣除政策。为便于个人在领取工资时享受扣除政策，建议捐赠人拿到捐赠票据后，及时将捐赠票据提供给扣缴义务人，由扣缴义务人在计算工资薪金所得个人所得税时进行捐赠扣除。扣缴义务人为个人办理捐赠扣除时，随扣缴申报一并报送“个人所得税公益慈善事业捐赠扣除明细表”，相关捐赠票据由个人留存备查。

> **【晶晶亮学习笔记】**1月发生的捐赠，3月发工资也可扣，同理，12月发工资的时候也可以扣，汇算清缴时扣除也没问题。什么时候扣最好呢？答疑中说及时扣，我个人理解，等可以一次全额扣除的月份最合适。否则一个月扣不完，再延续到下个月，人为增加了很多工作量。

（三）我捐赠的金额很大，当月未扣完的捐赠额能否在下个月工资继续扣除？

答：可以。根据财税2019年第99号公告规定，居民个人在当期一个所得项目扣除不完的公益捐赠支出，可以按规定在其他所得项目中继续扣除。例如，黄女士3月防疫捐赠出1.5万元，截至3月累计应纳税所得额为1万元，那么黄女士在3月可税前扣除1万元捐赠，剩余0.5万元可在4月发放工资时继续扣除。

【晶晶亮学习笔记】可以继续扣，就是太麻烦。不如按照我上个问题的建议办。

（四）我公司员工为此次疫情进行捐赠可以全额扣除，但是当月应纳税所得额不足以扣除，是否可以结转下月扣除，还是可以等到汇算清缴时继续扣除？

答：根据财税2019年第99号公告第三条第（一）项规定，居民个人在当期一个项目扣除不完的公益捐赠支出，可以按规定在其他所得项目中继续扣除。同时，综合财税2019年第99号公告第四、五、六条规定，居民个人发生公益捐赠支出可在当年的综合所得、经营所得，以及当月的分类所得中扣除。

因此，当月应纳所得额不足以扣除的，可以结转到下月综合所得、经营所得应纳税所得额中扣除。如在上述情况下仍扣除不完的，可以在当年综合所得和经营所得汇算清缴时扣除。

【晶晶亮学习笔记】这个问题需要好好理解消化。举例来说，如果员工张某2020年1月在新冠肺炎疫情期间公益捐赠1万元。当月工资薪金应纳税所得额是6 000元，财产租赁应纳税所得额8 000元。第一种扣除方法：在1月工资薪金里扣6 000元，在财产租赁里扣4 000元。第二种扣除方法：在1月的工资薪金里扣6 000元，在2月的工资薪金里扣4 000元。从该答案来看，应该是第二种扣除方法。

也就是说，如果纳税人选择了工资薪金预扣预缴中扣除，就应该逐月一直在工资薪金里扣，一直扣到综合所得汇算清缴。直到把综合所得应纳税所得额扣完，如果还有未扣除完的捐赠，才能转移到分类所得、经营所得中去扣。

二、捐赠扣除金额

（一）现金捐赠及口罩、防护服等物资捐赠，应该如何确定捐赠金额？

答：根据财税2019年第99号公告规定，捐赠现金的按照实际捐赠金额确定捐赠额；捐赠口罩、防护服等防疫物资的按照市场价格确定捐赠额。其中，市场价格将由公益性社会组织按照捐赠相关制度规定的办法评估，并经捐赠人确认同意后确定。通常情况下，如果个人购买口罩、防护服的时间与实际捐赠时间很接近，那么公益性社会组织一般会按照购买价格确定市场价格。

【晶晶亮学习笔记】因为口罩、防护服在疫情期间价格波动比较大，如何确定捐赠物资的金额，成了一个令人关注的问题，这里明确指出捐赠物资的价格是公益组织评估，并经捐赠人确认同意。采取双方确认的方式，可以有效避免捐赠物资金额虚高的问题。

（二）我是公司的财务人员，在为员工办理捐赠个人所得税税前扣除时，能否按照捐赠票据上的金额填写扣除金额？

答：通常情况下，在税前扣除的捐赠金额为捐赠票据上注明的金额。但在一些特殊情况下，比如员工收入来源较多，一笔捐赠支出须在不同所得项目中扣除的，需要员工自己确定在工资薪金中扣除的捐赠额。因此，建议公司为其员工在工资薪金所得扣除捐赠时，及时向员工了解其在工资薪金中扣除的捐赠额。

【晶晶亮学习笔记】若一个员工既有工资薪金所得，又有经营所得，因为扣缴义务人并不留存票据原件，纳税人不如实说明情况，会存在同时在两项所得中扣除捐赠额的可能性。这只能靠后期检查，以及个人信用体系建设完善，来保障纳税人如实申报吧。

三、捐赠扣除票据

（一）公益社会组织未能及时开具捐赠票据，我还能享受全额扣除政策吗？

答：可以。根据财税2019年第99号公告规定，如果个人在捐赠时不能及时取得捐赠票据的，可以暂凭捐赠银行支付凭证享受扣除政策，并在捐赠之日起的90日内取得捐赠票据即可。

【晶晶亮学习笔记】现金捐赠有银行支付凭证就可以先扣除。如果是捐赠物资呢？没有及时开捐赠票据，其实是没有办法证明捐赠行为的，那只能暂时先别扣了，等票据开过来再扣也来得及。

（二）我是公司的财务人员，在为员工办理捐赠个人所得税税前扣除时，需要员工提供哪些资料？

答：公司员工须区分不同的情形，向其单位提供捐赠凭证的复印件。

一是员工通过公益性社会组织、国家机关进行防疫捐赠的。公司需要其员工提供捐赠票据的复印件办理扣除，其中捐赠票据是指由财政部门统一印制的公益性捐赠票据或者非税收入一般缴款书，并加盖接受捐赠单位的印章。对于员工未能及时提供捐赠票据的情况，公司可暂以其员工的微信支付记录、银行转账记录、捐赠证书等捐赠转账记录的复印件（手机截图）办理扣除，同时注意告知其员工须在捐赠的90日内及时补充提供正式的捐赠票据。

二是机关、企事业单位统一组织员工捐赠的。公司凭公益性社会组织、国家机关开具的汇总票据或者医院开具的捐赠接收函，以及员工明细单办理扣除。

【晶晶亮学习笔记】根据问答和99号公告归纳以下捐赠扣除凭证。

自行捐赠扣除凭证：一是公益性捐赠票据；二是非税收入一般缴款书；三是转账记录复印件（临时）；四是捐赠接受函。

统一捐赠扣除凭证：一是公益性捐赠票据和员工明细单；二是非税收入一般缴款书和员工明细单；三是捐赠接收函和员工明细单。

四、捐赠扣除填表

（一）我是公司的财务人员，在为员工办理捐赠个人所得税税前扣除时，如何填报相关表格？

答：扣缴义务人通过纸质申报表办理扣缴申报的，在“个人所得税扣缴申报表”第32列“准予扣除的捐赠额”填写本期准予在税前扣除的捐赠额，并在“个人所得税公益慈善事业捐赠扣除明细表”如实填写纳税人的捐赠信息和扣除信息。

扣缴义务人通过扣缴客户端办理扣缴申报的，以正常工资薪金所得申报为例，在【收入及减除填写】界面的“本期其他——准予扣除的捐赠额”处填写本期准予扣除的捐赠额，计算税款后，在【附表填写】界面选择“准予扣除的捐赠附表”，如实填写纳税人的捐赠信息和扣除信息。

（二）个人直接向承担疫情防治任务的医院捐赠用于应对新冠肺炎疫情的物品，如何申报扣除？

答：根据财税2020年第9号公告规定，个人直接向承担疫情防治任务的医院捐赠用于应对新型冠状病毒感染肺炎疫情的物品，可以在计算个人所得税应纳税所得额时全额扣除。同时，在具体办理个人所得税税前扣除、填写时，须在备注栏注明“直接捐赠”。

【晶晶亮学习笔记】直接捐赠需要在“个人所得税公益慈善事业捐赠扣除明细表”中注明，间接捐赠不需要。

075　个人所得税核定征收条款知多少？

新个税法2019年实施以后，个人所得税目前有九个税目，工资薪金所得、劳务报酬所得、稿酬所得、特许权使用费所得、经营所得、财产租赁所得、财产转让所得、利息股息红利所得、偶然所得。这些所得一般采用的是据实征收，但在某些情况下，税务机关无法取得实际收入或成本，就不得不采取核定征收的方式了。关于核定征收，法律和文件都规定了哪些条款呢？我们来逐一看一看。

一、非现金形式的核定

《个人所得税法实施条例》第八条：个人所得的形式，包括现金、实物、有价证券和其他形式的经济利益；所得为实物的，应当按照取得的凭证上所注明的价格计算应纳税所得额，无凭证的实物或者凭证上所注明的价格明显偏低的，参照市场价格核定应纳税所得额；所得为有价证券的，根据票面价格和市场价格核定应纳税所得额；所得为其他形式的经济利益的，参照市场价格核定应纳税所得额。

二、对经营所得的核定

《个人所得税法实施条例》第十五条第三款：

从事生产、经营活动，未提供完整、准确的纳税资料，不能正确计算应纳税所得额的，由主管税务机关核定应纳税所得额或者应纳税额。

《个体工商户个人所得税计税办法》第十六条：

个体工商户生产经营活动中，应当分别核算生产经营费用和个人、家庭费用。对于生产经营与个人、家庭生活混用难以分清的费用，其40%视为与生产经营有关费用，准予扣除。

财税〔2000〕91号《财政部 国家税务总局关于印发〈关于个人独资企业和合伙企业投资者征收个人所得税的法规〉的通知》：

第六条第(三)项 投资者及其家庭发生的生活费用不允许在税前扣除。投资者及其家庭发生的生活费用与企业生产经营费用混合在一起，并且难以划分的，全部视为投资者个人及其家庭发生的生活费用，不允许在税前扣除。

第(四)项 企业生产经营和投资者及其家庭生活共用的固定资产，难以划分的，由主管税务机关根据企业的生产经营类型、规模等具体情况，核定准予在税前扣除的折旧费用的数额或比例。

第七条 有下列情形之一的，主管税务机关应采取核定征收方式征收个人所得税：

（一）企业依照国家有关法规应当设置但未设置账簿的；

（二）企业虽设置账簿，但账目混乱或者成本资料、收入凭证、费用凭证残缺不全，难以查账的；

（三）纳税人发生纳税义务，未按照法规的期限办理纳税申报，经税务机关责令限期申报，逾期仍不申报的。

第八条 第七条所说核定征收方式，包括定额征收、核定应税所得率征收以及其他合理的征收方式。

第九条 实行核定应税所得率征收方式的，应纳所得税额的计算公式如下：

应纳所得税额 = 应纳税所得额 × 适用税率

应纳税所得额 = 收入总额 × 应税所得率

或 = 成本费用支出额 ÷（1 － 应税所得率）× 应税所得率

应税所得率应按表 3－26 所示法规的标准执行。

表 3－26　　应税所得率表

行业	应税所得率（%）
工业、交通运输业、商业	5—20
建筑业、房地产开发业	7—20
饮食服务业	7—35
娱乐业	20—40
其他行业	10—30

企业经营多业的，无论其经营项目是否单独核算，均应根据其主营项目确定其适用的应税所得率。

第十条 实行核定征税的投资者，不能享受个人所得税的优惠政策。

国家税务总局公告 2011 年第 44 号《国家税务总局关于代开货物运输业发票个人所得税预征率问题的公告》（备注：根据国家税务总局公告 2021 年第 8 号规定，该文件自 2021 年 4 月 1 日作废）：

一、对代开货运发票的个人所得税纳税人，统一按开票金额的 1.5% 预征个人所得税。

二、年度终了后，查账征税的代开货运发票个人所得税纳税人，按本公告第一条规定被预征的个人所得税可以在汇算清缴时扣除；实行核定征收个人所得税的，按本公告第一条规定被预征的个人所得税，不得从已核定税额中扣除。

国税发〔1996〕127 号第六条：

从事建筑安装业的单位和个人应设置会计账簿，健全财务制度，准确、完整地进行会计核算。对未设立会计账簿，或者不能准确、完整地进行会计核算的单位和个人，主管税务机关可根据其工程规模、工程承包合同（协议）价款和工程完工进度等情况，核定其应纳税所得额或应纳税额，据以征税。具体核定办法由县以上（含县级）税务机关制定。

三、对财产转让所得的核定

国家税务总局公告2014年第67号《股权转让所得个人所得税管理办法（试行）》：

第十一条　符合下列情形之一的，主管税务机关可以核定股权转让收入：

（一）申报的股权转让收入明显偏低且无正当理由的；

（二）未按照规定期限办理纳税申报，经税务机关责令限期申报，逾期仍不申报的；

（三）转让方无法提供或拒不提供股权转让收入的有关资料；

（四）其他应核定股权转让收入的情形。

第十四条 主管税务机关应依次按照下列方法核定股权转让收入：

（一）净资产核定法；（二）类比法；（三）其他合理方法。

《个人所得税法实施条例》第十六条第三款：

纳税人未提供完整、准确的财产原值凭证，不能按照本条第一款规定的方法确定财产原值的，由主管税务机关核定财产原值。

国税发〔2007〕38号《国家税务总局关于加强和规范个人取得拍卖收入征收个人所得税有关问题的通知》：

四、纳税人如不能提供合法、完整、准确的财产原值凭证，不能正确计算财产原值的，按转让收入额的3%征收率计算缴纳个人所得税；拍卖品为经文物部门认定是海外回流文物的，按转让收入额的2%征收率计算缴纳个人所得税。

国税发〔2006〕108号《国家税务总局关于个人住房转让所得征收个人所得税有关问题的通知》：

二、对转让住房收入计算个人所得税应纳税所得额时，纳税人可凭原购房合同、发票等有效凭证，经税务机关审核后，允许从其转让收入中减除房屋原值、转让住房过程中缴纳的税金及有关合理费用。

（三）合理费用是指：纳税人按照规定实际支付的住房装修费用、住房贷款利息、手续费、公证费等费用。

1. 支付的住房装修费用。纳税人能提供实际支付装修费用的税务统一发票，并且发票上所列付款人姓名与转让房屋产权人一致的，经税务机关审核，其转让的住房在转让前实际发生的装修费用，可在以下规定比例内扣除：

（1）已购公有住房、经济适用房：最高扣除限额为房屋原值的15%；

（2）商品房及其他住房：最高扣除限额为房屋原值的10%。纳税人原购房为装修房，即合同注明房价款中含有装修费（铺装了地板，装配了洁具、厨具等）的，不得再重复扣除装修费用。

国税发〔2006〕108号《国家税务总局关于个人住房转让所得征收个人所得税有关问题的通知》：

三、纳税人未提供完整、准确的房屋原值凭证，不能正确计算房屋原值和应纳税额的，税务机关可根据《中华人民共和国税收征收管理法》第三十五条的规定，对其实行核定征税，即按纳税人住房转让收入的一定比例核定应纳个人所得税额。具体比例由省级地方税务局或者省级地方税务局授权的地市级地方税务局根据纳税人出售住房的所处区域、地理位置、建造时间、房屋类型、住房平均价格水平等因素，在住房转让收入1%—3%的幅度内确定。

四、对劳务报酬的核定

财税〔2018〕164号《财政部 税务总局关于个人所得税法修改后有关优惠政策衔接问题的通知》：

三、关于保险营销员、证券经纪人佣金收入的政策：保险营销员、证券经纪人取得的佣金收入，属于劳务报酬所得，以不含增值税的收入减除20%的费用后的余额为收入额，收入额减去展业成本以及附加税费后，并入当年综合所得，计算缴纳个人所得税。保险营销员、证券经纪人展业成本按照收入额的25%计算。

五、对工资薪金所得的核定

国税发〔2000〕149号《国家税务总局关于律师事务所从业人员取得收入征收个人所得税有关业务问题的通知》：

五、作为律师事务所雇员的律师与律师事务所按规定的比例对收入分成，律师事务所不负担律师办理案件支出的费用（如交通费、资料费、通信费及聘请人员等费用），律师当月的分成收入按本条第二款的规定扣除办理案件支出的费用后，余额与律师事务所发给的工资合并，按“工资、薪金所得”应税项目计征个人所得税。

律师从其分成收入中扣除办理案件支出费用的标准，由各省级地方税务局根据当地律师办理案件费用支出的一般情况、律师与律师事务所之间的收入分成比例及其他相关参考因素，在律师当月分成收入的30%比例内确定。

国家税务总局公告2015年第52号《关于建筑安装业跨省异地工程作业人员个人

所得税征收管理问题的公告》：

跨省异地施工单位应就其所支付的工程作业人员工资、薪金所得，向工程作业所在地税务机关办理全员全额扣缴明细申报。凡实行全员全额扣缴明细申报的，工程作业所在地税务机关不得核定征收个人所得税。

076 现行有效的131项个人所得税减免优惠，您了解吗？

个人所得税一共有多少项减免税规定呢？相信每个人都会很关注。

我统计了一下，截至2021年12月，现行有效的优惠政策一共有131项，我将其分为了八大类：

一、综合所得优惠61项

也就是包括工资、薪金所得，劳务报酬所得、稿酬所得、特许权使用费所得的减免优惠，若一个减免税政策涉及几个应税项目不易区分的，统一列示如表3－27所示。

表3－27　个人所得税减免税优惠——综合所得

序号	减免税项目	文件号	条款
1	援助国派往我国专为该国无偿援助我国的建设项目服务的工作人员，取得的工资，生活津贴，不论是我方支付或外国支付，均可免征个人所得税	财税字〔1980〕189号	第一条
2	外国来华文教专家，在我国服务期间，对我方免费提供的住房，使用汽车，医疗，可免予计算纳税	财税字〔1980〕189号	第二条
3	外国来华留学生，领取的生活津贴费，奖学金，不属于工资、薪金范畴，不征个人所得税	财税字〔1980〕189号	第四条
4	外国来华工作人员，由外国派出单位发给包干款项，其中包括个人工资、公用经费（邮电费、办公费、广告费、业务上往来必要的交际费）、生活津贴费（住房费，差旅费），凡对上述所得能够划分清楚的，可只就工资薪金所得部分按照规定征收个人所得税	财税字〔1980〕189号	第五条
5	外籍个人以非现金形式或实报实销形式取得的住房补贴、伙食补贴、搬迁费、洗衣费	财税字〔1994〕20号 国税发〔1997〕54号	第二条第（一）项
6	外籍个人按合理标准取得的境内、外出差补贴	财税字〔1994〕20号 国税发〔1997〕54号	第二条第（二）项

续表

序号	减免税项目	文件号	条款
7	外籍个人取得的探亲费、语言训练费、子女教育费等，经当地税务机关审核批准为合理的部分	财税字〔1994〕20号 国税发〔1997〕54号	第二条第（三）项
8	符合条件的外籍专家取得的工资、薪金所得可免征个人所得税	财税字〔1994〕20号	第二条第（九）项
9	高级专家延长离退休期间工薪所得免征个人所得税	财税字〔1994〕20号 财税〔2008〕7号	
10	个人办理代扣代缴税款手续，按规定取得的扣缴手续费，暂免征收个人所得税	财税字〔1994〕20号	第二条第（五）项
11	对个人从西藏自治区内取得的艰苦边远地区津贴、浮动工资、增发的工龄工资、离退休人员的安家费和建房补贴费免征个税	财税字〔1994〕021号	第二条、第三条
12	以下不征个人所得税： （1）独生子女补贴 （2）执行公务员工资制度未纳入基本工资总额的补贴、津贴差额和家属成员的副食品补贴 （3）托儿补助费 （4）差旅费津贴、误餐补助	国税发〔1994〕89号	第二条第（二）项
13	军队干部以下项目不计人工资、薪金所得项目征税： （1）政府特殊津贴 （2）福利补助 （3）夫妻分居补助费 （4）随军家属无工作生活困难补助 （5）独生子女保健费 （6）子女保教补助费 （7）机关在职军以上干部公勤费（保姆费） （8）军粮差价补贴	财税字〔1996〕14号	
14	军队干部以下项目暂不征税： （1）军人职业津贴 （2）军队设立的艰苦地区补助 （3）专业性补助 （4）基层军官岗位津贴（营连排长岗位津贴） （5）伙食补贴	财税字〔1996〕14号	
15	西藏区域内工作的机关、事业单位职工、按照国家统一规定取得的西藏特殊津贴，免征个人所得税	财税字〔1996〕91号	
16	个人因公务用车和通信制度改革而取得的公务用车、通信补贴收入，扣除一定标准的公务费用后，按照“工资、薪金”所得项目计算个人所得税	国税发〔1999〕58号	

续表

序号	减免税项目	文件号	条款
17	科研机构、高等学校转化职务科技成果以股份或出资比例等股权形式给予科技人员个人奖励，经审核后，暂不征收个人所得税	国税发〔1999〕125号 国税函〔2007〕833号	
18	远洋运输船员伙食费不计入工资薪金	国税发〔1999〕202号	
19	对职工个人以股份形式取得的仅作为分红依据，不拥有所有权的企业量化资产，不征收个人所得税。对职工个人以股份形式取得的拥有所有权的企业量化资产，暂缓征收个人所得税	国税发〔2000〕60号	
20	储蓄机构内从事代扣代缴工作的办税人员取得的扣缴利息税手续费所得免征个人所得税	国税发〔2001〕31号	第二条
21	企业职工从破产企业取得的一次性安置费收入，免征个人所得税	财税〔2001〕157号	
22	外籍个人取得港澳地区住房补贴免税	财税〔2004〕29号	
23	对于仅在国际组织驻华机构和外国政府驻华使领馆中工作的外籍雇员，暂不征收个人所得税	国税函〔2004〕808号	第二条
24	企事业单位按照规定实际缴付的基本养老保险费、基本医疗保险费和失业保险费，免征个人所得税 个人按照规定缴付的基本养老保险费、基本医疗保险费和失业保险费，允许在个人应纳税所得额中扣除	财税〔2006〕10号	第一条
25	个人实际领（支）取原提存的基本养老保险金、基本医疗保险金、失业保险金和住房公积金时，免征个人所得税	财税〔2006〕10号	第三条
26	单位在住房制度改革期间，按照规定的房改成本价格向职工出售公有住房，职工因支付的房改成本价格低于房屋建造成本价格或市场价格而取得的差价收益，免征个人所得税	财税〔2007〕13号	第一条
27	由亚洲开发银行支付给我国公民或国民（包括为亚行执行任务的专家）的薪金和津贴，免征个人所得税	财税〔2007〕93号	
28	生育妇女按照县级以上人民政府根据国家有关规定制定的生育保险办法，取得的生育津贴、生育医疗费或其他属于生育保险性质的津贴、补贴，免征个人所得税	财税〔2008〕8号	第一条
29	因地震灾害造成重大损失的个人，可减征个人所得税。具体减征幅度和期限由受灾地区省、自治区、直辖市人民政府确定	财税〔2008〕62号	第二条第（一）项
30	对受灾地区个人取得的抚恤金、救济金，免征个人所得税	财税〔2008〕62号	第二条第（二）项
31	自2014年8月3日起，对受灾地区个人接受捐赠的款项、取得的各级政府发放的救灾款项，以及参与抗震救灾的一线人员，按照地方各级人民政府及其部门规定标准取得的与抗震救灾有关的补贴收入，免征个人所得税	财税〔2015〕27号	第二条第（一）项

续表

序号	减免税项目	文件号	条款
32	退役士兵的一次性退役金和一次性经济补助免税	《退役士兵安置条例》	第十九条
33	对工伤职工及其近亲属按照《工伤保险条例》（国务院令第586号）规定取得的工伤保险待遇，免征个人所得税	财税〔2012〕40号	第一条
34	单位根据国家有关政策规定的办法和标准，为在本单位任职或者受雇的全体职工缴付的企业年金或职业年金单位缴费部分，在计入个人账户时，个人暂不缴纳个人所得税	财税〔2013〕103号	第一条第（一）项
35	个人根据国家有关政策规定缴付的年金个人缴费部分，在不超过本人缴费工资计税基数的4%标准内的部分，暂从个人当期的应纳税所得额中扣除	财税〔2013〕103号	第一条第（二）项
36	按不超过内地与中国台湾地区个人所得税负差额，给予在平潭综合实验区工作的中国台湾居民的补贴，免征个人所得税	财税〔2014〕24号	第二条
37	广东省、深圳市按内地与中国香港个人所得税税负差额，对在大湾区工作的境外（含港澳台）高端人才和紧缺人才给予的补贴，免征个人所得税	财税〔2019〕31号	第一条
38	自2016年1月1日起，全国范围内的高新技术企业转化科技成果，给予本企业相关技术人员的股权奖励，个人一次缴纳税款有困难的，可根据实际情况自行制订分期缴税计划，在不超过5个公历年度内（含）分期缴纳，并将有关资料报主管税务机关备案	财税〔2015〕116号	第四条
39	非上市公司授予本公司员工的股票期权、股权期权、限制性股票和股权奖励，符合规定条件的，经向主管税务机关备案，可实行递延纳税政策	财税〔2016〕101号	第一条第（一）项
40	对外籍技术官员取得的由北京冬奥组委、测试赛赛事组委会支付的劳务报酬免征个人所得税	财税〔2017〕60号	第三条第（五）项
41	对试点地区（上海市、福建省和苏州工业园区）个人通过个人商业养老资金账户购买符合规定的商业养老保险产品的支出，允许在一定标准内税前扣除（取得工资薪金、连续劳务报酬所得的个人，按收入的6%和1 000元孰低。取得经营所得的个人，按不超过当年应税收入的6%和12 000元孰低）	财税〔2018〕22号	第一条
42	按照国家统一规定发给的补贴、津贴免征个人所得税	《个人所得税法》《个人所得税法实施条例》第十三条	第四条第三款
43	福利费（生活补助费）、抚恤金、救济金免税免征个人所得税	《个人所得税法》《中华人民共和国个人所得税法实施条例》第十四条	第四条第四款
44	军人的转业费、复员费、退役金免征个税	《个人所得税法》	第四条第六款

续表

序号	减免税项目	文件号	条款
45	按照国家统一规定发给干部、职工的安家费、退职费、基本养老金或者退休费、离休费、离休生活补助费免征个人所得税	《个人所得税法》	第四条第七款
46	依照有关法律规定应予免税的各国驻华使馆、领事馆的外交代表、领事官员和其他人员的所得	《个人所得税法》	第四条第八款
47	残疾、孤老人员和烈属的所得各省确定减征幅度	《个人所得税法》	第五条第（一）项
48	在中国境内无住所的个人，在中国境内居住累计满183天的年度连续不满6年的，经向主管税务机关备案，其来源于中国境外且由境外单位或者个人支付的所得，免予缴纳个人所得税	《个人所得税法实施条例》	第四条
49	中国境内无住所的个人，在一个纳税年度内在中国境内居住累计不超过90天的，其来源于中国境内的所得，由境外雇主支付并且不由该雇主在中国境内的机构、场所负担的部分，免予缴纳个人所得税	《个人所得税法实施条例》	第五条
50	非营利性研究开发机构和高等学校，从职务科技成果转化收入中给予科技人员的现金奖励，符合相关规定的，可减按50%计入科技人员当月“工资、薪金所得”	财税〔2018〕58号	第一条
51	解除劳动关系一次性补偿收入在当地上年职工平均工资3倍以内部分免个税	财税〔2018〕164号	第五条第（一）项
52	广东省、深圳市按内地与中国香港个人所得税税负差额，对在大湾区工作的境外（含港澳台）高端人才和紧缺人才给予补贴，该补贴免征个人所得税	财税〔2019〕31号	第一条
53	对符合地方政府规定条件的城镇住房保障家庭从地方政府领取的住房租赁补贴，免征个人所得税	财政部 税务总局公告2019年第61号	
54	个人领取的税收递延型商业养老保险的养老金收入，其中25%部分予以免税，其余75%部分按照10%的比例税率计算缴纳个人所得税，税款计入“工资、薪金所得”项目，由保险机构代扣代缴	财政部 税务总局公告2019年第74号	第四条
55	对国际奥委会及其相关实体的外籍雇员、官员、教练员、训练员以及其他代表在2019年6月1日至2022年12月31日期间临时来华，从事与北京冬奥会相关的工作，取得由北京冬奥组委支付或认定的收入，免征增值税和个人所得税	财政部 税务总局 海关总署公告2019年第92号	
56	一个纳税年度内在船航行时间累计满183天的远洋船员，其取得的工资薪金收入减按50%计入应纳税所得额	财政部 税务总局公告2019年第97号	
57	对参加疫情防治工作的医务人员和防疫工作者按照政府规定标准取得的临时性工作补助和奖金，免征个人所得税	财政部 税务总局公告2020年第10号	第一条

续表

序号	减免税项目	文件号	条款
58	对省级及省级以上人民政府规定的对参与疫情防控人员的临时性工作补助和奖金，免征个人所得税	财政部 税务总局公告 2020 年第 10 号	第一条
59	单位发给个人用于预防新型冠状病毒感染的肺炎的药品、医疗用品和防护用品等实物（不包括现金），免征个人所得税	财政部 税务总局公告 2020 年第 10 号	第二条
60	对在海南自由贸易港工作的高端人才和紧缺人才，其个人所得税实际税负超过 15% 的部分，予以免征。所得包括来源于海南自由贸易港的综合所得、经营所得以及经海南省认定的人才补贴性所得	财税〔2020〕32 号	

二、经营所得优惠 11 项（见表 3 - 28）

表 3 - 28　　个人所得税减免税优惠——经营所得

序号	减免税项目	文件号	条款
1	乡镇企业的职工和农民取得的青苗补偿费，属种植业的收益范围，暂不征收个人所得税	国税函发〔1995〕79 号	
2	随军家属从事个体经营免征个人所得税	财税〔2000〕84 号	第二条
3	残疾人员投资兴办或参与投资兴办个人独资企业和合伙企业的，残疾人员取得的生产经营所得，符合本省规定的，可减征个人所得税	国税函〔2001〕84 号	第四条
4	军转干部从事个体经营免征个人所得税	财税〔2003〕26 号	第一条
5	个人和个体户取消农业税从事“四业”所得暂免征收个人所得税	财税〔2004〕30 号	第一条
6	个人独资企业和合伙企业从事“四业”所得暂免征收个人所得税	财税〔2010〕96 号	
7	有限合伙制创业投资企业采取股权投资方式直接投资于初创科技型企业满 2 年的，个人合伙人可以按照对初创科技型企业投资额的 70% 抵扣个人合伙人从合伙创投企业分得的经营所得；当年不足抵扣的，可以在以后纳税年度结转抵扣	财税〔2018〕55 号 财税〔2019〕13 号	
8	自然灾害遭受重大损失由各省确定减征幅度	《个人所得税法》	第五条
9	退役士兵从事个体经营减免个人所得税	财税〔2019〕21 号	第一条
10	建档立卡贫困人口从事个体经营扣减个人所得税	财税〔2019〕22 号	第一条
11	登记失业半年以上人员，零就业家庭、享受城市低保登记失业人员，毕业年度内高校毕业生从事个体经营扣减个人所得税	财税〔2019〕22 号	第一条

三、财产转让所得优惠 21 项（见表 3－29）

表 3－29　　个人所得税减免税优惠——财产转让

序号	减免税项目	文件号	条款
1	个人转让 5 年以上唯一住房免征个人所得税	财税字〔1994〕20 号 国税发〔2007〕33 号	
2	对个人投资者买卖基金单位获得的差价收入，在对个人买卖股票的差价收入未恢复征收个人所得税以前，暂不征收个人所得税	财税字〔1998〕55 号	第三条第（二）项
3	对投资者从基金分配中获得的国债利息、储蓄存款利息以及买卖股票价差收入，在国债利息收入、个人储蓄存款利息收入以及个人买卖股票差价收入未恢复征收所得税以前，暂不征收所得税	财税字〔1998〕55 号	第三条第（四）项
4	对个人转让上市公司股票取得的所得继续暂免征收个人所得税	财税字〔1998〕61 号	
5	对被拆迁人按照国家有关城镇房屋拆迁管理办法规定的标准取得的拆迁补偿款，免征个人所得税	财税〔2005〕45 号 财税〔2013〕101 号	第一条 第五条
6	股权分置改革非流通股股东向流通股股东支付对价免税	财税〔2005〕103 号	第二条
7	符合条件的房屋赠与免征个人所得税（直系亲属，抚养人、赡养人、继承人）	财税〔2009〕78 号	
8	个人因离婚办理房屋产权过户手续，不征收个人所得税	国税发〔2009〕121 号	第四条第（一）项
9	个人以非货币性资产投资交易过程中取得现金补价的，现金部分应优先用于缴税；现金不足以缴纳的部分，可分期缴纳	财税〔2015〕41 号	第四条
10	对个人投资者从投保基金公司取得的行政和解金，暂免征收个人所得税	财税〔2016〕100 号	第三条
11	企业或个人以技术成果投资入股到境内居民企业，被投资企业支付的对价全部为股票（权）的，企业或个人可选择继续按现行有关税收政策执行，也可选择适用递延纳税优惠政策	财税〔2016〕101 号	第三条第（一）项
12	内地个人投资者通过深港通投资香港联交所上市股票取得的转让差价所得，免征收个人所得税	财税〔2016〕127 号	第一条第（一）项
13	内地个人投资者通过沪港通投资香港联交所上市股票取得的转让差价所得，免征收个人所得税	财税〔2017〕78 号	
14	天使投资个人采取股权投资方式直接投资于初创科技型企业满 2 年的，可以按照投资额的 70% 抵扣转让该初创科技型企业股权取得的应纳税所得额；当期不足抵扣的，可以在以后取得转让该初创科技型企业股权的应纳税所得额时结转抵扣	财税〔2018〕55 号 财税〔2019〕13 号	

续表

序号	减免税项目	文件号	条款
15	自原油期货对外开放之日起，对境外个人投资者投资中国境内原油期货取得的所得，3年内暂免征收个人所得税	财税〔2018〕21号	第二条
16	保险赔款免个税	《个人所得税法》	第四条第（五）项
17	对易地扶贫搬迁贫困人口按规定取得的住房建设补助资金、拆旧复垦奖励资金等与易地扶贫搬迁相关的货币化补偿和易地扶贫搬迁安置住房，免征个人所得税	财税〔2018〕135号	第一条
18	自2018年11月1日（含）起，对个人转让新三板挂牌公司非原始股取得的所得，暂免征收个人所得税	财税〔2018〕137号	第一条
19	对个人投资者转让创新企业CDR取得的差价所得，3年（36个月，下同）内暂免征收个人所得税	财政部 税务总局 证监会公告2019年第52号	第一条
20	对内地个人投资者通过沪港通、深港通投资香港联交所上市股票取得的转让差价所得和通过基金互认买卖香港基金份额取得的转让差价所得，自2019年12月5日起至2022年12月31日止，继续暂免征收个人所得税	财政部 税务总局 证监会公告2019年第93号	

四、财产租赁所得优惠1项（见表3-30）

表3-30　　个人所得税减免税优惠——财产租赁

序号	减免税项目	文件号	条款
1	对个人出租住房取得的所得减按10%的税率征收个人所得税	财税〔2000〕125号 财税〔2008〕24号	第三条 第二条第（一）项

五、利息股息所得优惠16项（见表3-31）

表3-31　　个人所得税减免税优惠——利息、股息、红利

序号	减免税项目	文件号	条款
1	外籍个人取得外商投资企业股息、红利免征个人所得税	财税字〔1994〕20号	第二条第（八）项
2	股份制企业用资本公积金（股份制企业股票溢价发行收入所形成的资本公积金）转增股本不属于股息、红利性质的分配，对个人取得的转增股本数额，不作为个人所得，不征收个人所得税	国税发〔1997〕198号 国税函〔1998〕289号	
3	住房公积金、医疗保险金、基本养老保险金、失业保险基金个人账户存款利息所得免征个人所得税	财税字〔1999〕267号	

续表

序号	减免税项目	文件号	条款
4	储蓄存款在2008年10月9日后孳生的利息所得，暂免征收个人所得税	财税〔2008〕132号	
5	证券资金结算利息所得免税	财税〔2008〕140号	
6	地方政府债券利息免税	财税〔2013〕5号	第一条
7	年金基金投资运营收益分配计入个人账户时，个人暂不缴纳个人所得税	财税〔2013〕103号	第二条
8	内地个人投资者通过沪港通投资香港联交所上市股票取得的转让差价所得，免征收个人所得税	财税〔2014〕81号	第一条第（一）项
9	上市公司股息红利差别化优惠，持股1年以上免个税；1个月至1年，50%计入应纳税所得额；持股1个月以内（含1个月）全额纳税	财税〔2015〕101号	第一条
10	自2016年1月1日起，全国范围内的中小高新技术企业以未分配利润、盈余公积、资本公积向个人股东转增股本时，个人股东一次缴纳个人所得税确有困难的，可根据实际情况自行制订分期缴税计划，在不超过5个公历年度内（含）分期缴纳，并将有关资料报主管税务机关备案	财税〔2015〕116号	第三条
11	对个人投资者持有2016—2018年发行的铁路债券取得的利息收入，减按50%计入应纳税所得额计算征收个人所得税	财税〔2016〕30号	第二条
12	国债和国家发行的金融债券利息免征个税	《个人所得税法》	第四条第（二）项
13	计入个人商业养老资金账户的投资收益，暂不征收个人所得税	财税〔2018〕22号	第一条
14	对个人投资者持有2019—2023年发行的铁路债券取得的利息收入，减按50%计入应纳税所得额计算征收个人所得税	财政部 税务总局公告2019年第57号	第二条
15	个人持有全国中小企业股份转让系统挂牌公司的股票，持股期限在1个月以内（含1个月）的，其股息红利所得全额计入应纳税所得额；持股期限在1个月以上至1年（含1年）的，其股息红利所得暂减按50%计入应纳税所得额；上述所得统一适用20%的税率计征个人所得税	财政部 税务总局 证监会公告2019年第78号	第一条
16	对个人投资者持有创新企业CDR取得的股息红利所得，3年内实施股息红利差别化个人所得税政策	财政部 税务总局 证监会公告2019年第52号	第二条

六、偶然所得优惠19项（见表3-32、表3-33）

表3-32　　个人所得税减免税优惠——偶然所得（通用）

序号	减免税项目	文件号
1	举报、协查违法犯罪奖金免税	财税字〔1994〕20号第二条第（四）项
2	个人购买社会福利有奖募捐奖券一次中奖收入不超过1万元的，暂免征收个人所得税	国税发〔1994〕127号第二条

续表

序号	减免税项目	文件号
3	见义勇为奖金免税	财税字〔1995〕25号
4	个人购买体育彩票一次中奖收入不超过1万元的，暂免征收个人所得税	财税字〔1998〕12号
5	省级人民政府、国务院部委和中国人民解放军军以上单位，以及外国组织、国际组织颁发的科学、教育、技术、文化、卫生、体育、环境保护等方面的奖金	《个人所得税法》第四条第（一）项 财税〔2004〕39号第一条第十一款
6	个人取得单张有奖发票奖金所得不超过800元（含800元）的，暂免征收个人所得税	财税〔2007〕34号

表3－33　　个人所得税减免税优惠——偶然所得（专项）

序号	减免税项目	文件号
1	曾宪梓教育基金会教师奖免征个人所得税	国税函〔1994〕376号
2	国际青少年消除贫困奖免征个人所得税	财税字〔1997〕51号
3	“长江学者奖励计划”有关个人收入免征个人所得税	国税函〔1998〕632号
4	“特聘教授奖金”免征个人所得税	国税函〔1999〕525号
5	“长江小小科学家”奖金免征个人所得税	国税函〔2000〕688号
6	“母亲河（波司登）奖”奖金所得免征个人所得税	国税函〔2003〕961号
7	陈嘉庚科学奖获奖免征个人所得税	国税函〔2006〕561号
8	刘东生青年科学家奖和刘东生地球科学奖学金获奖者奖金免征个人所得税	国税函〔2010〕74号
9	全国职工职业技能大赛奖金免征个人所得税	国税函〔2010〕78号
10	中华宝钢环境优秀奖奖金免征个人所得税	国税函〔2010〕130号
11	2011年度李四光地质科学奖奖金免征个人所得税	国家税务总局公告2011年第68号
12	第五届黄汲清青年地质科学技术奖奖金免征个人所得税问题	国家税务总局公告2012年第4号
13	明天小小科学家奖金免征个人所得税问题	国家税务总局公告2012年第28号

七、国际协定优惠1项

表3－34仅列示了法律中的概括性优惠规定。

表3－34　　个人所得税减免税优惠——国际协定

序号	减免税项目	文件号
1	中国政府参加的国际公约、签订的协议中规定免税的所得	《个人所得税法》第四条第（九）项

八、不征税项目1项

个人所得税的相关文件中对不征税和免税的区分不够清晰，表3－35仅列示了文件中明确界定为不征税的项目，其他易混项目均在上述减免税优惠中列示。不征税项目本不应归纳在优惠政策中，但由于其数量太少，没必要单独成篇，所以统计在此处。

表3－35　　不征收个人所得税项目

序号	减免税项目	文件号
1	企业在销售商品（产品）和提供服务过程中向个人赠送礼品，属于下列情形之一的，不征收个人所得税： （1）企业通过价格折扣、折让方式向个人销售商品（产品）和提供服务 （2）企业在向个人销售商品（产品）和提供服务的同时给予赠品，如通信企业对个人购买手机赠话费、入网费，或者购话费赠手机等 （3）企业对累积消费达到一定额度的个人按消费积分反馈礼品	财税〔2011〕50号第一条

由于税收政策散乱，更新变化较快，若有遗漏，欢迎大家留言补充。

077　个人所得税的隐形优惠知多少？

对于个人所得税的优惠，大家熟知的应该是免税和减税的规定，但个人所得税还有一些政策，如分期纳税、延长纳税期限、递延纳税，也许留意的人并不多，这些政策是将当期的税款推迟到未来缴纳，这实质上也是一种税收优惠，我们可以称为是隐形的优惠。

个人所得税的分期纳税，和征管法中的延期纳税有些相似，但又不相同。本质上它们都是因为纳税人缺少货币资金，无法履行纳税义务导致的。不同的是，延期纳税是需要纳税人报送相关资料，经过税务机关批准，延期时间最长不超过3个月。而个人所得税分期缴纳，是文件规定的特定情形，不需要纳税人申请就可以自动享受，而且时间远比3个月要长。

个人所得税的递延纳税，是将纳税环节后移，当期可以不用缴税，推迟到下一个环节缴纳。比分期纳税更为优惠。

那么，这些隐形的税收优惠具体都是在哪些情况下可以适用呢？我们分别来看一下。

一、个人非货币性资产投资——分期纳税

财税〔2015〕41号：个人以非货币性资产投资，属于个人转让非货币性资产和投资同时发生。对个人转让非货币性资产的所得，应按照“财产转让所得”项目，依法计算缴纳个人所得税。

个人应在发生上述应税行为的次月15日内向主管税务机关申报纳税。纳税人一次性缴税是有困难的，可合理确定分期缴纳计划并报主管税务机关备案后，自发生上述应税行为之日起不超过5个公历年度内（含）分期缴纳个人所得税。

二、给技术人员的股权奖励——分期纳税

财税〔2015〕116号：自2016年1月1日起，全国范围内的高新技术企业转化科技成果，给予本企业相关技术人员的股权奖励，个人一次缴纳税款有困难的，可根据实际情况自行制订分期缴税计划，在不超过5个公历年度内（含）分期缴纳，并将有关资料报主管税务机关备案。

三、中小高新技术企业向个人股东转增股本——分期纳税

财税〔2015〕116号：自2016年1月1日起，全国范围内的中小高新技术企业以未分配利润、盈余公积、资本公积向个人股东转增股本时，个人股东一次缴纳个人所得税确有困难的，可根据实际情况自行制订分期缴税计划，在不超过5个公历年度内（含）分期缴纳，并将有关资料报主管税务机关备案。

四、个人取得上市公司的股权激励——延长纳税期限

财税〔2016〕101号：上市公司授予个人的股票期权、限制性股票和股权奖励，经向主管税务机关备案，个人可自股票期权行权、限制性股票解禁或取得股权奖励之日起，在不超过12个月的期限内缴纳个人所得税。

五、个人取得非上市公司股权激励——递延纳税

财税〔2016〕101号：非上市公司授予本公司员工的股票期权、股权期权、限制性股票和股权奖励，符合规定条件的，经向主管税务机关备案，可实行递延纳税政策，即员工在取得股权激励时可暂不纳税，递延至转让该股权时纳税；股权转让时，按照

股权转让收入减除股权取得成本以及合理税费后的差额，适用“财产转让所得”项目，按照 20% 的税率计算缴纳个人所得税。

六、技术成果投资入股——分期纳税或递延纳税

财税〔2016〕101 号：企业或个人以技术成果投资入股到境内居民企业，被投资企业支付的对价全部为股票（权）的，企业或个人可选择继续按现行有关税收政策执行，也可选择适用递延纳税优惠政策。选择技术成果投资入股递延纳税政策的，经向主管税务机关备案，投资入股当期可暂不纳税，允许递延至转让股权时，按股权转让收入减去技术成果原值和合理税费后的差额计算缴纳所得税。

七、个人领取年金——递延纳税

财税〔2013〕103 号：企业和事业单位（以下统称“单位”）根据国家有关政策规定的办法和标准，为在本单位任职或者受雇的全体职工缴付的企业年金或职业年金（以下统称“年金”）单位缴费部分，在计入个人账户时，个人暂不缴纳个人所得税。

个人根据国家有关政策规定缴付的年金个人缴费部分，在不超过本人缴费工资计税基数的 4% 标准内的部分，暂从个人当期的应纳税所得额中扣除。

财税〔2018〕164 号：个人达到国家规定的退休年龄，领取的企业年金、职业年金，符合《财政部 人力资源社会保障部 国家税务总局关于企业年金职业年金个人所得税有关问题的通知》（财税〔2013〕103 号）规定的，不并入综合所得，全额单独计算应纳税款。其中按月领取的，适用月度税率表计算纳税；按季领取的，平均分摊计入各月，按每月领取额适用月度税率表计算纳税；按年领取的，适用综合所得税率表计算纳税。

除了第七种情况的递延纳税是政策统一规定，纳税人不需要备案。取得其他六种所得的朋友，千万不要忘记按照规定办理备案手续，享受应得的税收优惠啊！

078 这八种另类的个人所得税扣缴义务人，您了解吗？

提到个人所得税的扣缴义务人，大家并不陌生，新个人所得税法第九条规定：个人所得税以所得人为纳税人，以支付所得的单位或者个人为扣缴义务人。但这只是普遍规定，在形形色色的支付中，有些特殊情况下，让支付所得的单位和个人扣缴，还真做不到，或者征管成本太高，只能作出特殊的规定，将个人所得税的扣缴义务转移，这些比较另类的扣缴义务人，截至 2019 年 8 月，有以下八种情况。

一、军队干部工资薪金

财预〔2007〕402号规定：自2007年1月1日起，总后勤部于每年3月31日前，将上年军队系统个人所得税汇总后，向北京市国家税务局申报缴纳。同时向财政部预算司提供分省（自治区、直辖市、计划单列市）税额明细情况。

【晶晶亮评析】

军队干部的个人所得税，由各部队扣收，总后勤部作为扣缴义务人每年缴纳一次。这种征管模式和普通企业还是不一样的。

二、企业债券利息

国税函〔2003〕612号：企业债券利息个人所得税统一由各兑付机构在向持有债券的个人兑付利息时负责代扣代缴，就地入库。各兑付机构应按照个人所得税法的有关规定做好代扣代缴个人所得税工作。

【晶晶亮评析】

虽然企业是债券的发行单位和利息的实际支付人，但发行债券的企业并不是直接面对购买债券的个人，中间有负责承销的机构销售债券，兑付利息，统一由兑付机构扣缴个人持有债券的利息所得税，是征管成本最低的最优选择。

三、驻华机构中方雇员

国税函〔2004〕808号：对于在国际组织驻华机构和外国政府驻华使领馆中工作的中方雇员的个人所得税，应以直接支付所得的单位或者个人作为代扣代缴义务人，考虑到国际组织驻华机构和外国政府驻华使领馆的特殊性，各级税务机关可暂不要求国际组织驻华机构和外国政府驻华使领馆履行个人所得税代扣代缴义务。可委托外交人员服务机构代征上述中方雇员的个人所得税。

【晶晶亮评析】

驻华机构和使领馆中的中方雇员，是我国的居民纳税人，应该按规定缴纳个人所得税，但支付所得的单位，国际组织驻华机构和外国政府驻华使领馆却不便于纳入我国的征管体系，所以只能是豁免这些单位的扣缴义务。然后各级税务机关以委托代征的方式，委托外交人员服务机构来代征。

四、个人拍卖所得

国税发〔2007〕38 号：个人财产拍卖所得应纳的个人所得税税款，由拍卖单位负责代扣代缴，并按规定向拍卖单位所在地主管税务机关办理纳税申报。

【晶晶亮评析】

财产拍卖，交易双方并不是直接交易，而是通过拍卖单位间接交易，所以指定拍卖单位为扣缴义务人是征管成本最低的一种方式。

五、个人转让限售股

财税〔2009〕167 号：限售股转让所得个人所得税，以限售股持有者为纳税义务人，以个人股东开户的证券机构为扣缴义务人。限售股个人所得税由证券机构所在地主管税务机关负责征收管理。

【晶晶亮评析】

对于股票交易来说，如果严格按照个人所得税法中所规定的，支付所得的单位和个人作为扣缴义务人，税收征收管理就会陷入无所适从的状态。买卖双方并不见面，也不是一一对应关系，全靠交易系统进行撮合，买家作扣缴义务人是不可能的，所以对于限售股转让来说，指定交易第三方的证券机构为扣缴义务人是最为恰当的。

六、个人转让新三板原始股

财税〔2018〕137 号：自 2019 年 9 月 1 日（含）起，个人转让新三板挂牌公司原始股的个人所得税，以股票托管的证券机构为扣缴义务人，由股票托管的证券机构所在地主管税务机关负责征收管理。

【晶晶亮评析】

新三板公司的原始股，相当于沪深两市的限售股，所以管理方式也和个人转让限售股保持一致。

七、个人技术成果入股递延纳税

财税〔2016〕101 号：选择技术成果投资入股递延纳税政策的，经向主管税务机关备案，投资入股当期可暂不纳税，允许递延至转让股权时，按股权转让收入减去技术成果原值和合理税费后的差额计算缴纳所得税。企业实施股权激励或个人以技术成果投资入股，以实施股权激励或取得技术成果的企业为个人所得税扣缴义务人。递延纳税期间，扣缴义务人应在每个纳税年度终了后向主管税务机关报告递延纳税有关情况。

【晶晶亮评析】

通过上述规定可以看出，技术成果投资入股，个人转让股权时缴纳的个人所得税，并不是常规的以支付价款的受让人为扣缴义务人，而是以被投资的企业为扣缴义务人。仔细想想，这个扣缴义务人真心委屈，理论上讲，股东转让股权不需要与被投资的企业商量，转让款也不会让被投资企业经手，此时被投资企业如何来履行股权转让个人所得税的扣缴义务？我忍不住替被投资企业发愁，看来要想不被查住罚款，财务人员不仅需要熟悉业务，还需要人缘好情商高，平时和股东建立良好的长期关系，让他在卖股权的时候，不要忘记把税款交给你。

八、无住所个人境内工资境外单位支付

财政部 税务总局公告2019年第35号：无住所个人在境内任职、受雇取得来源于境内的工资薪金所得，凡境内雇主与境外单位或者个人存在关联关系，将本应由境内雇主支付的工资薪金所得，部分或者全部由境外关联方支付的，无住所个人可以自行申报缴纳税款，也可以委托境内雇主代为缴纳税款。

【晶晶亮评析】

无住所个人取得的工资薪金，境内所得境外支付的情况下，因为无法要求境内单位或个人作为扣缴义务人，只能是让个人自行申报，或者委托境内雇主代缴，此时，境内雇主并不是法定的扣缴义务人，且委托也并非税务机关委托，而是无住所个人委托。

可以看出，这些文件中规定的特殊的扣缴义务人，严格来说和个人所得税法规定是不太一致的，但有些确实是符合实际情况的合理的征管措施。从法律层面来说，希望个人所得税法今后能把第九条进行一下修订，增加一句“另有规定的除外”，则可以让特殊指定和法律规定协调一致。但第七种情况的扣缴义务人的规定则不够合理，有强人所难之嫌。

079　这些情形下，谁是个人所得税的扣缴义务人？

《个人所得税法》第九条规定，个人所得税以所得人为纳税人，以支付所得的单位或者个人为扣缴义务人。

这个规定，基本解决了90%以上的扣缴义务人的认定，但在实务中，还有一些情况，让人难以判定。

例如，北京总公司统一做促销活动，上海分公司专门招聘了兼职的促销员，促销的工作量由上海分公司统计，促销的单日工资由北京总公司确定，统一支付。促销员的工资的个人所得税由北京总公司还是上海分公司扣缴呢？

这种情况下，扣缴义务人如何确定就有些扑朔迷离了。不过，别着急，有一个专门的文件就是说这个事情的。

国税函〔1996〕602号第三条规定，关于扣缴义务人的认定，按照个人所得税法的法规，向个人支付所得的单位和个人为扣缴义务人。由于支付所得的单位和个人与取得所得的人之间有多重支付的现象，有时难以确定扣缴义务人。为保证全国执行的统一，现将认定标准法规为：凡税务机关认定对所得的支付对象和支付数额有决定权的单位和个人，即为扣缴义务人。

很多纳税人看到这个规定，感觉问题解决了。但事实上，这只是把难题交到了税务机关手中，税务人员遇到这个问题，该如何认定？更需要进一步考虑，应该由哪个税务机关来认定？是北京的税务机关还是上海的税务机关？

从上述情况看，促销员的工资是由工作量和单日工资相乘，北京总公司和上海分公司各决定其中一个变量，如果北京和上海税务机关认定自己所管辖的公司对支付数额有决定权，其实都有道理。

税务文件看似很多，具体到形形色色的实务问题，依然显得力不从心。所以实务中需要从行政合理性的角度来考虑，遇到问题如何解决更为合理。

这种情况下，应该如何处理呢？我个人认为，可以结合企业所得税的税前扣除来考虑，根据国税函〔2009〕3号规定：税务机关在对工资薪金进行合理性确认时，可依据企业对实际发放的工资薪金，已依法履行了代扣代缴个人所得税义务。

既然企业所得税税前扣除工资薪金，需要履行代扣代缴个人所得税的义务，那么哪个公司的财务核算列支"工资薪金"这笔费用，就确定哪个公司来扣缴个人所得税是比较合适的。

我们再来看一个常见的多重支付的例子。根据《保障农民工工资支付条例》（国务院令第724号），从2020年5月1日开始，建筑企业总包公司应该代发分包单位民工工资。具体规定是这样的：

《保障农民工工资支付条例》第三十一条规定，分包单位应当按月考核农民工工作量并编制工资支付表，经农民工本人签字确认后，与当月工程进度等情况一并交施工总承包单位。施工总承包单位根据分包单位编制的工资支付表，通过农民工工资专用账户直接将工资支付到农民工本人的银行账户，并向分包单位提供代发工资凭证。

这种情况下，农民工工资的扣缴义务人是总包公司还是分包公司？

根据上面的流程可以判断，农民工工资是由分包单位按月考核农民工工作量并编制工资支付表，交给总包方代为发放的。分包单位对农民工的数额有决定权，应该由分包单位扣缴个人所得税。

另外，从会计处理中也可以作出判断，总包单位代付的工资，在会计核算中并不是以工资薪金列支，而是分包单位开具发票给总包单位，以工程款列支。以“工资薪金”项目税前列支的，是分包单位。所以，应该由分包单位扣缴个人所得税。

080　合伙企业收到投资分红款，谁是个税扣缴义务人？

留言时间：2021－04－27

问题内容：

我是一家合伙企业，投资一家公司，我公司收到被投资公司分红资金，我公司再付给合伙企业的各个合伙自然人，其中分给合伙企业自然人部分，代扣代缴义务人是谁？根据《国家税务总局关于〈关于个人独资企业和合伙企业投资者征收个人所得税的规定〉执行口径的通知》（国税函〔2001〕84号）规定：个人独资企业和合伙企业对外投资分回的利息或者股息、红利，不并入企业的收入，而应单独作为投资者个人取得的利息、股息、红利所得，按“利息、股息、红利所得”应税项目计算缴纳个人所得税。这个个人所得税是被投资企业代扣代缴还是合伙企业代扣代缴？

答复机构：河南省税务局

答复时间：2021－04－29

答复内容：

您好！您所咨询的问题收悉。现针对您所提供的信息回复如下：

一、根据《财政部 国家税务总局关于合伙企业合伙人所得税问题的通知》（财税〔2008〕159号）第二条规定，合伙企业以每一个合伙人为纳税义务人。合伙企业合伙人是自然人的，缴纳个人所得税；合伙人是法人和其他组织的，缴纳企业所得税。第三条，合伙企业生产经营所得和其他所得采取“先分后税”的原则。具体应纳税所得额的计算按照《关于个人独资企业和合伙企业投资者征收个人所得税的规定》（财税

〔2000〕91号）及《财政部 国家税务总局关于调整个体工商户个人独资企业和合伙企业个人所得税税前扣除标准有关问题的通知》（财税〔2008〕65号）的有关规定执行。前款所称生产经营所得和其他所得，包括合伙企业分配给所有合伙人的所得和企业当年留存的所得（利润）……

二、根据《国家税务总局关于〈关于个人独资企业和合伙企业投资者征收个人所得税的规定〉执行口径的通知》（国税函〔2001〕84号）第二条规定，关于个人独资企业和合伙企业对外投资分回利息、股息、红利的征税问题。个人独资企业和合伙企业对外投资分回的利息或者股息、红利，不并入企业的收入，而应单独作为投资者个人取得的利息、股息、红利所得，按“利息、股息、红利所得”应税项目计算缴纳个人所得税。以合伙企业名义对外投资分回利息或者股息、红利的，应按《通知》所附规定的第五条精神确定各个投资者的利息、股息、红利所得，分别按“利息、股息、红利所得”应税项目计算缴纳个人所得税。

三、根据《国家税务总局关于发布〈个人所得税扣缴申报管理办法（试行）〉的公告》（国家税务总局公告2018年第61号）第二条规定，扣缴义务人，是指向个人支付所得的单位或者个人。扣缴义务人应当依法办理全员全额扣缴申报。第四条，实行个人所得税全员全额扣缴申报的应税所得包括：……（五）利息、股息、红利所得；……第十条，扣缴义务人支付利息、股息、红利所得，财产租赁所得，财产转让所得或者偶然所得时，应当依法按次或者按月代扣代缴税款……

四、根据《中华人民共和国个人所得税法》（中华人民共和国主席令第九号）第九条规定，个人所得税以所得人为纳税人，以支付所得的单位或者个人为扣缴义务人。

五、根据《国家税务总局关于印发〈征收个人所得税若干问题的规定〉的通知》（国税发〔1994〕89号）第十八条规定，利息、股息、红利所得实行源泉扣缴的征收方式，其扣缴义务人应是直接向纳税义务人支付利息、股息、红利的单位。

因此，根据上述文件规定，投资公司分配给合伙企业的分红，个人合伙人应缴纳的股息、红利所得个人所得税，应由直接向个人合伙人支付所得的个人合伙企业负责代扣代缴。合伙企业对外投资分回的利息或者股息、红利，不并入企业的收入，而应单独作为合伙企业的投资者个人取得的利息、股息、红利所得，按“利息、股息、红利所得”应税项目计算缴纳个人所得税，由扣缴义务人办理个人所得税代扣代缴申报。具体事宜您可联系主管税务机关进一步确认。

感谢您的咨询！上述回复仅供参考，若您对此仍有疑问，请联系12366纳税服务热线或主管税务机关。

【晶晶亮评析】

这个答复很全面，既有政策依据，又有明确的答案。

提问的人表述不是很规范，先说自己是合伙企业，然后又自称“我公司”，主体矛盾。所幸还能看明白，也就是几个自然人成立了一个合伙企业，合伙企业对外投资，被投资公司分红，因为分红款不并入合伙企业收入，而是直接作为个人合伙人的利息、股息、红利所得，所以不确定该由谁来扣缴个人所得税，被投资公司还是合伙企业？

税务机关的回复是明确的，根据国税发〔1994〕89号第十八条规定，扣缴义务人应是直接向纳税义务人支付利息、股息、红利的单位。也就是说由合伙企业来扣缴个人所得税。

其实仔细想想，这个问题不需要纠结，被投资公司的股东名单里，一定是合伙企业，而不是合伙企业的合伙人，所以公司支付股息、红利的时候，分红款一定是支付给合伙企业的，被投资公司不能也不需要掌握合伙企业自然人合伙人的情况，它不是直接支付人，不具备履行扣缴个人所得税的能力，所以不是扣缴义务人。

081　扣缴个税手续费返还奖励是否缴个税？三个回复两种答案！

个人所得税手续费返还，奖励办税人员，是否缴纳个人所得税？

看似一个简单的问题，年年都有人问，答案始终无法统一，我们看一下各地12366的回答。

一、个人所得税手续返还，用于奖励办税人员，是否缴纳个税

留言时间：2021－03－02

问题内容：您好，我司收到主管税务机关返还的代扣代缴个人所得税手续费2%，直接用于奖励从事该项工作的财务办税人员。这笔收入，是否合并到工资、薪金申报个人所得税？还是说这笔收入属于免税收入，不用缴纳个人所得税？

答复机构：福建省税务局

答复时间：2021－03－08

答复内容：如取得手续费返还的员工为负责代扣代缴工作的相关办税人员，暂免征收个人所得税；属于非相关人员的，应按照工资、薪金所得计算缴纳个人所得税。

文件依据：

一、根据《财政部 国家税务总局关于个人所得税若干政策问题的通知》（财税字

〔1994〕第20号）规定："二、下列所得，暂免征收个人所得税：（五）个人办理代扣代缴税款手续，按规定取得的扣缴手续费。"

二、根据《国家税务总局关于发布〈个人所得税扣缴申报管理办法（试行）〉的公告》（国家税务总局公告2018年第61号）规定："第十七条，对扣缴义务人按照规定扣缴的税款，按年付给百分之二的手续费。不包括税务机关、司法机关等查补或者责令补扣的税款。扣缴义务人领取的扣缴手续费可用于提升办税能力、奖励办税人员。"

二、个人手续费返回奖励经办人员计税问题

留言时间：2020－09－08

问题内容：扣缴单位收到主管税务机关返还的手续费，将部分手续费奖励给财务人员或申报人员，是否合并计入工资、薪金？

答复机构：河南省税务局

答复时间：2020－09－09

答复内容：一、根据《中华人民共和国个人所得税法实施条例》（国务院令第707号）第六条规定，个人所得税法规定的各项个人所得的范围：（一）工资、薪金所得，是指个人因任职或者受雇取得的工资、薪金、奖金、年终加薪、劳动分红、津贴、补贴以及与任职或者受雇有关的其他所得。

二、根据《财政部 国家税务总局关于个人所得税若干政策问题的通知》（财税字〔1994〕20号）第二条规定，下列所得，暂免征收个人所得税：……（五）个人办理代扣代缴税款手续，按规定取得的扣缴手续费。

因此，根据以上文件规定，个人办理代扣代缴税款手续，按规定取得的扣缴手续费，暂免征收个人所得税。按照您的问题描述，您单位代扣代缴个人所得税所取得的手续费，将部分手续费直接支付给本公司从事该项工作的办税人员或其他人员，并不属于财税字〔1994〕20号规定暂免征收个人所得税的情形，不可免征个人所得税，需要并入工资薪金计算缴纳个人所得税。以上内容供您参考了解，您也可以就此问题向主管税务机关进一步确认。

三、代扣代缴手续费返还用于奖励办税人员

留言时间：2020－05－22

问题内容：我公司代扣代缴收到的手续费返还收入，用于奖励我公司办税人员，是否缴纳个人所得税？

答复机构：山东省税务局

答复时间：2020－05－25

答复内容：（摘要）

您好！您提交的问题已收悉。根据《财政部 国家税务总局关于个人所得税若干政策问题的通知》（财税字〔1994〕第20号）规定，“二、下列所得，暂免征收个人所得税（五）个人办理代扣代缴税款手续，按规定取得的扣缴手续费。”

代扣代缴手续费返还用于奖励办税人员需要合并工资薪金缴纳个人所得税。具体建议与主管税务机关联系咨询。

感谢您的咨询！上述回复仅供参考，若您对此仍有疑问，请联系12366纳税服务或主管税务机关。

【晶晶亮评析】

我赞同河南、山东税务局的12366的回复，也就是办税人员取得的手续费奖励应当缴税的观点。

这个问题已经讨论过若干次了，两种观点12366都表述得很充分，产生政策理解差异的焦点是“个人”到底指的是个人扣缴义务人，还是“单位扣缴义务人中的办税人员”。

我们从政策优惠的目的来讨论一下，国家实施税收优惠的目的一般都是扶困或鼓励。那么对于“个人扣缴义务人”和“单位中的办税人员”这两类人员，哪一类是更值得采取免税的鼓励呢？

对于一个自然人来说，通常纳税意识都不太高，在经济活动中能有扣缴税款的观念，实属难得。如果一个自然人能按照税法规定履行扣缴税款义务，政策上除了按规定取得手续费，再对其手续费所得实行免个税的优惠，是强化对扣缴行为的鼓励。

而如果这个人是“单位中的办税人员”，扣缴税款工作只是单位安排的若干项工作之一，是岗位职责所在，只要单位领导或财务主管人员有法律意识，就会安排相关人员做这项工作，不需要具体办税人员有较强的主观能动性去做。所以对单位扣缴义务人，国家按规定给予手续费返还，同时规定“扣缴义务人领取的扣缴手续费可用于提升办税能力、奖励办税人员。”

对个人扣缴义务人取得的手续费给予免税优惠，对单位中的办税人员，引导单位对其奖励，这样分层次的政策安排，是与其工作困难程度、付出的努力相适应的。

第四章
企业所得税

082　企业所得税中的“企业”是什么意思?

这个话题的由来是，我们在检查某个学校的涉税问题，查出其有经营性收入，没有缴纳企业所得税。该学校的校长说，我们又不是企业，凭什么要缴企业所得税?

由此可见，很多人对企业所得税的企业究竟是什么意思，还不是太清楚。我们来具体分析一下:

什么是企业呢?根据百度百科的定义，企业一般是指以盈利为目的，运用各种生产要素（土地、劳动力、资本、技术和企业家才能等），向市场提供商品或服务，实行自主经营、自负盈亏、独立核算的法人或其他社会经济组织。这是一个通常意义上的企业的概念。我们在此称为狭义的企业概念。

但我们需要看的不仅是百度百科，更需要看税收法律条文，因为每一个概念在不同的领域可能有不一样的解释。

《企业所得税法》第一条，在中华人民共和国境内，企业和其他取得收入的组织（以下统称“企业”）为企业所得税的纳税人。

这个括号表明，企业所得税纳税人不仅是指常规意义上我们了解的狭义的企业，而是包含所有取得收入的组织。根据《企业所得税法实施条例》第三条的解释：这个组织是包括事业单位，社会团体和其他取得收入的组织（备注：本文仅分析境内注册企业）。

所以我们可以看到，在企业所得税法中，企业是一个广义概念。学校是事业单位，所以学校如果有符合规定的经营性收入和所得，是需要缴纳企业所得税的。

这是我们首先要了解的第一层意思：企业所得税法中的企业是一个广义的概念，不仅包括狭义概念的企业，而是涵盖了所有取得收入的组织。

此外，企业所得税法第一条把个人独资企业、合伙企业这两种企业类型剔除了。这两种类型的企业要缴纳的是个人所得税。这两种类型的企业属于狭义企业概念中的非法人性质的，所以排除之后，在狭义的企业概念中，剩下的就是法人企业了。

但对于事业单位和社会团体有没有排除性的规定呢？也就是说非法人事业单位、非法人社会团体不缴企业所得税，有这样的规定吗？没有，所以不能说我们是非法人事业单位，就不用缴企业所得税，不缴企业所得税的原因只能是没有经营所得，不能是以这个身份来抗辩。

这是我们要了解的第二层意思：企业所得税中的这个广义的企业概念，包括的是狭义企业中的法人企业、事业单位、社会团体和其他取得收入的组织。

正因为这个特性，我们可以理解，因为分公司也不具备法人资格，所以分公司的所得税是需要汇总到总公司层面一并计算，然后分摊缴纳的。

当然，凡事也有例外，根据国家税务总局公告 2012 年第 57 号第二十四条，以总机构名义进行生产经营的非法人分支机构，无法提供汇总纳税企业分支机构所得税分配表，也无法提供该办法第二十三条规定相关证据证明其二级及以下分支机构身份的，应视同独立纳税人计算并就地缴纳企业所得税。

所以，这里给出了一个例外，如果无法证明分支机构身份的分公司，是视同独立纳税人就地计算缴纳企业所得税的。

这是我们要了解的关于企业的第三层意思：分公司是需要汇总缴纳企业所得税的，但如果无法证明分支机构身份的，视同独立纳税人缴纳企业所得税。

经过这三层分析，不知道您对税法中的“企业”是否有了更明确的认识呢？

083 村民委员会是不是企业所得税的纳税人？

在企业所得税纳税人的认定中，有一类主体，是否需要缴纳企业所得税，经常会引发争议和讨论，那就是村民委员会。

在实际经济活动中，税务机关经常会遇到这种情形，那就是村民委员会取得了租金收入或其他经营性收入，这个收入需要缴纳增值税是没有问题的，那么是否需要缴纳企业所得税，总是让大家感到迟疑，忍不住会问，村民委员会是不是企业所得税的纳税人？

我们先来看一下企业所得税对于纳税人的相关规定：

《企业所得税法》第一条，在中华人民共和国境内，企业和其他取得收入的组织（以下统称“企业”）为企业所得税的纳税人，依照该法的规定缴纳企业所得税。

第二条，企业分为居民企业和非居民企业。该法所称居民企业，是指依法在中国境内成立，或者依照外国（地区）法律成立但实际管理机构在中国境内的企业。

《中华人民共和国企业所得税法实施条例》第三条，企业所得税法第二条所称依法在中国境内成立的企业，包括依照中国法律、行政法规在中国境内成立的企业、事业单位、社会团体以及其他取得收入的组织。

判定村委会是不是企业所得税的纳税人，从条文中看，只要看其是不是一个同时具备了以下两个条件的组织：一是依照中国法律、行政法规在中国境内成立；二是取得收入。

第一个条件呢，我们可以看一下《中华人民共和国村民委员会组织法》第二条规定：村民委员会是村民自我管理、自我教育、自我服务的基层群众性自治组织。

第三条规定：村民委员会根据村民居住状况、人口多少，按照便于群众自治，有利于经济发展和社会管理的原则设立。村民委员会的设立、撤销、范围调整，由乡、民族乡、镇的人民政府提出，经村民会议讨论同意，报县级人民政府批准。

从上述条款可以看出，村民委员会是一个组织，而且是根据《中华人民共和国村民委员会组织法》在中国境内成立。满足第一个条件。

第二个条件，取得收入。这个好判断，如果村委会没有取得收入，肯定不需要缴纳企业所得税，无须讨论，需要讨论的就是取得了收入的村委会。

这么看来，只要村委会满足了上述两个条件，就符合企业所得税纳税人的界定。但为什么还会有争议呢？

那是因为，根据《企业所得税法》关于纳税人条款的相关规定和释义，可以看出，我国企业所得税的纳税人以法人作为基本纳税实体，这也是2008年企业所得税法的重大变革，这样划分有利于在个人所得税与企业所得税之间划定合理界限。

所以，引发争议的主要关键点，在于村民委员会是不是一个法人。

在2017年之前，回答这个问题还真是棘手，因为当时确实没有明确规定，所以征税与不征税就是公说公有理，婆说婆有理。

2017年3月15日，第十二届全国人民代表大会第五次会议通过了修订的《中华人民共和国民法总则》，自2017年10月1日起施行，新增了以下条款：

《中华人民共和国民法总则》第九十六条，本节规定的机关法人、农村集体经济组织法人、城镇农村的合作经济组织法人、基层群众性自治组织法人，为特别法人。

第一百零一条，居民委员会、村民委员会具有基层群众性自治组织法人资格，可以从事为履行职能所需要的民事活动。

未设立村集体经济组织的，村民委员会可以依法代行村集体经济组织的职能。

自2021年1月1日起施行的《中华人民共和国民法典》第一编总则中第三章法人的第一百零一条也是同样的规定。

《民法总则》和《民法典》提到的村集体经济组织是什么机构呢？2016年12月26日，《中共中央 国务院关于稳步推进农村集体产权制度改革的意见》提出：把农村集体资产的所有权确权到不同层级的农村集体经济组织成员集体，并依法由农村集体经济组织代表集体行使所有权。属于村农民集体所有的，由村集体经济组织代表集体行使所有权，未成立集体经济组织的，由村民委员会代表集体行使所有权。

从上述规定来看，村集体经济组织才拥有农村集体资产所有权。理论上讲，只能是村集体经济组织有权从事经营活动，但如果当地没有成立集体经济组织，村委会可以代行村集体经济组织的职能。

总的来说，村民委员会具备法人资格，是有法律明确规定的，如果该村民委员会代行村集体经济组织的职能，取得了经营收入，需要缴纳企业所得税。

084　企业所得税税率知多少？

"企业所得税税率是多少？"

一听到这个问题，大家脑海里第一反应都是25%。但随着国家优惠政策的陆续出台，不同类型、不同地区、不同行业都出台了不同的优惠税率。把原来很清晰的企业所得税税率变得复杂了。现在我们就把企业所得税税率作归纳和总结。

一、法定税率25%

《中华人民共和国企业所得税法》第四条规定：企业所得税的税率为25%。

二、小型微利企业优惠税率20%

《中华人民共和国企业所得税法》第二十八条，符合条件的小型微利企业，减按20%的税率征收企业所得税。

从2019年开始，根据国家税务总局公告2019年第2号的规定，以通过降低应纳税所得额的方式，变相降低了税率，实际的计算率如表4－1所示。

表4－1　　2019年开始的小型微利企业税率

小型微利企业应纳税所得额	应纳税所得额减按比例	企业所得税税率	实际计算率	速算扣除数
应纳税所得额≤100万元	25%	20%	5%	0
100万元<应纳税所得额≤300万元	50%	20%	10%	5

2021年，根据国家税务总局公告2021年第8号，对小型微利企业年应纳税所得额不超过100万元的部分，减按12.5%计入应纳税所得额，按20%的税率缴纳企业所得税。再减半征收企业所得税，税率和实际计算率如表4－2所示。

表 4－2　　　　2021 年开始的小型微利企业税率

小型微利企业应纳税所得额	应纳税所得额减按比例	企业所得税税率	实际计算率	速算扣除数
应纳税所得额≤100 万元	12.5%	20%	2.5%	0
100 万元＜应纳税所得额≤300 万元	50%	20%	10%	7.5

【例 4－1】 A 公司属于小型微利企业，2021 年应纳税所得额为 180 万元，该公司 2021 年应缴纳的企业所得税是多少？

解析： 100×12.5%×20%＋80×50%×20%＝10.5（万元）

2022 年，《关于进一步实施小微企业所得税优惠政策的公告》（财政部 税务总局公告 2022 年第 13 号）公布，对小型微利企业的优惠有了新规定，即：对小型微利企业年应纳税所得额超过 100 万元但不超过 300 万元的部分，减按 25% 计入应纳税所得额，按 20% 的税率缴纳企业所得税。

【例 4－2】 A 公司属于小型微利企业，2022 年应纳税所得额为 180 万元，该公司 2022 年应缴纳的企业所得税是多少？

解析： 100×12.5%×20%＋80×25%×20%＝6.5（万元）

三、高新技术企业优惠税率 15%

《中华人民共和国企业所得税法》第二十八条：国家需要重点扶持的高新技术企业，减按 15% 的税率征收企业所得税。

四、国家鼓励的集成电路企业或项目

国家鼓励的集成电路线宽小于 28 纳米（含），且经营期在 15 年以上的集成电路生产企业或项目，第一年至第十年免征企业所得税；国家鼓励的集成电路线宽小于 65 纳米（含），且经营期在 15 年以上的集成电路生产企业或项目，第一年至第五年免征企业所得税，第六年至第十年按照 25% 的法定税率减半征收企业所得税。

国家鼓励的集成电路线宽小于 130 纳米（含），且经营期在 10 年以上的集成电路生产企业或项目，第一年至第二年免征企业所得税，第三年至第五年按照 25% 的法定税率减半征收企业所得税。

■ **政策依据**

《财政部 税务总局 发展改革委 工业和信息化部关于促进集成电路产业和软件产业高质量发展企业所得税政策的公告》（财政部 税务总局 发展改革委 工业

和信息化部公告2020年第45号)。

五、国家鼓励的集成电路设计、装备、材料、封装、测试企业和软件企业

国家鼓励的集成电路设计、装备、材料、封装、测试企业和软件企业，自获利年度起，第一年至第二年免征企业所得税，第三年至第五年按照25%的法定税率减半征收企业所得税。

■ **政策依据**

《财政部 税务总局 发展改革委 工业和信息化部关于促进集成电路产业和软件产业高质量发展企业所得税政策的公告》(财政部 税务总局 发展改革委 工业和信息化部公告2020年第45号)。

六、国家鼓励的重点集成电路设计企业和软件企业

国家鼓励的重点集成电路设计企业和软件企业，自获利年度起，第一年至第五年免征企业所得税，接续年度减按10%的税率征收企业所得税。

■ **政策依据**

《财政部 税务总局 发展改革委 工业和信息化部关于促进集成电路产业和软件产业高质量发展企业所得税政策的公告》(财政部 税务总局 发展改革委 工业和信息化部公告2020年第45号)。

七、技术先进型服务企业15%

自2017年1月1日起，对经认定的技术先进型服务企业，减按15%的税率征收企业所得税。

■ **政策依据**

1.《财政部 税务总局 商务部 科技部 国家发展改革委关于将技术先进型服务企业所得税政策推广至全国实施的通知》(财税〔2017〕79号) 第一条；

2.《财政部 税务总局 商务部 科技部 国家发展改革委关于将服务贸易创新发展试点地区技术先进型服务企业所得税政策推广至全国实施的通知》(财税〔2018〕44号) 第一条。

八、从事污染防治的第三方企业15%

自2019年1月1日起至2023年12月31日，对符合条件的从事污染防治的第三方

企业减按15%的税率征收企业所得税。

■ **政策依据**

1.《财政部 税务总局 国家发展改革委 生态环境部关于从事污染防治的第三方企业所得税政策问题的公告》（财政部 税务总局 国家发展改革委 生态环境部公告2019年第60号）第一条、第四条；

2.《财政部 国家税务总局关于延长部分税收优惠政策执行期限的公告》（财政部 税务总局公告2022年第4号）第一条。

九、节能服务公司实施合同能源管理项目

对符合条件的节能服务公司实施合同能源管理项目，符合企业所得税税法有关规定的，自项目取得第一笔生产经营收入所属纳税年度起，第一年至第三年免征企业所得税，第四年至第六年按照25%的法定税率减半征收企业所得税。

十、西部地区鼓励企业15%

对设在西部地区以《西部地区鼓励类产业目录》中新增鼓励类产业项目为主营业务，且其当年度主营业务收入占企业收入总额60%以上的企业，自2021年1月1日至2030年12月31日，可减按15%的税率征收企业所得税。

■ **政策依据**

《财政部 税务总局 国家发展改革委关于延续西部大开发企业所得税政策的公告》（财政部 税务总局 国家发展改革委公告2020年第23号）第一条。

十一、横琴新区等地区现代服务业合作区的鼓励类产业15%

对设在横琴新区、平潭综合实验区和前海深港现代服务业合作区的鼓励类产业企业减按15%的税率征收企业所得税。

■ **政策依据**

《财政部 国家税务总局关于广东横琴新区 福建平潭综合实验区 深圳前海深港现代服务业合作区企业所得税优惠政策及优惠目录的通知》（财税〔2014〕26号）。

十二、海南自由贸易港鼓励企业15%

自2020年1月1日起至2024年12月31日，对注册在海南自由贸易港并实质性运

营的鼓励类产业企业，减按15%的税率征收企业所得税。

■ **政策依据**

《财政部 税务总局关于海南自由贸易港企业所得税优惠政策的通知》（财税〔2020〕31号）。

十三、非居民企业优惠税率10%

非居民企业在中国境内未设立机构、场所的，或者虽设立机构、场所但取得的所得与其所设机构、场所没有实际联系的，应当就其来源于中国境内的所得缴纳企业所得税。根据《企业所得税法实施条例》第九十一条的规定，减按10%的税率征收企业所得税。

085 小型微利企业，15年的标准变迁

小型微利企业的企业所得税优惠，始于2008年，到2022年已经是第15年了。优惠政策的名称虽然不曾改变，但小型微利企业的标准却经过了多次更迭，次数多到当你回看，几乎已经看不清来时路。

有人说，过去就过去了，回顾以前的标准有意义吗？当然有意义，企业所得税遵循权责发生制，对于需要追溯调整应纳税所得额的业务，是需要按照当年的政策来计算税款。我们确实有必要搞清楚这15年来该项优惠政策的标准是怎样规定的。

一、优惠前提和税率

1. 从事国家非限制和禁止的行业

哪些行业属于限制和禁止行业？需要对照发改委颁布的《产业结构调整指导目录》，这个目录在2005年有一版，2011年有一版，2013年有一版，自2020年1月1日起执行的是《产业结构调整指导目录（2019年版）》。

2. 必须是居民企业

非居民企业不能享受小型微利企业的税收优惠。

■ **政策依据**

国税函〔2008〕650号规定：

仅就来源于我国所得负有我国纳税义务的非居民企业，不适用该条规定的对符合条件的小型微利企业减按20%税率征收企业所得税的政策。

3. 优惠税率：20%

■ 政策依据

《中华人民共和国企业所得税法》第二十八条规定：

符合条件的小型微利企业，减按 20% 的税率征收企业所得税。

注意：小型微利企业 20% 的优惠税率是固定的没有变化的，经常变化的是应纳税所得额的减计比例，不要搞混。

二、15 年的变迁

小型微利企业判定标准及应纳税所得额减计比例，15 年的变化如下。

2008 年度：

1. 工业企业从业人数不超过 100 人，资产总额不超过 3 000 万元；其他企业从业人数不超过 80 人，资产总额不超过 1 000 万元。
2. 年度应纳税所得额不超过 30 万元。
3. 适用于查账征收企业。

■ 政策依据

《中华人民共和国企业所得税法实施条例》第九十二条。

2009 年度：

同 2008 年度。

2010 年度：

1. 工业企业从业人数不超过 100 人，资产总额不超过 3 000 万元；其他企业从业人数不超过 80 人，资产总额不超过 1 000 万元。
2. 适用于查账征收企业。
3. 年度应纳税所得额不超过 30 万元。

财税〔2009〕133 号：自 2010 年 1 月 1 日至 2010 年 12 月 31 日，对年应纳税所得额低于 3 万元（含 3 万元）的小型微利企业，其所得减按 50% 计入应纳税所得额，按 20% 的税率缴纳企业所得税。

【点评】从 2010 年开始出现了一个“小小型”的优惠，小小型的企业所得税实际税率降低到 10%。

2011 年度（标准与 2010 年度相同，文件依据不同）：

1. 工业企业从业人数不超过 100 人，资产总额不超过 3 000 万元；其他企业从业人数不超过 80 人，资产总额不超过 1 000 万元。

2. 适用于查账征收企业。

3. 年度应纳税所得额不超过 30 万元。

财税〔2011〕4 号：自 2011 年 1 月 1 日至 2011 年 12 月 31 日，对年应纳税所得额低于 3 万元（含 3 万元）的小型微利企业，其所得减按 50% 计入应纳税所得额，按 20% 的税率缴纳企业所得税。

2012 年度：

1. 工业企业从业人数不超过 100 人，资产总额不超过 3 000 万元；其他企业从业人数不超过 80 人，资产总额不超过 1 000 万元。

2. 适用于查账征收企业。

3. 年度应纳税所得额不超过 30 万元。

财税〔2011〕117 号：自 2012 年 1 月 1 日至 2015 年 12 月 31 日，对年应纳税所得额低于 6 万元（含 6 万元）的小型微利企业，其所得减按 50% 计入应纳税所得额，按 20% 的税率缴纳企业所得税。

2013 年度：

同 2012 年度。

2014 年度：

1. 工业企业从业人数不超过 100 人，资产总额不超过 3 000 万元；其他企业从业人数不超过 80 人，资产总额不超过 1 000 万元。

2. 适用于查账征收和核定征收企业。

3. 年度应纳税所得额不超过 30 万元。

财税〔2014〕34 号：自 2014 年 1 月 1 日至 2016 年 12 月 31 日，对年应纳税所得额低于 10 万元（含 10 万元）的小型微利企业，其所得减按 50% 计入应纳税所得额，按 20% 的税率缴纳企业所得税。

2015 年度：

1. 工业企业从业人数不超过 100 人，资产总额不超过 3 000 万元；其他企业从业人数不超过 80 人，资产总额不超过 1 000 万元。

2. 适用于查账征收和核定征收企业。

3. 年度应纳税所得额不超过 30 万元。

财税〔2015〕34 号：自 2015 年 1 月 1 日至 2015 年 9 月 30 日，对年应纳税所得额低于 20 万元（含 20 万元）的小型微利企业，其所得减按 50% 计入应纳税所得额，按 20% 税率缴纳企业所得税。

财税〔2015〕99 号：自 2015 年 10 月 1 日至 2016 年 12 月 31 日，对年应纳税所得额在 20 万元到 30 万元（含 30 万元）的小型微利企业，其所得减按 50% 计入应纳税所得额，按 20% 税率缴纳企业所得税。

【点评】

1. 到 2015 年底，“小小型”优惠应纳税所得额追平了小型微利优惠应纳税所得额。

2. 一个年度内两个标准，是小型微利企业优惠计算最复杂的年度。主要影响在全年应纳税所得额在 20 万元到 30 万元之间的所得税计算。

举例来说，A 公司 2015 年应纳税所得额是 24 万元，当年需要缴纳的企业所得税如下：

2015 年 1—9 月应纳税所得额 = 24 ÷ 12 × 9 = 18（万元）

应纳所得税 = 18 × 20% = 3.6（万元）

2015 年 10—12 月应纳税所得额 = 24 ÷ 12 × 3 = 6（万元）

应纳所得税 = 6 × 50% × 20% = 0.6（万元）

2015 年全年应缴纳企业所得税 = 3.6 + 0.6 = 4.2（万元）

2016 年度：

1. 工业企业从业人数不超过 100 人，资产总额不超过 3 000 万元；其他企业从业人数不超过 80 人，资产总额不超过 1 000 万元。

2. 适用于查账征收和核定征收企业。

3. 年度应纳税所得额不超过 30 万元。

财税〔2015〕99 号：自 2015 年 10 月 1 日至 2016 年 12 月 31 日，对年应纳税所得额在 20 万元到 30 万元（含 30 万元）的小型微利企业，其所得减按 50% 计入应纳税所得额，按 20% 税率缴纳企业所得税。

2017 年度：

1. 工业企业从业人数不超过 100 人，资产总额不超过 3 000 万元；其他企业从业人数不超过 80 人，资产总额不超过 1 000 万元。

2. 适用于查账征收和核定征收企业。

3. 年度应纳税所得额不超过 50 万元。

财税〔2017〕43 号：自 2017 年 1 月 1 日至 2019 年 12 月 31 日，将小型微利企业的年应纳税所得额上限由 30 万元提高至 50 万元，对年应纳税所得额低于 50 万元（含 50 万元）的小型微利企业，其所得减按 50% 计入应纳税所得额，按 20% 的税率缴纳企业所得税。

2018 年度：

1. 工业企业从业人数不超过 100 人，资产总额不超过 3 000 万元；其他企业从业人数不超过 80 人，资产总额不超过 1 000 万元。

2. 适用于查账征收和核定征收企业。

3. 年度应纳税所得额不超过 100 万元。

财税〔2018〕77 号：自 2018 年 1 月 1 日至 2020 年 12 月 31 日，将小型微利企业

的年应纳税所得额上限由 50 万元提高至 100 万元，对年应纳税所得额低于 100 万元（含 100 万元）的小型微利企业，其所得减按 50% 计入应纳税所得额，按 20% 的税率缴纳企业所得税。

2019 年度：

1. 从业人数不超过 300 人，资产总额不超过 5 000 万元。

2. 适用查账征收和核定征收企业。

3. 年度应纳税所得额不超过 300 万元。

财税〔2019〕13 号：对小型微利企业年应纳税所得额不超过 100 万元的部分，减按 25% 计入应纳税所得额，按 20% 的税率缴纳企业所得税；对年应纳税所得额超过 100 万元但不超过 300 万元的部分，减按 50% 计入应纳税所得额，按 20% 的税率缴纳企业所得税。执行期限为 2019 年 1 月 1 日至 2021 年 12 月 31 日。

【点评】2019 年的小型微利企业标准变化很大，从业人数和资产总额第一次发生了改变，年应纳税所得额标准不仅提高了，而且分段计算，确保不会在 100 万元的临界点发生税负突然增高的情况。

2020 年度：

与 2019 年度标准相同。

2021 年度：

1. 从业人数不超过 300 人、资产总额不超过 5 000 万元。

2. 适用查账征收和核定征收企业。

3. 年度应纳税所得额不超过 300 万元。

《财政部 税务总局关于实施小微企业普惠性税收减免政策的通知》（财税〔2019〕13 号）：对小型微利企业年应纳税所得额不超过 100 万元的部分，减按 25% 计入应纳税所得额，按 20% 的税率缴纳企业所得税；对年应纳税所得额超过 100 万元但不超过 300 万元的部分，减按 50% 计入应纳税所得额，按 20% 的税率缴纳企业所得税。执行期限为 2019 年 1 月 1 日至 2021 年 12 月 31 日。

《财政部 税务总局关于实施小微企业和个体工商户所得税优惠政策的公告》（财政部 税务总局公告 2021 年第 12 号）：对小型微利企业年应纳税所得额不超过 100 万元的部分，在《财政部 税务总局关于实施小微企业普惠性税收减免政策的通知》（财税〔2019〕13 号）第二条规定的优惠政策基础上，再减半征收企业所得税。执行期限为 2021 年 1 月 1 日至 2022 年 12 月 31 日。

【点评】上述两个政策归纳起来就是：2021 年度 100 万元以下是按 2.5%；100 万元到 300 万元部分是按 10%。

2022 年度：

1. 从业人数不超过 300 人、资产总额不超过 5 000 万元。

2. 适用查账征收和核定征收企业。

3. 年度应纳税所得额不超过 300 万元。

《财政部 税务总局关于实施小微企业普惠性税收减免政策的通知》（财税〔2019〕13 号）：对小型微利企业年应纳税所得额不超过 100 万元的部分，减按 25% 计入应纳税所得额，按 20% 的税率缴纳企业所得税；对年应纳税所得额超过 100 万元但不超过 300 万元的部分，减按 50% 计入应纳税所得额，按 20% 的税率缴纳企业所得税。执行期限为 2019 年 1 月 1 日至 2021 年 12 月 31 日。

《财政部 税务总局关于实施小微企业和个体工商户所得税优惠政策的公告》（财政部 税务总局公告 2021 年第 12 号）：对小型微利企业年应纳税所得额不超过 100 万元的部分，在《财政部 税务总局关于实施小微企业普惠性税收减免政策的通知》（财税〔2019〕13 号）第二条规定的优惠政策基础上，再减半征收企业所得税。执行期限为 2021 年 1 月 1 日至 2022 年 12 月 31 日。

《关于进一步实施小微企业所得税优惠政策的公告》（财政部 税务总局公告 2022 年第 13 号）：对小型微利企业年应纳税所得额超过 100 万元但不超过 300 万元的部分，减按 25% 计入应纳税所得额，按 20% 的税率缴纳企业所得税。执行时间是 2022 年 1 月 1 日至 2024 年 12 月 31 日。

【点评】上述三个政策归纳起来就是：2022 年度 100 万元以下是按 2.5%；100 万元到 300 万元部分是按 5%。

086　关于不征税收入，四个常见问题和一个罕见问题

我遇到的涉税咨询中，关于企业所得税的不征税收入，有四个常见的问题和一个罕见的问题，在此和大家分享一下。

一、哪些收入属于企业的不征税收入?

答：（一）财政拨款。

（二）依法收取并纳入财政管理的行政事业性收费、政府性基金。

（三）国务院规定的其他不征税收入：

1. 企业取得的，由国务院财政、税务主管部门规定专项用途并经国务院批准的财政性资金。

2. 企业接收无偿划入的国有资产，符合条件可以作为不征税收入（详见国家税务

总局公告2014年第29号）。

3. 软件企业取得的即征即退增值税款，符合条件可以作为不征税收入（详见财税〔2012〕27号）。

4. 对社保基金理事会、社保基金投资管理人管理的社保基金银行存款利息收入，社保基金从证券市场中取得的收入，作为不征税收入（详见财税〔2008〕136号）。

二、不征税收入是否就是免税收入?

答：当然不是。

免税收入：属于企业的应税所得但按照税法规定免予征收。

不征税收入：不属于企业营利性活动带来的经济利益，是法律上规定不予征收的项目。

这里最大的区别在于不征税收入用于支出而形成的费用或者因形成资产而计提的折旧、摊销，不允许在税前扣除；但是免税收入可以。

三、财政性资金都是不征税收入吗?

答：不是，需要符合一定条件。

企业从县级以上各级人民政府财政部门及其他部门取得的应计入收入总额的财政性资金，凡同时符合以下条件的，可以作为不征税收入，在计算应纳税所得额时从收入总额中减除：

1. 企业能够提供规定资金专项用途的资金拨付文件；

2. 财政部门或其他拨付资金的政府部门对该资金有专门的资金管理办法或具体管理要求；

3. 企业对该资金以及以该资金发生的支出单独进行核算。

四、作为不征税收入的财政性资金，支出有时间限制吗?

答：有时间限制。

企业将符合规定条件的财政性资金作不征税收入处理后，在5年（60个月）内未发生支出且未缴回财政部门或其他拨付资金的政府部门的部分，应计入取得该资金第6年的应税收入总额。计入应税收入总额的财政性资金发生的支出，允许在计算应纳税所得额时扣除。

五、罕见问题：不征税收入的支出，需要提供符合规定的税前扣除凭证吗？如果扣除凭证不合规，会怎样？

作者答：此问题未见有正式的文件规定。由于不征税收入 5 年内收入支出均不会对应纳税所得额产生影响，所以对凭证的合规性没有强制规定，但在第 6 年，税务机关应对不征税收入的使用情况进行检查，如果支出凭证不合规，则企业应补充合规的税前扣除凭证，如不能补充，税务上不会认可，调增并入第 6 年应税收入的总额。

087　持有股票满 12 个月，究竟该如何计算？

我在 12366 纳税服务平台上看到这样一个问题：

居民企业持有上市公司股票满 12 个月的时间确认问题？

留言时间：2021 - 05 - 27

问题内容：

我们公司为安徽合肥的一家居民企业，2020 年 4 月投资一家上市公司，并于 2020 年 12 月取得了股息红利，根据《中华人民共和国企业所得税法实施条例》规定：企业所得税法第二十六条第（二）项和第（三）项所称股息、红利等权益性投资收益，不包括连续持有居民企业公开发行并上市流通的股票不足 12 个月取得的投资收益。

截至 2020 年 12 月 31 日，我司持有该家上市公司的股票是不足 12 个月的，但截至 2021 年 4 月，我司持有该家上市公司的股票已经满 12 个月。想核实一下，针对我司 2020 年 12 月取得的股息红利是否可以享受上述免税政策？

答复机构：安徽省税务局

答复时间：2021 - 05 - 27

答复内容：

国家税务总局安徽省税务局 12366 纳税服务中心答复：您好！您提交的问题已收悉，现针对您所提供的信息回复如下：根据《中华人民共和国企业所得税法实施条例》第八十三条规定，免税的股息、红利等权益性投资收益不包括连续持有居民企业公开发行并上市流通的股票不足 12 个月取得的投资收益。在股息红利免税条件中，之所以对持有时间进行限制主要是为了鼓励企业进行投资而不是投机，避免企业短期炒作的投机行为。鉴于此政策的出台背景，只要企业持有上市公司股票满 12 个月，无论是不足 12 个月取得的股息红利还是持满 12 个月取得的股息红利均可以作为免税的股息红利。

感谢您的咨询！上述回复仅供参考，若您对此仍有疑问，请联系 12366 或主管税务机关。

【晶晶亮评析】

我遇到了类似的实务问题，当时对此也确实有过争议。

矛盾的关键是如何理解“连续持有居民企业公开发行并上市流通的股票不足12个月取得的投资收益”这句话。

不足12个月，究竟衡量的是买入到卖出持有股票的时间，还是买入到分红持有股票的时间？

汉语确实会产生很多歧义，比如“穿破衣服的人”这个“破”字既可以做“衣服”的定语，表示衣服是破的，也可以做“穿”的状语，表示衣服是穿破的，而不是磨破的。很多时候想真正理解一句话是什么意思，只能根据上下文来判断。

所以不能单纯在这里纠结“不足12个月”到底是在衡量什么时间，我们需要看一些相关的规范性文件，通过立法本意来理解。

国税函〔2008〕159号《国家税务总局关于印发〈新企业所得税法精神宣传提纲〉的通知》第二十四条对此的解释是：

“鉴于以股票方式取得且连续持有时间较短（短于12个月）的投资，并不以股息、红利收入为主要目的，主要是从二级市场获得股票转让收益，而且买卖和变动频繁，税收管理难度大，因此，实施条例将持有上市公司股票的时间短于12个月的股息红利收入排除在免税范围之外。对来自所有非上市企业，以及持有股份12个月以上取得的股息、红利收入，适用免税政策。”

根据这个文件精神，很显然，不足12个月是在衡量买入到卖出的持股时间，而非买入到分红的持股时间。

所以说，安徽税务局这个回复是非常到位的，只要企业持有上市公司股票满12个月，无论是不足12个月取得的股息红利还是持满12个月取得的股息红利均可以作为免税的股息红利。

当时我们检查组也是上面这个观点，但因为有争议，所以曾通过省局请示过总局，总局最终的答复，也是如此。

不过这里还需要注意，有一种更麻烦的情形，就是如果该公司是2020年7月购买的股票，2020年12月取得股息分红，2021年5月办理企业所得税汇算清缴的时候，持股时间还不足12个月，汇算的时候是否能作为免税申报呢？

我的理解是，因为在汇算的时候不符合免税条件，此时股息分红不能作为免税收入申报，假设到2021年8月，该公司卖了股票，持股时间超过了12个月，再对这笔股息分红作更正申报。

088 企业获得的这些增值税优惠，是否需要缴纳企业所得税？

增值税很烦琐，企业所得税很庞杂，当两税问题相遇，纠缠在一起，很多财务人员就只有头疼的份儿了，以下这几个问题，经常有人问：

1. 从税务机关取得的即征即退的增值税税额，是否需要缴纳企业所得税？

答：符合政策规定的可以作为不征税收入，不符合规定的需要缴纳。

根据《财政部 国家税务总局关于财政性资金 行政事业性收费 政府性基金有关企业所得税政策问题的通知》（财税〔2008〕151号）规定，财政性资金，是指企业取得的来源于政府及其有关部门的财政补助、补贴、贷款贴息，以及其他各类财政专项资金，包括直接减免的增值税和即征即退、先征后退、先征后返的各种税收，但不包括企业按规定取得的出口退税款。

根据《财政部 国家税务总局关于专项用途财政性资金企业所得税处理问题的通知》（财税〔2011〕70号）规定，企业从县级以上各级人民政府财政部门及其他部门取得的应计入收入总额的财政性资金，若同时符合企业能够提供规定资金专项用途的资金拨付文件、财政部门或其他拨付资金的政府部门对该资金有专门的资金管理办法或具体管理要求、企业对该资金以及以该资金发生的支出单独进行核算三个条件可以作为不征税收入。

根据《财政部 国家税务总局关于进一步鼓励软件产业和集成电路产业发展企业所得税政策的通知》（财税〔2012〕27号）规定："五、符合条件的软件企业按照《财政部 国家税务总局关于软件产品增值税政策的通知》（财税〔2011〕100号）规定取得的即征即退增值税款，由企业专项用于软件产品研发和扩大再生产并单独进行核算，可以作为不征税收入，在计算应纳税所得额时从收入总额中减除。"

因此，收到税务机关即征即退的增值税额除上述情况外，应按规定并入当期损益，申报缴纳企业所得税。

2. 增值税加计抵减的部分是否需要缴纳企业所得税？

答：需要缴纳。

根据《企业所得税法》规定，企业以货币形式和非货币形式从各种来源取得的收入，为收入总额。包括：特许权使用费收入、接受捐赠收入、其他收入等。

根据《财政部 国家税务总局关于专项用途财政性资金企业所得税处理问题的通知》（财税〔2011〕70号）规定，企业从县级以上各级人民政府财政部门及其他部门取得的应计入收入总额的财政性资金，若同时符合企业能够提供规定资金专项用途的资金拨付文件、财政部门或其他拨付资金的政府部门对该资金有专门的资金管理办法或具体管理要求、企业对该资金以及以该资金发生的支出单独进行核算三个条件可以作为不征税收入。

因此，增值税加计抵减优惠部分属于政府补助，不符合不征税收入的条件，应按规定缴纳企业所得税。

3. 企业收到税务机关退还的增值税留抵税额，是否需要缴纳企业所得税？

答：不需要缴纳。

根据《财政部 国家税务总局关于财政性资金 行政事业性收费 政府性基金有关企业所得税政策问题的通知》（财税〔2008〕151号）规定，财政性资金，是指企业取得的来源于政府及其有关部门的财政补助、补贴、贷款贴息，以及其他各类财政专项资金，包括直接减免的增值税和即征即退、先征后退、先征后返的各种税收，但不包括企业按规定取得的出口退税款。

企业取得的增值税期末留抵税额退还款将导致未来可抵扣的增值税进项减少，实质上未给企业带来经济利益流入，不涉及收入确认，因此，不需要缴纳企业所得税。

【晶晶亮评析】

判断企业所得税不征税收入，最主要的依据是财税〔2011〕70号规定的三个条件。但是增值税减免返还，一般都是普惠性的，不会有专门的拨付款文件，所以不会符合这三个条件。

接下来就更简单了，一看是不是财政性资金收入，二看是否有特殊规定。

这样一分析就知道，出口退税和留抵退税，这两类退税因为不是国家给企业的财政资金，其实是国家占用企业资金的返还，相当于是还借款，不属于企业的收入，所以不需要缴企业所得税。

其他的增值税减免返还，只要没有类似软件企业即征即退的特殊规定，都是征税收入，都需要缴企业所得税。

089 小规模纳税人减征2%增值税，需要缴纳企业所得税吗？

问题：疫情期间适用3%征收率的应税销售收入，减按1%征收率征收增值税，那么2%这部分需要并入营业外收入缴纳企业所得税吗？

答复：小规模纳税人增值税减征2%的部分属于财政性资金，需要计入收入缴纳企业所得税。

■ **政策依据**

《财政部 国家税务总局关于财政性资金 行政事业性收费 政府性基金有关企

业所得税政策问题的通知》（财税〔2008〕151号）。

一、财政性资金

（一）企业取得的各类财政性资金，除属于国家投资和资金使用后要求归还本金的以外，均应计入企业当年收入总额。

（二）对企业取得的由国务院财政、税务主管部门规定专项用途并经国务院批准的财政性资金，准予作为不征税收入，在计算应纳税所得额时从收入总额中减除。

（三）纳入预算管理的事业单位、社会团体等组织按照核定的预算和经费报领关系收到的由财政部门或上级单位拨入的财政补助收入，准予作为不征税收入，在计算应纳税所得额时从收入总额中减除，但国务院和国务院财政、税务主管部门另有规定的除外。

本条所称财政性资金，是指企业取得的来源于政府及其有关部门的财政补助、补贴、贷款贴息，以及其他各类财政专项资金，包括直接减免的增值税和即征即退、先征后退、先征后返的各种税收，但不包括企业按规定取得的出口退税款；所称国家投资，是指国家以投资者身份投入企业，并按有关规定相应增加企业实收资本（股本）的直接投资。

【晶晶亮评析】

对于企业所得税来说，只要是不符合免税收入和不征税收入条件的，都是要征税的。

对于个人所得税来说，不能归类到九类应税项目中的所得，就不征税。

这两个所得税的思考思路是不一样的。一个是负面清单，另一个是正面清单。

090　一个不是问题的问题，居然引发了一场争论

2020年8月9日，我在公众号上转发了一个北京12366的税务问答："疫情期间适用3%征收率的应税销售收入，减按1%征收率征收增值税，那么2%这部分需要并入营业外收入缴纳企业所得税吗?"

北京12366的答案是：小规模纳税人增值税减征2%的部分属于财政性资金，需要计入收入缴纳企业所得税。

没想到，这个问题居然引发了这么多的关注和评论，留言里有困惑的，有质疑的，有赞成的，有嘲笑的……

北京12366的回答有错误吗？其实回复本身是没错误的。小规模纳税人增值税减征2%的部分，按照财税〔2008〕151号的规定："财政性资金，是指企业取得的来源于政府及其有关部门的财政补助、补贴、贷款贴息，以及其他各类财政专项资金，包括直接减免的增值税和即征即退、先征后退、先征后返的各种税收。"它确实属于财政性资金，也确实需要并入收入缴企业所得税。

但他没有准确理解对方的意思，提问的人问的是：需要并入"营业外收入"缴企业所得税吗？

之所以会引发众多的质疑，是因为提问的人问题是：需要并入"营业外收入"缴企业所得税吗？

看出来了吗？回复重点是需要缴企业所得税，质疑的声音主要是说，难道这部分收入需要并入"营业外收入"？

之所以争议不断，关键在于大家立场不同，关注点不同。

作为税务机关，关注的重点是缴税不缴税，至于是通过哪个会计科目核算，并不是很在意，所以回复者只说需要计入收入，缴税。但对于会计科目问题，既没有肯定也没有否定，因为确实不关注。

这一点我深能体会，检查的时候，发现企业做错账，只要没有影响最终缴税金额，记账科目不规范的问题，可能提醒一句，但不会很在意。

而作为财务人员，不但会关注是否缴税，而且会特别关注通过哪个会计科目核算，如何做账，之所以会特别注意问题中的计入"营业外收入"，是因为看到了12366给了一个缴税的肯定答复，就认为税务局意思是让把减免的2%做到营业外收入中去。

可能他们期待的答复是：因为在含税收入换算不含税收入的时候，减免的2%的部分已经计入了营业收入，缴纳了企业所得税。不需要调整到"营业外收入"缴纳企业所得税。

误会就是这样产生的，由此引发一场轩然大波。

谈话的时候，准确理解对方的意图很重要。有时候，虽然话本身没有问题，但放在某一种语境中，就会让人产生理解的歧义。

2%直接减免的增值税，从税务机关的角度来看，肯定是财政性资金。

但从纳税人的角度看，这就是我企业自己的销售收入，国家只是降低了征收率，少收了一部分而已，怎么就变成了财政性资金了？

我觉得辩论这个没什么意义。税务上是这么统计的，有它自己的道理。税法并没有要求会计按照政府补助核算，正常作销售收入就可以。

会计和税务所观察问题视角不同，同一笔收入各自核算。互不相干的两个口径，不需要强求保持一致。

这本来就是个小问题，站位不同，关注重点不同，因此产生了误会。大家说清楚就可以了，不需要互相攻击。

“屁股决定脑袋”，牛顿第四定律果然正确（牛顿说：我没说过）。

每一个人受自己的位置所限，会产生自我遮蔽。但作为一个理智的人，应该尽量去换位思考，尽量去理解对方真正想要表达的意思。

091　企业所得税常见的四大类35项税前扣除项目

一年一度的企业所得税汇算清缴，是每个公司的财务人员都很重视的一项工作。

在计算企业应纳税所得额时，确定税前扣除项目是其中的重头戏，哪些能扣，哪些不能扣，哪些全额扣，哪些限额扣，都需要做到心中有数。

但税收政策繁杂，很容易顾此失彼。现把常用的税前扣除项目列示在此，分为成本费用、税金、损失和其他支出四大类，共35项扣除项目，供大家备查参考。

一、成本费用类支出

（一）存货成本销售时可扣除

企业使用或者销售存货，按照规定计算的存货成本，准予在计算应纳税所得额时扣除。

（二）投资资产成本不得扣除

企业对外投资期间，投资资产的成本在计算应纳税所得额时不得扣除。企业所得税法第十四条所称投资资产，是指企业对外进行权益性投资和债权性投资形成的资产。企业在转让或者处置投资资产时，投资资产的成本，准予扣除。

（三）其他资产成本的扣除规定

1. 固定资产折旧

在计算应纳税所得额时，企业按照规定计算的固定资产折旧，准予扣除。固定资产按照直线法计算的折旧，准予扣除。企业应当自固定资产投入使用月份的次月起计算折旧；停止使用的固定资产，应当自停止使用月份的次月起停止计算折旧。下列固定资产不得计算折旧扣除：（1）房屋、建筑物以外未投入使用的固定资产；（2）以经营租赁方式租入的固定资产；（3）以融资租赁方式租出的固定资产；（4）已足额提取折旧仍继续使用的固定资产；（5）与经营活动无关的固定资产；（6）单独估价作为固定资产入账的土地；（7）其他不得计算折旧扣除的固定资产。

2. 生产性生物资产的折旧

生产性生物资产按照直线法计算的折旧，准予扣除。企业应当自生产性生物资产投入使用月份的次月起计算折旧；停止使用的生产性生物资产，应当自停止使用月份的次月起停止计算折旧。企业应当根据生产性生物资产的性质和使用情况，合理确定生产性生物资产的预计净残值。生产性生物资产的预计净残值一经确定，不得变更。

3. 无形资产的摊销

无形资产按照直线法计算的摊销费用，准予扣除。无形资产的摊销年限不得低于10年。作为投资或者受让的无形资产，有关法律规定或者合同约定了使用年限的，可以按照规定或者约定的使用年限分期摊销。外购商誉的支出，在企业整体转让或者清算时，准予扣除。下列无形资产不得计算摊销费用扣除：（1）自行开发的支出已在计算应纳税所得额时扣除的无形资产；（2）自创商誉；（3）与经营活动无关的无形资产；（4）其他不得计算摊销费用扣除的无形资产。

（四）长期待摊费用的摊销

企业发生的下列支出作为长期待摊费用，按照规定摊销的，准予扣除：（1）已足额提取折旧的固定资产的改建支出；（2）租入固定资产的改建支出；（3）固定资产的大修理支出；（4）其他应当作为长期待摊费用的支出。

（五）工资、薪金支出

1. 企业发生的合理的工资、薪金支出，准予据实扣除。

2. 残疾人工资加计100%扣除。

3. 列入企业员工工资薪金制度、固定与工资薪金一起发放的福利性补贴，符合国税函〔2009〕3号第一条规定的，可作为企业发生的工资薪金支出，按规定在税前扣除。不能同时符合上述条件的福利性补贴，应作为国税函〔2009〕3号第三条规定的职工福利费，按规定计算限额税前扣除。

（六）企业其他用工支出

1. 企业因雇用季节工、临时工、实习生、返聘离退休人员所实际发生的费用，应区分为工资薪金支出和职工福利费支出，并按《企业所得税法》规定在企业所得税前扣除。其中属于工资薪金支出的，准予计入企业工资薪金总额的基数，作为计算其他各项相关费用扣除的依据。

2. 企业接受外部劳务派遣用工所实际发生的费用，应分两种情况按规定在税前扣除：按照协议（合同）约定直接支付给劳务派遣公司的费用，应作为劳务费支出；直接支付给员工个人的费用，应作为工资薪金支出和职工福利费支出。其中属于工资薪金支出的费用，准予计入企业工资薪金总额的基数，作为计算其他各项相关费用扣除的依据。

（七）职工福利费

企业发生的职工福利费支出，不超过工资、薪金总额14%的部分，准予扣除。

（八）社会保险费和其他保险费

企业为职工缴纳的符合规定范围和标准的基本社会保险费和住房公积金，准予据实扣除。企业为特殊工种职工支付的人身安全保险费和符合国家规定的商业保险费可以扣除。企业根据国家有关政策规定，为在本企业任职或者受雇的全体员工支付的补充养老保险费、补充医疗保险费，分别在不超过职工工资总额5%标准内的部分，在计算应纳税所得额时准予扣除；超过的部分，不予扣除。

（九）劳动保护费

企业发生的合理的劳动保护支出，准予扣除。

（十）工会经费

企业拨缴的工会经费，不超过工资、薪金总额2%的部分，准予扣除。企业拨缴的工会经费，应取得合法有效的工会经费专用收据或者代收凭据才可依法在税前扣除。

（十一）职工教育经费

自2018年1月1日起，企业发生的职工教育经费支出，不超过工资薪金总额8%的部分，准予在计算企业所得税应纳税所得额时扣除；超过部分，准予在以后纳税年度结转扣除。职工教育经费范围中《关于企业职工教育经费提取与使用管理的意见》（财建〔2006〕317号）规定的特殊情况：（1）集成电路设计企业和符合条件的软件企业（经认定的动漫企业自主开发、生产动漫产品）的职工培训费用，单独核算、据实扣除。（2）航空企业实际发生的飞行员养成费、飞行训练费、乘务训练费、空中保卫员训练费等空勤训练费用，可作为航空企业运输成本据实扣除。（3）核力发电企业为培养核电厂操作员培训费用，与职工教育经费严格区分并单独核算的，可作为企业的发电成本据实扣除。

（十二）党组织工作经费

党组织工作经费，实际支出不超过职工年度工资、薪金总额1%的部分，可以据实在企业所得税前扣除。党组织工作经费必须用于党的活动，使用范围包括：召开党内会议，开展党内宣传教育活动和组织活动；组织党员和入党积极分子教育培训；表彰先进基层党组织、优秀共产党员和优秀党务工作者；走访、慰问和补助生活困难的党员；订阅或购买用于开展党员教育的报刊、资料和设备；维护党组织活动场所及设施等。

（十三）保险费

1. 企业参加财产保险，按照规定缴纳的保险费，准予扣除。

2. 企业职工因公出差乘坐交通工具发生的人身意外保险费支出，准予企业在计算应纳税所得额时扣除。

3. 企业参加雇主责任险、公众责任险等责任保险，按照规定缴纳的保险费，准予在企业所得税税前扣除。

（十四）利息费用

非金融企业向金融企业借款的利息支出、金融企业的各项存款利息支出和同业拆借利息支出、企业经批准发行债券的利息支出，可据实扣除；非金融企业向非金融企业借款的利息支出，不超过按照金融企业同期同类贷款利率计算的数额的部分，可据实扣除。企业向股东或其他与企业有关联关系的自然人借款的利息支出，符合《国家税务总局关于企业向自然人借款的利息支出企业所得税税前扣除问题的通知》（国税函〔2009〕777号）条件可税前扣除。

企业在生产经营活动中发生的合理的不需要资本化的借款费用，准予扣除。企业为购置、建造固定资产、无形资产和经过12个月以上的建造才能达到预定可销售状态的存货发生借款的，在有关资产购置、建造期间发生的合理的借款费用，应当作为资本性支出计入有关资产的成本，按规定扣除。

（十五）业务招待费

企业发生的与生产经营活动有关的业务招待费支出，按照实际发生额的60%扣除，但最高不得超过当年销售（营业）收入［含视同销售（营业）收入额］的5‰。对从事股权投资业务的企业（包括集团公司总部、创业投资企业等），其从被投资企业所分配的股息、红利以及股权转让收入，可以按规定的比例计算业务招待费扣除限额。

（十六）广告费和业务宣传费

企业发生的符合条件的广告费和业务宣传费支出，除国务院财政、税务主管部门另有规定外，不超过当年销售（营业）收入15%的部分，准予扣除；超过部分，准予在以后纳税年度结转扣除。特殊规定有：（1）2016年1月1日起至2025年12月31日，对化妆品制造或销售、医药制造和饮料制造（不含酒类制造）企业发生的广告费和业务宣传费支出，不超过当年销售（营业）收入30%的部分，准予扣除；超过部分，准予在以后纳税年度结转扣除。（2）烟草企业的烟草广告费和业务宣传费支出，一律不得在计算应纳税所得额时扣除。

（十七）捐赠支出

1. 企业实际发生的公益性捐赠支出。在年度利润总额12%以内的部分，准予在计算应纳税所得额时扣除；超过年度利润总额12%的部分，准予结转以后3年内在计算应纳税所得额时扣除。

2. 防疫捐赠支出。自2020年1月1日起，企业通过公益性社会组织或县级（含县级）以上人民政府及其部门等国家机关，捐赠用于应对新型冠状病毒感染的肺炎疫情的现金和物品，允许在计算企业所得税应纳税所得额时全额扣除。自2020年1月1日起，企业直接向承担疫情防治任务的医院捐赠用于应对新型冠状病毒感染的肺炎疫情的物品，允许在计算应纳税所得额时全额扣除。

3. 扶贫捐赠支出。自2019年1月1日至2025年12月31日，企业通过公益性社会组织或者县级（含县级）以上人民政府及其组成部门和直属机构，用于目标脱贫地区的扶贫捐赠支出，准予在计算企业所得税应纳税所得额时据实扣除。

4. 其他捐赠支出不得税前扣除。

（十八）手续费和佣金支出

1. 一般企业按签订服务协议或合同确认的收入金额的5%计算限额；除委托个人代理外，企业以现金等非转账方式支付的手续费及佣金不得在税前扣除。

2. 保险企业发生与其经营活动有关的手续费及佣金支出，不超过当年全部保费收入扣除退保金等后余额的18%（含本数）的部分，在计算应纳税所得额时准予扣除；超过部分，允许结转以后年度扣除。

3. 电信企业在发展客户、拓展业务等过程中（如委托销售电话入网卡、电话充值卡等），需向经纪人、代办商支付手续费及佣金的，其实际发生的相关手续费及佣金支出，不超过企业当年收入总额的5%的部分，准予在企业所得税前据实扣除。

4. 从事代理服务、经营业务收入为手续费、佣金的企业（如证券、期货、保险代理等企业），其为取得该类收入而实际发生的营业成本（包括手续费及佣金支出），准予在企业所得税前据实扣除。

（十九）租赁费

企业根据生产经营活动的需要租入固定资产支付的租赁费，按照以下方法扣除：(1) 以经营租赁方式租入固定资产发生的租赁费支出，按照租赁期限均匀扣除；(2) 以融资租赁方式租入固定资产发生的租赁费支出，按照规定构成融资租入固定资产价值的部分应当提取折旧费用，分期扣除。

（二十）违约金（包括银行罚息）、赔偿金、罚款

经济合同违约金（包括银行罚息）、赔偿金、罚款、商业合同逾期付款向客户支付的滞纳金等，属于纳税人按照经济合同规定支付的违约金，并且与生产经营相关，可以税前扣除。

（二十一）环境保护、生态恢复专项资金

企业依照法律、行政法规有关规定提取的用于环境保护、生态恢复等方面的专项资金，准予扣除。上述专项资金提取后改变用途的，不得扣除。

（二十二）政府性基金和行政事业性收费

企业按照规定缴纳的、由国务院或财政部批准设立的政府性基金以及由国务院和省、自治区、直辖市人民政府及其财政、价格主管部门批准设立的行政事业性收费，准予在计算应纳税所得额时扣除。

（二十三）汇兑损失

企业在货币交易中，以及纳税年度终了时，将人民币以外的货币性资产、负债按照期末即期人民币汇率中间价折算为人民币时产生的汇兑损失，除已经计入有关资产成本以及与向所有者进行利润分配相关的部分外，准予扣除。

（二十四）开（筹）办费

《企业所得税法》中开（筹）办费未明确列作长期待摊费用，企业可以在开始经营之日的当年一次性扣除，也可以按照《企业所得税法》有关长期待摊费用的处理规定处理，但一经选定，不得改变。

（二十五）向投资者支付的股息、红利等权益性投资收益款项，不得在所得税前扣除

（二十六）罚金、罚款和被没收财物的损失，不得在所得税前扣除

（二十七）赞助支出，不得在所得税前扣除

（二十八）未经核定的准备金支出，不得在所得税前扣除

（二十九）企业之间支付的管理费、企业内营业机构之间支付的租金和特许权使用费，以及非银行企业内营业机构之间支付的利息，不得在所得税前扣除

（三十）行政相对人缴纳的行政和解金，不得在所得税前扣除

二、税金

1. 企业发生的除企业所得税和允许抵扣的增值税以外的各项税金及其附加，可税前扣除。

2. 税收滞纳金不能税前扣除。

三、损失

准予在企业所得税税前扣除的资产损失，是指企业在实际处置、转让上述资产过程中发生的合理损失（实际资产损失），以及企业虽未实际处置、转让上述资产，但符合规定条件计算确认的损失（法定资产损失）。

四、其他支出

1. 企业的不征税收入用于支出所形成的费用或者财产，不得扣除或者计算对应的折旧、摊销扣除。

2. 与取得收入无关的其他支出，不能在企业所得税税前扣除。

092　必须取得发票才能税前扣除？不！

必须取得发票才能税前扣除，这是在纳税人和税务干部中流传已久的一个说法。

甚至形成了一个根深蒂固的观念。其实，原本通过企业所得税法，我们完全可以判断出它是错的，但在实践中由于大家对一些文件误读，就得出了与税法相悖的结论。

这其中，最主要的文件规定是国税发〔2008〕88 号第二条第三款第（三）项："加强发票核实工作，不符合规定的发票不得作为税前扣除凭证。"

这条规定是很多人用来作为税前扣除必须有发票的一个佐证。但实际上，我们仔细研读，它的意思有两层：首先，这项支出是用发票来作为税前扣除凭证的；其次，如果这个发票不符合规定，是不能作为税前扣除凭证的。所以这个规定并不是说，税前扣除必须用发票。

所幸这样的误读，可以通过总局颁布的 2018 年 28 号公告《企业所得税税前扣除凭证管理办法》拨乱反正。对于财税圈来说，这又是一个重磅文件，有助于解决困扰大家许久的问题。对于这个管理办法，我们可以通过以下八个问题进行学习理解：

一、管理办法适用哪些企业？

扣除凭证管理办法适用于居民企业和非居民企业，通俗来讲，就是企业所得税法中规定的企业范围，这自然是不包括合伙企业和个人独资企业的。

二、税前扣除凭证包括哪些？

税前扣除凭证包括内部凭证和外部凭证。内部凭证是指企业自制用于成本、费用、损失和其他支出核算的会计原始凭证。这里需要注意，内部凭证的填制和使用应当符合国家会计法律、法规等相关规定。也就是说，内部凭证也不能随随便便写，应该按照要求规范填写。

外部凭证是指企业发生经营活动和其他事项时，从其他单位、个人取得的用于证明其支出发生的凭证，包括但不限于发票（包括纸质发票和电子发票）、财政票据、完税凭证、收款凭证、分割单等。这里可以看到，发票仅仅是扣除凭证中的一种而不是全部。

三、属于增值税应税项目的一定需要发票扣除？错误！

再次明确，税前扣除凭证和发票不是一回事，在任何时候不能简单地画等号。办法明确规定，企业在境内发生的支出属于增值税应税项目的，如果对方是已办理税务登记的增值税纳税人，其支出以发票作为税前扣除凭证，包括按照规定由税务机关代开的发票。

但如果对方为依法无须办理税务登记的单位，或者从事小额零星经营业务的个人，支出是以税务机关代开的发票或收款凭证及内部凭证作为税前扣除凭证，收款凭证应载明收款单位名称、个人姓名及身份证号、支出项目、收款金额等相关信息。

这是什么意思？这说明即使是增值税应税项目，如果对方是不用办证的单位，或小额零星业务的个人，企业也可不用发票入账。各位朋友，这是很关键的一条，总局解决了长久以来一直困扰大家的一个难题，即食堂买菜如何进行税前扣除的问题，在街上小商贩处买菜不用取得发票了啊。可以用内部凭证代替，当然相关信息还是要填全的。实际工作中，我看到有些企业，拿一张白纸，随意写几个数字、几句话就作为扣除凭证附在记账凭证后面，这样做是不合适的。不要写得太简单，企业应该自制一个规范的费用支付单，把相关信息尽量详细列示。

四、不合规发票能否税前扣除?

不能扣除。管理办法和国税发〔2008〕88 号是一脉相承的，并且对不合规发票作了进一步的明确。企业取得私自印制、伪造、变造、作废、开票方非法取得、虚开、填写不规范等不符合规定的发票，均属于不合规发票。这里要特别注意，填写不规范的发票属于不合规的发票，也不能税前扣除。今后，大家要特别注意取得的发票是否填写规范，不要功亏一篑，阴沟里翻船。

五、取得不合规发票（外部凭证）怎么办?

补开、换开。这里注意 3 个期限规定，一是企业自行发现了发票或外部凭证不合规，在企业所得税汇算清缴期结束前，也就是 5 月 31 日前补开换开。二是如果企业自行调增后，之后又取得了合规的凭据，可以追补扣除，追补期限为 5 年。三是如果企业没有发现，税务机关在检查的时候发现不合规发票，给了 60 天时间让企业补开换开。

六、如果无法补开、换开，发票（外部凭证）能否税前扣除?

无法补开、换开，如果还希望税前扣除，是必须提供充分证明资料的。必备的证明资料是：一是无法补开、换开发票或其他外部凭证原因的证明资料（包括工商注销、机构撤销、列入非正常经营户、破产公告等证明资料）；二是相关业务活动的合同或者协议；三是采用非现金方式支付的付款凭证。当然，如果能提供运费资料、出库入库证明、会计核算资料则证明更为充分。

七、如果发票（外部凭证）不合规，且无法补开、换开，又没法提供证明资料，能否税前扣除？

都到这个地步了，还想税前扣除就是奢望了，当然不行。

八、租用房屋、水电等费用以什么凭证税前扣除？

假设企业租用了几间办公室，通常来说，水电等各项费用是由写字楼的出租方统一缴纳支付，对于众多的租户来说，是无法取得电力公司、供水公司开具的一一对应的发票，这种情况，可以由出租方开具分割单，各租户以此作为税前扣除凭证。

不只是租用房屋，其他只要是企业共同接受应税劳务的，需要分摊的，都可以采取这种方式作为税前扣除凭证。

093 转账付款，企业所得税税前扣除的最后一道屏障

国家税务总局公告2018年第28号《企业所得税税前扣除凭证管理办法》（以下简称“28号公告”）的颁布，最大的好处就是扭转了一些税务人员固有的错误观念，即企业所得税税前一定要凭票才能税前扣除。在公告中，给出了如果无法取得发票，该如何进行补救的具体措施。总的来说，只要企业能提供资料证明业务的真实性，税前扣除是不成问题的。

2019年3月期间，我遇到这样一个案子，甲公司取得了若干张建筑服务的增值税普通发票，但开具发票的乙公司走逃了，包工头张三不知所踪。

这个问题甲公司不涉及增值税，只需要考虑甲公司取得这些建筑发票可否在企业所得税税前扣除。当然了，单凭甲公司的发票来自于走逃的乙公司就不允许税前扣除，是没有足够的文件条款支撑的。但是，在调查中我们发现，这个业务的真实性确实有疑点，比如提供的建筑工程决算书签字盖章不全等若干项疑点。甲解释说，因为公司规模小，平常工作不规范。

28号公告第十二条：企业取得私自印制、伪造、变造、作废、开票方非法取得、虚开、填写不规范等不符合规定的发票，以及取得不符合国家法律、法规等相关规定的其他外部凭证，不得作为税前扣除凭证。

通过上述规定可以看出，如果发票被证明是虚开的，肯定是不能税前扣除的。现

有情况是虽然疑点很多，但确认虚开还是有难度。最高效便捷的方式是看发票填写是否规范，对于一个平常工作不规范的企业来说，发票多数情况下也是不规范的。一查看，果然，甲公司取得的这几张建筑服务发票，在备注栏中没有填写提供建筑服务发生地及项目名称。这是总局 2016 年 23 号公告中要求必须填写的内容。据此，就可以判定，这些填写不规范的发票不能税前扣除。

当然，28 号公告还是给出了对于不合规发票的补救措施：

第十四条，企业在补开、换开发票、其他外部凭证过程中，因对方注销、撤销、依法被吊销营业执照、被税务机关认定为非正常户等特殊原因无法补开、换开发票、其他外部凭证的，可凭以下资料证实支出真实性后，其支出允许税前扣除：（一）无法补开、换开发票、其他外部凭证原因的证明资料（包括工商注销、机构撤销、列入非正常经营户、破产公告等证明资料）；（二）相关业务活动的合同或者协议；（三）采用非现金方式支付的付款凭证；（四）货物运输的证明资料；（五）货物入库、出库内部凭证；（六）企业会计核算记录以及其他资料。前款第（一）项至第（三）项为必备资料。

因为乙公司是非正常户了，所以甲公司肯定无法补开、换开发票，其只需要提供上述前三项资料，证实业务的真实性即可税前扣除。结果一调查，甲公司和乙公司结算的时候，偏偏采取的就是现金结算方式，这个第三项资料非现金支付方式是无论如何也提供不出来。

业务疑点重重，发票开得不规范，也就罢了，结算的时候还是现金支付。事到如今，按照规定，这几笔建筑劳务的支出只能是不允许在企业所得税税前扣除了，纳税调增、补税、加收滞纳金是不可避免的了。

做财务的朋友们，一定要牢记，转账付款是企业所得税税前可以扣除的最后一道屏障，一定不要轻易突破啊。

094　这笔支出有法院判决书还需要发票吗?

一位网友问：我公司欠其他公司的货款，一直有争议。经过法院判决后败诉，法院判我公司支付货款 1 000 万元，另支付利息 100 万元。我们公司也支付了 1 100 万元，货款发票是早有了，就想问一下，利息部分对方是否应该给我们开具发票？我们能否用法院判决书作为企业所得税的扣除凭证？

我说：先说第一个问题，对方公司应该给你们开发票。

他说：为什么需要让对方开发票呢？难道拿法院判决书不能证明我们真实发生吗？

我说：你不要把两个问题，增值税和企业所得税混在一起说。对方是否需要开具发票，要看他的这笔收入是否应该缴增值税，只要属于增值税征税范围，他就有义务开具发票，除非你放弃索要。

1 000 万元的货款需要缴增值税，需要开发票，大家没有异议。而这 100 万元的利息，属于因延期支付货款的价外费用，对方公司收到这笔款项同样需要缴纳增值税，所以需要开具发票。

《增值税暂行条例实施细则》第十二条，价外费用，包括价外向购买方收取的手续费、补贴、基金、集资费、返还利润、奖励费、违约金、滞纳金、延期付款利息、赔偿金、代收款项、代垫款项、包装费、包装物租金、储备费、优质费、运输装卸费以及其他各种性质的价外收费。

网友说：主要是我们公司已经和对方闹翻了，不好沟通要发票，就想问一下，可否凭法院判决书在税前列支。

我说：这个不行。

网友说：好些人都说，只要能证明业务的真实性就可以在企业所得税税前扣除啊。

我说：提供证据证明业务的真实性，也是有前提条件的。按照国家税务总局公告 2018 年 28 号，税前扣除凭证必须按照以下顺序来。

一是应当以票扣除。企业在境内发生的支出项目属于增值税应税项目的，对方为已办理税务登记的增值税纳税人，其支出以发票作为税前扣除凭证。

二是没票补开发票。企业应当取得而未取得发票，若支出真实且已实际发生，应当在当年度汇算清缴期结束前，要求对方补开、换开发票。

三是无法补开，找证据证明。因对方注销、撤销、依法被吊销营业执照、被税务机关认定为非正常户等特殊原因无法补开、换开发票，可凭以下资料证实支出真实性后，其支出允许税前扣除。（一）无法补开、换开发票、其他外部凭证原因的证明资料（包括工商注销、机构撤销、列入非正常经营户、破产公告等证明资料）；（二）相关业务活动的合同或者协议；（三）采用非现金方式支付的付款凭证等。

所以说，必须按照上面这三个步骤的顺序来。第一步，你们这 100 万元利息应该取得发票才能税前扣除；第二步，没有开票必须联系对方补开；第三步，如果对方注销或被认定为非正常户了，你公司确实无法补开发票，才可以通过提供证据来证明业务的真实性。只要对方还正常经营，开发票就是他的义务，而你也必须凭发票才能税前扣除。

网友说：那可怎么办呢？

我说：第一，我觉得还是要沟通协调，毕竟你公司已经支付款项了，已经解决了款项这个主要矛盾，要发票属于次要矛盾，应该好解决。

第二，实在协商不成，你公司也起诉到法院吧。

第三，如果不想费劲，最后的办法，这笔支出你公司先纳税调增了，然后期盼着对方公司在 5 年内注销或者非正常了，你就可以凭相关证据来追补扣除了。

网友哭笑不得地说：这第三种办法好像损了点。

我说：前两种积极的办法你如果不想用的话，最后这个消极的办法，还能给你们公司带来一些希望。而且据统计，中国大企业平均寿命为7—9年，中小企业，寿命更短，大概只有2—3年，税法给了你5年的时间，所以说追补扣除的可能性也是很大的。

095 哪些支出不需要发票就可以在企业所得税税前扣除？

说起如何在企业所得税税前扣除，很多财务人脑海中第一反应就是凭发票扣除了，这样的认识当然是不全面的。我们一起来看看，有哪些支出不需要凭发票扣除。

一、在境内发生且不属于增值税应税项目的支出

企业发生的境内支出，如果不属于增值税的应税项目，不需要凭发票税前扣除的，这样的情形有很多，常见的不需要发票的支出有：

（一）工资薪金支出

财税〔2016〕36号规定：单位或者个体工商户聘用的员工为本单位或者雇主提供取得工资的服务，属于非经营活动，不需要缴纳增值税。

所以，对于工资薪金支出，企业只需要提供工资表、转账或现金发放证明，办理了扣缴个人所得税即可以税前扣除。

（二）发放福利金、抚恤金、职工困难补助等

公司逢年过节向职工发放福利费、职工生活困难补助等，这些支出也不需要取得员工开具的发票，提供发放明细表、付款证明等，就可以税前扣除。

根据《个人所得税法》（中华人民共和国主席令第48号）第四条第（四）项规定：个人取得的福利费、抚恤金、救济金，免纳个人所得税。根据《个人所得税法实施条例》（国务院令第600号）第十四条规定：税法第四条第（四）项所说的福利费，是指根据国家有关规定，从企业、事业单位、国家机关、社会团体提留的福利费或者工会经费中支付给个人的生活补助费。根据《国家税务总局关于生活补助费范围确定问题的通知》（国税发〔1998〕155号）规定：《中华人民共和国个人所得税法实施条例》第十四条所说的福利费是指由于某些特定事件或原因而给纳税人或其家庭的正常生活造成一定困难，其任职单位按国家规定从提留的福利费或者工会经费中向其支付的临时性生活困难补助。

如果是超过工资薪金14%的限额标准发放的福利费，需要进行纳税调增。

（三）差旅费津贴

支付因公出差人员的差旅补助不需要发票，企业差旅费补助标准可以按照财政部门制定的标准执行或经企业董事会决议自定标准，自定的差旅补助标准应当合理、符合经营常规。

税前扣除时，需要有差旅费报销单，与其经营活动相关的合理的差旅费凭证，如交通费、住宿费以及出差的证明材料。

（四）固定资产折旧、无形资产摊销、长期待摊费用摊销

上述支出按会计规定核算，按税法规定税前扣除，不需要提供发票。

（五）符合规定的资产损失支出

企业发生的各项损失，按照国家税务总局公告2011年第25号《企业资产损失所得税税前扣除管理办法》的规定，提供相关的证据资料，可以税前扣除，不需要提供发票。

（六）未履行合同的违约金支出

企业如果遇到由于各种原因导致合同未履行，需要支付对方违约金，这项支出不属于增值税应税行为，不需要取得发票。

凭双方签订的提供应税货物或应税劳务的协议、双方签订的赔偿协议、收款方开具的收据或者有的需要法院判决书或调解书、仲裁机构的裁定书等就可以税前扣除。

（七）现金折扣支出

根据《国家税务总局关于确认企业所得税收入若干问题的通知》（国税函〔2008〕875号）规定：销售商品涉及现金折扣的，应当按扣除现金折扣前的金额确定销售商品收入金额，现金折扣在实际发生时作为财务费用扣除。

现金折扣是债权人为鼓励债务人尽快付款而提供的一种债务金额的折扣。它和原始销售业务无关，只和债权债务结算有关，现金折扣作为财务费用在企业所得税税前扣除的合法凭据不需要发票，应当以购销合同注明的折扣条件及银行付款凭据、收款收据等单据作为税前扣除凭证。

二、部分在境内发生且属于增值税应税项目的支出

属于增值税应税项目的支出，大部分是需要凭发票扣除的，但也有一些例外，具体如下。

（一）对方为依法无须办理税务登记的单位，其支出以税务机关代开的发票或者收款凭证及内部凭证作为税前扣除凭证

根据《税务登记管理办法》规定，可以不办理税务登记的只有三类：一是国家机关；二是个人；三是无固定生产、经营场所的流动性农村小商贩。

【示例1】A公司租用了某政府机关的房屋，那么A公司可以凭政府机关代开的增值税发票税前扣除；也可以凭收款凭证、租赁合同、银行付款单据等证明真实性，按规定在税前扣除。但要注意细节，收款凭证应载明收款单位名称、个人姓名及身份证号、支出项目、收款金额等相关信息。

（二）对方为从事小额零星经营业务的个人。其支出以税务机关代开的发票或者收款凭证及内部凭证作为税前扣除凭证

小额零星经营业务的判断标准是个人从事应税项目经营业务的销售额不超过增值税相关政策规定的起征点。

根据《中华人民共和国增值税暂行条例实施细则》第三十七条、《财政部 国家税务总局关于全面推开营业税改征增值税试点的通知》（财税〔2016〕36号）第四十九条至第五十条规定，增值税起征点幅度如下：（一）按期纳税的，为月销售额5 000—20 000元（含本数）。（二）按次纳税的，为每次（日）销售额300—500元（含本数）。

如何理解按次纳税和按期纳税?

国家税务总局货物和劳务税司副司长张卫答：按次纳税和按期纳税，以是否办理税务登记或者临时税务登记作为划分标准。凡办理了税务登记或临时税务登记的小规模纳税人，月销售额未超过10万元（按季申报的小规模纳税人，为季销售额未超过30万元）的，都可以按规定享受增值税免税政策。未办理税务登记或临时税务登记的小规模纳税人，除特殊规定外，则执行《增值税暂行条例》及其实施细则关于按次纳税的起征点有关规定，每次销售额未达到500元的免征增值税，达到500元的则需要正常征税。对于经常代开发票的自然人，建议主动办理税务登记或临时税务登记，以充分享受小规模纳税人月销售额10万元以下免税政策。

也就是说，500元以下的小额零星支出业务不需要发票税前扣除，只需要凭借对方开具的收款凭证就可以作为税前扣除凭证，收款凭证应载明收款单位名称、个人姓名及身份证号、支出项目、收款金额等相关信息。

（三）特殊情形下无法补开、换开发票

企业在补开、换开发票、其他外部凭证过程中，因对方注销、撤销、依法被吊销营业执照、被税务机关认定为非正常户等特殊原因无法补开、换开发票、其他外部凭证的，可凭以下资料证实支出真实性后，其支出允许税前扣除。税前扣除需要提供的资料有：

1. 无法补开、换开发票、其他外部凭证原因的证明资料（包括工商注销、机构撤销、列入非正常经营户、破产公告等证明资料）；

2. 相关业务活动的合同或者协议；

3. 采用非现金方式支付的付款凭证；

4. 货物运输的证明资料；

5. 货物入库、出库内部凭证；

6. 企业会计核算记录以及其他资料。

第 1 项至第 3 项为必备资料。

（四）两个以上主体共同接受劳务

企业与其他企业（包括关联企业）、个人在境内共同接受应纳增值税劳务（以下简称“应税劳务”）发生的支出，采取分摊方式的，应当按照独立交易原则进行分摊，企业以发票和分割单作为税前扣除凭证，共同接受应税劳务的其他企业以企业开具的分割单作为税前扣除凭证。

在这里，对于“劳务”的理解如下。

税务总局所得税司何冰解读：六、劳务，《办法》第十一条、第十八条均提及“劳务”概念。这里的“劳务”也是一个相对宽泛的概念，原则上包含了所有劳务服务活动。比如，《中华人民共和国增值税暂行条例》及其实施细则中规定的加工、修理修配劳务，销售服务等；《企业所得税法》及其实施条例规定的建筑安装、修理修配、交通运输、仓储租赁、金融保险、邮电通信、咨询经纪、文化体育、科学研究、技术服务、教育培训、餐饮住宿、中介代理、卫生保健、社区服务、旅游、娱乐、加工以及其他劳务服务活动等。此外，《办法》第十八条所称“应纳增值税劳务”中的“劳务”也应按上述原则理解，不能等同于增值税相关规定中的“加工、修理修配劳务”。

（五）租用资产发生的相关费用

企业租用（包括企业作为单一承租方租用）办公、生产用房等资产发生的水、电、燃气、冷气、暖气、通信线路、有线电视、网络等费用，出租方作为应税项目开具发票的，企业以发票作为税前扣除凭证；出租方采取分摊方式的，企业以出租方开具的其他外部凭证作为税前扣除凭证。

适用水电气等分割单的前提必须是发生企业租用（包括企业作为单一承租方租用）办公、生产用房，没有租赁这个大前提是不能使用分割单作为税前扣除凭证的。

【示例 2】 A 公司将自有房屋全部租赁给 B 公司，这种情况下，B 公司使用的水、电等可以凭 A 公司开具的转售水电费发票税前扣除，也可以凭 A 公司开具给 B 公司的水电分割单税前扣除。28 号公告第十九条明确规定，包括单一承租方这种情况。

（六）上市公司在公开市场发行公司债，到期支付利息

上市公司在公开市场发行公司债，到期按发债时的约定支付利息，利息支付流程是公司根据券商的通知，将相应的利息款项划转至上交所账户，再由上交所根据债券持有人信息，将相应的利息划转至债券持有人账户。在此过程中，发债公司不知债券持有人的相关信息，支付利息时也无法取得发票，只收到中国证券结算登记有限责任公司的债券兑付确认书。这种情况应该如何税前扣除呢？

北京税务局答复：企业在证券市场发行债券，通过中国证券登记结算有限公司（以下简称“中国结算”）向投资者支付利息是法定要求，考虑到中国结算转给投资者的利息支出均有记录，税务机关可以通过中国结算获取收息企业信息、收息方可控的实际情况，允许债券发行企业凭中国结算开具的收息凭证、向投资者兑付利息证明等证据资料税前扣除。

三、从境外购进货物或者劳务发生的支出

企业从境外购进货物或者劳务发生的支出，以对方开具的发票或者具有发票性质的收款凭证、相关税费缴纳凭证作为税前扣除凭证。

也就是说，对于境外购进货物或劳务支出，发票有也可以，没有也可以，没有硬性规定。

096　企业所得税汇算清缴，税前扣除凭证的六个误区！

大家都知道，企业所得税法规定，企业实际发生的与取得收入有关的、合理的支出，包括成本、费用、税金、损失和其他支出，准予在计算应纳税所得额时扣除。想要在企业所得税税前扣除，就需要有能证明与取得收入有关的、合理的支出凭证，即税前扣除凭证。

每年企业因为税前扣除凭证不合规导致纳税调整的还真不少。因此，我们来理一理，关于税前扣除凭证的常见误区有哪些。

一、误区一：只要是500元以下支出，不需要发票就能税前扣除

正解：需要注意，同时满足以下两个条件的500元以下支出才能不需要发票就税前扣除。

1. 对方为依法无须办理税务登记的单位或者从事小额零星经营业务的个人；

2. 收款凭证应载明收款单位名称、个人姓名及身份证号、支出项目、收款金额等相关信息。

二、误区二：银行手续费支出，未取得发票也可以税前扣除

正解：银行手续费也属于增值税的应税范围，切勿只用银行回单入账，应要求银行开具对应的发票。否则，会因无法税前扣除而造成公司损失。

三、误区三：只要有发票，就一定可以税前扣除

正解：税前扣除不能“唯发票论”，很多业务单凭一张发票并不能完全佐证的它的真实性。企业应该将与税前扣除凭证相关的资料，包括合同协议、支出依据、付款凭证等留存备查，以证实税前扣除凭证的真实性。

比如，会议费的报销和税前扣除还需要附有会议通知、会议记录、参会人员名单、签到表等资料，还要注意辨别是否有与会议无关的费用列支。

差旅费的报销，需要关注差旅费报销单内容是否填写齐全，餐饮、住宿、交通费发票是否为出差地的发票，人员和人员名单是否与派出的人数相吻合。

汽油费的报销，本公司账面上是否有车辆，加油费总额是否超过了车辆理论行车的最大油耗量。

四、误区四：差旅费补贴，必须有发票才能税前扣除

正解：差旅补贴。无须发票，只须公司制定了相关的合理的出差补贴制度，并附上证明真实、合法的凭证即可，包括：出差人员姓名、地点、时间、任务，交通费、住宿费支付凭证等。

与此类似的费用还有误餐补贴，根据实际误餐顿数，按规定的标准领取的误餐费无须发票，附上误餐补助发放明细表、付款证明、相应的签领单等作为税前扣除的合法有效凭证。

五、误区五：支付的未履行合同的违约金支出，必须有发票才能税前扣除

正解：这项支出不属于增值税应税行为，不需要取得发票。凭双方签订的提供应税货物或应税劳务的协议、双方签订的赔偿协议、收款方开具的收据或者有的需要法

院判决书或调解书、仲裁机构的裁定书等就可以税前扣除。

六、误区六：个人抬头的发票，一定不能税前扣除

正解：有些个人抬头的票据，只要是真实、合法、有效的凭据，且是与企业取得收入有关的、合理的支出，是可以在税前扣除的。例如以下情形：

1. 员工因公出差的机票和火车票、出差过程中的人身意外保险费发票、员工因公出差取得个人抬头的签证费。这些发票抬头都是个人，但都属于公司的经营行为发生的支出，可以作为税前扣除凭证直接入账。

2. 职工教育费范畴的职业技能鉴定、职业资格认证等经费支出。比如职业技能鉴定、职业资格认证等。

3. 员工入职前到医疗机构体检的费用票据。员工入职前到医疗机构体检，取得开给员工个人的财政票据或发票。

需要注意的是，个人抬头的手机通信费发票等支出凭证，大部分地区是不允许税前列支的。如何才能合理的税前扣除呢？一般建议公司将通信补贴列入企业员工工资薪金制度，与工资薪金一起发放，不需要职工提供发票，这样通信补贴就可通过工资薪金直接税前扣除。

097　永续债的利息能否税前扣除？纠结多年的问题有了答案

如果说，有人向你借钱，只还利息，不还本金，你愿意吗？你可能立刻就警惕起来了，当然不行！我们经常看到的金融骗局，不都是这样吗？“你图他的利息，他要你的本金。”

但实际上，有一种永续债券，还真就是这样的，且真不是骗局。

有吗？当然有！世界上第一只永续债券是1648年5月15日在荷兰发行的，当时荷兰财政无法满足河流堤坝反复维修产生的防护支出，就发行了这样一只永续债券，票面利率5%，最后一次有记录的利息支付发生在2003年7月1日，是现在最古老的永续债券。

荷兰真是个神奇的国度，印花税是他们发明的，永续债也是。为了解决财政问题，他们真是产生了很多天才的设计。

我们国家的永续债券是何时产生的呢？历史其实不算太长。

2013年11月1日，武汉地铁发行了首只可续期企业债，2013年12月18日，国

电电力发行了首只永续中票。不论叫可续期企业债，还是永续中票，其实就是永续债券。

忽如一夜春风来，千树万树梨花开。武汉地铁发行后，更多的企业跟了上来，我国的永续债券市场顿时热闹非凡。到 2018 年底，全国共发行永续债券 1 200 只，发行规模约 1.73 万亿。

为啥永续债券这么受青睐？你想啊，好处实在是太多了。永续债作为债券，既为企业筹集了资金，又因为它具备了股票的特性，所以会计上是把它列入权益科目，负债率不但不会上升，反而会下降，报表看起来更美了。同时，它又不是真正的股票，所以股东也不用担心股份被稀释，失去控制权。

这么美好的事物，却有一个现实的问题困惑了财税人员五六年，那就是永续债券的利息能不能税前扣除呢？

2013 年 12 月，证监会官员先表了个态，有关部门负责人就优先股试点答记者问时曾表示，永续债支付的利息可税前扣除。只可惜，这种没有明确文件的表态，而且是跨界表态是算不得数的。

2019 年 4 月 16 日，财政部、税务总局公告 2019 年第 64 号《关于永续债企业所得税政策问题的公告》出台，财政部、税务总局对该问题有了明确表态。文件主要的意思是，如果符合相关条件的永续债，可以作为债券处理，利息支出税前扣除。如果不符合相关条件的永续债，适用股息、红利政策，也就是说利息支出不能在税前扣除。

这个相关条件是什么？是下列条件九选五。满足五条及以上条件的永续债就可以作为债券处理。

1. 被投资企业对该项投资具有还本义务；
2. 有明确约定的利率和付息频率；
3. 有一定的投资期限；
4. 投资方对被投资企业净资产不拥有所有权；
5. 投资方不参与被投资企业日常生产经营活动；
6. 被投资企业可以赎回，或满足特定条件后可以赎回；
7. 被投资企业将该项投资计入负债；
8. 该项投资不承担被投资企业股东同等的经营风险；
9. 该项投资的清偿顺序位于被投资企业股东持有的股份之前。

通常来说，税收政策经常会出现“同时满足”若干条件的规定，像 64 号公告出现的九选五可选择满足的情况，是很罕见的，所以说这是一个相对宽松的限制条件。

“发行永续债的企业对每一永续债产品的税收处理方法一经确定，不得变更。企业对永续债采取的税收处理办法与会计核算方式不一致的，发行方、投资方在进行税收处理时须作出相应纳税调整。”

这条规定是说，永续债即使在会计上作为权益类工具，但只要满足上述条件中的五个，也是可以按照债券来进行税务处理的。税会不一致须作纳税调整，方法一经确定是不能变更的。

098 固定资产的优惠政策来袭，究竟花落谁家？

2019 年 4 月 23 日，财政部、税务总局公告 2019 年第 66 号《关于扩大固定资产加速折旧优惠政策适用范围的公告》发布。这个优惠政策的具体内容很简单，一句话就可以概括清楚：

自 2019 年 1 月 1 日起，固定资产加速折旧优惠的行业范围，扩大至全部制造业领域。因为 2019 年已经过去 4 个月了，之前未享受优惠的企业可以在企业所得税预缴或汇算清缴的时候享受。

可能有些朋友看完这个政策心里还不太清楚，到底是哪些行业这次享受了优惠，文件中似乎不能直观看出来，我们可以把之前的政策捋一捋。

固定资产加速折旧的优惠政策，之前有三个主要的文件：

一是《财政部 国家税务总局关于完善固定资产加速折旧企业所得税政策的通知》（财税〔2014〕75 号）；

二是《财政部 国家税务总局关于进一步完善固定资产加速折旧企业所得税政策的通知》（财税〔2015〕106 号）；

三是《财政部 税务总局关于设备、器具扣除有关企业所得税政策的通知》（财税〔2018〕54 号）。

前两个文件的优惠针对部分行业。优惠内容分为两部分：特定金额以下一次性进费用，特定金额以上加速折旧。

第三个文件 54 号文的出台，基本上就覆盖了前两个文件一次性进费用的优惠，因为它是针对全行业的，对所有企业新购进的设备器具，只要单位价值不超过 500 万元的，都允许一次性计入当期成本费用。

但对于单位价值超过 500 万元的固定资产，按照 75 号和 106 号文件规定，还是只有文件中提到的行业可以享受加速折旧，没有提到的行业则必须按企业所得税法规定的折旧年限慢慢提折旧。

66 号公告出台扩展了加速折旧的行业范围，我们具体看看哪些行业是新增的可以享受加速折旧的行业。表 4 – 3 中标识灰色的行业是已经享受加速折旧的行业，未标颜色的行业是这次 66 号公告扩大的行业。

表 4－3　　制造业的范围

代码	名称	代码	名称	代码	名称
13	农副食品加工业	24	文教、工美、体育和娱乐用品制造业	35	专用设备制造业
14	食品制造业	25	石油、煤炭及其他燃料加工业	36	汽车制造业
15	酒、饮料和精制茶制造业	26	化学原料和化学制品制造业	37	铁路、船舶、航空航天和其他运输设备制造业
16	烟草制品业	27	医药制造业	38	电气机械和器材制造业
17	纺织业	28	化学纤维制造业	39	计算机、通信和其他电子设备制造业
18	纺织服装、服饰业	29	橡胶和塑料制品业	40	仪器仪表制造业
19	皮革、毛皮、羽毛及其制品和制鞋业	30	非金属矿物制品业	41	其他制造业
20	木材加工和木、竹、藤、棕、草制品业	31	黑色金属冶炼和压延加工业	42	废弃资源综合利用业
21	家具制造业	32	有色金属冶炼和压延加工业	43	金属制品、机械和设备修理业
22	造纸和纸制品业	33	金属制品业		
23	印刷和记录媒介复制业	34	通用设备制造业		

66 号公告实行后，国民经济门类中允许实行加速折旧的门类有两个，为表 4－4 中标灰的门类。

表 4－4　　国民经济行业分类（GB/T 4754－2017）

	行业门类		行业门类		行业门类
A	农、林、牧、渔业	H	住宿和餐饮业	O	居民服务、修理和其他服务业
B	采矿业	I	信息传输、软件和信息技术服务业	P	教育
C	制造业	J	金融业	Q	卫生和社会工作
D	电力、热力、燃气及水生产和供应业	K	房地产业	R	文化、体育和娱乐业
E	建筑业	L	租赁和商务服务业	S	公共管理、社会保障和社会组织
F	批发和零售业	M	科学研究和技术服务业	T	国际组织
G	交通运输、仓储和邮政业	N	水利、环境和公共设施管理业		

其他行业的纳税人，能享受单位价值500万元以下设备器具一次性进费用的优惠，不能享受500万元以上固定资产加速折旧的税收优惠。

这样一来，对政策的理解和把握是不是就更清楚了？

099 固定资产税前扣除政策，必须掌握的六个关键词

尽管早有心理准备，但当财税〔2018〕54号文件下发的时候，其优惠力度之大，范围之广，依然超出了我的想象力。

所有的财务人员都应该仔细研读五遍以上，然后再冲向老板办公室，向他报告这个好消息。太早了不行，没有理解透政策，老板一问，财务三不知，反而弄巧成拙。

文件并不长，全文如下：

企业在2018年1月1日至2020年12月31日期间新购进的设备、器具，单位价值不超过500万元的，允许一次性计入当期成本费用在计算应纳税所得额时扣除，不再分年度计算折旧；单位价值超过500万元的，仍按企业所得税法实施条例、财税〔2014〕75号、财税〔2015〕106号等相关规定执行。本通知所称设备、器具，是指除房屋、建筑物以外的固定资产（备注：依据财政部 税务总局公告2021年第6号，本法规税收优惠政策执行期限延长至2023年12月31日）。

对于这个优惠政策，我们需要把握的关键点在哪里呢？

一、第一个关键词：企业

注意，这里企业前面并没有任何定语，也就是说没有行业限制，这里没有三六九等的分类，那些经常被税收优惠遗忘的行业，这次也可以享受雨露阳光了。

但是，这个企业是否包括合伙企业和个人独资企业呢？因为这是一个关于计算企业所得税应纳税所得额的政策，而合伙企业和个人独资企业是不计算企业所得税的，所以，这里不应该包括合伙企业和个人独资企业。

二、第二个关键词：新购进

新购进，也就是2018年1月1日至2020年12月31日期间新购进的设备器具。在这里，尤其是临界点附近的固定资产，入账时间的确认就非常重要了。

新购进时间，根据《国家税务总局关于设备 器具扣除有关企业所得税政策执行问题的公告》（国家税务总局公告2018年第46号）第一条第（二）项规定：固定资产

购进时点按以下原则确认：以货币形式购进的固定资产，除采取分期付款或赊销方式购进外，按发票开具时间确认；以分期付款或赊销方式购进的固定资产，按固定资产到货时间确认；自行建造的固定资产，按竣工结算时间确认。

三、第三个关键词：单位价值

单位价值是指单价。也就是说，如果购买一批固定资产，比如 10 辆小轿车，一台 100 万元，10 台即 1 000 万元。虽然这一批固定资产超过了 500 万元，但由于单价不达，所以依然是属于可以优惠的范畴。

但如果有的企业想取巧，化整为零地购买，比如购买了 100 万元的轮胎、300 万元的发动机、200 万元的真皮椅子、100 万元的其他零件，然后组装成了一辆价值 700 万元的小轿车。那就不能把上述这些分项理解为单位价值，而应该以最终形成使用的固定资产，即一辆小轿车作为单位价值，这个单位价值就超过了 500 万元，不能享受一次性税前扣除的优惠政策了。

四、第四个关键词：500 万元

这个 500 万元是含税价还是不含税价呢？文件中并没有明确，在此之前，旧的 5 000 元税前扣除的固定资产政策中，国家税务总局所得税司有关负责人就完善固定资产加速折旧企业所得税政策答记者问："这里的 5 000 元是指企业固定资产的原始成本。"

原始成本，也就是资产在其取得时为它所支付的现金或现金等价物的金额。固定资产原始成本，如果该资产可以抵扣进项税的话，是不含税价；如果该资产不能抵扣进项税，是含税价。

五、第五个关键词：允许

允许是可以选择的意思，企业可以享受一次扣除，也可以不享受一次扣除。如果是"应当"，意味着是"必须"，别无选择。所以，是否享受需要企业根据自己情况进行判断，如果企业正处于企业所得税免税期间，加大扣除并不会产生税收上的利益，就应该放弃这个一次性税前扣除的优惠政策，而应该采取分年度计算折旧扣除的方法。

六、第六个关键词：器具、设备

这是指除房屋、建筑物以外的固定资产。这样一解释，器具、设备的范围就非常广泛了，极大地突破了原先的研发设备的限制，可以包括小轿车、计算机、办公设备、福利部门设备等。

充分掌握了这个优惠政策的要点，作为财务人员的你，现在就可以胸有成竹地去向老板报告喜讯了。

100 中小微企业固定资产折旧又有新优惠

《财政部 税务总局关于中小微企业设备器具所得税税前扣除有关政策的公告》（财政部 税务总局公告 2022 年第 12 号）原文及解读如下。

财政部 税务总局关于中小微企业设备器具所得税税前扣除有关政策的公告

财政部 税务总局公告 2022 年第 12 号

为促进中小微企业设备更新和技术升级，持续激发市场主体创新活力，现就有关企业所得税税前扣除政策公告如下：

一、中小微企业在 2022 年 1 月 1 日至 2022 年 12 月 31 日期间新购置的设备、器具，单位价值在 500 万元以上的，按照单位价值的一定比例自愿选择在企业所得税税前扣除。其中，企业所得税法实施条例规定最低折旧年限为 3 年的设备器具，单位价值的 100% 可在当年一次性税前扣除；最低折旧年限为 4 年、5 年、10 年的，单位价值的 50% 可在当年一次性税前扣除，其余 50% 按规定在剩余年度计算折旧进行税前扣除。企业选择适用上述政策当年不足扣除形成的亏损，可在以后 5 个纳税年度结转弥补，享受其他延长亏损结转年限政策的企业可按现行规定执行。

【晶晶亮学习笔记】企业所得税法对固定资产分为了 5 大类，并规定了相应的折旧年限，分别是：（1）房屋、建筑物，为 20 年；（2）飞机、火车、轮船、机器、机械和其他生产设备，为 10 年；（3）与生产经营活动有关的器具、工具、家具等，为 5 年；（4）飞机、火车、轮船以外的运输工具，为 4 年；（5）电子设备，为 3 年。该公告提到的固定资产，不包括第 1 类房屋建筑物。对可以适用的第 2、3、4、5 类固定资产，分了 2 种扣除办法，即第 5 类电子设备 500 万元以上可以一次性全额扣除，第 2、3、4 类固定资产可以一次性扣除 50%，剩下 50% 再按规定年限计算折旧扣除。

需要注意的是，该公告和财税〔2018〕54 号中“500 万元以下固定资产一次性税前扣除政策”明显不同的是，一是资产金额上限取消了，二是适用企业范围缩小了，该公告只适用于中小微企业。

二、本公告所称中小微企业是指从事国家非限制和禁止行业，且符合以下条件的企业：（一）信息传输业、建筑业、租赁和商务服务业：从业人员 2 000 人以下，或营业收入 10 亿元以下或资产总额 12 亿元以下；（二）房地产开发经营：营业收入 20 亿元以下或资产总额 1 亿元以下；（三）其他行业：从业人员 1 000 人以下或营业收入 4 亿元以下。

【晶晶亮学习笔记】现行有效的企业划型标准是2011 年印发的《中小企业划型标准规定》（工信部联企业〔2011〕300 号），可以看出，该公告确定中小微企业的标准是参照了该文件，但又与该文件的标准不尽相同，毕竟 300 号文件把企业分为了 16 类，标准太过烦琐，该公告的中小微企业分类及标准是大幅度简并了。需要注意的是，税法对企业划分的标准越来越多了，增值税有小规模纳税人标准，企业所得税有小型微利企业标准，目前又新增了中小微企业标准，享受借款合同免印花税的是小型企业、微型企业。不同的优惠是不同的标准，适用政策的时候需要注意区分。

三、本公告所称设备、器具，是指除房屋、建筑物以外的固定资产；所称从业人数，包括与企业建立劳动关系的职工人数和企业接受的劳务派遣用工人数。从业人数和资产总额指标，应按企业全年的季度平均值确定。具体计算公式如下：季度平均值 =（季初值 + 季末值）÷2；全年季度平均值 = 全年各季度平均值之和 ÷4。年度中间开业或者终止经营活动的，以其实际经营期作为一个纳税年度确定上述相关指标。

【晶晶亮学习笔记】从业人数和资产总额指标的计算，只要文件中提到，就会列示一遍计算方法，所以若干个文件都有这些公式，看似行文很啰嗦，但对使用政策的人来说很友好，避免了因适用一个优惠，需要检索若干个文件的情况发生。

四、中小微企业可按季（月）在预缴申报时享受上述政策。本公告发布前企业在 2022 年已购置的设备、器具，可在本公告发布后的预缴申报、年度汇算清缴时享受。

五、中小微企业可根据自身生产经营核算需要自行选择享受上述政策，当年度未选择享受的，以后年度不得再变更享受。

财政部 税务总局

2022 年 3 月 2 日

【晶晶亮学习笔记】虽然这是一项税收优惠政策，但对企业来说，实际情况不同，并非享受优惠就一定对企业有利，比如企业 2022 年在企业所得税的免税期，当年一次性扣除固定资产，并不能给企业带来税收利益，反而减少了以后年度税前扣除金额，这种情况下企业可以放弃享受该优惠政策。当然，文件中也明确了企业不得变更享受优惠的年度，防止企业以此政策跨年度调节应纳税所得额。

101　佣金是什么？税前扣除有何规定？

有这样一个案例，某一高档住宅小区的开发公司，针对老业主宣布一项促销政策，老业主每介绍一个新客户，成交之后，按销售额的6%奖励老业主。税务机关检查时，根据佣金支出不得超过收入的5%的规定，要求该开发公司纳税调增1%。该公司辩解说，我们支付的是市场推广费而不是佣金，市场推广费并没有比例限制，所以不应该作纳税调增。

这笔销售奖励是佣金支出还是市场推广费呢？我们来分析一下：

佣金是什么？它是经纪人等中间人说合介绍生意所取得的酬金。佣金并不是现代社会才有的，它的起源其实很早，历史上被称为“牙佣”“中佣”“行栈”。

民法典中，就明确规范了居间合同佣金收取和支付的问题。《民法典》第九百六十三条规定：“中介人促成合同成立的，委托人应当按照约定支付报酬。”第九百六十四条规定：“中介人未促成合同成立的，不得请求支付报酬；但是，可以按照约定请求委托人支付从事中介活动支出的必要费用。”由此可见，佣金是否支付是和合同是否签订紧密相连的。

而市场推广费是指企业为扩大产品市场份额，提高产品销量和知名度而采取的一系列措施所发生的费用。比如散发传单等，这些费用的产生和合同是否能签订是不具有相关性的。

通过上述分析，结合案例我们可以判断出，这笔奖励是否支出和合同是否签订是直接相关的，属于佣金的范畴。所以按照税法的规定，超标准的部分应该进行纳税调增。

有的朋友可能会问，佣金的支出，在企业所得税税前扣除具体都有哪些规定呢？我们通过以下十五个问题来详细了解一下：

一、企业支付的哪些项目属于佣金？佣金合法吗？

答复：1. 代办费；2. 介绍费；3. 居间费；4. 推荐费；5. 经纪服务费。

佣金是合法的，《关于禁止商业贿赂行为的暂行规定》第七条对此明确：佣金，是指经营者在市场交易中给予为其提供服务的具有合法经营资格的中间人的劳务报酬。经营者支付佣金必须以明示的方式，支付和接受佣金的，都必须如实入账。

二、支付佣金的证据链有哪些？

答复：

1. 销售合同或者服务协议；

2. 关于佣金的协议或者合同（若是在销售合同或者服务协议中约定了，则无须单独提供）；

3. 银行付款证明（支付境内个人的可提供现金收据等）；

4. 关于佣金付款结算进度的说明；

5. 佣金收取方开具的佣金合法单据，比如佣金发票等；

6. 佣金收取方资格证明或者营业执照、自然人身份证明及资格证书等；

7. 佣金计算分配表等。

三、销售佣金和销售回扣，有什么区别？

答复：销售佣金是指经营者在市场中给予为其提供服务的具有合法经营者资格的中间人的劳务报酬，中间人必须是有权从事中介服务的单位或个人，但不包括交易双方及其雇员、代理人和代表人等。

销售回扣是指经营者销售商品时以现金、实物或者其他方式退给对方单位或者个人的一定比例的商品价款。销售回扣可分为暗扣和明扣。暗扣是指在账外暗中给予对方单位的或个人的一定比例的商品价款，属于贿赂支出，不得税前列支；明扣是指经营者销售或购买商品，以明示方式给对方折扣。如果销售额和折扣额在同一张发票上注明的，可按折扣后的销售额计算缴纳所得税；如果将折扣额另开发票，则不得从销售额中减除折扣额。

四、佣金和市场推广服务费，有什么区别？

答复：《民法典》第九百六十三条，中介人促成合同成立的，委托人应当按照约定支付报酬。对中介人的报酬没有约定或者约定不明确，依据该法第五百一十条的规定仍不能确定的，根据中介人的劳务合理确定。因中介人提供订立合同的媒介服务而促成合同成立的，由该合同的当事人平均负担中介人的报酬。

中介人促成合同成立的，中介活动的费用，由中介人负担。

第九百六十四条，中介人未促成合同成立的，不得请求支付报酬；但是，可以按照约定请求委托人支付从事中介活动支出的必要费用。

由此可见，佣金是否支付是和合同是否签订紧密相连的，合同成，则佣金生，合同不成，则佣金无。

而市场推广费是指企业为扩大产品市场份额、提高产品销量和知名度而采取的一系列措施所发生的费用，比如散发传单等。这些费用的产生和合同是否能签订是不具有相关性的。

《广告法》第二条，在中华人民共和国境内，商品经营者或者服务提供者通过一定媒介和形式直接或者间接地介绍自己所推销的商品或者服务的商业广告活动，适用该法。

由此可见，广告通常只是提供服务，与合同是否签订并无必然关系。市场推广费一般是计入销售费用广告费或业务宣传费，不超过当年销售（营业）收入的15%的部分准予扣除。

五、佣金的税前扣除比例是多少？

答复：一般企业与具有合法经营资格中介服务机构或个人按所签订服务协议或合同确认的收入金额的5%计算扣除限额（财税〔2009〕29号）。

保险公司从2018年1月1日起不超过当年全部保费收入扣除退保金等后余额的18%（含本数）的部分，准予扣除。之前财保是15%，人保是10%（财政部 税务总局公告2019年第72号）。

企业委托境外机构销售开发产品的，其支付境外机构的销售费用（含佣金或手续费）不超过委托销售收入10%的部分，准予据实扣除（国税发〔2009〕31号）。

从事代理服务、主营业务收入为手续费、佣金的企业（如证券、期货、保险代理等企业），其为取得该类收入而实际发生的营业成本（包括手续费及佣金支出），准予在企业所得税税前据实扣除（国家税务总局公告2012年第15号）。

六、5%的税前扣除限额，计算基数是企业收入总额还是每一份合同的收入金额？

答复：电信企业是按企业收入总额5%计算（国家税务总局公告2012年第15号）。其他企业是按签订服务协议或合同确认的收入金额（财税〔2009〕29号）。

七、佣金的扣除计算限额是按实际收入的金额还是合同签订的收入金额？

答复：财税〔2009〕29号文件第一条第2点：其他企业，按与具有合法经营资格中介服务机构或个人（不含交易双方及其雇员、代理人和代表人等）所签订服务协议或合同确认的收入金额的5%计算限额。

这里明确计算扣除限额的基数为签订服务协议或合同确认的收入金额，也就是用以计算佣金或手续费的收入金额，而非会计或税务中规定的确认收入金额。

八、我们公司按照销售数量支付定额佣金的，也就是每销售1吨，支付中介100元佣金，如何计算佣金的扣除限额？

答复：按照销售数量支付定额佣金的，应换算为实际销售收入后，计算佣金扣除限额。

九、佣金超出5%的部分在企业所得税汇缴的时候在哪个申报表纳税调整？

比如，2018年房地产开发企业与国内某知名的房屋营销代理公司签订1份《房屋委托代理销售合同》，合同金额1 300万元，支付营销公司佣金96万元。请问：是否超标？如何纳税调整？

答复：允许税前扣除：1 300×5% =65万元，调增=96－65=31万元。

在A105000纳税调整项目明细表中第23行“（十一）佣金和手续费”支出中进行纳税调整。

十、企业支付的销售佣金如何账务处理？

答复：

借：销售费用——佣金　　960 000

　　贷：银行存款　　960 000

十一、企业收到的销售佣金如何开具发票项目？

答复：开票项目：经纪代理服务——佣金。

十二、委托财务公司帮我们催讨应收账款，我公司付给财务公司催回款项的20%，是否属于佣金？

答复：根据《财政部 国家税务总局关于企业手续费及佣金支出税前扣除政策的通

知》（财税〔2009〕29 号）文件第二条规定："企业应与具有合法经营资格中介服务企业或个人签订代办协议或合同，并按国家有关规定支付手续费及佣金。"可见，具有合法经营资格的中介服务企业或个人才是手续费和佣金的支付对象，如果该财务公司不具备上述合法经营资格，则不属于手续费或佣金支出（来源：国家税务总局网站 2011 年 1 月 26 日）。

十三、佣金能否支付给自己的员工？

答复：不可以。佣金是商业活动中中间人所得的劳务报酬，接受佣金的只能是中间人，而不是交易双方，也不是交易双方的代理人、经办人。

这里的中间人必须是具有合法经营者资格的从事中介服务的单位或个人，不包括本企业的职工。因此，你公司支付给员工的销售提成，不属于佣金，属于工资薪金的范围，按照工资薪金来申报个税，无须取得佣金发票入账。

十四、支付个人佣金，必须通过银行转账吗？现金支付是否可以税前扣除？

答复：支付个人佣金，不一定必须通过银行转账，现金支付也可以。

也就是说，支付给个人的佣金没有硬性规定必须通过转账方式才可以税前扣除。支付给个人以外单位的手续费及佣金，必须采用银行转账方式。

102　分公司的企业所得税十问十答

有朋友问我：我们公司是分公司，并且是独立核算，当地税务机关说，独立核算的分公司就应该独立计算企业所得税申报缴纳。有没有这样的政策规定？

我说：现在没这样的政策规定，独立核算分公司独立缴纳企业所得税的规定，是很久以前的事情了，确切地说，在 2008 年之前，内资企业是以独立核算来界定企业所得税纳税人的。但自 2008 年《企业所得税法》颁布实施后，企业所得税的纳税人就以法人为标准来判断，不具有法人资格的组织，不需要独立计算企业所得税的。

我先说一下总分公司的企业所得税政策的具体规定吧！

根据国家税务总局公告 2012 年第 57 号，总公司对应的概念是总机构、汇总纳税企业；分公司对应的概念是二级分支机构。

对于跨地区（指跨省、自治区、直辖市和计划单列市）经营的汇总纳税企业，企业所得税实行“统一计算、分级管理、就地预缴、汇总清算、财政调库”的管理办法。

统一计算，是指总分机构一并来计算企业所得税的应纳税所得额和应纳税额。

分级管理，是指总机构和分支机构应分别接受机构所在地主管税务机关的管理。

就地预缴，是指总分机构分别向所在地主管税务机关申报预缴企业所得税。

汇总清算，是指在年度终了后，总机构统一计算汇总纳税企业的年度应纳税所得额、应纳税额，抵减总机构、分支机构当年已就地分期预缴的企业所得税款后，多退少补。

财政调库，和企业没有什么关系，不要考虑。

对于没有跨地区（也就是在同一省、自治区、直辖市和计划单列市）经营的汇总纳税企业，企业所得税征收管理办法，由各省税务机关参照上述办法制定相应的管理办法。所以全部在本省范围内的，要关注当地的政策规定。

在“就地预缴”中，需要注意如下两个例外情形。

情形一：一些特殊企业分支机构不需要就地预缴企业所得税，而是全额上缴中央国库。它们分别是国有邮政企业、工行、农行、中行、建行、国开行、农业发展银行、进出口银行、中国投资有限责任公司、中国建银投资有限责任公司、中国信达资产管理股份有限公司、中石油、中石化、海洋石油天然气企业、长江电力以及铁路运输企业等。总之，都是树大根深的企业，不是一般的公司。

情形二：不符合规定的二级分支机构，不需要就地预缴企业所得税。主要有：（一）不具有主体生产经营职能，且在当地不缴纳增值税、营业税的产品售后服务、内部研发、仓储等汇总纳税企业内部辅助性的二级分支机构；（二）汇总纳税企业上年度认定为小型微利企业的；（三）新设立的二级分支机构，设立当年不就地分摊缴纳企业所得税；（四）当年撤销的二级分支机构，自办理注销税务登记之日所属企业所得税预缴期间起，不就地分摊缴纳企业所得税；（五）汇总纳税企业在中国境外设立的不具有法人资格的二级分支机构。

朋友问：那总机构可以享受高新技术企业优惠、西部大开发优惠政策，分公司也可以享受是吗？

我说：对于高新技术企业优惠，只要总机构具备享受资格，直接按优惠税率统一计算应纳税额后，分配给分支机构就地缴纳即可，也就是说分公司取得的收入也可以同时享受。

对于西部大开发这样的地区优惠，总分机构如果有的处于优惠区，有的处于非优惠区，是需要分别按不同的税率计算税款的。

具体计算方法是：总机构统一汇总全部应纳税所得额，再按照分摊比例计算划分，总分机构各自的应纳税所得额，按照本地适用的税率计算应纳税额，汇总所有税额后，再按比例分摊到各分支机构，分别就地缴纳企业所得税款。

朋友问：分摊比例是怎样计算的？

我说：按照上年度分支机构的营业收入、职工薪酬和资产总额三个因素计算各分支机构分摊所得税款的比例，三因素的权重依次为0.35、0.35、0.30。详细的规定参见国家税务总局公告2012年第57号第15条至第17条。

朋友又问：那分公司是否可以写个申请，独立计算缴纳企业所得税呢？

我说：成立分公司，最大的优越性就是可以汇总计算缴纳企业所得税，抵消掉总分公司之间的盈亏。如果分公司自己想独立计算，为什么不成立子公司，而要成立分公司呢？企业完全可以根据自己的需求来成立相应的组织形式。所以，这根本就不是一个可以申请的事项，不能写这样的申请，税务机关也没法批准啊。

朋友说：那就是说，只要我成立的是分公司，企业所得税就一定是汇总计算？

我说：有一种情况例外，那就是你只有一个分公司的名称，但是无法证明自己是分公司，那么税法是不认可的，需要独立计算企业所得税。

总局公告2012年第57号第二十四条规定，以总机构名义进行生产经营的非法人分支机构，无法提供汇总纳税企业分支机构所得税分配表，也无法提供相关证据证明其二级及以下分支机构身份的，应视同独立纳税人计算并就地缴纳企业所得税。

朋友问：都需要什么证据来证明分支机构身份？

我说：分公司需要提供非法人营业执照复印件、由总机构出具的二级及以下分支机构的有效证明和支持有效证明的相关材料（包括总机构拨款证明、总分机构协议或合同、公司章程、管理制度等），来证明其二级及以下分支机构身份。

朋友问：我听说如果成立子公司会比分公司节税，是真的吗？

我说：这需要分具体情况，如果一个母公司有5个子公司，母公司无所得，2019年，每家子公司的应纳税所得额均不超过300万元，假设是280万元，这些公司均可以享受小型微利企业的税收优惠，总共缴纳企业所得税（$280\times10\%-5$）$\times5=115$万元。如果是5家分公司，全部应纳税所得额汇总后是1 400万元，不符合优惠条件，则需要缴纳企业所得税350万元。子公司比分公司节税235万元。

朋友说：所以说，确实是成立子公司好？

我说：如果换一种情况，5个子公司，2019年，3个子公司每家盈利280万元，两个子公司各亏损500万元。5个子公司总共需要缴税（$280\times10\%-5$）$\times3=69$万元。如果是5家分公司，全部汇总后依然是亏损，不需要缴纳企业所得税。这种情况下，分公司会更划算。

朋友想了下说：我可不可以这样，成立总分公司，亏损的时候就汇总申报缴税，但如果盈利了，我就无法提供证据资料证明自己是分公司，按小型微利企业的优惠独立计算企业所得税。

我说：你可真会安排啊！作为分公司，如果选择独立计算企业所得税，是不能享受小型微利企业的优惠政策的，只能按照25%的基本税率进行纳税申报。

朋友说：我就是随便说说而已，没真打算这么做。最后再问一下，如果我是分公司，当地税务机关能单独检查分公司吗？毕竟检查了也不能单独计算企业所得税啊。

我说：其实是可以的。在检查分支机构的企业所得税的时候，不检查需要统一计算调整的项目即可。查实的其他调增项目允许弥补总公司以前年度的亏损，剩余的计算出应纳税额。查补的企业所得税50%让总公司入库，50%在当地入库。

朋友说：噢，原来是这样啊，明白了。

103　总分公司税率不同，如何汇总纳税？

企业所得税汇算清缴期间，有关总分公司汇总纳税的问题特别多。比如，有一个网友就提出了这样一个问题：

"我们公司在重庆办了一家分公司，属于西部地区鼓励类产业，按政策规定分公司可以享受减按15%的税率征收企业所得税。但是总公司在上海，所得税税率是25%，总公司和分公司所在地区税率不同。这不企业所得税汇算清缴马上就要开始了，该怎么汇总纳税呀？"

别着急，我们先来看一下总分公司企业所得税计算的总体管理办法是什么。

汇总纳税企业实行"统一计算、分级管理、就地预缴、汇总清算、财政调库"的企业所得税征收管理办法。在年度终了后，总机构统一计算汇总纳税企业的年度应纳税所得额、应纳所得税额，抵减总机构、分支机构当年已就地分期预缴的企业所得税款后，多退少补。

如果出现了总分公司税率不同，应该按以下四步计算应纳税额：

第一步，总机构汇总全年应纳税所得额。

第二步，根据分摊比例划分不同地区应纳税所得额，计算应纳税额。

第三步，汇总应纳税额。

第四步，根据分摊比例分摊各地税额。

简单来说，就是"两次汇总，两次分摊"。

■ 政策依据

1. 根据《国家税务总局关于印发〈跨地区经营汇总纳税企业所得税征收管理办法〉的公告》（国家税务总局公告2012年第57号）第十八条规定，对于按照税收法律、法规和其他规定，总机构和分支机构处于不同税率地区的，先由总机构统一计算全部应纳税所得额，然后按该办法第六条规定的比例和按第十五条计算的分摊比例，计算划分不同税率地区机构的应纳税所得额，再分别按各自的适用税率计算应纳税额后加总计算出汇总纳税企业的应纳所得税总额，最后按该办法第六条规定的比例和按第十五条计算的分摊比例，向总机构和分支机构分摊就地缴纳的企业所得税款。

2. 根据国家税务总局2012年第57号公告第六条规定，汇总纳税企业按照《企业所得税法》规定汇总计算的企业所得税，包括预缴税款和汇算清缴应缴应退税款，50%在各分支机构间分摊，各分支机构根据分摊税款就地办理缴库或退库；50%由总机构分摊缴纳，其中25%就地办理缴库或退库，25%就地全额缴入中央国库或退库。

3. 根据国家税务总局2012年第57号公告第十五条规定，总机构应按照上年度分支机构的营业收入、职工薪酬和资产总额3个因素计算各分支机构分摊所得税款的比例；三级及以下分支机构，其营业收入、职工薪酬和资产总额统一计入二级分支机构；3个因素的权重依次为0.35、0.35、0.30。

计算公式如下：

某分支机构分摊比例 =（该分支机构营业收入 ÷ 各分支机构营业收入之和）×0.35 +（该分支机构职工薪酬 ÷ 各分支机构职工薪酬之和）×0.35 +（该分支机构资产总额 ÷ 各分支机构资产总额之和）×0.30

分支机构分摊比例按上述方法一经确定后，除出现该办法第五条（四）项和第十六条第二、三款情形外，当年不作调整。

根据国家税务总局2012年第57号公告第十六条规定，总机构设立具有主体生产经营职能的部门（非该办法第四条规定的二级分支机构），且该部门的营业收入、职工薪酬和资产总额与管理职能部门分开核算的，可将该部门视同一个二级分支机构，按该办法规定计算分摊并就地缴纳企业所得税；该部门与管理职能部门的营业收入、职工薪酬和资产总额不能分开核算的，该部门不得视同一个二级分支机构，不得按该办法规定计算分摊并就地缴纳企业所得税。

【例4－3】跨地区经营汇总纳税企业甲公司2019年度应纳税所得额为400万元，总公司位于上海市，另外在重庆有一个分公司A，在上海有一个具有主体生产经营职能的部门B，A分公司和B部门2019年度的3个因素情况如表4－5所示，其中A分公司适用西部大开发15%的税率优惠政策，同时总机构和B部门适用税率均为25%。如何计算总公司和分公司分摊就地缴纳的企业所得税款呢？

表 4－5　　A 分公司和 B 部门 2019 年度的 3 个因素情况

分公司	营业收入（万元）	职工薪酬（万元）	资产总额（万元）
A 分公司	500	80	1 500
B 部门	500	80	1 500
合计	1 000	160	3 000

解析：

第一步：总公司统一计算全部应纳税所得额为 400 万元。

第二步：计算各分公司分摊比例。

A 分公司分摊比例 =（A 分公司营业收入 ÷ 各分公司营业收入之和）×0. 35 +（A 分公司职工薪酬 ÷ 各分公司职工薪酬之和）×0. 35 +（A 分公司资产总额 ÷ 各分公司资产总额之和）×0. 30 =（500 ÷1 000）×0. 35 +（80 ÷160）×0. 35 +（1 500 ÷3 000）×0. 30 =0. 5

B 部门分摊比例 =（B 部门营业收入 ÷ 各分公司营业收入之和）×0. 35 +（B 部门职工薪酬 ÷ 各分公司职工薪酬之和）×0. 35 +（B 部门资产总额 ÷ 各分公司资产总额之和）×0. 30 =（500 ÷1 000）×0. 35 +（80 ÷160）×0. 35 +（1 500 ÷3 000）×0. 30 =0. 5

第三步：计算划分各公司应纳税所得额

总公司分摊所得额 =400 ×50% =200（万元）

A 分公司分摊应纳税所得额 =400 ×50% ×0. 5 =100（万元）

B 部门分摊应纳税所得额 =400 ×50% ×0. 5 =100（万元）

第四步：计算不同税率地区的应纳所得税总额

总公司应纳所得税额 =200 ×25% =50（万元）

A 分公司应纳所得税额 =100 ×15% =15（万元）

B 部门应纳所得税额 =100 ×25% =25（万元）

甲公司 2019 年度应纳所得税总额 =50 +15 +25 =90（万元）

第五步：向总公司和分公司分摊就地缴纳的企业所得税款

总公司分摊就地缴纳的企业所得税款 =90 ×50% =45（万元）

A 分公司分摊就地缴纳的企业所得税款 =90 ×50% ×50% =22. 5（万元）

B 部门分摊就地缴纳的企业所得税款 =90 ×50% ×50% =22. 5（万元）

特别提醒：

总公司在申报企业所得税年度纳税申报表时，总机构“减免所得税优惠明细表”（A107040）（见表 4－6）第 21 行填报享受的优惠金额为 10（400 ×25% －90）万元。

表 4-6　　　　减免所得税优惠明细表（A107040）

行次	项目	金额
1	一、符合条件的小型微利企业减免企业所得税	0.00
2	二、国家需要重点扶持的高新技术企业减按 15% 的税率征收企业所得税（填写 A107041）	0.00
3	三、经济特区和上海浦东新区新设立的高新技术企业在区内取得的所得定期减免企业所得税（填写 A107041）	0.00
4	四、受灾地区农村信用社免征企业所得税	0.00
5	五、动漫企业自主开发、生产动漫产品定期减免企业所得税	0.00
6	六、线宽小于 0.8 微米（含）的集成电路生产企业减免企业所得税（填写 A107042）	0.00
7	七、线宽小于 0.25 微米的集成电路生产企业减按 15% 税率征收企业所得税（填写 A107042）	0.00
8	八、投资额超过 80 亿元的集成电路生产企业减按 15% 税率征收企业所得税（填写 A107042）	0.00
9	九、线宽小于 0.25 微米的集成电路生产企业减免企业所得税（填写 A107042）	0.00
10	十、投资额超过 80 亿元的集成电路生产企业减免企业所得税（填写 A107042）	0.00
11	十一、新办集成电路设计企业减免企业所得税（填写 A107042）	0.00
12	十二、国家规划布局内集成电路设计企业可减按 10% 的税率征收企业所得税（填写 A107042）	0.00
13	十三、符合条件的软件企业减免企业所得税（填写 A107042）	0.00
14	十四、国家规划布局内重点软件企业可减按 10% 的税率征收企业所得税（填写 A107042）	0.00
15	十五、符合条件的集成电路封装、测试企业定期减免企业所得税（填写 A107042）	0.00
16	十六、符合条件的集成电路关键专用材料生产企业、集成电路专用设备生产企业定期减免企业所得税（填写 A107042）	0.00
17	十七、经营性文化事业单位转制为企业的免征企业所得税	0.00
18	十八、符合条件的生产和装配伤残人员专门用品企业免征企业所得税	0.00
19	十九、技术先进型服务企业减按 15% 的税率征收企业所得税	0.00
20	二十、服务贸易类技术先进型服务企业减按 15% 的税率征收企业所得税	0.00
21	二十一、设在西部地区的鼓励类产业企业减按 15% 的税率征收企业所得税	100 000.00
22	二十二、新疆困难地区新办企业定期减免企业所得税	0.00

有关总分公司汇总纳税的热点问答：

1. 哪些二级分支机构不就地分摊缴纳企业所得税？

（1）不具有主体生产经营职能，且在当地不缴纳增值税、营业税的产品售后服务、内部研发、仓储等汇总纳税企业内部辅助性的二级分支机构，不就地分摊缴纳企业所得税。

（2）上年度认定为小型微利企业的，其二级分支机构不就地分摊缴纳企业所得税。

（3）新设立的二级分支机构，设立当年不就地分摊缴纳企业所得税。

（4）当年撤销的二级分支机构，自办理注销税务登记之日所属企业所得税预缴期间起，不就地分摊缴纳企业所得税。

（5）汇总纳税企业在中国境外设立的不具有法人资格的二级分支机构，不就地分摊缴纳企业所得税。

2. 分支机构在备案时需要注意些什么？

汇总纳税企业分支机构应依法办理税务登记，接受所在地主管税务机关的监督和管理。

分支机构应将其总机构、上级分支机构和下属分支机构信息报其所在地主管税务机关备案，内容包括总机构、上级机构和下属分支机构名称、层级、地址、邮编、纳税人识别号及企业所得税主管税务机关名称、地址和邮编。

上述备案信息发生变化的，除另有规定外，应在内容变化后30日内报所在地主管税务机关备案，并办理变更税务登记。

提醒：变更总分支机构信息、企业所得税汇总纳税信息报告均可以在电子税务局办理。

3. 汇总纳税企业分支机构在汇算清缴时需要注意些什么？

汇总纳税企业汇算清缴时，分支机构应报送如下资料：

（1）企业所得税年度纳税申报表（只填列部分项目）；

（2）经总机构所在地主管税务机关受理的汇总纳税企业分支机构所得税分配表；

（3）分支机构的年度财务报表（或年度财务状况和营业收支情况）；

（4）分支机构参与企业年度纳税调整情况的说明。分支机构参与企业年度纳税调整情况的说明，可参照企业所得税年度纳税申报表附表“纳税调整项目明细表”中列明的项目进行说明，涉及须由总机构统一计算调整的项目不进行说明。

4. 跨地区经营汇总纳税企业的分支机构分摊比例当年可以进行调整吗？

根据国家税务总局2012年第57号公告第十五条规定，分支机构分摊比例按《办法》规定方法一经确定后，当年一般不作调整，即在当年预缴税款和汇算清缴时均采用同一分摊比例。

但如出现例外情形，即《办法》第五条第（四）项（当年撤销分支机构不再参与分摊）和第十六条第二款（总机构设立具有主体生产经营职能部门视同分支机构，参与分摊）、第三款（企业外部重组与内部重组形成新分支机构不视同新设分支机构，参与分摊）情形的，应重新计算分摊比例。

104 计提的房租未支付，能不能税前扣除？

前段时间，一个企业财务人员给我打电话说：我公司租用了另外一个公司的房屋办公，签订了租赁合同，合同约定租期从2018年5月1日到2019年4月30日，每个月租金1万元，到租期结束的时候，一次性付12万元租金，我按照权责发生制每月计提1万元房租计入管理费用。

结果稽查局来检查，说2018年计提的8万元房租，不能税前扣除，需要调增，需要补税。老板训了我一顿，你说我做账错了吗？难道说没有支付就不能税前扣除吗？

我说：会计做账没有错，会计核算是严格按照权责发生制的，2018年虽然没有支付房租，但实际上是发生了租房费用的，按月计提房租费是没问题。另外，税法中并没有规定房租没有支付就不能税前扣除。

他高兴地说：我没有做错账，也没有不支付就不能税前扣除的规定，那是稽查局搞错了吧？

我说：且慢，现在是 2019 年 12 月了，你这笔房租还没有支付吗？

他说：是啊，我们两家公司后来有些矛盾，我们就扣着这笔房租没支付。

我说：对方公司也没有给你们开发票吧？

他说：那肯定了，他们也不给我们开发票。

我说：问题的症结，不是你们没有支付这笔房租，而是这笔房租支出，没有税前扣除凭证，所以稽查局要让你们公司调增补税。

他说：这个有规定吗？

我说：有规定的。房租是属于增值税应税项目，应该以发票作为税前扣除凭证。

■ **政策依据**

国家税务总局公告 2018 年第 28 号第五条：企业发生支出，应取得税前扣除凭证，作为计算企业所得税应纳税所得额时扣除相关支出的依据。

第九条　企业在境内发生的支出项目属于增值税应税项目的，对方为已办理税务登记的增值税纳税人，其支出以发票（包括按照规定由税务机关代开的发票）作为税前扣除凭证。

他说：我现在没有发票，那怎么办呢？

我说：检查人员应该告诉你，给你 60 天时间，去补开发票，把发票补回来就没事了。除非有特殊原因不能补开，提供支出真实性的相关资料也行。

■ **政策依据**

国家税务总局公告 2018 年第 28 号第十五条：汇算清缴期结束后，税务机关发现企业应当取得而未取得发票、其他外部凭证或者取得不合规发票、不合规其他外部凭证并且告知企业的，企业应当自被告知之日起 60 日内补开、换开符合规定的发票、其他外部凭证。其中，因对方特殊原因无法补开、换开发票、其他外部凭证的，企业应当按照该办法第十四条的规定，自被告知之日起 60 日内提供可以证实其支出真实性的相关资料。

他说：别说 60 天，就是一年，我也要不回发票来。我这情况是不是特殊原因？能不能用别的资料证明呢？

我说：你这种双方闹矛盾的情况不属于特殊原因，税法中特殊原因指的是因对方注销、撤销、依法被吊销营业执照、被税务机关认定为非正常户等。

他说：其实也可以沾个边，我看对方公司也不景气，没几个人上班，说不定他们公司是非正常户呢。如果他们公司是非正常户，是不是我就不用补发票，只用提供租房合同就可以税前扣除了？

我说：提供的证明材料，不止有租房合同，还必须有对方是非正常户的证明，以及你公司转账支付房租的付款凭证。

■ 政策依据

国家税务总局公告2018年第28号第十四条规定，企业在补开、换开发票、其他外部凭证过程中，因对方注销、撤销、依法被吊销营业执照、被税务机关认定为非正常户等特殊原因无法补开、换开发票、其他外部凭证的，可凭以下资料证实支出真实性后，其支出允许税前扣除：（一）无法补开、换开发票、其他外部凭证原因的证明资料（包括工商注销、机构撤销、列入非正常经营户、破产公告等证明资料）；（二）相关业务活动的合同或者协议；（三）采用非现金方式支付的付款凭证；（四）货物运输的证明资料；（五）货物入库、出库内部凭证；（六）企业会计核算记录以及其他资料。前款第（一）项至第（三）项为必备资料。

他说：说了半天，还是需要我们公司实际支付了款项才能税前扣除吧，不支付就不能扣除。你早告诉我就行了，还和我兜了这么大一个圈子。

我心下默然，突然有一种秀才遇到兵的感觉，于是停顿了一下说：好吧，你公司2018年计提的房租确实是不能税前扣除，至于原因是什么，您觉得怎么好理解就怎么理解吧！

105　一文搞定业务招待费税前扣除

2020年4月期间，有一些网友问业务招待费税前扣除的问题，虽然这是企业所得税中最为常见的一个纳税调整项目，但在实践中依然会有很多财务人员感觉把握不准，我们一起来学习了解一下业务招待费的相关内容。

一、什么是业务招待费?

业务招待费是指企业在经营管理活动中用于接待应酬而支付的各项费用，主要包括业务洽谈、对外联络、公关交往、会议接待等发生的费用，例如招待饭费，招待用酒、茶，交通费等。具体范围包括：生产经营需要而产生的宴请或工作餐的开支；需要赠送纪念品的开支；发生的旅游景点参观费和交通费等其他费用的开支；发生的业务关系人员的差旅费开支。

它是企业生产经营中所发生的实实在在、必需的费用支出，是企业进行正常经营活动必要的一项成本费用。

二、业务招待费的列支范围

税法上没有明确界定业务招待费，通常来说，招待客户的餐饮费、住宿费、交通费、赠送给客户的礼品费、正常的娱乐活动费、安排客户旅游的费用等都可以作为业务招待费核算。

会计在核算时，要避免一个误区，就是把所有的餐费都当作业务招待费。实际上，不同的餐费应该根据实际用途，计入不同的会计科目，例如：

1. 因业务开展的需要，招待客户就餐，会计核算上列“招待费”；
2. 员工食堂就餐、活动聚餐、加班聚餐，会计核算上列“职工福利费”；
3. 员工出差就餐，在标准内的餐费，会计核算上列“差旅费”；
4. 企业组织员工职业培训，培训期间就餐，会计核算上列“职工教育经费”；
5. 公司在酒店召开会议，会议期间就餐，会计核算上列“会议费”；
6. 公司筹建期间发生的餐费，会计核算上列“开办费”；
7. 以现金形式发放的员工餐费补贴，会计核算上列“工资薪金”；
8. 企业召开董事会，董事会期间发生的餐费，会计核算上列“董事会费”；
9. 工会组织员工活动，活动期间发生的餐费，会计核算上列“工会经费”。

三、业务招待费的税前扣除比例，最佳发生额是多少?

业务招待费扣除采用“双限额”“孰小原则”，主要是考虑到商业招待和个人消费之间难以区分的问题。

根据《中华人民共和国企业所得税法实施条例》（中华人民共和国国务院令第512号）第四十三条规定：“企业发生的与生产经营活动有关的业务招待费支出，按照发生额的60%扣除，但最高不得超过当年销售（营业）收入的5‰。”

比如，A公司当年销售收入为3 000万元，当年的企业招待费为30万元，那么计算方法如下：3 000×5‰=15万元，30×60%=18万元，18万元>15万元，则只可在税前扣除15万元。

因为业务招待费属于双限额扣除，实际中可以计算出企业最佳业务招待费发生金额，用足限额。

设企业当期列支业务招待费为Y，设企业当期销售（营业）收入为X。

那么，按照规定，当期允许税前扣除的业务招待费金额为 Y×60% 与 X×5‰，即 Y×60%≤X×5‰，通过推算得出 Y≤8.3‰X。也就是说，在当期列支的业务招待费等于销售（营业）收入的8.3‰这个临界点时，企业就可能用足了业务招待费的扣除限额。

例如，A公司当年销售收入为3 000万元，最佳业务招待费列支金额是3 000×8.3‰=24.9万元。可以税前扣除24.9×60%=14.94万元，不能税前扣除的是9.96万元。

超过这个金额，列支再多，也不能税前扣除，和白条列支也没什么区别。

不足这个金额，等于浪费了税法给定的扣除限额。

四、业务招待费限额扣除基数包括哪些？

业务招待费税前扣除基数是营业收入。营业收入包括主营业务收入、其他业务收入和视同销售收入，不包括营业外收入。

在实务中，大家要充分重视视同销售收入。企业所得税规定的很多视同销售行为，在会计核算中更多地体现在费用支付项目中。比如，用于市场推广或销售的资产，一般计入销售费用；用于对外捐赠的资产，计入营业外支出；用于职工奖励或福利的资产，计入应付职工薪酬等。企业在汇算清缴申报时，正确足额将这些项目调整到视同销售收入中，就可作为业务招待费的计提基数。

1. 主营业务收入。主营业务收入是指根据国家统一会计制度确认的、企业经常性的、主要业务所产生的收入，包括销售商品收入、提供劳务收入、建造合同收入、让渡资产使用权收入等。

2. 其他业务收入。其他业务收入是指根据国家统一会计制度确认的、是企业主营业务以外的其他日常活动所取得的收入。一般情况下，其他业务活动的收入不大，发生频率不高，在收入中所占比重较小。其他业务收入包括：出租固定资产收入、出租无形资产收入、出租包装物和商品收入等。

3. 视同销售（营业）收入。根据《国家税务总局关于企业所得税执行中若干税务处理问题的通知》（国税函〔2009〕202号）第一条规定："企业在计算业务招待费、广告费和业务宣传费等费用扣除限额时，其销售（营业）收入额应包括《实施条例》第二十五条规定的视同销售（营业）收入额。"企业所得税视同销售包括：（一）非货币性资产交换视同销售；（二）用于市场推广或销售视同销售；（三）用于交际应酬视同销售；（四）用于职工奖励或福利视同销售；（五）用于股息分配视同销售；（六）用于对外捐赠视同销售；（七）用于对外投资项目视同销售；（八）提供劳务视同销售；（九）其他。

4. 房地产开发企业的预售收入。根据《国家税务总局关于印发〈房地产开发经营业务企业所得税处理办法〉的通知》（国税发〔2009〕31号）第六条规定，企业通过正式签订《房地产销售合同》或《房地产预售合同》所取得的收入，应确认为销售收入的实现。因此，房地产开发企业销售未完工开发产品取得的收入，可以作为计提业务招待费、广告费和业务宣传费的基数。同时，为了不重复计提，需要减去销售未完工产品转完工产品确认的销售收入。

5. 从事股权投资业务的企业取得的股息、红利以及股权转让收入。根据《国家税务总局关于贯彻落实企业所得税法若干税收问题的通知》（国税函〔2010〕79 号）的规定：对从事股权投资业务的企业（包括集团公司总部、创业投资企业等），其从被投资企业所分配的股息、红利以及股权转让收入，可以按规定的比例计算业务招待费扣除限额。

6. 查补收入。《国家税务总局关于查增应纳税所得额弥补以前年度亏损处理问题的公告》（国家税务总局公告 2010 年第 20 号）第一条规定，查补收入可以弥补以前年度亏损。《国家税务总局关于企业所得税年度纳税申报口径问题的公告》（国家税务总局公告 2011 年第 29 号）进一步明确查增应纳税所得额的报表填报，即根据国家税务总局公告 2010 年第 20 号文件规定，对检查调增的应纳税所得额，允许弥补以前年度发生的亏损。根据国家税务总局公告 2010 年第 20 号文件规定，查补的收入属于“主营业务收入、其他业务收入，视同销售收入”中的一种，在补充申报时会填列到“销售（营业）收入合计”里。收入、成本和费用均有其相应的发生年度，在其已实际发生的情况下，无论是否在财务账册上反映或者通过任何方式加以隐匿，均不能改变相应收入为其发生年度收入的事实。现行税法明确，前述扣除的限额是以年度“全年销售（营业）收入”为基数的，而查补的收入属于其发生年度收入的一部分，当然应允许其作为计算扣除业务招待费、广告费和业务宣传费限额基数。

五、筹建期无收入如何扣除业务招待费?

筹建期无收入可扣实际发生额的 60%。

根据《国家税务总局关于企业所得税应纳税所得额若干税务处理问题的公告》（国家税务总局公告 2012 年第 15 号）第五条的规定，企业在筹建期间，发生的与筹办活动有关的业务招待费支出，可按实际发生额的 60% 计入企业筹办费，并按有关规定在税前扣除。

关于筹建期的定义，财政部财法字〔1999〕第 003 号《企业所得税暂行条例实施细则》规定，企业筹建期，是指从企业被批准筹建之日起至开始生产、经营（包括试生产、试营业，下同）之日的期间。

财政部 1995 年 6 月 27 日下发的《关于外商投资企业筹建期财政财务治理有关规定的通知》中规定，中外合资、合作经营企业自签订合同之日起至企业开始生产经营

（包括试生产、试营业）为止期间，外资企业自我国有关部门批准成立之日起到开始生产经营（包括试生产、试营业）为止期间为筹建期。

现行的税法中，未对筹建期进行精准的界定。一般认为是从企业被批准筹办之日起至开始生产、经营（包括试生产、试营业）之日止的期间。

关于筹建期，主要有三种观点，分别是领取营业执照之日、取得第一笔收入之日、开始投入生产经营之日。

结合不同的行业，可以大致按以下方法把握：

1. 工业企业，由于需要建设厂房等基础设施，所以生产设施建设完毕，并且购进原材料进行生产之前的时间，属于筹建期间；

2. 商业性质的企业，装修好商场、购进商品之前的时间，属于筹建期间；

3. 服务性质的企业，由于没有具体形式上的商品，开始经营之前的时间，可以视为筹建期间。

国税函〔2009〕98 号文件第九条规定：新税法中开（筹）办费未明确列作长期待摊费用，企业可以在开始经营之日的当年一次性扣除，也可以按照新税法有关长期待摊费用的处理规定处理，但一经选定，不得改变。

六、准确划分业务招待费和业务宣传费

按照税法规定，业务宣传费的扣除限额为销售（营业）收入的15%（特定行业为30%），是业务招待费的 30 倍（特定行业为其 60 倍），具有更大的限额空间。

业务招待费的目的是通过开展必要的招待活动，以达到维护企业与客户的关系与形象，从而促进销售。然而，业务宣传费也具有与此类似的动机。

企业在实践中如果能够有效搭配业务招待费与业务宣传费之间的开支，将会起到很好的节税作用。例如，企业经常向客户赠送烟酒、茶叶、土特产等礼品，这部分开支应纳入业务招待费的范畴。但如果企业改为赠送自行生产或委托加工的产品，这些礼品则起到了推广宣传的作用，可作为业务宣传费列支。

七、业务招待费能否抵扣进项税

业务招待费能否抵扣，不能一概而论，需要看具体项目。根据《中华人民共和国增值税暂行条例》第十条：用于非增值税应税项目、免征增值税项目、集体福利或者个人消费的购进货物或者应税劳务，进项税额不得从销项税额中抵扣。

所以，购进餐饮服务的进项税额不得从销项税额中抵扣，如果发生招待费属于个人消费，同样无法抵扣。

但如果列支的业务招待费是“委托外单位审计人员开展审计业务，合同约定由企业报销审计人员的住宿费”的支出，只要取得了增值税专用发票，是可以抵扣进项税的。

这一点，在福建省税务局发布的2018年7月12366咨询热点难点问题集第23题解答中也明确过：“企业为委托的外单位人员承担的住宿费，属于生产经营活动过程中发生的成本，取得增值税专用发票的情况下，可以抵扣进项税额。”

106　哪些保险费可以在企业所得税税前扣除?

现在许多企业都为员工或者自身购买了保险，种类可谓五花八门，那么到底哪些保险费是可以在企业所得税税前扣除的呢？一起来看看吧！

一、为员工购买的保险

1. 五险一金

根据《企业所得税法实施条例》第三十五条第一款规定，企业依照国务院有关主管部门或者省级人民政府规定的范围和标准为职工缴纳的基本养老保险费、基本医疗保险费、失业保险费、工伤保险费、生育保险费等基本社会保险费和住房公积金，准予扣除。

注意：必须是为职工缴纳的，必须依照国务院有关主管部门或者省级人民政府规定的范围和标准缴纳。

2. 补充养老保险费、补充医疗保险费

根据《企业所得税法实施条例》第三十五条第二款规定，企业为投资者或者职工支付的补充养老保险费、补充医疗保险费，在国务院财政、税务主管部门规定的范围和标准内，准予扣除。

根据《财政部 国家税务总局关于补充养老保险费 补充医疗保险费有关企业所得税政策问题的通知》（财税〔2009〕27号）规定，自2008年1月1日起，企业根据国家有关政策规定，为在本企业任职或者受雇的全体员工支付的补充养老保险费、补充医疗保险费，分别在不超过职工工资总额5%标准内的部分，在计算应纳税所得额时准予扣除；超过的部分，不予扣除。

3. 特殊工种职工人身安全保险费

根据《企业所得税法实施条例》第三十六条规定，除企业依照国家有关规定为特殊工种职工支付的人身安全保险费和国务院财政、税务主管部门规定可以扣除的其他商业保险费外，企业为投资者或者职工支付的商业保险费，不得扣除。

4. 人身意外保险费

根据《国家税务总局关于企业所得税有关问题的公告》（国家税务总局公告 2016 年第 80 号）第一条规定，企业职工因公出差乘坐交通工具发生的人身意外保险费支出，准予企业在计算应纳税所得额时扣除。

二、为自身购买的各类保险

1. 财产保险费

根据《企业所得税法实施条例》第四十六条规定，企业参加财产保险，按照规定缴纳的保险费，准予扣除。

2. 责任保险费

根据《国家税务总局关于责任保险费企业所得税税前扣除有关问题的公告》（国家税务总局公告 2018 年第 52 号）规定，企业参加雇主责任险、公众责任险等责任保险，按照规定缴纳的保险费，准予在企业所得税税前扣除。

3. 银行业金融机构存款保险费

根据《财政部 国家税务总局关于银行业金融机构存款保险保费企业所得税税前扣除有关政策问题的通知》（财税〔2016〕106 号）规定，银行业金融机构依据《存款保险条例》的有关规定，按照不超过 0.16‰的存款保险费率，计算交纳的存款保险保费，准予在企业所得税税前扣除。

注意，准予在企业所得税税前扣除的存款保险保费计算公式如下：准予在企业所得税税前扣除的存款保险保费 = 保费基数 × 存款保险费率。保费基数以中国人民银行核定的数额为准。准予在企业所得税税前扣除的存款保险保费，不包括存款保险保费滞纳金。

【晶晶亮评析】

上述规定看似繁杂，其实仔细分一下类就很清楚了。

保险可分为政策性保险和商业性保险两大类。

政策性保险：

政策性保险一般具有非盈利性、政府提供补贴及立法保护等特征，为了维护一定的社会基础保障，在特定范围内或社会人群中，由政府提出、提供的保险。

上述提到的基本社会保险、补充医疗保险、补充养老保险、存款保险都属于此类，企业按规定支付的这些保费，都是可以在企业所得税税前扣除的。

商业性保险：

根据《中华人民共和国保险法》第九十五条分为两大类：一是人身保险业务，包括人寿保险、健康保险、意外伤害保险等；二是财产保险业务，包括财产损失保险、责任保险、信用保险、保证保险等。

在商业保险中，总的原则是财产保险可以税前扣除，人身保险不能税前扣除。人身保险中的两个例外险种可以税前扣，那就是特殊工种职工人身安全保险费和人身意外保险费。

责任保险按保险法的规定属于财产保险，按《企业所得税法实施条例》第四十六条规定，税前扣除是没有问题的，原本是不需要额外下发2018年52号公告规定的，但由于很多人没搞清楚保险分类，以为责任险属于人身险，不能税前扣除，实务执行中有些混乱，所以总局专门下文明确了这个问题。

107　个人抬头的电话费发票，能否税前扣除？

一、个人抬头电话费发票

留言时间：2020－08－15

问题内容：请问企业人员因办公需要，发生的办公话费能否开具个人抬头发票并税前扣除？如果在限额内据实发生开具的个人抬头发票办公电话费允许税前扣除，请问该限额是多少？

答复机构：安徽省税务局

答复时间：2020－08－20

答复内容：

您好！您提交的问题已收悉，现针对您所提供的信息回复如下。

企业税前扣除须取得真实合法有效凭证才能予以税前扣除，个人发生的通信费，不能分清受益者，须从严把握，取得的个人抬头的发票不得税前扣除。

感谢您的咨询！上述回复仅供参考，若您对此仍有疑问，请联系12366或主管税务机关。

二、发票购买方名称为员工姓名，是否可以企业所得税税前扣除？

留言时间：2020－10－16

问题内容：我公司员工因公出差，取得了航空公司（开具：运输服务）、长途客运中心（开具：运输服务）、保险公司（开具：航空意外险）开具的增值税电子普通发票，发票抬头为员工姓名（乘机人为个人），请问企业是否可以在企业所得税税前扣除？

我公司员工在工作沟通中使用私人手机，公司承诺在一定额度内准允报销，但电话运营商仅支持开具名称为员工姓名的增值税电子普通发票，请问企业是否可以在企业所得税税前扣除？

答复机构：福建省税务局

答复时间：2020－10－22

答复内容：

尊敬的纳税人，您好！与企业取得应税收入相关的支出可以税前扣除，个人发生部分消费支出，虽然取得的是以其个人名称为抬头的发票，但一般同时符合以下两个条件的，可以按规定在企业所得税税前扣除：

1. 如果企业取得发票或有效凭证抬头为员工个人的，是由客观原因决定的某些支出，发票抬头只能开员工个人而无法开具给企业。

2. 相关的支出是企业的生产经营活动引起的，应该由企业负担。即根据收入相关性原则，从根源和性质上来说，个人费用是为了企业取得收入发生的必要支出，应由公司承担。

文件依据：

根据《中华人民共和国企业所得税法》第八条，企业实际发生的与取得收入有关的、合理的支出，包括成本、费用、税金、损失和其他支出，准予在计算应纳税所得额时扣除。

根据《国家税务总局关于印发〈新企业所得税法精神宣传提纲〉的通知》（国税函〔2008〕159号）第十二条规定，支出税前扣除相关性是指与取得收入直接相关的支出。对相关性的具体判断一般是从支出发生的根源和性质方面进行分析，而不是看费用支出的结果。

上述回复仅供参考，具体以国家相关政策规定为准！感谢您的咨询，顺祝生活愉快！

【晶晶亮评析】

这是12366里，有关个人抬头电话费发票能否税前扣除的问题中，两个比较好的回复。

我对“好的回复”的定义是，有自己明确的观点，而不仅是文件的罗列。

安徽省税务局的回复好在，敢于亮观点，无论对税务人员还是对纳税人来说，都具有很强的操作性。

福建省税务局的回复好在，在吃透文件精神的前提下，提炼出了更为具体的税前扣除原则。

可能有人会困惑，安徽省税务局和福建省税务局的答案完全不同啊，既然我都说好，那到底个人抬头的发票是应该扣还是不应该扣呢？

其实他们的回复只是侧重点不同，内涵是一致的。如果企业能提供充分的证据证明个人的话费中有多少金额，是为公司经营服务，应该由公司承担，我相信税务机关是会允许扣除的。

关键是，企业一般只能提供个人的话费发票，而无法提供更多的证据，来证明哪些话费是应该由公司承担。税务执法中不允许企业所得税税前扣除，也是合理的，并不为过。

这个问题有点像罗生门，电话费中一定是一部分为私，一部分为公，但如何区分，是个难题。企业认为都不让扣很委屈，税务机关认为全部让扣，执法风险很大，所以就产生了争议和争论。

难道这个问题就无解了吗？其实不是，我觉得是提问的人陷入了一个思维的死胡同，为什么一定要纠结个人抬头的电话费发票能不能税前扣除的问题呢？直接造表给员工发放定额的通信费补贴不就可以了吗！作为工资表的一个项目，完全可以堂堂正正地税前扣除，没有人会提出异议。

明明就有阳关道，何必非要走独木桥呢？

108　对外支付讲课费，入账时是否需要发票？

问：我单位接受本单位以外的个人提供的讲课服务，支付费用并按劳务报酬代扣代缴个人所得税，费用入账时是否需要取得发票呢？

答：根据《中华人民共和国发票管理办法》（国函〔1993〕174 号）第二十条规定：销售商品、提供服务以及从事其他经营活动的单位和个人，对外发生经营业务收取款项，收款方应当向付款方开具发票；特殊情况下，由付款方向收款方开具发票。

根据《国家税务总局关于发布〈企业所得税税前扣除凭证管理办法〉的公告》（国家税务总局公告 2018 年第 28 号）第八条规定：税前扣除凭证按照来源分为内部凭证和外部凭证。

内部凭证是指企业自制用于成本、费用、损失和其他支出核算的会计原始凭证。内部凭证的填制和使用应当符合国家会计法律、法规等相关规定。

外部凭证是指企业发生经营活动和其他事项时，从其他单位、个人取得的用于证明其支出发生的凭证，包括但不限于发票（包括纸质发票和电子发票）、财政票据、完税凭证、收款凭证、分割单等。

第九条，企业在境内发生的支出项目属于增值税应税项目（以下简称“应税项目”）的，对方为已办理税务登记的增值税纳税人，其支出以发票（包括按照规定由税务机关代开的发票）作为税前扣除凭证；对方为依法无须办理税务登记的单位或者从事小额零星经营业务的个人，其支出以税务机关代开的发票或者收款凭证及内部凭证作为税前扣除凭证，收款凭证应载明收款单位名称、个人姓名及身份证号、支出项目、收款金额等相关信息。

小额零星经营业务的判断标准是个人从事应税项目经营业务的销售额不超过增值税相关政策规定的起征点。

税务总局对应税项目开具发票另有规定的，以规定的发票或者票据作为税前扣除凭证。

上述回复仅供参考（见图4－1）。

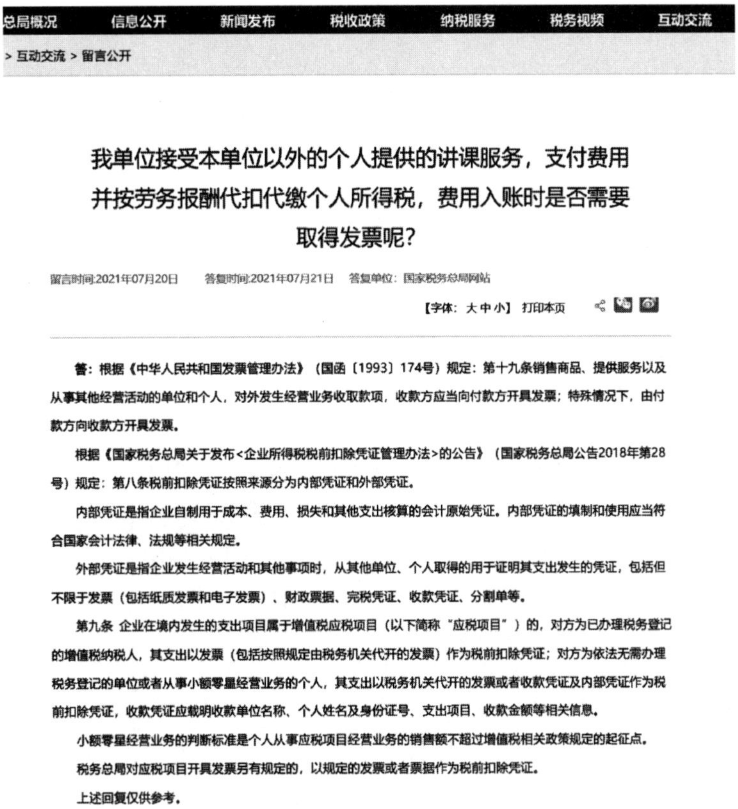

总局概况　信息公开　新闻发布　税收政策　纳税服务　税务视频　互动交流

> 互动交流 > 留言公开

我单位接受本单位以外的个人提供的讲课服务，支付费用并按劳务报酬代扣代缴个人所得税，费用入账时是否需要取得发票呢？

留言时间:2021年07月20日　答复时间:2021年07月21日　答复单位：国家税务总局网站

【字体：大 中 小】 打印本页

答：根据《中华人民共和国发票管理办法》（国函〔1993〕174号）规定：第十九条销售商品、提供服务以及从事其他经营活动的单位和个人，对外发生经营业务收取款项，收款方应当向付款方开具发票；特殊情况下，由付款方向收款方开具发票。

根据《国家税务总局关于发布<企业所得税税前扣除凭证管理办法>的公告》（国家税务总局公告2018年第28号）规定：第八条税前扣除凭证按照来源分为内部凭证和外部凭证。

内部凭证是指企业自制用于成本、费用、损失和其他支出核算的会计原始凭证。内部凭证的填制和使用应当符合国家会计法律、法规等相关规定。

外部凭证是指企业发生经营活动和其他事项时，从其他单位、个人取得的用于证明其支出发生的凭证，包括但不限于发票（包括纸质发票和电子发票）、财政票据、完税凭证、收款凭证、分割单等。

第九条 企业在境内发生的支出项目属于增值税应税项目（以下简称“应税项目”）的，对方为已办理税务登记的增值税纳税人，其支出以发票（包括按照规定由税务机关代开的发票）作为税前扣除凭证；对方为依法无需办理税务登记的单位或者从事小额零星经营业务的个人，其支出以税务机关代开的发票或者收款凭证及内部凭证作为税前扣除凭证，收款凭证应载明收款单位名称、个人姓名及身份证号、支出项目、收款金额等相关信息。

小额零星经营业务的判断标准是个人从事应税项目经营业务的销售额不超过增值税相关政策规定的起征点。

税务总局对应税项目开具发票另有规定的，以规定的发票或者票据作为税前扣除凭证。

上述回复仅供参考。

图4－1　我单位接受本单位以外的个人提供的讲课服务，支付费用并按劳务报酬代扣代缴个人所得税，费用入账时是否需要取得发票呢？

【晶晶亮评析】

这个问题不难，但问的人还不少，专业的、有政策依据的回复在上文，我在此用通俗的说法解答一下。

如果一次讲课费在500元以下，不需要发票，凭收据就可以税前扣除。不过实务中企业若只打算出500元以下的讲课费，估计很难请得到老师。

如果一次讲课费在500元以上，需要发票税前扣除。如果老师出具了发票，皆大欢喜；如果老师没有出具发票，最好的办法，是让财务人员去帮忙代开发票入账；如果没有代开，那只能是通过讲课费发放表入账，年终汇算的时候进行纳税调增。对于所得在100万元以下的小型微利企业来说，相当于是讲课费支出增加了2.5%。

109 每个公司都需要填写的工资薪金汇算表，您填对了吗？

正值企业所得税汇算清缴时期，有关汇算的问题非常多。在天津市2020年度企业所得税汇算清缴工作相关问题访谈中，有一个每个企业都会遇到的问题，值得关注。

网友问："汇算清缴的职工薪酬表工资薪金支出，'账载金额'和'实际金额''税收金额''纳税调整金额'不太明白具体该如何填报，希望举例说明。"

工资薪金支出，可以说是每个企业都需要填写的项目，是一个应知应会的财税知识点，如果你对此问题也拿捏不准，那就赶紧一起看一看吧！

我们先看一下表4－7。

表4－7　　职工薪酬支出及纳税调整明细表（A105050）

行次	项　　目	账载金额	实际发生额	税收规定扣除率	以前年度累计结转扣除额	税收金额	纳税调整金额	累计结转以后年度扣除额
		1	2	3	4	5	6(1－5)	7(2＋4－5)
1	一、工资薪金支出			*	*			*
2	其中：股权激励			*	*			*
3	二、职工福利费支出				*			*
4	三、职工教育经费支出			*				
5	其中：按税收规定比例扣除的职工教育经费							
6	按税收规定全额扣除的职工培训费用				*			*
7	四、工会经费支出				*			*
8	五、各类基本社会保障性缴款			*	*			*

续表

行次	项　　目	账载金额	实际发生额	税收规定扣除率	以前年度累计结转扣除额	税收金额	纳税调整金额	累计结转以后年度扣除额
		1	2	3	4	5	6(1－5)	7(2＋4－5)
9	六、住房公积金			*	*			*
10	七、补充养老保险				*			*
11	八、补充医疗保险				*			*
12	九、其他			*	*			*
13	合计(1＋3＋4＋7＋8＋9＋10＋11＋12)			*				

填表说明中对于“工资薪金支出”，是这样规定的：

第 1 列“账载金额”：填报纳税人会计核算计入成本费用的职工工资、奖金、津贴和补贴金额。

第 2 列“实际发生额”：分析填报纳税人“应付职工薪酬”会计科目借方发生额（实际发放的工资薪金）。

第 5 列“税收金额”：填报纳税人按照税收规定允许税前扣除的金额，按照第 1 列和第 2 列分析填报。

例如，甲公司工资计提及发放情况如下：

2020 年 3 月发放 2019 年度已计提未发放的年终奖及绩效奖 300 万元；

2020 年度计提工资 1 100 万元（其中预提年终奖 200 万元）；

2020 年实际发放当年工资 900 万元；

2021 年 1 月发放 2020 年预提的年终奖 100 万元。

1. 会计处理

2020 年发放 2019 年绩效奖：

借：应付职工薪酬——奖金　　　3 000 000

　　贷：银行存款　　　3 000 000

2020 年计提工资：

借：生产成本/管理费用/销售费用等　　　11 000 000

　　贷：应付职工薪酬——工资　　　11 000 000

2020 年实际发放工资时：

借：应付职工薪酬——工资　　　9 000 000

　　贷：银行存款　　　9 000 000

2021 年发放 2020 年度奖金：

借：应付职工薪酬——奖金　　　1 000 000

贷：银行存款　　　　1 000 000

2. 申报表填报分析过程

账载金额（计入2020年度成本费用的工资）=1 100（万元）

实际发生额（2020年“应付职工薪酬——工资及奖金”的借方发生额）=300+900=1 200（万元）

税收金额（按照税法规定当年允许扣除的金额）=900+100=1 000（万元）

政策链接：《国家税务总局关于企业工资薪金和职工福利费等支出税前扣除问题的公告》（2015年34号）第二条规定：企业在年度汇算清缴前向员工实际支付的已预提汇缴年度工资薪金，准予在汇缴年度按规定扣除。

纳税调整金额=1 100－1 000=100（万元）

对于工资薪金来说，第3、4、7列不需要填写。

上述数字填表如表4－8所示。

表4－8　　职工薪酬支出及纳税调整明细表（A105050）

行次	项　目	账载金额	实际发生额	税收规定扣除率	以前年度累计结转扣除额	税收金额	纳税调整金额	累计结转以后年度扣除额
		1	2	3	4	5	6(1－5)	7(2+4－5)
1	一、工资薪金支出	1 100	1 200	*	*	1 000	100	*

第五章
其他税种

110　消费税，这个低调的大佬要开始张扬了

我国有 18 个税种，每个税种各有其特点。

有些税种是绝对的王者，比如增值税、企业所得税，无论是从财政收入角度看，还是就纳税人在处理经济业务时的感受而言，每时每刻都要惦记着这两个税种。

而有些税种，天生具有网红气质，受众很广，关注度极高，比如个人所得税、房产税。只要略有风吹草动，都能引得众人频频关注。

还有些税种，虽然分量不大，却处处刷存在感，让谁也忘不掉它，比如印花税。

但是，消费税却和它们截然不同，它实力雄厚，但却异常低调。作为年入库超过万亿元的四个税种之一，算得上是税种中的大佬，可多年来在众人眼里却依然像个小透明。从我的切身感受而言，近三年我遇到的数不胜数的税务咨询问题中，竟然只有一个问题是关于消费税的。更有甚者，有的圈外人对它闻所未闻，近期在群里大谈特谈国家新增了一个消费税。

造成这种状况的原因是什么呢？细想一下，原因有三：

第一，征收范围窄。消费税和增值税虽然同属于流转税，但增值税的征税范围可以用“一统天下”来形容，只要开门搞经营，几乎都属于增值税的征税范围，天下无人不识君。而消费税，征税的税目仅有 15 个，分别是烟、酒、鞭炮焰火、高档化妆品、成品油、贵重首饰及珠宝玉石、高尔夫球及球具、高档手表、游艇、木制一次性筷子、实木地板、摩托车、小汽车、电池、涂料。征税范围要小得多，所以绝大多数的纳税人感觉不到它的存在。

第二，征收环节单一且靠前。增值税是道道征收，环环抵扣，每一个流转的环节都有一道增值税，是名副其实的流转税。而消费税呢？征收环节是有限的，多数是一个环节征收，特殊的商品是两个环节征收，比如卷烟、电子烟是生产和批发两个环节征收，超豪华小汽车在生产和零售两个环节征收。另外，它的征收环节也比较靠前，除了金银首饰、铂金首饰和钻石及钻石饰品是在零售环节征收，超豪华小汽车零售环

节加征，卷烟和电子烟批发环节加征，其他的产品都是在生产和进口环节征收。纳税人主要是生产厂家，厂家的数量和零售商数量相比，那是成倍地缩小啊，所以造成消费税关注度急剧下降。

第三，消费税是一个纯粹中央税。完全属于中央税的税种只有四个，消费税、车辆购置税、关税、船舶吨税。其余税种要么完全归地方，要么是中央和地方共享。从地方政府的视角来看这些税种，对完全归属于中央国库的税种，关注度肯定不会很高。

但是，有实力就注定不会沉寂太久，税种也一样。近日，国务院印发了《实施更大规模减税降费后调整中央与地方收入划分改革推进方案》，文件中第二条第（三）项明确：后移消费税征收环节并稳步下划地方。即按照健全地方税体系改革要求，在征管可控的前提下，将部分在生产环节征收的现行消费税品目，逐步后移至批发或零售环节征收，以拓展地方收入来源，引导地方改善消费环境。

这个方案一出台，引起无数财税人的关注，消费税终于有一种站到台前的感觉了。我们可以设想一下，方案落地后，会是一个什么样的新景象。

对于地方政府来说，摆在面前的是一个万亿元的蛋糕，能吃到多少就看各家的本事了，优化营商环境，促进消费繁荣，增加地方财力，相辅相成，将形成一个良好的互动循环。

对于税务机关来说，征管成本将会增加。比如原先贵州茅台，一个主管税务机关就管住了酒厂需要缴纳的消费税，而现在酒销售到了全国各地，如果将来改在零售环节征税，无数个零售商的主管税务机关的税务干部需要去管理这个税，税的总量不会有太大变化，但征管总成本肯定会上升。当然，对下游税务机关来说，多管一个税，少管一个税，从边际成本的角度看，应该也不会增加太多。

对于整个社会来说，可能也会有一些潜移默化的改变。比如，原先禁放烟花爆竹，各地都执行得比较坚决，但如果这部分消费欲望始终存在，堵不如疏，消费还能增加当地财政收入，可能会较之以往多放开一些地方允许燃放鞭炮焰火。

也许，允许吸烟的地方也会扩大……

也许，各地会出现更多的酒文化节……

另外，生产环节不征消费税，生产厂商是否一定会降价？也未必，这取决于买卖双方谁有更强的议价能力。如果上游价格不降，零售环节征消费税，那这些商品自然会涨价……

当然，这都是合理的推想，可能还有很多的连锁反应，是难以预估的。总而言之，那个沉寂很久的消费税大佬，要开始张扬了，让人们再也不能无视它的存在了，周围的社会，你的生活，可能会因为它发生越来越多的变化……

111 印花税新法出台，这六大变化不可不知！

2021年6月10日，《中华人民共和国印花税法》正式颁布，将于2022年7月1日正式实施。从1988年开始已经实施了三十三年的《印花税暂行条例》即将退出税法的历史舞台。

印花税虽小，但适用范围很广，影响力并不小。我们一起来看看新法究竟有哪些值得关注的变化。

一、缩减了征税范围

原条例中的“权利许可证照”和“营业账簿”中的其他账簿，不再征税，也就是原先按5元定额征收的税目取消了。这是个让人欣喜的变化，定额税款不多，只需一次，一次5元。但非常麻烦，纳税人总忘记交，税务机关看见还不能不管，感觉它的存在，最大的作用就是让税企双方都麻烦，从征收成本上来说，非常不划算，新税法将其取消，让人精神一振，有一种断舍离后的爽快感。

二、转正了证券交易

证券交易印花税，虽然从体量上看，基本上占据了印花税全年入库金额的半壁江山，但由于其不属于暂行条例中规定的税目，一直没有正经的名分，像一个“私生子”。另外，可能因为出身而自卑吧，性格暴躁，变化多端，一旦变化，就能让股市血流成河（见表5－1）。2007年5月30日，因为突然提高证券交易印花税税率，导致千股跌停腰斩，造成了股市中有名的“5·30”惨案。

表5－1　印花税调整幅度与股市表现

时间	印花税调整幅度	次日大盘表现
1991.10	从6‰下调到3‰	涨1%
1997.5.12	从3‰上调到5‰	涨2.26%
1998.6.12	从5‰下调到4‰	涨2.65%
2001.11.16	从4‰下调到2‰	涨2.93%
2005.1.23	从2‰下调到1‰	涨1.73%
2007.5.30	从1‰上调到3‰	跌6.5%
2008.4.24	从3‰下调到1‰	涨9.29%
2008.9.19	下调为单边1‰	涨9.45%

立法之后，税率稳定不会随意变动，对资本市场来说，消除了一个不稳定因素，有利于维持市场信心。

三、明确了计税依据

印花税的计税依据是否包含增值税款，是一个咨询频率很高的问题，本次新法对此进行了明确。即“合同金额，不包括列明的增值税税款”，也就是合同中列明的增值税，是不包括的，如果纳税人签订的合同是含税的，但未在合同中列明增值税，是需要全额计算印花税的。

四、取消了尾数规定

原暂行条例中，有一条关于税额尾数的规定：“应纳税额不足 1 角的，免纳印花税。应纳税额在 1 角以上的，其税额尾数不满 5 分的不计，满 5 分的按 1 角计算缴纳。”

这条规定，在当时的历史条件下，对买票贴花来说是一个便民措施。但对于现在几乎都采用转账方式交款来说，不但不便民，而且劳民伤财，纳税人多转几分可能不是很在意，但对于税务稽查来说，这真是一个无比麻烦的存在。不能直接计算税款，查补印花税时，每一次或每一期的应缴税款都需要先四舍五入，再累计相加，多一分少一分都不对，为确保无误，不知要花费多少精力做这些无谓的工作。

谁能想到，曾经的便民政策，如今会变成一个劳民规定。所幸，这个规定在新法中取消了。

五、变化了税目，降低了税率

原加工承揽合同更名为承揽合同，税率从 0.5‰降低为 0.3‰；

原建设工程勘察设计合同包含到建设工程合同，税率从 0.5‰降低为 0.3‰；

原货物运输合同更名为运输合同，税率从 0.5‰降低为 0.3‰；

原产权转移书据下面没有子目录，新法对此税目进行了细化，其中“商标权、著作权、专利权、专有技术使用权”转让书据，税率从 0.5‰降低为 0.3‰；

营业账簿，仅对“实收资本和资本公积”合计征税，税率从 0.5‰降低为 0.25‰。

可以说，原先按 0.5‰征税的税目，进行了全部或部分税率下调。仅余产权转移书据中的“土地使用权出让书据”“土地使用权、房屋等建筑物和构筑物所有权转让书据”“股权转移书据”需要按 0.5‰缴税。

六、明确了纳税期限和申报期限

原印花税暂行条例，没有规定纳税期限和申报期限，在实务中给征纳双方带来了很多困惑和争议。

新法对此进行了详细的规定，即：

“印花税按季、按年或者按次计征。

实行按季、按年计征的，纳税人应当自季度、年度终了之日起15日内申报缴纳税款；实行按次计征的，纳税人应当自纳税义务发生之日起15日内申报缴纳税款。

证券交易印花税按周解缴。证券交易印花税扣缴义务人应当自每周终了之日起5日内申报解缴税款以及银行结算的利息。”

这样清楚明晰的规定，看后就一个感觉，“爽”！

对于其他税种来说，这是平平无奇的常规规定，但对于印花税来说，这是含含糊糊了三十多年后的第一次清晰表述，虽然相比发育迟缓了许多，但总算是像其他税种一样正常了。看到这条规定后，我忍不住露出了欣慰的笑容。

112 闲置的土地缴不缴土地使用税？

2019年9月，我工作中遇到一个这样的实务问题：企业有部分闲置土地，在计算缴纳土地使用税的时候自动扣减了这部分面积。而检查人员印象中闲置土地确实是免税的。这样做是否符合规定呢？

首先需要明确的是，税法中的闲置土地，准确来讲是尚未利用的荒山、林地、湖泊等占地。对于这部分占地，税收政策的演变过程如下。

第一阶段：审批免税。

《国家税务局关于印发〈关于土地使用税若干具体问题的补充规定〉的通知》（国税地字〔1989〕140号）第十二条：对企业范围内的荒山、林地、湖泊等占地，尚未利用的，经各省、自治区、直辖市税务局审批，可暂免征收土地使用税。

第二阶段：取消审批，备案免税。

《国务院关于第三批取消和调整行政审批项目的决定》（国发〔2004〕16号）附件1：国务院决定取消的行政审批项目目录（385项）中的第203项，取消了审批权。自2004年7月1日起执行。

《国家税务总局关于城镇土地使用税部分行政审批项目取消后加强后续管理工作的通知》（国税函〔2004〕939号）对搬迁后原场地不使用的和企业范围内荒山等尚未

利用的土地，凡企业申报暂免征收城镇土地使用税的，应事先向土地所在地的主管税务机关报送有关部门的批准文件或认定书等相关证明材料，以备税务机关查验。具体报送材料由各省、自治区、直辖市和计划单列市地方税务局确定。

第三阶段：取消免税，恢复征税。

《财政部 国家税务总局关于企业范围内的荒山、林地、湖泊等占地城镇土地使用税有关政策的通知》（财税〔2014〕1 号）：对已按规定免征城镇土地使用税的企业范围内荒山、林地、湖泊等占地，自 2014 年 1 月 1 日至 2015 年 12 月 31 日，按应纳税额减半征收城镇土地使用税，自 2016 年 1 月 1 日起，全额征收城镇土地使用税。

通过上述政策演变，我们可以清晰看到，闲置土地的政策是经历了一个从免到征的过程。

不久后，我又遇到一个类似的咨询问题。一个企业问，他之前闲置的土地忘记备案了，现在补充备案是否可以享受免税？我说不可以，即使是在备案免税阶段，也需要事先备案，不能事后备案。毕竟事后税务机关无法查验之前土地是否处于闲置未利用状态啊。

我又追问了一句，你公司具体是什么情况，闲置了一块什么土地？他说他是物业公司，有几个车库前些年处于闲置状态，看能不能补充备案享受免税。

我说：这不需要考虑补充备案材料的问题了，已经修成车库了，已经不符合闲置土地的概念了。

在此提醒大家，税法的概念不是通俗理解概念，你以为的闲置和税法说的闲置是两回事，一定要根据文件逐字逐句对照，看自己是否符合免税要求。

113 那些地下建筑，该如何缴纳房产税、城镇土地使用税？

2019 年 10 月，我连续遇到几个朋友咨询，地下建筑物该如何缴纳房产税和城镇土地使用税，本文统一来解答一下这个问题。

首先，需要明确一个问题：地下建筑物需要缴房产税和城镇土地使用税吗？答案是：一般情况要缴，特殊情况不缴。

如何判断缴税呢？应该分两种情况来看，一是单独建造的地下建筑物，二是和地上相连的地下建筑物。

一、单独建造的地下建筑物

房产税：财税〔2005〕181 号文规定，如果用于工业，以房屋原价的 50%—60%

作为应税房产原值；如果用于商业，以房屋原价的70%—80%作为应税房产原值。

这里出现了一个大家不常见的名词，即“应税房产原值”，其实就是原先的原值打个折扣。至于这个折扣是多少，需要看当地省级税务机关的规定。应税房产原值再扣减一定比例10%—30%（扣减比例也是由当地省级税务机关决定）是房产余值，房产余值乘以税率1.2%就是应缴纳的房产税。

出租的房产，按照出租地上房屋建筑的有关规定计算征收房产税。也就是说，出租房产应缴纳的房产税，地上建筑物是怎么计算的，地下建筑物就怎么计算，在此一视同仁，没有区别。

城镇土地使用税：财税〔2009〕128号规定，“地下建筑用地暂按应征税款的50%征收城镇土地使用税。”城镇上地使用税也是有优惠的，可以减半征收。

面积如何确定呢？“已取得地下土地使用权证的，按土地使用权证确认的土地面积计算应征税款；未取得地下土地使用权证或地下土地使用权证上未标明土地面积的，按地下建筑垂直投影面积计算应征税款。”

每次我看到这个政策，总是在庆幸的同时又有些担心，因为我遇到的实际问题都是有土地使用权证的，有土地面积的。如果真没有呢？“地下建筑垂直投影面积”，我一想这个词就有些头皮发麻，这该怎么计算？眼睛，能看懂，手，不会算。

二、与地上建筑相连的地下建筑

房产税：财税〔2005〕181号规定，对于与地上房屋相连的地下建筑，如房屋的地下室、地下停车场、商场的地下部分等，应将地下部分与地上房屋视为一个整体，按照地上房屋建筑的有关规定计算征收房产税。出租的地下建筑，按照出租地上房屋建筑的有关规定计算征收房产税。

简而言之一句话：房产税地下建筑视同地上。

城镇土地使用税：没有文件单独对此规定。但按照《城镇土地使用税暂行条例》第三条，土地使用税以纳税人实际占用的土地面积为计税依据。同一块面积，地上建筑物已经缴了占地面积的土地税，地下建筑物占地就不需要再缴税了，否则就成了重复征税。

有一个咨询问题是，地上建筑物是住宅，个人单独把地下室出租了，问是否需要缴纳城镇土地使用税呢？按照财税〔2008〕24号规定：“对个人出租住房，不区分用途，免征城镇土地使用税。”地下室根据房产证上的认定，也是住房，所以出租地下室也免征城镇土地使用税。

这么一梳理，大家是不是对地下建筑的房产税、城镇土地使用税该如何缴纳更清晰了呢？

114　在租赁土地上自建房屋，房产税该怎么缴？

在租赁土地上自建房屋，缴纳房产税时，是否需要把土地租金并入房产原值，计算缴纳房产税呢？不同地方的税务机关有不同的回复。

一、河北省税务局关于租赁土地建厂房涉及的房产税问题的回复（见图5-1）

关于租赁土地建厂房涉及的房产税问题

留言时间：2019-04-07

咨询对象	河北省税务局
问题内容	房产原值，若是租用的集体土地则不需要。目前在实际的工作中存在租用母公司或关联企业国有土地使用权情况，但如果母公司或关联企业的容积率低于0.5，该公司为逃避缴纳房产税而将部分土地使用税租赁给该公司用于建设厂房，按现有的规定可能会导致少缴纳房产税，对于这种情形该如何操作请领导予以确定。
附件	无附件
答复机构	河北省税务局
答复时间	2019-04-16
答复内容	您好！您在我们网站上提交的纳税咨询问题收悉，现针对您所提供的信息简要回复如下： 未取得土地使用权，在租赁的土地上建设房屋的，土地租金不计入房产原值

图5-1　河北省税务局关于租赁土地建厂房涉及的房产税问题的回复

问题内容：依照《财政部 国家税务总局关于安置残疾人就业单位城镇土地使用税等政策的通知》（财税〔2010〕121号）第三条的规定，对按照房产原值计税的房产，无论会计上如何核算，房产原值均应包含地价，包括为取得土地使用权支付的价款、开发土地发生的成本费用等。但目前存在租用土地使用权建设厂房用于生产经营的情况，参照其他省市的规定，如果租用的是国有土地使用权的话，须将租金并入房产原值，若是租用的集体土地则不需要。

目前在实际的工作中，存在租用母公司或关联企业国有土地使用权情况，但如果母公司或关联企业的容积率低于0.5，该公司为逃避缴纳房产税而将部分土地使用税租赁给该公司用于建设厂房，按现有的规定可能会导致少缴纳房产税，对于这种情形该如何操作请领导予以确定。

答复机构：河北省税务局

答复时间：2019 - 04 - 16

答复内容：您好！您在我们网站上提交的纳税咨询问题收悉，现针对您所提供的信息简要回复如下：未取得土地使用权，在租赁的土地上建设房屋的，土地租金不计入房产原值。

二、内蒙古自治区税务局关于租赁土地上自建的房屋，如何缴纳房产税的回复（见图 5 - 2）

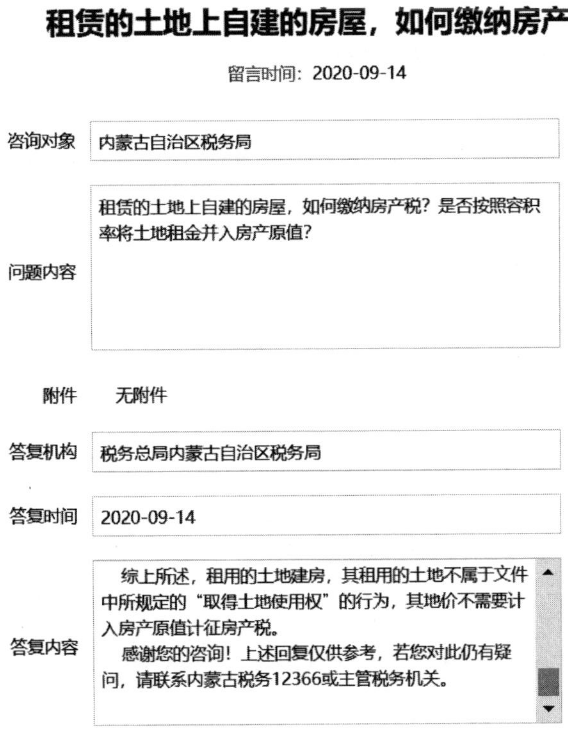

租赁的土地上自建的房屋，如何缴纳房产税

留言时间：2020-09-14

咨询对象	内蒙古自治区税务局
问题内容	租赁的土地上自建的房屋，如何缴纳房产税？是否按照容积率将土地租金并入房产原值？
附件	无附件
答复机构	税务总局内蒙古自治区税务局
答复时间	2020-09-14
答复内容	综上所述，租用的土地建房，其租用的土地不属于文件中所规定的“取得土地使用权”的行为，其地价不需要计入房产原值计征房产税。 感谢您的咨询！上述回复仅供参考，若您对此仍有疑问，请联系内蒙古税务12366或主管税务机关。

图 5 - 2　内蒙古自治区税务局关于租赁土地上自建的房屋，如何缴纳房产税的回复

问题内容：租赁的土地上自建的房屋，如何缴纳房产税？是否按照容积率将土地租金并入房产原值？

答复机构：税务总局内蒙古自治区税务局

答复时间：2020 - 09 - 14

答复内容：根据《财政部 国家税务总局关于房产税 城镇土地使用税有关问题的

通知》（财税〔2008〕152号）规定："一、关于房产原值如何确定的问题。对依照房产原值计税的房产，不论是否记载在会计账簿固定资产科目中，均应按照房屋原价计算缴纳房产税。房屋原价应根据国家有关会计制度规定进行核算。对纳税人未按国家会计制度规定核算并记载的，应按规定予以调整或重新评估。"

根据《内蒙古自治区地方税务局关于房产税有关问题的公告》（内蒙古自治区地方税务局公告2016年第8号）第二条第（二）项规定：

"房产用地的价值计入房产原值。

计入房产原值的地价是指纳税人为取得土地使用权所支付价款、开发土地发生的成本、费用和按国家统一规定缴纳的有关税费。

对买地建房的，应将有关地价结转计入房产原值征缴房产税；对直接购买房地产的，按买价确定房产原值，征缴房产税。"

综上所述，租用的土地建房，其租用的土地不属于文件中所规定的"取得土地使用权"的行为，其地价不需要计入房产原值计征房产税。

三、厦门市税务局关于在租赁土地上建造房屋自用的，如何确定其房产税计税依据的回复（见图5-3）

在租赁土地上建造房屋自用的，如何确定其房产税计税依据？

留言时间：2020-02-26

咨询对象	厦门市税务局
问题内容	根据厦门市地方税务局公告〔2016〕5号文件（现行有效，请见附件），此公告已经废止了"厦地税函〔2011〕8号"文件（请见附件）有关租金并入房屋原值征收房产税的规定，此公告自2016年6月1日起施行。所以在租赁土地上建造的房屋自用的，其房产税的计税依据是否需要包括租赁土地支付的租金？
附件	厦门市地方税务局关于明确将地价并入房产原值征收房产税有关问题的公告厦门市地方税务局公告〔2016〕5号.docx 厦门市地方税务局关于明确将地价并入房产原值征收房产税有关问题的通知厦地税函〔2011〕8号.docx
答复机构	厦门市税务局
答复时间	2020-02-27
答复内容	网上留言咨询已收悉，现答复如下： 依据财政部、国家税务总局《关于安置残疾人就业单位城镇土地使用税等政策的通知》（财税〔2010〕121号），纳税人租入土地自建自用房产的，其支付的土地租金属于"为取得土地使用权支付的价款"，应并入房产原值。

图5-3　厦门市税务局关于在租赁土地上建造房屋自用的，如何确定其房产税计税依据的回复

问题内容：根据厦门市地方税务局公告〔2016〕5 号文件（现行有效，请见附件），此公告已经废止了“厦地税函〔2011〕8 号”文件（请见附件）有关租金并入房屋原值征收房产税的规定，此公告自 2016 年 6 月 1 日起施行。所以在租赁土地上建造房屋自用的，其房产税的计税依据是否需要包括租赁土地支付的租金？

答复机构：厦门市税务局

答复时间：2020－02－27

答复内容：尊敬的纳税人（扣缴义务人、缴费人）您好！您提交的网上留言咨询已收悉，现答复如下：依据《财政部 国家税务总局关于安置残疾人就业单位城镇土地使用税等政策的通知》（财税〔2010〕121 号），纳税人租入土地自建自用房产的，其支付的土地租金属于“为取得土地使用权支付的价款”，应并入房产原值。

【晶晶亮评析】

在看到的三个回答中，有两个税务机关认为租金无须并入，一个税务机关认为应当并入。引用的政策文件是一样的，都是财税〔2010〕121 号，不同的是对“为取得土地使用权支付的价款”这句话理解不一样。

土地使用权，是民事主体依法取得土地的实际经营和利用权。它是我国土地使用制度在法律上的体现，是土地使用者依法对土地享有占有、使用和部分收益和处分的权利。

支付土地租金，只是取得了使用土地的权利，其实并没有获得法律意义上的“土地使用权”。不应该将租金视作“为取得土地使用权支付的价款”。

我个人赞同河北和内蒙古的回复意见。当然，实际执行中，以当地税务机关的规定为准。

115　一次取得若干年房租收入，房产税怎么缴?

一次性取得若干年房屋租金，房产税怎么缴？是一次性缴纳还是分次缴？

首先我们要明白，这是一个关于房产税纳税期限的问题。

我们先看看暂行条例的规定。《中华人民共和国房产税暂行条例》（国发〔1986〕90 号）第七条规定：“房产税按年征收、分期缴纳，纳税期限由省、自治区、直辖市人民政府规定。”

国务院把这个权限授权给了各省、自治区、直辖市人民政府。所以，预收房租的房产税在各地的政策并不一致，需要了解当地口径。

以下是我收集到的一些地方口径。

1. 大连

《大连市地方税务局关于进一步明确出租房屋房产税相关规定的公告》（大地税公告〔2011〕5号）规定，在大连市行政区域内出租房屋的纳税人，应当自出租房屋的次月起，按月缴纳房产税，房产税的计税依据为合同约定的租金收入在合同约定的租赁期限内按月分摊后的价值；合同约定有免租期的，分摊的租赁期限不包含免租期；免租期内，由房屋产权人根据房屋原值按月计算缴纳当月房产税。凡到税务机关代开发票的出租房屋纳税人，应当在税务机关代开发票时，按照代开发票金额，一次性缴纳房产税。本公告自2011年4月1日起执行。

2. 湖南

按照《湖南省地方税务局关于房产税有关政策问题的批复》（湘地税函〔2000〕5号）规定，房屋产权单位将房屋使用权限期转让，不论采取何种形式，均属房屋出租行为，应接租金收入计征房产税。应征税款原则上应按租金收入金额一次性全额征收；一次性缴纳确有困难的，经县（市、区）税务机关批准后，可分次缴纳。

3. 江苏

江苏省地税局《关于明确房屋出租房产纳税义务发生时间的通知》（苏地税函〔2000〕135号）：最近，一些地区反映，房屋出租房产税的纳税义务发生时间不够明确，执行过程中难以掌握。对此，现明确如下：出租房屋的纳税人，其纳税义务发生时间为实际取得租金收入的当天。

4. 黑龙江

黑龙江省实施《中华人民共和国房产税暂行条例》暂行细则（黑政发〔2014〕19号）第八条，依照房产余值缴纳房产税的，按年计算，分月缴纳，征期为月份终了后15日内。依照房产租金缴纳房产税的，按次或按月计算，于月份终了后15日内或开具发票时缴纳。

5. 浙江

按照《浙江省地方税务局关于发布〈浙江省个人出租房产税收征收管理办法〉的通知》（浙江省地方税务局公告2014年第22号）规定，纳税人根据租赁合同一次性收取数月（年）租金的，在收取租金的次月15日前一次性缴纳。

6. 河北

问题：纳税人一次性收取20年租金，增值税、房产税如何缴纳（一次性缴纳或者可分期缴纳）？

河北税务：《房产税暂行条例》第七条规定，房产税按年征收、分期缴纳。纳税期限由省、自治区、直辖市人民政府规定。根据上述规定，房产税按年征收，分期缴纳，一次性收取20年租金，不需要一次性缴纳房产税。

7. 厦门

问题：A 公司将房产对外出租，双方签订 3 年期租赁合同，租赁期限从 2018 年 1 月 1 日至 2020 年 12 月 31 日，且一次性收取租金 60 万元。

厦门税务：在厦门市，依照房产租金收入计算的房产税为按月缴纳，申报期限为次月的 1—15 日。因此，A 公司出租房产所收到的 60 万元租金，应在正常租赁期内分期均匀计算租金收入，并逐月进行纳税申报。

8. 佛山

问题：纳税人一次性收取 20 年租金，可不可以分期缴纳房产税？

回复单位：国家税务总局佛山市税务局

回复时间：2020 - 10 - 14

答：根据《广东省地方税务局关于明确房产税 城镇土地使用税纳税义务发生时间有关问题的通知》（粤地税函〔2004〕719 号）第一条规定，凡是以房产原值为计税依据的，从取得产权或交付使用的次月起计征房产税；以租金收入为计税依据的，从取得租金收入当月起计征房产税。因此，应按实际取得租金收入申报纳税。以上答复仅供参考，一切以现行税法及税收政策的具体规定为准。

【晶晶亮评析】

可以看出，关于这个问题，实践中有两种不同的处理方式，第一种方式是直接一次性缴纳房产税；第二种方式是把租金分解到各月，分期缴纳房产税。

出现这两种方式是基于不同的考量。

对于个人出租房屋，以及来税务局代开发票的纳税人而言，如果不一次性收取房产税，后续想再征收几乎是不现实的，这种情况下一次性征收比较合适。

而对于正常生产经营企业，把租金收入分解到各月，分期缴纳房产税更符合权责发生制原则。

上述地方口径中，大连的规定比较全面，区分了两种情形。其他省市口径则选择了一种方式，当然，还有很多地方并没有明确规定，遇到此问题只能是咨询当地税务机关，看当地的执行口径了。

116 商场出租柜台应如何缴房产税？

2021 年 1 月，有人咨询了我这样一个问题，甲公司拥有一座商场，自有房产原值

8 000 万元，一共 6 层，甲公司将 1—5 层商场内的柜台出租给各商户，年收租金 400 万元，6 层自行办公使用。该公司的房产税从租计税，是否正确？

我说：这样缴税不合适。

他说：是不是应该 1—5 层按租金计税，6 层按房产余值从价计税？

我说：不是这个意思，我是想说，应该全部按房产余值从价计算缴纳房产税。

他说：可是 1—5 层有的是柜台，还有一些是专厅，彼此都有隔断，不算出租房屋吗？

我说：咱们再看看房产税中关于房产的定义。

财税地字〔1987〕003 号文件规定："房产"是以房屋形态表现的财产。房屋是指有屋面和围护结构（有墙或两边有柱），能够遮风挡雨，可供人们在其中生产、工作、学习、娱乐、居住或储藏物资的场所。

整个商场是一个房产，没有问题，但商场并不是整体出租了，而是分隔成若干个柜台或小专厅分别出租了，它们不能独立地称为房产，所以也不能认定这些租金是房屋租金收入，还是应该按房屋原值从价来缴纳房产税。

他说：你说的似乎也有点道理，可是有文件明确规定吗？

我说：总局层面没有文件规定，不过各地曾经出台过相关解释，你可以参考一下。

《江苏省地方税务局关于"租柜经营"如何征收房产税问题的批复》（苏地税函〔2003〕10 号）第一条规定，〔87〕财税地字第 003 号文件规定："房产"是以房屋形态表现的财产。房屋是指有屋面和围护结构（有墙或两边有柱），能够遮风挡雨，可供人们在其中生产、工作、学习、娱乐、居住或储藏物资的场所。而"请示"中所称柜台，不属于房产的范畴。因此，对纯粹出租柜台，仍应由出租方按房产原值从价征收房产税。

《河北省地方税务局关于财产行为税有关政策问题的通知》（冀地税发〔2003〕83 号）规定：对分割出租房产的，包括出租柜台、铺位、场地等，以租金收入为计税依据征收房产税。对房产部分自用，部分出租的，按自用与出租所占比例分别确定按原值或租金收入征收房产税，无法划分的按房产原值征收房产税。

《辽宁省地方税务局关于明确房产税有关问题的通知》（辽地税函〔2006〕125 号）第二条规定：对各类商品交易市场出租房屋的，按租金收入计算缴纳房产税；出租摊位、柜台等的，按房产原值计算缴纳房产税。

《吉林省地方税务局关于明确房产税土地使用税有关政策的通知》（吉地税发〔2006〕142 号）文件规定：对商（市）场或其他纳税人将部分房屋整间出租，应按租金收入征收房产税；对未构成房屋的柜台、铺面、场地等出租的，仍按房产的原值征收房产税。

《沈阳市地方税务局关于××购物广场房产税问题的批复》（沈地税函〔2013〕52

号）规定：对各类市场中出租方式经营的营业场所虽然有各种形式的隔断，但并不属于严格意义上的房屋，仍属于摊位、柜台，应按房产原值计算缴纳房产税；但对于出租的经营场所有独立产权或出租的经营场所对市场（商场）外独立开门相对独立经营的，应认定为出租房屋，按租金收入缴纳房产税。

他说：好的，我回去仔细看看。

117　实物房屋已拆除，但企业账簿未及时清理，房产税是否需要继续缴纳？

2021 年 2 月的某一天，我在网上看到一个有关房产税的咨询，觉得有点意思，和大家分享一下。

留言时间：2021－02－20

问题内容：企业房屋实际已拆除，但是因为企业财务账簿上的清理有一定的流程和手续，财务账簿上未进行清理，请问，房产税是否还需要继续缴纳？

答复机构：陕西省税务局

答复时间：2021－02－22

答复内容：

尊敬的纳税人（扣缴义务人、缴费人）您好！您提交的网上留言已收悉，现答复如下：

根据《财政部 国家税务总局关于房产税 城镇土地使用税有关问题的通知》（财税〔2008〕152 号）关于房产税、城镇土地使用税纳税义务截止时间的问题规定，纳税人因房产、土地的实物或权利状态发生变化而依法终止房产税、城镇土地使用税纳税义务的，其应纳税款的计算应截止到房产、土地的实物或权利状态发生变化的当月末。

感谢您的咨询！上述回复仅供参考，若您对此有疑问，请联系 12366 热线或联系您的主管税务机关咨询。

【晶晶亮评析】

这个问题其实不需要问，政策规定很明确，相信纳税人也知道这个文件，那就是以实物形态变化为准，房屋被拆除的当月终止纳税义务。

政策规定其实没什么疑问，纳税人之所以迷茫，是因为实际拆除日和账簿上清理下账之日不相符，不知道应该以哪个日期作为判断依据。不过我很奇怪，固定资产转入清理状态，不就是简单一笔转账分录的事情，为什么会滞后这么长时间？

既然已经出现了账实不符这种情况，我的理解是，如果纳税人能提供充分的证据，证明房屋在某年某月某日已经被拆除，可以停止缴纳房产税。如果没有证据证明，而账簿上显示有房屋，当然只能以账簿作为房屋尚存的证据来征收房产税了。

税款征收需要以事实为依据，但要注意这个事实是法律事实。客观事实并不等于法律事实，有证据支撑的事实才叫法律事实。

118　样板房缴不缴房产税？一个问题两种答案

今天，在网上看到这样一个的问题：样板房缴不缴房产税？结果发现不同的省份有不同的回答，大家一起围观一下。

问题1：房地产开发企业作为存货核算并出售的样板房，是否需要缴纳房产税？

2021－01－21湖南省税务局回复：

根据《国家税务总局关于房产税 城镇土地使用税有关政策规定的通知》（国税发〔2003〕89号）第一条的规定，鉴于房地产开发企业开发的商品房在出售前，对房地产开发企业而言是一种产品，因此，对房地产开发企业建造的商品房，在售出前，不征收房产税；但对售出前房地产开发企业已使用或出租、出借的商品房应按规定征收房产税。

因此，如果房地产开发企业对于装修的样板房未实际使用，并最终是要出售，可以按上述文件规定，不缴纳房产税。

问题2：企业一共修建500套普通住宅，为了更好地销售住宅，将其中4套住宅精装修用于销售展览，后期这4套住宅连同装修也会一起销售，销售前这4套住宅是否应该缴纳房产税？

2020－11－20贵州省税务局回复：

根据《国家税务总局关于房产税 城镇土地使用税有关政策规定的通知》（税发〔2003〕89号）："一、关于房地产开发企业开发的商品房征免房产税问题。鉴于房地产开发企业开发的商品房在出售前，对房地产开发企业而言是一种产品，因此，对房地产开发企业建造的商品房，在售出前，不征收房产税；但对售出前房地产开发企业已使用或出租、出借的商品房应按规定征收房产税。"根据上述文件规定，如您的房产已经使用，用于销售展览，需要缴纳房产税。

【晶晶亮评析】

尽管是同样的问题，依据的是同一个政策，第一个和第二个答复却截然相反，关键是大家对“使用”这个概念理解不一样。房屋的使用，到底是什么意思？居住肯定属于使用，用于销售展览是不是使用呢？总局没有明确规定，所以大家只能按各自理解去适用政策了。一千个人眼里有一千个哈姆雷特，所以同样的税务条款，落在实务中就千差万别。

个人理解，房屋的使用，应该是指用于在其中“工作、生活和学习”。

119　曾经有一个城建税问题，念念不忘，终有回响

2020 年 8 月中旬，城市维护建设税在公众号、朋友圈、微博中都是热门话题。

因为它在 2020 年 8 月 11 日，以第十个立法的税种身份，进入了立法税种群。前九个入群税种分别是个人所得税、企业所得税、车船税、环境保护税、烟叶税、船舶吨税、车辆购置税、耕地占用税、资源税。

城建税终于靠“转正”秀了一下存在感，实属不易，毕竟它平日很难有大的表现进入公众的视野。

关于城市维护建设税，有一个问题我从开始做稽查工作就感受到了，始终念念不忘，那就是：旧的城市维护建设税暂行条例，没有规定纳税义务发生时间。

旧条例规定是这样的：城市维护建设税，以纳税人实际缴纳的产品税、增值税、营业税税额为计税依据，分别与产品税、增值税、营业税同时缴纳。

这条规定看似没啥问题，但不能细究。

举例来说，稽查局查补了某企业 2018 年 3 月少缴的增值税 10 000 元，该企业于 2020 年 8 月 10 日缴纳，增值税的滞纳金加收期间是 2018 年 4 月 16 日至 2020 年 8 月 10 日。但城建税如何加收滞纳金呢？

当时，我和检查人员沟通时就感觉这里存在一个 BUG，实际缴纳增值税的时间为 2020 年 8 月 10 日，城建税是以实际缴纳的增值税为计税依据的，是不是在这个时间点才产生城市维护建设税义务？如果在 8 月 10 日同时缴纳城市维护建设税，是不是就不存在滞纳问题了？

当然，城建税和增值税同步计算滞纳期的，符合大家一般的理解和做法，税企一般都不深究，也就这样过去了。但不能不说这个表述，含含糊糊，似是而非，让人如鲠在喉，不吐不快。

2018 年 11 月，国家税务总局颁布的城建税征求意见稿中，这个条款改成了这样表述：第十条，城市维护建设税纳税义务发生时间为缴纳增值税、消费税的当日。城市维护建设税扣缴义务发生时间为扣缴增值税、消费税的当日。

这样的规定，虽然有纳税义务发生时间了，但表述依然不清晰，当时，我通过网

上征求渠道，专门递交了如下修改意见：

纳税义务发生时间是“缴纳增值税、消费税的当日”，请问这个缴纳是应该缴纳还是实际缴纳？因为这是完全不同的两个时间点，在实际的税收征纳中也会带来不同的法律后果。

如果是应该缴纳，税务机关查补以前年度的增值税，所应该缴纳的城建税就需要同步加收滞纳金。

如果是实际缴纳，税务机关查补出来以前年度的增值税，所应该缴纳的城市维护建设税就不能加收滞纳金，因为这笔增值税还没有实际缴纳，增值税实际入库之日才是城建税纳税义务发生之日，当然就不存在滞纳的问题了。

希望总局能对此处表述含糊的地方作一个明确，最大限度地减少法律颁布后可能会引发的税收争议。

终于，在 2020 年 8 月 11 日，正式出台的城市维护建设税法中，有关这个税种的纳税义务发生时间，规定得清清楚楚了：第七条，城市维护建设税的纳税义务发生时间与增值税、消费税的纳税义务发生时间一致，分别与增值税、消费税同时缴纳。

我不知道有多少人和我有相同的感受和痛点，总之我把自己的意见表达出来了，而这个问题也终于在法律中得到了明确。在税收法制化的进程中，自己也算是尽了一点微薄之力吧。

120　关于《契税法》，我看到的亮点是……

2020 年 8 月 11 日，《契税法》公布。

《契税法》颁布，每个人关注的重点都不同，在我看来，这部法律最大的亮点是确定了申报缴纳的期限：

第十条，纳税人应当在依法办理土地、房屋权属登记手续前申报缴纳契税。

而旧的《契税暂行条例》是这样规定的：

第九条，纳税人应当自纳税义务发生之日起 10 日内，向土地、房屋所在地的契税征收机关办理纳税申报，并在契税征收机关核定的期限内缴纳税款。

不得不说，这个修改非常好。因为暂行条例中申报和缴纳的规定真是让执法人员感到无所适从。

对于大多数税种来说，应该在纳税申报期限内，申报并缴纳税款。

但契税的规定很另类，把申报和缴纳的期限分开了。在纳税义务发生之日起 10 日内，先申报，申报的时候让征收机关核定一个期限，在期限内缴纳就没事。超过这个期限就算滞纳税款。

原本文件应该明确的期限，下放给了征收机关，导致基层无所适从。

有的省局工作做得比较细致，会以省局文件下发一个口径，明确契税的纳税申报期限。有的规定是纳税义务发生时间90日内缴纳，有的是365日内缴纳，也有的是办理土地、房屋权属登记手续前申报缴纳契税。

但是，还有一些省局是没有发布税款缴纳期限口径的。这种情况下，使得契税的稽查工作很尴尬，对于查补契税的情形，该如何加收滞纳金呢？没有规定缴纳期限啊！

不得已，只好采用超过纳税义务发生日10日后，作为税款的起始滞纳日。也就是说，视同征收机关核定的缴纳期限就是10日内。

同样的违法行为，全国各地处理完全不同，原本应该全国统一执行的政策，因为这个模模糊糊的下放权限条款，变成了十里不同风、千里不同俗。有些问题产生地区差异是不可避免的，但税款缴纳期限不一致，真的不应该。

终于，趁着这次“变法”的机会，契税作出了修改。一是不再要求纳税义务发生之日起申报；二是申报纳税期限统一为办理土地、房屋权属登记手续前。

对税企双方来说，都是解决了一个心头之患。

作为财税从业人员，我们每个人都曾学习过税制要素有哪些。纳税人、征税对象、税目、税率、计税依据、纳税环节、纳税期限（包括纳税义务发生时间和申报期限、缴纳期限）、纳税地点、税收优惠。

在学习考试的时候，看到这些只感觉不过是些考点罢了。但当你在具体工作中，才能深切地体会到对于一个税种来说，每一个要素都必不可少，缺失任何一个税制要素，都会给政策执行带来很大的困惑和阻碍。

旧的条例中，若干税种都存在税制要素不全的情形，在上升为法律的过程中，它们逐渐变得完整完善，更加清晰，对于我们每个从业者来说，这都是一件幸事。

第六章
发　　票

121　发票是个什么东西？

大家看到这个问题，一定感觉很奇怪，或许还会有好心人过来摸摸我的头说，你没发烧吧？难道你没见过发票？

作为财税从业人员，大家当然都见过发票。可我并不是问发票长什么模样，而是想问，发票的定义和内涵到底是什么。

宋代禅宗大师青原行思（靖居和尚）提出参禅的三重境界是：第一重境界是“看山是山，看水是水”；第二重境界是“看山不是山，看水不是水”；第三重境界是“看山还是山，看水还是水”。

学习税法，我觉得也有类似的三重境界。最初看很多的名词，比如说企业啊、个人啊等词语，就是按大众理解的意思去理解，这就是所谓的看山是山的境界；随后发现，原来这些名词并不是通常意义上的意思，而是在税法中有特定的范围和内涵，这就是看山不是山；学到最后，可能一看到这些名词脑海中想的就是特定的意思，这就是看山还是山。但此时看到的山和最初看到的山已经不是一回事了。

言归正传，如果我们想真正搞明白发票的定义和内涵，需要看看法律上的相关规定。

《中华人民共和国发票管理办法》第三条：该办法所称发票，是指在购销商品、提供或者接受服务以及从事其他经营活动中，开具、收取的收付款凭证。

发票管理办法中明确指出，发票是一种收付款凭证，且是在经营活动中开具的。这个定义很明确地指出了发票到底是什么。简单明了的定义，大家一看就懂，但是，在经济活动中，因为这个定义却引发了若干个诉讼案例，我们看一个典型的案例：

2014 年 3 月，甲公司与乙公司签订买卖合同，合同约定由甲公司提供价值 70 万元的钢材，乙公司收到货物后先支付 40 万元货款，剩余 30 万元货款在收货后三个月内结清。甲公司依照合同约定向乙公司提供了全部货物，乙公司要求甲公司一次性开具 70 万元发票。2015 年 6 月 20 日，甲公司依照合同约定向乙公司索要余下的 30 万元货款，乙公司以其已经收到货物全额发票，可以证明其已经支付了全额货款为由拒绝了甲公司的付款请求，甲公司协商未果，遂起诉到法院。

在这个案件中，乙公司说，我已经收到了货物全额发票，根据发票管理办法，就可以证明我已经支付了全部货款。听起来是这么个道理，可是如果我们以上帝视角来看，明明甲公司没收到剩余的30万元啊，但因为发了70万元的货，开了70万元的发票，这在经济活动中不是很常见的赊销吗？尤其在销售方弱势的情况下，客户要求开票能不开票吗？

发票如果按这么理解，妥妥地把甲公司坑死。那发票到底该怎么理解呢？最高院有明确的解释。

《最高人民法院关于审理买卖合同纠纷案件适用法律问题的解释》（法释〔2012〕8号）第八条规定如下：

“出卖人仅以增值税专用发票及税款抵扣资料证明其已履行交付标的物义务，买受人不认可的，出卖人应当提供其他证据证明交付标的物的事实。合同约定或者当事人之间习惯以普通发票作为付款凭证，买受人以普通发票证明已经履行付款义务的，人民法院应予支持，但有相反证据足以推翻的除外。”

法律上为了严谨，就难免晦涩，人民法院出版社出版的《最高人民法院关于买卖合同司法解释理解与适用》对买卖合同司法解释第八条进行了详细的释义。简单来讲，有两层意思：一是对于增值税专用发票，仅是付款的记账凭证，既不能证明标的物已经交付，也不能证明买受人已经付款；二是对于普通发票，在有合同约定或当事人之间交易习惯存在的前提下，可以作为买方已经履行付款义务的证明。但有相反证据足以推翻的除外。

也就是在特定前提下，而且没有相反证据情况下，普通发票才能作为已经履行付款义务的证明。比如我去商店买衣服，开了张普通发票。通常个人在商场买东西，按照交易习惯是不会赊销的，而且商场也拿不出证明说我没付款，这个时候法院才会支持发票是履行了付款义务的证明。如果脱离了这些条件，法院也不会支持的。

在司法实践中，越来越多的法院对发票是否属于实际收付款凭证作了进一步的明确和阐述：

北京市高级人民法院《审理买卖合同纠纷案件若干问题的指导意见（试行）》第四十一条明确：买受人以增值税发票抗辩其已履行付款义务但出卖人不认可的，买受人应当提供其他证据证明付款事实的存在。

上海市高级人民法院《关于增值税发票证明力的相关问题》中明确规定：仅有出卖人开具的增值税专用发票，即使有税务机关出具的买受人抵扣税款的证明文件，也不足以证明买受人已经履行了付款义务。

山东高院《合同纠纷审判实践中的若干疑难问题（一）》第（十五）项明确规定：

增值税发票是兼记供货方纳税义务和购货方进项税额的合法证明。在现实商业交易中，既有先付款后开具发票的情形，也有先开具发票再付款的情形；既存在着先交货后开具发票的情形，也存在着先开具发票后交货的情形，甚至存在着很多代开发票现象，情形不一而足。因此，在审理买卖合同纠纷案件中，增值税发票一般不能单独作为支付价款的证据，也不能单独作为货物交付的证据。司法实践中，应综合当事人的约定、商业惯例和交易习惯等因素来加以认定。

所以说，对发票的内涵，更到位的理解应该是：发票是经济活动中应收应付款的凭证，它主要的功能是证明某项经济业务活动的发生，并不能单独证明款项的实际收付。发票如果要作为已收付款的凭证，是有严格限制的，应综合当事人的约定、商业惯例和交易习惯等因素来加以认定。

122　关于发票盖章，你不可不知的10个注意事项

前几日乘车，我取得了一张增值税电子普通发票，开票员先是很认真地帮我打印出来，然后又郑重地在上面盖了一个发票专用章。

我说：不用麻烦，不用盖章。

他诧异带鄙夷地看我一眼：不盖章怎么能行？我们会计交代过，发票一定要盖章的。

我笑了笑没有说话。心说：你开心就好。

由此看来，发票盖章一些细节问题，有的朋友还是不太清楚。在此，我给大家归纳整理一下。有关盖章的注意事项一共有10条：

第一，电子普通发票自带发票专用章，打印后不需要再加盖发票专用章。

当然，如果像上文提到的开票员，非要再盖一个章，也不影响发票的使用，除了给自己的工作增添一些麻烦。

第二，发票应该加盖发票专用章，不能盖其他章。

发票曾经是允许盖财务专用章的，自2011年2月1日起，修订的发票管理办法实施后，明确了发票只能盖发票专用章，财务专用章、公章都不可以。

第三，发票专用章的样式、尺寸、字体等有明确规定。

根据国家税务总局公告2011年第7号的规定，发票专用章是如图6－1所示的样式。一个公司可以刻制若干个发票专用章，但需要在最下面的括号中标明顺序编码（1）（2）……

第四，在发票联和抵扣联上加盖发票专用章。

不需要全部联次加盖发票专用章，只需要在发票联和抵扣联上加盖，其他联次，

图 6 –1 发票专用章式样

比如存根联、记账联上都不需要盖章。

第五，第四条的一个例外，“机动车销售统一发票”应当在发票联加盖发票专用章，抵扣联和报税联不得加盖印章。

这是国税函〔2006〕479 号的规定。这个规定的产生是有历史原因的，因为当时如果在抵扣联上盖章，扫描认证时经常会通不过，所以不得不明文规定不允许在抵扣联和报税联上盖章。

但这个规定现在看来有两个问题，一是和《发票管理办法实施细则》第二十八条相抵触。“单位和个人在开具发票时，必须做到按照号码顺序填开，填写项目齐全，内容真实，字迹清楚，全部联次一次打印，内容完全一致，并在发票联和抵扣联加盖发票专用章。”二是 2017 年之后发票通过勾选确认即可，不需要扫描认证，不让盖章也失去了现实意义。所以，理论上讲，该条款应该是作废了，但总局一直没有明确下文作废此条，所以该条款，如同薛定谔的猫，处于一种不生不死的奇怪状态，大家了解即可。

第六，税务局代开的发票也需要盖章，但发票不同盖章也不同。代开普通发票必须加盖税务机关代开发票专用章；代开专票加盖收款方发票专用章。

按发票管理办法实施细则的规定，发票都应该加盖发票专用章，但去代开普通发票的一般都是未办证的自然人，没有发票专用章，不可能要求每个自然人去刻一个章，所以只能是盖一个税务机关代开发票专用章了。而代开专票的纳税人，通常是有发票专用章的，所以需要盖自己的章。

第七，第六条的一个例外，如果是个人销售或出租不动产代开专票，也应该加盖税务机关代开发票专用章。原因同上。

第八，发票专用章盖歪了或盖颠倒了，但只要盖得清晰，不影响发票正常使用。

章盖歪了或者颠倒了，只要清晰可辨认，只是影响美观，不影响发票的使用效力。当然，也不要因此随便盖，还是要尽量盖正。

第九，纳税人未按规定加盖发票专用章，有被罚款和被拒收的风险。

没有盖章的发票，违反了《发票管理办法》第三十五条的规定，税务机关除了责令限期改正，还可以处 1 万元以下的罚款。另外，根据国税发〔2006〕156 号的规定，不符合要求的专用发票，纳税人有权拒收。

第十，收到不符合规定的发票，有不能税前扣除、抵扣税款的风险。

根据国税发〔2008〕40 号文件的规定，对不符合规定的发票和其他凭证，均不得用以税前扣除、出口退税、抵扣税款。没有盖章的发票当然也属于不符合规定的发票。当然，按照 2018 年 28 号公告的规定，发票不合适可以去换开，换开合适了就可以税前扣除了。

此外，还有一个问题供讨论，如果收的发票，专用章盖得模糊不清，旁边加盖一个清晰的章，这样是否可行？并没有明确的规定，有的省市认可，有的省市不认可。对于企业来说，如果金额较大，还是慎重处理，重新开具比较好。如果金额较小，不值得花费更多的时间和精力，就这样进行账务处理，如果当地税务机关不认可再作纳税调增。

看完这 10 个注意事项，对于发票盖章这件事情，您心里更清楚了吗？

123　发票备注少写几个字，受票公司损失 20 万元！

朋友给我打电话，一开口就唉声叹气：真倒霉，我们公司被税务局稽查，查出一张增值税普通发票不合规，说不让税前扣除。

我说：不让税前扣除那就调增吧，发票不合规还不是因为你这个会计审核不认真。

她大声辩解说：我哪里不认真了？我又上网查真伪，又核对名称账户，反复核对没有一点错误才付的款。

我说：那就怪了，既然发票一点错误都没有，检查人员凭什么不让税前扣呢？你可以和他们理论一下。

她嗫嚅地说：写在票面上的内容都对，就只有一点，备注栏上是空白的，没有写该写的内容，所以检查人员说不能扣。

我说：噢，原来如此，你为啥当时不检查备注栏？

她说：我以为备注就是想写就写，不想写就可以不写啊。前些年检查的时候也没人说过备注栏必须写啊。

我说：哎，你是拿老眼光看新问题啊！营改增以后，已经规定了好些备注栏必填的情况，你可得好好看看了，别在同一个坑里跌倒两次。

她说：备注栏真是个坑啊，为啥国家要给财务人员挖这么一个坑？

我说：这也是没有办法的办法啊。营改增之后，原营业税发票都要归并成增值税发票。之前营业税业务千差万别，各有特色，如果给每一类业务设计一种发票，不现实，也不利于管理。现在大部分业务都用一种票样，有些业务的关键事项不写，不足以表明此业务的主要面貌，必须在发票中列示出来，所以只能规定写在备注栏中。

她说：那都有哪些业务需要写备注啊？

我说：我总结过一张表，微信给你发过去你看下（见表6－1）。

表6－1　增值税发票“备注栏”信息一览表

序号	发票业务类型	纳税人自开	税务机关代开	政策依据
1	建筑服务	建筑服务发生地县（市、区）名称及项目名称	建筑服务发生地县（市、区）名称及项目名称	国家税务总局公告2016年第23号
2	销售不动产	不动产的详细地址	不动产的详细地址	国家税务总局公告2016年第23号
3	出租不动产	不动产的详细地址	不动产的详细地址	国家税务总局公告2016年第23号
4	为跨县（市、区）提供不动产经营租赁服务、建筑服务的小规模纳税人（不包括其他个人），代开增值税发票		YD	国家税务总局公告2016年第23号
5	代开销售或出租不动产增值税发票		销售或出租不动产纳税人的名称、纳税人识别号（或者组织机构代码）、不动产的详细地址；按照核定计税价格征税的，“金额”栏填写不含税计税价格，备注栏注明“核定计税价格，实际成交含税金额×××元”	税总函〔2016〕145号
6	保险公司收取交强险保费出具的增值税发票	代收车船税税款信息。具体包括：保险单号、税款所属期（详细至月）、代收车船税金额、滞纳金金额、金额合计等		国家税务总局公告2016年第51号
7	保险企业代个人保险代理人汇总代开增值税发票		个人保险代理人汇总代开	国家税务总局公告2016年第45号
8	中国铁路总公司及其所属运输企业（含分支机构）提供货物运输服务	受托代征的印花税款信息		国家税务总局公告2015年第99号

续表

序号	发票业务类型	纳税人自开	税务机关代开	政策依据
9	货物运输	起运地、到达地、车种车号以及运输货物信息等内容		国家税务总局公告2015年第99号
10	互联网物流平台企业试点企业使用自有专用发票开票系统，按照3%的征收率代开专用发票	注明会员的纳税人名称和统一社会信用代码		税总函〔2017〕579号
11	单/多用途卡业务中，收到销售款开具增值税普通发票	收到预付卡结算款		国家税务总局公告2016年53号
12	生产企业向综服企业开具的增值税专用发票	代办退税专用		国家税务总局公告2017年第35号
13	适用差额征税办法缴纳增值税，且不得全额开具增值税发票的	差额征税	差额征税	国家税务总局公告2016年第23号
14	税务机关代开专用发票		增值税纳税人的名称和纳税人识别号	国税发〔2004〕153号

她说：这样归纳一下太好了，就是内容太多，记不住啊。

我说：记不住很正常，可以用这张表备查。不过你需要建立一个大概的印象。

需要备注的发票主要有四大类：

第一类是和不动产有关的有5项，无论是建不动产，还是出租出售不动产，都需要备注。是表里前5项。

第二类是和保险有关的有2项。分别是保险代收交强险、保险代理人汇总开票。即表中的第6、7项。

第三类是和运输有关的有3项。分别是铁路运输企业代征印花税、货物运输、互联网物流平台代开票。是表中的第8、9、10项。

第四类是其他，表里最后4项，也就是预付卡结算、差额征税、税务机关代开专票、代办出口退税。

这样归类记忆一下，看到这类发票心里就警觉了，需要核实备注栏。

她说：嗯，你这样一说，我好像心里有谱了。不过，我主要是想问，我们公司被查出来的这张发票是张建筑业发票，金额小100万元呢！如果调增补税要补20多万元呢，有没有什么办法补救啊？

我说：检查人员应该给你时间，让你换票了吧？你找开票方去换开一张规范的发票就可以啦。

她说：说过，可是，这个公司去年已经注销了啊，没法换开了。

我说：那你需要提供一些证据来证明业务真实发生，其中必备的三个证据如下。

1. 无法补开、换开发票、其他外部凭证原因的证明资料（包括工商注销、机构撤销、列入非正常经营户、破产公告等证明资料）；

2. 相关业务活动的合同或者协议；

3. 采用非现金方式支付的付款凭证；

她很为难地说：可是这一百多万元我们是现金支付的。对方非要现金，说给农民工付工资方便。

我长叹一声：一百多万元现金支付，那真没办法了，神仙也救不了你这笔业务了，你们公司就只能补税了。

她说：我觉得税法这么规定太苛刻了。

我说：其实税法已经给了三次机会让你税前扣除，要么填完整、要么换票、要么用转账支付等证据证明真实，但你都错过了，这真怨不得法律苛刻。人在江湖飘，怎能不挨刀，就当花钱买教训吧。

124　发票备注栏没填对，有什么后果？

前几天有个朋友说，他去邮政局代开了一张个人建筑劳务的发票，备注栏中写了他的名字、身份证号等若干信息，但是没有备注“建筑劳务发生地”。

结果，他拿着这张发票去付款单位结算，公司财务说发票不合规，拒收。

他去代开发票网点，要求备注里增加建筑劳务发生地。开票人员说备注栏中只能打 69 个汉字，现在已经打了 67 个汉字了，加不进去。

这下他发愁了，于是问我该怎么办？

我说：这也不难办啊。备注栏现在很紧俏，需要填写的东西很多，你当然是把必填的内容先备注上，非强制要求的内容就删掉不要填了。如果都是必填项目，写不下其实可以另附清单，但实务中比较少见。

他说：我从来不知道一个备注栏还有这么多事儿。

我说：原来也没这么多事儿的，“营改增”以后，增值税发票覆盖了各行各业的经济业务，几乎所有业务都要通过一张小小的发票来反映，难度很大。这种情况下，以前并不为人所注意的“备注栏”关键时候挺身而出，承载了大量的信息披露的工作。所以说，现在备注栏绝对不是一个可有可无的边缘栏目，如果填写不到位，肯定会被判断为不合规的发票，遭到拒收。

取得不合规发票有什么涉税后果呢？

1. 不能抵扣进项税。根据《中华人民共和国增值税暂行条例》（国务院令第538号）第九条规定：纳税人购进货物、劳务、服务、无形资产、不动产，取得的增值税扣税凭证不符合法律、行政法规或者国务院税务主管部门有关规定的，其进项税额不得从销项税额中抵扣。

2. 不能扣除分包款。国家税务总局公告2016年第17号第六条规定：纳税人按照上述规定从取得的全部价款和价外费用中扣除支付的分包款，应当取得符合法律、行政法规和国家税务总局规定的合法有效凭证，否则不得扣除。

3. 企业所得税不能税前扣除。根据《国家税务总局关于发布〈企业所得税税前扣除凭证管理办法〉的公告》（国家税务总局公告2018年第28号）第十二条规定：企业取得私自印制、伪造、变造、作废、开票方非法取得、虚开、填写不规范等不符合规定的发票，以及取得不符合国家法律、法规等相关规定的其他外部凭证，不得作为税前扣除凭证。

4. 土地增值税不能税前扣除。国家税务总局公告2016年第70号规定：营改增后，土地增值税纳税人接受建筑安装服务取得的增值税发票，应在发票的备注栏注明建筑服务发生地县（市、区）名称及项目名称，否则不得计入土地增值税扣除项目金额。

125　当发票开错遇到了发票丢失，该怎么办？

朋友打过电话来说：有一个发票问题，想了半天也不知道该怎么解决，很头疼。

我说：你讲吧，我虽不能为你两肋插刀，但能替你头疼一下。

她说：是这样的，供货方给我们开了增值税专用发票，邮寄过来后，我发现发票中有个项目开错了，于是准备联系他们重开，这不还没联系呢，第二天，发票又丢失了。这个该如何处理？

我说：好好的怎么丢的啊？

朋友说：怎么丢的不重要，你别问了。现在的问题是丢了一份开错的发票，我该怎么办？

我说：发票开错很常见，发票丢失也不稀奇，但是开错的发票立马又丢失了，像这样二合一的发票问题，我真是第一次见。你丢的是增值税专用发票的哪一联？

朋友说：是专用发票的发票联和抵扣联。

我说：咱们拆解一下这个问题。先看丢失如何处理。如果是丢失了专用发票的发票联和抵扣联，按规定可凭加盖销售方发票专用章的相应发票记账联复印件，作为增值税进项税额的抵扣凭证、退税凭证或记账凭证（《国家税务总局关于增值税发票综合服务平台等事项的公告》国家税务总局公告 2020 年第 1 号）。另外，你这个发票是当月开票，还是以前月份开的？

朋友说：是当月开的发票。

我说：当月开出的发票，如果你能退回发票抵扣联，按照国税发〔2006〕156 号第二十条的规定，销售方可以直接作废重开。但现在很显然是不能了。

第二十条 同时具有下列情形的，为该规定所称作废条件：

（一）收到退回的发票联、抵扣联时间未超过销售方开票当月；

（二）销售方未抄税并且未记账；

（三）购买方未认证或者认证结果为“纳税人识别号认证不符”“专用发票代码、号码认证不符”。

如果不能退回发票联和抵扣联，可以申请开具红字发票，当然开之前你需要先申请一下“开具红字增值税专用发票信息表”（国家税务总局公告 2016 年第 47 号），系统通过后，销售方就可以开具红字发票了。

至于“开具红字增值税专用发票信息表”应该由谁来申请，可以参考表 6－2。

表 6－2　　开具红字增值税专用发票信息表申请人

申请方	申请情况
购买方	购买方取得专用发票已用于申报抵扣
购买方	购买方取得专用发票未用于申报抵扣，但发票联或抵扣联无法退回的
销售方	销售方开具专用发票尚未交付购买方
销售方	购买方未用于申报抵扣并将发票联及抵扣联退回的

朋友说：那你说我这种情况该怎么办呢？

我说：我觉得你这种情况只能是把两种情况结合起来。你先按丢失发票的情形来做账，再申请开具红字发票。

朋友说：还挺麻烦的。

我说：你知足吧，现在已经很简便了，以前丢失发票还需要登报，从 2019 年 7 月开始，不需要登报了［《国家税务总局关于公布取消一批税务证明事项以及废止和修改部分规章规范性文件的决定》附件 1《取消的税务证明事项目录》第（一）项］。不要身在福中不知福啊！

朋友说：那我能不能不做账，直接申请开具红字发票呢？

我说：你不做账，账上直接出现一个红冲发票的记账凭证，你不觉得莫名其妙吗？这个账能平的了吗？

她说：好的，明白了，谢谢了！

我说：没事。我就喜欢这种清新脱俗、不落窠臼的问题。会让我充分感受到再多的税收文件，也远远比不上实际经济活动丰富多彩。

126 不得开具增值税专用发票的七大类29种情形

不得开具增值税专用发票的情形有很多，散见于若干个税收文件中，也有许多老师作了总结。我在大家总结的基础上，又作了一些归纳和整理，截至2021年底，有29种情形不得开具增值税专用发票。需要说明的是，有些项目并不是一个文件，而是若干个文件的提炼，比如免征增值税项目不得开具增值税专用发票，其实有若干个具体项目具体文件，但在此没有一一列示，统一作为一个类别。

不得开具增值税专用发票的情形，我们可以分为七大类29项。

一、与个人相关的项目（2项）

1. 向消费者个人销售货物、劳务、服务、无形资产或者不动产，不得开具增值税专用发票。

2. 其他个人不得申请代开增值税专用发票（例外：自然人出租、销售不动产且承租方、购买方不是自然人的除外）。

二、与出口、免税、不征税相关的项目（4项）

1. 适用免征增值税项目不得开具增值税专用发票（例外：国有粮食购销企业销售免税农产品、国家指令计划销售的政府储备食用植物油免税除外）。

2. 实行增值税退（免）税办法的增值税零税率应税服务，不得开具增值税专用发票。

3. 不征收增值税项目不得开具增值税专用发票。

4. 用于出口项目不得开具增值税专用发票（特别说明：出口货物劳务除输入特殊区域的水电气外，出口企业和其他单位不得开具增值税专用发票）。

三、与商业企业相关的项目（2项）

1. 商业企业一般纳税人零售烟、酒、食品、服装、鞋帽（不包括劳保专用部分）、化妆品等消费品，不得开具增值税专用发票（国税发〔2006〕156号）。

2. 商业企业向供货方收取的各种收入，一律不得开具增值税专用发票（国税发〔2004〕136 号）。

四、与差额纳税相关的项目（12 项）

1. 经纪代理服务，以取得的全部价款和价外费用，扣除向委托方收取并代为支付的政府性基金或者行政事业性收费后的余额为销售额。向委托方收取的政府性基金或者行政事业性收费，不得开具增值税专用发票（财税〔2016〕36 号文附件 2）。

2. 试点纳税人提供有形动产融资性售后回租服务，向承租方收取的有形动产价款本金，不得开具增值税专用发票，可以开具普通发票（财税〔2016〕36 号文附件 2）。

3. 旅游服务，可以选择以取得的全部价款和价外费用，扣除向旅游服务购买方收取并支付给其他单位或者个人的住宿费、餐饮费、交通费、签证费、门票费和支付给其他接团旅游企业的旅游费用后的余额为销售额。向旅游服务购买方收取并支付的上述费用，不得开具增值税专用发票，可以开具普通发票（财税〔2016〕36 号文附件 2）。

4. 纳税人提供劳务派遣服务，可以选择差额纳税，以取得的全部价款和价外费用，扣除代用工单位支付给劳务派遣员工的工资、福利和为其办理社会保险及住房公积金后的余额为销售额，按照简易计税方法依 5% 的征收率计算缴纳增值税。选择差额纳税的纳税人，向用工单位收取用于支付给劳务派遣员工工资、福利和为其办理社会保险及住房公积金的费用，不得开具增值税专用发票，可以开具普通发票（财税〔2016〕47 号）。

5. 安保服务包括场所住宅保安、特种保安、安全系统监控、提供武装守护押运服务以及其他安保服务。纳税人提供安全保护服务，比照劳务派遣服务政策执行（财税〔2016〕68 号）。

6. 纳税人提供人力资源外包服务，按照经纪代理服务缴纳增值税，其销售额不包括受客户单位委托代为向客户单位员工发放的工资和代理缴纳的社会保险、住房公积金。向委托方收取并代为发放的工资和代理缴纳的社会保险、住房公积金，不得开具增值税专用发票，可以开具普通发票（财税〔2016〕47 号）。

7. 中国移动通信集团公司、中国联合网络通信集团有限公司、中国电信集团公司及其成员单位通过手机短信公益特服号为公益性机构接受捐款，以其取得的全部价款和价外费用，扣除支付给公益性机构捐款后的余额为销售额。其接受的捐款，不得开具增值税专用发票（财税〔2016〕39 号）。

8. 纳税人提供签证代理服务，以取得的全部价款和价外费用，扣除向服务接受方收取并代为支付给外交部和外国驻华使（领）馆的签证费、认证费后的余额为销售额。向服务接受方收取并代为支付的签证费、认证费，不得开具增值税专用发票，可以开具增值税普通发票（国家税务总局公告 2016 年第 69 号）。

9. 纳税人代理进口按规定免征进口增值税的货物，其销售额向委托方收取并代为支付的货款。向委托方收取并代为支付的款项，不得开具增值税专用发票，可以开具增值税普通发票（国家税务总局公告 2016 年第 69 号）。

10. 境外单位通过教育部考试中心及其直属单位在境内开展考试，教育部考试中心及其直属单位提供的教育辅助服务，以取得的考试费收入扣除支付给境外单位考试费后的余额为销售额，就代为收取并支付给境外单位的考试费统一扣缴增值税。教育部考试中心及其直属单位代为收取并支付给境外单位的考试费，不得开具增值税专用发票，可以开具增值税普通发票（国家税务总局公告 2016 年第 69 号）。

11. 金融商品转让，按照卖出价扣除买入价后的余额为销售额，不得开具增值税专用发票（财税〔2016〕36 号文附件 2）。

12. 航空运输销售代理企业提供境内机票代理服务，以取得的全部价款和价外费用，扣除向客户收取并支付给航空运输企业或其他航空运输销售代理企业的境内机票净结算款和相关费用后的余额为销售额。航空运输销售代理企业就取得的全部价款和价外费用，向购买方开具行程单，或开具增值税普通发票（国家税务总局公告 2018 年第 42 号）。

五、与销售特定货物相关的项目（5 项）

1. 一般纳税人销售自己使用过的固定资产，适用简易办法依 3% 征收率减按 2% 征收增值税政策的，不得开具增值税专用发票（国税函〔2009〕90 号）。

2. 小规模纳税人销售自己使用过的固定资产，适用简易办法依 3% 征收率减按 2% 征收增值税政策的，不得向税务机关申请代开增值税专用发票（国税函〔2009〕90 号）。

3. 纳税人销售旧货不得自行开具或者代开增值税专用发票（国税函〔2009〕90 号）。

4. 一般纳税人的单采血浆站销售非临床用人体血液，可以按照简易办法依照 3% 征收率计算应纳税额，但不得对外开具增值税专用发票（国税函〔2009〕456 号）。

5. 金融机构所属分行、支行、分理处、储蓄所等销售实物黄金时，应当向购买方开具国家税务总局统一监制的普通发票，不得开具银行自制的金融专业发票（国税发〔2005〕178 号）。

六、营改增试点前发生业务补开发票（2 项）

1. 纳税人在地税机关已申报营业税未开具发票，2016 年 5 月 1 日后需要补开发票的，不得开具增值税专用发票（国家税务总局公告 2016 年 23 号）。

2. 一般纳税人销售自行开发的房地产项目，其 2016 年 4 月 30 日前收取并已向主管地税机关申报缴纳营业税的预收款，未开具营业税发票的，可以开具增值税普通发票，不得开具增值税专用发票（国家税务总局公告 2016 年第 18 号）。

七、管理不规范（2 项）

1. 一般纳税人会计核算不健全，或者不能够提供准确税务资料的，不得开具增值税专用发票（财税〔2016〕36 号）。

2. 应当办理一般纳税人资格登记而未办理的，按销售额依照增值税税率计算应纳税额，不得抵扣进项，也不得开具增值税专用发票（财税〔2016〕36 号）。

127 你对不征税发票是不是有什么误会？

下班路上，碰到久未谋面的旧邻，很热情地拉着我说：正想着这两天去找你，这么巧就碰上了。我刚换工作了，在某某公司做财务工作，现在让我跑税务局。你知道，我也没干过这个，两眼一抹黑，有好些问题想问问你。

我说：税法这两年变化大，别着急，一点点来。

她突然很神秘地问我：听说有一种不征税的发票，开这个发票就不用缴税，你说是不是得有关系的单位才能领上这种发票？

我震惊地看着她，一时间居然说不出一句话来。

她略有不满地说：你怎么啦，为啥这么看我？

我缓了一下说：我是在想该怎么给你解释这个不征税发票。

她笑嘻嘻地说：你想到哪儿说到哪儿，大概给我说说就行。

我说：不征税发票，其实你可以理解为收据。不是说哪个单位有关系才能开，而是因为这些业务不征税或者说还没到征税的时点。但发生了收款的行为，你公司收了款，即使是不缴税不需要开常规发票，总不能一点儿表示都没有吧，起码需要开个收据吧。

她说：什么业务开发票不需要缴税？我怎么觉得只要开票就都需要缴税呢？

我说：大部分情况下，开发票和缴增值税是一致的，但有些特殊情况，比如你公司去超市买了 10 张充值卡，相当于拿你银行卡里的钱换成了超市储值卡里的钱，钱换钱这种行为，超市是不需要缴税的，卡里的钱买了货物以后，超市才需要缴税，但你给了超市钱，需要记账，超市就可以给你开一张不征税的发票，你又可以做账，超市开这个发票暂时也不用缴税。

她说：噢，我好像明白了，这个真像以前开的收据一样。

我说：等于是国家把收据给统一了，用增值税发票打印出来了，起了个名字叫“不征税发票”。

她说：那以后我们不需要缴税的收款都不用去买收据了，都可以开成不征税发票了？

我说：总局现在统一了16种业务，只有这些业务可以开不征税发票，不在这个范围内的，不需要缴税的收款业务不能开。不过这16类也不是固定不变的，是一点点纳入不征税发票范围里的，今后还有可能再增加。

她说：这16种业务都是啥啊？

我说：在开票系统中就可以看到。它们在编码6开头的“未发生销售行为的不征税项目”的下设子目，具体有如下几种。

601：预付卡销售和充值；

602：销售自行开发的房地产项目预收款；

603：已申报缴纳营业税未开票补开票；

604：代收印花税；

605：代收车船使用税；

606：融资性售后回租承租方出售资产；

607：资产重组涉及的不动产；

608：资产重组涉及的土地使用权；

609：代理进口免税货物货款；

610：有奖发票奖金支付；

611：不征税自来水；

612：建筑服务预收款；

613：代收民航发展基金；

614：拍卖行受托拍卖文物艺术品代收货款；

615：与销售行为不挂钩的财政补贴收入；

616：资产重组涉及的货物。

我给你把这些发微信里，你随后仔细了解一下。

她说：好的。对了，你说它相当于收据的作用，那缴企业所得税的时候，这些不征税发票能不能像其他常规发票一样税前扣除呢？

我说：这个可以放心，国家税务总局办公厅在对2018年28号公告的解读中曾经明确过，企业在境内发生的支出项目虽不属于应税项目，但按规定可以开具发票的，可以发票作为税前扣除凭证，比如这个不征税项目。

她说：只要能税前扣除我就放心了，至于什么第几号公告，那我就不去管了。

她低头看了看微信，突然很兴奋地说：你这里说的第二条，房地产预收款可以开不征税发票，意思是预收到房款可以不缴税吧？我们这个月刚收了几笔预收款，财务科科长还让我去缴税呢，是他搞错了吧？

我说：原来你是在房地产公司上班呀？他没搞错，是这样的，房地产企业收到预收房款，开不征税发票，是因为还没到增值税的纳税义务发生时间。但是，国家税务总局规定房地产企业有预缴增值税的义务，所以，还是需要预缴税款的。具体缴税公式是：

应该预缴的税款 = 预收款 ÷ (1 + 税率或征收率) × 3%

一般纳税人适用 9% 的税率，小规模纳税人适用 5% 的征收率来换算不含税收入。不过预缴增值税都是按 3% 的比例来计算的。

她困惑地说：一边说开不征税发票，一边又要缴税。怎么感觉税法就像人格分裂了一样呢？

我无奈地说：开不征税发票是因为这笔款项还不到纳税义务发生时间，但此时收到预收款，国家又规定了预缴的义务，这笔预缴税款，并非正式计算出来的实际应缴的税款，相当于是提前给国家预付了一笔押金。

举例来说吧，你过年预定年夜饭的时候，饭店是不是会先让你缴个押金，但那个押金不是实际的饭费，等你吃完饭结算的时候，多退少补。

开不征税发票和预缴税款是两个事情，你不要搅到一起。

她说：我好像懂了，又好像没懂。

我说：最简单的办法，你就按你们财务科长的指令办吧，回头再慢慢琢磨，要不今天就先聊到这里，咱们以后有机会再聊。

128　为什么有的企业不愿意开专票，只开普票？

有朋友问：去年底，我公司发生购进业务时，和商家索要增值税专用发票，对方百般推脱，最后还给我们开了一张增值税普通发票。类似的情况遇到过很多次，我就不太明白，不管开普票还是专票，他们都需要缴税吧，有什么区别呢？为什么他们不愿意开专票，只想开普票呢？

我说：肯定是有区别的，这个世界上就不会有无缘无故的喜欢和厌恶。他们应该是出于以下考虑。

如果对方是小规模纳税人，根据国家税务总局公告 2019 年第 4 号规定：小规模纳税人发生增值税应税销售行为，合计月销售额未超过 10 万元（以 1 个季度为 1 个纳税期的，季度销售额未超过 30 万元）的，免征增值税。

另外，根据《增值税暂行条例》第二十一条规定，发生应税销售行为适用免税规定的不得开具增值税专用发票。

也就是说，如果开具增值税专用发票就不能享受免税优惠，想适用免税就只能开普通发票。

举例来说：甲公司是小规模纳税人，2020年四季度销售额为28万元，如果全部开具增值税普通发票，一分钱增值税都不用缴。如果说有13万元开普票，15万元开专票，那就需要缴纳增值税 $15 \div 1.01 \times 1\% = 0.15$ 万元。

看起来虽然金额不大，但做生意是能省则省，只要多出钱，商家肯定是万般不情愿啊。

朋友问：如果对方是一般纳税人，应该就没这个顾虑了吧？

我说：不能这么说，一般纳税人也有难处。

根据财政部、税务总局公告2020年第8号规定，对纳税人提供公共交通运输服务、生活服务，以及为居民提供必需生活物资快递收派服务取得的收入，免征增值税。

根据相关规定，增值税一般纳税人销售免税行为，一律不能开增值税专票，不能就同一征税项目部分业务开普票免税，部分业务开具专用发票。也就是一旦开了专票口，免税优惠化乌有。

举例来说：乙公司是增值税一般纳税人，从事公共交通运输服务，公司当月收入800万元，对于当月发生的收入800万元可以全部选择免税，也可以全部选择不免税开具专用发票。

不允许800万元收入中400万元选择不免税开具专用发票，400万元开具免税普通发票。

案例中的乙公司，如果给客户开专用发票，就只能选择放弃免税政策。

依据《营业税改征增值税试点实施办法》（财税〔2016〕36号文件附件1）第四十八条规定，纳税人发生应税行为适用免税、减税规定的，可以放弃免税、减税，依照该办法的规定缴纳增值税。放弃免税、减税后，36个月内不得再申请免税、减税。

本来是提供免税服务的，为了开增值税专用发票，乙公司可谓损失巨大。这种情况下，换成是你，你会愿意开专票吗？

朋友说：这样一说我也能理解了，但是我们公司还想用专票抵扣进项税呢，我们是不是有点吃亏？

我说：那你只能通过讨价还价的方式，让他给你开普票的同时价格优惠一些，这样就可以皆大欢喜了。

129　付款方和实际购买方不一致，发票应该开给谁？

2021年3月11日国家税务总局12366纳税服务中心的一个问答（见图6-2），引起了许多财税人的围观。

首页 > 互动交流 > 回应关切

付款方和实际购买方不一致，发票应该开给谁？

2021年03月11日 来源：国家税务总局12366纳税服务中心

答：销售商品、提供服务以及从事其他经营活动的单位和个人，对外发生经营业务收取款项，应按照实际业务由提供服务一方向接受服务一方开具发票。

上述回复仅供参考。

图6-2 付款方和实际购买方不一致，发票应该开给谁？

问题：付款方和实际购买方不一致，发票应该开给谁？

答：销售商品、提供服务以及从事其他经营活动的单位和个人，对外发生经营业务收取款项，应按照实际业务由提供服务一方向接受服务一方开具发票。

不用想也可以知道，提问人为什么要纠结这个问题，当然是“三流一致”的概念深深困扰着他，担心不小心就触碰了“虚开发票”这个雷区。

有一些文件规定，经过高度概括后，虽易于流传，便于普及，但也容易跑偏。比如说这个“三流一致”。

与此相关的政策原文是什么呢？

国税发〔1995〕192号规定：“购进货物或应税劳务支付货款、劳务费用的对象。纳税人购进货物或应税劳务，支付运输费用，所支付款项的单位，必须与开具抵扣凭证的销货单位、提供劳务的单位一致，才能够申报抵扣进项税额，否则不予抵扣。”

这句话什么意思？仔细读三遍就能发现，它的意思是：

收款方和开票方必须一致，才能抵扣税款。这里并没有要求是付款方和收票方必须一致。而很多人一直误以为，以上必须完全一致，才能抵扣进项税。

举一个最容易理解的案例是：公司的职工出差，取得一张抬头为公司的酒店开具的住宿费的专用发票，但是付款的时候是个人卡刷卡支付。

解析一下，付款方是职工个人，出差的住宿费实际购买方是公司，酒店应该把发票开给谁？当然是开给公司。

资金流向和发票流向是不一致的，这样可以抵扣进项税吗？

答案是：可以抵扣。因为收款方是酒店，开票方是酒店。它是符合192号文件规定的。

由于大家争论很厉害，所以国家税务总局对此专门进行了解答。

国家税务总局在2016年5月26日总局视频会政策问题解答（政策组发言材料）中有如下问答。

问：纳税人取得服务品名为住宿费的增值税专用发票，但住宿费是以个人账户支付的，这种情况能否允许抵扣进项税？是不是需要以单位对公账户转账付款才允许抵扣？

答：其实现行政策在住宿费的进项税抵扣方面，从未作出过类似的限制性规定，纳税人无论通过私人账户还是对公账户支付住宿费，只要其购买的住宿服务符合现行规定，都可以抵扣进项税。而且，需要补充说明的是，不仅是住宿费，对纳税人购进的其他任何货物、服务，都没有因付款账户不同而对进项税抵扣作出限制性规定。

另外还有一个文件规定可以加强对它的理解：

《国家税务总局关于诺基亚公司实行统一结算方式增值税进项税额抵扣问题的批复》（国税函〔2006〕1211号）规定：

对诺基亚各分公司购买货物从供应商取得的增值税专用发票，由总公司统一支付货款，造成购进货物的实际付款单位与发票上注明的购货单位名称不一致的，不属于《国家税务总局关于加强增值税征收管理若干问题的通知》（国税发〔1995〕192号）第一条第（三）项有关规定的情形，允许其抵扣增值税进项税额。

从1995年文件出台，到现在已有26年了，很少会有一个政策，多年来总是被提及，一直被误读，需要反复澄清。也许，还会继续下去……

130　有多少财务人不知道，银行需要给你开发票？

很多财务人员面对企业日常经营业务的时候，都特别关注发票的索取。毕竟财务人都知道，没有合规的发票，即使发生了支出也不能在企业所得税税前扣除。

但是有很多财务人去银行办理业务，在支付贷款利息和手续费的时候，似乎会产生一种“灯下黑”的状态。通常是银行给什么回单就用什么回单做账，好像从来没想到过需要向银行索取发票。甚至还会诧异地问，银行收取贷款利息和手续费还需要开发票吗？

答案是肯定的，记得下次去银行办事，钱出去了，不要忘记拿回发票。12366对此问题有专门的回复。

问题内容：请问下，我们有向银行借款，之前年度银行只提供了利息回单，无发票，现可以申请银行补开以前年度的发票吗？另外银行手续费是否一样呢？

答复机构：厦门市税务局

答复时间：2020-04-23

答复内容：

尊敬的纳税人（扣缴义务人、缴费人）您好！您提交的网上留言咨询已收悉，现答复如下：

根据《国务院关于修改〈中华人民共和国发票管理办法〉的决定》（国务院令第

587 号）规定：《中华人民共和国发票管理办法》第十九条，销售商品、提供服务以及从事其他经营活动的单位和个人，对外发生经营业务收取款项，收款方应当向付款方开具发票；特殊情况下，由付款方向收款方开具发票。

根据《国务院关于修改〈中华人民共和国发票管理办法〉的决定》（国务院令第 587 号）第二十条规定：《中华人民共和国发票管理办法》第二十条，所有单位和从事生产、经营活动的个人在购买商品、接受服务以及从事其他经营活动支付款项，应当向收款方取得发票。取得发票时，不得要求变更品名和金额。

因此，企业向银行支付利息或手续费，应当向银行取得发票。可以要求银行补开发票。

知道了这个规定，财务人还会有一些疑问，比如：

1. 银行不给我发票怎么办？

《中华人民共和国发票管理办法》第二十条，所有单位和从事生产、经营活动的个人在购买商品、接受服务以及从事其他经营活动支付款项，应当向收款方取得发票。取得发票时，不得要求变更品名和金额。第六条规定，对违反发票管理法规的行为，任何单位和个人可以举报。税务机关应当为检举人保密，并酌情给予奖励。

据了解，很多地方银行开发票确实麻烦，银行大部分是汇总缴纳增值税的，发票网点都没法开具发票，一般要地区分行才能开，而且手续费零星，加上银行本身以前就没开发票习惯，所以很多时候大家感觉要发票不顺畅。但只有索取发票的人多了，银行才会想办法解决。不能一味沉默不语，默认银行可以不开具发票。

2. 贷款利息需要开票吗？

贷款利息也需要开票，开具增值税普通发票即可。因为贷款利息是不得抵扣进项税的，不需要开具增值税专用发票。但是作为税前扣除凭证，贷款利息也须凭借发票扣除。

3. 用户取得的利息收入需要给银行开票吗？

很多会计在处理银行利息结算单收入时有疑问，还能按照之前的方式处理，直接冲减财务费用吗？这个收入不用缴纳增值税吗？毕竟我从银行取得了资金啊。

其实不必担心。根据财税 2016 年 36 号文附件 2 不征收增值税项目规定，存款利息属于不征税收入。不征税收入，不需要给银行开发票，凭借银行结算单可以进行账务处理，直接冲减财务费用。

记住一句话：增值税应税行为需要开具发票，增值税非应税行为不需要开具发票。

131 总分公司常见的 4 个发票问题

总分公司之间的问题，咨询的人很多。常见的有以下四个问题，非官方答复，直截了当，仅供参考。

一、请问分公司接受的专票可以放到总公司抵扣吗?

答复：分公司和总公司在增值税上属于不同的纳税主体，二者纳税人识别号也不一样，因此，分公司接受的专票不可以放到总公司抵扣，各自抵扣自己的。

二、分公司抬头的费用发票，可以拿到总公司税前扣除吗?

答复：若是总分公司的企业所得税是汇总纳税的，而企业所得税是法人税制，总公司的发票开成分公司的抬头是可以在企业所得税中扣除的。

三、总分公司可以互开发票吗?

答复：分公司是独立的增值税纳税主体，分公司为总公司或者其他分公司提供了服务，销售了产品，自然应当正常申报纳税，并向对方开具发票；分公司和总公司相互开票是可以的，但并不代表这可以乱开票，一切的基础依然是业务，这里的风险点大致有以下几个：

1. 分公司与总公司或分公司之间的业务必须真实，如果没有业务的真实性，开票就变成了虚开；

2. 由于是强关联关系，业务真实性的背后是合理性，税务机关会关注这个业务是不是合理，这里的合理可能包括业务的逻辑，可能包括价格的约定、双方利润空间的设定等；

3. 分公司和总公司双方除了开具发票，一定要有完整的证据链证明业务的真实合理，必要的证据链可能包括合同、付款、发票以及其他相关证据，如货物的入库与出库手续，提供服务的其他证据等。

四、总公司签订的合同，实际上由分公司来提供业务服务并开票，发包方取得分公司的增值税专用发票是否允许抵扣增值税?

答复：若是建筑行业可以。根据国家税务总局公告2017年第11号《国家税务总局关于进一步明确营改增有关征管问题的公告》规定：建筑企业与发包方签订建筑合同后，以内部授权或者三方协议等方式，授权集团内其他纳税人（以下称“第三方”）为发包方提供建筑服务，并由第三方直接与发包方结算工程款的，由第三方缴纳增值税并向发包方开具增值税发票，与发包方签订建筑合同的建筑企业不缴纳增值税。发包方可凭实际提供建筑服务的纳税人开具的增值税专用发票抵扣进项税额。

132 审核发票应关注哪些要点?

企业取得发票,财务人员应严把发票审核关,对不符合规定的发票,不得用于税前扣除、抵扣税款、出口退税和财务报销。从以下10个方面进行重点审核:

一、发票的种类

发票种类按开具方式,分为增值税发票管理新系统开具发票和非增值税发票管理新系统开具发票。

增值税发票管理新系统开具发票,包括增值税专用发票、增值税普通发票、机动车销售统一发票和二手车销售统一发票。其中增值税专用发票包括增值税专用发票、增值税电子专用发票;增值税普通发票包括增值税普通发票(折叠票)、增值税普通发票(卷票)、增值税电子普通发票、收费公路通行费增值税电子普通发票。取得增值税发票的单位和个人可登陆国家税务总局全国增值税发票查验平台(https://inv-veri.chinatax.gov.cn),对上述新系统开具的增值税发票信息进行查验。

非增值税发票管理新系统开具发票主要有通用(机打、手工、定额)发票、门票、过路(过桥)费发票、客运发票、出租车发票、火车票、航空运输电子客票行程单、停车费等。非新系统开具的发票,未建立统一的数据库,可在各省市税务局网站查验或咨询当地12366纳税服务热线,确认该发票种类是否有效。其中通用手工发票、通用机打发票,部分地区已取消,企业如收到此类发票,应注意核实。对于连号定额发票和通用手工发票应重点审查,综合判断,避免存在套打、虚开、假发票的情况。

二、发票监制章

自2019年1月1日起,全国统一启用新的发票监制章,上环刻制“全国统一发票监制章”,中间刻制“国家税务总局”,下环刻制“××省(区、市)税务局”。2018年12月31日后旧版监制章的发票不能继续使用,监制章显示有“国家税务局”或“地方税务局”字样的都不符合规定。

三、购买方信息

自2017年7月1日起,购买方为企业的,增值税普通发票应在“购买方纳税人识别号”栏填写购买方的纳税人识别号或统一社会信用代码；购买方为个人、政府机构、非企业事业单位、国外企业，以及增值税普通发票（卷票）及手工发票没有“纳税人识别号”栏次的，不适用此规定。

增值税专用发票须完整填写购买方全部信息，包括购买方名称、纳税人识别号、地址电话、开户行及账号信息。

四、货物或应税劳务、服务信息

自2018年1月1日起，增值税专用发票、增值税普通发票、增值税电子普通发票，“货物或应税劳务、服务名称”或“项目名称”栏次要有商品和服务税收分类编码对应的简称。

2018年1月，国家税务总局货物和劳务税司有关负责人就推行商品和服务税收分类编码简称问答中答复：“由于纳税人众多，系统升级需要一个过程，部分纳税人因未进行系统升级导致开具的增值税发票票面上未打印商品和服务税收分类编码简称。未打印商品和服务税收分类编码简称的增值税发票可以正常使用，无须重新开具。”这是过渡期的一个政策，现系统已升级完毕，因此增值税发票票面应打印商品和服务税收分类编码简称。

五、规格型号、单位、数量、单价

根据《国务院关于修改〈中华人民共和国发票管理办法〉的决定》（国务院令第587号）文件第二十二条规定：开具发票应当按照规定的时限、顺序、栏目，全部联次一次性如实开具，并加盖发票专用章。

根据《国家税务总局关于修改〈中华人民共和国发票管理办法实施细则〉的决定》（国家税务总局令第37号）第二十八条规定，单位和个人在开具发票时，必须做到按照号码顺序填开，填写项目齐全，内容真实，字迹清楚，全部联次一次打印，内容完全一致，并在发票联和抵扣联加盖发票专用章。

货物类应该如实填写齐全。如果是一些服务类业务，确实无法填写型号规格、单位的，2020年3月31日福建12366对此答疑，“如您提供的属于应税服务，可以不填写规格、型号栏次，如该服务确实属于无法计量（按次或按项），票面可不填写数量及单价栏次。”

需要特别关注成品油的相关规定，自2018年3月1日起，所有成品油发票均须通过增值税发票管理新系统中成品油发票开具模块开具。通用机打或冠名的发票，在2018年2月28日以后开具的不可用。

成品油专用发票、普通发票、电子普通发票“单位”栏应选择“吨”或“升”，蓝字发票的“数量”栏为必填项且不为“0”，普通发票（卷票）无“单位”栏，默认数量单位“升”。成品油专用发票、普通发票、电子普通发票左上角打印“成品油”，普通发票（卷票）无此要求。

六、发票税率

审核发票税率选择是否正确，要关注经济业务、税收分类编码和适用税率是否相符。

七、发票备注

审核发票是否应该填写备注栏但未填写，填写是否规范。纳税人自行开具或者税务机关代开增值税发票时，应在备注栏注明相关信息的常见业务如下：

（1）货物运输服务：起运地、到达地、车种车号、运输货物信息等内容（如内容较多可另附清单）；

（2）建筑服务：建筑服务发生地县（市、区）名称及项目名称；

（3）销售不动产：不动产的详细地址；

（4）出租不动产：不动产的详细地址；

（5）销售或出租不动产，税务机关按照核定计税价格征税的：注明“核定计税价格，实际成交含税金额×××元”；

（6）保险机构代收车船税开具增值税发票：代收车船税税款信息，包括保险单号、税款所属期（详细至月）、代收车船税、滞纳金、合计等；

（7）中国铁路总公司及其所属运输企业（含分支机构）提供货物运输服务：铁路运输企业受托代征的印花税款信息；

（8）销售预付卡：注明“收到预付卡结算款”；

（9）个人保险代理人汇总代开增值税发票：注明“个人保险代理人汇总代开”，证券经纪人、信用卡和旅游等行业的个人代理人比照执行；

（10）适用差额征税办法缴纳增值税，且不得全额开具增值税发票的：自动打印“差额征税”；

（11）为跨县（市、区）提供不动产经营租赁服务、建筑服务的小规模纳税人（不包括其他个人），代开增值税普通发票：自动打印“YD”；

（12）互联网物流平台企业代开货物运输专用发票：符合条件的货物运输业小规模纳税人的纳税人名称和统一社会信用代码（或税务登记证号码或组织机构代码）；

（13）生产企业代办退税的出口货物，向综服企业开具的增值税专用发票：注明“代办退税专用”；

（14）税务机关代开：注明纳税人名称和纳税人识别号。

八、发票清单

审核发票记载是否与票据附件相一致。开具汇总办公用品、食品等发票，必须附上由税控系统开具的“销售货物或提供应税劳务清单”并加盖发票专用章。自行使用A4纸打印清单无效。

九、发票印章

审核发票及附件是否加盖了发票专用章或税务机关代开发票专用章。

增值税电子发票不需要另外加盖发票专用章。

机动车销售统一发票应在发票联加盖发票专用章，抵扣联和报税联不得加盖印章。

发票专用章加盖不清晰或不完整，可将发票作废或红冲，在旁边补盖（不可与原印章重叠）是否有效问题，各地税务局规定不一致。

十、发票打印

审核发票票面是否有压线、错格现象。增值税专用发票不得压线、错格。

机动车销售统一发票打印内容出现压线或者出格的，若内容清晰完整，无须退还重新开具。

上述10个方面是对发票形式是否合规进行的审核，比形式合规更重要的是要审核发票是否有实际的经济业务。发票内容应按照实际销售情况如实开具，不得根据购买方要求填开与实际交易不符的内容。财务人员一定要清楚，让他人为自己开具与实际经营业务情况不符的发票属于虚开发票行为，这是发票的最大风险。

第七章
税收优惠政策

133　开公司有什么税收优惠呢？

2022年8月的某一天，好久不见面的一个老友找到我，神色严肃地对我说：我准备开个公司。

我说：好啊，祝贺你从员工荣升为老板。

朋友说：我找你是想问个事儿，我如果开公司到底需要缴什么税？我一直听新闻报道中说有很多税收优惠，到底有些什么优惠，你和我说说？

我说：那好，我和你按公司开办的顺序说一说吧。你注册一个公司，需要有注册资本吧，现在是认缴制，也就是说可以在一定期限内慢慢出资，实际出资的资本需要按0.25‰缴纳印花税。你可赶上好时候了，原先的税率是0.5‰，2022年7月1日印花税法实施后，把税率降了一半。另外，账簿每年每本5元印花税也免了。同时，从2019年1月1日至2024年12月31日，印花税还可以减半征收，比如你注册资本是100万元，没有优惠政策前需要缴纳500元印花税，现在只需要125元了。

朋友说：这个也就少几百块钱，没多大意思。

我说：不积跬步无以至千里，你既然做生意，节省每一块钱都应该高兴，如果觉得没多大意思，可以把省下的税钱给我，我不嫌少。

朋友说：哈哈，我现在突然觉得能省几百块也挺好，不过还有没有更好的事情？

我说：我觉得你刚开始做，估计最初规模不是很大，增值税方面应该是小规模纳税人，企业所得税应该属于小型微利企业。

朋友说：那肯定了，要从小慢慢做嘛！你说的这两个什么小纳税人、小企业是什么？有什么好处吗？

我说：增值税根据销售额的不同，分两种类型纳税人，一般纳税人和小规模纳税人。小规模纳税人是说公司一年销售额不超过500万元，这500万元是指所有申报的销售额加起来，不过偶然发生的卖个房子啊、专利技术啊，这些销售额不用算在这里面。毕竟不动产价值几百万上千万，无形资产价值也不可估量，而且也不常发生，算在日常销售额里不合适。

朋友说：你说当一般纳税人好还是小规模纳税人好呢？

我说：各有利弊吧！一般纳税人税率是高一些，有6%，可以抵扣进项税；小规模纳税人征收率低一些是3%，但不能抵扣进项税，很难比较哪个更划算。不过我觉得你刚开始办公司，还是以小规模纳税人身份比较合适，核算要求不高，税收上也有一些特定针对小规模的优惠。

朋友一听，忙问：快说说，小规模纳税人有什么优惠？

我说：小规模纳税人，规定的增值税征收率是3%。但2022年有两个优惠，一是2021年4月1日至2022年12月31日，如果按月一个月销售额不足15万元，或者一个季度销售额不超过45万元，可以免征增值税。二是2022年4月1日至2022年12月31日，增值税小规模纳税人适用3%征收率的应税销售收入，免征增值税。

朋友说：全部免税？那太好了。不过2022年只有几个月了，2023年以后还会免吗？

我说：这说不准，这个免税属于阶段性税收优惠政策，具体需要关注国家税务总局会不会出台延续政策。

朋友说：也就是说到了2023年，如果延续了季度销售额45万元以下免税优惠政策，那就是每个季度销售额是45万元，全年180万元销售额可以不用缴增值税，如果全年超过180万元，但不到500万元，就是按照3%的征收率来计算增值税。

我说：对，理解得很快，应该注意这个销售额最长是按季度来计算，不是按年算的啊，你不要以为前11个月销售额是0，最后一个月销售额180万元也免税啊。另外需要注意，每个季度超过45万元之后，哪怕是46万元都要全额征收增值税，不是只针对1万元征税啊。

朋友说：噢，那看来我还得注意一下销售额，别刚刚超一点，反而不划算了。再说说还有啥？

我说：如果你不缴增值税，自然也不需要缴纳城市维护建设税、教育费附加、地方教育附加。如果你超过了180万元，不到500万元，需要缴增值税的时候，可以减半缴纳上述三项税费。

朋友说：这三项税费是怎么收呢？

我说：这三项是增值税和消费税的影子税费，紧跟它们俩。当然，你不用缴消费税，咱就只说增值税，一般加起来是增值税的12%左右，根据地区不同会有差异。优惠政策后，大约就是增值税的6%左右了。

朋友说：那就是从销售额的0.36%降到了0.18%了。

我说：对，算得很快。我已经提到了印花税、城市维护建设税、教育费附加、地方教育附加有减半征收了，实际上，还有四个税种从2019年1月1日开始减半，那就是资源税、耕地占用税、房产税、城镇土地使用税。

朋友说：这四个税我也需要缴吗？

我说：你公司如果没有房产、土地，通常来说就不用缴房产税和城镇土地使用税。至于资源税和耕地占用税，一般公司不会遇到这两个税的。

朋友说：我们公司没有房产，我办公的地方是我亲戚的，他房子多不在乎，让我先白用两年。等以后公司发展得好了，再谈租金的问题。

我说：你运气好啊，瞌睡了就有人送枕头，还有这么大方的亲戚。不过我要告诉你，你无租使用亲戚的房产，是需要按房产余值缴纳房产税的，另外还需要缴纳城镇土地使用税。等过两年你效益好了，交房租了，那就是你家亲戚缴税了，和你没关系了。

朋友说：啥是房产余值？到底该缴多少房产税、城镇土地使用税啊？

我说：比如你亲戚房子原价是500万元，各地都先给原价打20%到30%的折扣再算税，这就叫房产余值，房产余值计税税率是1.2%，现在又减半，所以应该缴的房产税 $=500\times(1-30\%)\times1.2\%\times50\%=2.1$ 万元。

城镇土地使用税是按照实际占地面积和当地规定的单位税额来计算的，也是减半计算。每个城市不同地段的租金都是不一样的，这个需要看当地的规定。

朋友说：那个办公地点是一个很高的写字楼，我们只占了其中一层的两个房间，这怎么算土地的占地面积？

我说：对于多层建筑来说，就是按照你这两个房间的建筑面积占整个楼建筑面积的比例，再乘以整个楼房的实际占地面积，来计算占地面积的。

朋友说：好麻烦啊，我觉得还是给亲戚出租金，让他自己去缴税吧。

我说：又想省钱又怕麻烦，哪里有那么好的事情？

朋友说：好了，除了房产税和城镇土地使用税，还有什么其他税吗？

我说：还有每个公司都会遇到的企业所得税，只要你是小型微利企业，企业所得税2019年的优惠力度可是不小，应该缴不了多少。

朋友说：怎么才是小型微利企业？小规模纳税人就是吗？

我说：小型微利企业和小规模纳税人是两个税种上的划分，不相等的。小型微利企业是在企业所得税中的划分，既可能是增值税上的小规模纳税人，也可能是一般纳税人。咱们各说各的，你别搅到一起。

朋友说：好吧，怎么才是小型微利企业呢？

我说：同时满足年度应纳税所得额不超过300万元、从业人数不超过300人、资产总额不超过5 000万元这三个条件的企业。

朋友说：嗯，我觉得我应该符合。

我说：应纳税所得额在100万元以下的，税率是2.5%，100万元到300万元的，税率是5%。而且这个是分段计算，也就是说，如果应纳税所得额是120万元，就是 $100\times2.5\%+20\times5\%=3.5$ 万元。

朋友说：还需要缴其他什么税费吗？

我说：还有两个费的优惠，我觉得你也不需要缴，但你可以了解一下，万一以后做大了，可能会遇到。一个是水利建设基金，全国来看，有的地方收，有的地方不收。但如果要收，不论小规模纳税人还是一般纳税人，只要月销售额在10万元以下都免征。

还有个残疾人就业保障金，工商注册登记未满3年、在职职工总数30人以下的企业也是免征的。

朋友说：我现在不用缴的就不要告诉我了，太多了我已经有点记不清了。

我说：记不清没关系，把我说的写下来多看几遍好了。有个简单的办法，直接让会计看就好了。

朋友苦着脸说：可我现在就是老板兼会计啊！

我说：对了，你说你是会计，我就得再提醒你一下，给个人支付工资薪金、劳务报酬等时，你需要代扣代缴个人所得税啊，这可是法定义务，不扣缴是要罚款的。

朋友呆了一下说：我发现了，原来开公司第一步是需要请一个专职的会计啊。

我说：恭喜你，你找到了问题的关键，应该让专业的人去做专业的事，如果你当老板都能兼职会计工作，让这么多专职的财税人员情何以堪啊！

总结：一般公司常见的税费如下。

1. 印花税；
2. 增值税（附征城市维护建设税、教育费附加、地方教育附加）；
3. 房产税、城镇土地使用税（有房屋土地或无租使用房产）；
4. 企业所得税；
5. 水利建设基金（看地区规定）；
6. 残疾人就业保障金（3年内、30人以下免征）；
7. 扣缴个人所得税。

134　优惠能否享受？先看身份再看政策！

这两年减税降费的政策一浪接一浪，大家欣喜的同时未免也有些头晕脑胀。很多纳税人一看见有优惠政策，就开始到处咨询自己该怎么享受。但实际上，每项优惠政策，针对的是不同的纳税人类型，所以有必要先关注这项优惠是否适用自己。如果不是你的菜，就不要着急下筷子去夹了。

对于纳税人身份的分类，最常见的是根据增值税来划分的小规模纳税人和一般纳税人，根据身份的不同，我们对常见的10项优惠政策作一个简要分类。

一、小规模纳税人的专项优惠

1. 免征增值税。小规模纳税人发生增值税应税销售行为，月销售额不超过 10 万元（季度销售额不超过 30 万元），免征增值税（备注：2021 年 4 月 1 日至 2022 年 12 月 31 日调整为月销售额不超过 15 万元，季度销售额不超过 45 万元）。

2. 六税两费减半征收。从 2019 年 1 月 1 日至 2024 年 12 月 31 日，资源税、耕地占用税、城镇土地使用税、房产税、印花税、城市维护建设税、教育费附加、地方教育附加可以享受 50% 的减征（总局规定各省可在 50% 税额幅度内减征，一般各省市均顶格减征，具体看当地文件）。

二、一般纳税人的专项优惠

1. 增值税税率下调。自 2019 年 4 月 1 日起，16% 调整为 13%、10% 调整为 9%。

2. 不动产一次抵扣。自 2019 年 4 月 1 日起，纳税人购进不动产一次性抵扣进项税，以前购进未抵扣完毕的进项税可以自 2019 年 4 月税款所属期抵扣。

3. 国内旅客运输服务抵扣进项税。自 2019 年 4 月 1 日起，纳税人购进国内旅客运输服务进项税可以抵扣，当然，要注意票据合规的问题。

4. 进项税加计抵减。生产生活性服务纳税人，自 2019 年 4 月 1 日至 2022 年 12 月 31 日，进项税加计抵减 10%。自 2019 年 10 月 1 日至 2022 年 12 月 31 日，允许生活性服务业纳税人按照当期可抵扣进项税额加计 15%，抵减应纳税额。

5. 增量留抵税额退还。自 2019 年 4 月 1 日，符合相关条件的纳税人，可以向主管税务机关申请退还增量留抵税额。

三、两类身份都可适用的优惠政策

1. 小型微利企业所得税税收优惠。这个优惠政策不需要考虑增值税的纳税身份，只需要考虑企业所得税小型微利标准的判定，只要企业从业人数小于 300 人、资产总额小于 5 000 万元、应纳税所得额小于 300 万元都可以享受。

2. 政府性基金免征。企业按月纳税的月销售额不超过 10 万元（按季纳税的季度销售额不超过 30 万元）免征教育费附加、地方教育附加、水利建设基金（财税〔2016〕12 号）。

3. 新办 3 年内免残疾人就业保障金。只要在工商注册登记未满 3 年、在职职工总数 30 人以下的企业，免征残疾人就业保障金（财税〔2017〕18 号）。

135　小微应熟知的 18 项税费优惠政策

一、增值税：小规模纳税人月销售额 15 万元以下免征增值税

《财政部 税务总局关于明确增值税小规模纳税人免征增值税政策的公告》（财政部 税务总局公告 2021 年第 11 号）。

二、城市维护建设税：小规模纳税人城市维护建设税最高减征 50%

《财政部 税务总局关于实施小微企业普惠性税收减免政策的通知》（财税〔2019〕13 号）。

三、印花税

1. 小型企业、微型企业与金融机构签订的借款合同免征印花税

《财政部 税务总局关于支持小微企业融资有关税收政策的通知》（财税〔2017〕77 号）。依据财政部、税务总局公告 2021 年第 6 号《财政部 税务总局关于延长部分税收优惠政策执行期限的公告》，该法规规定的税收优惠政策已到期的，执行期限延长至 2023 年 12 月 31 日。

2. 增值税小规模纳税人印花税最高减征 50%

《财政部 税务总局关于实施小微企业普惠性税收减免政策的通知》（财税〔2019〕13 号）。

四、资源税：增值税小规模纳税人资源税最高减征 50%

《财政部 国家税务总局关于实施小微企业普惠性税收减免政策的通知》（财税〔2019〕13 号）。

《财政部 税务总局关于继续执行的资源税优惠政策的公告》（财政部 税务总局公告 2020 年第 32 号）。

五、房产税：小规模纳税人房产税最高减征 50%

《财政部 税务总局关于实施小微企业普惠性税收减免政策的通知》（财税〔2019〕

13 号）。

六、城镇土地使用税：小规模纳税人城镇土地使用税最高减征 50%

《财政部 税务总局关于实施小微企业普惠性税收减免政策的通知》（财税〔2019〕13 号）。

七、耕地占用税：小规模纳税人耕地占用税最高减征 50%

《财政部 税务总局关于实施小微企业普惠性税收减免政策的通知》（财税〔2019〕13 号）。

八、个人所得税：个体工商户经营所得 100 万元以下减半征收个人所得税

《财政部 税务总局关于实施小微企业和个体工商户所得税优惠政策的公告》（财政部 税务总局公告 2021 年第 12 号）。

九、企业所得税

1. 小型微利企业应纳税所得额 100 万元以下，实际税率为 2.5%

《财政部 税务总局关于实施小微企业和个体工商户所得税优惠政策的公告》（财政部 税务总局公告 2021 年第 12 号）。

2. 小型微利企业应纳税所得额 100 万元到 300 万元部分，2021 年实际税率为 10%，2022 年实际税率为 5%

《财政部 税务总局关于实施小微企业普惠性税收减免政策的通知》（财税〔2019〕13 号）。

《财政部 税务总局关于进一步实施小微企业所得税优惠政策的公告》（财政部 税务总局公告 2022 年第 13 号）。

十、教育费附加

1. 月销售额不超过 10 万元（季度 30 万元）缴纳义务人免征教育费附加

《财政部 国家税务总局关于扩大有关政府性基金免征范围的通知》（财税〔2016〕12 号）。

2. 增值税小规模纳税人教育费附加最高减征50%

《财政部 税务总局关于实施小微企业普惠性税收减免政策的通知》（财税〔2019〕13号）。

十一、地方教育附加

1. 月销售额不超过10万元（季度30万元）缴纳义务人免征地方教育附加

《财政部 国家税务总局关于扩大有关政府性基金免征范围的通知》（财税〔2016〕12号）。

2. 增值税小规模纳税人地方教育附加最高减征50%

《财政部 税务总局关于实施小微企业普惠性税收减免政策的通知》（财税〔2019〕13号）。

十二、残疾人就业保障金：在职职工总数30人（含）以下暂免征收残保金

《国家发展和改革委员会 财政部 民政部 人力资源和社会保障部 国家税务总局 中国残疾人联合会关于印发〈关于完善残疾人就业保障金制度更好促进残疾人就业的总体方案〉的通知》（发改价格规〔2019〕2015号）。

十三、文化事业建设费

1. 未达起征点的娱乐服务缴纳义务人免征文化事业建设费

《财政部 国家税务总局关于营业税改征增值税试点有关文化事业建设费政策及征收管理问题的补充通知》（财税〔2016〕60号）。

2. 月销售额不超过2万元（季度不超6万元）的广告业单位免征文化事业建设费

《财政部 国家税务总局关于营业税改征增值税试点有关文化事业建设费政策及征收管理问题的通知》（财税〔2016〕25号）。

136　绕来绕去的88号公告，核定征收企业是否可以享受小型微利优惠？

国家税务总局2016年88号公告颁布后，引起了网上很多人的热议，许多人解读说文件的意思是核定征收的小型微利企业不享受税收优惠了。果真如此吗？我们先看一下88号公告具体是怎样规定的：

“《国家税务总局关于企业所得税核定征收若干问题的通知》（国税函〔2009〕377号）第一条第（一）项修订为：享受《中华人民共和国企业所得税法》及其实施条例和国务院规定的一项或几项企业所得税优惠政策的企业（不包括仅享受《中华人民共和国企业所得税法》第二十六条规定免税收入优惠政策的企业、第二十八条规定的符合条件的小型微利企业）。”

初看这个文件，真的很晕。当然，作为一个修订文件的公告，如果缺乏上下文，是不容易明白它的意思的。让我们顺藤摸瓜，看一看国税函〔2009〕377号在讲什么。原来这一条是对国税发〔2008〕30号《企业所得税核定征收办法》做解释：《核定征收办法》第三条第二款所称“特定纳税人”包括以下类型的企业：（一）……（此处就是88号公告中修订的内容）。

我们接下来看看国税发〔2008〕30号《企业所得税核定征收办法》第三条第二款：“特殊行业、特殊类型的纳税人和一定规模以上的纳税人不适用本办法。上述特定纳税人由国家税务总局另行明确。”

追本溯源，看完全貌，一个让人很晕的政策文件才算露出了真面目。我简单给大家按照时间顺序捋一捋。

2008年30号文件，是总局制定的一个企业所得税核定征收办法，办法中留了个口子，说不是所有的企业都可以适用核定征收的，有些特殊企业就不能核定。到底什么属于“特殊企业”，总局表示还没想好，等想好了再告诉你。

2009年377号，总局发文说，特殊企业是指享受了企业所得税优惠的企业。说到这里，似乎觉得这样表述有点绝对，于是又加了个括号进行了排除，说如果你只享受了免税收入这一种优惠的企业，不属于特殊企业。

言下之意，除了享受免税收入这一种优惠的企业，但凡享受其他企业所得税优惠的企业，都属于特殊企业，都不能核定征收企业所得税。再进一步说，如果你享受小微企业所得税优惠，也不能核定征收。

当然这也没什么不妥，既然这么说，大家就这么理解执行。所以，文件颁布以后，核定征收的企业，是不允许享受小微企业所得税优惠的。

2015年17号公告，为了显示国家优惠政策雨露均沾，总局说：“符合规定条件的小型微利企业，无论采取查账征收还是核定征收方式，均可享受小型微利企业所得税优惠政策。”

政策更优惠了，当然是好事。唯一的弊病，就是两个政策之间发生了碰撞，出现了一个BUG。

2016年88号公告，就是为了消除这个BUG。总局修改了国税函〔2009〕377文，让特殊企业中不包括的内容，除了享受免税收入的企业，还增加了享受小微企业优惠的企业。

总而言之，2016年88号公告就是一个让政策理顺的补丁公告。大家不必惊慌，并没有改变2015年17号公告中，核定征收企业依然可以享受小微企业优惠的规定。

137　一文搞定高新技术企业税收优惠

高新技术企业作为一个“含金量”很高的资质类型，一直备受关注。我们就来学习了解一下高新技术企业到底可以享受哪些优惠，大家对相关政策规定有哪些困惑。

一、高新技术企业的认定条件

认定高新技术企业需要同时满足以下条件：

（一）企业申请认定时须注册成立1年以上；

（二）企业通过自主研发、受让、受赠、并购等方式，获得对其主要产品（服务）在技术上发挥核心支持作用的知识产权的所有权；

（三）对企业主要产品（服务）发挥核心支持作用的技术属于《国家重点支持的高新技术领域》规定的范围；

（四）企业从事研发和相关技术创新活动的科技人员占企业当年职工总数的比例不低于10%；

（五）企业近3个会计年度（实际经营期不满3年的按实际经营时间计算）的研究开发费用总额占同期销售收入总额的比例符合如下要求：

1. 最近1年销售收入小于5 000万元（含）的企业，比例不低于5%；
2. 最近1年销售收入在5 000万元至2亿元（含）的企业，比例不低于4%；
3. 最近1年销售收入在2亿元以上的企业，比例不低于3%。

其中，企业在中国境内发生的研究开发费用总额占全部研究开发费用总额的比例不低于60%；

（六）近1年高新技术产品（服务）收入占企业同期总收入的比例不低于60%；

（七）企业创新能力评价应达到相应要求；

（八）企业申请认定前1年内未发生重大安全、重大质量事故或严重环境违法行为。

二、常见税收优惠

（一）减按15%税率征收企业所得税

《中华人民共和国企业所得税法》第二十八条第二款规定，国家需要重点扶持的高新技术企业，减按15%的税率征收企业所得税。

（二）延长亏损结转年限

根据《关于延长高新技术企业和科技型中小企业亏损结转年限的通知》（财税〔2018〕76号）第一条规定，自2018年1月1日起，当年具备高新技术企业或科技型中小企业资格（以下统称“资格”）的企业，其具备资格年度之前5个年度发生的尚未弥补完的亏损，准予结转以后年度弥补，最长结转年限由5年延长至10年。

【**晶晶亮提示：**此处须注意具备资格年度如何认定。“高新技术企业按照其取得的高新技术企业证书注明的有效期所属年度，确定其具备资格的年度。”例如：某高新技术企业，证书注明发证时间为2018年9月17日，有效期3年。享受15%优惠税率是2018、2019、2020年度。但在计算确定亏损弥补时，2018年、2019年、2020年、2021年均为具备资格年度。】

（三）技术转让所得企业所得税减免

《中华人民共和国企业所得税法实施条例》第九十条规定，企业所得税法第二十七条第（四）项所称符合条件的技术转让所得免征、减征企业所得税，是指一个纳税年度内，居民企业技术转让所得不超过500万元的部分，免征企业所得税；超过500万元的部分，减半征收企业所得税。

【**晶晶亮提示：**这不是高新技术企业特有的优惠，一般企业也可以享受。】

（四）研发费用加计扣除

根据《财政部 税务总局 科技部关于提高研究开发费用税前加计扣除比例的通知》（财税〔2018〕99号）规定，企业开展研发活动中实际发生的研发费用，未形成无形资产计入当期损益的，在按规定据实扣除的基础上，在2018年1月1日至2023年12月31日期间，再按照实际发生额的75%在税前加计扣除；形成无形资产的，在上述期间按照无形资产成本的175%在税前摊销。

【**晶晶亮提示：**这不是高新技术企业特有的优惠，一般企业也可以享受。】

根据《财政部 税务总局 科技部关于加大支持科技创新税前扣除力度的公告》（财政部 税务总局 科技部公告2022年第28号）规定，高新技术企业在2022年10月1日至2022年12月31日期间新购置的设备、器具，允许当年一次性全额在计算应纳税所得额时扣除，并允许在税前实行100%加计扣除。

三、常见问题

（一）高新技术企业减按15%征收企业所得税需要备案吗？

答：不需要。根据《国家税务总局关于发布修订后的〈企业所得税优惠政策事项办理办法〉的公告》（国家税务总局公告 2018 年第 23 号）的规定，企业享受优惠事项采取“自行判别、申报享受、相关资料留存备查”的办理方式。企业应当根据经营情况以及相关税收规定自行判断是否符合优惠事项规定的条件，符合条件的可以按照《目录》列示的时间自行计算减免税额，并通过填报企业所得税纳税申报表享受税收优惠。同时，按照该办法的规定归集和留存相关资料备查。

（二）高新技术企业享受企业所得税税收优惠，需要保管哪些资料留存备查？

答：1. 高新技术企业资格证书；

2. 高新技术企业认定资料；

3. 知识产权相关材料；

4. 年度主要产品（服务）发挥核心支持作用的技术属于《国家重点支持的高新技术领域》规定范围的说明，高新技术产品（服务）及对应收入资料；

5. 年度职工和科技人员情况证明材料；

6. 当年和前两个会计年度研发费用总额及占同期销售收入比例、研发费用管理资料以及研发费用辅助账、研发费用结构明细表。

（三）高新技术企业享受优惠期间是如何规定的？

答：企业获得高新技术企业资格后，自高新技术企业证书注明的发证时间所在年度起申报享受税收优惠。

例如：A 企业取得的高新技术企业证书上注明的发证时间为 2019 年 7 月 11 日，A 企业可自 2019 年 1 月 1 日起连续 3 年享受高新技术企业税收优惠政策，即享受高新技术企业税收优惠政策的年度为 2019 年、2020 年和 2021 年。

（四）高新技术企业优惠税率与小微企业所得税优惠能否叠加享受？

答：不能。根据《财政部 国家税务总局关于执行企业所得税优惠政策若干问题的通知》（财税〔2009〕69 号）第二条规定，《国务院关于实施企业所得税过渡优惠政策的通知》（国发〔2007〕39 号）第三条所称不得叠加享受，是指企业所得税过渡优惠政策与企业所得税法及其实施条例中规定的定期减免税和减低税率类的税收优惠。

因此，企业的所得税适用税率可以根据自身情况从优选择适用优惠税率，但不得同时叠加享受。

（五）高新技术企业境外所得如何缴纳企业所得税？

答：根据《中华人民共和国企业所得税法》及其实施条例，以及《财政部 国家税务总局关于企业境外所得税收抵免有关问题的通知》（财税〔2009〕125 号）的有关规定，以境内、境外全部生产经营活动有关的研究开发费用总额、总收入、销售收入总额、高新技术产品（服务）收入等指标申请并经认定的高新技术企业，其来源于境外的所得可以享受高新技术企业所得税优惠政策，即对其来源于境外所得可以按照15%的优惠税率缴纳企业所得税，在计算境外抵免限额时，可按照15%的优惠税率计算境内外应纳税总额。

【例7－1】 某高新技术企业在境外某国设有分公司，2019年来源于境内的应纳税所得额为400万元，来源于境外分公司的应纳税所得额为200万元，境外所得已在当地缴纳了40万元所得税。在2019年度的汇算清缴中，这家境外分公司的所得如何计算缴纳企业所得税呢？

解析： 该企业2019年来源于境内、境外所得按规定计算的应纳所得税总额＝（400＋200）×15%＝90万元，因此，境外所得税抵免限额＝90×200÷（400＋200）＝30万元。由于境外所得在当地缴纳的所得税40万元大于抵免限额30万元，所以，A公司2019年实际须缴纳的企业所得税＝90－30＝60万元。

（六）企业认定高新技术企业资格后如何弥补亏损？

答：根据《国家税务总局关于延长高新技术企业和科技型中小企业亏损结转弥补年限有关企业所得税处理问题的公告》（国家税务总局公告2018年第45号）相关规定，举例说明。

【例7－2】 甲公司2013—2022年盈亏如下：2018年7月取得高新资格证书，有效期3年。该公司历年亏损的弥补年限如表7－1所示。

表7－1　　甲公司历年亏损的弥补年限　　单位：万元

2013年	2014年	2015年	2016年	2017年	2018年高新	2019年高新	2020年高新	2021年高新	2022年
－300	－400	－500	－600	－700	－800	－900	200	400	－600
2014年到2023年弥补	2015年到2024年弥补	2016年到2025年弥补	2017年到2026年弥补	2018年到2027年弥补	2019年到2028年弥补	2020年到2029年弥补			2023年到2027年弥补

通过表7－1我们可以看到：

如果是一个普通的公司，2013年的亏损只能用2014—2018年的盈利弥补，因为接下来这5年都没有盈利，所以2013年的亏损永远得不到弥补。

该公司2018年取得了高新的资格证书，前面5年的亏损弥补期全部延长为10年，2013年亏损可以用2014—2023年盈利弥补。以此类推，极大提高了企业亏损被弥补的可能性。

高新企业的资格2021年到期后，如果甲公司后续没有再被认定为高新，2022年发生的亏损，弥补期就只有5年，即2023—2027年。

2017年和2022年的亏损弥补期都是2027年截止，如果2027年有盈利，应该先补哪年的亏损呢？应该先补2017年的亏损。

2018年和2022年都有亏损，如果2027年有盈利，应该先补哪年的亏损呢？应该先补2022年的亏损。

总之，弥补亏损记住一个原则："先到期亏损先弥补、同时到期亏损先发生的先弥补。"

138 供热企业的税收优惠，你了解吗？

财税〔2019〕38号发布，延续了财税〔2016〕94号对供热企业的税收优惠。虽然是老政新发，但当它重新进入我们的视野时，我们不妨通过以下5个问题再次了解一下政策要点：

一、哪些企业可以享受税收优惠？

答：三北地区的供热企业。

"三北"是指北京市、天津市、河北省、山西省、内蒙古自治区、辽宁省、大连市、吉林省、黑龙江省、山东省、青岛市、河南省、陕西省、甘肃省、青海省、宁夏回族自治区和新疆维吾尔自治区。简单来说，是西北、华北、东北地区。

供热企业是指热力产品生产企业和热力产品经营企业。热力产品生产企业包括专业供热企业、兼营供热企业和自供热单位。

二、有什么税收优惠？

答：上述企业可以免征增值税、房产税、城镇土地使用税。

三、纳税人全部收入都可以免增值税吗？优惠期多长？

答：不是的。只有向居民个人供热取得的采暖费收入免征增值税。这个收入需要单独核算才能免税。

优惠期是自2019年1月1日至2020年供暖期结束。供暖期结束是在次年3月份，也就是说2020年的供暖期是2021年3月结束，供热企业从2019年1月1日到2021年

3 月取得的向居民个人收取的采暖费收入均免征增值税。这个优惠截止日期比较特殊，需要留心关注。

依据财政部、税务总局公告 2021 年第 6 号，财政部、税务总局关于延长部分税收优惠政策执行期限的公告，规定的税收优惠政策，执行期限延长至 2023 年供暖期结束。

四、全部房产土地都可以免房产、土地税吗？优惠期多长？

答：不是的。对向居民供热收取采暖费的供热企业，为居民供热所使用的厂房及土地免征房产税、城镇土地使用税；自 2019 年 1 月 1 日至 2020 年 12 月 31 日，这个优惠期和增值税的优惠期是不一致的。

五、纳税人无法区分为居民企业供热的厂房土地，是不是就不能享受免征了？

答：不是的。纳税人通过以下一定比例划分免征的房产土地税范围，注意每一类型企业的计算比例的方法是不一样的。

1. 专业供热企业，按其向居民供热取得的采暖费收入占全部采暖费收入的比例，计算免征的房产税、城镇土地使用税。

2. 兼营供热企业，视其供热所使用的厂房及土地与其他生产经营活动所使用的厂房及土地是否可以区分，按照不同方法计算免征的房产税、城镇土地使用税。

（1）可以区分的，对其供热所使用厂房及土地，按向居民供热取得的采暖费收入占全部采暖费收入的比例，计算免征的房产税、城镇土地使用税。

（2）难以区分的，对其全部厂房及土地，按向居民供热取得的采暖费收入占其营业收入的比例，计算免征的房产税、城镇土地使用税。

3. 自供热单位，按向居民供热建筑面积占总供热建筑面积的比例，计算免征供热所使用的厂房及土地的房产税、城镇土地使用税。

139　CDR 的税收政策来了！一看就明白！

2019 年 4 月 3 日，财政部、税务总局、证监会公告 2019 年第 52 号近日发布，内容可以概括为一句话，就是规定了创新企业 CDR 的税收政策。

旁白：且慢！什么是创新企业 CDR？

我说：创新企业 CDR（Chinese Depository Receipt，简称 CDR）规范的中文说法

是，创新企业境内发行存托凭证。

旁白：你虽然把英文字母换成了中国字，但我看起来依然是一头雾水。

我说：这样吧，我们从头来说这件事。大家应该都发现了吧，我们国家互联网的巨头，比如百度、腾讯、京东等都是在美国上市，为什么它们不在中国上市呢？

旁白：肯定是他们这些人崇洋媚外，觉得在外国上市风光，挣中国人的钱，让外国股民受益……

我说：其实不能这么说。这些公司去外国上市，有一个主要的原因是中国证券市场有个规定，所有股票同股同权，这些互联网公司经过了多轮融资，创始人的股权早就稀释得不剩多少了，如果在中国上市，一上市就会失去控制权。而这些互联网公司创始人当时在融资的时候，提出的条件就是同股不同权，虽然股份少，但权力大啊，可以保证自己不丢失公司的控制权。而美国的证券市场是允许同股不同权的。所以，这些公司选择了去美国上市。

旁白：原来是这么回事，那和咱们说的 CDR 有什么关系？

我说：这些优质的企业都去境外上市，咱们国内市场看着也眼红啊，于是就有了这么一个金融创新，也就是这些上市公司除了在境外发行股票，还可以拿出一部分股票存在境内某个托管机构中，然后这个托管机构可以以存放的股票为标的，发放一种存托凭证（CDR）。这个存托凭证本质上代表的是某个公司的股票，但是它是以另外一个面目出现的，然后境内的投资者就可以在境内市场上买卖这些存托凭证。

用图 7－1 可以表示得更清晰。

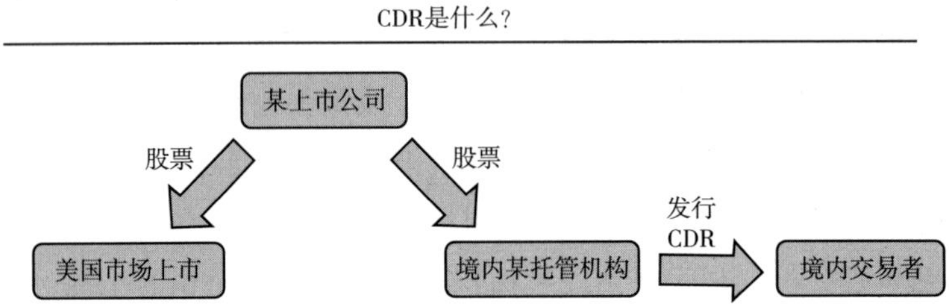

图 7－1　CDR 的含义

与股票相比，CDR 的唯一区别就是，CDR 的持有人没有投票权，只能享受股份投资的收益或是损失。

旁白：说了这么多，我明白什么是 CDR 了，那快说正题吧，CDR 的税收政策是怎么规定的？

我说：正因为我们基本上可以把 CDR 视同为一种变形的股票，它的税收政策和股票也比较类似，当然不完全一样。涉及的税种有个人所得税、企业所得税、增值税和印花税。我把政策简要说一下，具体详细的规定可以看政策原文。

个人所得税政策：

1. 对个人转让 CDR 取得的差价所得，3 年（36 个月）内暂免征收个人所得税。

2. 对个人持有 CDR 取得的股息红利所得，3 年内实施股息红利差别化个人所得税政策。这个差别化个人所得税政策，就是持有时间 1 个月以内 20%，1 个月到 1 年之内 10%，1 年以上免征。

企业所得税政策：

1. 一般企业 CDR 转让取得的差价所得征税、股息红利所得免税。

2. 对公募基金 CDR 转让取得的差价所得、股息红利所得均免税。

增值税政策：

1. 对个人转让 CDR 取得的差价收入，暂免征收增值税。

2. 对单位投资者转让创新企业 CDR 取得的差价收入，按金融商品转让政策规定征免增值税。

3. 对公募证券投资基金（封闭式证券投资基金、开放式证券投资基金）管理人运营基金过程中转让创新企业 CDR 取得的差价收入，3 年内暂免征收增值税。

印花税政策：

3 年内，在上海证券交易所、深圳证券交易所转让创新企业 CDR，按照实际成交金额，由出让方按 1‰的税率缴纳证券交易印花税。

上述所有的税收规定，只要有 3 年限制的，起始日期都是从试点之日起，也就是指首只创新企业 CDR 取得国务院证券监督管理机构的发行批文之日。

旁白：我明白了，趁着个人投资前 3 年免税，我已经迫不及待地想买点 CDR 了。

我说：免税固然好，你也要了解一下，尽管境外上市的质地优良的公司回归境内了，但也不是谁都能买，账户中必须有 300 万元金融资产才可以投资，这个门槛，据统计 A 股 98% 的个人投资者都达不到。

所以，投资 CDR 的第一步，先挣 300 万元放到股市账户中。

140 公租房，税收优惠全面护航！

什么是公租房呢？公租房，全称公共租赁住房，是指政府投资或政府提供政策支持的其他投资主体，通过限定户型面积、供应对象和租金标准，面向无房的大学毕业生、引进人才和其他住房困难群体出租的住房。

在 2017 年的“百度搜索风云榜 · 2017 民生热词榜”中，10 大热词中，与房有关的热词就有 3 个，分别是“限购令”“共有产权房”和“公租房”。

可见，房是国人心中永远的爱和永恒的痛！

为了解决痛点，国家将大力发展公共租赁住房建设，作为解决当前住房困难问题的一项重要政策。在税收政策上，更是倾尽全力，保驾护航。

财税〔2015〕139号就曾经规定了全方位的优惠政策，该政策于2018年12月31日到期后，近期《关于公共租赁住房税收优惠政策的公告》（财政部 税务总局公告2019年第61号）又颁布了，完全延续了各项优惠，仅就部分税种政策变动作了些微调。

我们具体来看看涉及公租房的各方面的主体都有哪些税收优惠。

一、捐赠方和出售方

1. 个人捐赠住房作为公租房的，公益捐赠可以享受在申报的应纳税所得额30%内的税前扣除。

2. 单位捐赠住房作为公租房的，在年度利润总额12%以内的部分，准予税前扣除，超过12%的部分，结转以后3年内扣除。

3. 对单位转让旧房作为公租房的，且增值额未超过扣除项目金额20%的，免征土地增值税。

二、建设方

1. 免征城镇土地使用税。对公租房建设期间占地，免征城镇土地使用税。对配套建设的公租房，按建筑面积占比免征城镇土地使用税。

2. 免征印花税。公租房建设涉及的印花税免征。对配套建设的公租房，按建筑面积占比免征印花税。

三、管理方（出租方）

1. 购公租房免征契税。

2. 持有公租房期间免征城镇土地使用税。

3. 管理，租赁涉及的合同免征印花税。

4. 公租房租金收入免增值税（需单独核算）。

5. 公租房租金收入免房产税（需单独核算）。

四、承租方

1. 租赁合同免征印花税。

2. 城镇住房保障家庭领取的住房租赁补贴，免征个人所得税。

另外需要注意的是，所有享受税收优惠的主体，都应该将相关资料留存备查。比如纳入公租房的相关材料、配套建设材料、购房作为公租房的材料、公租房的租赁协议等。这是充分享受优惠政策的前提条件。

可以看出，关系到国计民生的公租房，每一个利益相关方政策都规定了税收优惠，可谓是全方位立体式的保驾护航。

有了政策的加持，公租房，希望越走越好！

■ **政策依据**

《关于公共租赁住房税收优惠政策的公告》（财政部 税务总局公告 2019 年第 61 号）规定。

依据财政部、税务总局公告 2021 年第 6 号，财政部、税务总局关于延长部分税收优惠政策执行期限的公告，该法规规定的税收优惠政策已到期的，执行期限延长至 2023 年 12 月 31 日。

141 这个急匆匆出台的税收优惠，像极了开学前熬夜补交作业

2020 年 5 月 29 日，《关于集成电路设计企业和软件企业 2019 年度企业所得税汇算清缴适用政策的公告》（财政部 税务总局公告 2020 年第 29 号）出台了，对符合条件的集成电路设计和软件产业的“两免三减半”的政策优惠进行了延续。

除湖北外，全国企业所得税汇算清缴期马上就结束了，我本以为与汇算清缴相关的政策应该不会有变数，没想到在最后时刻，5 月 29 日，国家突然追加出台了一个优惠政策，很像我们小时候，开学前突然想起，还有一项作业忘记写了，于是赶紧熬夜补。

当然，我只是说感觉像，但实际上肯定不会忘记，之所以这么晚出台，可能是因为纠结吧。

对于集成电路设计企业和软件企业，是否要给予优惠，感觉国家似乎每年都要犹豫很久。2019 年 5 月 17 日下发的优惠政策（2019 年第 68 号公告），没想到 2020 年 5 月 29 日才出台。

对于这么一个难产的优惠政策，虽然话不多，但要准确理解还是需要费些功夫的。我们一起来琢磨一下：

“依法成立且符合条件的集成电路设计企业和软件企业，在 2019 年 12 月 31 日前自获利年度起计算优惠期，第一年至第二年免征企业所得税，第三年至第五年按照 25% 的法定税率减半征收企业所得税，并享受至期满为止。”

这段话仔细分析，有四层意思：

1. 享受优惠必须是符合条件的“集成电路设计企业和软件企业”，这些条件是什么？在财税〔2012〕27号和财税〔2016〕49号文件中有详细规定，分别从境内居民企业、职工学历比例及研发人员比例、研发费用比例、软件收入、自主知识产权、开发环境、无重大事故这七个方面作了规定（见图7-2）。企业自行对照了解即可，不难理解。

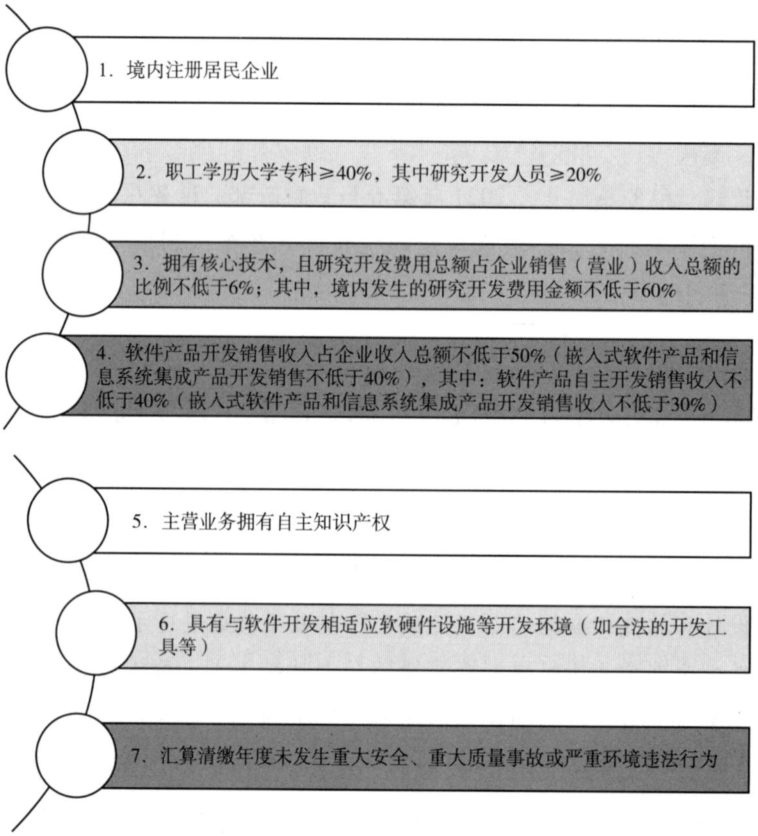

图7-2　符合条件的集成电路设计企业、软件企业

2. 可以享受优惠的软件企业应该是在2019年12月31日前已经成立且同时符合上述7个条件。如果之前成立但不满足条件，则不能享受这个优惠。

3. 优惠期的起点是从获利年度开始计算，而不是从符合软件企业7个条件的年度开始。请注意，获利年度是应纳税所得额大于0的年度，不是会计利润大于0的年度。

4. 只要可以从2019年开始计算优惠期了，“两免三减半”这5年是连续的，不会间断，享受到底。

所以说，想准确把握这项优惠政策，需要掌握的两个时间节点有：企业什么时候符合软件企业条件？企业什么时候获利？

了解了这两个时间点，我们先看一下财税〔2016〕49 号公告第九条给出的优惠期计算规则：

“软件、集成电路企业应从企业的获利年度起计算定期减免税优惠期。如获利年度不符合优惠条件的，应自首次符合软件、集成电路企业条件的年度起，在其优惠期的剩余年限内享受相应的减免税优惠。”

我们举例来了解一下：

1. 该公司 2018 年获利，开始计算优惠期，但企业 2019 年才符合上述七个条件，所以实际优惠是从 2019 年开始享受的，只能享受剩余的“一免三减半”（见图 7－3）。

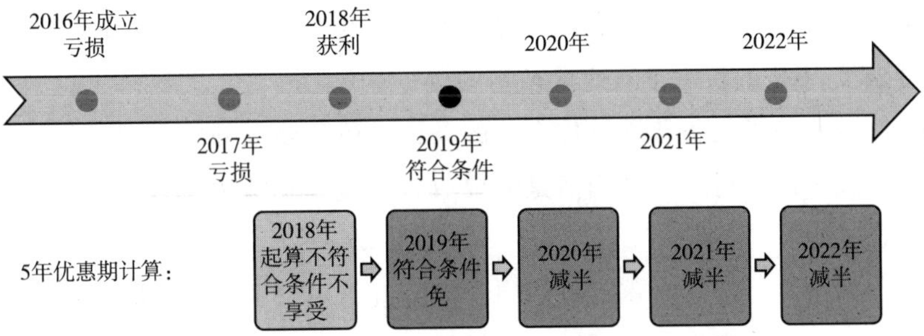

图 7－3 集成电路、软件企业“两面三减半”优惠期计算

2. 该公司 2017 年获利，开始计算优惠期，但企业 2019 年才符合上述七个条件，所以实际优惠是从 2019 年开始享受的，只能享受剩余的“三减半”（见图 7－4）。

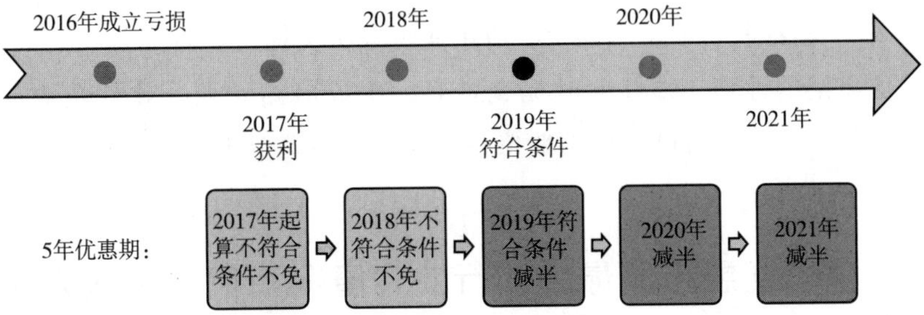

图 7－4 集成电路、软件企业“两面三减半”优惠期计算

3. 该公司 2016 年获利，开始计算优惠期，但企业 2019 年才符合上述七个条件，所以实际优惠是从 2019 年开始享受的，只能享受剩余的“两减半”（见图 7－5）。

通过图 7－3、图 7－4、图 7－5 可以清晰地看到，获利期和符合软件企业条件这两个因素是如何叠加，共同影响，最终如何确定优惠期。

如果有的企业后知后觉，2014 年成立并获利，2014—2018 年 5 年都没有有意识地

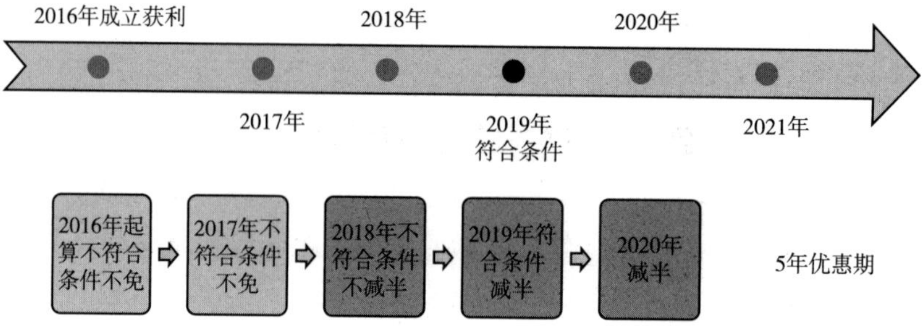

图7-5　集成电路、软件企业“两面三减半”优惠期计算

向软件企业靠拢，不符合软件企业的七个条件，直到2019年度才符合，那这个两免三减半的优惠，就与企业擦肩而过，无缘相见了。

除非是国家规划布局内的重点软件企业和集成电路设计企业，如当年未享受免税优惠的，可减按10%的税率征收企业所得税。

重点软件企业除了具备普通软件企业的条件，还需要额外符合财税〔2016〕49号公告的一个可选条件，可选条件当然是需要收入更高、研发费用更多，大家可以自行对照是否符合。

至于达不到条件，进不了重点班的同学们，就不用想了，早些散了吧！

另外，如果赶上了末班车，可以享受软件企业优惠，是否需要备案呢？

根据国家税务总局公告2018年第23号第十二条的相关规定，不需要事前备案，但税务机关会进行后续管理，所以需要事后报送资料。

享受集成电路生产企业、集成电路设计企业、软件企业、国家规划布局内的重点软件企业和集成电路设计企业等优惠事项的企业，应当在完成年度汇算清缴后，按照《目录》“后续管理要求”项目中列示的清单向税务机关提交资料。

了解了优惠期的计算，以及何时提交资料，集成电路企业、软件企业的朋友们，抓紧时间，赶紧对照一下自己手中的船票，看自己能不能登上这艘优惠的小船！

142　这个优惠力度最大的行业，值得我们每个人去关注

从2000年开始，国家对集成电路产业和软件产业一直给予各项税收优惠，先后下发了国发〔2000〕18号、国发〔2011〕4号、国发〔2020〕8号三个文件，每一次发文，优惠力度就上一个新台阶。自从国发〔2020〕8号发布之后，这个优惠力度更是空前。

以企业所得税为例，我们看看都有哪些优惠：

1. 国家鼓励的集成电路线宽小于28纳米（含），且经营期在15年以上的集成电

路生产企业或项目，第 1 年至第 10 年免征企业所得税。

2. 国家鼓励的集成电路线宽小于 65 纳米（含），且经营期在 15 年以上的集成电路生产企业或项目，实行“五免五减半”优惠。

3. 国家鼓励的集成电路线宽小于 130 纳米（含），且经营期在 10 年以上的集成电路生产企业或项目，实行“两免三减半”优惠。

4. 国家鼓励的线宽小于 130 纳米（含）的集成电路生产企业纳税年度发生的亏损，准予向以后年度结转，总结转年限最长不得超过 10 年。

5. 国家鼓励的集成电路设计、装备、材料、封装、测试企业和软件企业，自获利年度起，实行“两免三减半”优惠。

6. 国家鼓励的重点集成电路设计企业和软件企业，自获利年度起，第 1 年至第 5 年免征企业所得税，接续年度减按 10% 的税率征收企业所得税。

为什么说力度空前，主要是优惠政策中出现了 4 个亮点：

1. 第一次出现了 10 年免征企业所得税的优惠。

2. 除了对符合规定的集成电路生产企业免税，还首次出现对符合规定的集成电路生产项目免税。

3. 弥补亏损的年限从 5 年延长到了 10 年。

4. 对重点集成电路设计企业和软件企业，实行了“五免 + 接续年度 10%”的优惠。

我们可以看到，对于生产线宽小于 28 纳米（含）集成电路生产企业或项目，是给予了 10 年免征企业所得税的最优惠政策。

143　那个很优惠的投资抵扣政策，到底说了些什么？

税收文件有这样一个特点，如果它三言两语，读者能很快看完，但不一定能看懂，因为里面每个名词都需要反复琢磨，才能领会它的内涵；如果它长篇大论，其实细看是比较容易懂的，但很多人会在心中呐喊，实在是看不下去啊。

财税〔2018〕55 号文件，关于创业投资企业和天使投资人的税收政策，作为一个偏长一些的文件，看起来确实有些繁杂，已经有若干朋友问我，这个文件到底讲了些什么？

背景知识：

我们先了解一下一些背景知识。国家一直以来对科技型企业是大力扶持的，科技型企业有这样一个特点，一旦成功，发展前途不可限量，投资者会赚得盆满钵满。但一将功成万骨枯，成功者背后还有更多的企业会倒在黎明前，投资者会血本无归，所以风险也是极高的。

投资这件事情，如同让赌徒在一群幼儿园小朋友中里下赌注，赌一把哪个小朋友长大以后能飞黄腾达。

赌博这个词不太好听，我们还是用投资吧。国家当然是鼓励大家去投资的，但是因为投资失败的概率也是很高的，所以针对这种投资行为，国家也给予了丰厚的税收优惠政策。具体是针对不同的投资者制定了不同的优惠规定。

投资者的类型多样，它可能是一个公司，还有可能是一个合伙企业，这些都被称为创业投资企业。当然，投资者也有可能是一个自然人，这叫作天使投资人。为啥这么称呼呢？这很简单，对于一个新成立不久的又特别烧钱的科技公司来说，突然有一天，一个人带着一大笔钱来到你面前，说需要多少钱我来出，这时候，无论他长得美丑，对于这些新公司来说，不亚于天使降临，他们是上天派来帮助自己实现创业梦想的，所以这些人被称为天使投资人。

接下来，我们就通过举例的方式，分别看看不同类型的投资者，税收优惠是怎样规定的：

一、不同类型投资者的税收优惠

（一）公司制的创业投资企业

假设一个公司制的创业投资企业，给一个科技型公司投资了 1 000 万元，只要投资满 24 个月，比如 2016 年 5 月 1 日投资，到 2018 年 5 月 1 日，就满了 24 个月。那么投资额的 70%，也就是 700 万元，可以在该公司 2018 年应纳税所得额中抵扣，如果该公司 2018 年应纳税所得额是 500 万元，抵扣 700 万元，剩下 200 万元，留待 2019 年继续抵扣。

（二）合伙制创业投资企业

合伙制创业投资企业，合伙人可能是法人合伙人，也有可能是个人合伙人。

假设一个 A 合伙制创业投资企业，有两个合伙人，自然人张三和法人甲公司，出资比例是 4∶6。A 合伙企业将 1 000 万元投资给了某科技型公司，到 2018 年 5 月 1 日，投资就满了 24 个月。A 合伙企业 2018 年的经营所得是 500 万元，年终分配的时候，张三分得 100 万元，甲公司分得 400 万元。这该如何享受优惠呢？

投资额 70% 也就是 700 万元是可以抵扣的，按照出资比例，张三可以抵扣 280 万元，甲公司可以抵扣 420 万元。

张三 2018 年分得的经营所得是 100 万元，可以全额抵扣不用缴税，剩下的 180 万元以后年度再抵扣。

甲公司2018年分得的经营所得是400万元，可以全额抵扣不用缴税，剩下的20万元以后年度再抵扣。这里注意的是，抵扣的是甲公司从A企业分回的所得，而不是甲公司本身的应纳税所得额。

（三）天使投资人

某天使投资人李四投资了1 000万元给丙科技型企业，到2018年5月1日投资满2年，投资额的70%也就是700万元可以抵扣。但抵扣什么呢？这里需要注意，对于天使投资人来说，只能从转让该股权取得的应纳税所得额中抵扣，不能抵扣其他类型的所得，比如李四获得稿酬200万元，该缴税还是要缴税的。

假设李四于2018年10月以1 800万元卖掉了他持有的丙全部股权，那么股权转让所得是800万元，再享受优惠抵扣掉700万元之后，剩余100万元应纳税所得额按照20%缴税即可。

如果李四是各投资了1 000万元给丙、丁两个科技型企业，其中丁公司注销清算了，还有200万元抵扣优惠没有用完。这时候，可以转移到上述丙公司股权转让中继续抵扣。那么丙公司的股权转让行为就不需要缴税了。

除了规范投资者如何享受政策优惠，政策文件还规范了被投资的初创型科技型企业应该是一个什么模样。

二、被投资者与投资者的限定

（一）被投资者（初创型的科技型企业）的限定

初创型的科技型企业，也就是那个“幼儿园的小朋友”，它应当同时具备下面5个条件：

一是境内查账征收的居民企业。这个条件是必须的，不能为他人做嫁衣。

二是接受投资时，从业人数不超过300人，其中具有大学本科以上学历的从业人数不低于30%；资产总额和年销售收入均不超过5 000万元。

三是接受投资时设立时间不超过60个月，也就是这个“小朋友”必须小于5岁。

四是接受投资后2年内没上市。这是防止有些资金投机取巧，在上市前夕冲进去，既享受了政策优惠，又获取了高额利润。

五是投资当年及下一年，研发费用总额占成本总额不低于20%。这条和第二条都是从“量”上来判断该公司是否是初创型的科技型企业。

（二）投资者的限定

对于那些“赌徒”，也是有要求的。

对创业投资企业有三个要求：一是境内查账征收，且不能属于初创科技企业的发起人；二是符合创业投资基金的特别规定，这要看发展和改革委员会和证监会的相关要求；三是投资 2 年内，创业投资企业及关联企业，在被投资的科技型企业中持股比例应低于 50%。

对天使投资人有两个要求：一是不能是被投资企业的发起人、雇员及其亲属，且无劳务派遣关系；二是投资 2 年内，本人及亲属在被投资的科技型企业中持股比例应低于 50%。

为什么会有 2 年内 50% 的限定？我的理解：一是为了防止初创型企业不安心从事科技研发，而在短期内将股权套利变现。二是如果短时间内投资者就拿到大比例股权，科技型公司的发展方向可能会背离创始人的意图。

注意：享受优惠的投资仅限于现金投资，不包括从其他股东手里受让股权。这个规定就保证了这个优惠政策针对的是为实体经济“输血”的行为，而非资本市场上的炒作行为。

（三）执行时间

天使投资人个人所得税相关政策从 2018 年 7 月 1 日执行，其他政策从 2018 年 1 月 1 日执行。

第八章
自然人常见涉税业务

144　自然人，你离"税"有多远？

如果在街头做个随机采访，问问路人，你知道我们每个人需要缴纳什么税吗？也许很多人会回答，知道，需要缴纳个人所得税，我们单位每个月发工资都扣着我的个人所得税。如果问还可能缴纳什么税？估计很多人就剩下一脸茫然了。

除了个人所得税，个人难道还会缴纳其他税吗？还真有。当然，首先我们要明白，"个人"这个概念在税法中是包括个体工商户和自然人的。个体工商户我们暂时不讨论，主要来分析一下：自然人，在什么情况下可能会缴纳什么税。我们分5种情况讨论：

1. 取得单纯收入

在这里，我把"单纯收入"定义为只需要缴纳个人所得税，而不涉及其他税种的收入。总体把握的原则是，这些收入不属于增值税的征收范围，也不签订属于印花税范围的合同书据，且和房屋土地没有什么关系，所以只可能涉及个人所得税。

举例来说，这些收入有工资薪金、中奖等偶然收入、奖学金、股息等。当然，在这些项目中，还可能涉及许多个人所得税免税的政策规定，这就需要根据实际情况具体查询了。

2. 取得复杂收入

与上面相对应，我把"复杂收入"定义为除了要缴纳个人所得税，还需要缴纳其他税的收入。这部分收入可根据缴纳税种的不同组合，分为四类：

A类组合：印花税+个人所得税

这类收入是指不涉及增值税征收范围，但涉及印花税的征收范围的收入。典型的是股权转让收入，这种收入除了需要缴纳个人所得税，还需要再缴纳一道产权转移书据的印花税。

B类组合：增值税+附加税费+印花税（可选）+个人所得税

这类收入是指属于增值税征收范围的，也可能涉及印花税征收范围，但不涉及房屋的收入。这些收入需要缴纳增值税、附加税费（附加税费包括城市维护建设税、教育费附加、地方教育附加，下同），如果签订了合同，某些特定的合同还需要缴纳印花税，将这些所有的税费缴纳之后，再计算应缴纳的个人所得税。

举例来说，有提供咨询服务收入、中介服务收入、出租收入（此处不含房屋出租收入）、财产转让收入（此处不含房屋销售收入）、利息收入等。

这类收入虽然涉及增值税，但同时也有许多免税政策。有针对项目的减免，比如个人股票买卖收入，存款利息收入是免征增值税的；有针对金额的减免，个人未办证情况下，单次销售额小于500元，免增值税，相应的附加税费也免除。

C类组合：增值税＋附加税费＋印花税＋房产税＋城镇土地使用税＋个人所得税

这类收入是指除了涉及增值税和印花税，还涉及房产税、城镇土地使用税的收入，那就是房屋出租收入。如果出租的商用房，上面的税种是一个都不能少。如果出租的是住房，则可以免缴印花税、房产税、城镇土地使用税。

当然了，实际征收管理中，有的省市会对个人出租房屋统一确定一个征收率，这属于一种核定征收方式，对纳税人和税务机关来说都很便利，但这不是全国统一的做法。

个人房屋出租收入，如果分摊后月租金收入不超过3万元（2016年5月1日至2018年12月31日）、10万元（2019年1月1日至2021年3月31日）、15万元（2021年4月1日至2022年12月31日）的，免征增值税。

D类组合：增值税＋附加税费＋印花税＋土地增值税＋个人所得税

这个组合特指个人销售房屋取得的收入涉及的税种。需要注意的概念是，房屋可分为住房和商用房，住房又分为普通住房和非普通住房。每种类型的减免政策是不同的。

对于增值税来说：购买超过2年的普通住房免征；超过2年的非普通住房，"北上广深"差额征收。其他地方免征。

对于土地增值税来说，个人销售住房免征。

对于印花税来说，个人销售住房免征。

对于个人所得税来说，个人自用5年以上并且是家庭唯一生活用房的免征。

除了上述明确的免税规定，其他情况都是不免税的。

3. 购买占用行为

自然人不仅是取得收入需要缴税，有的时候并没有取得收入，但发生了下列行为，也是需要缴税的：

购买房屋，需要缴纳契税和印花税。

购买车辆船舶，需要缴纳车辆购置税。

占用耕地建房，需要缴纳耕地占用税。

4. 持有财产

如果个人持有车辆或船舶，在持有期间，每年都需要缴纳车船税。

顺便说一句，我国尚未对自然人持有房屋征收房产税，但对企业持有房产是一直征收着房产税的。

5. 进口行为

进口行为主要涉及关税。

自然人携带在境外获取的个人自用、合理数量物品入境，总值在 5 000 元人民币以内的，免进口关税。允许个人在口岸进境免税店增加一定数量的免税购物额，连同境外免税购物额总计不超过 8 000 元人民币。

超过的部分，就需要征收关税了。

总结：

看了上述分析，大家再也不会以为自然人只涉及个人所得税了吧，那样理解，可真是太浅薄了。

145 个人买卖二手住房，需要缴什么税？

日常生活中，如果有非财务从业朋友向我咨询税务问题，十有八九是问：个人买卖二手房需要缴什么税？2020 年 5 月，我把相关政策统一整理了一下，以便大家对照查询。

一、销售方应缴的税

（一）增值税

1. 个人销售自建自用房以及销售购买时间 2 年（含）以上的住房，免征增值税（不含北上广深）；

2. 个人销售购买不足 2 年的住房，按照 5% 的征收率全额缴纳增值税。

表 8－1　　自然人销售住房增值税一览表

<table>
<tr><th colspan="3">住房性质</th><th>计税依据</th><th>征收率</th><th>应纳税款</th></tr>
<tr><td colspan="3">购买不足 2 年</td><td>收入</td><td>5%</td><td>全额缴税</td></tr>
<tr><td rowspan="3">购买 2 年以上</td><td rowspan="2">北上广深</td><td>非普通住房</td><td>收入－购房成本</td><td>5%</td><td>差额缴税</td></tr>
<tr><td>普通住房</td><td>—</td><td>—</td><td>免税</td></tr>
<tr><td colspan="2">其他地区</td><td>—</td><td>—</td><td>免税</td></tr>
</table>

■ **政策依据**

《财政部 国家税务总局关于全面推开营业税改征增值税试点的通知》（财税〔2016〕36 号）。

（二）城市维护建设税、教育费附加、地方教育附加

1. 城市维护建设税 = 增值税税额 × 适用税率（市区 7%；县城镇 5%；其他 1%）

2. 教育费附加 = 增值税税额 × 3%

3. 地方教育附加 = 增值税税额 × 适用费率（本省规定的费率）

4. 2019 年 1 月 1 日至 2024 年 12 月 31 日，对增值税小规模纳税人减按 50% 征收资源税、城市维护建设税、房产税、城镇土地使用税、印花税（不含证券交易印花税）、耕地占用税和教育费附加、地方教育附加。

■ **政策依据**

1.《财政部 税务总局关于实施小微企业普惠性税收减免政策的通知》（财税〔2019〕13 号）；

2.《财政部 税务总局关于进一步实施小微企业“六税两费”减免政策的公告》（2022 年第 10 号）。

（三）土地增值税

自然人销售住房，免征。

■ **政策依据**

《财政部 国家税务总局关于调整房地产交易环节税收政策的通知》（财税〔2008〕137 号）。

（四）印花税

自然人销售住房，免征。

■ **政策依据**

《财政部 国家税务总局关于调整房地产交易环节税收政策的通知》（财税〔2008〕137 号）。

（五）个人所得税

1. 能够提供房屋原值或者税务机关能够核实房屋原值，应纳税额 = 计税价格减除房屋原值、转让住房过程中缴纳的税金和有关合理费用的差额 × 20%。

2. 纳税人未能提供完整、准确的原值凭证，不能正确计算房屋原值和应纳税额的，实行核定征税。按住房收入的 1%—3% 来核定。应纳税额 = 住房转让收入 × 核定征收率。山西省规定是 1%。

3. 转让自用 5 年以上，并且是家庭生活唯一住房，免征。唯一住房是指在同一

省、自治区、直辖市范围内夫妻双方仅拥有一套住房。

4. 符合以下情形的，对当事双方不征收个人所得税：

（1）房屋产权所有人将房屋产权无偿赠与配偶、父母、子女、祖父母、外祖父母、孙子女、外孙子女、兄弟姐妹；

（2）房屋产权所有人将房屋产权无偿赠与对其承担直接抚养或者赡养义务的抚养人或者赡养人；

（3）房屋产权所有人死亡，依法取得房屋产权的法定继承人、遗嘱继承人或者受遗赠人。

■ **政策依据**

1.《财政部 国家税务总局关于个人所得税若干政策问题的通知》（财税字〔1994〕20号）；

2.《国家税务总局关于个人住房转让所得征收个人所得税有关问题的通知》（国税发〔2006〕108号）；

3.《国家税务总局关于个人转让房屋有关税收征管问题的通知》（国税发〔2007〕33号）；

4.《财政部 国家税务总局关于个人取得有关收入适用个人所得税应税所得项目的公告》（财政部 税务总局公告2019年第74号）。

二、购买方应缴的税

（一）契税

1. 个人购买面积90平方米及以下家庭唯一住房，减按1%税率征收；个人购买面积90平方米及以下家庭第二套改善性住房，减按1%税率征收；

2. 个人购买面积90平方米以上家庭唯一住房，减按1.5%税率征收；个人购买90平方米以上家庭第二套改善性住房，减按2%税率征收；

3. 第三套及以上，按本省规定的法定税率征收。

表8－2　　购房应缴契税税率

购房情况	面积	契税税率
首套住房（全国适用）	90平方米（含）以下	1%
	90平方米以上	1.5%
第二套住房（不含北上广深地区）	90平方米（含）以下	1%
	90平方米以上	2%

■ 政策依据

《财政部 国家税务总局 住房城乡建设部关于调整房地产交易环节契税 营业税优惠政策的通知》（财税〔2016〕23号）。

（二）印花税

自然人购买住房，免征。

■ 政策依据

《财政部 国家税务总局关于调整房地产交易环节税收政策的通知》（财税〔2008〕137号）。

举例说明：

2020年5月，卖方转让市区（非北上广深地区）的一套住房，价值（含税）105万元，面积95平方米，2019年购入时，购入价（含税）84万元，缴纳契税1.2万元，无其他费用，当地地方教育附加征收率为2%；买方名下无房。则本次交易应缴纳的各项税款如下。

卖方：

未满2年须缴纳增值税：105÷(1+5%)×5%=5（万元）

城市维护建设税：5×7%×50%=0.175（万元）

教育费附加：5×3%×50%=0.075（万元）

地方教育附加：5×2%×50%=0.05（万元）

土地增值税：免征。

印花税：免征。

个人所得税：(105-5-0.175-0.075-0.05-84-1.2)×20%=2.9（万元）

买方：

契税减按1.5%税率征收：(105-5)×1.5%=1.5（万元）

印花税：免征。

三、常见问题

（一）各税种计税价格如何确定？

1. 增值税：个人将购买不足2年的住房对外销售的，按照5%征收率全额缴纳增值税（“全额”指的是将不含税售房总价款作为销售额计算增值税）。

■ **政策依据**

《财政部 国家税务总局关于全面推开营业税改征增值税试点的通知》（财税〔2016〕36号）。

2. 个人所得税：个人转让房屋的个人所得税应税收入不含增值税，其取得房屋时所支付价款中包含的增值税计入财产原值，计算转让所得时可扣除的税费不包括本次转让缴纳的增值税。

3. 契税：计征契税的成交价格不含增值税（在计算属于应缴增值税住房的契税时，应将增值税额扣除之后，再确定为契税的计税价格）。

4. 免征增值税的，确定计税依据时，成交价格、租金收入、转让房地产取得的收入不扣减增值税额。

■ **政策依据**

《财政部 国家税务总局关于营改增后契税 房产税 土地增值税 个人所得税计税依据问题》（财税〔2016〕43号）。

（二）房屋年限如何计算？

1. 个人购买住房以取得的房屋产权证或契税完税证明上注明的时间作为其购买房屋的时间。

2. “契税完税证明中注明的时间”是指契税完税证明上注明的填发日期。

3. 纳税人申报时，同时出具房屋产权证和契税完税证明且二者所注明的时间不一致的，按照“孰先”的原则确定购买房屋的时间。

4. 个人将通过受赠、继承、离婚财产分割等非购买形式取得的住房对外销售的行为，也适用《通知》的有关规定。其购房时间按发生受赠、继承、离婚财产分割行为前的购房时间确定，其购房价格按发生受赠、继承、离婚财产分割行为前的购房原价确定。个人须持其通过受赠、继承、离婚财产分割等非购买形式取得住房的合法、有效法律证明文书，到地方税务部门办理相关手续。

5. 根据国家房改政策购买的公有住房，以购房合同的生效时间、房款收据的开具日期或房屋产权证上注明的时间，按照“孰先”的原则确定购买房屋的时间。

■ **政策依据**

1.《国家税务总局 财政部 建设部关于加强房地产税收管理的通知》（国税发〔2005〕89号）第三条第（四）项；

2.《国家税务总局关于房地产税收政策执行中几个具体问题的通知》（国税发〔2005〕172号）。

146 我有一套住房出租，不知道该缴什么税？

小明出租了一套住房，年收租金4.8万元。

2019年7月，小明找到我问：你跟我说说，出租住房应该缴些什么税呢？

我说：个人出租住房，理论上和个人出租商铺一样，涉及的税费种有增值税、城市维护建设税、教育费附加、地方教育附加、印花税、房产税、城镇土地使用税、个人所得税。但和出租商铺比起来，出租住房政策上会有许多优惠，所以计算起来还是有许多不一样的地方。

小明说：我最喜欢听到有税收优惠了，快说说有哪些。

我说：咱们从一个一个税种看。出租住房的增值税，原先有减征优惠，5%的征收率减按1.5%来计算，应缴增值税＝月租金收入÷（1＋5%）×1.5%。但更优惠的政策是，如果一次性收取租金，在对应的租赁期内平均分摊，分摊后月租金不超过10万元的，可以免征增值税。

小明说：月租金10万元？我的房子不可能达到这么高的租金，看来增值税是永远都不需要考虑了。

我说：对，因为免了增值税，所以城市维护建设税、教育费附加、地方教育附加也不用考虑了。

小明说：哇，一下消掉了四个税费，真爽啊！

我微笑着说：在剩下的四个税种中，个人出租住房，政策规定印花税和城镇土地使用税也免征，又可以去掉两个税了。

小明说：真好，那就只剩下房产税和个人所得税了。

我说：对，个人出租住房的房产税，已经执行优惠税率4%，从2019年开始，又可以减半征收。所以应缴的房产税＝48 000×4%×50%＝960元。

个人所得税也有优惠税率10%，所以应缴纳的个人所得税＝（48 000－960）×（1－20%）×10%＝3 763.2元。

一共需要的缴税合计＝960＋3 763.2＝4 723.2元。

小明自己拿着计算器算了算说：这个税费是租金收入的9.84%。我怎么看见有人说，他们那里税费是租金收入的3.5%？

我说：因为出租涉及的税费比较多，确实有些省市为了便于征收管理，采取的是核定综合征收率的办法来征收，直接按照收入核定一个比例，不再区分每个税种缴多少。

小明说：那为啥咱们这里不采取综合征收率？

我说：各地有不同的情况，也有不同的征收管理模式，不可能全国一刀切，不要问为什么。也许就是因为各地有政策落差，才促使人口发生了流动吧。

小明说：看来我需要考虑去有政策优惠的地方买房了。

我说：有税收优惠固然好，但并不能任何决策都以缴税多少作唯一导向。希望你还是综合考虑后再做决定。

147　父母住房给子女，买卖和赠与哪种税负低？

2019 年 8 月，连续有几个朋友都咨询一个问题，那就是父母准备把房子过户给子女，不知道采取哪种方式更节税，买卖还是赠与？

这是一个非常普遍的问题，究竟哪种方式更节税？一个基本的判断原则就是父母和子女双方合计缴纳的税款最少。

房屋过户，涉及的税种很多，其中转让方 7 个，受让方 2 个。当然这 9 个税种也规定了不少税收优惠。具体情况如表 8－3 所示。

表 8－3　　房屋过户涉及税种情况

	税种	买卖	赠与
转让方	增值税	不满 2 年住房销售，售价 5% 全额征收 北上广深：满 2 年普通住宅免征，非普通住宅差额征收 其他地区：满 2 年住房免征 财税〔2016〕36 号附件 3	家庭财产分割的个人无偿转让不动产免征增值税 财税〔2016〕36 号附件 3
	城市维护建设税	实际缴纳增值税的 7%；5%；1%；并减征 50%	无
	教育费附加	实际缴纳增值税的 3%；并减征 50%	无
	地方教育附加	实际缴纳增值税的 2%；并减征 50%	无
	印花税	免征 财税〔2008〕137 号	产权转移书据 0.5‰
	土地增值税	免征 财税〔2008〕137 号	不征 《土地增值税实施细则》第二条 财税字〔1995〕第 048 号
	个人所得税	个人转让满 5 年唯一的住房免征 财税字〔1994〕20 号 不符合免税条件的，按财产转让所得 20%；无法核实原值的，1%—3% 核定征收	不征 财税〔2009〕78 号

续表

	税种	买卖	赠与
受让方	契税	购买住房以90平方米为界，第一套1%、1.5%；第二套1%、2%。北上广深不适用第二套优惠税率 财税〔2016〕23号	对于个人无偿赠与不动产行为，应对受赠人全额征收契税 国税发〔2006〕144号
	印花税	免征 财税〔2008〕137号	产权转移书据0.5‰

表8-3内容具体解释如下：

1. 不满2年住房的增值税。买卖方式下需要缴纳5%的增值税及相关附加税费，而赠与方式下则不存在增值税。此时，肯定是赠与划算。

2. 满2年住房的增值税。一般来说，父母都会等2年之后转移产权，这种情况下，除了北上广深的非普通住宅需要按差额征收增值税，其他情形和其他地区都可以免征增值税。

在免征增值税的情况下，附加的城市维护税和两个附加都可以免，买卖和赠与是一致的，没有差别。

如果不免征增值税，实际缴纳的增值税需要相应缴纳城市维护建设税、教育费附加和地方教育附加。

3. 印花税。买卖方式下，双方都可以免征印花税。赠与则没有税收优惠，双方合计需要缴纳1‰的印花税。

4. 土地增值税。无论是买卖还是赠与，都是免征或不征的，没有差别。

5. 个人所得税。如果个人转让自用满5年且唯一住房可以免征。不符合优惠条件的，需要按财产转让所得差额征收20%的个人所得税，在无法获得房产原值的情况下，根据国税发〔2006〕108号的规定，可以按照收入的1%—3%核定征收，具体核定比例由各省市自行确定。

如果是父母将住房赠送给子女，则不征收个人所得税。

6. 契税。购买第一套住房契税优惠税率90平方米以下是1%，90平方米以上是1.5%；购买第二套住房契税优惠税率90平方米以下是1%，90平方米以上是2%。注意，第二套优惠税率不适用北上广深地区。

如果是父母赠送给子女，则没有契税优惠税率，契税常规的适用税率是3%—5%，具体由各省自行确定比例。比如北京市是3%，山西省是4%。

综上所述，具体到个案，大家只需要按照自己房屋的面积、持有时间等实际情况，结合本省的具体规定，逐项来计算，根据上述明细表中买卖方式下和赠与方式下分别计算税款，哪种方式下税费更少，就可以做出符合实际情况的准确判断了。

另外，有朋友问，如果子女获得住房后再转让，该如何来判断哪种方式优惠呢？其实只需要用第一次买卖 + 第二次买卖税款合计，与第一次受赠 + 第二次买卖税款合计来比较，计算判断哪种方式税款少。当然，需要注意的是，子女再转让时，如果属于需要计算个人所得税的情形，两种方式下扣除的成本是不一样的。

如果房屋是买卖取得的，子女再转让扣除的成本是父母给子女时的销售价格和转让过程中的相关税费。

如果房屋是受赠取得的，根据财税〔2009〕78 号文的规定，扣除的成本是父母最初购置房屋时的成本和转让过程中的相关税费。

当然，如果子女将来可以适用满 5 年唯一的个税免税优惠，这个问题可以不予考虑。

148　个人出售商铺需要缴纳哪些税？

2019 年 6 月的某一天，朋友打电话说：我有套商铺，准备出售，你帮我算算需要缴纳哪些税吧。

我说：没问题，你说说这套商铺的基本情况吧。准备卖多钱？成本多少？什么时候买的？坐落在市区吗？

他有些迟疑地说：算税和这些还有关系？

我说：当然有关系，如果你不想说真实价格和成本，虚拟一个也行，我告诉你怎么算，你自己按照这个方法去算就可以了。

他说：别呀，有什么不能说的，我这个商铺准备卖 1 000 万元，2004 年 1 月买的，买的时候是 260 万元，就在市区。

我说：好，个人出售商铺，需要缴纳的税种是增值税、城市维护建设税、教育费附加、地方教育附加、印花税、土地增值税、个人所得税，一个也不能少（有些省份还会有附征的一些其他费种，在此暂不考虑）。

他说：这么多啊，具体该怎么算呢？

我说：先说增值税吧！增值税是差额计税，也就是“卖价 − 买价”，然后再按照 5% 的征收率来计算。

应缴的增值税 =（1 000 − 260）÷（1 + 5%）× 5% = 35.24（万元）

然后，根据增值税税额再计算附加的税费，因为 2019 年出台了针对小规模纳税人“六税两费”减半征收的优惠，这三个税费都可以减半。

城市维护建设税 = 35.24 × 7% × 50% = 1.23（万元）

教育费附加 = 35.24 × 3% × 50% = 0.53（万元）

地方教育附加 = 35.24 × 2% × 50% = 0.35（万元）

增值税和这三项附加税费加起来一共是37.35万元。

他说：我属于小规模纳税人吗？我怎么听说超过500万元就是一般纳税人了。

我说：因为你是自然人，不是个体工商户，即使超过500万元也属于小规模纳税人。

他说：哦，那印花税怎么算呢？

我说：印花税很简单，你和买家签的合同，售价是1 000万元，就按1 000万元的0.5‰，另外也有减半的优惠，缴2 500元的印花税就可以了。

我接着说：上面这几个税种看着数量多，其实金额并不算大。真正有分量的税是土地增值税和个人所得税。

他问：我已经觉得肉疼了，这几个居然还不是有分量的税？土地增值税怎么算呢？

我说：你这样说，让我很有压力啊。不过你要换个思路考虑问题，你的房屋如果在偏远地区，这些年能增值这么快吗？

他说：肯定不能啊，谁不知道买房是地段为王，好的位置才能增值快啊！

我说：对，这个好位置是怎么来判定的，肯定有国家修路、建地铁、搞基础投资配套，才让这个地方变成了一个好位置。你只是买了一套商铺，其实自己没有做过多的投入，房子就从260万元涨到了1 000万元，增值740万元。这个增值额和国家一起分享，是不是也应该啊？

他说：听起来也有道理，但你还是先给我算算应该缴多少土地增值税吧！

我说：转让旧房，如果是住房，国家规定了可以免征土地增值税，但商铺并没有免税规定。

土地增值税的计算比较烦琐，大概意思是收入减去扣除项目金额，算一个增值额，增值额和扣除额比较，算一个增值率，不同的增值率对应的税率是不一样的。我给你一个税率表你先看看（见表8-4）。

表8-4　　土地增值税税率表

级次	级距	税率	速算扣除系数	税额计算公式
1	增值额未超过扣除项目金额50%的部分	30%	0	增值额×30%
2	增值额超过扣除项目金额50%，未超过100%的部分	40%	5%	增值额×40%－扣除项目金额×5%
3	增值额超过扣除项目金额100%，未超过200%的部分	50%	15%	增值额×50%－扣除项目金额×15%
4	增值额未超过扣除项目金额200%的部分	60%	35%	增值额×60%－扣除项目金额×35%

这里面扣除额的确定是关键，确定扣除项目的金额，包括四项：一是房屋及建筑

物的评估价格，二是取得土地使用权所支付的地价款，三是按国家统一规定缴纳的有关费用，四是转让环节缴纳的税金，合计作为扣除项目金额。

他说：你说得这太烦琐了，我不想了解，你就直接给我算吧。

我说：你的房屋应该先去评估，评估出一个价值，也就是房屋及建筑物的重置成本价乘以成新度折扣率后的价值。

他说：我卖房还需要评估啊，太麻烦了，不评估可以吗？

我说：不评估还有第二种办法，有购房发票吗？

他得意地说：有，我保存得好着呢，比曹云金的学费发票还保存得好。

我说：那好，如果有发票，按发票所载金额并从购买年度起至转让年度止每年加计 5% 计算。从购房发票所载日期起至售房发票开具之日止，每满 12 个月计一年；超过一年，未满 12 个月但超过 6 个月的，可以视同为一年。

他说：那我算算啊，从 2004 年 1 月 20 日到 2019 年 6 月 20 日，15 年又 5 个月。

我说：对，260 万元的购房成本，15 年每年加计 5%，一共加计 75%，也就是说购房成本给你算 455 万元。另外，你如果有当年购房的契税完税凭证的，可以作为"与转让房地产有关的税金"予以扣除，但不作为加计 5% 的基数。

他说：这个好像找不到了。

我说：如果找不到，那就是发票加计算出的成本和相关的税费了，具体计算过程看一下表 8-5。这里注意，收入是不含税收入，也就是原先的 1 000 万元减去算出来的 35.24 万元的增值税。

表 8-5　　　　土地增值税计算明细表

不含税收入额	9 647 619.05		
扣除项目合计	4 573 642.86	其中：	
		房屋成本	4 550 000.00
		城建税	12 333.33
		教育附加	5 285.71
		地方教育附加	3 523.81
		印花税	2 500.00
增值额	5 073 976.19		
增值率	1.11		
应缴纳土地增值税	1 850 941.67		

他说：185 万元？这么多啊？那如果发票找不到了，税务机关会怎么算税呢？

我说：如果真找不到，那就是核定征收了，具体核定征收的比例，需要看各地税务机关的规定，你最好问问当地主管税务机关。

他说：哦，那我明白了。最后一个，个人所得税该怎么计算？

我说：个人所得税按“财产转让所得”征税，税率是20%。给你个公式：

应纳税额 = 应纳税所得额 × 税率 =（收入总额 - 财产原值 - 合理费用）× 20%

他问：财产原值是我买商铺的260万元，还是你刚才每年加计5%算出来的455万元？

我说：是260万元，每年加计5%，那是针对土地增值税计算的一个特殊规定，不是所有税种都这么计算的。

他说：噢，那你算算我的个人所得税是多少？

我说：按照公式计算，应纳税额 =（9 647 619.05 - 2 600 000 - 12 333.33 - 5 285.71 - 3 523.81 - 2 500.00 - 1 850 941.67）× 20% = 1 034 606.91元。大概数是103万元。

他说：个税没有优惠政策吗？

我说：没有啊。

他说：这税加起来有300多万元啊！这也太贵了！

我说：要么你评估一下房产，看看评估下来，土增税能不能少一些。另外，你看看当地核定征收率是不是低一些。其他税种是没有什么考虑的空间了。

他说：那好吧，我试试。

149 个人出售商铺需要缴纳哪些税？这份处罚告知书写得明明白白

国家税务总局×××市税务局稽查局税务行政处罚事项告知书

×××税稽罚告〔2021〕4号

×××（纳税人识别号：×××）：

根据《税务稽查任务通知书》（2020-01-23）安排，我局于2020年9月18日起至2021年2月5日派×××、×××对你2019年1月1日至2019年12月31日的二手房交易情况按照法定程序进行了立案检查，现已查结，对你的税收违法行为拟于2021年5月31日之前作出行政处罚决定。根据《中华人民共和国税收征收管理法》第八条、《中华人民共和国行政处罚法》第三十一条规定，现将有关事项告知如下：

一、税务行政处罚的事实依据、法律依据及拟作出的处罚决定

（一）违法事实

我局通过调查，你销售×××商铺存在少开发票，少缴税款行为，相关税款计算如下：

1. 增值税问题

根据《中华人民共和国增值税暂行条例》第一条规定，2019 年 8 月应申报缴纳增值税：

（商铺售价 1 270 000.00 - 商铺买价 840 000.00）÷1.05×5% =20 476.19 元，已申报缴纳 11 858.10 元，少申报缴纳 8 618.09 元。

2. 城市维护建设税问题

根据《中华人民共和国城建税暂行条例》第二条、第三条、第四条及《国家税务总局关于城市维护建设税征收问题的通知》（国税发〔1994〕51 号）规定，2019 年 8 月应申报缴纳城市维护建设税：

增值税额 20 476.19×5% ×50% =511.90 元，已申报缴纳 296.45 元，少申报缴纳 215.45 元。

3. 教育费附加问题

根据《国务院征收教育费附加暂行规定》（国发〔1986〕50 号）第二条、《国务院关于修改〈征收教育费附加暂行规定〉的决定》（国务院令第 448 号）第三条规定，2019 年 8 月应申报缴纳教育费附加：

增值税额 20 476.19×3% ×50% =307.14 元，已申报缴纳 177.87 元，少申报缴纳 129.27 元。

4. 地方教育附加问题

根据《安徽省财政厅 安徽省地方税务局 安徽省教育厅关于印发〈安徽省地方教育附加征收和使用管理暂行办法〉的通知》（财综〔2011〕349 号）第二条、第三条规定，2019 年 8 月应申报缴纳地方教育附加：

增值税额 20 476.19×2% ×50% =204.76 元，已申报缴纳 118.58 元，少申报缴纳 86.18 元。

5. 印花税问题

根据《中华人民共和国印花税暂行条例》第一条、第二条第（一）项和第（二）项、第三条、第七条、第八条、第十条规定，2019 年 8 月应申报缴纳印花税：

产权转移书据 1 270 000.00×0.5‰×50% =317.50 元，已申报缴纳 269.30 元，少申报缴纳 48.20 元。

6. 土地增值税问题

根据《中华人民共和国土地增值税暂行条例》第二条、第十一条规定，2019 年 8 月应申报缴纳土地增值税：

不含税收入 = 商铺售价 1 270 000.00 - 增值税 20 476.19 =1 249 523.81（元）

房屋成本 =2014 年 4 月房屋购买价 840 000.00×（1 +5% ×5）=1 050 000.00（元）（卖房时开票日期为 2019 年 8 月 28 日）

2014 年 4 月购买房屋契税 = 房屋购买价 840 000.00 × 4% = 33 600.00 （元）

扣除项目金额 = 房屋成本 1 050 000.00 + 契税 33 600.00 + 城建税 511.90 + 教育费附加 307.14 + 印花税 317.50 = 1 084 736.55 （元）

增值额 = 不含税收入 1 249 523.81 − 扣除项目金额 1 084 736.55 = 164 787.26 （元）

增值额率 = 164 787.26 ÷ 1 084 736.55 = 15.19%

应缴土地增值税 = 164 787.26 × 30% = 49 436.18 元，未申报缴纳。

7. 个人所得税问题

根据《中华人民共和国个人所得税法》（十一届主席令第四十八号）第一条和第二条第（八）项规定，2019 年 8 月应申报缴纳个人所得税 = （不含税收入 1 249 523.81 − 房屋购买价 840 000.00 − 契税 33 600.00 − 城建税 511.90 − 教育费附加 307.14 − 地方教育附加 204.76 − 印花税 317.50 − 土地增值税 49 436.18） × 20% = 65 029.27 元，已申报缴纳 47 259.94 元，少申报缴纳 17 769.33 元。

上述违法事实，主要有以下证据证实：

（1）房屋买卖合同复印件；

（2）收款收据、转账证明复印件；

（3）银行流水；

（4）其他证据。

（二）法律依据

《中华人民共和国税收征收管理法》第六十三条第一款。

（三）拟作出的处罚决定

根据《中华人民共和国税收征收管理法》第六十三条第一款，拟对你虚假申报造成少缴税款处以 50% 的罚款，计 38 043.62 元。

综上，拟对你作出以下处罚：

拟对你虚假申报造成少缴税款处以 50% 的罚款共计 38 043.62 元。

以上罚款合计 38 043.62 元。

二、你有陈述、申辩的权利。请在我局作出税务行政处罚决定之前，到我局进行陈述、申辩或自行提供陈述申辩材料；逾期不进行陈述、申辩的，视同放弃权利。

三、若拟对你罚款 2 000 元（含 2 000 元）以上，你有要求听证的权利。可自收到本告知书之日起 3 日内向本局书面提出听证申请；逾期不提出，视为放弃听证权利。

二〇二一年三月十二日

【晶晶亮评析】

这是一起个人销售商铺，未全额申报缴纳各项税费的案件，纳税人应该是采取了签订阴阳合同的手段，虚假申报的各项税费。从申报的数字倒算可知，个人实际销售收入是127万元，他自行申报了109万元，少申报了18万元的收入。被查实后，需要补缴税款罚款共计11万元，很不划算。

对于房屋销售方来说，总是心存侥幸，只要没被查，就可以少缴税，所以常有人想尝试。

不过在此，我想给购买方一个忠告，最好不要配合销售方做假合同，即使未被查出来，若干年后，当你再次销售商铺时，成本只能扣109万元，最终会导致自己多缴税，提心吊胆做一番假，只是为他人做嫁衣罢了。

这份处罚事项告知书，对个人销售商铺需要缴纳的税费写得非常清楚，涉及的7个税费如何计算一目了然，可以作为个人销售商铺计算税款的例题参照。

150　个人购买商铺要缴什么税？

2022年8月的某一天，一个朋友见到我说：我看见你写的一篇公众号文章，关于个人出售商铺需要缴纳的税费，可真不少啊。不过我的情况和这个正好相反，我不是要卖商铺，我是想买商铺，你能不能帮我看看需要缴纳哪些税？

我说：没问题啊！

他说：要不咱们找个地方坐下慢慢聊？

我说：不用找地方慢慢聊，我五分钟就可以说完。

你作为商铺购买者，需要缴纳的税只有2个，一个是契税，另一个是印花税。

契税的法定税率是3%—5%，各省的规定是不一样的，咱们这里规定的契税税率是3%。直接用购买价乘以税率即可。需要注意的是，这个购买价是不含增值税的价格。

另外一个是印花税，购买商铺适用的是产权转移书据，税率为万分之五。噢，对了，2019年开始有一个税收优惠政策，印花税还可以减半。

他说：契税不减半吗？

我说：契税不减半。可以实行减半优惠的“六税两费”是城市维护建设税、印花税、资源税、耕地占用税、房产税、城镇土地使用税、教育费附加、地方教育附加。没有契税啊。

他说：好吧，那印花税也是用不含税价乘以税率吗？

我说：也可以这么说，但在签订合同的时候一定要注意，印花税法规定，产权转移数据的计税依据是产权转移书据所列的金额，不包括列明的增值税税款。也就是说，签订转移书据的时候，一定要记得把增值税税款明确写出来，不要含含糊糊的，不明确写出来，就会被征税。

他说：其实也没多少，如果是 500 万元房价，印花税是 1 250 元。分开签订，也就是少缴几十块钱，没多大意思。

我说：唔，有道理，算我没说。

他问：还有啥税？

我说：没什么啦。

他松了一口气：看来买商铺的税还是比较简单的。

我说：买方应该缴的税并不多，但你需要注意的是，一般卖方很可能要把他缴的税转嫁到你身上，所以你最好仔细看看个人出售商铺需要缴纳哪些税款，看看卖方到底会负担什么税，知己知彼，才能谈成一个合理的价格。

他说：好，谢谢提醒。

151　个人出租商铺要缴什么税？

老张盘下几间临街商铺，出租给个体户卖服装，一年收租金 100 万元，包租公的日子悠哉游哉。突然听人说出租房还需要缴税，赶紧到处打听怎么缴税，七拐八拐在 2019 年 7 月的某一天找到了我。

电话刚接通，老张顿了顿，认真地说：你好，是梁老师吗？我是你同学小明的同事小华的姨夫老张。

我脑子快速转了转，依然没搞明白，于是决定放弃捋清这个关系，直接问：张大爷，你有什么事？

老张说：我出租商铺收了一年的租金 100 万元，你帮我算算需要缴多少税？

我说：好的，个人出租商铺，应该缴的税有增值税、城市维护建设税、教育费附加、地方教育附加、印花税、房产税、城镇土地使用税、个人所得税。

增值税，是 5% 的征收率。如果是 2018 年，原本应该缴的税 $=100\div(1+5\%)\times5\%=4.76$ 万元。但 2019 年新政策，只要分摊到每月租金不超过 10 万元就可以免征增值税了（备注：国家税务总局公告 2019 年 4 号）。如果你明年涨房租，年租金超过 120 万元就需要缴增值税了。

老张说：免征就好，免征就好。我记住了，明年涨房租不要超过 120 万元。

我说：超过 120 万元需要缴税，到时候你可以看看，涨了房租缴税划算，还是不超过不缴税划算，这个明年再细算。

增值税免征以后，城市维护建设税、教育费附加、地方教育附加也不用缴了。

老张说：太好了。那剩下的那些税是不是也都不用缴了。

我说：张大爷，除了刚才说的，剩下的印花税、土地税、房产税、个人所得税得缴，你听我一项一项给你算。

印花税，是按照租金的1‰收，可以减半征收。100万元的房租缴500元印花税。

另外问下，你这个房屋占地面积有多少平方米？

老张说：有200平方米吧。

我说：你这个房屋地段好，是一等土地，城镇土地使用税按占地面积算，每平方米12元，也可以减半征收。一年需要缴城镇土地使用税 = 200 × 12 × 50% = 1 200元。

房产税的税率是12%，按租金收入计算，2019年也是减半征收。需要缴的房产税 = 100 × 12% × 50% = 6万元（备注：计税依据的规定见财税〔2016〕43号）。

最后还有个人所得税 = (100 − 6 − 0.12 − 0.05) × (1 − 20%) × 20% = 15.01（万元）

总共需要缴的税合计 = 15.01 + 6 + 0.12 + 0.05 = 21.18（万元）

老张内心似乎受到了伤害，忍不住大声说：需要缴21万多元的税！这么多！

我说：张大爷，多和少，是看和谁比较呢。你取得租金收入100万元，缴21万多元的税，也就是21%的负担率。可很多上班的白领，如果一年挣100万元工资，个税的负担率也在27%左右呢。相比较而言，上班可比当房东累多了。和他们比，你这不算多。

老张想了想说：你说得好像也有点道理。

我说：再退一步想，一年能挣100万元的上班族有几个啊。好些人辛苦上班一年，连10万元都挣不了。你缴完税，也能轻轻松松躺赢这么多上班族，没必要还心疼几个税钱。

老张说：也对啊，你这样一说，我好像觉得这税也没那么多了。谢谢你啊！

我说：没事，早点去缴了税吧！

放下电话，默默叹了口气，我才是那个内心真正受了伤害的人。

152　十八个投资种类，个人需要缴什么税？

现代社会，每个人都离不开投资。个人投资的种类，可谓是形形色色，具体形式可能有房产、股票、股权、基金、古董、贵金属、保险、理财产品、信托、民间借贷等。那么，个人进行上述投资取得收益后是否需要缴税呢？本文以个人所得税为主进行了归纳总结，同时对是否涉及其他税种作一个简单的提示。

一、转让房产

依据现行《个人所得税法》及其实施条例规定，个人转让房产取得的所得属于

"财产转让所得"项目，以房产转让收入减除房产原值和合理费用后的余额为应纳税所得，适用20%的比例税率。

根据国税发〔2006〕108号的规定：纳税人未提供完整、准确的房屋原值凭证，不能正确计算房屋原值和应纳税额的，税务机关可对其实行核定征税，即按纳税人住房转让收入的一定比例核定应纳个人所得税额。具体比例在住房转让收入1%—3%的幅度内确定。

对个人转让自用5年以上，并且是家庭唯一生活住房取得的所得，免征个人所得税。

【**晶晶亮提示：**除了个人所得税，出售方还需要根据房屋类型和持有年限考虑增值税及附加税费、印花税、土地增值税。购买方需要考虑印花税和契税。】

二、出租房产

依据现行《个人所得税法》及其实施条例规定，个人出租房产取得的所得属于"财产租赁所得"项目，以一个月内取得的收入为一次，每次收入不超过4 000元的，减除费用800元；4 000元以上的，减除20%的费用，其余额为应纳税所得额。适用20%的比例税率。

根据财税〔2008〕24号的规定：对个人出租住房取得的所得减按10%的税率征收个人所得税。

【**晶晶亮提示：**除了个人所得税，出租方还可能涉及的税种有增值税及附加税费、印花税、房产税、城镇土地使用税。】

三、买卖股票

根据财税字〔1998〕61号的规定：对个人转让上市公司股票取得的所得继续暂免征收个人所得税。

根据财税〔2009〕167号的规定：对个人转让限售股取得的所得，按照"财产转让所得"，适用20%的比例税率征收个人所得税。

根据财税〔2018〕137号的规定：自2018年11月1日（含）起，对个人转让新三板挂牌公司非原始股取得的所得，暂免征收个人所得税。非原始股是指个人在新三板挂牌公司挂牌后取得的股票，以及由上述股票孳生的送、转股。

对个人转让新三板挂牌公司原始股取得的所得，按照"财产转让所得"，适用20%的比例税率征收个人所得税。原始股是指个人在新三板挂牌公司挂牌前取得的股票，以及在该公司挂牌前和挂牌后由上述股票孳生的送、转股。

【**晶晶亮提示：**卖出股票时需要缴纳1‰的印花税。】

四、股票分红

根据财税〔2015〕101号的规定：个人从公开发行和转让市场取得的上市公司股票，持股期限在1个月以内（含1个月）的，其股息红利所得全额计入应纳税所得额；持股期限在1个月以上至1年（含1年）的，暂减按50%计入应纳税所得额；上述所得统一适用20%的税率计征个人所得税。持股期限超过1年的，股息红利所得暂免征收个人所得税。

对个人取得新三板公司的股息红利，政策与上市公司基本一致（财政部 税务总局 证监会公告2019年第78号）。

对个人持有的上市公司限售股，解禁后取得的股息红利，按照上面的规定计算纳税，持股时间自解禁日起计算；解禁前取得的股息红利继续暂减按50%计入应纳税所得额，适用20%的税率计征个人所得税。

【**晶晶亮提示：**不征收增值税。财税〔2016〕140号的规定，金融商品持有期间（含到期）取得的非保本的上述收益，不属于利息或利息性质的收入，不征收增值税。】

五、转让股权

根据《股权转让所得个人所得税管理办法（试行）》的规定：个人转让股权，以股权转让收入减除股权原值和合理费用后的余额为应纳税所得额，按“财产转让所得”缴纳个人所得税。适用20%的比例税率。

【**晶晶亮提示：**转让股权还涉及产权转移书据印花税，2019年之后，小规模纳税人可以减半缴纳。】

六、股权分红

依据现行《个人所得税法》及其实施条例规定，个人拥有股权等而取得的股息、红利所得属于“利息、股息、红利所得”项目，适用20%的比例税率。

【**晶晶亮提示：**不涉及其他税种。】

七、买卖基金

根据财税字〔1998〕55号的规定：对个人投资者买卖基金单位获得的差价收入，

在对个人买卖股票的差价收入未恢复征收个人所得税以前，暂不征收个人所得税。

【**晶晶亮提示：**个人转让金融商品免征增值税，不涉及其他税种。】

八、基金分红

根据财税字〔1998〕55 号的规定：对投资者从基金分配中获得的股票的股息、红利收入以及企业债券的利息收入，由上市公司和发行债券的企业在向基金派发股息、红利、利息时代扣代缴 20% 的个人所得税，基金向个人投资者分配股息、红利、利息时，不再代扣代缴个人所得税。

【**晶晶亮提示：**个人收到基金分红不涉及其他税种。】

九、银行理财产品

对于银行理财产品（包含人民币理财产品、外汇理财产品）收益是否纳税，总局并没有具体规定，实际操作中多数银行没有代扣代缴个人所得税，从《青岛地税 2012 年度个人所得税热点问题解答》中可以得到佐证。青岛地税指出，通过银行销售的理财产品品种很多，有银行自行开发的理财产品，有银行代信托公司或保险公司代销的产品，还有委托贷款。经请示总局，对个人取得的上述收益现暂不征收个人所得税。

【**晶晶亮提示：**个人购买理财产品不涉及其他税种。】

十、贵金属

2010 年 7 月 22 日，《中国人民银行 发展改革委 工业和信息化部 财政部 税务总局 证监会发布关于促进黄金市场发展的若干意见》（银发〔2010〕211 号）提到：研究推动完善投资性黄金和商业银行黄金业务税收政策。

但一直未见相关的税收政策出台。

有观点认为，转让贵金属属于“财产转让所得”，应当按照 20% 的税率计算个税。但在实践中，由于无法确定财产原值等原因，很少缴纳和征收。

【**晶晶亮提示：**个人转让贵金属，应按小规模纳税人征收增值税及附加税费。】

十一、古董

根据国税发〔2007〕38 号的规定：个人拍卖除文字作品原稿及复印件外的其他财产，应以其转让收入额减除财产原值和合理费用后的余额为应纳税所得额，按照“财产转让所得”项目适用20%的税率缴纳个人所得税。

纳税人如不能提供合法、完整、准确的财产原值凭证，不能正确计算财产原值的，按转让收入额的3%征收率计算缴纳个人所得税；拍卖品为经文物部门认定是海外回流文物的，按转让收入额的2%征收率计算缴纳个人所得税。

【**晶晶亮提示：**个人转让著作权免增值税，个人转让其他古董应该按销售货物缴纳增值税。古董按旧货还是一般货物来缴税，未有定论。】

十二、信托

根据国家税务总局网站的答复：根据个人所得税法规定精神，个人取得信托产品收益，应按“利息、股息、红利所得”项目征收个人所得税。对转让信托持股的个人，如果所转让的是二级市场的股票，则免征个人所得税；如果转让的是限售股，则应按财税〔2009〕167号文件执行。

【**晶晶亮提示：**不涉及其他税。】

十三、保险

根据国税函〔1998〕546号：对保险公司按投保金额，以银行同期储蓄存款利率支付给在保期内未出险的人寿保险保户的利息（或以其他名义支付的类似收入），按“其他所得”应税项目征收个人所得税，税款由支付利息的保险公司代扣代缴。

根据财政部2019年74号公告，上述条款已经于2019年1月1日宣布作废，未出险利息收入应不属于个人所得税征税范围。

根据《个人所得税法》第四条：保险赔款免征个人所得税。

【**晶晶亮提示：**被保险人获得的保险赔付不征收增值税。分红收入是否征收增值税，可以参考财税〔2016〕140号，金融商品持有期间（含到期）取得的非保本的上述收益，不属于利息或利息性质的收入，不征收增值税。如果符合条件则不征税，如果不符合，则应该征增值税。】

十四、银行存款利息

根据《财政部 国家税务总局关于储蓄存款利息所得有关个人所得税政策的通知》（财税〔2008〕132号）的规定：“自2008年10月9日起，对储蓄存款利息所得暂免征收个人所得税。”

【**晶晶亮提示：**存款利息免增值税，不涉及其他税。】

十五、债券利息

根据《个人所得税法》第四条第（二）项："下列各项个人所得，免征个人所得税：（二）国债和国家发行的金融债券利息。"

对于个人取得一般企业的债券利息，根据《个人所得税法》的规定，应当按照"利息、股息、红利所得"项目，缴纳20%的个人所得税。

【**晶晶亮提示：**个人取得利息收入，还应按照小规模纳税人缴纳3%的增值税。】

十六、民间借贷利息

依据现行《个人所得税法》及其实施条例规定，个人借贷中债权人取得的股息所得属于"利息、股息、红利所得"项目，适用20%的比例税率。

【**晶晶亮提示：**个人取得利息收入，还应按照小规模纳税人缴纳3%的增值税。】

十七、期货

财税〔2018〕21号：自原油期货对外开放之日起，对境外个人投资者投资中国境内原油期货取得的所得，3年内暂免征收个人所得税。

对于境内投资者投资期货，是否征收个人所得税，税法没有规定。目前在理论界，主要有两种观点，一种观点认为应当按照"财产转让所得"征收个税，另一种观点认为应该比照股票暂免征收个人所得税。

在实践中，考虑到期货市场正处于培育期、个人客户占比较小、期货交易情况复杂、不易管控等因素，税务部门对于投资期货取得的收益，一般都没有实际征收个人所得税。

【**晶晶亮提示：**期货交易不征收印花税，个人转让金融商品不征收增值税。】

十八、彩票

彩票严格来说，不算是投资，但对于中奖的幸运儿来说，肯定会认为这是一笔一本万利的投资。

依据现行《个人所得税法》及其实施条例规定，彩票中奖所得属于"偶然所得"项目，适用20%的比例税率。

根据国税发〔1994〕127号的规定：对个人购买社会福利有奖募捐奖券一次中奖

收入不超过 1 万元的暂免征收个人所得税，对一次中奖收入超过 1 万元的，应按税法规定全额征税。

根据财税字〔1998〕12 号的规定，对个人购买体育彩票中奖收入的所得税政策作如下调整：凡一次中奖收入不超过 1 万元的，暂免征收个人所得税；超过 1 万元的，应按税法规定全额征收个人所得税。

【**晶晶亮提示**：彩票中奖收入不涉及其他税。】

153　个人以房产投资入股，应该如何纳税？

有网友问：某人将自有的房产，投资入股到甲有限责任公司，是否需要缴税？投资人和甲公司是否需要缴税？分别缴哪些税？

答案是：需要缴税，具体情况分别来看。

一、个人投资者涉及税费

1. 增值税

营改增之前，以房产投资入股，参与接受投资方利润分配，共同承担投资风险的行为是不征收营业税的。营改增后，因为增值税是链条税，这一政策并未被平移。对于以不动产为对等价换取了被投资企业的股权，获得了“其他经济利益”，属于有偿销售不动产行为，应当缴纳增值税。

如果投资入股的房产为非住房，差额按照 5% 计算缴纳增值税。

如果投资入股的房产是住房，需要分地区来确定。

对于北京市、上海市、广州市和深圳市之外的地区：个人将购买不足 2 年的住房对外投资的，按照 5% 的征收率全额缴纳增值税；个人将购买 2 年以上（含 2 年）的住房对外投资的，免征增值税。

对于北京市、上海市、广州市和深圳市地区：个人将购买不足 2 年的住房对外投资的，按照 5% 的征收率全额缴纳增值税；个人将购买 2 年以上（含 2 年）的非普通住房对外投资的，以公允价值减去购买住房价款后的差额按照 5% 的征收率缴纳增值税；个人将购买 2 年以上（含 2 年）的普通住房对外投资的，免征增值税。

2. 城建税及附加

随增值税征收的附加税费包括城建税、教育费附加、地方教育附加等。附加税费随增值税征收而征收，增值税减免，相应附加税费也予以减免。

另外，现行政策对小规模纳税人是减半征收，个人属于小规模纳税人范围，因此，个人随增值税缴纳的附加税费也是减半征收。

3. 土地增值税

个人以投资入股方式，将房产投资到被投资企业名下，是以不动产为对等价换取了被投资企业的股权，属于有偿转让房地产的行为，属于土地增值税征税范围。

如果个人是以住房投资入股，现行政策是免征土地增值税。

如果是非住宅，根据财税〔2018〕57 号文件规定，单位或个人在改制重组时以房地产作价入股进行投资的，对其将房产转移，变更到被投资的企业，暂免征收土地增值税。该文件截至 2020 年 12 月 31 日已经到期，目前已出台延续政策，即财政部、税务总局公告 2021 年 21 号延期至 2023 年 12 月 31 日。

另外，应该注意的是对于“改制重组”的界定，因为这个是享受的条件，文件不是很明确，在实务中各地解读也是有差异的，从立法原理上分析，只要是被投资企业的经济或者法律结构发生较大调整就应该符合此条件。

4. 个人所得税

个人以房产投资入股，包括投资自己成立的一人有限公司，因为属于不同法律主体，均涉及个人所得税。

根据《财政部 国家税务总局关于个人非货币性资产投资有关个人所得税政策的通知》（财税〔2015〕41 号）规定，个人以非货币性资产投资，属于个人转让非货币性资产和投资同时发生。对个人转让非货币性资产的所得，应按照“财产转让所得”项目，依法计算缴纳个人所得税。

个人以非货币性资产投资，应按评估后的公允价值确认非货币性资产转让收入。非货币性资产转让收入减除该资产原值及合理税费后的余额为应纳税所得额。

个人应在发生上述应税行为的次月 15 日内向主管税务机关申报纳税。纳税人一次性缴税有困难的，可合理确定分期缴纳计划并报主管税务机关备案后，自发生上述应税行为之日起不超过 5 个公历年度内（含）分期缴纳个人所得税。

另据《财政部 国家税务总局 建设部关于个人出售住房所得征收个人所得税有关问题的通知》（财税字〔1999〕278 号）第一条和第四条的规定，个人出售自有住房取得的所得应按照“财产转让所得”项目征收个人所得税，但是如果转让的是自用 5 年以上，并且是家庭唯一生活住房的，取得的所得可以免征个人所得税。

5. 印花税

根据《中华人民共和国印花税法》第十条的规定，同一应税凭证由两方以上当事人书立的，按照各自涉及的金额分别计算应纳税额。

因此，个人以房产投资入股，个人应按“产权转移书据”所载金额 0.5‰贴花。因为个人是小规模纳税人，可以减半征收。

二、被投资单位涉及税费

1. 契税

一般来说，以土地、房屋权属作价投资入股的，视同土地使用权转让、房屋买卖，应当征收契税。

但根据《财政部 税务总局关于继续执行企业 事业单位改制重组有关契税政策的公告》（财政部 税务总局公告2021年第17号）规定："同一投资主体内部所属企业之间土地、房屋权属的划转，包括母公司与其全资子公司之间，同一公司所属全资子公司之间，同一自然人与其设立的个人独资企业、一人有限公司之间土地、房屋权属的划转，免征契税。"

资产划转属于权益性投资，投资入股同样属于权益性投资，并且都是在同一个人控制之下，因此，将个人房产投入自己投资的个人独资企业或者是由该个人成立的一人公司，应当免征契税。

2. 印花税

根据《中华人民共和国印花税法》第十条的规定，同一应税凭证由两方以上当事人书立的，按照各自涉及的金额分别计算应纳税额。因此，个人以房产投资入股，被投资方应按"产权转移书据"所载金额0.5‰贴花。

被投资方接受非货币性资产投资，应当确认实收资本或资本公积，对此还应当按照营业账簿贴花。《中华人民共和国印花税法》规定，自2022年7月1日起，营业账簿的印花税率为0.25‰。如果接受投资方是小规模纳税人，2022年1月1日至2024年12月31日期间还可以减半征收。

154　个人转让股权的十个常见问题

个人转让股权该如何缴税？实务中咨询的人还挺多。我就大家经常咨询的问题汇总如下，以供参考。

一、个人转让股权需要缴什么税？税率是多少？

需要缴纳印花税和个人所得税。对应的印花税税目是"产权转移书据"，税率为0.5‰，从2019年开始可以减半征收。财政部、税务总局公告2022年第10号将该政策延期至2024年12月31日。

个人所得税税目是“财产转让所得”，税率为20%，用股权转让所得乘以税率即可得出应缴纳的个人所得税。

二、股权转让所得如何计算？

股权转让所得 = 股权转让收入 - 股权原值 - 合理费用

合理费用是指股权转让时按照规定支付的有关税费。比如印花税、评估费等。

三、股权转让收入就是买卖双方签订转让合同上标明的转让价吧？

不完全是。一般情况下是转让合同上标明的价格，但也有例外的情况，比如转让价格明显偏低且没有合理理由，税务机关会核定征收；再比如转让人除了取得合同标明的股权转让收入之外，还有一些合同未列明但与转让股权相关的收入，也应当一并征税。

四、什么是以股权转让相关的收入？

“转让方取得与股权转让相关的各种款项，包括违约金、补偿金以及其他名目的款项、资产、权益等，均应当并入股权转让收入。纳税人按照合同约定，在满足约定条件后取得的后续收入，应当作为股权转让收入。”

所以有的时候并不仅仅是合同上标明的转让价格，其他与股权转让相关的收益也要一并计算征税的。

参考政策是国税函〔2006〕866号《国家税务总局关于个人股权转让过程中取得违约金收入征收个人所得税问题的批复》：股权成功转让后，转让方个人因受让方个人未按规定期限支付价款而取得的违约金收入，属于因财产转让而产生的收入。转让方个人取得的该违约金应并入财产转让收入，按照“财产转让所得”项目计算缴纳个人所得税，税款由取得所得的转让方个人向主管税务机关自行申报缴纳。

五、什么算股权转让收入明显偏低？

股权转让收入应当按照公平交易原则确定。符合下列情形之一，视为股权转让收入明显偏低：

（一）申报的股权转让收入低于股权对应的净资产份额的。其中，被投资企业拥有土地使用权、房屋、房地产企业未销售房产、知识产权、探矿权、采矿权、股权等资产的，申报的股权转让收入低于股权对应的净资产公允价值份额的；

（二）申报的股权转让收入低于初始投资成本或低于取得该股权所支付的价款及相关税费的；

（三）申报的股权转让收入低于相同或类似条件下同一企业同一股东或其他股东股权转让收入的；

（四）申报的股权转让收入低于相同或类似条件下同类行业的企业股权转让收入的；

（五）不具合理性的无偿让渡股权或股份。

六、只要股权转让收入明显偏低就会被税务机关调整吗？

不完全是。如果符合下列条件之一，即使收入偏低也视为有正当理由，税务机关不会调整：

（一）能出具有效文件，证明被投资企业因国家政策调整，生产经营受到重大影响，导致低价转让股权；

（二）继承或将股权转让给其能提供具有法律效力身份关系证明的配偶、父母、子女、祖父母、外祖父母、孙子女、外孙子女、兄弟姐妹以及对转让人承担直接抚养或者赡养义务的抚养人或者赡养人；

（三）相关法律、政府文件或企业章程规定，并有相关资料充分证明转让价格合理且真实的本企业员工持有的不能对外转让股权的内部转让；

（四）股权转让双方能够提供有效证据证明其合理性的其他合理情形。

七、税务机关会怎样核定股权转让收入？

首要的，也是最主要的核定方法就是“净资产核定法”。也就是股权转让收入按照每股净资产或股权对应的净资产份额核定。

如果被投资企业的土地使用权、房屋、房地产企业未销售房产、知识产权、探矿权、采矿权、股权等资产占企业总资产比例超过20%的，主管税务机关可参照纳税人提供的具有法定资质的中介机构出具的资产评估报告核定股权转让收入。

举例来说，如果被转让企业的净资产是2 000万元，个人股东转让50%的股份，转让合同价格是800万元，税务机关是不认可的，需要按1 000万元核定转让收入。另外，如果该企业的资产总额中房屋的比例是30%，那么还需要参考中介机构出具的评估价，很可能评估价大于入账价。如果按评估价算下来企业净资产是3 000万元，那么转让50%的股份，转让收入会核定为1 500万元。

八、股权的原值该如何确定?

股权原值的确定根据取得股权的方式不同，分别按照以下原则进行确定:

(一) 直接购买的，股权原值为购买价加上合理的税费。

(二) 以非货币性资产取得的股权，股权原值为该项非货币性资产投资入股时税务机关认可或核定的价格加上合理的税费。

(三) 无偿取得的股权，具备合理理由的，股权原值为合理费用加上原持有人取得股权时支付的对价。所谓的合理理由是指继承或将股权转让给其能提供具有法律效力身份关系证明的配偶、父母、子女、祖父母、外祖父母、孙子女、外孙子女、兄弟姐妹以及对转让人承担直接抚养或者赡养义务的抚养人或者赡养人的情形。

举例来说：父亲投入 100 万元取得股权，无偿转让给儿子，儿子取得股权时花费了 2 万元的相关费用。儿子再以 500 万元转让股权的时候，可以扣除的股权原值是 102 万元。

(四) 被投资企业以资本公积、盈余公积、未分配利润转增股本，个人股东已依法缴纳个人所得税的，股权原值为转增额加上合理的税费。

请注意：缴了税，可以作为成本扣除；没有缴税就不能作为成本扣除。

(五) 除以上情形外，由主管税务机关按照避免重复征收个人所得税的原则合理确认股权原值。

举例：A 公司的个人股东张三将其持有的 A 公司股权转让给李四，转让价是 3 200 万元，已办理工商登记。如果税务局认为价格不公允，调整计税价为 10 000 万元。问：李四以后再卖 A 公司股权，计算个税时，如果不考虑合理费用，成本是按当时购买股权时支付的股价 3 200 万元扣除，还是按照计税价 10 000 万元扣除?

答复：股权转让人已被主管税务机关核定股权转让收入并依法征收个人所得税的，该股权受让人的股权原值以取得股权时发生的合理税费与股权转让人被主管税务机关核定的股权转让收入之和确认。应该按 10 000 万元扣除。

九、应该什么时候缴纳税款?

扣缴义务人、纳税人应当在下列行为发生的次月 15 日内向主管税务机关申报纳税:

(一) 受让方已支付或部分支付股权转让价款的;

(二) 股权转让协议已签订生效的;

(三) 受让方已经实际履行股东职责或者享受股东权益的;

（四）国家有关部门判决、登记或公告生效的；

（五）股权被强制过户、对外投资、抵债等非货币性交易且交易行为已完成的；

（六）税务机关认定的其他有证据表明股权已发生转移的情形。

请注意：上述任何一个条件符合均构成个人所得税的纳税义务发生时间。

十、应该在什么地方缴纳个人所得税？

请注意：纳税地点不是纳税人所在地，也不是扣缴义务人所在地，而是被投资企业所在地。

155 个人提供建筑服务，应该缴什么税？

2020 年 10 月，有从事建筑行业的朋友问我，自然人作为承包人提供了建筑服务，应该缴些什么税？税务上应该如何处理？我把与此相关的一些常见问题总结如下。

一、是否应该缴纳增值税？

应该缴。建筑服务属于增值税的应税范围。自然人属于小规模纳税人，适用简易计税法，征收率为 3%。

《财政部 税务总局关于支持个体工商户复工复业增值税政策的公告》（财政部 税务总局公告 2020 年第 13 号）和《财政部 税务总局关于延长小规模纳税人减免增值税政策执行期限的公告》（财政部 税务总局公告 2020 年第 24 号）规定：自 2020 年 3 月 1 日至 12 月 31 日，对湖北省增值税小规模纳税人，适用 3% 征收率的应税销售收入，免征增值税。除湖北省外，其他省、自治区、直辖市的增值税小规模纳税人，适用 3% 征收率的应税销售收入，减按 1% 征收率征收增值税。

二、是否需要预缴增值税？

不需要。《国家税务总局关于发布〈纳税人跨县（市、区）提供建筑服务增值税征收管理暂行办法〉的公告》（国家税务总局公告 2016 年第 17 号）第二条：该办法所称跨县（市、区）提供建筑服务，是指单位和个体工商户（以下简称“纳税人”）在其机构所在地以外的县（市、区）提供建筑服务。

纳税人在同一直辖市、计划单列市范围内跨县（市、区）提供建筑服务的，由直辖市、计划单列市税务局国家税务局决定是否适用该办法。其他个人跨县（市、区）提供建筑服务，不适用该办法。

三、是否应该开具发票？

应该开具发票。因为这属于发票开具范围中的项目。有一些自然人承包人纳税意识比较淡薄，以为自己要价低，双方就默认不开具发票，因此吃了大亏。

四、去哪里代开发票？

项目所在地。《财政部 国家税务总局关于全面推开营业税改征增值税试点的通知》（财税〔2016〕36号）附件1第四十六条第（三）项规定：其他个人提供建筑服务，销售或者租赁不动产，转让自然资源使用权，应向建筑服务发生地、不动产所在地、自然资源所在地主管税务机关申报纳税。

五、是否应该缴纳印花税？

应该缴。建筑安装工程承包合同属于印花税征税范围，税率为0.3‰。

六、受票单位是否需要扣缴个人所得税？

不需要。（国税发〔1996〕127号）第三条规定，从事建筑安装业的个体工商户和未领取营业执照承揽建筑安装业工程作业的建筑安装队和个人，以及建筑安装企业实行个人承包后工商登记改变为个体经济性质的，其从事建筑安装业取得的收入应依照个体工商户的生产、经营所得项目计征个人所得税。

《国家税务总局关于发布〈个人所得税扣缴申报管理办法（试行）〉的公告》（税务总局公告2018年第61号）第四条规定，实行个人所得税全员全额扣缴申报的应税所得包括：（一）工资、薪金所得；（二）劳务报酬所得；（三）稿酬所得；（四）特许权使用费所得；（五）利息、股息、红利所得；（六）财产租赁所得；（七）财产转让所得；（八）偶然所得。

由61号文规定可知，经营所得不属于个人所得税的扣缴范围。

七、对于核算不健全的承包人，如何计算缴纳“经营所得”个人所得税？

各地对此情况采用核定征收，征收率由各地规定，具体须咨询当地税务机关。

比如《国家税务总局云南省税务局关于自然人临时从事生产经营核定征收个人所得税事项的公告》自发布之日（2020 年 8 月 13 日）起，在云南省行政区域内临时从事生产、经营且未办理营业执照的自然人，申请代开发票时，对其取得的经营所得不能正确计算应纳税所得额的，统一按照开具发票金额（不含增值税）的 1% 核定征收经营所得个人所得税。

八、个人承包人是否应扣缴建筑工人的个人所得税？如何扣缴？

应该扣缴。建筑工人与包工头之间存在雇佣关系的，对建筑工人取得的收入，承包人应按照“工资、薪金所得”缴纳个税。

建筑工人与包工头之间不存在雇佣关系的，对建筑工人取得的收入，承包人按照“劳务报酬所得”缴纳个税。

最后，提醒一句：按照《住房和城乡建设部关于印发建筑工程施工发包与承包违法行为认定查处管理办法的通知》（建市规〔2019〕1 号），承包单位将其承包的工程分包给个人的，属于违法分包。

第九章
公司常见涉税业务

156　新公司第一问：“我该缴哪些税？”

新办公司层出不穷，面临的税务问题也形形色色。但我发现，所有新成立的公司，首先几乎都会问一个问题：“我这个公司该缴哪些税呢?”

回答这个问题，还真不是一两句就能说明白的，毕竟我得先了解一下你这个公司是做什么业务的才好回答。

但一个个问，一个个答，毕竟是一件缺乏效率的事情，授人以鱼不如授人以渔，所以最好的办法是写一个分类说明，大家自行对照一看，问题就解决了。

我们国家现行18个税种，当然，各位公司老板也别慌，具体到每一个公司肯定不是18个税种都缴的。如果真有一个公司缴全了18个税，那估计就可以召唤神龙，实现任何愿望了。

18个税种，我不按传统的税种性质，比如流转税、所得税、财产税来分类。而是单独做了个分类，按照必选套餐、可选套餐来分。必选套餐是每个公司开业都需要缴纳的，可选套餐分了5套，大家根据自己的业务自行判断，有则缴，没有则不用缴。

一、必选套餐（5种）

顾名思义，就是一个公司开业，肯定需要涉及的税种。这个套餐有5个税种，分别是增值税、城市维护建设税、印花税、个人所得税、企业所得税。

增值税：一个公司开业，总是需要经营的，不管经营范围是什么，总之是逃不出增值税的征收范围，从2016年5月1日之后已经全面营改增了，增值税一统天下。所以增值税是每个公司都绕不过去的。可能有的公司是免税，那属于税收优惠的范畴，但申报还是必须的。

城市维护建设税：这是个影子税种，紧跟流转税（增值税和消费税），计算不复杂，不需要过多考虑，知道即可。

印花税：印花税的征税范围虽然有限，仅是列举的合同书据和账簿，但每一个公司开业总需要投入资本金、需要签订一些合同。这些业务都少不了印花税的身影。

个人所得税：对于公司来说，本身不缴纳个人所得税。但是雇员工资需要缴，股东分红需要缴。公司是法定的扣缴义务人，少代扣了也是要负责任的，所以不可掉以轻心。

企业所得税：一个公司，最终的经营成果肯定是需要缴纳企业所得税的，即使是分公司，虽然不是自己算，但也需要总公司计算分配后自行缴纳。

二、可选套餐（5 种）

（一）可选套餐一：特殊货物（3 种）

如果企业经营的货物，是国家规定的特殊货物，那就需要加征一道税。当然，这个加征，有些是在进口、委托加工、生产环节，有些是在销售环节，还有在收购环节。这个套餐中的税，只在一个环节征收，而不像增值税那样是道道征收。

消费税：如果公司经营的货物属于以下 15 种商品的需要缴纳消费税，具体有：烟、酒及酒精、高档化妆品、贵重首饰及珠宝玉石、鞭炮焰火、成品油、小汽车、摩托车、高尔夫球及球具、高档手表、游艇、木制一次性筷子、实木地板、电池、涂料。多数货物是在生产环节加征一道消费税，有例外情形，比如金银首饰是在零售环节征收。

资源税：2020 年 9 月 1 日之后，资源税法正式实施。资源税的征收范围包括五大类：第一类是能源矿产，比如原油、天然气、煤等；第二类是金属矿产，如黑色金属、有色金属；第三类是非金属矿产，如矿物类、岩石类、宝玉石类；第四类是水气矿产，如二氧化碳气、矿泉水等；第五类是盐，如海盐、天然卤水等。公司如果开采销售了上述五大类矿产资源，需要再缴纳一道资源税。

烟叶税：对收购烟叶的单位，加收一道烟叶税。这里注意，是收购环节，而不是销售环节。

（二）可选套餐二：房土套餐（5 种）

房屋和土地是密不可分的，如果一个公司持有房产土地，或买卖房产土地，那通常涉及的税种会有以下 5 种。

契税：公司在购买房子或土地使用权时缴纳。

耕地占用税：如果公司占用耕地建房或从事其他非农业建设，需要缴纳此税。

房产税：如果公司持有房产或出租房产，缴纳此税。

城镇土地使用税：如果公司占用城市、县城、建制镇、工矿区范围内的土地，缴纳此税。

土地增值税：如果公司有偿转让国有土地使用权及房屋产权并取得增值性收入，需要缴纳此税。

（三）可选套餐三：车船套餐（2 种）

车辆购置税：在公司购买车辆的时候缴纳。

车船税：公司持有车船时缴纳。

（四）可选套餐四：进出口业务（2 种）

关税：如果公司有进出口业务，必不可少地就是要和关税打交道了。这部分税款是海关征收的，同时海关还代征进出口的增值税和消费税。

船舶吨税：境外港口进入境内港口的船舶，需要缴纳船舶吨税，征收机关也是海关。

（五）可选套餐五：排放污染物（1 种）

环境保护税：这是 2018 年新增加的一个税种，如果公司直接排放大气污染物、水污染物、固体废物和噪声，则需要按规定缴纳环保税。

企业向污水集中处理场所、生活垃圾集中处理场所排放应税污染物；在符合环保标准的设施、场所贮存处置固体废物，不属于直接排放，是不用纳税的。

三、总结

有了这样一个必选套餐和 5 种可选套餐。企业对照一下自己的经营业务即可知道自己涉及哪些税。需要注意的是，必选套餐中的税种是全选的。可选套餐的分类是按照它们的一些相似性归纳的，具体是否缴纳需要逐税种对照分析。

我们举个例子来说，房地产开发企业一般是有房有地有车，所以这类公司必选套餐 5 个税种，房土套餐 5 个税种，车船套餐 2 个税种它都要涉及。所以房地产企业需要缴纳 12 种税，这应该是涉税最多的行业了。

还有很多公司，可选套餐中的税种一个都不涉及，那就恭喜了，你是幸运的，你只需要关注必选套餐中的 5 个税种，其他税如何规定、如何缴纳和你没有任何关系，横向一比较，是不是觉得心情轻松了很多呢？

157　这项业务需要缴纳什么税？

日常工作中，我遇到过很多人咨询涉税问题。他们的问题经常会呈现出这样的模式：一项××业务，需要缴纳哪些税？需要缴纳多少税呢？

关于第二个问题，某业务应该缴纳多少税，应该具体情况具体分析。但是第一个问题，需要缴纳哪些税，我这里可以给出一个概括性的回答，方便大家对号入座，自行解决。

我国现有18个税种，增值税、消费税、城市维护建设税、印花税、个人所得税、企业所得税、资源税、烟叶税、契税、房产税、城镇土地使用税、耕地占用税、车辆购置税、车船税、关税、土地增值税、环境保护税、船舶吨税。

对于上述18个税种，实际工作中有很多税种分类方法，比如：

按照课税对象为标准，可以分为流转税、所得税、财产税、行为税、资源税、特定目的税等；按税收的计算依据为标准，可分为从价税和从量税；按税收与价格的关系为标准，可分为价内税和价外税；按税收征收权限和收入支配权限分类为标准，可分为中央税、地方税、共享税。

按征收管理的分工体系分类，可分为工商税类和关税类。工商税类由税务机关负责征收，关税类由海关负责征收。

但上面所有的分类，都并不是从便于纳税人判断缴纳什么税的角度出发的，导致实际工作中，很多人遇到问题总是一片茫然，某项业务会涉及哪些税种？不清楚。

于是我对税种进行了一下重新分类，把上述这18个税种，按照涉及经营活动的不同行为和环节，分为了以下七类。

一是购买行为。

购买行为涉及的税种有契税、车辆购置税、耕地占用税、烟叶税。

也就是说，当纳税人发生买房、买地、买车、占用耕地、收购烟叶这些行为的时候，需要考虑缴纳上述税种，购买其他物品不需要考虑。

二是持有期间。

持有期间涉及的税种有车船税、房产税、城镇土地使用税。

这是纳税人在拥有房屋、土地、车辆的期间需要按年缴纳的税。拥有其他财产期间，不需要缴税。

三是销售行为。

销售行为涉及的税种有增值税、消费税、城市维护建设税、资源税、土地增值税。请注意，我这里说的销售行为，是一个广义的概念，既包括生产后销售，也包括仅仅从事批发、零售的销售。

几乎所有的销售行为都会涉及增值税，所以只要有销售，就要考虑增值税。但对于销售特定的物品，还会加征一道其他税。

销售15种特殊的消费品（烟；酒；高档化妆品；贵重首饰及珠宝玉石；鞭炮、焰火；成品油；小汽车；摩托车；高尔夫球及球具；高档手表；游艇；木制一次性筷子；实木地板；电池；涂料）。

开采、销售应税的自然资源，要加征资源税。

销售房屋土地，要加征土地增值税。

城市维护建设税是一个影子税，它紧随销售环节的增值税和消费税。

四是排放行为。

涉及1个税种，即环境保护税。

纳税人直接向环境排放大气污染物、水污染物、固体废物、噪声的时候，需要缴纳环境保护税。

五是签订合同。

涉及1个税种，印花税。纳税人在签订应税合同，取得权利许可证照，启用账簿的时候，需要缴纳印花税。

六是计算所得。

涉及2个税种，个人所得税、企业所得税。

纳税人经过一系列经营行为，肯定是需要计算一下所得的。有所得就需要缴税，至于所得额需要缴纳什么税，很好区分。纳税主体是个人，缴纳个人所得税；纳税主体是单位，缴纳企业所得税。

七是进出口行为。

涉及关税、船舶吨税、增值税、消费税。

纳税人在进出口环节涉及上述4个税种，关税和船舶吨税是海关征收，进出口涉及的增值税和消费税由海关代征。

把税种按照这七种行为分类，纳税人遇到任何经济业务，可以自行判断该项业务涉及哪几个环节，就能知道该业务涉及哪些税种，然后有的放矢地去进一步分析，如何适用该税种的具体政策，是否有优惠。

举例来说：个人购买住房应该缴纳什么税？逐项分析下来，该行为涉及一个购买行为、一个签订合同。在购买行为涉及的税种中，购买住房缴纳的是契税，签订合同只涉及印花税。所以该项业务需要缴纳的是契税和印花税。

个人销售住房应该缴纳什么税？分析一下，该业务涉及销售行为、签订合同、计算所得这三个环节。所以需要考虑的税种有增值税、城市维护建设税、土地增值税、印花税、个人所得税。当然，这些税种对个人销售住房还有减免税政策，这是下一步需要考虑的事情。

需要注意的是，对于所有这些环节，是从广义的角度考虑。比如购买行为，不仅是出钱购买，无偿受赠也属于。销售行为，不仅是正常销售，视同销售也属于。具体到每个税种，需要根据该税种的征税范围来确定。

通过这种分类，遇到问题时就可以逐项对照，既能避免眉毛胡子一把抓，又能保证不会漏掉任何一个税种，可以作为具体业务分析涉税问题第一步。

158 纳税义务发生时间、纳税期限、税款所属期、申报纳税期限究竟是什么意思？

税法之烦琐，体现在方方面面，就拿与缴税相关的时间概念来说，就有各种各样的名词。比如说有这么几个词：纳税义务发生时间、纳税期限、税款所属期、申报纳税期限。你能清楚地明白这些名词是什么意思吗？

如果对税法不熟悉的人，很可能一看就晕了。不用急，我们逐个来看一下，它们究竟是什么意思。

一、纳税义务发生时间

纳税义务发生时间，是确认某项业务是在什么时候产生了纳税义务，它是判断具体业务是否缴税的重要时间节点。到了这个时间点，就应该缴税，不到这个时间点，就不用缴税。比如增值税中采取预收货款方式销售商品，预收货款的时候不用缴税，发出商品的那天才达到税法中规定的缴税节点，所以，发出商品的时间才是纳税义务发生时间。

有了纳税义务是不是必须马上去缴税？当然不是，一个企业日常经营，天天都有可能产生纳税义务，如果天天去缴税，那谁能受得了？那该怎么办呢？自然而然，我们就需要了解纳税期限这个概念。

二、纳税期限

纳税期限，通俗讲就是规定纳税人应该多长时间统一计算一下应缴的税款。比如，常见的增值税纳税期限是一个月或一个季度，也就是纳税人一个月或一个季度计算一次增值税，去税务机关缴纳。但其实税法规定了增值税也可以采取1、3、5、10、15天这些作为纳税期限，只不过在实践中很少有人采用。纳税人某个税种的纳税期限是多久，通常是由主管税务机关按规定来认定的。

在纳税期限中有一种特殊的方式，就是按次纳税。比如印花税中的资金账簿税目，这个事项一年才有一次，属于不经常发生的纳税事项，所以这种情况不能认定为按月征收，只能认定为按次征收。

我们常见的企业所得税是按年计算，按季预缴。它的纳税期限就是按季，也就是纳税人应该一个季度计算一次应缴纳的税款。

三、税款所属期

税款所属期是什么意思呢？就是税款产生的时期，纳税义务发生时间是个时点，税款所属期是若干个纳税义务发生时间集合成的一个时期。比如，纳税人 4 月 3 日申报缴纳 3 月的增值税，税款所属期就是 3 月 1 日至 3 月 31 日。

有的纳税人觉得，我只要缴了税就行了，税款所属期填错了无所谓。其实不然，当期税款和上期税款是不同的概念，前期多缴纳的税款可以结转抵减后期税款，但后期多缴的税款不能自动抵减前期少缴的税款，因为还存在少缴税款滞纳金的问题。在税务稽查中，这类问题也比较常见。

四、申报纳税期限

申报纳税期限，征管法中并没有这个称呼，而是有一个类似的称呼，即纳税申报期限，此外，大家通常还会说申报期限，这几个概念的意思是一致的。总局下发的文件中统一称为申报纳税期限（见图 9－1），这个名称我认为是更恰当的，毕竟在这个期限中，先申报，后纳税，而不是相反。

国家税务总局办公厅

关于明确2018年度申报纳税期限的通知

税总办函〔2017〕576号

【字体：大 中 小】 打印本页

各省、自治区、直辖市和计划单列市国家税务局、地方税务局，国家税务总局驻各地特派员办事处：

根据《中华人民共和国税收征收管理法实施细则》第一百零九条和《国务院办公厅关于2018年部分节假日安排的通知》（国办发明电〔2017〕12号）规定，现将实行每月或者每季度期满后15日内申报纳税的各税种2018年度具体申报纳税期限明确如下，请遵照执行，并及时告知纳税人。

一、1月、3月、5月、6月、8月、11月申报纳税期限分别截至当月15日。

图 9－1　国家税务总局办公厅关于明确 2018 年度申报纳税期限的通知

所谓申报纳税期限，就是纳税人计算出税款以后，在多长期限内将计算出来的税款申报并缴纳入库。按月申报税种，都是在次月 15 日之内申报缴纳入库，如果遇到节假日，还会相应延期。这个期限是纳税人需要特别注意的期限，因为一旦超期申报缴纳税款，就会面临罚款和缴纳滞纳金的风险。

通常来说，一笔税款，发生于纳税义务发生时间，在纳税期限内进行归集计算，在申报纳税期限内入库，税款滞纳金是申报纳税期限届满，次日才开始计算的。

159　商品大促销，税收上该如何处理？

现在人造的购物节真如雨后春笋，“双 11”“双 12”“6・18”……但凡节日，商家一定是要促销，买家多少是有些实惠的，双方一拍即合，皆大欢喜。

曾经的促销很简单，全场 5 折，简单明了，豪气冲天。现在不同了，每次都有若干花样，打折、满减、积分抵扣、买赠等，在一片眼花缭乱中，顾客只感觉到自己享受了很多优惠，但到底优惠了多少，还真搞不清。

买家搞不清没关系，但财务人员是一定需要搞清楚，所有形形色色的优惠促销，税务上是如何规定和处理的？如果商家自己都搞晕了，少缴了税，那麻烦可就多了。

对于以促销为目的的各类折扣，税务上其实就分为两大类：一类是价格上的折扣，另一类是实物折扣。

一、价格上的折扣

无论是线上购物，还是线下血拼，“打折”是日常商家使用频率最高的促销手段之一。“打折”就是以原价乘以折扣率得出实际成交价格的促销方式。

除了打折以外，还有一些形式经常见到，就是“满减”或“积分抵扣”。“满减”或“积分抵扣”都是指当消费达到一定金额时，对原价再减免一部分价款的促销方式，这些其实是变相的“打折”方式，区别只是折后价格的计算方法不同。

（一）增值税的规定：符合形式要件，折扣额可以从销售额中扣除

根据国税函〔2010〕56 号《国家税务总局关于折扣额抵减增值税应税销售额问题通知》规定，国税发〔1993〕154 号第二条第（二）项规定：“纳税人采取折扣方式销售货物，如果销售额和折扣额在同一张发票上分别注明的，可按折扣后的销售额征收增值税”。纳税人采取折扣方式销售货物，销售额和折扣额在同一张发票上分别注明是指销售额和折扣额在同一张发票上的“金额”栏分别注明的，可按折扣后的销售额征收增值税。未在同一张发票“金额”栏注明折扣额，而仅在发票的“备注”栏注明折扣额的，折扣额不得从销售额中减除。

（二）企业所得税规定：按折扣后的销售额确定收入金额

根据《国家税务总局关于确认企业所得税收入若干问题的通知》（国税函〔2008〕875号）文件规定：企业为促进商品销售而在商品价格上给予的价格扣除属于商业折扣，商品销售涉及商业折扣的，应当按照扣除商业折扣后的金额确定销售商品收入金额。

二、实物折扣

除了直接在价格上给予折扣外，还有一类常用的促销方式就是“买赠”了。“买赠”是指顾客购买指定商品可获得相应赠品的促销方式。

（一）企业所得税规定：不视同销售

根据《国家税务总局关于确认企业所得税收入若干问题的通知》（国税函〔2008〕875号）规定：“三、企业以买一赠一等方式组合销售本企业商品的，不属于捐赠，应将总的销售金额按各项商品的公允价值的比例来分摊确认各项的销售收入。”

（二）增值税的规定：一般来说视同销售，但部分地区有约束性例外

根据《中华人民共和国增值税暂行条例实施细则》第四条的规定，单位或个体经营者“将自产、委托加工或购买的货物无偿赠送他人”视同销售货物。

计税价格应根据《实施细则》第十六条规定，“纳税人有本细则第四条所列视同销售货物行为而无销售额者，按下列顺序确定销售额：（一）按纳税人当月同类货物的平均销售价格确定；（二）按纳税人最近时期同类货物的平均销售价格确定；（三）按组成计税价格确定。商品不涉及消费税时，组成计税价格 = 成本 ×（1 + 成本利润率）。”

一些学者专家对于买赠行为增值税视同销售处理，是不赞同的，因为这里赠送并非纯粹的“无偿赠送”，而是名义上的“无偿”实质属于有偿的销售行为，二者并不是完全等价的，不应该视同销售。

但如果买赠行为不视同销售，会有两个弊端：一是可能引发企业大规模的避税行为，二是会造成增值税抵扣链条的断裂。

所以，一律“视同销售”或“不视同销售”，都有失偏颇。比较合理的处理方式应该是：对于“买一赠一”这种商业活动，如果确实属于产品促销，或为了处理积压产品，或出于其他商业上的目的，基于税收中性原则，国家不得因为征收税款而影响市场主体的商业决策。另外，如果纳税人滥用这种商业手段，以达到未缴、少缴或迟延缴纳国家税款的目的，则税法应有必要进行干涉。

基于上述考虑，有些省作出了更符合实际更具体的一些规定，比如：

江西省国家税务局公告2012年第7号第十二条规定，企业销售货物，按下列原则确定销售额：（四）以买一赠一、随货赠送、捆绑销售方式销售货物的，如购进货物与赠品属同一笔业务购入（以购货发票为准），以实际收取的价款确定销售额；如购进货物与赠品非同一笔业务购入的，以实际收取的价款确定货物的销售额，赠品按视同销售确定销售额。

冀国税函〔2009〕247号：二、企业在促销中，以"买一赠一"、购物返券、购物积分等方式组合销售货物的，对于主货物和赠品（返券商品、积分商品，下同）不开发票的，就其实际收到的货款征收增值税。对于主货物与赠品开在同一张发票的，或者分别开具发票的，应按发票注明的合计金额征收增值税。纳税义务发生时间均为收到货款的当天。

160　公司支付的旅游费如何进行税务处理？

很多公司搞团建、年底奖励优秀员工、招待客户时，倾向于通过组织免费旅游这样的方式来进行，组织大家一起旅游，既达到了奖励或招待的目的，又可以更好地促进相关人员的情感交流，营造良好的企业氛围，从公司的长远发展来说，是大有裨益的。

对于公司组织免费旅游这个业务，究竟应该如何进行税务处理呢？我们逐税种分情况来进行一下分析。

一、个人所得税的相关规定

个人无偿获得一次免费的旅游机会，是否缴纳个人所得税？或者说按哪个税目缴税？需要区分不同的情况来详细分析。

（一）公司对雇员，或者对提供劳务的非雇员承担旅游费的，应按照"工资、薪金所得"和"劳务报酬"所得代扣代缴个人所得税

根据财税〔2004〕11号规定：按照我国现行个人所得税法律法规有关规定，对商品营销活动中，企业和单位对营销业绩突出人员以培训班、研讨会、工作考察等名义组织旅游活动，通过免收差旅费、旅游费对个人实行的营销业绩奖励（包括实物、有价证券等），应根据所发生费用全额计入营销人员应税所得，依法征收个人所得税，并由提供上述费用的企业和单位代扣代缴。其中，对企业雇员享受的此类奖励，应与当

期的工资薪金合并，按照“工资、薪金所得”项目征收个人所得税。对其他人员享受的此类奖励，应作为当期的劳务收入，按照“劳务报酬所得”项目征收个人所得税。

这个文件，明确规定了对公司对雇员和提供了劳务的非雇员提供旅游服务，应该按照“工资、薪金所得”和“劳务报酬所得”征收个人所得税。

（二）公司为投资人及其相关人员承担旅游费，按照“利息、股息、红利所得”代扣代缴个人所得税

财税〔2003〕158号规定，企业的个人投资者，以企业资金为本人、家庭成员及其相关人员支付与企业生产经营无关的消费性支出及购买汽车、住房等财产性支出，视为企业对个人投资者的红利分配，依照“利息、股息、红利所得”项目计征个人所得税。

旅游费支出就适用文件中提到的支付与生产经营无关的消费性支出，所以，只要公司为投资者或者其家庭成员，以及相关的人员承担旅游费支出，应该按照“利息、股息、红利所得”项目扣缴个人所得税。

（三）公司为客户承担旅游费，如果属于客户消费后的回馈，不征收个人所得税

财税〔2011〕50号规定，企业在销售商品（产品）和提供服务过程中向个人赠送礼品，属于下列情形之一的，不征收个人所得税：1. 企业通过价格折扣、折让方式向个人销售商品（产品）和提供服务；2. 企业在向个人销售商品（产品）和提供服务的同时给予赠品，如通信企业对个人购买手机赠话费、入网费，或者购话费赠手机等；3. 企业对累积消费达到一定额度的个人按消费积分反馈礼品。

在实际销售中，比如有的公司在销售汽车、住房等大额消费支出同时，赠送几日游的旅游服务，这项服务也属于文件中提到的礼品，这些因销售而产生的旅游费支出，不需要代扣代缴个人所得税。

（四）公司为客户承担的旅游费，若是客户抽奖所得，或向客户无偿赠送，按照“偶然所得”代扣代缴个人所得税

财税〔2011〕50号规定，企业对累积消费达到一定额度的顾客，给予额外抽奖机会，个人的获奖所得，按照“偶然所得”项目，全额适用20%的税率缴纳个人所得税。

财政部、税务总局公告2019年第74号规定：企业在业务宣传、广告等活动中，随机向本单位以外的个人赠送礼品，以及企业在年会、座谈会、庆典以及其他活动中向本单位以外的个人赠送礼品，个人取得的礼品收入，按照“偶然所得”项目计算缴纳个人所得税，但企业赠送的具有价格折扣或折让性质的消费券、代金券、抵用券、优惠券等礼品除外。

按照上述文件规定，如果公司对客户提供了抽奖服务，对于中奖客户获得的免费旅游，或者公司因业务宣传，向客户提供了免费旅游的机会，公司应按照“偶然所得”代扣代缴个人所得税。

总之，对于公司支付的旅游费，不能简单地以旅游费来判定该扣缴多少个人所得税，而是应该根据费用列支的不同对象、不同原因，详细分析支出属于税法中的哪个应税项目，从而适用相应的税目。

需要注意的是，如果是为雇员承担旅游费，应该将该笔非货币性福利和当月的工资奖金等合并计算，代扣代缴个人所得税。如果是为非雇员承担，实务中无法扣缴，只能将这笔旅游费作为个人的税后收入，倒算出税前收入，再计算应扣缴的个人所得税，由企业自行负担。

二、增值税的相关规定

对于公司购买旅游服务，由雇员或非雇员享受，在增值税上是否视同销售计算销项税？或者说是否可以抵扣进项税呢？我们分两种情形考虑。

（一）属于集体福利、个人消费支出的旅游费，增值税进项税不能抵扣

根据《财政部 国家税务总局关于全面推开营业税改征增值税试点的通知》（财税2016年第36号）附件1《营业税改征增值税试点实施办法》第二十七条规定，“下列项目的进项税额不得从销项税额中抵扣：（一）用于简易计税方法计税项目、免征增值税项目、集体福利或者个人消费的购进货物、加工修理修配劳务、服务、无形资产和不动产。其中涉及的固定资产、无形资产、不动产，仅指专用于上述项目的固定资产、无形资产（不包括其他权益性无形资产）、不动产。纳税人的交际应酬消费属于个人消费。”

因此，企业为奖励雇员购进货物、服务，属于集体福利性质，其进项税额不得抵扣。

（二）为生产经营支付的旅游费，取得增值税专用发票的进项税可以抵扣，同时需要视同销售，计算销项税

财税〔2016〕36号附件1第二十七条第（六）项明确规定，进项税额不得抵扣的项目包括旅客运输服务、贷款服务、餐饮服务、居民日常服务和娱乐服务等，并未包括旅游服务。如果支付的旅游费用于生产经营，比如组织回馈客户支付的旅游费，这部分费用支出的进项税额是可以抵扣的。

根据财税〔2016〕36号文件附件1第十四条规定，下列情形视同销售服务、无形资产或者不动产：（一）单位或者个体工商户向其他单位或者个人无偿提供服务，但用于公益事业或者以社会公众为对象的除外。（二）单位或者个人向其他单位或者个人无偿转让无形资产或者不动产，但用于公益事业或者以社会公众为对象的除外。（三）财政部和国家税务总局规定的其他情形。

按照上述规定，如果公司为其他单位和个人无偿提供了旅游服务，属于税法规定的提供了旅游服务视同销售行为，应当计算缴纳销项税。

三、企业所得税处理

对于公司购买旅游服务，在企业所得税前能否扣除？或者该如何扣除呢？我们同样需要区分不同的情形来分别处理。

（一）为雇员支付旅游费的税前扣除

根据企业所得税法实施条例的规定，企业发生的合理的工资薪金支出准予扣除。公司为雇员支付的旅游费是否属于合理的工资薪金呢？根据《国家税务总局关于企业工资薪金及职工福利费扣除问题的通知》（国税函〔2009〕3号）的规定，合理的工资薪金是指企业按照股东大会董事会薪酬委员会或者是相关的管理机构制定的工资薪金制度规定，实际发放给员工的工资薪金。

税务机关对于工资薪金进行合理性的确认主要从以下五个方面：第一，企业制定了较为规范的工资薪金制度。第二，企业所制定的工资薪金制度符合行业及地区水平。第三，企业在一定时期所发放的工资薪金是相对固定的，工资薪金的调整是有序进行的。第四，企业对实际发放的工资薪金已依法履行了代扣代缴个人所得税的义务。第五，有关工资薪金的安排不以减少或者逃避税款为目的。

由于为雇员支付的旅游费，一般不会是一个制度性的安排，也不是相对固定发放的，不具有工资薪金的属性，因此，不应该按照合理的工资薪金在税前扣除。

那是否可以按照职工福利费来扣除呢？根据国税函〔2009〕3号中对福利费支付范围的规定，没有明确规定可以列支旅游费。那是否属于其他福利费中“等”的范围呢？总局也没有明文规定，所以，能否在福利费中列支在实践中经常会引发一些争议。

在各地的规定中，我们可以看到，《苏州市地方税务局关于做好2009年度企业所得税汇算清缴工作的通知》（苏州地税函〔2009〕278号）规定：根据《国家税务总局关于企业工资薪金及职工福利费扣除问题的通知》（国税函〔2009〕3号）规定，职工福利费包括为职工卫生保健、生活、住房、交通等所发放的各项补贴和非货币性福利。从组织职工旅游的性质来看，其具有缓解工作压力、进一步提高生活质量的积极意义，因此，企业组织职工旅游发生的费用支出暂纳入职工福利费管理范畴，并按照税收规定扣除。

苏州地税函的解释，笔者认为还是符合国税函〔2009〕3号文件精神的，也对实践工作具有较强的指导意义。所以，公司为雇员支付旅游费，列入职工福利费，按照规定限额扣除是比较恰当的税务处理方式。

（二）为非雇员支付旅游费的税前扣除

为非雇员支付的旅游费，还应该根据具体情况作进一步的考虑：

1. 与生产经营有关，为招待客户发生的旅游费支出，属于公司发生的业务招待费，应当列入管理费用中的业务招待费，按税法规定的扣除标准列支。

2. 与生产经营有关，因销售而发生的旅游费支出，属于为回馈客户发生的业务宣传费，应当列入销售费用的业务宣传费，按税法规定的扣除标准列支。

3. 与企业生产经营无关的支出，如为股东及其家属或相关人员支付的旅游费支出，这些支出与公司的生产经营没有直接关系，按照《企业所得税法》第十条的规定，负担的这些旅游费属于与生产经营无关的支出，不得在税前扣除。

总之，公司发生旅游费支出，需要考虑的税种有个人所得税、增值税、企业所得税三个税种，每个税种都有不同的政策规定，财务人员在实务工作中应当先判断每一笔支出的对象和性质，对症下药，按章办事，才能作出规范的税务处理，尽可能减少涉税风险。

161　吃一顿饭，居然有这么多税事儿

俗话说：民以食为天，食以税为先。不好意思，后面这半句话不是俗话，是我自己的话。但您别说，吃饭和税收，还真是有剪不断理还乱的关系，别光管吃饭，不考虑税收，被税务机关查出问题可就麻烦了。所以吃饭前仔细想清楚税，是很有必要的。当然，这个问题三言两语还真说不清，我们分以下几个场景具体分析一下。

一、“下班了，走，去公司食堂吃饭！”

如果公司自办食堂，免费提供给员工就餐。根据国税函〔2009〕3号的规定，公司自办食堂属于职工福利费核算的内容。

从企业所得税来看：职工福利费在工资总额的14%以内税前列支。超过标准部分需要进行纳税调增。

从个人所得税来看：公司自办食堂支出，由于是员工整体享受，属于难以分割的非现金福利，不需要员工缴纳个人所得税。

有人说，这个不缴个人所得税的说法有文件依据吗？抱歉，并没有。最具权威的是2012年4月11日国家税务总局所得税司巡视员卢云在国家税务总局网站接受在线提问中回答："根据个人所得税法的规定原则，对于发给个人的福利，不论是现金还是实物，均应缴纳个人所得税。但目前对于集体享受的、不可分割的、非现金方式的福利，原则上不征收个人所得税。"所以，实际征管中基本都是这么执行的。

二、"这个公司福利不错，每月发2 000元餐费补助"

如果公司嫌自办食堂麻烦，直接给每个人发放2 000元餐费补助，或者固定打到某个饭店账上，员工自行点餐。这种情况下，会计和税务处理就和上面不一样了。根据财企〔2009〕242号《财政部关于企业加强职工福利费财务管理的通知》，"企业给职工发放的节日补助、未统一供餐而按月发放的午餐费补贴，应当纳入工资总额管理。"

从企业所得税来看：这部分支出是按照"工资薪金"在企业所得税前全额扣除。

从个人所得税来看：此项午餐补贴员工应该并入工资薪金缴纳个人所得税，当然是由公司来代扣代缴。

三、"今天出外勤，不能回单位吃饭，只好自己在外面饭店吃一顿了"

如果员工因为工作的原因，不能返回单位吃饭，在外面就餐，按照规定是可以领取误餐补助的。财税字〔1995〕82号《财政部 国家税务总局关于误餐补助范围确定问题的通知》规定："误餐补助，是指按财政部门规定，个人因公在城区、郊区工作，不能在工作单位或返回就餐，确实需要在外就餐的，根据实际误餐顿数，按规定的标准领取的误餐费。"

关于误餐补助，我们需要注意的是，误餐补助不是人人都领，是根据实际情况列支的。但也不是实报实销，吃多少报多少，而是根据制定的标准领取的。这个标准，税法并没有强制规定，只要公司规定在合理的范畴，都是可以的。

从企业所得税来看：据实发生误餐费并没有规定列支限额，是可以全额税前列支的。从列支的会计科目来说，应该根据企业实际情况直接记入管理费用或销售费用，不通过应付职工薪酬科目的范畴，不作为计提职工福利费、职工教育经费的基数。如果是人人有份的误餐补助，就属于职工工资薪金的一部分了。

从个人所得税来看：根据国税发〔1994〕89号："差旅费津贴、误餐补助不属于工资、薪金性质的补贴、津贴或者不属于纳税人本人工资、薪金所得项目的收入，不征税。”根据财税字〔1995〕82号：“一些单位以误餐补助名义发给职工的补贴、津贴，应当并入当月工资、薪金所得计征个人所得税。”简单来说，就是据实发生的误餐补助不征税。人人有份的误餐补助，要征税。

四、“今天陪客户吃了顿山珍海味，虽然花钱不少，但吃得一点儿也不舒服”

陪客户吃饭，显而易见是业务招待费。这里需要注意，陪客户吃饭是业务招待费，但业务招待费并不限于吃饭，相关的住宿费、交通费，礼品费、娱乐费、旅游费都属于业务招待费的核算范畴。

从企业所得税来看：业务招待费的扣除是最严格的，有两个标准，哪个小按哪个扣。《企业所得税法实施条例》第四十三条：“企业发生的与生产经营活动有关的业务招待费支出，按照发生额的60%扣除，但最高不得超过当年销售（营业）收入的5‰。”知道为什么只能扣发生额的60%了吗？因为另外40%是自己人吃的啊。大家总没见过，招待吃饭是一桌客人在吃吧。为啥要和收入挂钩呢？招待客人总需要根据自己的经济实力量入为出吧，你不心疼，国家作为大股东还心疼呢！

从个人所得税来看：陪客户吃饭，虽然员工获得了非货币收益，同样是难以量化，所以不征收个人所得税。

五、“出差在外，真是吃也吃不好，睡也睡不好”

员工出差在外就餐，属于差旅费的核算范围。当然，仅指员工自行就餐，如果在外宴请客户，那就应该回归到上述业务招待费。企业差旅费核算，最常见的方式是住宿费和大交通费根据发票据实报销，伙食费及市内交通费按照公司规定标准发放。

从企业所得税来看：差旅费列入管理费用，没有税前扣除的限制。但是一定要有相关的真实性证据，相关资料一定要记录清楚，出差人、事由、往返日期等。不能简单地拿一张住宿票就列支差旅费。

从个人所得税来看：按照规定标准发放的差旅费补贴，不需要缴纳个人所得税。但如果超过标准，或者标准高得离谱，都有可能被认定为变相发放津补贴，被税务机关征收个人所得税。所以，公司制定差旅费补助标准时要把握合理性，可参照国家机关差旅费标准合理浮动。

六、“公司开年会、吃大餐，大家尽情放松吧！”

企业开年会，搞团队建设，或者其他一些商务洽谈会，吃饭是必不可少的，这种情况下，饭费属于会议费的一部分。

从企业所得税来看：会议费在企业所得税税前是没有扣除限额的，但不意味着企业可以随意列支。企业在支付会议费的时候，除了发票，根据国税发〔2000〕84号，企业还应该提供时间、地点、出席人员、内容、目的、费用标准、支付凭证等相关信息，以证明会议费的真实性。虽然上述文件已经废止，但这里面提到的关于会议费的证明材料还是有参考价值的。

因为总局2018年第28号公告第七条规定：“企业应将与税前扣除凭证相关的资料，包括合同协议、支出依据、付款凭证等留存备查，以证实税前扣除凭证的真实性。”所以，如果缺乏相关资料，是不能在企业所得税税前扣除的。

从个人所得税来看：会议就餐不需要缴纳个人所得税，遇到大餐，就尽情享用，大快朵颐吧！

七、后记

看到这里，大家一定要对财务人员报以深深的同情。其他员工都是直接开吃，唯有他或她，一定是需要把税收问题考虑明白，才能下得了筷子。“食以税为先”说的就是他们啊！别问我为啥知道，不要让我回想起那些吃不下饭的日子。

162 借钱伤神？借完钱缴税才伤脑筋！

借钱和缴税之间有关系吗？当然有，而且关系还不一般，中间的弯弯绕绕，类似于你猛然听见《武林外传》中的燕小六说“照顾好我七舅姥爷的三外甥女”，总得先愣一会儿神，仔细捋一捋才能搞清楚。

当然，我们需要先搞清楚的是，和税有关的大部分时候不是借款本金，而是借款利息。本文不讲利息支出的涉税处理，而是着重谈一下借款取得的利息收入，到底该缴什么税。我们把借款分成四种类型分别来看一看。

1. 张三无偿借款给李四

自然人之间无偿借款，没有利息收入，这是最让人轻松的一种借款，不会涉及什么税收问题。无税一身轻，大家都省心。也许，在这种情况下，只有张三心里负担最重，时不时会惦记，李四到底什么时候还钱。

2. 张三有偿借款给李四

自然人之间有偿借款，张三取得利息收入，需要缴纳增值税和个人所得税。

个人所得税：按照取得的“利息、股息、红利所得”依照20%缴纳个人所得税。

增值税：一些朋友对利息收入缴纳个人所得税心里还是清楚的，但对缴纳增值税就感觉糊涂了，忍不住会连续发问：

个人利息收入还需要缴增值税吗？需要缴的。根据财税〔2016〕36号附件1《营业税改征增值税试点实施办法》第一条规定，在中华人民共和国境内销售服务、无形资产或者不动产的单位和个人，为增值税纳税人。增值税纳税人是涵盖个人的，包括个人提供贷款服务。

为什么感觉周围很少有人缴过？那是因为个人之间借款利息很少有人会索取发票，不需要发票就很少有人去缴增值税，可以说这里是有税收征管漏洞的。张三如果有偿借款给某公司，公司支付利息的时候需要张三出具发票，那时，就能明明白白感受到增值税了。

3. 公司无偿借款给张三

增值税：公司无偿借款给张三，虽然未取得收入，但是要视同销售征收增值税。因为单位无偿提供贷款服务，按照财税〔2016〕36号文第十四条第（一）项规定：单位或者个体工商户向其他单位或者个人无偿提供服务，应当视同销售服务。需要缴纳增值税。

企业所得税：公司无偿借款给个人，不属于企业所得税视同销售的范畴。但企业所得税还有一个政策是特别纳税调整，那就是如果企业与其关联方之间的业务往来，不符合独立交易原则而减少企业或者其关联方应纳税收入或者所得额的，税务机关有权按照合理方法调整。

如果张三是公司的员工，由于员工不符合国税发〔2009〕2号文第九条所列举的八种关联方，所以无偿借款给员工，不需要进行特别纳税调整。

如果张三是公司的股东或其他关联方，根据总局公告2017年第6号文之第三十八条，实际税负相同的境内关联方之间的交易，只要该交易没有直接或者间接导致国家总体税收收入的减少，原则上不作特别纳税调整。

个人所得税：公司借款给个人，还会出现个人所得税？敲黑板了，请注意，这里的个人所得税不是针对利息，是一个针对借款本金的涉税条款。

财税〔2003〕158号规定：“个人投资者从其投资企业（个人独资企业、合伙企业除外）借款，在该纳税年度终了后既不归还，又未用于企业生产经营的，其未归还的借款可视为企业对个人投资者的红利分配，依照‘利息、股息、红利所得’项目计征个人所得税。”

也就是说，如果张三是股东，借款年终未还，又未用于企业生产经营的，视同股息红利，由公司代扣代缴个人所得税。

有的朋友问，如果张三是员工呢，借款未还需要缴纳个税吗？先看文件规定：

财税〔2008〕83号："企业投资者个人、投资者家庭成员或企业其他人员向企业借款用于购买房屋及其他财产，将所有权登记为投资者、投资者家庭成员或企业其他人员，且借款年度终了后未归还借款的。对企业其他人员取得的上述所得，按照'工资、薪金所得'项目计征个人所得税。"

也就是如果员工用借款购买了房屋或汽车等需要登记所有权的财产，未归还的借款是需要按照工资薪金缴纳个人所得税的。如果仅仅是借款未还，目前没有规定需要缴纳个人所得税。

4. 公司有偿借款给张三

增值税：公司有偿借款，公司取得利息收入，按照销售金融服务缴纳增值税。

企业所得税：公司收取的利息收入并入企业总收入，一起计算应纳税所得额。

个人所得税：此处税务处理与上述公司无偿借款给个人是一致的。在年终借款未还时都需要考虑是否代扣代缴个人所得税的问题。

5. 后记：其他相关涉税事项

无论是公司和个人借款，还是个人之间借款，都不需要缴纳印花税，因为印花税是针对"银行及其他金融组织和借款人"签订的合同。

只要缴纳增值税，就会产生城市维护建设税、教育费附加、地方教育附加等附加税费，统一说明，不在文中赘述。

163　商场赠送的小扇子，会有什么涉税问题？

炎炎夏日，走不了五分钟就是一身汗，这时候，总有贴心的商家会为你分忧。这不，刚走进一个商场，门口笑语盈盈的礼宾小姐就递送了一把小扇子。当然，不出所料，背面是商场的宣传信息。

恰好，这个商场的会计我是认识的，一次，我问她，这些扇子是如何记账的。她说，这个还不简单，商场买了2万把扇子，花了1万元，直接记在费用里了。我又问，那你是如何算税的呢？她惊讶地看着我：税？什么税？这和税有什么关系？

我说，不仅有关系，而且关系很多。我们分别来看一下：

一、增值税

根据《增值税暂行条例实施细则》第四条的规定，单位或者个体工商户将自产、委托加工或者购进的货物无偿赠送其他单位或者个人，视同销售。这些小扇子是商场购买的，无偿赠送给顾客，所以，这些小扇子在增值税上是要视同销售的。

销售额怎么确定呢？根据《增值税暂行条例实施细则》第十六条规定的计价顺序，先看你们商场是否有这种商品，如果有，就按你们销售的平均价，如果没有，按其他纳税人销售小扇子的平均价来确定。所以这批扇子可以按照 10 000 元确定销售额，因为你们商场是一般纳税人，适用 13% 的增值税税率，销项税额 = 10 000 × 13% = 1 300 元。

那进项税呢？因为你是从批发市场上买的，没有取得增值税专用发票，那就无进项税可以抵扣，进项税额为 0。所以，以后还是应该去有专票的商贩中进货比较好。现在，这些扇子会让你多缴 1 600 元的增值税。

缴纳增值税的同时需要缴纳附加的城市维护建设税、教育费附加、地方教育附加等，各地的附加税费会有一些不同，大约是增值税的 12%，1 600 × 12% = 192 元。

二、企业所得税

《企业所得税法实施条例》第二十五条：企业将货物用于捐赠、广告等应当视同销售货物。总局公告 2016 年第 80 号：资产移送应按照被移送资产的公允价值确认销售收入。

按照上述规定，这个扇子在企业所得税中也是要视同销售的。这些小扇子是你近期刚买的吧？那公允价值可以确定就是目前市场行情价 10 000 元。如果你是 5 年前就买上了，现在的行情是 15 000 元，那就需要按 15 000 元来确定视同销售收入。

视同销售成本是多少呢？因为实际购买扇子的成本就是 10 000 元，记账是按照历史成本记的，所以视同销售成本就是这么多，不会发生任何改变。

如果视同销售收入确定为 10 000 元，视同销售成本确定为 10 000 元，视同销售所得是 0，似乎对企业所得税没有任何影响。但不能这么下定论，因为视同销售收入 10 000 元，要列入销售收入总额中，作为计提业务招待费、广告费、业务宣传费的基数。基数增加，扣除额就增加。最终计算结果是会对企业所得税产生影响的。

因为这些小扇子上是印了你们公司的宣传信息的，所以这些支出应该记入销售费用——业务宣传费中，而不能记入管理费用中。按照《企业所得税法实施条例》第四十四条，广告费和业务宣传费不超过当年销售收入 15% 的部分，准予扣除。超过部分，以后年度结转扣除。所以这 10 000 元你应该并入广告费中，统一计算是否超标准。

三、个人所得税

财政部、税务总局公告 2019 年第 74 号规定：企业在业务宣传、广告等活动中，随机向本单位以外的个人赠送礼品（包括网络红包，下同），以及企业在年会、座谈会、庆典或其他活动中向本单位以外的个人赠送礼品，个人取得的礼品收入，按照“偶然所得”项目计算缴纳个人所得税，但企业赠送的具有价格折扣或折让性质的消费券、代金券、抵用券、优惠券等礼品除外。

不要看扇子小，苍蝇再小也是肉，所以受赠的个人是需要缴纳个人所得税的，只不过不是个人去缴，而是由企业代扣代缴。缴税额如何计算呢？因为这些扇子是外购的，就按购买价格 10 000 元来确定应纳税所得额，应缴纳的个人所得税为 10 000 × 20% = 2 000 元。

听到这里，会计懵懵地问：那这笔税款我怎么扣回来啊？

我无可奈何地说：你肯定扣不回来啊？商场自己出吧。另外，你还得知道，因为这 2 000 元是替个人缴税，不是商场的支出，所以在企业所得税前是不能列支的，需要进行纳税调整。仅这笔支出而言，还需要缴纳 500 元企业所得税。

四、总结

总的来说，就是商场无偿赠送商品，税务处理时会涉及增值税及其附加税费、企业所得税、代扣个人所得税。

听完我这一番解释，会计无语地说，就这么一把小扇子，税务处理这么麻烦，太小题大做了吧？

我拍了拍她的肩膀说：税法不是根据金额大小来确定是否需要缴税的，它要形成自己的逻辑自洽，虽然会有例外、有补丁，但是这个规则确定了，无论金额大小都是要征的。

她说：真没想到，一把小扇子还有这么多税务问题。

我说：其实每个公司都有无数个税法上的“没想到”，税务之复杂已经不是靠会计一人就可以搞定了。你最好建议老板，请专业机构协助或找专业人士负责税务，才能更好避免涉税风险。

【**晶晶亮提示：**本文的重点是提示税务稽查人员要关注无偿赠送的涉税问题，不是提示大家去关注扇子。】

164　“私车公用”如何税务处理？

“私车公用”，通俗讲是指公司股东或员工个人将自有的车辆用于公司的经营活动，公司给予报销租赁费或者汽油费、路桥费、汽车维修费、保险费等费用或者发放补贴的一种经济行为。

私车公用，主要涉及企业所得税税前扣除、个人所得税代扣代缴问题。具体税收上该如何处理呢？我们从签订合同和没签订合同两种情形分别来考虑。

一、企业与员工或业主签订租赁合同

（一）企业所得税税前扣除问题

近期，山西省税务局的答复见图 9 - 2。

国家税务总局山西省税务局
Shanxi Provincial Tax Service, State Taxation Administration

首页 | 信息公开 | 纳税服务 | 互动交流 | 税收宣传

当前位置：首页

办件详情

详细情况

办件标题	私车公用产生的相关费用，能在企业所得税前扣除吗？
办件编号	NSZX2019040600003
提交时间	2019-04-06
内容	私车公用产生的油耗、过路过桥费、修理费等费用在企业列支后，这些费用可以在企业所得税税前扣除吗？
附件	无附件

处理情况

办件状态	已办结 您好！您提交的网上留言咨询已收悉，现答复如下：根据《中华人民共和国企业所得税法》（中华人民共和国主席令第63号）第八条规定，企业实际发生的与取得收入有关的、合理的支出，包括成本、费用、税金、损失和其他支出，准予在计算应纳税所得额时扣除。根据《中华人民共和国企业所得税法实施条例》（中华人民共和国国务院令第512号）第三十条规定，企业所得税法第八条所称费用，是指企业在生产经营活动中发生的销售费用、管理费用和财务费用，已经计入成本的有关费用除外。综上，企业使用员工个人的车辆，应在签订租赁合同并取得车辆租赁发票的情况下，其发生的与生产经营相关的油费、保养费、过路费等支出，可凭合法有效凭证在企业所得税前扣除。 感谢您的咨询！上述回复仅供参考，有关具体办理程序方面的事宜请直接向您的主管或所在地税务机关咨询。
回复日期	2019-04-09

图 9 - 2 山西省税务局关于企业所得税税前扣除问题的答复

问：私车公用产生的油耗、过路过桥费、修理费等费用在企业列支后，这些费用可以在企业所得税税前扣除吗？

答：根据《中华人民共和国企业所得税法》（中华人民共和国主席令第 63 号）第八条规定，企业实际发生的与取得收入有关的、合理的支出，包括成本、费用、税金、损失和其他支出，准予在计算应纳税所得额时扣除。根据《中华人民共和国企业所得税法实施条例》（国务院令第 512 号）第三十条规定，企业所得税法第八条所称的费用，是指企业在生产经营活动中发生的销售费用、管理费用和财务费用，已经计入成本的有关费用除外。

综上，企业使用员工个人的车辆，应在签订租赁合同并取得车辆租赁发票的情况下，其发生的与生产经营相关的油费、保养费、过路费等支出，可凭合法有效凭证在企业所得税前扣除。

其他省市答疑口径如下：

1. 厦门税务答疑私车公用

问：公司车辆比较少，公司租用公司员工车辆，并签订协议，在协议中注明，如果私车公用产生的费用，员工可以通过油费、停车费、维修费等车辆的有效合法票据在公司报销，该部分费用是否可以在所得税税前扣除？该部分费用是否需要为员工申报缴纳个人所得税？

答：根据《中华人民共和国企业所得税法》（中华人民共和国主席令第63号）第八条规定，企业实际发生的与取得收入有关的、合理的支出，包括成本、费用、税金、损失和其他支出，准予在计算应纳税所得额时扣除。第十条规定，与取得收入无关的其他支出，在计算应纳税所得额时不得扣除。私车公用，如存在租赁（签租赁合同），且取得租赁发票，租赁车辆在租赁期间实际发生的与生产经营有关的费用（过路费、汽油费、停车费等），凭合法有效凭据准予税前扣除。

2. 苏地税规〔2011〕13号第二十四条规定，企业员工将私人车辆提供给企业使用，企业应按照独立交易原则支付租赁费，以发票作为税前扣除凭证。应由个人承担的车辆购置税、车辆保险费等不得在税前扣除。

小结：

对于企业发生“私车公用”相关费用能否在企业所得税税前扣除，企业所得税法实施后并没有具体规定。从实质上看，私车公用发生的费用可以税前列支，需要满足以下两个条件：

（1）签订租赁合同，合同约定公司承担个人车辆所发生的费用，但不包括应由个人承担的费用，如车辆保险费、折旧费、年审费、车船税等；

（2）代开租赁费发票。

【**晶晶亮提示：**“私车公用”是目前很多企业普遍存在的现象，各地执行口径不统一。建议企业在实际执行时，与主管税局沟通并提供完整的税务资料。如随意税前扣除，势必会给企业带来涉税风险。】

（二）个人所得税扣缴问题

1. 政策依据

《个人所得税法实施条例》规定，财产租赁所得，是指个人出租建筑物、土地使用权、机器设备、车船以及其他财产取得的所得。财产租赁所得，以一个月内取得的收入为一次。

《个人所得税法》规定，九类个人所得税税目中除了“经营所得”外，均需要扣缴义务人代扣代缴。

《税收征管法》第六十九条规定，扣缴义务人应扣未扣、应收而不收税款的，由税务机关向纳税人追缴税款，对扣缴义务人处应扣未扣、应收未收税款50%以上3倍以下的罚款。

地方口径：

河北省地方税务局：认可私车公用费用在企业所得税税前列支的，但并不意味着个人报销的汽油费、修车费、路桥费就不计入个人所得。

厦门税务：若合同约定，汽油费、停车费、维修费属于车辆租金收入的一部分，该部分收入应并入租金收入，按“财产租赁所得”缴纳个人所得税。若该部分不属于租金收入，是公司在生产经营活动中发生的，由员工先垫付再报销的费用，则不作为个人应税所得。

京地税个〔2002〕568号规定，对企业支付个人车辆的支出，均应视同企业向个人支付的所得，按工资薪金所得计算纳税；但能够提供租赁合同的，可按财产租赁所得计算纳税。其他个人财产公用的，比照此办法执行。

小结：

综上，企业与员工或业主签订租赁合同，支付给员工或业主租金。首先，员工或业主应到税务局代开租赁费发票。企业凭相关合同及代开的发票，税前扣除。其次，企业向员工或业主支付租赁费时应按“财产租赁所得”税目，代扣代缴个人所得税，适用20%的税率。

【**晶晶亮提示：**自2019年5月起，很多省市包括山西，陆续下发代开发票时不再附征个人所得税的文件。如山西省税务局下发晋税函〔2019〕116号明确规定，税务机关为纳税人代开发票时不再附征个人所得税，发票备注栏内统一注明“个人所得税由扣缴义务人（支付方）依法预扣预缴或代扣代缴”（除经营所得外）。税局将采取事后管理的模式，定期汇总统计纳税人代开发票数据，并与相关纳税人自行申报数据和扣缴义务人的扣缴申报数据进行比对，比对结果不一致的，作为风险事项推送至主管税务机关。这一个税收征管口径的改变，无疑增大了企业作为扣缴义务人的责任。如果少扣缴个人所得税，不仅要对公司罚款，还要向个人追缴税款。】

二、企业与员工或业主不签订租赁合同，采取实报实销形式

（一）企业所得税税前扣除问题

以实报实销形式发放的个人交通费，在企业所得税处理上没有较为具体的规定。

但是，结合实质，企业私用员工或业主车辆，没有签订任何合同或协议证明车辆费用发生的真实性和合理性，无法分清是个人消费还是企业费用。因此，根据税法规定，会被认为是与企业取得收入无关的支出，不得税前扣除。企业如果随意税前扣除，必然会有涉税风险。

（二）个人所得税扣缴问题

《国家税务总局关于个人因公务用车制度改革取得补贴收入征收个人所得税问题的通知》（国税函〔2006〕245 号）第一条规定，因公务用车制度改革而以现金、报销等形式向职工个人支付的收入，均应视为个人取得公务用车补贴收入，按照“工资、薪金所得”项目计征个人所得税。

因此，支付给员工或业主的车辆支出采用实报实销形式的。这种形式，本来不属于个人的所得，但按照税法的规定需要缴纳个人所得税。企业应当按照“工资、薪金所得”税目计算并代扣代缴个人所得税。

165　保险费在两个所得税前如何扣除?

现在社会越来越离不开保险了，几乎每个人、每个公司都会有一些不同名目的保险缴费支出，本文就把保险费分为三大类，一起来了解保险缴费支出在个人所得税和企业所得税前是如何扣除的。

一、社会保险

我们常说的社会保险主要包括基本养老保险、基本医疗保险、工伤保险、失业保险和生育保险。

其中基本养老保险、基本医疗保险、失业保险由用人单位和职工共同缴纳，工伤保险、生育保险由用人单位缴纳，职工不缴纳。

（一）个人所得税规定

企事业单位按照国家或省（自治区、直辖市）人民政府规定的缴费比例或办法实际缴付的基本养老保险费、基本医疗保险费和失业保险费，免征个人所得税。

个人按照国家或省（自治区、直辖市）人民政府规定的缴费比例或办法实际缴付的基本养老保险费、基本医疗保险费和失业保险费，允许在个人应纳税所得额中扣除。

企事业单位和个人超过规定的比例和标准缴付的基本养老保险费、基本医疗保险费和失业保险费，应将超过部分并入个人当期的工资、薪金收入，计征个人所得税。

（二）企业所得税规定

企业依照国务院有关主管部门或者省级人民政府规定的范围和标准为职工缴纳的基本养老保险费、基本医疗保险费、失业保险费、工伤保险费、生育保险费等基本社会保险费和住房公积金，准予扣除。

（三）文件依据

1.《财政部 国家税务总局关于基本养老保险费 基本医疗保险费 失业保险费 住房公积金有关个人所得税政策的通知》（财税〔2006〕10 号）；

2.《中华人民共和国企业所得税法实施条例》（国务院令第 512 号）第三十五条。

二、补充保险

我们常说的补充保险主要包括补充养老保险和补充医疗保险，其中补充养老保险多以企业年金、职业年金的形式运营。

（一）个人所得税规定

企业和事业单位根据国家有关政策规定的办法和标准，为在本单位任职或者受雇的全体职工缴付的企业年金或职业年金单位缴费部分，在计入个人账户时，个人暂不缴纳个人所得税。

个人根据国家有关政策规定缴付的年金个人缴费部分，在不超过本人缴费工资计税基数的 4% 标准内的部分，暂从个人当期的应纳税所得额中扣除。

企业年金个人缴费工资计税基数为本人上一年度月平均工资。月平均工资按国家统计局规定列入工资总额统计的项目计算。月平均工资超过职工工作地所在设区城市上一年度职工月平均工资 300% 以上的部分，不计入个人缴费工资计税基数。

职业年金个人缴费工资计税基数为职工岗位工资和薪级工资之和。职工岗位工资和薪级工资之和超过职工工作地所在设区城市上一年度职工月平均工资 300% 以上的部分，不计入个人缴费工资计税基数。

超过规定的标准缴付的年金单位缴费和个人缴费部分，应并入个人当期的工资、薪金所得，依法计征个人所得税。

（二）企业所得税规定

企业根据国家有关政策规定，为在本企业任职或者受雇的全体员工支付的补充养老保险费、补充医疗保险费，分别在不超过职工工资总额5%标准内的部分，在计算应纳税所得额时准予扣除；超过的部分，不予扣除。

（三）文件依据

1.《财政部 人力资源社会保障部 国家税务总局关于企业年金职业年金个人所得税有关问题的通知》（财税〔2013〕103号）；

2.《财政部 国家税务总局关于补充养老保险费、补充医疗保险费有关企业所得税政策问题的通知》（财税〔2009〕27号）。

（四）常见问题答疑

1. 没有给全体职工缴纳的企业年金可否税前扣除？

问：某企业在费用中列支企业年金239万元（未超过职工工资总额5%标准），经了解，企业员工总人数680人，自愿参加企业年金人员471人，部分人员不愿意缴纳年金，即企业本年总共缴纳的239万元是部分人员年金。由于企业年金涉及个人缴费部分，必须征得个人同意，部分人主动放弃参加企业年金，并不是企业区别对待，不是主动不给全体人员缴纳年金。对于企业未给全体职工缴纳企业年金，其缴纳的部分职工年金能否税前扣除？

答：财税〔2009〕27号规定企业为全体员工支付的补充养老保险费可以扣除体现了政策的普惠性，对于仅给部分特定人群缴纳补充养老保险费不给予政策支持。因此，对于企业按照社保部门规定缴纳的年金，只要体现普惠性就符合政策本义，可以按照财税〔2009〕27号的规定税前扣除。

2. 补充养老和补充医疗税前扣除限额计算基数问题

问：对于体现普惠性的补充养老和补充医疗，在计算扣除限额时是以全体员工税收口径的工资薪金总额作为计算基数，还是以实际参加补充养老和补充医疗人员的工资薪金总额作为计算基数？

答：以实际参加补充养老和补充医疗人员的工资薪金总额作为计算基数。

3. 补充养老保险范围问题

问：目前补充养老保险均为商业保险公司开设的商业险种，对于补充养老保险的险种并未划定具体范围，基层税务机关应如何判定补充养老保险的范围？

答：对于依法参加基本养老保险的企业，其通过商业保险公司为员工缴纳的具有补充养老性质的保险，可按照财税〔2009〕27号的有关规定从税前扣除。补充养老保险的险种范围可以按照《保险法》和相关监管部门的规定予以确认。

4. 补充养老保险追补扣除问题

问：某企业在2018年度确认年金制度，并在该年度一次性补缴2012—2017年各年度企业年金。由于以前年度没有年金制度，因此，该企业以前年度未作会计处理，补缴以前年度年金后企业进行了相应的会计处理，对以前年度损益进行调整。企业进行上述会计处理后是否可以作为以前年度应扣未扣事项追补扣除，按照《国家税务总局关于企业所得税应纳税所得额若干税务处理问题的公告》（国家税务总局公告2012年第15号，以下简称“15号公告”）第六条的规定，按5年确认追补期限？

答：可以作为以前年度应扣未扣事项，按照15号公告第六条的规定追补确认期限不得超过5年。

5. 自管的补充医疗保险税前扣除问题

问：对于企业按照《财政部 劳动保障部关于企业补充医疗保险有关问题的通知》（财社〔2002〕18号，以下简称“财社〔2002〕18号”）的规定自管的补充医疗保险，实际支出未超过工资薪金总额5%的能否税前扣除？

答：对于企业根据财社〔2002〕18号和省级人民政府规定建立的补充医疗保险，补充医疗保险资金由企业或行业集中使用和管理，单独建账、单独管理的，实际发生的用于本企业个人负担较重职工和退休人员的医药费补助可以在不超过当年职工工资总额5%标准内税前扣除；提取而未实际发生，或不符合规定范围的支出不得从税前扣除。

三、商业保险

商业保险品类繁多，个人为提升保障水平，对商业养老保险和商业健康保险的购买意愿较为强烈，企业为分散经营责任风险，保护职工权益，也会主动参加各类责任保险，但不是所有的商业保险缴费支出都能在所得税前扣除。

在个人所得税前可以限额扣除的有商业健康保险和个人税收递延型商业养老保险。

在企业所得税前可以全额扣除的商业保险费有四类：一是财产保险；二是职工乘坐交通工具的人身意外保险费；三是责任保险；四是为特殊工种职工支付的人身安全保险费。其余商业保险费用均不能税前扣除。

（一）个人所得税规定

1. 自2017年7月1日起，对个人购买符合规定的商业健康保险产品的支出，允许在当年（月）计算应纳税所得额时予以税前扣除，扣除限额为2 400元/年（200元/月）。单位统一为员工购买符合规定的商业健康保险产品的支出，应分别计入员工个人工资薪金，视同个人购买，按上述限额予以扣除。

个人购买商业健康保险未获得税优识别码的，其支出金额不得税前扣除。

2. 自2018年5月1日起，在上海市、福建省（含厦门市）和苏州工业园区实施个人税收递延型商业养老保险试点。试点期限暂定1年。

取得工资薪金、连续性劳务报酬所得的个人，其缴纳的保费准予在申报扣除当月计算应纳税所得额时予以限额据实扣除，扣除限额按照当月工资薪金、连续性劳务报酬收入的6%和1 000元孰低办法确定。

取得个体工商户生产经营所得、对企事业单位的承包承租经营所得的个体工商户业主、个人独资企业投资者、合伙企业自然人合伙人和承包承租经营者，其缴纳的保费准予在申报扣除当年计算应纳税所得额时予以限额据实扣除，扣除限额按照不超过当年应税收入的6%和12 000元孰低办法确定。

试点地区内可享受税延养老保险税前扣除优惠政策的个人，凭中国保险信息技术管理有限责任公司相关信息平台出具的“个人税收递延型商业养老保险扣除凭证”，办理税前扣除。

（二）企业所得税规定

企业参加财产保险，按照规定缴纳的保险费，准予扣除。

企业职工因公出差乘坐交通工具发生的人身意外保险费支出，准予企业在计算应纳税所得额时扣除。

企业参加雇主责任险、公众责任险等责任保险，按照规定缴纳的保险费，准予在企业所得税税前扣除。

除企业依照国家有关规定为特殊工种职工支付的人身安全保险费和国务院财政、税务主管部门规定可以扣除的其他商业保险费外，企业为投资者或者职工支付的商业保险费，不得扣除。

（三）文件依据

1.《财政部 国家税务总局 保监会关于将商业健康保险个人所得税试点政策推广到全国范围实施的通知》（财税〔2017〕39号）；

2.《国家税务总局关于推广实施商业健康保险个人所得税政策有关征管问题的公告》（国家税务总局公告2017年第17号）；

3.《财政部 税务总局 人力资源社会保障部 中国银行保险监督管理委员会 证监会关于开展个人税收递延型商业养老保险试点的通知》（财税〔2018〕22号）；

4.《国家税务总局关于开展个人税收递延型商业养老保险试点有关征管问题的公告》（国家税务总局公告2018年第21号）；

5.《国家税务总局关于企业所得税有关问题的公告》（国家税务总局公告2016年第80号）；

6.《国家税务总局关于责任保险费企业所得税税前扣除有关问题的公告》（国家

税务总局公告2018年第52号）；

7.《中华人民共和国企业所得税法实施条例》（国务院令第512号）第三十六条、四十六条。

166　中秋节的月饼，如何进行财税处理？

中秋节要吃月饼，虽然有很多人都不喜欢吃，但生活中还是需要这个仪式感的。

作为财税人员，还有另外一种仪式感，就是每到此时，要特别关注一下月饼的财税处理。

我们分四种情况来分析：一是自产的月饼送给客户；二是自产的月饼发给职工；三是外购的月饼送给客户；四是外购的月饼发给职工。

一、自产的月饼送给客户

会计处理：

借：销售费用——业务宣传费/管理费用——业务招待费

　　贷：库存商品

　　　　应交税费——应交增值税（销项税额）

（一）增值税

视同销售，按最近时期同类货物平均售价确定销售额，纳税义务发生时间是赠送月饼的当天。

■ **政策依据**

1.《增值税暂行条例实施细则》第四条第（八）项规定，单位或者个体工商户将自产、委托加工或者购进的货物无偿赠送其他单位或者个人应视同销售货物。

第十六条第（一）项规定，纳税人有视同销售货物行为而无销售额者，按下列顺序确定销售额：（一）按纳税人最近时期同类货物的平均销售价格确定。

条例第十九条、细则第三十八条第（七）项规定，纳税人发生上述视同销售货物行为，为货物移送的当天。

（二）企业所得税

应视同销售，按企业同类资产同期对外销售价格确定销售收入，按广告宣传费或业务招待费税前限额扣除。

■ 政策依据

1.《中华人民共和国企业所得税法》第二十五条，企业发生非货币性资产交换，以及将货物、财产、劳务用于捐赠、偿债、赞助、集资、广告、样品、职工福利或者利润分配等用途的，应当视同销售货物、转让财产或者提供劳务，但国务院财政、税务主管部门另有规定的除外。

2.《国家税务总局关于企业处置资产所得税处理问题的通知》（国税函〔2008〕828号）第二条，企业将资产移送他人的下列情形，因资产所有权属已发生改变而不属于内部处置资产，应按规定视同销售确定收入：（一）用于市场推广或销售；（二）用于交际应酬；（三）用于职工奖励或福利；（四）用于股息分配；（五）用于对外捐赠；（六）其他改变资产所有权属的用途。

3.《国家税务总局关于企业所得税有关问题的公告》（国家税务总局公告2016年第80号）第二条，属于企业自制的资产，应按企业同类资产同期对外销售价格确定销售收入。属于外购的资产，应按照被移送资产的公允价值确定销售收入。

4.《中华人民共和国企业所得税法实施条例》第四十三条，企业发生的与生产经营活动有关的业务招待费支出，按照发生额的60%扣除，但最高不得超过当年销售（营业）收入的5‰。

5.《中华人民共和国企业所得税法实施条例》第四十四条规定，企业发生的符合条件的广告费和业务宣传费支出，除国务院财政、税务主管部门另有规定外，不超过当年销售（营业）收入15%的部分，准予扣除；超过部分，准予在以后纳税年度结转扣除。

（三）个人所得税

如果是无附加条件的赠送给客户，按“偶然所得”代扣代缴客户的个人所得税；如果是销售商品或提供服务的同时赠送，不代扣代缴个人所得税。

■ 政策依据

1.《财政部 税务总局关于个人取得有关收入适用个人所得税应税所得项目的公告》（财政部 税务总局公告2019年第74号）第三条规定，企业在业务宣传、广告等活动中，随机向本单位以外的个人赠送礼品（包括网络红包，下同），以及企业在年会、座谈会、庆典以及其他活动中向本单位以外的个人赠送礼品，个人取得的礼品收入，按照“偶然所得”项目计算缴纳个人所得税，但企业赠送的具有价格折扣或折让性质的消费券、代金券、抵用券、优惠券等礼品除外。

2.《财政部 国家税务总局关于企业促销展业赠送礼品有关个人所得税问题的通知》（财税〔2011〕50号）第一条规定，企业在销售商品（产品）和提供服务过程中向个人赠送礼品，属于下列情形之一的，不征收个人所得税：(1) 企业通过价格折扣、折让方式向个人销售商品（产品）和提供服务；(2) 企业在向个人销售商品（产品）和提供服务的同时给予赠品，如通信企业对个人购买手机赠话费、入网费，或者购话费赠手机等；(3) 企业对累积消费达到一定额度的个人按消费积分反馈礼品。

二、自产的月饼发给职工

会计处理：

决定发放给员工作为福利时：

借：管理费用、生产成本、制造费用、销售费用等

　　贷：应付职工薪酬——非货币性福利

实际发放时：

借：应付职工薪酬——非货币性福利

　　贷：主营业务收入

　　　　应交税费——应交增值税（销项税额）

借：主营业务成本

　　贷：库存商品

（一）增值税

视同销售，按最近时期同类月饼的平均销售价格确定销售额，纳税义务发生时间是赠送月饼的当天。

■ 政策依据

1.《增值税暂行条例实施细则》第四条第（五）项，单位或者个体工商户将自产、委托加工的货物用于集体福利或者个人消费应视同销售货物。

2.《增值税暂行条例实施细则》第十六条第（一）项规定，纳税人有视同销售货物行为而无销售额者，按下列顺序确定销售额：（一）按纳税人最近时

期同类货物的平均销售价格确定。

3. 条例第十九条、细则第三十八条第（七）项规定，纳税人发生上述视同销售货物行为，为货物移送的当天。

（二）企业所得税

视同销售，按企业同类资产同期对外销售价格确定销售收入，作为职工福利费税前限额扣除。

■ 政策依据

1.《国家税务总局关于企业工资薪金和职工福利费等支出税前扣除问题的公告》（国家税务总局公告2015年第34号）第一条规定，企业福利性补贴支出税前扣除问题，列入企业员工工资薪金制度、固定与工资薪金一起发放的福利性补贴，符合《国家税务总局关于企业工资薪金及职工福利费扣除问题的通知》（国税函〔2009〕3号）第一条规定的，可作为企业发生的工资薪金支出，按规定在税前扣除。不能同时符合上述条件的福利性补贴，应作为国税函〔2009〕3号文件第三条规定的职工福利费，按规定计算限额税前扣除。

2.《中华人民共和国企业所得税法实施条例》第四十条，企业发生的职工福利费支出，不超过工资薪金总额14%的部分，准予扣除。

（三）个人所得税

单位发放的实物福利，应并入个人当月工资薪金所得扣缴个人所得税。如果没有直接发放给员工，而是在食堂用餐时免费提供给职工食用，不代扣个人所得税。

■ 政策依据

1.《中华人民共和国个人所得税法实施条例》第十条规定，个人所得的形式，包括现金、实物、有价证券和其他形式的经济利益。

2.《国家税务总局关于生活补助费范围确定问题的通知》（国税发〔1998〕155号）第二条第（二）项规定，下列收入不属于免税的福利费范围，应当并入纳税人的工资、薪金收入计征个人所得税：（二）从福利费和工会经费中支付给本单位职工的人人有份的补贴、补助。

3.《国家税务总局2018年第三季度政策解读现场实录》有关回复，对于任职受雇单位发给个人的福利，不论是现金还是实物，依法均应缴纳个人所得税。但对于集体享受的、不可分割的、未向个人量化的非现金方式的福利，原则上不征收个人所得税。

三、外购的月饼送给客户

会计处理：

借：销售费用——业务宣传费/管理费用——业务招待费

贷：库存商品

应交税费——应交增值税（销项税额）

（一）增值税

视同销售，按购进价格确定销售额，纳税义务发生时间是赠送月饼的当天。

■ **政策依据**

1.《增值税暂行条例实施细则》第四条第（八）项规定：单位或者个体工商户将自产、委托加工或者购进的货物无偿赠送其他单位或者个人应视同销售货物。

2.《增值税暂行条例实施细则》第十六条第（二）项规定，纳税人有视同销售货物行为而无销售额者，按下列顺序确定销售额：按其他纳税人最近时期同类货物的平均销售价格确定。

3. 条例第十九条、细则第三十八条第（七）项规定，纳税人发生上述视同销售货物行为，为货物移送的当天。

（二）企业所得税

视同销售，应按照被移送资产的公允价值确定销售收入，按广告宣传费或业务招待费税前限额扣除。

■ **政策依据**

同自产月饼送客户，略。

（三）个人所得税

如果是无附加条件的赠送给客户，按“偶然所得”代扣代缴客户的个人所得税；如果是销售商品或提供服务的同时赠送，不代扣代缴个人所得税。

■ **政策依据**

同自产月饼送客户，略。

四、外购的月饼发给职工

会计处理：

购进时：

借：库存商品

　　应交税费——应交增值税（进项税额）

　　贷：银行存款

决定以购进月饼发放给职工作为福利：

借：管理费用、生产成本、制造费用、销售费用等

　　贷：应付职工薪酬——非货币性福利

实际发放给职工：

借：应付职工薪酬——非货币性福利

　　贷：库存商品

　　　　应交税费——应交增值税（进项税额转出）

（一）增值税

不得抵扣或进项税转出。

■ 政策依据

《增值税暂行条例》第十条第（一）项，用于集体福利或者个人消费的购进货物的进项税额不得从销项税额中抵扣。

（二）企业所得税

视同销售，应按照被移送资产的公允价值确定销售收入，作为职工福利费税前限额扣除。

■ 政策依据

同自产月饼发放给员工，略。

（三）个人所得税

单位发放的实物福利，应并入个人当月工资薪金所得扣缴个人所得税。如果没有直接发放给员工，而是在食堂用餐时免费提供给职工食用，不代扣个人所得税。

■ 政策依据

同自产月饼发放给员工，略。

总之，这四种情形，看起来很复杂，其实归纳一下并不难。

从增值税来看，除了外购月饼发给员工，是进项税不得抵扣或进项税转出，其余三种情形都是视同销售处理。

从企业所得税来看：这四种情形都需要视同销售，只是税前扣除的项目有所不同。

从个人所得税来看：不附加任何条件赠送客户，是偶然所得，销售时附赠，不代扣个税；发放给职工个人，按工资薪金所得扣税，集体享用，不代扣个人所得税。

167　这 4 张不动产交易税费计算表，值得收藏参考！

我在网上看到广州税务局的不动产交易税率表，总结得很好，列示得非常清晰明了，其中除了个别地方规定，大部分政策是全国通用的，大家可以收藏参考！

一共 4 张表，分别是：

1. 购买一手房相关税费计算表（购买方）；

2. （1）个人转让二手住宅相关税费计算表（买卖双方）；

（2）个人转让二手非住宅相关税费计算表（买卖双方）；

3. 企业间转让二手房相关税费计算表（买卖双方）。

当然，这些税费计算表适用于没有采取综合征收率的地区，对于采取综合征收率征税的地区，可以忽略。

一、购买一手房相关税费计算表（见表 9－1）

表 9－1　　购买一手房相关税费计算表

纳税人	税种	适用条件		税费
受让方	契税	个人购买家庭唯一住房	建筑面积 90 平方米及以下	计税金额 ×1%
			建筑面积 90 平方米以上	计税金额 ×1.5%
		非住宅、单位购买房屋、个人购买非家庭唯一住房		计税金额 ×3%
	印花税	非住宅、单位购买房屋		计税金额 ×0.05%
		个人购买住宅		免征
		权利证照贴花		每件 5 元

附注：对符合《财政部 税务总局关于实施小微企业普惠性税收减免政策的通知》（财税〔2019〕13 号）规定的增值税小规模纳税人减按 50% 征收印花税。

【**晶晶亮提示：**契税第三行税率 3%，是广东省的契税率。其他省市应替换成本省的契税率计算，以下契税均如此。其他政策全国一致。自 2022 年 7 月 1 日，印花税法实施后，权利许可证照贴花 5 元已经取消。】

二、二手（存量）房转移相关税费计算表

（一）个人转让住宅相关税费计算表（见表 9－2）

表 9－2　　个人转让住宅相关税费计算表

<table>
<tr><th>纳税人</th><th>税种</th><th colspan="2">适用条件</th><th>税费</th></tr>
<tr><td rowspan="6">出让方</td><td rowspan="3">增值税及附加</td><td colspan="2">取得不动产权证未满 2 年</td><td>计税金额 ×5.6%</td></tr>
<tr><td rowspan="2">取得不动产权证满 2 年</td><td>普通住房（附注 1）</td><td>免征</td></tr>
<tr><td>非普通住房</td><td>（计税金额－上手发票或契税完税证金额）×5.6%</td></tr>
<tr><td rowspan="3">个人所得税</td><td colspan="2">转让自用满 5 年家庭唯一住房</td><td>免征</td></tr>
<tr><td>据实征收</td><td>提供房产原值（购房发票或契税完税证等）以及上手来源为赠与的</td><td>（计税金额－房产原值－合理费用）×20%</td></tr>
<tr><td>核定征收</td><td>非赠与取得的房屋，且不能提供房屋原值（发票或契税完税证等）的</td><td>计税金额 ×1%
计税金额 ×3%（法院拍卖）</td></tr>
<tr><td rowspan="6">受让方</td><td rowspan="3">契税</td><td rowspan="2">家庭唯一住房</td><td>建筑面积 90 平方米及以下</td><td>计税金额 ×1%</td></tr>
<tr><td>建筑面积 90 平方米以上</td><td>计税金额 ×1.5%</td></tr>
<tr><td colspan="2">非家庭唯一住房或受让方为非自然人</td><td>计税金额 ×3%</td></tr>
<tr><td rowspan="3">印花税</td><td colspan="2">受让方为非自然人</td><td>计税金额 ×0.05%</td></tr>
<tr><td colspan="2">受让方为自然人</td><td>免征</td></tr>
<tr><td colspan="2">权利证照贴花</td><td>每件 5 元</td></tr>
</table>

附注：

1. 我省普通住房的标准为：单套住房套内面积 120 平方米以下或单套建筑面积 144 平方米以下，住宅小区建筑容积率在 1.0 以上，实际成交价格低于同级别土地上住房平均交易价格的 1.44 倍以下。

2. 对符合《财政部 税务总局关于实施小微企业普惠性税收减免政策的通知》（财税〔2019〕13 号）规定的增值税小规模纳税人减按 50% 征收城市维护建设税、印花税、教育费附加、地方教育附加。

【晶晶亮提示：出让方销售满 2 年住房的增值税政策，北上广深的和其他地区不一样，其他地区是免税。另外，出让方核定征收个人所得税的情形和征收率，各地不尽相同，须咨询当地税务机关。自 2022 年 7 月 1 日，印花税法实施后，权利许可证照贴花 5 元已经取消。**】**

（二）个人转让非住宅相关税费计算表（见表9－3）

表9－3　　　　**个人转让非住宅相关税费计算表**

<table>
<tr><th>纳税人</th><th>税种</th><th>适用条件</th><th>税费</th></tr>
<tr><td rowspan="8">出让方</td><td rowspan="2">增值税及附加</td><td>提供上手购房发票或契税完税证</td><td>（计税金额－上手发票或契税完税证金额）×5.6%</td></tr>
<tr><td>无法提供上手购房发票、契税完税证</td><td>计税金额×5.6%</td></tr>
<tr><td rowspan="3">个人所得税</td><td>提供房产原值（购房发票或契税完税证等）以及上手来源为赠与的</td><td>（计税金额－房产原值－合理费用）×20%</td></tr>
<tr><td rowspan="2">非赠与取得的房屋，且不能提供房屋原值（发票或契税完税证等）的</td><td>计税金额×1.5%（普通交易）</td></tr>
<tr><td>计税金额×3%（拍卖）</td></tr>
<tr><td rowspan="2">土地增值税</td><td colspan="2">提供房屋及建筑物重置价格评估报告或购房发票的：（附注2）
土地增值税＝增值额×四级超率累进税率－扣除项目金额×速算扣除系数，其中：
1. 提供房屋及建筑物重置价格评估报告的：增值额＝房地产转让收入－重置成本价×成新度折扣率－取得土地使用权所支付的地价款和费用－转让环节缴纳的税金
2. 不能提供房屋及建筑物重置价格评估报告，但能提供购房发票的：增值额＝房地产转让收入－购房发票所载金额×［1＋从购买年度起至转让年度止的间隔年数×5%］－转让环节缴纳的税金</td></tr>
<tr><td>既没有评估报告，又不能提供购房发票的</td><td>计税金额×5%</td></tr>
<tr><td>印花税</td><td>签订产权转移书据</td><td>计税金额×0.05%</td></tr>
<tr><td rowspan="2">受让方</td><td>契税</td><td>转移土地、房屋权属</td><td>计税金额×3%</td></tr>
<tr><td>印花税</td><td>签订产权转移书据</td><td>计税金额×0.05%</td></tr>
</table>

附注：

1. 对符合《财政部 税务总局关于实施小微企业普惠性税收减免政策的通知》（财税〔2019〕13号）规定的增值税小规模纳税人减按50%征收城市维护建设税、印花税、教育费附加、地方教育附加。

2. 土地增值税增值额＝房地产转让收入－扣除项目金额，增值率＝增值额÷扣除项目金额×100%，根据增值率确定使用税率，税率如表9－4所示。

表9－4　　　　**土地增值税税率**

档次	级距	税率	速算扣除数	应纳税额计算公式
1	增值率≤50%	30%	0	增值额×30%
2	50%＜增值率≤100%	40%	5%	增值额×40%－扣除项目金额×5%
3	100%＜增值率≤200%	50%	15%	增值额×50%－扣除项目金额×15%
4	增值率＞200%	60%	35%	增值额×60%－扣除项目金额×35%

【**晶晶亮提示**：个人所得税核定，土地增值税核定，征收率均需要依照当地规定。】

三、企业间二手房转移（买卖）税率表（见表9－5）

表9－5　　企业间二手房转移（买卖）税率表

交易方	税种	税率
转让方	增值税	（房地产转让收入－房地产购置原价）×5%
	城市维护建设税	增值税税额×7%
	教育费附加	增值税税额×3%
	地方教育附加	增值税税额×2%
	土地增值税	土地增值税＝增值额×四级超率累进税率－扣除项目金额×速算扣除系数，其中： 1. 提供房屋及建筑物重置价格评估报告的： 增值额＝房地产转让收入－重置成本价×成新度折扣率－取得土地使用权所支付的地价款和费用－转让环节缴纳的税金 2. 不能提供房屋及建筑物重置价格评估报告的： 增值额＝房地产转让收入－购房发票所载金额×［1＋从购买年度起至转让年度止的间隔年数×5%］－转让环节缴纳的税金
	印花税	合同金额×0.05%
受让方	契税	成交价格×3%
	印花税	合同金额×0.05%

附注：

1. 以上所列仅为房地产交易环节应缴纳税费，房地产转让方还须根据转让房地产取得收入，依据相关政策规定按期申报缴纳相关税费。

2. 对符合《财政部 税务总局关于实施小微企业普惠性税收减免政策的通知》（财税〔2019〕13号）规定的增值税小规模纳税人减半征收城市维护建设税、教育费附加、地方教育附加、印花税。

3. 土地增值税增值额＝房地产转让收入－扣除项目金额，增值率＝增值额÷扣除项目金额×100%，根据增值率确定使用税率，税率如表9－6所示。

表9－6　　土地增值税税率

档次	级距	税率	速算扣除数	应纳税额计算公式
1	增值率≤50%	30%	0	增值额×30%
2	50%＜增值率≤100%	40%	5%	增值额×40%－扣除项目金额×5%
3	100%＜增值率≤200%	50%	15%	增值额×50%－扣除项目金额×15%
4	增值率＞200%	60%	35%	增值额×60%－扣除项目金额×35%

【晶晶亮提示：注意契税税率不同，非市区注意城建税税率不同，其他政策是一样的。】

【晶晶亮评析】

不动产交易的税费计算，需要区分不同的主体和情形，非常麻烦。广东省税务局这几张税费计算表，可以给大家提供一个指引，具体适用时，替换成本地的税率和征收率即可。

羡慕那些个人不动产交易采用综合征收率征税的地区，税企双方都减负，省下多少力气。

168 企业出租房屋需要缴什么税？

企业出租房屋，需要考虑的税种有增值税、城市维护建设税、教育费附加、地方教育附加、房产税、城镇土地使用税、印花税、企业所得税。具体规定如下：

一、增值税

（一）一般纳税人

企业出租房屋取得的收入按“现代服务——租赁服务”缴纳增值税。一般纳税人适用税率为9%。

一般纳税人出租其2016年4月30日前取得的不动产，可以选择适用简易计税方法，按照5%的征收率计算应纳税额。纳税人出租其2016年4月30日前取得的与机构所在地不在同一县（市）的不动产，应按照上述计税方法在不动产所在地预缴税款后，向机构所在地主管税务机关进行纳税申报。

一般纳税人出租其2016年5月1日后取得的、与机构所在地不在同一县（市）的不动产，应按照3%的预征率在不动产所在地预缴税款后，向机构所在地主管税务机关进行纳税申报。

（二）小规模纳税人：按5%征收率计算缴纳增值税

小规模纳税人出租其取得的不动产（不含个人出租住房），应按照5%的征收率计算应纳税额。纳税人出租与机构所在地不在同一县（市）的不动产，应按照上述计税方法在不动产所在地预缴税款后，向机构所在地主管税务机关进行纳税申报。

（三）减免规定

对经营公租房所取得的租金收入，免征增值税。公租房经营管理单位应单独核算公租房租金收入，未单独核算的，不得享受免征增值税优惠政策。

军队空余房产租赁收入，免征增值税。

2019 年 1 月 1 日至 2021 年 3 月 31 日，对月销售额 10 万元以下（含本数）的增值税小规模纳税人，免征增值税。

2021 年 4 月 1 日至 2022 年 12 月 31 日，对月销售额 15 万元以下（含本数）的增值税小规模纳税人，免征增值税。

二、城市维护建设税、教育费附加、地方教育附加

（一）一般规定

城市维护建设税：以增值税税额为计税依据。纳税人所在地在市区，税率为 7%；纳税人所在地在县城、镇，税率为 5%；纳税人所在地不在市区、县城或镇，税率为 1%。

教育费附加：以增值税税额的 3% 计算缴纳。

地方教育附加：以增值税税额的 2% 计算缴纳。

（二）优惠规定

财税〔2019〕13 号规定，2019 年 1 月 1 日至 2021 年 12 月 31 日，由省、自治区、直辖市人民政府根据本地区实际情况，以及宏观调控需要确定，对增值税小规模纳税人可以在 50% 的税额幅度内减征资源税、城市维护建设税、房产税、城镇土地使用税、印花税（不含证券交易印花税）、耕地占用税和教育费附加、地方教育附加。

财政部、税务总局公告 2022 年第 10 号规定：2022 年 1 月 1 日至 2024 年 12 月 31 日，对增值税小规模纳税人、小型微利企业和个体工商户可以在 50% 的税额幅度内减征资源税、城市维护建设税、房产税、城镇土地使用税、印花税（不含证券交易印花税）、耕地占用税和教育费附加、地方教育附加。

财税〔2016〕12 号规定：按月纳税的月销售额或营业额不超过 10 万元（按季度纳税的季度销售额或营业额不超过 30 万元）的缴纳义务人，免征教育费附加、地方教育附加。

三、房产税

（一）一般规定

企业出租房屋，以房产租金收入为房产税的计税依据，税率为 12%。

无租使用其他单位房产的应税单位和个人，依照房产余值代缴纳房产税。

对出租房产，租赁双方签订的租赁合同约定有免收租金期限的，免收租金期间由产权所有人按照房产原值缴纳房产税（财税〔2010〕121号）。

（二）减免规定

财政部、税务总局、住房城乡建设部公告2021年第24号：对企事业单位、社会团体以及其他组织向个人、专业化规模化住房租赁企业出租住房的，减按4%的税率征收房产税。

财税〔2000〕125号规定：对按政府规定价格出租的公有住房和廉租住房，包括企业和自收自支事业单位向职工出租的单位自有住房；房管部门向居民出租的公有住房；落实私房政策中带户发还产权并以政府规定租金标准向居民出租的私有住房等，暂免征收房产税。

财政部、税务总局公告2019年第61号：对公租房免征房产税（自2019年1月1日开始，优惠已延期至2023年12月31日）。

财税〔2019〕13号规定，2019年1月1日至2021年12月31日，增值税小规模纳税人可以在50%的税额幅度内减征资源税、城市维护建设税、房产税、城镇土地使用税、印花税（不含证券交易印花税）、耕地占用税和教育费附加、地方教育附加。

财政部、税务总局公告2022年第10号规定：2022年1月1日至2024年12月31日，对增值税小规模纳税人、小型微利企业和个体工商户可以在50%的税额幅度内减征资源税、城市维护建设税、房产税、城镇土地使用税、印花税（不含证券交易印花税）、耕地占用税和教育费附加、地方教育附加。

四、城镇土地使用税

（一）一般规定

根据土地所在地等级税额标准缴纳。

（二）减免规定

财税〔2019〕13号规定，2019年1月1日至2021年12月31日，增值税小规模纳税人可以在50%的税额幅度内减征资源税、城市维护建设税、房产税、城镇土地使用税、印花税（不含证券交易印花税）、耕地占用税和教育费附加、地方教育附加。

财政部、税务总局公告2019年第61号：对公租房建设期间用地及公租房建成后占地，免征城镇土地使用税。在其他住房项目中配套建设公租房，按公租房建筑面积占总建筑面积的比例免征建设、管理公租房涉及的城镇土地使用税（财政部 税务总局公告 2021 年第 6 号将优惠期限延长至 2023 年 12 月 31 日)。

财政部、税务总局公告 2022 年第 10 号规定：2022 年 1 月 1 日至 2024 年 12 月 31 日，对增值税小规模纳税人、小型微利企业和个体工商户可以在 50% 的税额幅度内减征资源税、城市维护建设税、房产税、城镇土地使用税、印花税（不含证券交易印花税)、耕地占用税和教育费附加、地方教育附加。

五、印花税

（一）一般规定

企业出租房屋签订的租赁合同属于财产租赁合同，须按规定缴纳印花税，税率为 0.1% 。

（二）减免规定

财税〔2019〕13 号规定，2019 年 1 月 1 日至 2021 年 12 月 31 日，增值税小规模纳税人可以在 50% 的税额幅度内减征资源税、城市维护建设税、房产税、城镇土地使用税、印花税（不含证券交易印花税)、耕地占用税和教育费附加、地方教育附加。

财政部、税务总局公告 2022 年第 10 号规定：2022 年 1 月 1 日至 2024 年 12 月 31 日，对增值税小规模纳税人、小型微利企业和个体工商户可以在 50% 的税额幅度内减征资源税、城市维护建设税、房产税、城镇土地使用税、印花税（不含证券交易印花税)、耕地占用税和教育费附加、地方教育附加。

对公租房租赁双方免征签订租赁协议涉及的印花税。

六、企业所得税

企业出租房屋取得的收入须按规定计算缴纳企业所得税。

租金收入，按照合同约定的承租人应付租金的日期确认收入的实现。如果交易合同或协议中规定租赁期限跨年度，且租金提前一次性支付的，根据《企业所得税法实施条例》第九条规定的收入与费用配比原则，出租人可对上述已确认的收入，在租赁期内，分期均匀计入相关年度收入。

169　我单位的房产无偿给关联公司使用，需要缴纳什么税?

2019 年 11 月，我遇到这么一个案例，甲公司自有的一栋二层小楼，无偿给关联公司乙办公使用。检查人员说甲公司需要补缴税款，财务人员张三一脸懵圈，反问道：我们公司又没收钱，还需要缴税？

张三啊张三，作为一个财务人员，不应该说这么外行的话啊！这个无偿出租房屋的行为，咱们来逐项分析一下，甲公司到底应该缴什么税，不应该缴什么税。

一、增值税，视同销售

财税〔2016〕36号附件1第十四条规定，下列情形视同销售服务、无形资产或者不动产：（一）单位或者个体工商户向其他单位或者个人无偿提供服务，但用于公益事业或者以社会公众为对象的除外。

按照这条规定，甲公司无偿给乙公司提供了房屋租赁服务，且不是用于公益事业和以社会公众为对象，应当视同销售缴纳增值税。

如何确定销售额呢？财税〔2016〕36号附件1第四十四条提供了三种办法：（一）按照纳税人最近时期销售同类服务、无形资产或者不动产的平均价格确定。（二）按照其他纳税人最近时期销售同类服务、无形资产或者不动产的平均价格确定。（三）按照组成计税价格确定。组成计税价格的公式为：组成计税价格 = 成本 ×（1 + 成本利润率）。

所以，需要先看一下甲公司是否有相同或类似地段的出租房屋价格，如果没有，就看相同或类似地段其他公司出租房屋的价格，以此来确定增值税的销售额。

二、附加税费，需要缴纳

城市维护建设税、教育费附加、地方教育附加这三项就不需要分析了，只要缴纳了增值税，这些相关的附加税费，也要随之缴纳。不同的省市，可能还会关联一些不同的附加费。

三、房产税，甲不需要缴纳

对于甲公司无偿提供房屋给乙公司使用的行为，不存在甲公司视同出租缴房产税的规定，不需要甲缴房产税，而是应该由乙公司按照房产余值代为缴纳房产税。

■ 政策依据

财税〔2009〕128号第一条规定，无租使用其他单位房产的应税单位和个人，依照房产余值代缴纳房产税。

四、城镇土地使用税，根据情况判断

如果这个房产所占用的土地使用权是甲公司的，甲需要缴纳城镇土地使用税。如果土地使用权不是甲公司的，而是有权属纷争，那就由实际使用人乙公司来缴纳城镇土地使用税。

■ **政策依据**

国税地字〔1988〕第15号第四条规定，土地使用税由拥有土地使用权的单位或个人缴纳。拥有土地使用权的纳税人不在土地所在地的，由代管人或实际使用人纳税；土地使用权未确定或权属纠纷未解决的，由实际使用人纳税；土地使用权共有的，由共有各方分别纳税。

五、印花税，不需要缴纳

因为双方没有签订租赁合同，也没有收付租金，不存在征收或核定征收印花税的前提，所以不需要缴纳印花税。

六、企业所得税，视同销售

《中华人民共和国企业所得税法实施条例》第二十五条规定，企业发生非货币性资产交换，以及将货物、财产、劳务用于捐赠、偿债、赞助、集资、广告、样品、职工福利或者利润分配等用途的，应当视同销售货物、转让财产或者提供劳务。

甲公司将房屋无偿提供给乙公司使用，按照上述规定，甲应当视同提供了租赁劳务，征收企业所得税。

有的朋友可能会说：不对啊，租赁是服务，不是劳务啊。之所以会有人提出这个问题，是因为大家把增值税学得太好了，在增值税中，劳务和服务是两个完全不同的概念，有着不同的内涵，需要严格区分清楚。但在企业所得税法中，劳务和服务并不是泾渭分明，劳务收入其实是包括服务收入的。这一点，从企业所得税法实施条例第十五条可以看出来。

《中华人民共和国企业所得税法实施条例》第十五条：企业所得税法第六条第（二）项所称提供劳务收入，是指企业从事建筑安装、修理修配、交通运输、仓储租赁、金融保险、邮电通信、咨询经纪、文化体育、科学研究、技术服务、教育培训、餐饮住宿、中介代理、卫生保健、社区服务、旅游、娱乐、加工以及其他劳务服务活动取得的收入。

总结一下，单位无偿出租房屋行为，增值税、企业所得税需要视同销售，城镇土地使用税根据实际情况来判断。所以，做财务的朋友，千万不要误以为无偿就无税啊！

170　这类“违约金”如何税务处理？有什么税收风险？

企业在日常生产经营过程中经常会遇到这样一类情况，虽然签了合同，但由于各种原因，合同没有执行就终止了。双方劳心费力签的合同，总不能就这么白白算了，需要有人承担责任，于是经常会出现一方向另一方支付违约金的情况。

那么，对于这样因合同未执行而收取的违约金，需要缴税吗？我们一起来看看！

1. 增值税

无论哪一方违约向另一方支付违约金，合同未执行即终止情形的违约金均不属于增值税应税行为，也不构成增值税上的价外费用，因此，是不需要开具增值税发票的，不需要缴纳增值税。收取违约金一方向另一方开具收据即可。

2. 企业所得税

无论哪一方违约向另一方支付违约金，合同未执行即终止情形的违约金均属于企业得税收入范畴。

根据《中华人民共和国企业所得税法实施条例》（国务院令第512号）第二十二条规定，企业所得税法第六条第（九）项所称其他收入，是指企业取得的除企业所得税法第六条第（一）项至第（八）项规定的收入外的其他收入，包括企业资产溢余收入、逾期未退包装物押金收入、确实无法偿付的应付款项、已作坏账损失处理后又收回的应收款项、债务重组收入、补贴收入、违约金收入、汇兑收益等。因此，一方企业按照合同约定收取另一方的违约金需要确认收入按规定缴纳企业所得税。

不属于增值税应税行为的违约金收入可凭当事双方签订的合同协议（包括补充协议、终止协议等）、支付凭证、收款方开具的收款凭证在税前扣除。

3. 印花税

《中华人民共和国印花税法》第十五条规定，印花税的纳税义务发生时间为纳税人书立应税凭证或者完成证券交易的当日。可见印花税只是针对签订合同的行为征税，一旦合同签订，就必须履行纳税义务，不能延至合同生效之日或是履行完毕之日。

因此，签订合同双方且属于印花税征税范围的情况下，双方要按规定缴纳印花税。

171　关于“三代”手续费，这10个问题您清楚吗？

三代手续费，几乎每个纳税人都会遇到，本文就来聊聊和“三代”手续费相关的10个问题。

1. “三代”是什么？有什么区别？

“三代”是什么意思？简单来说就是税款征收方式中“代扣代缴、代收代缴、委托代征”的简称。虽然它们统称“三代”，但它们的区别还是挺大的。

代扣代缴顾名思义就是支付款项的时候扣下税款、代收代缴是收取款项的时候代收税款，这两种属于法定义务，是需要办理扣缴登记证，如果扣缴人不扣缴会被追究法律责任的，常见是责任是罚款的。

委托代征则是协商的，税企商量好了企业才需要去做，签订委托代征协议书，如果没商量好，受托人不想代征，税务机关也是没奈何的。

2. “三代”手续费需要主动申请吗？

无论是代扣代缴、代收代缴还是委托代征，税务机关都会支付一定的手续费给企业，但需要纳税人主动申请。不申请就等于是自动放弃了这项权益。事实上，确实有很多代扣代收代征人，没有主动申请过。

3. 申请“三代”手续费需要填什么报表？

国家税务总局公告2019年46号发布了最新的申请表样（见表9－7）。

表9－7　　**代扣代缴手续费申请表**　　金额单位：人民币元（列至角分）

扣缴义务人名称			统一社会信用代码（纳税人识别号）	
联系人姓名			联系电话	
原完税情况	品目名称	税款所属时期	税票号码	实缴金额
	合计（小写）			
申请手续费金额（小写）				

4. “三代”手续费的比例是多少？

根据财行〔2019〕11号《关于进一步加强代扣代收代征税款手续费管理的通知》，相关手续费支付比例如表9-8所示。

表9-8　　三代手续费支付比例明细表

代扣代缴、代收代缴	手续费比例	委托代征	手续费比例
法律、行政法规规定代扣代缴税款、没有明确手续费比例的	代扣税款的2%最高限额70万元	委托交通运输部门海事管理机构代征船舶车船税	代征税款的5%
法律、行政法规规定代扣代缴、明确了手续费比例的	规定比例	委托代征人代征车辆购置税	每辆车支付15元
代收代缴车辆车船税	代收税款的3%	委托证券交易所或证券登记结算机构代征证券交易印花税	代征税款的0.03%且最高限额1 000万元
代收代缴委托加工消费税	代收税款的2%（关联关系不支付）	委托有关单位代售印花税票	代售金额5%
代收代缴其他税款	代收税款的2%	委托邮政部门代征税款	代征税款的3%
		委托代征农贸市场、专业市场等税收以及其他零星分散、异地缴纳的税收	代征税款的5%

这里需要注意第一行的规定，如果法律行政法规没有明确手续费比例的，按代扣税款的2%最高限额70万元执行。

个人所得税的扣缴手续费是法定的2%，所以不会有封顶限制，无论扣缴多少，都会按2%支付手续费。

如果是其他税种，比如增值税扣缴了5 000万元，按2%计算出来为100万元，因为增值税是法律没有明确手续费比例的，所以最多只能支付70万元。

5. 个人手续费的计算基数有何规定？

国家税务总局公告2018年第61号第十七条规定：对扣缴义务人按照规定扣缴的税款，按年付给2%的手续费。不包括税务机关、司法机关等查补或者责令补扣的税款。

除了查补的税款，其他扣缴义务人扣缴的个人所得税，都会按2%的比例支付的。

6. 个人所得税手续费申领程序是怎样的?

现在有了电子税务局，个人所得税手续费的申领过程比之前简便了许多。具体步骤是：

先登录自然人电子税务（扣缴端），点击“退付手续费核对”，等待系统自动查询出退付手续费信息后核对数据是否准确。具体数据可与“查询统计——申报单位记录查询”中的申报信息进行详细核对，核对时需要注意税款所属期和实际入库期的问题。核对无误后，点击“确定”即可。

7. 手续费收入需要缴增值税吗?

没有文件规定，但总局有答疑。国家税务总局12366纳税服务平台2017年1月17日答疑，个人所得税手续费返还是“按照目前营改增政策相关规定，纳税人代扣代缴个人所得税取得的手续费收入应属于增值税征税范围，应缴纳增值税。”

8. 手续费收入需要缴企业所得税吗?

《中华人民共和国企业所得税法》第六条规定，企业以货币形式和非货币形式从各种来源取得的收入，为收入总额。

手续费收入并没有免税规定，所以应包括在收入总额中，计算缴纳企业所得税。

9. 手续费收入需要缴个人所得税吗?

《个人所得税法》第九条规定：个人所得税以所得人为纳税人，以支付所得的单位或者个人为扣缴义务人。

《财政部 国家税务总局关于个人所得税若干政策问题的通知》（财税字〔1994〕20号）规定，下列所得，暂免征收个人所得税：（五）个人办理代扣代缴税款手续，按规定取得的扣缴手续费。

对这个文件，有两种理解，一种理解为扣缴义务人是企业，具体经办人员取得手续费补贴免征个税；另一种理解是如果扣缴义务人是个人，个人取得的扣缴手续费免个人所得税。我个人认同第二种理解。

10. 手续费收入如何做账?

根据原《关于修订印发2018年度一般企业财务报表格式的通知》（财会〔2018〕15号）及解读规定，企业作为个人所得税的扣缴义务人，根据《中华人民共和国个人所得税法》收到的扣缴税款手续费，应作为其他与日常活动相关的项目在利润表的“其他收益”项目中填列。会计分录为：

借：银行存款

　　贷：其他收益

　　　　应交税费——应交增值税——销项税额

172　对赌协议失败，税务如何处理？

2020年6月18日，港媒爆出周星驰将他位于香港太平山顶的超级豪宅“天比高”抵押给了摩根大通，用于借贷。该豪宅市场评估价超过10亿元。

彼时新冠肺炎疫情在全球范围蔓延，电影业损失惨重。巧合的是，周星驰四年前的一场对赌，恰在此时到期。披露的协议显示，由于最近的几部星式喜剧口碑、票房均扑街，周星驰对赌失败，或需要支付数亿元的业绩补偿款。

也有消息说，周星驰卖出豪宅并非是因为对赌协议失败，而是为目标公司注资。

真真假假，难以评述。但因为这条热搜，让“对赌协议”这个略显生僻的词进入了大家的视野。

什么是对赌协议呢？其又称估值调整协议，是指投资方与融资方在达成股权性融资协议时，为解决交易双方对目标公司未来发展的不确定性、信息不对称以及代理成本而设计的包含了股权回购、金钱补偿等对未来目标公司的估值进行调整的协议。

通俗点说，就是在股权转让过程中，买股权的人担心自己吃亏，要求卖股权的人签个协议做出保证，保证股权买卖之后几年内，公司需要盈利多少，如果达不到，卖方需要给买方一些经济补偿或者回购股份。这样的协议就称为对赌协议。

其实这和大家去商店里购物一个意思，我们购买的商品如果在使用不久后发现有质量问题，商家一般会允许退货或者给个折让。只不过商品买卖的观察期比较短，约定是几天或几个月。股权买卖，观察的期限比较长，需要约定几年时间。

有了对赌协议，协议失败后如果出现了业绩补偿，会面临以下两个问题：

一、股权转让方为自然人，退还的业绩补偿款可以申请退税吗？

卖股权的一方，如果是自然人，在收到股权转让款次月申报缴纳了个人所得税。3年之后，如果目标公司利润不达标，按照规定卖方需要退还一部分股权转让款，那么卖方退了款之后，可以申请退税吗？

这个问题，目前没有明确的政策规定。从12366纳税服务平台上查询，只有福建税务局有一个此类问题的回复（见图9－3）。

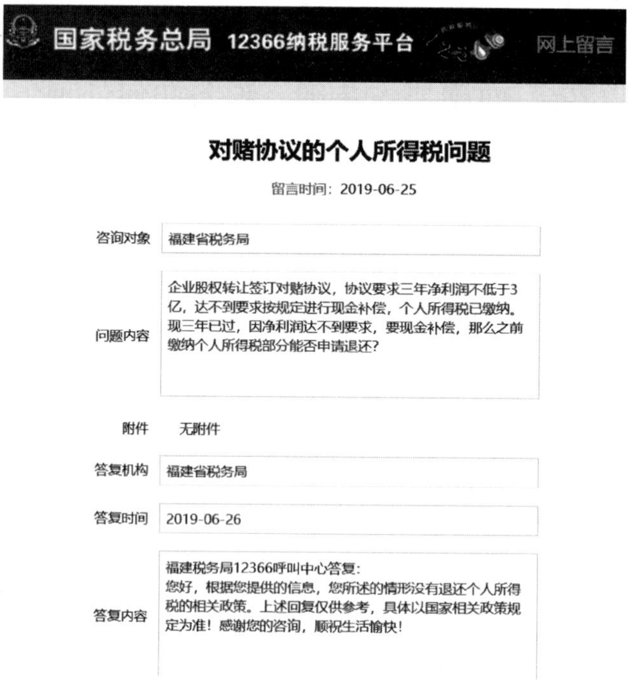
国家税务总局 12366纳税服务平台 网上留言

对赌协议的个人所得税问题

留言时间：2019-06-25

咨询对象：福建省税务局

问题内容：企业股权转让签订对赌协议，协议要求三年净利润不低于3亿，达不到要求按规定进行现金补偿，个人所得税已缴纳。现三年已过，因净利润达不到要求，要现金补偿，那么之前缴纳个人所得税部分能否申请退还？

附件：无附件

答复机构：福建省税务局

答复时间：2019-06-26

答复内容：福建税务局12366呼叫中心答复：
您好，根据您提供的信息，您所述的情形没有退还个人所得税的相关政策。上述回复仅供参考，具体以国家相关政策规定为准！感谢您的咨询，顺祝生活愉快！

图 9－3　福建省税务局关于对赌协议的个人所得税问题的回复

虽然没有相关文件和答复，但在实践中，已经有一些具体的案例，比如：

姜新录老师的公众号“陇上税语”发了一篇文章——《稽查局在计算应补个税时，认可了对赌失败的补偿》，这个案例严格来说不是个人申请退税，而是稽查局 3 年之后进行检查的时候，发现股权转让方李菊莲未缴纳个人所得税，在要求她补税的时候，扣减了她因为对赌失败而减少的收入①。在这个案例中自然人取得的收入不是现金，而是股权收入，形式不同，但性质相同。总之，税务机关是认可将对赌失败后减少的收入冲减原先的股权转让收入的。

二、股权转让方是企业，退还的业绩补偿款可以冲减长期股权投资成本吗？

对于这个问题，总局没有文件规定，我只看到各地也只有海南省曾经出台了一个相关文件，琼地税函〔2014〕198 号，这是海南地税局针对海南航空《关于对赌协议利润补偿企业所得税相关问题的请示》的回函。

答复如下：依据《中华人民共和国企业所得税法》及《中华人民共和国企业所得税法实施条例》关于投资资产的相关规定，你公司在该对赌协议中取得的利润补偿可以视为对最初受让股权的定价调整，即收到利润补偿当年调整相应长期股权投资的初

① 本案例引用姜新录公众号“陇上税语”的文章——《稽查局在计算应补个税时，认可了对赌失败的补偿》。

始投资成本。

在 12366 纳税服务平台中，有宁波税务的回复，明确表示不认可上述做法（见图 9－4）。

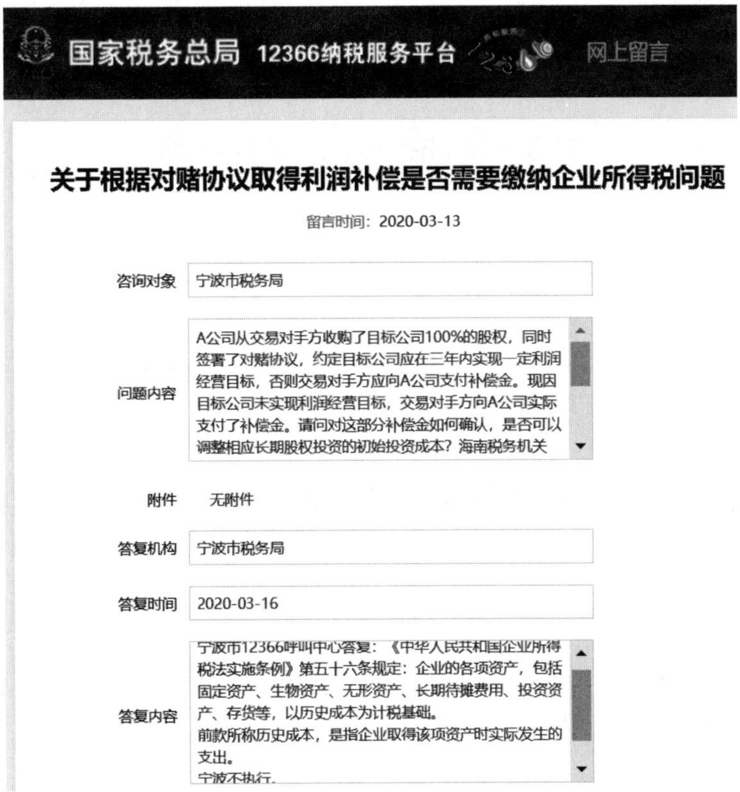
国家税务总局 12366纳税服务平台 网上留言

关于根据对赌协议取得利润补偿是否需要缴纳企业所得税问题

留言时间：2020-03-13

咨询对象 宁波市税务局

问题内容 A公司从交易对手方收购了目标公司100%的股权，同时签署了对赌协议，约定目标公司应在三年内实现一定利润经营目标，否则交易对手方应向A公司支付补偿金。现因目标公司未实现利润经营目标，交易对手方向A公司实际支付了补偿金。请问对这部分补偿金如何确认，是否可以调整相应长期股权投资的初始投资成本？海南税务机关

附件 无附件

答复机构 宁波市税务局

答复时间 2020-03-16

答复内容 宁波市12366呼叫中心答复：《中华人民共和国企业所得税法实施条例》第五十六条规定：企业的各项资产，包括固定资产、生物资产、无形资产、长期待摊费用、投资资产、存货等，以历史成本为计税基础。
前款所称历史成本，是指企业取得该项资产时实际发生的支出。
宁波不执行。

图 9－4 宁波市税务局关于根据对赌协议取得利润补偿是否需要缴纳企业所得税问题的回复

对赌协议业绩补偿，出现税务处理上的分歧，关键点是：对赌协议和失败后业绩补偿应该视为一项经济业务，还是两项经济业务？

如果视为一项业务，合并进行税务处理应该是一个合理的处理方式。

如果视为两项业务，当然应该各自进行税务处理。

在财税〔2009〕59 号文中规定："企业在重组发生前后连续 12 个月内分步对其资产、股权进行交易，应根据实质重于形式原则将上述交易作为一项企业重组交易进行处理。"

上述文件规定，纳税人的交易如果是分步进行，要根据实质重于形式原则视为一项。

税法政策纷繁复杂，原因是经济业务形形色色，所以必须不厌其烦地明确再明确，但在千变万化的各种规定中，一定是有内在的原则一以贯之。

个人理解，对赌协议失败补偿参照上述原则，将其和初始的股权转让视为一项业

务处理，是符合所得税法的基本精神的。

当然，因为对赌协议的业绩补偿通常都在3年以上，时间过长，为了防止虚报业绩补偿行为的发生，应该对相关资料的真实性进行认真审核。

总之，对赌协议的涉税处理，政策方面还处于空白状态，实践中有不同的看法和处理，尚需要摸索前行。

173　股东分红，缴税不同

有网友问：股东分红需要缴纳什么税呢？

我说：分红这件事情，只涉及所得税，要么是个人所得税，要么是企业所得税，这需要看持股人的身份。但具体是征是免，按多少征，没法直接回复，因为这里存在若干种不同的情形，需要具体情况具体分析。

一、第一种情形：境内自然人股东，投资境内非上市公司

王某，中国国籍人士，担任某企业股东，2020年度分红1 000万元，请问应代扣分红所得的个税是多少？

答复：应代扣个税 =1 000×20% =200（万元）

需要注意的是，只要被投资公司作了分配的账务处理，即使没有实际支付给股东，也需要代扣个人所得税。

■ 政策依据

1.《个人所得税法》规定，利息、股息和红利所得应缴纳个人所得税，适用比例税率为20%。

2.《国家税务总局关于利息、股息、红利所得征税问题的通知》（国税函〔1997〕656号）：

扣缴义务人将属于纳税义务人应得的利息、股息、红利收入，通过扣缴义务人的往来会计科目分配到个人名下，收入所有人有权随时提取，在这种情况下，扣缴义务人将利息、股息、红利所得分配到个人名下时，即应认为所得的支付，应按税收法规规定及时代扣代缴个人应缴纳的个人所得税。

二、第二种情形：境内自然人股东，投资境内新三板公司

张某，是某挂牌公司乙公司（新三板公司）的股东，持股期限超过1年，2020年

取得从乙公司的分红 1 000 万元，免征分红的个人所得税。

■ **政策依据**

财政部、税务总局、证监会 2019 年第 78 号公告《关于继续实施全国中小企业股份转让系统挂牌公司股息红利差别化个人所得税政策的公告》规定，现就继续实施全国中小企业股份转让系统挂牌公司（以下简称“挂牌公司”）股息红利差别化个人所得税政策公告如下：一、个人持有挂牌公司的股票，持股期限超过 1 年的，对股息红利所得暂免征收个人所得税。

个人持有挂牌公司的股票，持股期限在 1 个月以内（含 1 个月）的，其股息红利所得全额计入应纳税所得额；持股期限在 1 个月以上至 1 年（含 1 年）的，其股息红利所得暂减按 50% 计入应纳税所得额；上述所得统一适用 20% 的税率计征个人所得税。

该公告所称挂牌公司是指股票在全国中小企业股份转让系统公开转让的非上市公众公司；持股期限是指个人取得挂牌公司股票之日至转让交割该股票之日前一日的持有时间。

三、第三种情形：境内自然人股东，投资境内上市公司（流通股股东）

李某，从二级市场上购入股票，成为某上市公司的股东，持股期限超过 1 个月不满 1 年后卖出，持股期间取得从上市公司的分红 1 万元，应扣缴的个人所得税 = 10 000 × 50% × 20% = 1 000 元。

■ **政策依据**

财税〔2015〕101 号《财政部 国家税务总局 证监会关于上市公司股息红利差别化个人所得税政策有关问题的通知》：一、个人从公开发行和转让市场取得的上市公司股票，持股期限超过 1 年的，股息红利所得暂免征收个人所得税。

个人从公开发行和转让市场取得的上市公司股票，持股期限在 1 个月以内（含 1 个月）的，其股息红利所得全额计入应纳税所得额；持股期限在 1 个月以上至 1 年（含 1 年）的，暂减按 50% 计入应纳税所得额；上述所得统一适用 20% 的税率计征个人所得税。

四、第四种情形：境内自然人股东，投资境内上市公司（限售股股东）

赵某，某上市公司的原始股股东，持有限售股股票，限售期间取得上市公司的分红 10 万元，应扣缴的个人所得税 = 100 000 × 50% × 20% = 10 000 元。

■ **政策依据**

财税〔2012〕85号《财政部 国家税务总局 证监会关于实施上市公司股息红利差别化个人所得税政策有关问题的通知》：四、对个人持有的上市公司限售股，解禁后取得的股息红利，按照本通知规定计算纳税，持股时间自解禁日起计算；解禁前取得的股息红利继续暂减按50%计入应纳税所得额，适用20%的税率计征个人所得税。

五、第五种情形：境外自然人股东，投资境内外商投资企业

张某，新加坡国籍人士，也是外资企业乙公司的股东，2020年取得从乙公司的分红1 000万元，暂免征分红的个人所得税。

■ **政策依据**

《财政部 国家税务总局关于个人所得税若干政策问题的通知》（财税字〔1994〕20号）：二、下列所得，暂免征收个人所得税。（八）外籍个人从外商投资企业取得的股息、红利所得。

需要注意的是，不要简单地认为股东把中国籍身份更换成外国国籍，就可以享受外籍股东免征个税的优惠。

根据《国家外汇管理局综合司关于取得境外永久居留权的中国自然人作为外商投资企业外方出资者有关问题的批复》（汇综复〔2005〕64号），中国公民取得境外永久居留权后回国投资举办企业，参照执行现行外商直接投资外汇管理法规。中国公民在取得境外永久居留权前在境内投资举办的企业，不享受外商投资企业待遇。

六、第六种情形：个独或者合伙企业股东，投资境内企业

个人独资企业和合伙企业对外投资分回的利息或者股息、红利，不并入企业的收入，而应单独作为投资者个人取得的利息、股息、红利所得，按“利息、股息、红利所得”应税项目计算缴纳个人所得税。

■ **政策依据**

根据《国家税务总局关于〈关于个人独资企业和合伙企业投资者征收个人所得税的规定〉执行口径的通知》（国税函〔2001〕84号）第二条规定：

个人独资企业和合伙企业对外投资分回的利息或者股息、红利，不并入企业的收入，而应单独作为投资者个人取得的利息、股息、红利所得，按“利息、股息、红利所得”应税项目计算缴纳个人所得税。

以合伙企业名义对外投资分回利息或者股息、红利的，应按《通知》所附规定的第五条精神确定各个投资者的利息、股息、红利所得，分别按“利息、股息、红利所得”应税项目计算缴纳个人所得税。

七、第七种情形：境内法人股东，投资居民企业

甲公司是乙公司100%直接控股股东，2019年取得乙公司的分红1 000万元，这种股东取得的分红免征分红的企业所得税。

■ 政策依据

1.《企业所得税法》第二十六条规定，企业的下列收入为免税收入：（二）符合条件的居民企业之间的股息、红利等权益性投资收益。

2.《企业所得税法实施条例》第八十三条规定，企业所得税法第二十六条第（二）项所称符合条件的居民企业之间的股息、红利等权益性投资收益，是指居民企业直接投资于其他居民企业取得的投资收益。企业所得税法第二十六条第（二）项和第（三）项所称股息、红利等权益性投资收益，不包括连续持有居民企业公开发行并上市流通的股票不足12个月取得的投资收益。

八、第八种情形：境外企业股东，投资境内公司

外资企业给境外的投资企业分配股息和红利是要代扣代缴20%企业所得税的，优惠税率10%，有双边税收协定的适用协定税率。

■ 政策依据

《中华人民共和国企业所得税法实施条例》规定：股息、红利等权益性投资收益，除国务院财政、税务主管部门另有规定外，按照被投资方作出利润分配决定的日期确认收入的实现。

非居民企业取得企业所得税法第二十七条第（五）项规定的所得，减按10%的税率征收企业所得税。

注：若投资方所在国（或地区）与我国签订的相关税收协定中适用低于10%税率的，按协定低税率计征。

第三篇 税务违法行为判定

第十章 虚开发票

174　对“虚开发票”的一点儿理解

什么是虚开发票？我们从行政违法的角度来看看。

根据《中华人民共和国发票管理办法》第二十二条，开具发票应当按照规定的时限、顺序、栏目，全部联次一次性如实开具，并加盖发票专用章。任何单位和个人不得有下列虚开发票行为：（一）为他人、为自己开具与实际经营业务情况不符的发票；（二）让他人为自己开具与实际经营业务情况不符的发票；（三）介绍他人开具与实际经营业务情况不符的发票。

这里面，有一个反复提及的关键词，就是开具的发票与“实际经营业务情况不符”。

既然开具发票要和实际经营业务来比对，那么首先应该知晓“实际经营业务”到底是指什么，它包括哪些要素。

不过税收法律法规并没有对这个概念作出明确的界定。实践中，因为经营业务多数都是建立在经济合同之上的，所以可以参考民法典中有关合同对经济业务的约定。

根据《民法典》第三编第四百七十条，合同的内容由当事人约定，一般包括下列条款：（一）当事人的名称或者姓名和住所；（二）标的；（三）数量；（四）质量；（五）价款或者报酬；（六）履行期限、地点和方式；（七）违约责任；（八）解决争议的方法。

可以看出，订立合同中约定了八项经济业务要素，我们可以把它作为判断实际经济业务的参照物。

一张发票包括哪些要素呢？发票票面上记载的主要交易要素包括购货与销货单位名称、货物或应税劳务、服务名称、数量、金额、税额等。

发票上的内容要素，可以对应合同要素中的第（一）、（二）、（三）、（五）项内容。也就是（一）当事人的名称或者姓名和住所；（二）标的；（三）数量；（五）价款或者报酬。如果发票中填写的要素有一项或者多项与合同约定不一致。一般来说，就可以判定这是一张“与实际经营业务”不符的发票。

如果不是上述这五项，而是写错开票人、备注填写错误等情形，只能说发票开具有误，但不应该认定为是涉嫌虚开发票。

当然，还要注意，“与实际经营业务”不符在行政违法和刑法中的界定是不一样的。

在最高法司法解释中，对有货物购销而票面内容不一致的，仅包含数量或者金额不实，才能认定为虚开。也就是说，只有发票内容和合同中的第（三）、（五）项不符，才属于刑法中的虚开发票。

认定与实际经营业务不符，除了将发票内容和合同内容进行比对，还需要结合双方证词、资金流等要素综合判定。

判定虚开发票，除了“与实际经营业务不符”，还需要有一个条件，就是主观故意。虽然《中华人民共和国发票管理办法》中，并未明确提出主观故意这个前提，但是“为他人”“为自己”“让他人为自己”“介绍他人”等这些描述都具有主观故意性，也就是说，纳税人知道或应当知道发票开具与实际经营业务不符的事实。

如果没有实际经营业务而开具或接受发票，那肯定是有主观故意。

如果有实际经营业务，但开具或接受了与实际业务不符的发票，那也可以判定为有主观故意。

如果有实际经营业务，接受的发票与实际经营相符，但开票方开具的发票却被证实为虚开，那受票方就应该属于不知情，没有主观故意。

同时具备“与实际经营业务不符”和“主观故意”，就属于虚开发票的范畴。情节轻微的是行政处罚，情节严重构成犯罪的，要追究刑事责任。

《中华人民共和国发票管理办法》第三十七条，违反该办法第二十二条第二款的规定虚开发票的，由税务机关没收违法所得；虚开金额在 1 万元以下的，可以并处 5 万元以下的罚款；虚开金额超过 1 万元的，并处 5 万元以上 50 万元以下的罚款；构成犯罪的，依法追究刑事责任。

《最高人民法院关于虚开增值税专用发票定罪量刑标准有关问题的通知》（法〔2018〕226 号）规定，虚开的税款数额在 5 万元以上的，以虚开增值税专用发票罪处 3 年以下有期徒刑或者拘役，并处 2 万元以上 20 万元以下罚金。

虚开的税款数额较大或者有其他严重情节的，处 3 年以上 10 年以下有期徒刑，并处 5 万元以上 50 万元以下罚金。数额较大是指虚开的税款数额在 50 万元以上。

虚开的税款数额巨大或者有其他特别严重情节的，处 10 年以上有期徒刑或者无期徒刑，并处 5 万元以上 50 万元以下罚金或者没收财产。数额巨大是指虚开的税款数额在 250 万元以上。

最高人民检察院、公安部 2022 年 4 月 29 日联合发布修订后的《关于公安机关管辖的刑事案件立案追诉标准的规定（二）》，规定自 2022 年 5 月 15 日施行。第五十六条

〔虚开增值税专用发票、用于骗取出口退税、抵扣税款发票案（刑法第二百零五条）〕规定：虚开增值税专用发票或者虚开用于骗取出口退税、抵扣税款的其他发票，虚开的税款数额在十万元以上或者造成国家税款损失数额在五万元以上的，应予立案追诉。

175　说一说“三流一致”

一项货物交易，在购销双方之间，必然会存在货物流、发票流、资金流。在增值税专用发票进项税抵扣中，一直有一个“三流一致”才能抵扣进项税的说法，这个著名的被反复提起的文件条款如下。

国税发〔1995〕192 号规定：“购进货物或应税劳务支付货款、劳务费用的对象。纳税人购进货物或应税劳务，支付运输费用，所支付款项的单位，必须与开具抵扣凭证的销货单位、提供劳务的单位一致，才能够申报抵扣进项税额，否则不予抵扣。”

上面的规定是什么意思呢？仔细读三遍就能发现：

意思是，收款方和开票方必须一致，而不是付款方和收票方必须一致。

很多人一直误以为，必须完全一致，才能抵扣进项税。

举一个最常见的例子，公司的职工出差取得一张抬头为其公司的酒店开具的住宿费的专用发票，但是付款的时候是员工个人信用卡刷卡支付。

解析一下，收款方是酒店，付款方是自然人，开票方是酒店，收票方却是公司。资金流和发票流是不一致的，可以抵扣进项税吗？

答案是可以抵扣，它是符合 192 号文件规定的。但因为大家对这个问题争论得很厉害，所以国家税务总局专门对此进行了解答。

国家税务总局在 2016 年 5 月 26 日总局视频会政策问题解答（政策组发言材料）：

问：纳税人取得服务品名为住宿费的增值税专用发票，但住宿费是以个人账户支付的，这种情况能否允许抵扣进项税？是不是需要以单位对公账户转账付款才允许抵扣？

答：其实现行政策在住宿费的进项税抵扣方面，从未作出过类似的限制性规定，纳税人无论通过私人账户还是对公账户支付住宿费，只要其购买的住宿服务符合现行规定，都可以抵扣进项税。而且，需要补充说明的是，不仅是住宿费，对纳税人购进的其他任何货物、服务，都没有因付款账户不同而对进项税抵扣作出限制性规定。

另外，还有一个文件规定可以加强对它的理解：

《国家税务总局关于诺基亚公司实行统一结算方式增值税进项税额抵扣问题的批复》（国税函〔2006〕1211 号）规定：

对诺基亚各分公司购买货物从供应商取得的增值税专用发票，由总公司统一支付货款，造成购进货物的实际付款单位与发票上注明的购货单位名称不一致的，不属于

《国家税务总局关于加强增值税征收管理若干问题的通知》(国税发〔1995〕192号)第一条第(三)项有关规定的情形，允许其抵扣增值税进项税额。

176　原来，很多人关于“三流一致”的困惑点在这里……

2021年3月期间，12366有一条答复在财税圈受到了较多的关注：

关于“三流合一”进项税抵扣问题。

留言时间：2021－03－19

问题内容：

1. 国税发〔1995〕192号、国税发〔2002〕45号文件中规定“纳税人购进货物或应税劳务，支付运费，所支付款项的单位，必须与开具抵扣凭证的销货单位一致，才能够申报抵扣进项税额，否则不予抵扣”。请问所支付款项的单位，是指付款方还是销货单位或提供劳务方?

2. 国税发〔1995〕192号、国税发〔2002〕45号文件中规定“纳税人购进货物或应税劳务，支付运费，所支付款项的单位，必须与开具抵扣凭证的销货单位一致，才能够申报抵扣进项税额，否则不予抵扣”。请问，此文件是否仅适用于货物、劳务，不适用营改增项目?比如餐饮服务业。

答复机构：福建省税务局

答复时间：2021－03－24

答：您好，国税发〔1995〕192号文件中提及的“所支付款项的单位”是指收款单位。营改增项目建议参照该份文件执行。

【晶晶亮评析】

这个答复一出，很多人都纷纷表示，这个困惑多年的问题终于有税局说清楚了，另外还有人对这个答复不理解，认为是在牵强附会。

当我看到这个答复时，内心波澜不惊，当我看到众网友议论时，才猛然一惊。原来，很多人对这个所谓“三流一致”条款的困惑点在这里啊，原来，有很多人一直理解反了，一直以为“所支付款项的单位”是指“支付款项的单位”。

果然，被误解是表达者的宿命，同样一句话，会出现截然相反的理解。

且不说该文件如果理解成付款单位，会出现“付款单位＝开票单位”的逻辑错误。

那我们就从语文的角度来考虑一下，如果把“所支付款项的单位”理解成“支付款项的单位”，那么让“所”字情何以堪啊！难道它只是一个语气助词，在句子中一点儿作用也没有吗？

我们来看一下新华字典中“所”字有哪些意思（见图 10－1）。

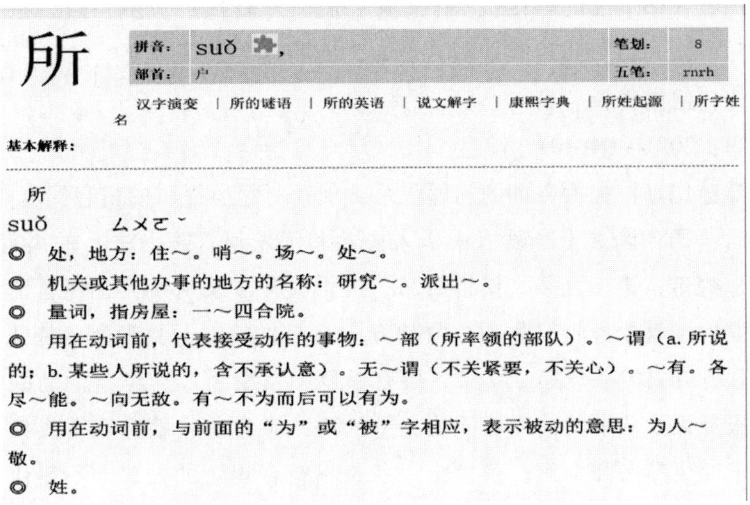
所 拼音：suǒ ，笔划：8
部首：户 五笔：rnrh
汉字演变 | 所的谜语 | 所的英语 | 说文解字 | 康熙字典 | 所姓起源 | 所字姓名
基本解释：

所
suǒ ㄙㄨㄛˇ
◎ 处，地方：住～。哨～。场～。处～。
◎ 机关或其他办事的地方的名称：研究～。派出～。
◎ 量词，指房屋：一～四合院。
◎ 用在动词前，代表接受动作的事物：～部（所率领的部队）。～谓（a. 所说的；b. 某些人所说的，含不承认意）。无～谓（不关紧要，不关心）。～有。各尽～能。～向无敌。有～不为而后可以有为。
◎ 用在动词前，与前面的“为”或“被”字相应，表示被动的意思：为人～敬。
◎ 姓。

图 10－1 新华字典中“所”字的含义

字典中，“所”字一共有 6 种解释：

1. 处，地方：住所。哨所。场所。处所。

2. 机关或其他办事地方的名称：研究所。派出所。

3. 量词，指房屋：一所四合院。

4. 用在动词前，代表接受动作的事物：所部（所率领的部队）。所谓（a. 所说的；b. 某些人所说的，含不承认之意）。

5. 用在动词前，与前面的“为”或“被”字相应，表示被动的意思：为人所敬。

6. 姓。

根据上述解释，我们可以对应一下，文件中的“所”应该属于第四种解释：用在动词前，代表接受动作的事物。

“所支付款项的单位”意思就是，接受款项的单位，也就是收款方。

再举一个例子，刺杀者，和所刺杀之人，是一个人吗？

177 资金流不一致，可以判定没有真实业务吗？

2021 年 4 月，我在 12366 纳税服务平台看到了这样一个问题：

关于“四流一致”要求的问题。

留言时间：2021－03－29

问题内容：甲企业与乙企业之间发生运输业务，合同流、货物流、发票流均一致，由于抵账、代收代垫情况的存在，“资金流”流向与其他三流不一致，是否仅凭“资金流”不一致，就可以判定甲企业与乙企业之间的业务未真实发生？

答复机构：河南省税务局

答复时间：2021－04－01

答复内容：您好！您所咨询的问题收悉。现针对您所提供的信息回复如下。

一、根据《国务院关于修改〈中华人民共和国发票管理办法〉的决定》（国务院令第587号）规定：第十九条，销售商品、提供服务以及从事其他经营活动的单位和个人，对外发生经营业务收取款项，收款方应当向付款方开具发票；特殊情况下，由付款方向收款方开具发票。第二十条，所有单位和从事生产、经营活动的个人在购买商品、接受服务以及从事其他经营活动支付款项，应当向收款方取得发票。取得发票时，不得要求变更品名和金额。第二十一条，不符合规定的发票，不得作为财务报销凭证，任何单位和个人有权拒收。第二十二条，开具发票应当按照规定的时限、顺序、栏目，全部联次一次性如实开具，并加盖发票专用章。

二、根据《中华人民共和国发票管理办法实施细则》（国家税务总局令第25号）第二十八条规定，单位和个人在开具发票时，必须做到按照号码顺序填开，填写项目齐全，内容真实，字迹清楚，全部联次一次打印，内容完全一致，并在发票联和抵扣联加盖发票专用章。

三、根据《国家税务总局关于加强增值税征收管理若干问题的通知》（国税发〔1995〕192号）第一条规定……（三）购进货物或应税劳务支付货款、劳务费用的对象。纳税人购进货物或应税劳务，支付运输费用，所支付款项的单位，必须与开具抵扣凭证的销货单位、提供劳务的单位一致，才能够申报抵扣进项税额，否则不予抵扣。

四、根据《国家税务总局关于开展打击制售假发票和非法代开发票专项整治行动有关问题的通知》（国税发〔2008〕40号）规定，集中力量，突出重点……对于不符合规定的发票和其他凭证，包括虚假发票和非法代开发票，均不得用以税前扣除、出口退税、抵扣税款。

五、根据《国家税务总局关于停止使用货物运输业增值税专用发票有关问题的公告》（国家税务总局公告2015年第99号）第一条规定，增值税一般纳税人提供货物运输服务，使用增值税专用发票和增值税普通发票，开具发票时应将起运地、到达地、车种车号以及运输货物信息等内容填写在发票备注栏中，如内容较多可另附清单。

因此，销售商品、提供服务以及从事其他经营活动的单位和个人，对外发生经营业务收取款项，收款方应当向付款方开具发票。您单位应该开具与实际交易相符的开票信息，不符合规定的发票，不得用以税前扣除、出口退税、抵扣税款。税法尚未对“四流一致”作出明确规定，建议您遵循与实际业务发生相一致原则，如实开具发票。具体业务实质您可携带相关资料到主管税务机关进一步核实确认。

感谢您的咨询！上述回复仅供参考，若您对此仍有疑问，请联系 12366 纳税服务热线或主管税务机关。

【晶晶亮评析】

税法中没有“四流一致”，更没有五流一致、六流一致的规定。

税法中也没有武断地认定，只要资金流和其他流向不一致，就判断未发生真实业务。

税法对发票的开具要求是：与实际经营相符。

只要发票票面上记载的主要交易要素，即购货与销货单位名称、货物或应税劳务、服务名称、数量、金额、税额和真实业务是相符的，就是符合规定的发票。

对于流向，国税发〔1995〕192 号的规定，其实可以精简为一句话：收款方应该和开票方一致。

这不是一个政策问题，而是一个证据问题。不同的事情，需要的证据不同，关键在于证据是否充分，是否能形成完整的证据链。

另外，执法人员对提供证据的证明力是否认可，也无法形成统一的标准。不同地方的执法差异也是这样逐步产生的。

不要机械地去考虑几流一致，而是要立足于如何保留更充分的证据，来证明业务真实发生。但不得不说，资金流在业务真实性的证明中真的很重要，尽可能的情况下，要保持资金流与业务流一致，如果保证不了，可能需要更多更强的证据来证明了。

178 在异常的时间段开具发票，为什么会被税务机关注意到？

前两天，在网上看到一篇文章，主要内容是：某纳税人因为凌晨开具发票，接到税务机关通知，要求对此事进行解释说明。有学者质疑，难道凌晨开具发票违法吗？

凌晨开发票，肯定是不违法的，法律中没有哪一条哪一款，有对纳税人开具发票的时间作出限定。

真正违法的事情是虚开发票。

但现在面临的难题是：税务机关如何找到虚开的发票？逐户逐票调查核实？显然是不可能的，所以在调查之前，一定是有一个排查机制，筛选出风险比较高的发票去调查落实。

税务机关通过增值税发票管理新系统、金税三期系统等可以调取企业的登记信息、人员信息、申报数据、财务数据、发票信息等各种数据，这些数据会有专门的人员通过“系统＋人工”的方式分析，从中找出风险疑点，然后推送给管理局或稽查局，进行下一步的调查核实或者立案检查。

在进行数据分析时，发票开具时间也是一个被关注的要素。如果一个纳税人经常在晚上 11 点到早上 6 点开票，或者平时不开票，月末集中在三五天之内开票等，都可能会被纳入关注的范围内。

有的纳税人可能会说，我就是一个提供夜宵的饭店，当然是晚上开票了，或者我就是一个小公司，每个月末兼职的财务人员才来三五天，开开票，走走账，难道这样不可以？

当然可以，疑点并非证据，出现疑点，税务机关肯定会关注，会询问，会进一步调查，而不是说靠这几个疑点信息就要判定纳税人虚开。

也有一些纳税人可能会想，如果税务机关把所有筛选条件都列示出来就好了，这样我开票的时候，就可以对照一下，避免被系统监控到。

正规的公司如果这么想，我觉得是走弯路了，因为实在没有必要花时间精力去了解这件事情。

首先，如何筛选是一种经验总结，它是动态发展的，当大家都知道某个条件从而进行规避时，该筛选条件即失效，税务机关用它找不到疑点，肯定要设定另外的筛选条件。所以，并不存在一劳永逸的规避方案。

其次，筛选是多维的，不是单维的。涉及的因素有人员信息、登记信息、发票领取频次、发票开具频次、票面金额、销货清单等。但是筛选条件不可能做到只聚焦虚开公司，并没有完美的一招制敌、一眼识破虚开的方案，只能说，如果某个公司出现了众多异常行为，则虚开的可能性比较大。规范的公司即使不小心触碰到了某个筛选条件，被列为疑点，也不必紧张，只要解释清楚，就不会有什么问题。

这就如同，我们大家去火车站坐车，你只需要关注你乘车的车次和开车时间，不需要考虑便衣警察在火车站的哪个区域活动。

说起设置筛选条件这件事情，我想到了《魔鬼经济学》中的一个故事：

在“9·11”恐怖袭击之后，欧美各国对于反恐的重视程度非常高，除了做好各种场馆、集会的安保工作，尽早识别恐怖分子则显得更加重要。

但“尽早识别”说说容易，做起来很难。

最初，各国根据反恐经验确定了一个筛选条件：穆斯林的青年。

但仅有这一个条件，范围依然非常广，无法排查，所以需要再叠加条件来缩小排查范围。再加一个什么条件呢？一位叫霍斯利的银行技术人员找到了一个新的筛选条件，极大地缩小了排查范围。那就是，对没有购买保险的穆斯林青年重点排查，这样一来，果真抓到了不少恐怖分子。

设置这个条件是因为：第一，从事恐怖袭击是不会得到保险赔付的，所以恐怖分子会认为没必要花钱买保险。第二，在欧美发达国家，保险几乎是人人必备，不买保险的人很少。

一个看似无关联的筛选条件，却因为其具备内在的逻辑性，有效地解决了反恐筛选的难题。

所以，设置筛选条件，需要根据经验、逻辑综合判断。经常在凌晨开票，除了经营宵夜的饭店等纳税人，对于多数公司来说都是比较异常的行为，税务机关把它作为一个疑点筛选条件也是可以理解的。

179 走近虚开发票中的“环开”和“对开”

一般来说，纳税人虚开发票的主要目的是为了少缴税款。但在形形色色的虚开发票类型中，有一种虚开“出淤泥而不染”，表现得格外另类。那就是“环开”和“对开”。

环开和对开，是指关联公司没有真实经营业务循环开具发票、互相开具发票。

比如，在没有真实交易的情况下，A 公司开给 B 公司 5 000 万元，B 公司开给 C 公司 5 000 万元，C 公司开给 A 公司 5 000 万元。或者 A 公司和 B 公司之间互相开票 5 000 万元。

这种类型的虚开发票，不会出现支付开票手续费的情况，而且每一个开票主体都会申报缴纳增值税，不会少申报缴税。

不了解内情的人，看到这种开票方式都会肃然起敬，这些公司简直是舍小家为大家啊！为了国家的 GDP 经济指标，真是殚精竭虑啊。

但这个世界上没有无缘无故的爱。这些公司这么做到底为了什么呢？他们一般是出于以下目的：为了虚增经营业绩；为了上市、融资授信；为了取得地方财政返还；为了应对绩效考核等。

那么问题来了，虚开发票中的“环开”和“对开”，如果被查处了，会有什么法律后果呢？

先来看看行政处罚规定：

根据《中华人民共和国发票管理办法》第二十二条，开具发票应当按照规定的时限、顺序、栏目，全部联次一次性如实开具，并加盖发票专用章。任何单位和个人不得有下列虚开发票行为：（一）为他人、为自己开具与实际经营业务情况不符的发票；（二）让他人为自己开具与实际经营业务情况不符的发票；（三）介绍他人开具与实际经营业务情况不符的发票。

从上述规定可以看出：环开和对开，已经符合第二十二条关于虚开发票行为的定义，属于虚开发票行为。

应该如何处理呢？根据《中华人民共和国发票管理办法》第三十七条，违反该办法第二十二条第（二）项的规定虚开发票的，由税务机关没收违法所得；虚开金额在1万元以下的，可以并处5万元以下的罚款；虚开金额超过1万元的，并处5万元以上50万元以下的罚款；构成犯罪的，依法追究刑事责任。

对于环开和对开的企业来说，金额一定不会小，所以，在行政处罚中，一般能达到顶格50万元罚款。

另外，根据国家税务总局公告2012年第33号《关于纳税人虚开增值税专用发票征补税款问题的公告》的规定：纳税人取得虚开的增值税专用发票，不得作为增值税合法有效的扣税凭证抵扣其进项税额。

按照举例中的环开5 000万元来说，如果开具的是货物，A、B、C公司各需要补缴增值税5 000×13% =650万元。

行政违法是肯定的。那么“不以偷逃税款为目的”的“对开、环开”增值税专用发票行为是否构成了犯罪，需要追究刑事责任呢？我们可以依据刑法理论来予以确定。

从目的犯的角度来看，对于虚开增值税专用发票罪的认定上，行为人主观上须有骗抵增值税税款的目的。“对开、环开”增值税专用发票行为其主观目的并不是为了骗抵税款，且实际上也不存在骗抵税款的可能性，因此，不应将“对开、环开”增值税专用发票的行为认定为虚开增值税专用发票罪。

从结果犯的角度来看，须以虚开行为实际造成国家税款的损失并达到法定数额才构成犯罪。“环开、对开”增值税专用发票的行为在增值税抵扣链条上并不存在造成国家税款流失的可能性，该罪所侵害的法益即国家税权，如果不存在法益侵害后果，就不应当认定为虚开增值税专用发票罪。

从行为犯的角度来看，认为只要实施虚开增值税专用发票的行为，不论数额大小均构成犯罪。虽然“对开、环开”增值税专用发票的行为不以偷逃税款为目的，但其存在虚开增值税专用发票的事实行为，在不考虑行为目的、法律后果的前提下，应当将该行为认定为虚开增值税专用发票罪。

目前学界及实务界较为统一的观点就是虚开犯罪须以行为人主观上具有骗取国家税款的目的，客观上造成国家税款损失为要件。最高院公布的典型案例“张某强虚开增值税专用发票案”中也强调了该观点。

2020年7月24日，《关于印发〈最高人民检察院关于充分发挥检察职能服务保障

“六稳”“六保”的意见〉的通知》再次强调了该观点：

“三是依法慎重处理企业涉税案件。注意把握一般涉税违法行为与以骗取国家税款为目的的涉税犯罪的界限，对于有实际生产经营活动的企业为虚增业绩、融资、贷款等非骗税目的且没有造成税款损失的虚开增值税专用发票行为，不以虚开增值税专用发票罪定性处理，依法作出不起诉决定的，移送税务机关给予行政处罚。”

通过上述分析，我们可以看到，在刑法上环开和对开不构成犯罪。

A、B、C 公司的相关人员似乎可以放心了，长出一口气了。但是，企业费尽周折做这件事情，真的划算吗？

假设企业环开和对开，是为了贷款。上述 A、B、C 公司在费劲心思后如愿以偿，各自贷了 5 000 万元的贷款。但很不幸，被税务机关发现了。所以，我们盘点一下为了这笔贷款需要付出的代价有：

1. 正常的贷款利息，大约 6%；
2. 行政罚款 50 万元；
3. 进项税 650 万元不能抵扣；
4. 纳税信用登记被直接判定为 D 级。

有很多人可能还不了解，税务机关对纳税信用评价为 D 级的纳税人有哪些特殊待遇。国家税务总局公告 2014 年第 40 号第三十二条规定：

“（一）公开 D 级纳税人及其直接责任人员名单，对直接责任人员注册登记或者负责经营的其他纳税人纳税信用直接判为 D 级；

（二）增值税专用发票领用按辅导期一般纳税人政策办理，普通发票的领用实行交（验）旧供新、严格限量供应；

（三）加强出口退税审核；

（四）加强纳税评估，严格审核其报送的各种资料；

（五）列入重点监控对象，提高监督检查频次，发现税收违法违规行为的，不得适用规定处罚幅度内的最低标准；

（六）将纳税信用评价结果通报相关部门，建议在经营、投融资、取得政府供应土地、进出口、出入境、注册新公司、工程招投标、政府采购、获得荣誉、安全许可、生产许可、从业任职资格、资质审核等方面予以限制或禁止；

（七）D 级评价保留 2 年，第 3 年纳税信用不得评价为 A 级（备注：依据国家税务总局公告 2020 年第 15 号，自 2020 年 11 月 1 日起本款废止）；

（八）税务机关与相关部门实施的联合惩戒措施，以及结合实际情况依法采取的其他严格管理措施。”

总之一句话，成为 D 级纳税人，感觉就像每到一个十字路口都是红灯，处处受限。

公司被行政处罚，成为 D 级纳税人之后，相关情况被银行得知会怎样呢？银行肯定是会收回贷款的。至于该行为是否构成了诈骗罪，需要再根据实际情况看刑法的具体规定。这就不是本文讨论的内容。

贷款得而复失，除了留下不必要的经济损失和更严格的管理，环开和对开，并没有给企业带来任何收益，这样的结果，希望那些准备开票的人，可以静心想想，真的值得吗？

180 虚开公司接受虚开发票，要不要转出进项税，补缴增值税？

关于纳税人虚开增值税专用发票的行为，税务机关查处后该如何补征税款？国家税务总局专门出台了2012年33号公告，具体文件内容如下：

国家税务总局关于纳税人虚开增值税专用发票征补税款问题的公告

国家税务总局公告2012年第33号

现将纳税人虚开增值税专用发票征补税款问题公告如下：

纳税人虚开增值税专用发票，未就其虚开金额申报并缴纳增值税的，应按照其虚开金额补缴增值税；已就其虚开金额申报并缴纳增值税的，不再按照其虚开金额补缴增值税。税务机关对纳税人虚开增值税专用发票的行为，应按《中华人民共和国税收征收管理办法》及《中华人民共和国发票管理办法》的有关规定给予处罚。

纳税人取得虚开的增值税专用发票，不得作为增值税合法有效的扣税凭证抵扣其进项税额。

本公告自2012年8月1日起施行。

纳税人发生本公告规定事项，此前已处理的不再调整；此前未处理的按本公告规定执行。

对上述文件该如何理解？我看到张伟老师在网上发表过一篇文章，值得学习。

案例：纯虚开公司接受进项虚开需要补缴增值税吗？

M医药公司以价税合计乘以7%的点数购买进项税额1 000万元，同时以9%的点数对外虚开增值税专用发票销项税额1 010万元，共缴纳增值税10万元，企业对虚开事实供认不讳。税务机关应当如何进行税务处理呢？

第一种意见：

1. M公司接受虚开的1 000万元进项税额不允许抵扣进项税，因此应补税1 000万元；

2. 对外虚开的增值税专用发票由于已经申报纳税，按照33号公告规定，无须再补缴税款；

3. 应开出“已证实虚开通知单”通知受票税务机关追缴受票单位增值税款，为国家挽回税款损失；

4. M公司已涉嫌虚开犯罪，应移送司法机关，追究刑事责任。根据《行政处罚法》第三十八条规定，涉嫌刑事犯罪的移送案件，无须按照《发票管理办法》第三十七条规定给予5万元以上50万元以下的处罚。

第二种意见：

M公司无须对接受虚开的1 000万元进项税额补缴增值税，其余处理同第一种意见。

我赞同第二种意见的税务处理，理由如下：

1. M公司已经就销项1 010万元全额纳税，虽然又接受1 000万元进项虚开的事实，但M公司对本不属于缴税范围的虚开销项1 010万元已经缴纳税款，在该环节未造成税款损失。且由于已经开出“已证实虚开通知单”追缴下游企业税款，如要求M公司再补缴1 000万元税款，会导致处理过重，重复纳税。

2. 事实上，困扰稽查局的是，如果按照第一种意见要求M公司补缴税款1 000万元，由于M公司得到的利益只有价税合计的2%，因此根本无力承担这笔巨额税款，一定会造成无法执行这笔税款，影响入库率。稽查局甚至对此事根本不敢录入CTAIS系统，否则就成为永远执行不了而挂在系统中的痛！

3. 在南疆税案中，总局稽查局就遇到了上述争议和难题，33号公告即由此而来。我们在学习33号公告的时候，都能注意到，33号公告和国税发〔1995〕192号文件的关系，即：在防伪税控系统时代，由于虚开公司已经就虚开发票的税额纳税，因此无须再次纳税，对开具发票没有征税的要征收税款，只存在于远古的手工票时代。这当然也是33号公告出台背景的题中之义。其实该公告还有另外一大功能，即解决虚开公司接受虚开进项到底是否缴税的问题！

33号公告表述为“已就其虚开金额申报并缴纳增值税的，不再按照其虚开金额补缴增值税”，33号公告的题中之义是将虚开公司接受进项虚开与对外虚开销项发票合起来看待，由于企业已经就虚开行为缴纳税款，且多缴纳10万元，因此不再补缴进项税额的1 000万元。遗憾的是，33号公告的文字表述，以及总局公告的解读均未清晰地解读南疆税案的本来面目，致使这层含义容易被忽略。

【晶晶亮评析】

原先手工开票时代，虚开公司基本上是大头小尾虚开发票，下游拿虚开发票抵扣了进项税，本环节还少申报了税款。所以国税发〔1995〕192号文件规定，对纳税人虚开代开的增值税专用发票，一律按票面所列货物的适用税率全额征补税款。

在增值税防伪税控系统全面推行后，虚开发票的销售收入如果已在当期全额进行了抄报税，并申报缴纳了税款，对其已缴纳的税款再次进行补征，则会造成重复征税问题，所以出台了2012年33号公告。

虚开公司动辄几千万、上亿元的虚开发票，为了避免缴税，通常会采取各种手段，比如不申报直接走逃、虚假申报进项税，或者另外取得大致相当的虚开的进项税发票，以冲抵销项税。

对于这样的开票公司，税务机关如果要求其转出进项税额，补缴增值税，由于这些公司已经走逃，并无实际财产可以执行，在金三系统中，会显示该公司欠缴国家几千万乃至上亿元的税款。如果全国均这样处理，系统中很快就可以累计上万亿的欠缴税款。且这些税款属于无法收回的空挂的欠税，并无实际经济交易支撑。

也有人提出，虚开公司虚开发票，并没有真实交易，不属于增值税纳税人，不应该征收增值税。也就是说销项不征，进项转出。

这个说法确实有道理，但这样处理的话，该公司虚开且申报缴纳的增值税10万元就应该退税。真这么处理，又感觉逻辑上不能自洽，虚开公司虚开了发票，扰乱了税收征管秩序，税务机关还需要给他们办理退税，似乎是在鼓励虚开发票。

我个人理解的处理办法是：

对于虚开虚抵的开票公司，按照文件第一段处理："已就其虚开金额申报并缴纳增值税的，不再按照其虚开金额补缴增值税。"只要该公司把销项、进项都按开票金额进行了纳税申报，无须考虑销项是否应该征收、进项税是否应该转出补征税款的问题。剩下的事情就是移送司法机关，追究刑事责任即可。

如果是正常经营业户接受了虚开的发票，按文件第二段"纳税人取得虚开的增值税专用发票，不得作为增值税合法有效的扣税凭证抵扣其进项税额"处理，税务机关应该通知其转出进项税，不能抵扣。

181　税局代开的发票，被税局认定为虚开，很惊讶吗？

国家税务总局×××税务局稽查局

税务处理决定书

×税稽处〔2021〕×号

当事人：×××贸易有限公司

法定代表人：×××（身份证号码：×××）

我局于2019年8月19日对你公司（税款属期2018年1月1日至2019年7月31

日）进行检查。

一、当事人基本情况

（一）公司概况

通过查询金税三期税收管理系统发现：×××贸易有限公司，纳税人识别号：×××，成立于2018－03－28。法定代表人：×××（居民身份证号：×××，手机：×××）。财务负责人：×××（居民身份证号：×××）。公司地址：×××省××市×××号。公司主管税务机关：国家税务总局×××税务局。你公司为小规模纳税人。

（二）开票情况

2018年1月1日至2019年7月31日期间，你公司开具增值税普通发票34份，价税合计2 691 805.15元；税务窗口代开增值税专用发票4份，价税合计2 135 126元；另作废7份。

二、差错事实及证据

你公司走逃失联，2018年1月—2019年7月期间，在无实际货物销售的情况下，通过收取票点后回流资金，向其下游企业虚开增值税发票。

证据如下：

1. 被查企业虽登记状态正常，但通过实地查看都未在注册经营地址正常经营。《检查通知书》无法送达，公告后企业也不到稽查局接受检查，故认定你企业属走逃失联。

2. 通过系统查询，被查企业登记从业人员3人，无社保缴纳记录，且银行账户未有人员工资费用的相关支出。

3. 对受票企业外调检查，发现被查企业资金回流至受票企业相关人员。

4. 在对你公司银行账户检查发现，货款大多通过“×××”个人账户回流。

三、税务处理决定

经×××税务局稽查局案件审理委员会集体审理研究，依照相关税收规定作出如下处理意见：

1. 鉴于你公司虽然有申报记录，但是无从业人员、无缴纳社保信息的人员、无法联系企业实际控制人，根据《国家税务总局关于走逃（失联）企业开具增值税专用发票认定处理有关问题的公告》（国家税务总局公告2016年第76号）第一条，你公司属于走逃失联企业。

2. 根据《中华人民共和国发票管理办法》（国务院令〔2010〕587号）第二十二条第二款第（一）项之规定，认定你公司为他人虚开增值税发票。

综上，将你公司2018年9月—2019年4月开具的增值税普通发票34份；税务窗口代开增值税专用发票4份，共计38份，金额4 686 340.89元，税额140 590.26元，价税合计 4 826 931. 15 元，定性为虚开。

对本税务处理决定不服的，可以在收到本处理决定书之日起60日内向国家税务总局×××税务局申请复议。

国家税务总局×××税务局稽查局

2021 年 3 月 25 日

【晶晶亮评析】

其实这个税务处理决定书很常见很普通，但有网友转发给我看了，他表示很诧异，为什么在税务局代开的发票，居然被税务局认定为虚开?

我说，这个事情并不奇怪，我们来看一下税务局代开发票的流程是什么。根据《国家税务总局关于纳税人申请代开增值税发票办理流程的公告》（国家税务总局公告 2016 年第 59 号）的规定，纳税人代开发票时，在办税服务厅指定窗口需要做的事情有 3 件：

1. 提交《代开增值税发票缴纳税款申报单》;

2. 自然人申请代开发票，提交身份证件及复印件；其他纳税人申请代开发票，提交加载统一社会信用代码的营业执照（或税务登记证或组织机构代码证)、经办人身份证件及复印件。

3. 在同一窗口缴纳有关税费、领取发票。

可以看出，在税务机关代开发票的窗口，只要纳税人通过声明证明其开票信息的真实性、合法性，缴纳了相关税费，就可以领取发票。

所有来代开发票的人，开票信息所对应的经济业务一定都是真实的吗？事实上显然不可能，但在发票代开、税款征收环节，办税大厅是不会也不可能去鉴定监管业务是否真实的。

而在随后开展的税务稽查执法活动中，则会专门去查处虚开发票案件，查出的虚开发票中出现税务机关代开的发票，并不稀奇。对虚开发票的责任人追责，无可厚非。

只要搞清楚税务机关每个部门的工作职责和范围，就不会对“税务局代开的发票被税务局认定为虚开”这样的事情感到惊讶了。

182 “根据日常生活经验法则推定的事实”判定的虚开发票案

税务机关在查处虚开发票案件中，取得定性证据困难的情况越来越突出。实践中，可以合理运用《最高人民法院关于行政诉讼证据若干问题的规定》的相关规定，寻求相互印证的证据链，证实票载信息与被查企业实际经营是否符合，进而定性检查对象是否虚开发票。本文通过个案分析，探讨拓宽取证的思路。

一、蹊跷的协查虚开案

近日，甲市税务局稽查局接到乙市税务局稽查局转来的B企业发票违法案件协查函及“已证实虚开通知单”。

其中，“已证实虚开通知单”证实，B企业向甲市的A企业虚开运输费用增值税专用发票1份，发票开具时间为2018年7月7日，发票金额81 836.36元，税额8 183.64元，价税合计90 020.00元，B企业已于2018年7月10日被转为非正常户管理。协查函指出，经税务机关查证，相关涉案企业均为非正常户，且涉案企业均在短时间内领取并对外开具发票，在无任何进项的情况下虚假申报或者不申报，以达到少缴税款的目的，暴力虚开特征明显。

甲市税务局稽查局迅速对A企业展开检查，发现发票综合服务平台中已显示“已证实虚开通知单”提到的发票信息，但作为受票方的A企业未勾选确认。甲市税务局稽查局就有关问题依法对A企业法定代表人、财务负责人和从事具体业务的人员进行询问，当事人坚称未收到纸质发票，也未与B企业发生任何业务洽谈及资金往来。

稽查人员通过增值税发票电子底账系统发现，这份涉案发票备注栏中只注明起运地为甲市，到达地为丙市，未注明车种车号以及运输货物信息等内容。在A企业的销售费用明细账中，检查人员发现，该企业2018年8月发生一笔与“已证实虚开通知单”相同金额的销售费用81 836.36元，该笔费用为丁市C企业于2018年8月22日开具给A企业的运输发票，票面备注栏中注明的起运地同为甲市，到达地同为丙市。

经过调查，稽查人员证实A企业与C企业之间存在真实业务，C企业开具给A企业的发票与“已证实虚开通知单”的发票相比，除销售方信息不一致外，其他内容均相同，A企业共有5个银行账户。

二、协查发票如何定性

税务机关查处虚开发票案件一般需要核实交易资金是否真实、交易货物是否真实、生产能力是否匹配、是否收付虚开发票手续费等。本案中，通过上述方式取得的证据无法证实A企业有虚开发票行为，怎么办？甲市税务局稽查人员认为，可以采取追根溯源的思路，寻找源头依据。

《中华人民共和国发票管理办法》第二十二条规定，任何单位和个人不得有下列虚开发票行为：（一）为他人、为自己开具与实际经营业务情况不符的发票；（二）让他人为自己开具与实际经营业务情况不符的发票；（三）介绍他人开具与实际经营业务情况不符的发票。该条款主要包含两个方面的含义，一是实际经营业务的认定，二是是否有主观故意的前提。

税务机关查处虚开发票案件常用主要证据的源头依据为《最高人民法院关于行政诉讼证据若干问题的规定》（法释〔2002〕21 号）第六十八条第五款规定。该法条指出，下列事实法庭可以直接认定：（一）众所周知的事实；（二）自然规律及定理；（三）按照法律规定推定的事实；（四）已经依法证明的事实；（五）根据日常生活经验法则推定的事实。前款第（一）、（三）、（四）、（五）项，当事人有相反证据足以推翻的除外。

税务机关常根据企业有虚假的资金支付或有资金回流，或企业没有与其生产产品相匹配的物料、水、电、人工等必要生产要素等，作出企业经营业务不符合日常生活经验法则的推定并作为证据使用。同理，税务机关可以“根据日常生活经验法则推定的事实”，推定 A 企业有虚开发票的行为并作为证据使用，原因如下：

第一，虚开发票的定义说明虚开是一种行为，企业是否实际取得纸质发票不是构成虚开发票的必然要件。也就是说，如果 A 企业让 B 企业开具与其实际经营业务情况不符的发票，就是虚开发票行为。

第二，B 企业在事先不知道 A 企业纳税人识别号、经营地址、银行账户账号、货物起运地和到达地、发票开具金额等一系列信息的情况下，是无法开具与有关真实业务相同金额、相同起运地和到达地的发票的。也就是说，B 企业开具发票应为 A 企业指使。

第三，B 企业向 A 企业开具被协查发票的日期早于 C 企业向 A 企业开具同笔业务发票的日期，B 企业无法事先通过网络等非法渠道获得 A 企业与 C 企业之间实际经营业务的信息。同时，A 企业当事人的询问笔录中也证实 A 企业未与 B 企业发生任何业务洽谈。由此推断，B 企业开具发票信息为 A 企业提供。

第四，乙市税务机关已经证实 B 企业存在虚开发票行为，而虚开发票的主要目的通常是谋取不正当利益，B 企业在不能获得任何利益，同时又增大自身案发风险的前提下，对外虚开发票不符合日常生活经验。由此可推断 B 企业有虚开发票牟利的动机。

第五，运用数理统计方法计算金额相同、起运地和到达地均相同的概率可知，B 企业在事先不知道 A 企业有关实际经营业务的前提下开出相同的发票，不符合日常生活经验。

三、企业对税务处理处罚没有异议

检查组经过深入讨论和调查取证，依照有关规定认定 A 企业属于恶意接受虚开发票行为，按照发票管理办法第三十七条、《企业所得税税前扣除凭证管理办法》等规定，对其作出了税务行政处理处罚决定。收到税务机关作出的行政处理处罚决定后，A 企业没有提出行政复议、行政诉讼。

综上所述，税务机关在查处虚开发票案件中，要合理运用《最高人民法院关于行政诉讼证据若干问题的规定》的相关规定，厘清思路，寻求证据组合，形成相互印证的证据链，证实所查企业的票载信息与其实际经营是否相符，从而认定企业是否虚开发票。①

【晶晶亮评析】

虚开发票的门槛越来越低，但认定虚开发票的取证越来越难。尤其对于这种有实际业务，但是从第三方取得发票的虚开行为，证据取到什么程度才算充分？不同的案件审理人员，可能会有不同的证据判定标准。

一些高标准严要求的审理人员，对于虚开发票案件采用的是接近于刑事诉讼的“排除合理怀疑”的证据标准。较高的证据标准虽然能确保某个具体案件的查实查透，但公平与效率是不可兼得的，需要有先后之分，过高的证据标准会导致行政效率低下，大量的虚开发票违法行为得不到查办，间接导致虚开发票行为越发猖獗，劣币驱逐良币，反而不利于保护合法经营者的守法积极性。

本文案例中，稽查局通过调取基本事实资料，运用“根据日常生活经验法则推定的事实”判定了虚开发票行为。

运用这个规则时，应该是由当事人举证解释发票开具中的一些不合常理的行为，除非当事人能提供相反证据足以推翻，如果不能解释或含糊其辞，就可以根据日常生活经验法则来推定虚开事实，这种取证和判定规则值得学习借鉴。

183 “虚开发票，没收违法所得”，您见过吗？

2021 年 8 月，我在网上看到了厦门税务稽查局发布的一份行政处罚告知书，违法事实很常见，企业虚开发票后走逃失联，只是处罚的形式相对比较少见，出现了“没收违法所得”这种行政处罚形式。

---

① 来源：宋歌，张曦．“根据日常生活经验法则推定的事实”的适用［N］．中国税务报，2021－06－22（7）．

虽然少见，但在全国范围看，这肯定不是首次，至少在2018年，新疆就出现过一次这样的行政处罚，还申请了人民法院强制执行。

我们一起看看这两起没收违法所得的案例。

×××（厦门）石油制品有限公司：（纳税人识别号：913502×××68436245H，法定代表人：吴××，身份证号：350525××××××××2215）

你公司存在如下违法事实：你公司走逃（失联），逃避税务机关监管。你公司2018年6月至2019年6月在无货交易的情况下开具3 073份增值税专用发票（金额1 472 993 085.21元，税额216 548 599.8元，价税合计1 689 541 685.01元）的违法事实，违反了《中华人民共和国发票管理办法》第二十二条第二款的规定，已构成为他人虚开增值税专用发票。

对上述违法事实，我局拟作出如下处罚决定：根据《中华人民共和国发票管理办法》第三十七条第一款，我局拟对你公司的虚开行为处以500 000元的罚款并没收违法所得59 750 475.00元。

因你公司已不在注册及生产经营地址，相关人员无法联系，《税务行政处罚事项告知书》无法直接送达。根据《中华人民共和国税收征收管理法实施细则》第一百零六条第（二）项规定，现将我局《税务行政处罚事项告知书》（×税一稽罚告〔2021〕×××号）予以公告送达，自公告之日起满30日，即视为送达。你公司有陈述、申辩、听证的权利；可自收到本告知书之日起3日内向我局书面提出听证申请；逾期不提出，视为放弃听证权利。具体违法事实、证据及依据你公司可前来我局查阅。

特此公告。

国家税务总局某稽查局

2021年7月7日

新疆维吾尔自治区××县人民法院

行政裁定书

（2019）新3223行审×号

申请执行人：国家税务总局某税务局

被执行人：××县某材料店

经营者：麦某，男。

申请执行人国家税务总局某税务局于2019年2月22日向本院申请强制执行罚〔2018〕×号税务行政处罚决定，本院依法组成合议庭进行了审查，现已审查终结。

申请执行人国家税务总局某税务局于2018年8月7日作出罚〔2018〕×号《关于对××县某材料店的税务行政处罚决定》，认定被执行人××县某材料店现有负责人通过现金形式收取手续费66 083元，开具没有实际经营业务的32份增值税普通发票，涉及金额合计为1 559 982.08元，构成虚开发票，遂依照《中华人民共和国发票管理办法》第三十七条之规定，对被执行人××县某材料店没收违法所得 18 318.09 元，并处以罚款 50 000 元。

被执行人××县某材料店于2018年8月7日收到罚〔2018〕×号《关于对××县某材料店的税务行政处罚决定》后，未提起诉讼亦未自动履行。申请执行人国家税务总局某税务局遂向本院申请强制执行被执行人××县某材料店应缴罚款 50 000 元，没收违法所得 18 318.09 元，合计 68 318.09 元。

本院认为，申请执行人国家税务总局某税务局作出的罚〔2018〕×号税务行政处罚决定程序合法，适用法律、法规正确。依照《中华人民共和国行政诉讼法》第九十七条、《最高人民法院关于适用〈中华人民共和国行政诉讼法〉的解释》第一百零一条第一款第（十四）项之规定，裁定如下：

准予强制执行国家税务总局某税务局罚〔2018〕×号税务行政处罚决定。

二〇一九年四月二日

【晶晶亮评析】

没收违法所得，是行政机关将行政违法行为人占有的，通过违法途径和方法取得的财产收归国有的制裁方法，它是一种行政处罚。

《中华人民共和国发票管理办法》第三十七条第一款规定：违反该办法第二十二条第二款的规定虚开发票的，由税务机关没收违法所得；虚开金额在 1 万元以下的，可以并处 5 万元以下的罚款；虚开金额超过 1 万元的，并处 5 万元以上 50 万元以下的罚款；构成犯罪的，依法追究刑事责任。

根据上述规定可知，对于虚开发票行为来说，税务机关首先需要没收违法所得，本来这应该是一个常规操作，但在实务中，这样的税务行政处罚却不太常见。原因是：

如果是单纯接受虚开发票，一般不存在违法所得。

如果是对外虚开和介绍虚开，会存在违法所得。而实务中的难点，是违法所得的取证和确认，很多时候，知道有违法所得和找到证据证明违法所得的金额之间，有很大一段距离。

第一个案例，违法所得应该是开票手续费，不过企业已经走逃失联了，应该没有账簿凭证和询问笔录这样的证据，估计是通过调取银行资金流水来判断的，能在无数条银行流水记录中锁定违法所得的金额，不是一件容易的事情。

第二个案例我其实很困惑，收取的开票手续费是 66 083 元，确认的违法所得是 18 318.09 元，不知道哪些成本项目可以在计算违法所得时扣除。

184　非现金支付，企业财务安全的一道防火墙

增值税进项抵扣和企业所得税税前扣除问题，是每个公司财务都特别关注的事情。如果公司不小心取得了异常凭证，就面临着进项税不能抵扣的风险，如果取得的发票或凭证不合规，则企业所得税就不能税前扣除。

但是别急，真要出现了问题，还有机会补救。

一、异常凭证核实

纳税人对税务机关认定的异常凭证存有异议，可以向主管税务机关提出核实申请。经税务机关核实，符合现行规定的，纳税人可继续申报抵扣。

在申请核实的时候，需要提供什么资料呢？目前总局没有明确的文件规定该事项，我们可参照一下厦门税务局的要求。

须提交“纳税人接收异常凭证核实申请表”，并提供下列相关资料：

1. 业务的详细说明；
2. 合同、协议复印件；
3. 运输、保险、仓储、装卸相关资料；
4. 能耗证明材料；
5. 委托加工证明材料；
6. 银行支付证明材料；
7. 其他证明材料。

二、取得不合规发票和凭证无法扣除后，提供补充证明

《国家税务总局关于发布〈企业所得税税前扣除凭证管理办法〉的公告》（税务总局公告 2018 年第 28 号）规定：

第十二条，企业取得私自印制、伪造、变造、作废、开票方非法取得、虚开、填写不规范等不符合规定的发票，以及取得不符合国家法律、法规等相关规定的其他外部凭证，不得作为税前扣除凭证。

第十四条，企业在补开、换开发票、其他外部凭证过程中，因对方注销、撤销、依法被吊销营业执照、被税务机关认定为非正常户等特殊原因无法补开、换开发票、其他外部凭证的，可凭以下资料证实支出真实性后，其支出允许税前扣除：

（一）无法补开、换开发票、其他外部凭证原因的证明资料（包括工商注销、机

构撤销、列入非正常经营户、破产公告等证明资料)；

（二）相关业务活动的合同或者协议；

（三）采用非现金方式支付的付款凭证；

（四）货物运输的证明资料；

（五）货物入库、出库内部凭证；

（六）企业会计核算记录以及其他资料。

前款第（一）项至第（三）项为必备资料。

可以看出，非现金支付是化解这两个危机的必备资料，而且也是证明力非常强的一项资料。所有的财税从业朋友们，一定要充分认识非现金支付的重要性，坚守住财务安全的防火墙。

185 如何识别虚开发票公司？

国地税合并前，作为地税人，我感觉自己需要学习掌握的业务种类很多，十几个税种，杂七杂八的规定。

国地税合并后，我突然发现要学的业务种类似乎单纯了许多，每天萦绕在耳边的似乎只有一类业务，那就是虚开发票。

实话说，涉及的业务肯定是更多了，但因为在所有的案件中，虚开发票案件一枝独大，碾轧其他涉税案件总和，相比之下，其他业务似乎都隐身了。

见识了无数家虚开发票公司，看似形形色色，其实套路大同小异。我们一起看看，虚开发票的公司有哪些特征：

一、公司登记有特点

1. 多为商贸企业；
2. 登记信息雷同，企业法人、财务人员、办税人员多为同一人；
3. 多户企业登记法人为同一人；
4. 法人户籍非本地、法人设立异常集中；
5. 登记地址多为住宅小区某楼层某室，明显不适合对外经营；
6. 公司多为认缴制或者实收资本多为较低金额。

二、经营范围与能力明显异常

1. 不合常理的经营范围和能力，如一家电器销售公司，一般情况下，不会提供房屋中介服务。再比如，一个注册资本金 5 万元、员工人数三五人的企业，短时间内销售额上亿元，这与其经营能力不相符。

2. 商贸公司购进与销售货物名称严重背离的。

3. 成立时间短，成立时间多在半年以内，但营业规模迅速扩大。

三、购销地异常

纳税人购进货物、服务，从节约成本、方便接受服务的角度考虑，会尽量就近采购。如果纳税人明明可以就近采购，却从他地购进，可能会涉及接受虚开。甚至还会出现，山西的商贸公司，去非产煤省份采购煤炭再销售，这种造假手法太过直白了。当然，作为一个暴力虚开公司，虚购虚抵，开完就准备跑，根本不打算圆谎。但对于有实体业务的公司，不合理的购进地，需要有合理解释。

四、发票开具有特点

1. 大部分发票顶额开具，发票开具金额满额度高于 90%；

2. 发票开具后大量作废，或存在大量红字普通发票、随意开具红字发票来冲减以往年度的蓝字发票；

3. 发票连续多次增量增版；

4. 一定时间内开具增值税发票金额突增；

5. 价税合计为整数。从常理来说，销售货物或应税劳务、服务价税金额恰好为整数的概率极低。虚开发票者为了省事、方便计算开票点数，会相对更多地乐于选择开具整数金额的发票。所以，一个公司开出的销售发票出现若干张整数金额的发票，往往可能会存在虚开的问题。当然，现在这种情况比以前少了，可以看出，虚开者也是在不断学习不断进步，仍然这么开的，都是不爱学习、不愿意费脑的虚开者。

掌握虚开公司的上述特征，就能第一时间识别虚开公司，为下一步的税务稽查工作指明方向。

第十一章 偷　税

186　如何理解偷税？

很多人以为，只要少缴了税款就是偷税。对于外行人来说，这样简单理解无伤大雅，但对于税务干部来说，则不能这么轻描淡写地去理解，而是需要对偷税的定义逐字逐句反复揣摩。

什么是偷税？征管法第六十三条是这样规定的：纳税人伪造、变造、隐匿、擅自销毁账簿、记账凭证，或者在账簿上多列支出或者不列、少列收入，或者经税务机关通知申报而拒不申报或者进行虚假的纳税申报，不缴或者少缴应纳税款的，是偷税。

就这么一个看似简单的条款，在征管法已经颁布了16年之久后，依然是争议不断。在基层执法过程中，令人无比烧脑。

从法条中，我们可以看出，若定性为偷税，必须满足“手段+结果”。不缴少缴税款是结果，但同时也要使用了一定“手段”。

征管法提到的“手段”，包括以下4种：

（1）伪造、变造、隐匿、擅自销毁账簿、记账凭证；

（2）在账簿上多列支出或者不列、少列收入；

（3）经税务机关通知申报而拒不申报纳税；

（4）进行虚假纳税申报。

在这4种手段中，前面3种手段比较好界定，也相对容易取证。只要调取客观证据，即可证明其偷税行为成立。实际执法工作中，最难把握的是第4种，“进行虚假纳税申报”。

实际执法中，很多税务人员会把“虚假纳税申报”等同于“申报不实”。一旦看到一个企业申报表的税款数字不对，就全部按照“申报不实=虚假纳税申报”来进行判断。殊不知，这样执法，妥妥地将绝大多数被查的企业都装进偷税的笼子里。

为什么呢？因为稽查局查办的企业大部分都是办了税务登记证的企业，一个办了税务登记证的企业，如果不来进行申报少缴了税款，按照法释〔2002〕33号的规定，这属于“通知申报而拒不申报”，偷税！如果来申报了，但报的税款有误，那就按“进行虚假的纳税申报”，偷税！

但这样定性，真的可以吗？

我们先来看看相关的法律解释，如何界定“虚假纳税申报”。

征管法释义中是这样解释的：所谓进行虚假的纳税申报，是指纳税人在进行纳税申报的过程中，制造虚假情况，不如实填写或者提供纳税申报表、财务会计报告及其他纳税资料的行为。

法释〔2002〕33号规定，“虚假的纳税申报”，是指纳税人或者扣缴义务人向税务机关报送虚假的纳税申报表、财务报表、代扣代缴、代收代缴税款报告表或者其他纳税申报资料，如提供虚假申请，编造减税、免税、抵税、先征收后退还税款等虚假资料等。

这两个解释，里面提到的“制造虚假情况”“提供虚假资料”，其实已经充分表明了，不是说申报数字不对就可以认定为虚假纳税申报。还必须有一些行为来表明其“主观故意”。

接下来，我们看总局的这两个文件，不仅明确表示了偷税需要有“主观故意”，而且这个主观故意必须有证据。

《国家税务总局办公厅关于呼和浩特市昌隆食品有限公司有关涉税行为定性问题的复函》（国税办函〔2007〕513号）：“《税收征管法》未具体规定纳税人自我纠正少缴税行为的性质问题，在处理此类情况时，仍应按《税收征管法》关于偷税应当具备主观故意、客观手段和行为后果的规定进行是否偷税的定性。税务机关在实施检查前纳税人自我纠正属补报补缴少缴的税款，不能证明纳税人存在偷税的主观故意，不应定性为偷税。”

《国家税务总局关于税务检查期间补正申报补缴税款是否影响偷税行为定性有关问题的批复》（税总函〔2013〕196号）：“税务机关认定纳税人不缴或者少缴税款的行为是否属于偷税，应当严格遵循《中华人民共和国税收征收管理法》第六十三条的有关规定。纳税人未在法定的期限内缴纳税款，且其行为符合《中华人民共和国税收征收管理法》第六十三条规定的构成要件的，即构成偷税，逾期后补缴税款不影响行为的定性。纳税人在稽查局进行税务检查前主动补正申报补缴税款，并且税务机关没有证据证明纳税人具有偷税主观故意的，不按偷税处理。

我们再看一个实际的案件批复，这个案例应该具有很强的借鉴意义。

国家税务总局关于北京聚菱燕塑料有限公司偷税案件复核意见的批复

税总函〔2016〕274号

北京市国家税务局：

你局《关于对2009年北京聚菱燕塑料有限公司偷税案件复核意见有关问题的请

示》（京国税发〔2016〕138号）收悉。经研究，批复如下：

根据《中华人民共和国企业所得税法实施条例》第三十六条，该企业为部分管理人员购买的商业保险支出不得在企业所得税税前扣除。但是，该企业税前扣除的上述支出，是企业真实发生的支出。

根据你局提供的材料一、除本案所涉及稽查外，未对该企业进行过其他稽查立案处理；二、除本案所涉违规列支行为外，未发现该企业成立以来存在其他违规列支行为；三、本案所涉该企业为部分管理人员购买的商业保险已在当期代扣代缴了个人所得税。据此，从证据角度不能认定该企业存在偷税的主观故意。综上，我局同意你局的第二种复核意见，即不认定为偷税。

这个文件说的是什么事情呢？我给大家简单地复盘一下。就是这个被查的公司，在进行企业所得税纳税申报时，没有将给部分管理人员购买的商业保险进行纳税调增（这种商业保险属于不应该在企业所得税税前扣除的支出），从而少缴了企业所得税。

税务机关在违法行为定性上发生了争议，一种意见认为应该定偷税，理由是“虚假纳税申报”；另一种意见认为不应该定偷税，理由是只有一张申报不实的申报表，找不到“主观故意”的证据。

僵持不下，找总局评判。最后，总局支持了“不定偷税”这个意见。

这些文件清晰地表明，“主观故意性”不仅是偷税的一个前置条件，而且更重要的是，需要找到证据来证明这个故意性。

所以，在实际执法中，如果没有企业弄虚作假的证据，对于申报不实的情况，不定性为偷税是比较恰当的。毕竟，税收政策纷繁复杂，且不说企业，就是专门从事稽查的税务干部也不敢说自己能把申报表填写得百分百正确，企业政策理解不到位是很常见的情况。“法律不强人所难”，我认为唯有以审慎的态度对待偷税的认定，才能正确贯彻立法本意。

187　从偷税案到马粪案的联想

在税务稽查中，判断企业的某项税收违法行为是否属于“偷税”，是一个永恒的话题，而且一直是一个颇有争议的话题。

征管法第六十三条是以偷税的“手段+结果”来考量的，少缴税款这个结果很容易确定，关键是对偷税手段的理解。

征管法第六十三条明确列示了四种偷税手段：一是伪造、变造、隐匿、擅自销毁账簿、记账凭证；二是账簿上多列支出或者不列、少列收入；三是经税务机关通知申报而拒不申报纳税；四是进行虚假的纳税申报。

有些税务机关对偷税认定的逻辑是这样的：

如果纳税人是在会计账簿上做的手脚，就可以以“伪造、变造、隐匿、擅自销毁账簿、记账凭证，或者在账簿上多列支出或者不列、少列收入”这个手段定性为偷税。

如果纳税人会计账簿上没问题，但没有申报税款，根据《最高人民法院关于审理偷税抗税刑事案件具体应用法律若干问题的解释》（法释〔2002〕33号）第二条规定，纳税人、扣缴义务人已经依法办理税务登记或者扣缴税款登记的，认定为“经税务机关通知申报而拒不申报纳税”。

如果会计账簿上没问题，也申报税款了，但申报的税款少了，那就认定为“进行了虚假的纳税申报”。

在一些执法口径偏紧的税务机关，通过上述方式几乎能把所有不缴少缴税款的行为都定性为偷税。这样的定性真的合适吗？

其实偷税手段的表述中，是暗含了“主观故意”这个因素的。从用词上我们可以看出，比如“伪造变造”“擅自销毁”“拒不申报”“虚假申报”。这些词语已经可以清晰地看出，无意识的、过失的行为应该不属于偷税的范畴。

如果纳税人确实销毁账簿，伪造、变造了记账凭证，隐匿了收入，或者用虚开的发票多列成本，或税务机关下达过限期缴款通知书而纳税人确实拒不申报……这些证据是可以佐证纳税人有偷税的主观故意。但如果仅仅是因申报有误，少缴税款，究竟是不熟悉政策导致少申报，还是主观故意虚假申报，这个判定是比较困难的。

这种情况下，对税收违法行为是否定性为偷税，对纳税人来说真是影响深远，稽查人员也常常难以抉择。

我曾经看过的一篇关于100年前发生在美国的关于马粪的官司，当时看后颇受启发。

1869年的美国，当时马粪还是很有用的肥料，原告在马路上捡马粪，辛辛苦苦干了一下午，堆了18堆马粪。但实在太多拿不回去，于是就回去找车。

由于马粪无人看守，也没有任何标志，路过的一个人，也就是被告，问了一下巡逻人，无人认领这18堆马粪，于是他就把马粪搬回了自己的家。

原告回来后，发现马粪没有了，经过打听找到了被告，双方发生争执，马粪究竟归谁？最后对簿公堂。

作为法官，该如何判这个官司？

马粪的主人究竟是谁？认真来讲，应该是马，或者退一步说，是马的主人。但马的主人显然已经放弃了对马粪的拥有权，他把马粪丢在路上，已经走了。

原告说，是他自己把马粪堆起来，付出了劳动，所以马粪应该属于他。但是被告说，不对，这马粪掉到地上，它就属于土地的一部分，这个地是公家的，所以不属于原告。原告把马粪堆起来，只是改变了马粪所在的位置，并没有改变它原来的所有权，所以马粪不归原告所有。

其实这个案子无论怎么判，都有合理性的一面，法律并没有细化到对马粪的拥有权都作出规定。所以在是非曲直并没有那么明显的情况下，法官考虑的是，这18堆马粪属于谁并不重要，重要的是这个判决对今后的影响。如果判决原告胜诉，法律是在鼓励人们创造财富；如果判决被告胜诉，法律是在鼓励人们标记财富。

最终，法院判决原告胜诉。

有人说，法院判决原告胜诉，它告诉人们，你只管创造财富，不必介意是否做了标记，政府会保护你的财富，这样的理念造就了美国百年的兴盛。

看完这个案例，我第一次意识到，原来某个判决，在法律界定并不是很清晰的情况下，其本身的对错并不是最重要的，重要的是通过判决传递出来的法律的态度。

或许这种法律的态度，在违法行为的定性中也是应该充分重视的。因为它就像一只蝴蝶的翅膀，你觉得它微不足道，却不知道它可能会引发一场什么样的风暴。

虽然我不是法官，但作为一个具体而微的执法人，我时常会思考，自己的执法到底传递了什么样的法律的态度。

所幸，现在很多地方的税务机关对偷税的定性，已经不再保持过分苛责的态度。如果没有明确的主观故意的证据，对企业仅因政策理解有偏差等原因造成的少缴税款，不定性为偷税。

188 这些偷税案件要不要移送公安机关?

在稽查局工作这些年，有个问题一直困扰着我。那就是如果一个纳税人5年内首次偷税数额达到5万元且占应纳税总额10%以上，但在规定的限期内缴纳了税款、滞纳金和罚款（刑法第二百零一条对此“不予追究刑事责任”）。这种情况下，此类案件税务机关是否要移送公安机关?

有的读者可能会奇怪，既然已经明确了“不予追究刑事责任”，当然不需要移送了，这难道还需要困惑?

但是，法律就是需要咬文嚼字。法律只规定了“不予追究刑事责任”，但并没有任何规定说“不予追究刑事责任的案件就不需要移送”。而且关键的问题是，税务机关可否有权判定“不予追究刑事责任”? 是不是必须移送到公安机关，由他们来判定?

虽然法律规定得明明白白，如同“1+1=2”是个人都知道，但判卷子的人是老师，你若不是老师，怎么有权在卷子上打勾?

这个问题我咨询过许多法律专业的人士，有法律老师，也有著名的税务律师，有人说不用移送，也有人建议是要移送，以避免执法风险。

但如果要移送，真有一种多此一举的感觉，移送的案件需要写移送报告，复印各种资料，需要经过重大案件审理委员会审理，所有的流程走一遍，要消耗多少的时间和精力。费心费力移送过去，就是去得到公安机关写的一个“不予追究刑事责任”的批语。祖国有那么多事情需要我们撸起袖子干，难道我们的时间和精力就这样白白浪费掉？

一边是执法风险，一边是无谓浪费，这个问题让人烦恼不已。直到某一天，我又一次阅读《行政执法机关移送涉嫌犯罪案件的规定》（国务院令第 310 号）第三条，才豁然开朗。

“行政执法机关在依法查处违法行为过程中，发现违法事实涉及的金额、违法事实的情节、违法事实造成的后果等，根据刑法……等规定，涉嫌构成犯罪，依法需要追究刑事责任的，必须依照本规定向公安机关移送。”

上面明明白白写着，涉嫌构成犯罪，依法需要追究刑事责任的，必须向公安机关移送。如果是不予追究刑事责任的，就不是必须移送的案子。

原来，法规中写得很明白，只是因为自己没有深刻领会，徒增了许多的烦恼。

189　明星偷税案中，你应该掌握的五条法律和税收政策

税务机关每年四月都要大张旗鼓地搞一个月税法宣传，但搞十几年的效果，都不如明星偷税案的关注度高。犯事儿的娱乐明星都是义务的税法宣传员，大家可以趁这个机会多掌握一些法律知识，吃瓜和学习两不误，岂不更好？从明星偷税案件中，我们最应该学习掌握哪些法律知识呢？

一、明星为啥不坐牢？学一下刑法第二百零一条

刑法第二百零一条关于逃避缴纳税款罪的相关规定是：纳税人采取欺骗、隐瞒手段进行虚假纳税申报或者不申报，逃避缴纳税款数额较大并且占应纳税额 10% 以上的，处 3 年以下有期徒刑或者拘役，并处罚金；数额巨大并且占应纳税额 30% 以上的，处 3 年以上 7 年以下有期徒刑，并处罚金。

扣缴义务人采取前款所列手段，不缴或者少缴已扣、已收税款，数额较大的，依照前款的规定处罚。

对多次实施前两款行为，未经处理的，按照累计数额计算。

有第一款行为，经税务机关依法下达追缴通知后，补缴应纳税款，缴纳滞纳金，已受行政处罚的，不予追究刑事责任；但是，5 年内因逃避缴纳税款受过刑事处罚或

者被税务机关给予2次以上行政处罚的除外。

【晶晶亮评析】

这是2009年刑法修正案（七）的版本，这里着重注意最后一段，我们可以简单地称为初犯不追究。而刘×庆犯事当年为2002年，刑法没有修改，没有这个宽大政策，所以按照当年的刑法规定是需要承担刑事责任的。

有人质疑，怎么样算初犯？我告诉大家，税务机关第一次下达税务处理处罚通知书，就是初犯，即使这一次查了若干年前的偷税。

有些网友认为是明星用钱买通了相关人，给她开了绿灯。首先，我想说，刑法这一条在2009年就已经通过并实施了，是面向全体纳税人的，不是这次因为明星而修改的。

很多人认为初犯不追刑责，很不公平。但以我20年学税法的感悟，这正是刑法比之前更人性化的一面。税法之深之广，真不是财务人员工作之余随便学学就能掌握的，很多税务专业人士搞了一辈子，都只能在一个领域内精通。所以说，税务稽查只要到某个企业检查，90%的情况下都是可以查出问题的。如果法律不给企业一个改正的机会，就过于严苛了。

二、空姐代购偷税为啥要坐牢？学一下刑法第一百五十三条

刑法第一百五十三条关于走私普通货物、物品罪的相关规定是：走私该法第一百五十一条、第一百五十二条、第三百四十七条规定以外的货物、物品的，根据情节轻重，分别依照下列规定处罚：

（一）走私货物、物品偷逃应缴税额在50万元以上的，处10年以上有期徒刑或者无期徒刑，并处偷逃应缴税额1倍以上5倍以下罚金或者没收财产；情节特别严重的，依照该法第一百五十一条第四款的规定处罚。

（二）走私货物、物品偷逃应缴税额在15万元以上不满50万元的，处3年以上10年以下有期徒刑，并处偷逃应缴税额1倍以上5倍以下罚金；情节特别严重的，处10年以上有期徒刑或者无期徒刑，并处偷逃应缴税额1倍以上5倍以下罚金或者没收财产。

（三）走私货物、物品偷逃应缴税额在5万元以上不满15万元的，处3年以下有期徒刑或者拘役，并处偷逃应缴税额1倍以上5倍以下罚金。

单位犯前款罪的，对单位判处罚金，并对其直接负责的主管人员和其他直接责任人员，处3年以下有期徒刑或者拘役；情节严重的，处3年以上10年以下有期徒刑；情节特别严重的，处10年以上有期徒刑。

对多次走私未经处理的，按照累计走私货物、物品的偷逃应缴税额处罚。

【晶晶亮评析】

这一条其实是和明星没有任何关系的，但不断有网友拿空姐代购坐牢来和明星对比，以此来质疑这次法律判决的不公平。虽然从表面上看起来，好像都是偷税，但适用的法律条款完全不一样，空姐代购触犯的是走私罪，该罪没有初犯免刑责的规定。

有人对刑法提出质疑，说不公平。法律的修订是全国人民代表大会制定的，认为刑法有问题，可以在修法的时候提意见，已经制定好的法律，在实践中只能严格执行。如果因为质疑就不执行，那社会就陷入了一种更加无序的状态。

三、财务人员为何会坐牢？学一下刑法第一百六十二条

刑法第一百六十二条的规定，“隐匿、故意销毁会计凭证、会计账簿、财务会计报告罪”是指故意隐匿、故意销毁有法定保存义务的会计凭证和账簿、财务报告，情节严重的行为。

第一百六十二条之一：隐匿或者故意销毁依法应当保存的会计凭证、会计账簿、财务会计报告，情节严重的，处 5 年以下有期徒刑或者拘役，并处或者单处 2 万元以上 20 万元以下罚金。

单位犯前款罪的，对单位判处罚金，并对其直接负责的主管人员和其他直接责任人员，依照前款的规定处罚。

【晶晶亮评析】

这一条需要所有的财务人员特别仔细地看，隐匿和故意销毁会计资料，最终受到刑事追究的是“直接负责的主管人员和其他直接责任人员”，通俗一点讲，就是企业财务人员和财务主管。隐匿和故意销毁会计资料可能是老板授意的，但她不担责任啊！所有的会计人员，一定要心中有数啊，你为了保全工资去毁账，但代价将是追究刑事责任。孰轻孰重还分不清吗？

四、什么是偷税？学一下征管法第六十三条

《征管法》第六十三条，纳税人伪造、变造、隐匿、擅自销毁账簿、记账凭证，或者在账簿上多列支出或者不列、少列收入，或者经税务机关通知申报而拒不申报或者进行虚假的纳税申报，不缴或者少缴应纳税款的，是偷税。对纳税人偷税的，由税务机关追缴其不缴或者少缴的税款、滞纳金，并处不缴或者少缴税款 50% 以上 5 倍以

下的罚款；构成犯罪的，依法追究刑事责任。

扣缴义务人采取前款所列手段，不缴或者少缴已扣、已收税款，由税务机关追缴其不缴或者少缴的税款、滞纳金，并处不缴或者少缴税款50%以上5倍以下的罚款；构成犯罪的，依法追究刑事责任。

【晶晶亮评析】

很多人认为只要少缴税款就是偷税，如果是业外人士，这样理解情有可原，作为业内人士，则应该仔细区分这两者的区别。偷税，简单来说必须是“采取了偷税手段+少缴税款”两者同时具备，才能被认定为偷税。这也就是新闻报道中提到的那句话的法律缘由，“查出明星及其担任法定代表人的企业少缴税款2.48亿元，其中偷逃税款1.34亿元。”因为另外还有1.14亿元仅仅是少缴税款而构不成偷税。

只有首先被税务机关定性为偷税，达到一定金额比例之后，才会被刑法认定为逃避缴纳税款罪。如果税务机关都认定不了偷税，那么无论多大的金额，都不可能达到刑法追责的地步。

五、举报人会得多少奖金？学一下《检举纳税人税收违法行为奖励暂行办法》

《奖励暂行办法》第六条规定，检举的税收违法行为经税务机关立案查实处理并依法将税款收缴入库后，根据本案检举时效、检举材料中提供的线索和证据详实程度、检举内容与查实内容相符程度以及收缴入库的税款数额，按照以下标准对本案检举人计发奖金：

（一）收缴入库税款数额在1亿元以上的，给予10万元以下的奖金；

（二）收缴入库税款数额在5 000万元以上不足1亿元的，给予6万元以下的奖金；

（三）收缴入库税款数额在1 000万元以上不足5 000万元的，给予4万元以下的奖金；

（四）收缴入库税款数额在500万元以上不足1 000万元的，给予2万元以下的奖金；

（五）收缴入库税款数额在100万元以上不足500万元的，给予1万元以下的奖金；

（六）收缴入库税款数额在100万元以下的，给予5 000元以下的奖金。

【晶晶亮评析】

举报人可得10万元奖金。举报应该有真材实料，这样才有助于税务稽查精准打击。最怕很多人仅凭感觉，想当然认为某公司一定有偷税行为，但无法提供确凿的证据，这样的举报提供不了实质性帮助，也无法拿到举报奖金，还浪费了税务稽查人员的时间和精力。

190　企业居然用这种办法偷税，太扎眼！

我最近看到这样一起税务稽查案例，颇有感触，一起来看看：

【案件查办情况】①

国家税务总局徐州市税务局第三稽查局在对江苏某工业制造业企业进行涉税检查时发现疑点：该企业已开具增值税发票却长期不结转收入，企业在2010—2018年9个年度内，共有8个年度增值税销售额大于企业所得税应税收入。增值税收入远远大于企业所得税收入。

主管税务机关每年都对该企业进行了风险分析，提示的风险点都涉及增值税与企业所得税申报收入差异。企业对产生差异的原因给出了如下解释：客户为大型国有企业，在产业链中处于强势地位。客户出于自身项目工期、财务管理和资金结算的需要，存在要求供货商先开具发票后发货的情况。根据《国家税务总局关于确认企业所得税收入若干问题的通知》（国税函〔2008〕875号）规定，我单位于发货时确认收入，因此造成两者存在差异。

检查人员调取了企业账簿、凭证，发现其设置了“待发出产品”科目，该科目期末余额在贷方，反映已开票但尚未发货的金额。2018年，该科目余额为2.11亿元，占当年销售收入的88.4%。

检查人员将“待发出产品”科目与“应收账款”科目比对，发现2018年度“应收账款”科目期末余额为9 300万元，远远小于“待发出产品”科目，说明客户先付了款却未收货。

通过分析，检查人员认为该企业所属的行业是充分竞争行业，生产产品并非紧缺商品，客户付款后长期未收货的情况不正常。检查人员初步判定，该企业存在未及时结转销售收入的情况。

另外，该企业“产成品”科目2018年度期末余额为1.02亿元，各种类型产品结存193 590个。在企业财务人员的陪同下，检查人员实地察看了企业仓库、生产车间，

① 案例来源：唐安睿，任丽萍，沙莎．“待发出产品”科目有玄机［J］．中国税务，2020（10）：46－47.

对产成品的实际数量和账载数量进行比对，并初步预估了生产成本。

通过比对发现，库存产成品的实际数量、成本远小于账面数量和金额，这一发现更加印证了该企业存在未及时结转收入的重大嫌疑。

对此差异，检查人员进一步询问了企业财务人员，财务人员让销售部门提供了一份“延迟发货函”复印件，企图蒙混过关。

当检查人员要求提供“待发出产品”科目涉税明细和《购销合同》电子台账等资料时，财务人员又以“企业ERP系统无法一次性导出所有未发货数据”为由，拒绝了检查人员的正当要求。

几个回合下来，检查人员见正常询问无果，便转变思路，另辟蹊径。

为进一步证实该企业通过长期不结转收入偷逃税款，检查人员决定兵分两路，内外夹击。

一路人员“内查”，携带智能化稽查设备上门突击取证，通过“取证魔方”与企业财务办公计算机连接，将计算机的硬盘、软盘内容数据全部拷贝，其中就含有企业《购销合同》台账、“待发出产品”科目涉税明细。检查人员在梳理了企业“合同统计表”“销售出库汇总表”后，抽查了2015—2017年度部分发货单、发票、合同，结果证实，该企业应下游客户要求先开具发票后发出货物，但最迟2年内都可以顺利交货。

另一路人员“外联”，选择到检查年度内交易量较大的下游某大型国企调查取证，在下游企业获取的入库单、询问笔录等证据也进一步证实了对方已经收货。

证据显示，在收入能够可靠计量、成本能够可靠核算且货物已发出的情况下，2016—2018年3年内未结转收入近1.1亿元。在铁证面前，企业承认了通过长期不及时结转收入偷逃税款的行为，多年来瞒天过海的偷税行为最终曝光。

2019年12月25日，该案件已执行完毕，徐州市税务部门共追缴税款1 185.87万元，加收滞纳金568.78万元，并处罚款592.94万元。

【晶晶亮评析】

增值税销售额与企业所得税销售额是否一致，是纳税评估和税务稽查中最常见的比对指标。

在实践工作中，经常会有一些税务人员问我，是不是只要看见两者不一致，就可以调增收入？也会有财务人员问，税务局要求我们两税收入必须一致，不一致就补税，我该怎么办？

我会不厌其烦地对税务人员说，不能这么“一刀切”。增值税收入和企业所得税收入在某些情况下是不一致的，只要企业能提供证明，能说清产生差异的原因和数字，是允许不一致的。我对财务人员说，你要提供证明，去和税务人员说，你产生差异是正确的核算的结果。

也就是说，如果纳税人出现两税销售额不一致情况，只要是据实核算，能解释清楚也是可以的。但纳税人一定要清楚，这基本上是税务机关必查的内容，而该案被查单位居然直接在此处大做文章，我不知道他是出于何种考虑，不过从后果上看，这是非常不明智的做法。

191 阴阳购房合同，一颗不知何时引爆的地雷！

有这么一个案例：张某2009年12月购买一间商铺，购房合同款显示房屋价款为2 000万元。商铺购入后，从2010年1月开始对外出租，张某未办理税务登记，也未就租金收入申报缴纳过税款。

2020年1月，张某被税务稽查立案，经查，从2010年1月到2019年12月，张某每年的租金收入少缴增值税（营业税）及附加税费、房产税、印花税、土地税、个人所得税共计20万元。

另外，稽查人员发现张某2010年办理房产证时，在不动产登记中心留存备案的购房合同价款是1 000万元，少缴契税40万元，印花税0.5万元。

张某应该补缴多少税款呢？

有的朋友会说，这个很简单啊。每年少缴各项税费20万元，一共10年，再加上办证时少缴的契税和印花税，共计20×10+40+0.5=240.5万元。

当然，如果你这么算，我只能说，兄弟，数学还行，税法还稍弱了一些。

那么，计算张某应补缴税款的关键是什么？是税款追征期。税款征收期如何确定呢？我们先看一下政策是如何规定的：

《中华人民共和国税收征收管理法》第五十二条，因税务机关的责任，致使纳税人、扣缴义务人未缴或者少缴税款的，税务机关在3年内可以要求纳税人、扣缴义务人补缴税款，但是不得加收滞纳金。

因纳税人、扣缴义务人计算错误等失误，未缴或者少缴税款的，税务机关在3年内可以追征税款、滞纳金；有特殊情况的，追征期可以延长到5年。

对偷税、抗税、骗税的，税务机关追征其未缴或者少缴的税款、滞纳金或者所骗取的税款，不受前款规定期限的限制。

《国家税务总局关于未申报税款追缴期限问题的批复》（国税函〔2009〕326号）税收征管法第五十二条规定：对偷税、抗税、骗税的，税务机关可以无限期追征其未缴或者少缴的税款、滞纳金或者所骗取的税款。税收征管法第六十四条第二款规定的纳税人不进行纳税申报造成不缴或少缴应纳税款的情形不属于偷税、抗税、骗税，其追征期按照税收征管法第五十二条规定的精神，一般为3年，特殊情况可以延长至5年。

《中华人民共和国税收征管法实施细则》第八十二条，税收征管法第五十二条所称特殊情况，是指纳税人或者扣缴义务人因计算错误等失误，未缴或者少缴、未扣或者少扣、未收或者少收税款，累计数额在10万元以上的。

很多朋友一看法律条文就感觉晕，所以，上面的这三项政策规定，我给大家简单归纳一下，追征期就是3种：

1. 3年追征：10万元以下未缴少缴税款；

2. 5年追征：10万元以上未缴少缴税款；

3. 无限期追征：偷税、抗税、骗税。

这里需要明确的是，偷税虽然也表现为少缴税款，但仅是少缴税款并不一定构成偷税，偷税还需要有主观故意的表现，比如弄虚作假、通知申报拒不申报、不列收入、多列支出等。

所以，确定税款追征期的问题，就转化成了张某的少缴的税款是否构成了偷税的问题。

张某的租金收入每年少缴的税款，因其未办理税务登记，不存在税务机关通知申报拒不申报、虚假申报等主观故意的情形，不定性为偷税，且少缴税款超过了10万元，所以租金收入未缴税款追征期应该是5年。也就是说，张某只需要补缴2015年1月至2019年12月应缴的各项税费。

张某2010年办理房产证，申报缴纳契税、印花税时，提供了虚假的购房合同。属于征管法第六十三条所称的虚假申报。这笔少缴的契税、印花税40.5万元应该定性为偷税，无限期追征。

所以，张某应补缴的税款是 $20\times5+40.5=140.5$ 万元。

一笔税款迟缴了10年，现在被发现，不但需要补缴，还有滞纳金，一年18.25%，10年182.5%。即使依照《中华人民共和国行政强制法》第四十五条第二款“加处罚款或者滞纳金的数额不得超出金钱给付义务的数额”，也是要翻倍的，得不偿失啊！

这里，想特别提示一下，那些在购买房产的时候，想通过签订阴阳合同少缴税的人，这真的是一颗不知何时引爆的地雷。因为合同是长久备案的，你在假合同上签了字，就表明了你有弄虚作假的主观故意，也许自己都忘记了，但这个证据是永远留下了，偷税无限期追征，随时可能爆雷。何必要让自己往后余生，过得如此不安稳呢？

192　虚报个税专项附加扣除？我只能默默祝他好运！

个人所得税汇算清缴期间，网上类似这样的贴子一出，跟风询问者无数（见图11－1）。

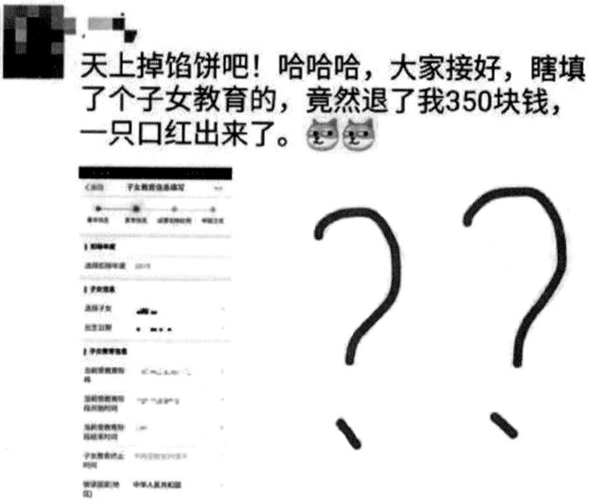

图 11－1　虚报个税专项附加扣除

很多人按捺不住兴奋，心中暗道：终于有一天我也能薅一把社会主义的羊毛了。

看了若干个类似的发言，我直接笑哭……这个世界，真是无知者无所畏惧，当他们前赴后继地冲向悬崖，我也只能尽力呼喊几声，若能劝返几个，也不枉我的辛苦。劝不回来的，那就默默祝他好运吧！

新个税法实施后，自然人有了自行申报进行所得税汇算清缴的义务。2019 年以前，很多人虽然也缴税，但基本都是由单位代扣代缴，数字如果出现错误，和纳税人是没有任何关系的。

现在不同了，虽然单位平时依然会扣缴税款，但性质已经变了，那个税款属于预扣预缴，并不是最终个人需要缴的税款。真正需要缴多少税，决定权在纳税人手中，次年的 3 月到 6 月，由纳税人申报汇总自己全年各项综合所得，减去纳税人申报的税法允许扣除的项目，计算出最终需要缴纳的个人所得税，和支付单位已预扣预缴的税款相比，多退少补。

说实话，我之前曾猜想过个人所得税汇算清缴过程中会出现什么问题，比如税务局宣传不到位，有的纳税人因不知道而错过申报；比如纳税人因为不记账，单位之外的收入申报不全等。但我真没想到，有人居然会通过虚报专项附加扣除，来骗取退税。

是我太单纯，没想到有人会这么蠢。

为什么这样说？因为这些人自以为发现的生财捷径，其实是一条最容易露马脚，且处罚会最严重的危险之路。

为什么说这样做最容易露马脚呢？我们先来看看国发〔2018〕41 号第二十六条的相关规定。

有关部门和单位有责任和义务向税务部门提供或者协助核实以下与专项附加扣除

有关的信息：

（一）公安部门有关户籍人口基本信息、户成员关系信息、出入境证件信息、相关出国人员信息、户籍人口死亡标识等信息；

（二）卫生健康部门有关出生医学证明信息、独生子女信息；

（三）民政部门、外交部门、法院有关婚姻状况信息；

（四）教育部门有关学生学籍信息（包括学历继续教育学生学籍、考籍信息）、在相关部门备案的境外教育机构资质信息；

（五）人力资源社会保障等部门有关技工院校学生学籍信息、技能人员职业资格继续教育信息、专业技术人员职业资格继续教育信息；

（六）住房城乡建设部门有关房屋（含公租房）租赁信息、住房公积金管理机构有关住房公积金贷款还款支出信息；

（七）自然资源部门有关不动产登记信息；

（八）人民银行、金融监督管理部门有关住房商业贷款还款支出信息；

（九）医疗保障部门有关在医疗保障信息系统记录的个人负担的医药费用信息；

（十）国务院税务主管部门确定需要提供的其他涉税信息。

上述数据信息的格式、标准、共享方式，由国务院税务主管部门及各省、自治区、直辖市和计划单列市税务局商有关部门确定。

有关部门和单位拥有专项附加扣除涉税信息，但未按规定要求向税务部门提供的，拥有涉税信息的部门或者单位的主要负责人及相关人员承担相应责任。

看到了吗？数十个部门的数据信息都要提供给税务机关，通过交叉比对，一个虚假的扣除信息能躲多久？除非你有能力修改与你相关的所有部门的信息，这也许只有顶级黑客才可以做到。在大数据之下，每个人都像是在裸奔。

为什么说这种行为后果最严重呢？因为虚报是一个明显的主观故意行为，有可能被认定为偷税。

我们先来看看违反税法的行为，根据情节的轻重，是如何进行处罚的。

1. 如果仅仅是忘记申报了，但未造成少缴税款的后果。按照《税收征管法》第六十二条处罚，也就是一般情况下处以 2 000 元以下罚款，情节严重处以 2 000 元到 1 万元的罚款。

2. 如果没有申报的行为，造成了少缴税款的后果。按照《税收征管法》第六十四条第二款处罚，也就是除了追缴税款滞纳金外，处以不缴少缴税款 50% 以上 5 倍以下罚款。

3. 如果有编造虚假计税依据的行为，没有造成少缴税款的后果。按照《税收征管法》第六十四条第一款，责令限期改正，处 5 万元以下罚款。

4. 如果有故意作假的手段，造成了少缴税款的后果。按照《税收征管法》第六十三条处理，定性为偷税，除了追缴税款滞纳金外，处以不缴少缴税款 50% 以上 5 倍以下罚款。构成犯罪的，依法追究刑事责任。

这里可以看出，前三种情况，无论违反多少次，只要缴纳了税款、滞纳金、罚款就可以了。第四种定性偷税是最严重的，因为它和刑事责任有连接关系，至于什么情况下偷税会被追究刑事责任，是另外一个话题，这里就不展开细说了。

另外，违法行为会纳入个人信用体系，实行信用联合惩戒，这和上面的处罚并不冲突。

总体来看，占小便宜，会吃大亏，风险和收益严重不配比，最好不要这么做。有人已经这么做了，也不用太紧张，汇算清缴期 6 月 30 日才结束，现在还有时间，及时更正申报吧。

第十二章 其他稽查实务问题

193　什么是“发现”？

学税法，最大的感触是，越学越搞不明白那些耳熟能详的词到底是什么意思了。比如最近我在反复琢磨一个词，那就是“发现”。

事情的缘起是我和同事们讨论追征期的问题，征管法第五十二条中规定了的3年、5年追征期，这个不难理解，难以解决的是这个追征期该如何计算？如果要追溯，必然需要有一个基准日，那从哪个时点往前追溯？

所幸，在第五十二条的释义中有这么一句话：“税务机关自纳税人、扣缴义务人应缴未缴或者少缴税款之日起3年内发现的，可以向纳税人、扣缴义务人追征。”所以，寻找基准日的关键演变成了如何确定“发现”之日。

“发现”在百度百科中有三个释义，其中，适合法条中的意思应该是“第一次看到或知道”。

意思是明白了，但在税务稽查案件中用什么证据来证明这个“发现”呢？还好，我们终于找到了一个文件对“发现”进行了解释。法工委复字〔2004〕27号：任何一个机关对违法违纪行为只要启动调查、取证和立案程序，均可视为“发现”；群众举报后被认定属实的，发现时效以举报时间为准。

根据上面的意思，只要启动了检查和立案程序就视为“发现”，所以我们通常可以认定“税务检查通知书”上的日期就是发现之日。如果是举报案件查实，以举报时间为准。

是不是征管法中所有的“发现”都是这个意思呢？也不尽然，例如：

征管法第五十一条，纳税人超过应纳税额缴纳的税款，税务机关发现后应当立即退还；纳税人自结算缴纳税款之日起3年内发现的，可以向税务机关要求退还多缴的税款并加算银行同期存款利息。

在这里，纳税人的“发现”肯定不是法工委复字〔2004〕27号中的意思，不过也比较好理解好操作。只要在3年内来税务机关办理退税，这个行为本身就可以证明其发现了，退税申请表上的日期就是发现之日。

难以操作的是这一句："税务机关发现后应当立即退还。"这里并没有期限的限制，是不是可以理解为无限期呢？

例如，一个企业发现了自己3年前多缴了一笔税款，按规定已经无法办理退税了，一个理论上的办法是，等某天税务机关下达了《税务检查通知书》后，企业告诉检查人员自己多缴了税款，当然应该提供充分的证据，然后根据法工委复字〔2004〕27号的解释，就可以认为是税务机关发现了，然后就可以申请退税了。

当然，这只是一个理论上的办法，实践中，税务机关既然立案开展了稽查，大概率都是涉税风险较高的单位，所以不会只发现多缴税，发现不了少缴税的。

194 《税收征管法》第六十四条第二款的适用范围是什么？

《税收征管法》11 000余字，共九十四条。自公布十余年来，有的条款默默无闻，几乎从不被人提起。而有的条款却红得发紫，争议颇多，每一个字都让业内人反复揣摩而茫然不知所措。

如果问税务稽查人员，最红的条款是哪些？《税收征管法》第六十四条第二款绝对可以算一条，它和第六十三条可以并称为征管法中的"绝代双娇"了。各种解读，难以琢磨，更难以掌握。

先来看看第六十四条第二款法条原文：纳税人不进行纳税申报，不缴或者少缴应纳税款的，由税务机关追缴其不缴或者少缴的税款、滞纳金，并处不缴或者少缴税款50%以上5倍以下的罚款。

诸位看官可能会说，这句话很难理解吗？小学生都看得懂，你们做税务的人都是吃闲饭的？

来来来，你先告诉我，这句话里"纳税人"是什么意思？或者换个方式问，是办理了税务登记的纳税人，还是没有办理税务登记的纳税人？

可能你会说，既然没有特指，应该是都包括吧。这个问题，我回答不了，或者说，即使我回答了也没什么法律效力。来看看都有什么回答吧！

第一种解释，国家税务总局编写的征管法释义中是这样写的：本条所指的不申报是指超过了应纳税税期，没有进行纳税申报的行为，没办理过税务登记，也从没有进行过纳税申报的纳税人也属此列；不申报产生了不缴、少缴税款的结果。不同时具备这两个方面都不能按此条处理。

注意看那个"也"字，分明表示，办了税务登记证的要按这个规定处罚，没有办证的也要按这个规定执行。意思是包括所有的纳税人。

第二种解释，是国家税务总局办公厅对最高检办公厅的一个复函，国税办函〔2007〕647号：（征管法第六十四条第二款）适用第六十三条规定之外的未办理税务登记的纳税人在发生纳税义务以后不进行纳税申报，从而造成不缴或少缴税款结果的情形。

看到了吧，这里明确地表明，纳税人仅指未办理税务登记的纳税人。

这两种解释其实是有差异的。

征管法实施之初，对已办证的纳税人不申报少缴税款，又没有构成偷税的行为，税务机关一般都用第六十四条第二款进行处罚，随着征管法在实践中的应用不断深入，对该条款的理解和适用也发生了变化。据我了解，很多地方都按照国税办函〔2007〕647号的口径，将第六十四条第二款的处罚，仅适用于未办理税务登记的纳税人。

195　账簿丢失损毁的后果是什么？

尽管2016年1月1日起施行《会计档案管理办法》，已经将原始凭证、记账凭证、总账、明细账的保存期限由15年变为30年，但生活中总是会有意外，让人猝不及防：比如图12－1所示提问。

各位同行，我现在正苦闷中，前天晚上坐出租车回家时，把准备带回家做账的账本和一个月支出的票据还有两万块钱掉在出租车上找不回来了.我后悔的拿头撞墙，该怎么办呢????我是无力回天了，该想的办法都想了.找不回来下一步我怎么处理账务啊.痛苦的时平时记得流水账也在包里一块掉了.唉!!!!!!!!!!热心人帮帮想想办法，好吗???!!!

图12－1　账簿丢失

我相信这是真的，透过屏幕，我都感觉到了他的痛苦和无助。

还有如图12－2所示的提问。

因为财务的电线接头存在问题（电工接的），将旁边的物品引燃，造成财务所有账本烧毁（我公司是一家年产值在上百亿元的合资企业），电工应承担什么责任？ 财务主管应该承担什么责任？
来自： 发表时间：2009-08-24 19:43

图12－2　账簿损毁

客观而冷静地陈述事实，寻求帮助。如果有第三方（电工）的佐证，这个毁损理由也可以让人接受。

甚至还有如图12－3所示的情况。

财务的账本被烧毁的说明怎么写，税务事务所要查账，我公司的账先是被水泡了，在烤干的过程中着火烧毁，事务所让我公司写一下说明，问说明应该怎么写

图 12－3　账簿损毁

这位财务人员，我认为你这个说明是很难写了，因为正常人不会水泡了以后，再用火烤。退一步说，你烧了一本，大家还可以勉强接受你一时脑子短路，如果全烧了，还说不是蓄意的，是在挑衅大家的智商吧？

总之，林林总总，真真假假且不论，我们来看看账簿丢失毁损的后果有什么。

当然，后果不应该是如图 12－4 所示的这么严重。

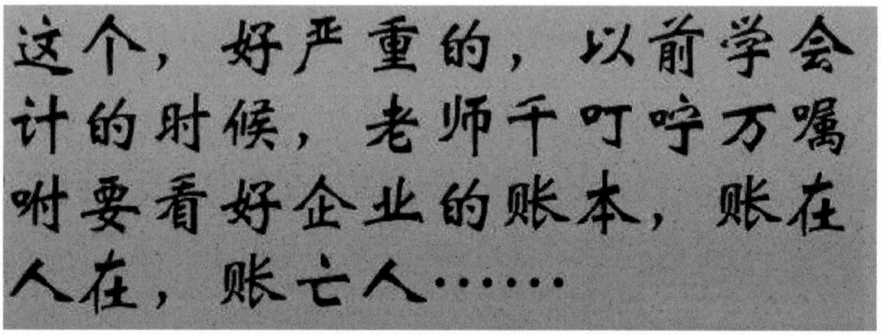

图 12－4　账簿丢失后果

如果有这么严重，还有人敢做会计吗？

我们来看看，法律上对账簿丢失毁损是怎样规定的：

《中华人民共和国税收征收管理法》第六十条规定，未按规定设置、保管账册或者保管记账凭证和有关资料的，由税务机关责令限期改正，可以处 2 千元以下罚款；情节严重的，处 2 千元以上 1 万元以下的罚款。

最高罚款 1 万元，对于一个大企业来说，简直是毛毛雨了。对于一些觉得自己账簿有隐忧的财务人员来说，也许会心中窃喜，都有产生一种想把往年账簿烧掉的冲动了。

且慢，还有其他规定：

《会计法》第四十二条规定：未按照规定保管资料，致使会计资料毁损、丢失的，由县级以上人民政府财政部门责令限期改正，可以对单位处以 3 000 元以上 5 万元以下的罚款；对其直接负责的主管人员和其他直接责任人员，可以处 2 000 元以上 2 万元以下的罚款。

《会计法》第四十四条规定：隐匿或故意销毁依法应保存的会计凭证、会计账簿、财务会计报告等尚不构成犯罪的，对单位，由县级以上人民政府财政部门予以通报，可对单位并处 5 千元以上 10 万元以下的罚款，对于其直接负责的主管人员和其他直接

责任人员，可以处 3 千元以上 5 万元以下的罚款，若上述行为构成犯罪的，依法追究刑事责任。

所以说，账簿如果真是无意丢失损毁还好，若存在主观故意销毁，行政处罚事小，刑事责任事大。

刑法第一百六十二条之二规定：隐匿或者故意销毁依法应当保存的会计凭证、会计账簿、财务会计报告，情节严重的，处 5 年以下有期徒刑或者拘役，并处或者单处 2 万元以上 20 万元以下罚金。单位犯前款罪的，对单位判处罚金，并对其直接负责的主管人员和其他直接责任人员，依照前款的规定处罚。

那么什么情况算情节严重呢？

最高人民检察院、公安部 2022 年 4 月 29 日联合发布修订后的《关于公安机关管辖的刑事案件立案追诉标准的规定（二）》，规定自 2022 年 5 月 15 日施行。第八条〔隐匿、故意销毁会计凭证、会计账簿、财务会计报告案（刑法第一百六十二条之一）〕规定，隐匿或者故意销毁依法应当保存的会计凭证、会计账簿、财务会计报告，涉嫌下列情形之一的，应予立案追诉：（一）隐匿、故意销毁的会计凭证、会计账簿、财务会计报告涉及金额在五十万元以上的；（二）依法应当向监察机关、司法机关、行政机关、有关主管部门等提供而隐匿、故意销毁或者拒不交出会计凭证、会计账簿、财务会计报告的；（三）其他情节严重的情形。

当然了，有的财务人员会说，我真不是故意的，确实是无意丢失毁损的，是不是就只需要承担保管不善的罚款了呢？

国税发〔2008〕30 号《企业所得税核定征收办法（试行）》第三条规定，纳税人具有下列情形之一的，核定征收企业所得税：（一）依照法律、行政法规的规定可以不设置账簿的；（二）依照法律、行政法规的规定应当设置但未设置账簿的；（三）擅自销毁账簿或者拒不提供纳税资料的；（四）虽设置账簿，但账目混乱或者成本资料、收入凭证、费用凭证残缺不全，难以查账的；（五）发生纳税义务，未按照规定的期限办理纳税申报，经税务机关责令限期申报，逾期仍不申报的；（六）申报的计税依据明显偏低，又无正当理由的。

根据这条规定，即使企业没有账簿，税务机关仍然可以核定征收企业所得税（见表 12－1），如果企业是故意销毁，可以依据第（三）项；如果企业是过失，可以依据第（四）项。

表 12－1　　　　应税所得率核算企业所得税

行业	应税所得率（%）
农、林、牧、渔业	3—10
制造业	5—15

续表

行业	应税所得率（%）
批发和零售贸易业	4—15
交通运输业	7—15
建筑业	8—20
饮食业	8—25
娱乐业	15—30
其他行业	10—30

只要是通过合理方法，计算和推定纳税人收入总额或成本费用总额的，就可以用表 12－1 的应税所得率来核定企业所得税。

对照这张表，财务人员可以计算一下，如果丢了账，自己企业可能会补多少税。当然，你要问按上限还是按下限来计算，这个需要和当地税务机关沟通。最好两个数字都算一遍，上限下限心中有数。

所以说，丢失毁损了账簿，一般的后果其实就是两个，一是罚款，二是可能涉及补税。如果是故意隐匿损毁的，则有可能会承担刑事责任。

196 “管理费”变身“技术服务费”，这个变身能专业一些吗?

在一次税务检查中，我发现某子公司每年上缴给母公司技术服务费 500 万元，看其签订的合同，合同显示母公司为子公司提供的技术服务有“咨询、会计、审计、法律、培训、信息、管理、督导……”可以说这是一个一揽子的服务，并每年以子公司的销售额的一定比例收取费用。

我一看，这不分明是一个以技术服务费为名的管理费吗?

国税发〔2008〕86 号规定：“二、母公司向其子公司提供各项服务，双方应签订服务合同或协议，明确规定提供服务的内容、收费标准及金额等，凡按上述合同或协议规定所发生的服务费，母公司应作为营业收入申报纳税；子公司作为成本费用在税前扣除。

四、母公司以管理费形式向子公司提取费用，子公司因此支付给母公司的管理费，不得在税前扣除。

五、子公司申报税前扣除向母公司支付的服务费用，应向主管税务机关提供与母公司签订的服务合同或者协议等与税前扣除该项费用相关的材料。不能提供相关材料的，支付的服务费用不得税前扣除。”

我问：可有提供服务的相关材料?

会计说：就是这份合同，还有母公司开具的发票。

我问：母公司怎么提供服务呢？

会计说：就是经常打电话指导。

我说：这个服务费不能税前扣，你这份技术服务合同签订的技术服务很含糊，且没有明确的技术服务的成果性资料，实际上属于原先母子公司收取管理费的变身，所以这个费用不能税前列支。

会计说：明明合同上写的是技术服务费，怎么能说是管理费？

我说：如果写上“技术服务费”这五个字，就可以税前列支，这个避税方法也太简单了。那份技术合同，看着内容包罗万象很丰富，其实反而不真实。在独立企业之间，有这样签订技术服务合同，母公司有能力同时提供十几项专业技术服务的吗？你看，即使是会计事务所提供一项审计服务，最后总会出具一份审计报告给你吧。这十几项服务，除了这份合同，没有其他任何资料，实在是难以证明。

【**晶晶亮提示**：技术服务费，一定是要建立在真实的业务交易上，真正提供服务，按照独立企业之间公允价收取款项，不是仅仅写一份似是而非的合同就可以的。】

197　这个企业的城镇土地使用税应该什么时候缴？

前几日，有网友提供了这么一个案例。我感觉这个案例还挺典型的，值得大家讨论一下：

某企业以出让方式取得了一块土地，出让合同内容中注明供地时间：2020 年 9 月 1 日前供地；出让合同落款签字时间：2019 年 9 月 1 日；企业在 2019 年 12 月 29 日缴纳了该地的契税，办理了土地使用证。

请问：该企业应该何时缴纳城镇土地使用税？

有关城镇土地使用税纳税义务发生时间有如下文件规定。

财税〔2006〕186 号第二条：关于有偿取得土地使用权城镇土地使用税纳税义务发生时间问题。

以出让或转让方式有偿取得土地使用权的，应由受让方从合同约定交付土地时间的次月起缴纳城镇土地使用税。

合同未约定交付土地时间的，由受让方从合同签订的次月起缴纳城镇土地使用税。

政策规定虽然很明确，但遇到实务问题，还是让人难以抉择。于是有了各种观点：

第一种观点：合同约定交付土地时间，是 2020 年 9 月 1 日前，也就是说最迟是 2020 年 8 月 31 日交付，从次月缴纳，就是 2020 年 9 月开始缴纳城镇土地使用税。

第二种观点：合同约定的交付土地时间是 2020 年 9 月 1 日前，从签订到交付的期间过长，过于模糊，不是一个明确的交付时间，所以不予认可。按照 186 号文件中第二款，未约定交付土地时间处理，也就是按合同签订的次月，2019 年 10 月开始缴纳城镇土地使用税。

第三种观点：企业是 2019 年 12 月 29 日缴纳了该地的契税，办理了土地使用证，2020 年 1 月开始缴纳城镇土地使用税。

我的意见是第三种观点。

这个问题，大家都会纠结于合同约定的时间和合同签订时间，但本案例中，不仅有合同，还有一个明确的办理土地使用证的时间，那就是 2019 年 12 月。办证，是一个明确的土地被批准征用的时间，所以应该优先用办证时间来确定纳税义务发生时间。也就是被批准征用的次月，2020 年 1 月开始缴税是恰当的。政策依据如下。

《城镇土地使用税暂行条例》第九条规定，新征用的土地，依照下列规定缴纳土地使用税：（二）征用的非耕地，自批准征用次月起缴纳土地使用税。

另外，合同约定交付土地时间，是 2020 年 9 月 1 日前。也就是说，从 2019 年 9 月 1 日—2020 年 8 月 31 日，在此期间任何一个时点交付土地，都是符合合同约定的交付土地时间。而缴纳契税办理土地使用证，是将这个土地交付期间，固定到了一个确切的时点，即 2019 年 12 月。从次月起，也就是 2020 年 1 月缴税，与财税〔2006〕186 号文件的规定，并不冲突。

当然了，如果本案例中没有办理土地使用证的时间，那就只能采用第一种观点来判定纳税义务发生时间。

如果本案例中既没有办土地使用证时间，合同中也没有约定交付土地时间，那就采用第二种观点来判定纳税义务发生时间。但很显然，以第二种观点来缴税，企业缴税是最多的。可见，对于企业来说，把合同签好是很关键的，能避免无谓的税收成本。

对于税务人员来说，判定企业应该从何时缴税，缴多少税，取决于收集到的证据，不同的证据会直接影响对该经济事项的判定，收集尽可能多的关键证据，有利于作出更符合实际的判定。

198　个人所得税扣而不缴、未扣未缴，有什么税收风险你知道吗？

一个公司财务人员咨询我，因为受疫情的影响，他们公司准备实发 70% 的工资，剩下的 30% 准备明年再一次性发给员工，问我这样做有什么税收上的风险。

我说：企业所得税是汇算清缴期之前发放就可以税前扣除，如果未发放就不能扣除。不过，我想问一下，个人所得税你准备怎么扣缴？

他说：比如我们公司一个月应发 50 万元工资，我在账上先按 50 万元应发工资计算得出个人所得税扣下，但因为实际只需要应发 35 万元的工资，我实际缴个人所得税的时候按 35 万元来计算出的个税申报缴纳。

我说：你为什么不在账上直接体现为 35 万元的应发工资呢？

他说：我们从去年开始一直是 50 万元应发，所有的社保公积金都是按这个基数算的，明年也准备是这个数字，如果调整太麻烦了。

我说：你不想改应发工资的金额，那就把扣下的个人所得税税款每个月都按时缴了。因为扣而不缴的税款，是有税收风险的。

他说：有什么风险？

我说：你这个扣而不缴的行为，就符合《税收征管法》第六十三条规定的法律责任了，扣缴义务人采取了虚假申报的手段，不缴或者少缴已扣、已收税款。会被追缴税款、滞纳金，并处 50% 以上 5 倍以下的罚款。如果构成犯罪，还要追究刑事责任。

他说：这么严重啊，这就算偷税啊，补税、加滞纳金、处罚款，还有可能被追究刑事责任。

我说：对，扣而不缴的个人所得税，问题就这么严重。我原先还觉得不会有扣缴义务人这么做，后来发现，还真有一些扣缴义务人因为各种原因，也许像你这样考虑的，没有把扣缴的个人所得税及时缴纳入库。

他说：怎样算构成犯罪，追究刑事责任呢？

我说：扣缴义务人采取欺骗、隐瞒手段，不缴或者少缴已扣、已收税款，数额在 5 万元以上的（公通字〔2010〕23 号），就要追究刑事责任了。

他说：那如果我不是扣而不缴，而是没有扣缴个人所得税，问题严重吗？

我说：如果是没有扣税，也会有法律责任，但确实要比扣而不缴轻很多。根据《税收征管法》第六十九条的规定，扣缴义务人应扣未扣、应收而不收税款的，对扣缴义务人处 50% 以上 3 倍以下的罚款。

他说：那就是如果没有扣缴，被查到后，只需要缴罚款，税款和滞纳金都不用考虑，对吗？

我说：是的，未扣缴的情况下，滞纳金确实不用缴。但需要限期改正，补扣补收税款，国税发〔2003〕47 号文规定，如果扣缴义务人没有按规定扣缴税款，税务机关除了给予处罚外，应当责成扣缴义务人限期将应扣未扣、应收未收的税款补扣或补收。

他说：那我明白了。税款扣而不缴风险很大，税款、滞纳金、罚款一样不少，一不留神就可能追究刑事责任。

如果是没扣没缴，被查到后，就是会被责令补扣代收税款，缴罚款。但不会被加收滞纳金，也不存在被追究刑事责任的可能性。

我说：是的，一定要充分明白，作为扣缴义务人，面临哪些涉税风险。

199　大额现金管理，究竟说了些什么？

中国人民银行新近发布的《中国人民银行关于开展大额现金管理试点的通知》，决定自 2020 年 7 月起，在河北省、浙江省和深圳市开展大额现金管理试点，标志着我国现金管理进入了新时代。

一、试点意义

为建立大额现金管理长效机制奠定基础。也就是说，通过三省市试点，总结积累经验，然后有可能推向全国。

经询权威银行人士，这个大额现金管理只限于对现钞存取的管理，银行转账，包括公对公、公对私、私对私，仍由《金融机构大额交易和可疑交易报告管理办法》（中国人民银行令 2016 年第 3 号）规范。

二、时间地点

试点为期 2 年，先在河北省开展，再推广至浙江省、深圳市。

自 2020 年 7 月起，河北省开始试点。

自 2020 年 10 月起，浙江省、深圳市开始试点。

为什么选择这三个省市？2019 年发布的《大额现金管理征求意见稿》是这样说的：

河北省银行业金融机构大额现金业务管理基础较好，浙江省、深圳市均为全国现金投放重点区域，浙江省一些行业大额用现情况突出，个人账户大额用现情况突出，深港之间人民币现钞跨境流动普遍。

三、金额起点

经试点行调研分析，各地对公账户管理金额起点均为 50 万元，对私账户管理金额起点分别是河北省 10 万元、浙江省 30 万元、深圳市 20 万元。

管理业务情形以有现金实物交接的柜面业务为主，包含通过大额高速存取款设备自助存取款情形，并须针对拆分、现金隐匿过账等规避监管、“伪大额现金交易”情形制定防范措施，既监测单笔超过起点金额的交易，也监测多笔累计超过起点金额的交易。

三省市对公账户（含个体工商户对公账户）现金存取 50 万元以上，河北省对私账户 10 万元以上、浙江省对私账户 30 万元以上、深圳市对私账户 20 万元以上，属于大额现金管理的范畴。

从文件的内容分析，金额起点既包括单笔，也包括多笔累计，累计的期间应该为一个自然日。

四、大额取现要预约

各商业银行将建立预约规则，对大额提取现金业务，实行预约制度，并将有关信息上报至人民银行各中心支行。

五、大额存取要登记

客户提取、存入起点金额之上的现金，应在办理业务时进行登记。商业银行同时应将相关信息上报至人民银行各中心支行。

六、现金实物可追溯

试点行统筹考虑人民银行冠字号码数据集中要求与大额现金监测要求，指导银行业金融机构实现起点以上存取业务的信息与现金实物的冠字号码相关联、可追溯。

说白了，起点以上的现金存取，每一张人民币实物的冠字号码要与存取业务信息相关联，比如说谁取的？什么时候取的？在哪儿取的？谁存的？什么时候存的？在哪儿存的？

惊不惊喜，意不意外？

七、风险防范

对于客户来自风险较高行业、交易金额特别巨大、交易频率或金额与客户身份及日常交易特征不符等情形，严格对信息真实性、规范性的审核，发现或有合理理由怀疑客户涉嫌洗钱等犯罪活动的，应提交可疑交易报告，并进行风险标注，后续跟踪，记录备查。

这里面提到的可疑交易报告，具体参见《金融机构大额交易和可疑交易报告管理办法》第三章。

八、现金分析报告制度

加强自身大额现金分析水平，对银行业金融机构报送的大额现金业务信息区分行业、用途、金额进行分析，掌握大额现金流向，预判大额现金业务风险。在确保个人信息安全和严格规范信息用途的前提下，与相关部门交流、共享信息。

与相关部门交流共享信息，也比较有震撼力。前段时间已经看到有些地区开展税警银三方合作，通过监控纳税人银行账户，交由税务部门进行稽查。

特定行业特定地区管理措施：

1. 河北省，侧重于房地产行业，尤其是邢台市商品房预售资金。

2. 浙江省，侧重于批发零售、房地产销售、建筑、汽车销售行业，重点关注取现环节的真实性和后续的使用情况。

3. 深圳市，侧重于对利用个人账户进行经营性收支行为管控，细分个人账户经营性收支来源与用途，以及监测境外人民币现金业务情况。

九、个人现金收入报告

选择试点地区适宜地市，探索从部分国家机关、国有企事业单位领导人员入手，推动该部分个人主体报告一定金额以上现金收入的交易性质、交易金额等信息。

【晶晶亮评析】

有的朋友一听大额现金管理，以为自己银行账户里的钱被控制住了，取不出来了。并非如此，只是存取要登记，取现要预约，你的钱还是你的钱，只是增加了一道监管手续而已。

大部分普通人的生活不会因为这个制度受到什么影响，就如同现在各个路口商店都有监控摄像头，但不会影响大家出行购物。

影响比较大的应该是洗钱行为，或者有大额现金收付业务的公司、老板。

前几年我在检查中遇到过一个纳税人，费用支出中80%都是现金支付，附增值税普通发票，单笔支付金额经常是几百万元，后来经过调查，多数都证明是接受虚开的发票。虽然最后查出来了，但检查过程很艰辛。

当时我曾想过，如果银行对大额现金的监管力度增强一些，检查难度可能会小一些，类似的违法行为可能会少一些。

现在新实行的管理办法，“起点以上存取业务的信息与现金实物的冠字号码相关联、可追溯。”这个办法可真是太酷炫了，现金号码能和存取人相关联，可追溯，这几乎和转账没什么差别了。

相信大额现金管理办法，今后会对税务稽查工作助力不小。

200　这些稽查中的小问题，实务中屡见不鲜

税务稽查中，重大疑难案件总是特别吸引业内人士的眼球，但大案终归是少数，实务中更多是一些不起眼的小案件。不过小案件所反映出来的涉税问题，其实更具有普遍参考意义。我们来看几个税务稽查中的小案例。

一、无票、不合规发票列支成本

长沙甲公司在2014年至2015年有多次未取得发票列支成本和17次取得不符合规定的发票列支成本的行为，违反了《中华人民共和国发票管理办法》第二十条、第二十一条、第二十四条第一款第（五）项等国家发票管理法规的规定，已构成未按照发票管理法规使用发票的行为。

依照《中华人民共和国发票管理办法》第三十五条第一款第（六）项的规定，对公司未按照发票管理法规使用发票的行为处以罚款1 000.00元。

【晶晶亮评析】

无票、不合规发票列支成本，如果是现在查处，按照2018年28号公告的规定，应该是先要求换票，无法换票提供支出真实性证明，不能提供充分证明不能在企业所得税税前扣除。

二、以报销费用形式发放奖金，少代扣个人所得税

浙江乙公司2012年至2014年期间，公司以报销费用形式发放员工绩效奖金93 437.28元，计入“管理费用”账户，未并入员工工资所得代扣代缴个税，上述违法事实依法追缴个人所得税14 629.46元。

杭州市税务局稽查局根据《中华人民共和国税收征收管理法》第六十九条，决定对应扣未扣的个人所得税处以50%的罚款7 314.73元。

【晶晶亮评析】

以费用报销形式发放员工工资奖金，很普遍。查到了就补扣税款，缴罚

款。查不到就不了了之。很多人都在赌查不到，所以涉税问题有的时候会演变成数学上的概率问题。选择的权利在扣缴义务人身上，我只善意提醒一句，未扣缴个税，是行政违法，扣而不缴，很容易就涉嫌犯罪了。

三、企业所得税未按规定进行纳税调增

湖北省某税务局稽查局对丙公司2011年1月1日至2015年12月31日期间纳税情况进行检查，调增该公司不符合税前扣除的职工福利费和管理费用，调增计提但未拨缴的工会经费，合计调增应纳税所得额73 377.91元，应补企业所得税17 737.69元。

根据《中华人民共和国税收征收管理法》第六十三条第一款的规定，对公司予以行政处罚，罚款人民币8 868.85元。

【晶晶亮评析】

最基本的企业所得税纳税调增项目，应调未调，这样的错误不应该犯，这个罚款缴得不值得。

四、少代扣员工个税、少缴资本公积印花、漏报房产税、免抵部分漏缴城建税及附加

江苏丁公司存在的涉税问题有：

（1）公司财务人员将2013年公司对员工发放慰问礼品的发票以“礼品”入账，未计入工资薪金，导致少代扣代缴个人所得税6 645.60元。

（2）2014年度因公司账面资本公积增加，财务人员未及时申报印花税4 915.30元。

（3）公司在2013年之前为员工建造宿舍，财务人员漏报房产税86 405.07元。

（4）2013年9月之前，公司购买了一批固定资产，增值税有留抵税额，且不需要缴增值税。2013年6月，公司财务部门进行大调整，财务部都是新进人员，交接工作没做好，新进人员对出口销售业务不熟，导致2013年9月至2014年12月出口退税中免、抵部分漏缴城市维护建设税254 720.86元、教育费附加109 166.08元、地方教育附加72 777.38元。

对公司处以少申报缴纳城市维护建设税、印花税、房产税以及应扣未扣个人所得税税款50%的罚款，合计176 343.43元。

【晶晶亮评析】

这个企业的涉税问题都比较泛化，若干税种都存在问题，感觉财务人员

确实对业务不熟悉。

五、少代扣客户个人所得税

北京戊公司在2013年1月至2014年12月期间，少代扣代缴客户奖金（属于其他所得）个人所得税291 400元，属于未履行个人所得税代扣代缴义务的行为。

根据《中华人民共和国税收征收管理法》第六十九条规定，对公司未按规定代扣代缴个人所得税行为处以应扣未扣、应收未收税款50%的罚款，共计145 700元。

【晶晶亮评析】

给客户发奖金？这样的表述挺少见的。既然适用其他所得，应该是财税〔2011〕50号文件中提到的“企业在年会、座谈会、庆典以及其他活动中向本单位以外的个人赠送礼品，对个人取得的礼品所得，按照‘其他所得’项目征收个人所得税”，表述为礼品更合适。

201　扣缴义务人虚构员工，少扣个税，应承担什么法律责任?

2020年7月16日，我通过网络学习了王明世老师的征管法直播课程。听到一个案例挺有意思，和大家分享一下。

某公司因员工工资较高，通过虚列人员，分解工资收入，为员工少代扣代缴个人所得税，这种行为如果被税务机关发现，税务机关应该用哪个法条来追究该公司的法律责任?

征管法有关法律责任的各项条款适用前提如下。

第六十二条适用情形是“扣缴义务人未按照规定的期限向税务机关报送代扣代缴、代收代缴税款报告表和有关资料的”，很显然，本案不是没有报送资料，不能适用。

第六十三条适用情形是“扣缴义务人采取前款所列手段，不缴或者少缴已扣、已收税款的”，本案例扣缴义务人没有扣下税款，所以不是不缴已扣税款。

第六十四条第一款适用情形是“纳税人、扣缴义务人编造虚假计税依据的”，该条款适用的是没有造成少缴税款的后果，而该案例实际上是造成了少缴税款的后果。

第六十四条第二款适用情形是“纳税人不进行纳税申报，不缴或者少缴应纳税款的”，该条款适用的是未办理税务登记的纳税人，本案例是已办理税款登记的扣缴义务人。

第六十五条适用逃避追缴欠税的纳税人，不适合。

第六十六条适用骗取出口退税的纳税人，不适合。

第六十七条适用抗税，不适合。

第六十八条适用逾期不缴税，不适合。

第六十九条适用的是“扣缴义务人应扣未扣、应收而不收税款的，由税务机关向纳税人追缴税款，对扣缴义务人处应扣未扣、应收未收税款50%以上3倍以下的罚款”。

第六十九条主要针对的是扣缴义务人在正常支付个人所得中，没有履行扣税义务。而案例中是编造虚假资料造成少扣税款的结果，比六十九条的行为要恶劣一些，也不是特别契合的法律责任条款。

总之，对照征管法看了一圈，没有一个特别合适的法律责任条款。而案例中的这种行为，在2020年个人所得税汇算清缴之后，已经是大量爆发，露出水面。

本案例从行为和后果上，其实比较像六十三条偷税的情形，但是六十三条对扣缴义务人偷税的规定，其实是有明确限制的，不能适用。相比较而言，按照六十九条处罚可能更合适一些。

听完之后，我由衷感到，征管法急需修改了。用20年前的法律，来规范20年后的行为。很多违法行为的法律适用，都像穿了一双不合码的鞋子，要多别扭有多别扭。

202　是上市公司公关强？还是税务机关不依法行政？

2020年7月23日，我看到姜新录老师的公众号“陇上税语”发布了一个上市公司公告，是关于某上市公司接收了一份税务稽查行政处罚决定书，于是该公司公告了违法内容、处罚结果，以及对公司的影响。

我浏览了一下违法内容和处罚处理情况，感觉是个常规的处罚决定书，并不是个大事，违法行为和金额都不曾让我的情绪产生一点儿波澜。只不过因为是上市公司，相关事宜必须向社会公告罢了。但当我看到文末读者留言的时候（见图12－5），我平静的情绪起了波澜，终于忍不住惊讶起来。

我深切感受到，尽管关注公众号的朋友都是从事财税工作，可能由于细分的领域不同，依然会存在隔行如隔山的不理解，但竟然有人能误解到这个地步，确实超出我的想象。

一、处罚决定书相关内容

我们一起先看看处罚决定书中的主要内容。

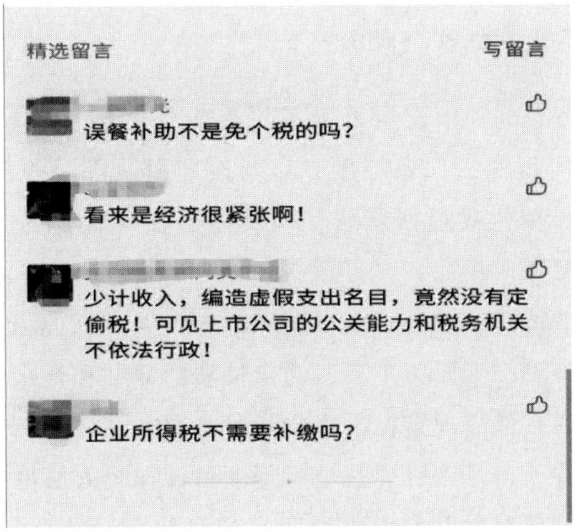

图 12－5 “陇上税语”微信公众号读者留言[①]

（一）涉嫌违规事实

1. 公司于 2015—2018 年发放误餐补助、交通补助、通信补助等岗位补助未并入当月工资薪金中计算个人所得税，应扣未扣工资薪金个人所得税 66 898. 61 元。同时，公司 2015—2018 年应扣未扣劳务报酬所得个人所得税 8 000. 00 元。合计应扣未扣个人所得税 74 898. 61 元。

2. 公司账簿上少记铝屑等下脚料收入 60 957. 26 元，编造虚假销售费用，虚列支出 746 526. 00 元，以上合计编造虚假计税依据金额 807 483. 26 元。

（二）处罚/处理依据及结果

根据《中华人民共和国税收征收管理法》第六十九条：“扣缴义务人应扣未扣、应收而不收税款的，由税务机关向纳税人追缴税款，对扣缴义务人处应扣未扣、应收未收税款 50% 以上 3 倍以下罚款”，对公司罚款 37 449. 32 元。

根据《中华人民共和国税收征收管理法》第六十四条，纳税人、扣缴义务人编造虚假计税依据的，由税务机关责令限期改正，并处 5 万元以下的罚款，对公司处罚款 31 000. 00 元。

二、针对留言问题的解答

看完处罚决定书中的内容，对于留言中的问题，我越俎代庖，在这里解释如下。

---

① 本图片来源于姜新录公众号“陇上税语”的读者留言。

（一）误餐补助不是不征收个税吗？

《财政部 国家税务总局关于误餐补助范围确定问题的通知》（财税字〔1995〕82号）规定，不征个人所得税的误餐补助，是指按照财政部门规定，个人因公在城区、郊区工作，不能在工作单位或返回就餐，确实需要在外就餐的，根据实际误餐顿数，按规定标准领取的误餐费。

也就是说，对企业按财政部门规定的标准，根据职工实际出差天数或误餐顿数发放给出差人员的误餐补助，不属于工资、薪金性质的津贴和补贴，不征收个人所得税。但是对一些企业超过财政部门规定标准发放给职工的误餐补助或借此名目发放给职工的补贴、津贴，均应并入当月工资、薪金所得项目计征个人所得税。

因此，企业借“误餐补助”名义发给职工的津贴，不属于个人所得税规定予以免税的误餐补助范围，应该并入职工工资所得计算缴纳个人所得税。

（二）企业所得税不需要补缴吗？

企业被检查的年度是存在一定亏损的，检查出来的，即使进行了纳税调增，企业依然亏损，所以不需要补缴企业所得税。

如果企业所得税真的需要补缴，这样常规的问题，从检查到审理都能忽略的话，除非是大家脑子一起“瓦特”了。

（三）竟然没定偷税？ 可见上市公司的公关能力和税务机关的不依法行政！

我始终认为，世界很大，每个人都会有知识短板，对于不了解的东西，应该首先试着去学习了解，而不是直接下结论扣帽子。

什么是偷税？按照征管法第六十三条的规定，必须是有手段有后果，也就是通过采取法条中列举的措施，造成了少缴税款的后果，才符合征管法的偷税要件。

本案中，该公司少计收入，编造虚假支出项目，但并未造成企业所得税少缴。只有手段，没有后果。所以不能按六十三条定性为偷税。征管法对这种未造成少缴税款后果的行为，有量身打造的处罚条款，那就是六十四条第一款，处以5万元以下的罚款。所以说，这个处罚完全是依照征管法下达的。

我可以负责任地说，从这个处罚条款中，真的推导不出上市公司的公关能力和税务机关的不依法行政这个结论。

（四）看来是经济很紧张啊！

2020年全国经济确实很紧张。但是税务稽查工作只是按部就班开展，并没有任何突击的、额外的大规模稽查。这两件事情并没有关联。

我真心希望，税收路上大家能一起学习，消除误解。

203　对一起个人转让股权稽查案例的分析思考

最近看到这样一个稽查案例，深感实务工作远比书本复杂得多。

一、案例基本情况

2011 年 3 月 10 日，公司甲和自然人张三签订了一份《股权收购协议》，甲收购张三持有的 A 公司股权，张三原投资金额为 400 万元，转让金额 2 100 万元。

2011 年 4 月 7 日，完成股权变更登记。

2011 年 4 月 14 日，甲向张三支付了第一期股权转让款共计 900 万元。事实上，本案张三是代持股，真正的股东是李四。张三把款项给了李四。

第二期股权转让款由于股权转让双方之间因股权转让的效力、金额等问题一直存在争议，故余款一直未付。

2018 年 5 月，经过法院判决，上述股权转让协议，代持股有效。甲应当再向李四支付股权转让款 1 200 万元，截至 2020 年 5 月，尚未执行到位。

2020 年 5 月，税务机关查到了此处股权转让未缴税，该如何处理？

二、应考虑的四个问题

（一）第一个问题：向谁追税？　张三还是李四？

向形式上的股东还是实质上的股东？关于代持股的问题，规定并不是太多。

我的理解，如果没有法院判决，向张三追缴税款合适。有了法院的判决，可以向李四追缴税款。总之，确定纳税人，需要有充分的证据，如果仅仅是两个自然人之间的协议，不应该改变法律形式上的纳税人。

实际处理中，税务机关向李四追缴税款。

（二）第二个问题：该股权转让行为个人所得税纳税义务发生时间是什么时候？

根据《国家税务总局关于发布〈股权转让所得个人所得税管理办法（试行）〉的公告》（国家税务总局公告 2014 年第 67 号）第二十条，具有下列情形之一的，扣缴义务人、纳税人应当依法在次月 15 日内向主管税务机关申报纳税：

1. 受让方已支付或部分支付股权转让价款的；

2. 股权转让协议已签订生效的；

3. 受让方已经实际履行股东职责或者享受股东权益的；

4. 国家有关部门判决、登记或公告生效的；

5. 本办法第三条第四至第七项行为已完成的［备注：第三条（四）股权被司法或行政机关强制过户；（五）以股权对外投资或进行其他非货币性交易；（六）以股权抵偿债务；（七）其他股权转移行为］；

6. 税务机关认定的其他有证据表明股权已发生转移的情形。

本案例中的时间节点如下：

股权转让协议已签订的时间是2011年3月10日，不过股权协议是和张三签订的，不是和李四签订的，以这个时间似乎不太合适。

股权变更时间是2011年4月7日，这个符合第（五）项规定。

受让方支付部分转让价款的时间是2011年4月14日，这个符合第（一）项规定。

法院判决转让协议生效的时间是2018年5月，这个符合第（四）项规定。

本案存在若干个时间都符合67号公告中规定的纳税申报情形，按理说应该是以孰早原则确定。但因为有代持股确认问题，这是一个棘手的问题。

两个时间差异很大，纳税义务发生时间不同，会带来一个问题，在不定性为偷税的情形下，该笔税款是否应该追征。如果纳税义务发生时间是2011年，2020年查办就超过追征期了。

如果纳税义务发生时间是2018年，2020年查办就没有超过追征期。

实际查办该案的税务机关，是以2018年法院判决生效为纳税义务发生日，对该笔税款进行了追征。

（三）第三个问题：李四应缴什么税？

股权转让行为应缴印花税 = 2 100 × 0.5‰ = 1.05 万元。该笔税款应在2011年4月缴纳，已超过追征期了，应该不予追征。

李四应缴的个人所得税 = (2 100 − 400) × 20% = 340（万元）

（四）第四个问题：未收到的股权转让款是否应该缴纳个人所得税？

通过下列规定，可以看出个人所得税只有“取得所得”才要缴纳。扣缴义务人在“支付”时扣缴税款。

《中华人民共和国个人所得税法》第九条规定，个人所得税以所得人为纳税人，以支付所得的单位或者个人为扣缴义务人。

第十二条第二款，纳税人取得利息、股息、红利所得，财产租赁所得，财产转让所得和偶然所得，按月或者按次计算个人所得税，有扣缴义务人的，由扣缴义务人按月或者按次代扣代缴税款。

第十三条，纳税人取得应税所得没有扣缴义务人的，应当在取得所得的次月 15 日内向税务机关报送纳税申报表，并缴纳税款。

纳税人取得应税所得，扣缴义务人未扣缴税款的，纳税人应当在取得所得的次年 6 月 30 日前，缴纳税款；税务机关通知限期缴纳的，纳税人应当按照期限缴纳税款。

《国家税务总局关于发布〈个人所得税扣缴申报管理办法（试行）〉的公告》（国家税务总局公告 2018 年第 61 号）第六条，扣缴义务人向居民个人支付工资、薪金所得时，应当按照累计预扣法计算预扣税款，并按月办理扣缴申报。

第八条，扣缴义务人向居民个人支付劳务报酬所得、稿酬所得、特许权使用费所得时，应当按照以下方法按次或者按月预扣预缴税款。

通过上述规定，可以判断出个人所得税是“收付实现制”。但股权转让所得个人所得税，因为有专门的 2014 年 67 号公告，按照 67 号公告的要求，就不是按照收付实现制来确定纳税义务，而是根据所列情形中的任何一项，只要满足条件就认定取得了所得，应该缴纳个人所得税。

我个人认为，67 号公告关于纳税申报情形规定不合适，一是和个人所得税法的精神不符，二是股权转让的个税款通常都比较大，未实际收到款项就要求个人缴税，从纳税能力上讲有些强人所难，不符合纳税必要资金原则。但在 67 号公告未修改的情况下，税务机关也只能按这个政策执行了。

204　股权代持还原，税务局表示不缴税？

2020 年 9 月 17 日，巨潮资讯网发布了某上市公司的《首次公开发行 A 股股票招股说明书》，其中有关股权转让的部分引发了大家的关注：

4. 2009 年 2 月股权转让

2009 年 2 月 20 日，甲公司与王某翔签署《股权转让协议》，约定甲公司将所持有的 A 公司 488.00 万元出资额以 1 元/每股出资额转让予王某翔；公司股东吴某荣、陈某桂分别与王某众签署《股权转让协议》，约定吴某荣、陈某桂将所持有的 A 公司 161.84 万元及 68.53 万元出资额以 1 元/每股出资额转让予王某众。

同日，A 公司召开股东会会议，审议通过上述股权转让事宜。

A 公司于 2009 年 2 月 25 日完成工商变更登记，并取得工商行政管理局核发的“企业法人营业执照”。

本次吴某荣、陈某桂与王某众的股权转让系王某众被代持股权的还原，本次股权转让的相关方均对代持及还原事实予以确认。

关于代持还原的真实性，根据保荐机构和发行人律师查询到的A公司的工商变更登记资料，保荐机构和发行人律师对王某众、吴某荣及陈某桂的访谈记录，王某众在A公司设立时委托吴某荣及陈某桂代为持有的股权已于2009年2月通过股权转让方式还原，王某众已分别与吴某荣、陈某桂签订《股权转让协议》，并向工商登记机关办理了股权变更登记手续。

吴某荣、陈某桂分别持有A公司的4.05%、1.71%的股权已经变更登记至王某众名下，股权代持关系已解除。各方对前述股权不存在纠纷，代持人过去没有且未来不会对前述股权提出任何权利主张。

如上述股权代持还原按照股权转让测算应纳税金额，根据A公司2008年的审计报告，A公司截至2008年12月31日的每股净资产为1.2元，按此测算，吴某荣及陈某桂分别转让给王某众的161.84万元及68.53万元出资额所涉的个人所得税分别为6.47万元及2.74万元。

鉴于吴某荣、陈某桂的上述股权转让系还原代持的股权，王某众未实际支付转让款，吴某荣、陈某桂未实际取得股权转让收入，因而，不存在应缴税款。根据当地税务局第一税务分局于2019年8月26日出具的证明：确认未发现发行人股东股权转让欠缴税款的情形。

对此，王某众已出具书面承诺：如因本次代持股权还原导致吴某荣及陈某桂被税务机关追缴股权转让个人所得税或相关的滞纳金、罚金等，该等税款及任何可能产生的费用将由王某众承担。

本次股权转让完成后，A公司股权结构如表12-2所示。

表12-2　　A公司股权结构

股东	出资额（万元）	出资比例
王某众	2 162.40	54.06%
王某翔	1 837.60	45.94%
合计	4 000.00	100.00%

【晶晶亮评析】

关于股权代持还原是否缴税的问题，截至2020年9月，只有一个相关文件：

《国家税务总局关于企业转让上市公司限售股有关所得税问题的公告》（国家税务总局公告2011年第39号）规定："因股权分置改革造成原由个人出资而由企业代持有的限售股，依法院判决、裁定等原因，通过证券登记结算公司，企业将其代持的个人限售股直接变更到实际所有人名下的，不视同转让限售股。"

这个规定，有三个限定条件，一是因股权分置改革形成的限售股，二是基于法院判决裁定等原因，三是通过证券公司变更。满足这三个条件的股权还原，不视同转让限售股。

除此之外的股权代持还原，能不能参照？从税收政策的执行来看，基层执法机关是没有权力扩大文件适用范围的。

那该公司的代持还原，为什么当地税务机关说不需要征税呢？

其实这是误读，当地主管税务机关并没有说征税，也没有说不征税，只是出具了一个证明，“确认未发现发行人股东股权转让欠缴税款的情形”。

这个证明是什么意思？是说税务机关截至2019年8月26日出具证明之日没有发现发行人股东在股权转让中有欠税情形。欠税是怎么形成的？主要有两个方式，一是纳税人自行申报后未缴纳，二是税务机关检查后下达处理决定书后未缴纳。

该证明只是表示，对于股权转让行为，纳税人既没有自己申报，税务机关也没检查确认，金三系统中没有申报未缴纳的情形，所以说不存在欠税。

至于股权代持还原，该不该缴税这个问题，主管税务机关其实没有出具任何意见。

上述文本中的“鉴于吴某荣、陈某桂的上述股权转让系还原代持的股权，王某众未实际支付转让款，吴某荣、陈某桂未实际取得股权转让收入，因而，不存在应缴税款”，是公司自己的观点，并不是税务机关的意见，大家不要搞混了。

总局为什么不出台政策明确股权代持还原不视同股权转让呢？肯定不能啊，唯一的一个文件规定还列示了三个前提，如果不设前置规定，相信一夜之间，中华大地再没有股权转让业务了，全都变成股权代持还原了。

征税还是不征税？这是个问题。个人看法，在现行政策下，不符合39号公告前提条件的股权代持还原，应该按股权转让征税。

205　大额咨询费的涉税风险

在网上看到一个稽查案例如下。

案件背景：稽查人员审阅了重庆F公司的电子账目，在分析管理费用时，一笔业务引起了稽查人员注意。企业2015年8月的7号凭证、22号凭证显示，该企业通过银行向北京X公司分别支付咨询服务费400万元、390万元。

企业为何要向X公司支付790万元大额咨询费？

稽查人员随即要求重庆F公司提供这两套凭证及附后的详细原始附件资料。

审阅原始附件发现：790 万元服务费由 9 张增值税普通发票组成，由北京 X 公司于 2015 年 8 月 26 日开具，凭证附件的银行转账支票存根联表明，重庆 F 公司于同年 8 月 31 日将 790 万元汇入北京 X 公司账户。

对于这项支出，重庆 F 公司的解释是，因为北京 X 公司为其策划并代理了一个借款业务项目，这是按照市场行情向其支付的中介服务费。稽查人员没有轻信对方的解释，继续对业务各方信息进行审核分析。

最终，重庆市税务机关在北京市税务机关的大力协助下查实，重庆 F 公司采用假发票入账、伪造银行转账存根等方式，虚构与北京三家企业的咨询服务业务，虚列成本，共隐匿收入 1 116 万元。

针对该企业违法行为，税务机关依法对其作出补缴税款、加收滞纳金并处 1 倍罚款共计 760 余万元的处理处罚决定。

【晶晶亮评析】

税务稽查人员在检查过程中遇到大额咨询费，几乎都是第一时间在脑海中亮红灯，核实下来十有八九是虚构业务。

很多企业的大额咨询费支出，只有发票和转账记录，没有其他任何资料，无法证明业务的真实性，所以不能在税前扣除。

怎么能判断咨询收取是否真实？至少应该有规范的业务合同，合同中有明确的收费标准、咨询项目要求等，另外应该提供咨询项目最终的成果资料。

也有一些企业提供了咨询合同，但含糊其词。我见过最大而全的一份咨询合同，总归一页纸，列了 12 个咨询项目，对方公司不足 10 人，支付了 1 800 多万元的咨询费。这样的资料提供出来，好像是在侮辱检查人员的智商。

由于咨询费支出日益受到了税企双方的关注，成为一个焦点问题，我们应该对咨询业有一个基本的了解。

咨询业，是一种智力密集型的知识服务性产业，咨询的意义是指来自个体和组织外部的专业化技能，它以专门的知识、信息、经验为资源，针对不同的用户需求，提供解决某一问题的方案或决策建议。

比如，三大咨询公司 MBB（麦肯锡、贝恩、波士顿）主要是做战略咨询的；埃森哲、IBM，主要是做企业信息系统咨询的。

咨询公司是如何收费的？典型的咨询公司收费，是用“每人天”来计算的。

从网上看到了麦肯锡公司 2017 年一个项目的收费标准（见表 12－3），一个典型的项目，通常包含：

资深合伙人：1 位，每个月来 1 天；

合伙人：1—2 位，每周来 1 天；

副合伙人：1 位，每周来 1—2 天；

项目经理：1 位，每天驻场；

顾问：3 位，每天驻场。

表 12－3　　2017 年麦肯锡公司某一项目的收费标准

	人数	天数/月	单价/人天	小计
资深合伙人	1	1	76 355	76 355
合伙人	1	4	62 038	248 152
副合伙人	1	8	47 722	381 776
项目经理	1	22	42 949	944 878
顾问	3	22	26 247	1 732 302
总计	7	—	—	3 383 463

这个典型项目一个月的咨询费是 338 万元，这只是一个市场报价，未考虑实际成交打折因素。

另外请注意，上述例子是麦肯锡 2017 年的报价，上述报价不是任何一个咨询公司都可以参考的价格。看其中“每人天”的单价，虽然说报价中的“每人天”不等于咨询人员的日工资，但咨询业是以人力资源为主，即使报价中包含其他费用，也不可能偏离过大，人员工资是主要构成。

大家都知道，同样是打工，上市公司的掌门人年薪千万不稀奇，普通的打工人年薪三五万比比皆是，天壤之别不可相提并论。如果你看到企业账本上记载，一个服务员年薪百万，是不是马上就能意识到有问题？咨询业也是如此，虽然税法没有给出明确的扣除标准，但企业提供的咨询费付费金额是否合理，还是能够判断出来的。

有了一个基本的数字概念后，这些异常的数字呼之欲出。当稽查人员看到一笔 790 万元的咨询费支出，肯定会去追查，而虚假业务是经不住检查的，最终只能是补税罚款。建议企业做账的时候，可以尝试着换位思考一下，列支这么大额的一笔咨询费支出，自己相信吗？

206　难以判断的“价格明显偏低且无正当理由”

最近我在工作中遇到几个房地产公司的稽查案例，发现其中争议最大的地方就是房地产公司对外销售房屋的价格，是否属于价格偏低且无正当理由。

因为没有明晰的判定标准，导致公说公有理，婆说婆有理，争论不休。我把一个诉讼案例和一些相关规定汇总在此，供大家参考。

【典型案例】

2012 年 6 月 29 日，某地方税务局稽查局对甲房地产公司进行税务检查，2012 年 10 月 31 日，下达了《税务行政处理决定书》和《税务行政处罚决定书》。

甲房地产公司对其中“2010 年以低于市场价格销售给某投资公司离退休职工住宅，应按同期市场价格调整补缴营业税，调整金额 2 494 258.77 元，少缴营业税 124 712.94 元”的认定有异议，称相关处罚没有依据，向法院提起诉讼。

一审法院认定：税务局认定甲房地产公司以低于市场价格销售的事实不清，主要证据不足，判决撤销有关处罚决定。

税务局不服，提出上诉，称处理决定是纳税人在价格明显偏低且无正当理由时，根据相关法律核定其营业额的。

甲房地产公司提交证据证明，该公司以优惠 20% 的价格售房给住房困难的老职工，是应上级要求，解决上访纠纷之善举，应当视为价格偏低的正当理由。

二审法院认为，税务局对于“无正当理由，明显低于市场价格”的定性，认定事实不清，主要证据不足，判定驳回上诉。

【晶晶亮评析】

“价格明显偏低且无正当理由”，这句话中包含了两个判断，一个是价格明显偏低，另一个是无正当理由。说实话，想准确作出这两个判断都很难，都摆脱不了被争论被争议的命运。

价格偏低，因总局层面未出台文件进行解释，各地有的参考最高法关于合同法的解释，以 30% 作为偏低的判定幅度，也有的本省出台政策，以 10% 的偏离作为偏低的判定。不一而足。

正当理由更没有一个绝对的衡量标准。

总之，这是税企双方争议高发点，一般遇到这样的问题就是谈，看谁能说服谁。如果确实谈不成的话，就只能是打（官司）了，让法院去解决吧，最终的裁判权掌握在法院手中。

【参考规定】

1. 法释〔2009〕第 5 号《最高人民法院关于适用〈中华人民共和国合同法〉若干问题的解释（二）》规定：

第十九条，对于合同法第七十四条规定的“明显不合理的低价”，人民法院应当以交易当地一般经营者的判断，并参考交易当时交易地的物价部门指导价或者市场交易价，结合其他相关因素综合考虑予以确认。

转让价格达不到交易时交易地的指导价或者市场交易价 70% 的，一般可以视为明显不合理的低价；对转让价格高于当地指导价或者市场交易价 30% 的，一般可以视为明显不合理的高价。

2. 四川的规定

《四川省地方税务局转发〈国家税务总局关于印发《土地增值税清算管理规程》的通知〉的通知》（川地税发〔2009〕60号）规定：

四、对房屋销售价格明显偏低又无正当理由的，主管地税机关对其计税价格按下列方法和顺序确定：

（一）按本企业在同一地区、同一年度销售的同类房地产的平均价格确定。

（二）由主管地税机关参照当地当年、同类房地产的市场价格或评估价格确定。

（三）由主管地税机关按当地政府部门公布的近期房地产转让市场指导价格确定。

3. 河南的规定

《河南省地方税务局转发关于土地增值税清算有关问题的通知》（豫地税函〔2010〕202号）规定：

二、关于“计税价格明显偏低”的问题

《河南省地方税务局关于明确土地增值税若干政策的通知》（豫地税发〔2010〕28号）第三条第二款第（六）项中：“申报的计税价格明显偏低，又无正当理由的，按核定征收率8%征收土地增值税”，该处的“明显偏低”是指低于该项目当月同类房地产平均销售价格的10%，如当月无销售价格的应按照上月同类房地产平均销售价格计算；无销售价格的，主管税务机关可参照市场指导价、社会中介机构评估价格、缴纳契税的价格和实际交易价格，按孰高原则确定计税价格。

4. 江苏的规定

《江苏省地方税务局关于土地增值税有关业务问题的公告》（苏地税规〔2012〕1号）规定：

三、关于房地产转让收入的确认

（三）房地产转让价格明显偏低的收入确定

对纳税人申报的房地产转让价格低于同期同类房地产平均销售价格10%的，税务机关可委托房地产评估机构对其评估。纳税人申报的房地产转让价格低于房地产评估机构评定的交易价，又无正当理由的，应按照房地产评估机构评定的价格确认转让收入。

四、对以下情形的房地产转让价格，即使明显偏低，可视为有正当理由：

（1）法院判定或裁定的转让价格；

（2）以公开拍卖方式转让房地产的价格；

（3）政府物价部门确定的转让价格；

（4）经主管税务机关认定的其他合理情形。

5. 海南的规定

《海南省地方税务局关于印发土地增值税清算有关业务问答的通知》（琼地税函

〔2015〕917 号）规定：

一、如何认定房地产转让价格明显偏低？

纳税人申报的房地产转让价格低于同期同类房地产平均销售价格 30% 且无正当理由的，可认定为房地产转让价格明显偏低，主管税务机关应根据《中华人民共和国税收征收管理法》（中华人民共和国主席令第四十九号）及其实施细则、《中华人民共和国土地增值税暂行条例实施细则》（财税字〔1995〕6 号）的规定核定其房地产转让价格。

符合下列条件之一的房地产转让价格明显偏低，视为有正当理由：

（一）人民法院判定或裁定的转让价格；

（二）以公开拍卖方式转让房地产的价格；

（三）政府有关部门确定的转让价格；

（四）经主管税务机关认定的其他合理情形。

207　账外发工资？补税罚款 1 200 万元！

近日，杭州一家物流公司向税务机关补缴税款、罚款共计 1 240.92 万元，为其法律意识淡薄之举付出了沉重代价。

一、举报信“吹哨”

2019 年 7 月底，一封信件抵达国家税务总局杭州市税务局稽查局举报中心，信中举报杭州 M 物流公司（以下简称“M 公司”）发放员工工资已扣缴个人所得税，但未缴至税务部门。

接到这一线索后，杭州市税务局第一稽查局立即组成检查组，通过查询征管系统发现 M 公司 2018 年的申报收入为 3.97 亿元，申报代扣代缴个人所得税却仅 2.91 万元，收入和工资额不匹配。

突击检查，检查组注意到，M 公司主要提供国内物流运输服务，工资表显示在岗 300 多名员工，绝大部分工资在 3 500 元左右。3 500 元是当时的个人所得税费用扣除额，这意味着 M 公司大部分员工到手工资低于 3 500 元，不需要缴纳个人所得税。

询问 M 公司运营部门负责人，检查组得知公司大部分员工是外来务工者。“3 500 元的月工资能支持他们在杭州的生活成本？”面对检查人员的提问，M 公司财务人员只说劳动合同就是这么签订的，其他情况自己不清楚。而当检查人员要求提供劳动合同时，该财务人员找各种理由推托。几次约谈该公司法定代表人，检查人员得到的回答总是“在外地出差”。

二、奇怪的资金流水

检查人员只得调取M公司的所有财务资料进行核查，在查明细账时发现，该公司每月底都会向公司一个行政人员打款，每月金额数十万元到上百万元不等，财务处理上借记其他应收款，下个月则通过过路费发票报销转入主营业务成本科目。

“这是真实的费用报销，还是藏有猫腻?”带着疑问，检查组依照法定程序，经批准，调取上述行政人员的银行账户流水资料。结果发现，在两年半的时间里，该账户竟有数万条银行流水记录，资金来源除了公司转账，还有许多小额资金汇入。

利用函数筛选匹配，检查人员发现这个账户打出去的钱有一半是到该公司员工的账户中，另一半则是到该公司工资表上没有的一些个人的账户中。

三、竟是为留住员工?

这些工资表上没有的人是谁?检查人员根据所掌握信息重新制作M公司的名录册，约谈M公司各部门工作人员。结果证实，新名录册上的人都是M公司的员工。

面对证据，M公司负责人道出了实情：公司实际员工有500多人。因物流行业门槛低，竞争激烈，目前大多数物流企业采取“购车，招聘司机”的模式运营，从业人员大多是外来务工者，流动性很大，他们不要求在杭州缴纳社保。另外，工资是由基本工资和绩效工资（按里程或按件计算）组成，多劳多得，如果按实发工资代扣代缴个人所得税，员工到手收入会减少，离职率会提高。于是，公司就应员工需求，账内发放基本工资，账外发放绩效工资，对公司管理层员工按实际工资代扣代缴个人所得税，存于公司账上，未缴至税务部门。

由于账外发放工资会导致大额其他应收款挂账，无法反映公司的实际成本支出，需要多缴纳大额的企业所得税，公司便让司机帮助收集过路费发票，入账冲抵成本。同时让一些不需要开具发票的客户将运费打入公司一个行政人员的个人账户，用于发放部分账外工资。

至此，案情水落石出。前不久，经过两级审理，税务机关依法对M公司作出“补缴个人所得税、增值税及附加、企业所得税等税费819.66万元，罚款421.26万元”的处理和处罚决定。有关税款产生的滞纳金，由金税三期系统自动生成。M公司已在规定期限内补缴税款、罚款和滞纳金。

四、案件启示

结合此案，杭州市税务局第一稽查局向物流行业企业及其雇员发出提示，是否缴纳个人所得税要遵照税法规定，不能自行商量处理，否则就会像 M 公司一样，得不偿失。

根据我国个人所得税法规定，居民个人取得的所得应当缴纳个人所得税，包括工资、薪金所得，劳务报酬所得，稿酬所得，特许权使用费所得，经营所得，利息、股息、红利所得，财产租赁所得，财产转让所得，偶然所得。排在第一位的便是工资、薪金所得。

物流行业作为劳动密集型行业，职工薪酬在企业的经营成本中占比很高。而物流企业经营门槛较低，从业人员流动性大，文化偏低，其中不少人法律意识、社会保障意识淡薄，为了多拿到些收入，不考虑长远利益，不愿支出社保费用，这给物流企业的规范管理造成了一定的难度。一些企业为了留住员工，随其心愿，便以“账外发工资，报销过路过桥费发放奖金”等违法方式规避个人所得税，再通过其他非法操作平衡成本，最终不但逃不掉个人所得税，反而会付出缴纳滞纳金和巨额罚款的代价。M 公司便是例证。

目前，税务、公安、银行、海关等部门已经形成深入合作机制，涉税违法行为很容易被发现和打击，逃避缴纳个人所得税等税费当然也不例外。希望企业和员工都要增强法律意识，处理涉税业务前一定要了解有关法律法规的规定，依法依规行事。

【晶晶亮评析】

企业为了让员工少缴个人所得税，费心费力采取的措施，在我看来，是非常不明智的。

如果想留住员工，可以先谈好税后工资，再倒算成税前工资，用工资发放表在企业所得税前扣除，完全不需要通过找发票、私下转账这些违法违规的不正当途径。

较大的工资薪金支出还可以增加职工福利费、职工教育经费、工会经费的扣除基数，降低企业所得税应纳税所得额，减少企业所得税支出。

原本通过合法途径就能少缴税，非要采取违法措施落个补税罚款的境地。这里还没有说公司因信用等级降低，以及可能上黑名单等后续管控造成的损失。

文中提到“对公司管理层员工按实际工资代扣代缴个人所得税，存于公司账上，未缴至税务部门”。这更是一种玩火的行为，扣而不缴超过一定金额，涉嫌逃税罪，需要移送公安机关追究刑事责任的。

我其实很不明白，税款扣而不缴，为的是什么？不会是挣利息吧？如果真是那样，可真是捡芝麻丢西瓜了。

建议企业负责人做相关决策的时候，充分了解各种做法的风险与收益，做出对公司最有利的选择。

208 增值税收入和企业所得税收入不一致的七种情形[①]

在日常税收征管中，税务机关经常会对纳税人申报的增值税收入和企业所得税收入进行比对。

增值税申报收入一般会提取12月的“增值税纳税申报表”累计数，包括按适用税率计税销售额、按简易办法计税销售额、免抵退办法销售额和免税销售额等四项收入。

企业所得税申报收入则一般会提取“企业所得税年度纳税申报表”主表第1行营业收入金额，包括主营业务收入和其他业务收入。

如果两个收入不一致，税务人员经常会将此作为一个重要风险点要求企业作出说明，而很多纳税人会困惑，明明自己如实申报了两项收入，为什么会出现异常呢?

但事实上，如果存在以下情形，企业所得税收入和增值税收入不一致是正常的，我们分别看一下。

一、某些视同销售行为，会产生两税收入不一致

（一）纳税人将货物在实行统一核算的跨县（市）内部机构间移送用于销售。此种行为增值税需要计算销项税，但在会计核算与企业所得税政策规定上，均属于企业内部转移资产行为，既不计入营业收入，也不计算缴纳企业所得税。

（二）纳税人将自产或委托加工货物用于集体福利。此种情况下，货物并没有离开本企业，所有权并没有发生转移，也没有相关经济利益流入，会计核算上只结转成本，不确认收入，也不计入企业所得税应纳税所得额。

（三）受托方以收取手续费方式销售代销货物。受托方以收取手续费方式销售代销货物，代销货物销售额不作为本企业营业收入核算，也不涉及企业所得税。但因为收取了购买方货款并开具增值税发票，实质已构成增值税收入实现，即需要“视同销售”计提销项税金，交付代销清单并取得委托方增值税发票时再作进项税额核算。受托方向委托方收取的手续费计入其他业务收入，属于佣金性质，应按规定计算缴纳增值税和企业所得税。

① 本文作者为冯东、杨春雨。

二、价外费用，产生两税申报收入不一致

增值税的销售额是按照纳税人发生应税行为取得的全部价款和价外费用确定。价外费用包括价外向购买方收取的手续费、补贴、基金、集资费、返还利润、奖励费、违约金、滞纳金、延期付款利息、赔偿金、代收款项、代垫款项、包装费、包装物租金、储备费、优质费、运输装卸费以及其他各种性质的价外收费。

纳税人收取的这些价外费用，除代为收取符合规定的政府性基金或者行政事业性收费，以及以委托方名义开具发票代委托方收取的款项外，都应计入增值税销售额计算申报缴纳增值税。

但这些价外收费在会计核算和企业所得税纳税申报时却有相当一部分并不计入营业收入，如收取的延期利息费用应冲减财务费用，收取的包装费、储备费、运输装卸费应冲减销售费用，收取的违约金、赔偿金、滞纳金应计入营业外收入，代收、代垫款项应计入往来项目等。

虽然最终并不影响会计核算结果和应纳税所得额的计算，但在两税申报收入数据对比时，却会形成增值税申报收入大于企业所得税申报收入的情况。

三、处置固定资产和无形资产，产生两税申报收入不一致

纳税人在生产经营中发生固定资产、无形资产处置转让行为，均应按照出售价格和适用税率或征收率计算申报缴纳增值税，但在会计处理和企业所得税纳税申报上，则是将资产处置收入扣除账面价值和相关税费后的金额计入营业外收入或营业外支出，很明显，这会造成增值税申报收入大于企业所得税申报收入。

四、金融商品转让业务，产生两税申报收入不一致

金融商品转让，按照财税〔2016〕36 号规定，纳税人转让金融商品按照卖出价扣除买入价后的余额为销售额计算缴纳增值税。

纳税申报时，按照扣除之前的不含税销售额填入纳税申报表主表销售额相关栏次。而金融资产转让的会计处理和企业所得税申报则是通过投资收益体现在当期损益及应纳税所得额中。两相对比，增值税申报收入要大于企业所得税收入。

五、财政补贴核算，产生两税申报收入不一致

按照国家税务总局公告 2019 年第 45 号规定，纳税人取得的财政补贴，与其销售

货物、劳务、服务、无形资产、不动产的收入或者数量直接挂钩的，应按规定计算缴纳增值税。

而纳税人取得的各种财政补贴，在会计核算和企业所得税纳税申报上则是体现在营业外收入或补贴收入等项目中。如果纳税人取得了上述性质的财政补贴，也会形成增值税申报收入大于企业所得税申报收入的情况。

六、增值税免税业务，产生两税申报收入不一致

按照增值税相关规定，无论是一般纳税人还是小规模纳税人，发生应税行为适用免税规定的，不得开具专用发票，但可以开具税率栏注为“免税”的普通发票。

纳税人进行增值税免税业务纳税申报时，应以含税的销售额填报在申报表主表免税销售额相应栏次。

会计核算上，由于规定尚不明确，仅有的财会字〔1995〕6号关于增值税免税会计处理的文件也随着会计准则新科目设置已经作废，实务中存在两种不同的处理方法：一是以价税合计的方法将免税销售额全部计入主营业务收入，二是以价税分离的方法将免税销售额还原成不含税销售额，计提的销项税额计入补贴收入或营业外收入。

若纳税人采用第一种方法核算，不会出现两税申报收入不一致问题。若采用第二种方法核算，则会形成增值税申报收入大于企业所得税申报收入的情况。

七、收入确认原则不同，产生两税申报收入不一致

增值税与企业所得税都是以收入为起点计算应纳税额，在收入确认上既有相同之处，也存在一些差异。这种收入确认上的差异势必要对两税申报收入造成一定的影响。这里仅就以下几种较为特殊的销售结算方式予以简要分析：

（一）委托代销货物。纳税人发生委托代销行为时，增值税以“收到代销清单”或者“收到全部或者部分货款”确认销售额。企业所得税以“收到代销清单”确认销售额（国税函〔2008〕875号）。如果企业先收到代销清单后收到货款，则两税同时确认收入；如果纳税人先收到货款后收到代销清单，则增值税先确认收入；如果纳税人既没有收到代销清单也没有收到货款，在“发出代销货物满180天的当天”也要确认增值税收入，而企业所得税还要等待代销清单的到达。

（二）托收承付方式销售货物。在托收承付方式下，增值税要求在“发出货物并办妥托收手续的当天”确认收入，而企业所得税只须“办妥托收手续”即可确认收入。若纳税人先发出货物后办妥托收手续或同时完成，则两税在收入确认上没有差异。若纳税人先办妥托收手续后发出货物，则企业所得税要先于增值税确认收入。

（三）预收租金业务。纳税人采取预收款方式提供租赁服务，增值税按照“收到预收款的当天”确认收入，企业所得税按照“跨年度，提前一次性支付，分期均匀计入相关年度”分期确认收入（国税函〔2010〕79号）。很显然，增值税要先于企业所得税确认收入。

（四）预收款方式销售大型货物。纳税人采取预收货款方式销售货物，在“货物发出的当天”确认收入，这一点基本规定在增值税和企业所得税上是一致的。但对于生产销售生产工期超过12个月的大型机器设备、船舶、飞机等货物，增值税以“收到预收款或者书面合同约定的收款日期的当天”确认收入，企业所得税则要求按照“完工进度（完工百分比法）”确认收入。

如果纳税人收到款项或约定收款日期早于按工程进度确定的收入实现日，增值税会先于企业所得税确认收入；如果收到款项或约定收款日期晚于按工程进度确定的收入实现日，则是相反的结果。

209　补缴的不允许抵扣的增值税，能不能调减应纳税所得额？

今天我刚进办公室，就听到同事们在讨论问题。

老张问：我们检查的一个企业，接受了一张虚开的增值税专用发票100万元，进项税13万元。按照国家税务总局公告2012年第33号规定，纳税人取得虚开的增值税专用发票，不得作为增值税合法有效的扣税凭证抵扣其进项税额。要求企业补缴增值税13万元。现在的问题是，企业补缴的13万元能否调减企业所得税应纳税所得额？

老杨说：不能调减应纳税所得额。

老张说：这是一个纳税人问的，他很认真，翻出两个法律条款。

《企业所得税法》第八条，企业实际发生的与取得收入有关的、合理的支出，包括成本、费用、税金、损失和其他支出，准予在计算应纳税所得额时扣除。

《企业所得税法实施条例》第三十一条，企业所得税法第八条所称税金，是指企业发生的除企业所得税和允许抵扣的增值税以外的各项税金及其附加。

纳税人说因为他的增值税进项税不允许抵扣，所以按照上面规定应该可以在企业所得税前扣除。我觉得税前扣除不对，但看这个条款似乎也可以，把我都搞晕了，不知道该如何对他解释。

老杨说：晶晶，正好你来了，你说一说吧！

我说：企业所得税法规定的是与取得收入有关的合理支出，包括不能抵扣的进项税额。如果这个公司仅仅是发票不合适，但业务和成本发生是真实的，也就是说他可以去换开发票。或根据国家税务总局公告2018年28号第十四条的规定，可以提供相关证据证明成本的实际发生，那么包括13万元进项税在内的113万元的支出就可以在税前扣除。

老张说：这个纳税人无法补开换开发票，也提供不了28号公告十四条所要求提供的证明材料，成本100万元不能税前扣除，这一点他没有异议。他就是觉得补缴的13万元增值税应该可以税前扣除。

我说：如果已经确认是虚开的发票，没有真实的业务，不属于与收入相关的成本、税金，不符合税前扣除的基本前提，当然就不能在企业所得税税前扣除了。

老张说：我理解，但就是纳税人不理解，也解释不清楚。他就是觉得抵扣的进项税额，符合企业所得税法的扣除要求，怎么就不能税前扣除了？

我说：这样吧，你用一个例子和他解释一下。比如他这个企业正常应该缴30万元增值税，全年有300万元应纳税所得额。后来他去虚开了一张100万元成本，13万元的进项税发票。造成了企业实际缴了17万元增值税，全年有200万元应纳税所得额。

现在税务机关查出来这是一张虚开发票，虚开发票对增值税和所得税所造成的影响要全部消除掉，所以他应该再补缴13万元增值税，应纳税所得额恢复到300万元。

如果允许税前扣除13万元的增值税款，那么公司的应纳税所得额就变成287万元了。按照他的扣除逻辑，等于每虚开一次发票，即使被税务机关查补了也能产生所得额优惠，这可能吗？

老张说：哦，这么说可能好理解一些，行，我这就去和他解释一下。

210 新行政处罚法有哪些重要变化？

2021年1月22日，新修订的行政处罚法颁布，该法将于2021年7月15日正式实施。通过学习可以看出新法修订的内容还是挺多的，行文表述更加规范严谨，需要反复学习才能完全掌握。我把自己初学后感觉比较重要的十八个修改条款总结如下，供大家参考。

一、【新增】明确了行政处罚的定义

第二条 行政处罚是指行政机关依法对违反行政管理秩序的公民、法人或者其他组织，以减损权益或者增加义务的方式予以惩戒的行为。

【晶晶亮评析】

任何一部法律，首先明确概念是很重要的一件事情，旧法没有，新法将其补充完整了。

二、【变化】无效的行政处罚发生变化

第三十八条　行政处罚没有依据或者实施主体不具有行政主体资格的，行政处罚无效。违反法定程序构成重大且明显违法的，行政处罚无效。

【晶晶亮评析】

旧法中“没有法定依据或者不遵守法定程序的，行政处罚无效”条款被删除。这意味着有微小程序瑕疵的行政处罚，不会被宣布为无效，这样可以节省行政成本。

三、【变化】行政处罚的种类有增有减

第九条　行政处罚的种类：

（一）警告、通报批评；

（二）罚款、没收违法所得、没收非法财物；

（三）暂扣许可证件、降低资质等级、吊销许可证件；

（四）限制开展生产经营活动、责令停产停业、责令关闭、限制从业；

（五）行政拘留；

（六）法律、行政法规规定的其他行政处罚。

【晶晶亮评析】

通报批评、降低资质等级、责令关闭、限制从业是新增的，另外取消了一种旧的处罚，即“暂扣或者吊销执照”。

四、【新增】行政法规可以补充设定行政处罚

第十一条第二款　法律对违法行为未作出行政处罚规定，行政法规为实施法律，可以补充设定行政处罚。拟补充设定行政处罚的，应当通过听证会、论证会等形式广泛听取意见，并向制定机关作出书面说明。行政法规报送备案时，应当说明补充设定行政处罚的情况。

五、【新增】行政处罚事项应当定期评估

第十五条　国务院部门和省、自治区、直辖市人民政府及其有关部门应当定期组

织评估行政处罚的实施情况和必要性，对不适当的行政处罚事项及种类、罚款数额等，应当提出修改或者废止的建议。

【晶晶亮评析】

以上两个变化，说明行政处罚不会一直静态变化，而是可以补充设定，定期评估、修改废止，使得行政处罚更具有灵活性、有效性。

六、【新增】行政机关之间应互相协助，行政司法机关应加强配合

第二十六条　行政机关因实施行政处罚的需要，可以向有关机关提出协助请求。协助事项属于被请求机关职权范围内的，应当依法予以协助。

第二十七条　违法行为涉嫌犯罪的，行政机关应当及时将案件移送司法机关，依法追究刑事责任。对依法不需要追究刑事责任或者免予刑事处罚，但应当给予行政处罚的，司法机关应当及时将案件移送有关行政机关。

行政处罚实施机关与司法机关之间应当加强协调配合，建立健全案件移送制度，加强证据材料移交、接收衔接，完善案件处理信息通报机制。

【晶晶亮评析】

行政单位互相协助配合，之前并无强制性规定，现在成法定的义务。移送案件，经常是行政移送司法单向流动，现在变成了双向流动。

七、【新增】同一违法行为违反多个条款，按罚款数额较高的处罚

第二十九条　对当事人的同一个违法行为，不得给予两次以上罚款的行政处罚。同一个违法行为违反多个法律规范应当给予罚款处罚的，按照罚款数额高的规定处罚。

八、【变化】可从轻或减轻处罚的情形有变化

第三十二条　当事人有下列情形之一，应当从轻或者减轻行政处罚：

（一）主动消除或者减轻违法行为危害后果的；

（二）受他人胁迫或者诱骗实施违法行为的；

（三）主动供述行政机关尚未掌握的违法行为的；

（四）配合行政机关查处违法行为有立功表现的；

（五）法律、法规、规章规定其他应当从轻或者减轻行政处罚的。

九、【新增】首违可以不罚，无主观过错不罚

第三十三条　违法行为轻微并及时改正，没有造成危害后果的，不予行政处罚。初次违法且危害后果轻微并及时改正的，可以不予行政处罚。

当事人有证据足以证明没有主观过错的，不予行政处罚。法律、行政法规另有规定的，从其规定。

对当事人的违法行为依法不予行政处罚的，行政机关应当对当事人进行教育。

十、【新增】违法构成犯罪，行政机关没有罚款的，不再罚款

第三十五条第二款　违法行为构成犯罪，人民法院判处罚金时，行政机关已经给予当事人罚款的，应当折抵相应罚金；行政机关尚未给予当事人罚款的，不再给予罚款。

【晶晶亮评析】

实践中的一个疑问终于明确了，法院判处罚金，行政机关就不需要再处罚了。

十一、【新增】部分行政处罚追溯期延长，处罚从旧兼从轻

第三十六条第一款　违法行为在2年内未被发现的，不再给予行政处罚；涉及公民生命健康安全、金融安全且有危害后果的，上述期限延长至5年。法律另有规定的除外。

第三十七条　实施行政处罚，适用违法行为发生时的法律、法规、规章的规定。但是，作出行政处罚决定时，法律、法规、规章已被修改或者废止，且新的规定处罚较轻或者不认为是违法的，适用新的规定。

【晶晶亮评析】

税务行政处罚一直按征管法执行的是5年，现在5年期限又新增了涉及公民生命健康安全、金融安全且有危害后果的违法行为。处罚从旧兼从轻对当事人更有利。

十二、【新增】部分违法行为从重处罚

第四十九条　发生重大传染病疫情等突发事件，为了控制、减轻和消除突发事件引起的社会危害，行政机关对违反突发事件应对措施的行为，依法快速、从重处罚。

【晶晶亮评析】

因疫情防控出现的新问题而新增的条款。

十三、【变化】实施简易程序金额发生变化

第五十一条 违法事实确凿并有法定依据，对公民处以200元以下、对法人或者其他组织处以3 000元以下罚款或者警告的行政处罚的，可以当场作出行政处罚决定。法律另有规定的，从其规定。

十四、【新增】行政处罚立案到处罚应在90日内完成

第六十条 行政机关应当自行政处罚案件立案之日起90日内作出行政处罚决定。法律、法规、规章另有规定的，从其规定。

十五、【变化】听证提出期限从3日延长到5日

第六十四条 听证应当依照以下程序组织：

（一）当事人要求听证的，应当在行政机关告知后5日内提出。

十六、【新增】加处罚款不得超过罚款

第七十二条 当事人逾期不履行行政处罚决定的，作出行政处罚决定的行政机关可以采取下列措施：（一）到期不缴纳罚款的，每日按罚款数额的3%加处罚款，加处罚款的数额不得超出罚款的数额。

【晶晶亮评析】

行政强制法中有“滞纳金不超过本金”的规定，这就是典型的应用场景，等于行政处罚法和行政强制法遥相呼应，达成一致。

十七、【新增】行政处罚款项不得与考核考评挂钩

第七十四条第三款 罚款、没收的违法所得或者没收非法财物拍卖的款项，不得同作出行政处罚决定的行政机关及其工作人员的考核、考评直接或者变相挂钩。除依法应当退还、退赔的外，财政部门不得以任何形式向作出行政处罚决定的行政机关返还罚款、没收的违法所得或者没收非法财物拍卖的款项。

【晶晶亮评析】

税务部门从来没有把处罚款项和考核考评挂钩，一些部门是有的，只要挂钩，势必会导致过度执法。现在从法律上堵塞这个漏洞，执法面貌应该会有所改变。

十八、【新增】外国人违法适用该法

第八十四条　外国人、无国籍人、外国组织在中华人民共和国领域内有违法行为，应当给予行政处罚的，适用该法，法律另有规定的除外。

【晶晶亮评析】

外籍身份不是法外之地，只要在我国领域内，法律面前人人平等。

211　净资产是负数，平价转让股权需要进行价格调整吗？

2021 年 1 月的某一天，我在网上看到这样一个案例：

某房地产企业 G 公司 2004 年成立，自然人甲、乙分别实缴出资 1 000 万元现金，各持有该公司 50% 股权。

2016 年，甲向丙以 1 000 万元价格转让其持有的全部股权，乙向丁以 1 000 万元价格转让其持有的全部股权。

股权转让时，申报的 G 公司资产负债表部分数据如下：存货 4.5 亿元，预收账款 5 亿元，实收资本 2 000 万元，未分配利润 -1 亿元，总资产 6.5 亿元，净资产 -8 000 万元。

由于该公司净资产为负数，甲、乙两人认为他们能平价转让股权已经是很难得的价格了，计算股权转让个人所得税时，股权转让所得为 0，没有增值，所以不需要申报个人所得税。

主管税务机关根据企业报送的财务报表等资料，发现该公司净资产为 -8 000 万元，转让价格看似并不低。但通过仔细分析报表项目，税局认为应当对股权转让价格作调整。

一是“预收账款”科目。

房地产企业收到的购房款，一般反映在“预收账款”账户。

案例中，虽然 G 公司未分配利润为 -1 亿元，但由于房地产企业开发周期较长，预收账款长期挂账的现象较普遍。尤其是在股权转让的时候，企业可以人为调整财务报表，可能存在符合收入确认条件的预收房款，但尚未结转会计收入的情况。一旦结转收入，隐含的利润即会显现。

于是税局请企业提供资产负债表上预收账款的明细，发现该公司预收款项中有4亿元预收的房款，其中2亿元预收房款对应的房屋主体已竣工验收，该部分房屋相关的成本已结转，但该部分预收房款未结转收入。如果结转收入，会引起会计利润变动，可能增加未分配利润，从而导致所有者权益增加。

二是“存货”科目。

房地产企业会计处理中，尚未完工的各种土地、房屋等开发产品，各种已完成开发建设全过程并已验收合格，可以按合同规定交付使用或对外销售的各种开发产品，均在资产负债表中“存货”一栏反映。

税局请企业提供存货的明细，发现存货中有3亿元均为可以按合同规定交付使用或对外销售的房产，占总资产6亿元的50%，已远远超过20%，且预收房款2亿元结转收入后，可能增加所有者权益。

通过对报表两个科目的分析，最终，主管税务机关认为股东对应的净资产份额未能体现公允价值，应当对股权转让价格作出调整。

【晶晶亮评析】

个人股权转让业务，税务机关经常会通过会计报表上的净资产来判定股权转让价格是否公允，很少会对报表项目作进一步分析。

该案例的典型性在于，主管税务机关并不是局限在报表数字中。而是看到了企业有大量收入隐藏在预收账款中。另外，根据国家税务总局公告2014年67号第十四条的规定，“被投资企业的土地使用权、房屋、房地产企业未销售房产、知识产权、探矿权、采矿权、股权等资产占企业总资产比例超过20%的，主管税务机关可参照纳税人提供的具有法定资质的中介机构出具的资产评估报告核定股权转让收入”。该公司存货公允价值也需要进一步调整。

上述两个项目的调整，足以使得该公司净资产由负转正，平价转让股权也就变得不公允了。

无论对纳税人还是税务机关，该案例都值得关注。

212　自然人收购股权，不履行扣缴义务被罚4 000万元！

国家税务总局×××税务局稽查局税务行政处罚事项告知书

×税稽罚告〔2020〕×号

吴某佺：（纳税人识别号：3522××××××××××501X）

对你的税收违法行为拟作出税务行政处罚决定，根据《中华人民共和国税收征收管理法》第八条、《中华人民共和国行政处罚法》第三十一条规定，现将有关事项告知如下。

一、税务行政处罚的事实依据、法律依据及拟作出的处罚决定

（一）税务行政处罚的事实依据

1. 2017 年 8 月，肖某春、林某、缪某权、张某元、吴某雄、徐某雄、温某保 7 人分别向吴某佺转让了各自持有的“××项目”相关股权时，签订的相关股权转让协议约定，为降低双方股权转让价款的税费负担，甲、乙双方议定的股权价款为溢价款，在工商机关变更登记使用的股权转让协议另行签订，登记转让价款按照注册认缴资金等额（肖某春 8 400 000. 00 元、林某 6 300 000. 00 元、缪某权 2 500 000. 00 元、张某元 4 100 000. 00 元、吴某雄 4 100 000. 00 元、徐某雄 4 100 000. 00 元、温某保 8 300 000. 00 元）转让，但双方实际转让价款按照实际转让协议约定为准。

2. 在××市工商行政管理局新城分局办理“××项目”相关股权变更登记时，肖某春、林某、缪某权、张某元、吴某雄、徐某雄、温某保、吴某佺 8 人为了达到不缴应纳税款的目的，使用另行签订登记转让价款按照注册认缴资金等额转让的虚假协议进行股权变更登记，并于 2017 年 9 月完成了在工商局的股东变更登记。

3. 在实际股权转让时，肖某春、林某、缪某权、张某元、吴某雄、徐某雄、温某保 7 人分别与受让方吴某佺签订 7 份股权转让协议，转让总金额为 269 100 000 元（其中：肖某春转让金额为 81 900 000. 00 元、林某转让金额为 46 800 000. 00 万元、缪某权转让金额为 19 500 000. 00 元、张某元转让金额为 27 300 000. 00 元、吴某雄转让金额为 27 300 000. 00 元、徐某雄转让金额为 27 300 000. 00 元、温某保转让金额为 39 000 000. 00 元）。签订实际股权转让协议时，立据人吴某佺未进行申报缴纳印花税。

根据《中华人民共和国印花税暂行条例》第一条、第二条（二）和第三条之规定，吴某佺分别与肖某春、林某、缪某权、张某元、吴某雄、徐某雄、温某保 7 人签订的“××项目”股权转让协议属于产权转移书据，应以立据人为纳税义务人，应补缴税款 134 550. 00 元。

4. 2017 年 9 月，吴某佺按照签订的相关 7 份实际股权转让协议，将上述款项 269 100 000 元，采取银行转账方式或冲抵债务的方式，分别支付给肖某春、林某、缪某权、张某元、吴某雄、徐某雄、温某保 7 人。吴某佺在支付给肖某春、林某、缪某权、张某元、吴某雄、徐某雄、温某保 7 人股权转让所得时，未办理以上 7 人的个人所得税全员全额扣缴申报。

根据《中华人民共和国个人所得税法》（中华人民共和国主席令第 48 号）第八条之规定，以支付给肖某春、林某、缪某权、张某元、吴某雄、徐某雄、温某保 7 人股权转让所得的个人吴某佺为以上 7 人个人所得税扣缴义务人。

（二）税务行政处罚的法律依据及拟作出的处罚决定

1. 根据《中华人民共和国税收征收管理法》第六十三条之规定，吴某佺不申报缴纳印花税的行为，属于纳税人采取伪造记账凭证，不列、少列收入，不缴应纳税款的偷税行为，拟对吴某佺处以不缴印花税税款1倍的罚款134 550.00元。

2. 根据《中华人民共和国税收征收管理法》第六十九条之规定，扣缴义务人应扣未扣、应收而不收税款的，由税务机关向纳税人追缴税款，拟对扣缴义务人吴某佺处应扣未扣、应收未收税款1倍的罚款46 233 090.00元。

以上两项拟处罚款共计46 367 640.00元。

二、你有陈述、申辩的权利。请在我局作出税务行政处罚决定之前，到我局进行陈述、申辩或自行提供陈述、申辩材料；逾期不进行陈述、申辩的，视同放弃权利。

三、若拟对你罚款2 000元（含2 000元）以上，你有要求听证的权利。可自收到本告知书之日后3日内向本局书面提出听证申请；逾期不提出，视为放弃听证权利。

二〇二〇年八月二十八日

【晶晶亮评析】

在个人所得税的各征税项目中，工资薪金所得、劳务报酬所得相当于“穷人税”，而股权转让所得则是名副其实的“富人税”。

近些年，个人所得税征管越来越重视股权转让所得的征收管理，而严格的扣缴税款制度是保证个税入库的重要手段。

在个人转让股权的业务中，支付股权款的受让方是法定的扣缴义务人，一般来说，如果扣缴义务人是单位，扣缴制度会执行得比较到位；如果扣缴义务人是自然人，能把税款扣缴下来的自然人，少之又少。

个人不懂没关系，在进行大额股权交易的时候，可以聘请专业财税法律人士来协助办理。对于本案8个人来说，在进行高达2.6亿元的股权交易中，居然没有请一个靠谱的律师或税务师，进行一下税务风险的防范，未免太过草率。

本案中股权收购方，因未履行办理扣缴个税义务，被罚款4 600万元，如果当初按时扣缴了，还可以申请获得扣税2%的手续费92万元，原本是一个可以收入92万元的事情，变成了倒贴4 600万元。这个教训不可谓不深刻。

当然，如果富人们觉得这些钱只是毛毛雨，根本不需要在意，那就一笑置之吧。

有的读者可能会发出疑问：7个转让股权的自然人难道不需要缴纳个人所得税吗？为什么这里没有提到呢？其实，本案中7个股权转让方应缴的税款，税务机关肯定会向每一个纳税人追缴税款，但一定是另案处理，不会在该处罚决定书中体现。

213　这起股权转让案，难点在哪里？

我在网上看到一起税务案件公告送达的事项通知书，如下：

国家税务总局××市税务局第一稽查局税务事项通知书

×税一稽通〔2021〕×号

林某某：（居民身份证号码：35××××）

事由：

我局于2019年8月5日起对你2014年1月1日至2015年12月31日期间涉税情况进行检查，经检查你以夏某某名义持有某市房地产开发有限公司40%的股权。

2014年1月24日，你以夏某某名义与某市投资有限公司签订《某市房地产有限公司股权转让协议》，将夏某某名下你实际持有的40%某市房地产开发有限公司股权转让给某市投资有限公司，股权转让价格为人民币8 000.00万元，并于2014年2月26日办妥股权变更手续，某市投资有限公司当时实际控制人为何某某。某省某市中级人民法院〔2018〕×01民初××号《民事判决书》查明，2015年7月25日你与何某某签订《补充协议》，确认原《股权转让协议》中40%股权转让的实际价款为14 000.00万元。

依据：

1. 根据《中华人民共和国印花税暂行条例》第一、二、三条规定，你应补缴产权转移书据印花税30 000.00元。

2. 根据《中华人民共和国个人所得税法》（中华人民共和国主席令2011年第48号）第一条第一款、第二条第（九）项、第三条第（五）项、第六条第一款第（五）项规定，《国家税务总局关于发布〈股权转让所得个人所得税管理办法〉（试行）的公告》（国家税务总局公告2014年第67号）第二条、第三条、第四条、第五条、第七条、第二十条规定，你应就将××市××房地产开发有限公司40%股权转让××市××投资有限公司未申报所得6 000.00万元申报缴纳2015年7月（税款所属期）个人所得税，补缴税款（60 000 000.00－30 000.00）×20%＝11 994 000.00元。

通知内容：

限你自收到本通知书之日起15日内到国家税务总局某开发区税务局将上述税款及滞纳金申报缴纳入库，并按照规定进行相关账务调整。逾期未缴清的，将依照《中华人民共和国税收征收管理法》第四十条规定强制执行。

如你同我局在纳税上有争议，必须先依照本通知期限缴纳税款及滞纳金或者提供相应的担保，然后可自上述款项缴清或者提供相应担保被税务机关确认之日起60日内依法向国家税务总局宁德市税务局申请行政复议。

国家税务总局某市税务局第一稽查局

2021年3月30日

【晶晶亮评析】

全国来看，自2019年以来，税务稽查对个人立案检查日益增多，对个人税收征管力度不断加强，是一个必然趋势。

如果个人只有工薪所得，一般不会被调查，毕竟扣缴制度在这方面落实得最彻底。容易出问题的是有股权转让所得、利息股息红利所得、经营所得、财产租赁所得的个人。

该案例通过两次签订股权转让合同少缴税款，前期办理股权变更的时候是以8 000万元股权转让协议价缴纳了相关税费，后来通过法院的判决书查明，实际通过补充协议确认最终的转让价是14 000万元，所以应该补缴相应的印花税和个人所得税。

对于这个案件，税款计算没有难点，个人感觉比较难的地方有三点：

一、代持股情况下，股权转让的纳税人如何确认

代持股情况下，股权转让的纳税人应该是隐名股东还是显名股东？政策对此没有明确规定，一般来说是按照法律形式，也就是显名股东来确定纳税人，第一笔股权转让款应缴的税款应该就是以显名股东夏××的名义来缴纳的。

但是后续的补充协议是隐名股东林××自行签订的，价款也应该是林××自行收取的，此时如果对显名股东夏××征税就不合适，于是第二笔股权转让款的纳税人，本案就确定为隐名股东林××，我个人认为这样处理是很合理的。

二、股权转让的定性问题

这个案件是否定性为偷税？如果是偷税则无限期追征，如果不是偷税，适用最长5年的追征期。根据案情来看，之前以一个8 000万元的合同转让价缴税，办理股权变更。之后查实转让价是14 000元，这应该属于虚假申报造成的少缴税款，符合征管法六十三条定性偷税的要件。问题是第一次申报纳税人是夏××，查实后认定的纳税人是林××，虽然是同一股权转让事项，能否合并来认定，这是个难点。本案例的信息

未见相关处罚告知书，不确定是如何认定的。

三、股权转让的纳税义务发生时间判定

国家税务总局公告2014年第67号第二十条规定，具有下列情形之一的，扣缴义务人、纳税人应当依法在次月15日内向主管税务机关申报纳税：（一）受让方已支付或部分支付股权转让价款的；（二）股权转让协议已签订生效的；（三）受让方已经实际履行股东职责或者享受股东权益的；（四）国家有关部门判决、登记或公告生效的；（五）该办法第三条第四至第七项行为已完成的；（六）税务机关认定的其他有证据表明股权已发生转移的情形。

政策看起来规定得很详细，但遇到本案这种情况还是比较难适用。2014年6月股权转让协议已经变更，2015年7月签订补充合同，2018年法院确认了这份补充合同，那纳税义务发生时间是什么时候呢？这三个时间节点在上述文件中都属于纳税义务发生时间，具体应该以哪个节点为准呢？

个人理解，6 000万元股权转让款应该以2018年法院判决确认的时间，作为纳税义务发生时间。

通过这样一个看似简单的实务案例，可以切实感受到有关个人所得税征收管理的政策文件太少，亟须完善。

214　不加收滞纳金的14种情形

滞纳金是指行政机关对行政相对人不按期缴纳税款的行为加收的具有补偿性质或者惩罚性质的款项。一般来说，纳税人未按期缴纳税款都需要缴纳滞纳金，但在某些特定情形下，即使税款没有及时入库，纳税人也不需要缴纳滞纳金。

我整理了一下，不加收滞纳金的政策可分为两大类共14种情形，一类是不加收滞纳金，但需要加收利息，共有2种情形；另外一类明确不加收滞纳金，当然也不会加收利息，共有12种情形。

一、不加滞纳金、但加收利息

1. 企业所得税特别纳税调整补征税款。《企业所得税法》第四十八条规定：税务机关依照本章规定作出纳税调整，需要补征税款的，应当补征税款，并按照国务院规定加收利息。

2. 个人所得税特别纳税调整补征税款。《个人所得税法》第八条规定，有下列情形之一的，税务机关有权按照合理方法进行纳税调整：（一）个人与其关联方之间的业务往来不符合独立交易原则而减少本人或者其关联方应纳税额，且无正当理由；（二）居民个人控制的，或者居民个人和居民企业共同控制的设立在实际税负明显偏低的国家（地区）的企业，无合理经营需要，对应当归属于居民个人的利润不作分配或者减少分配；（三）个人实施其他不具有合理商业目的的安排而获取不当税收利益。税务机关依照前款规定作出纳税调整，需要补征税款的，应当补征税款，并依法加收利息。

【**晶晶亮提示：**利息，应当按照税款所属纳税年度中国人民银行公布的与补税期间同期的人民币贷款基准利率加5个百分点计算。人民币基准贷款利率大约是6%，加5个百分点大约是11%，比年化滞纳金率18.25%还是低很多的。】

二、不加收滞纳金

3. 因税务机关责任少缴税款，不加收滞纳金。《税收征管法》第五十二条规定：因税务机关的责任，致使纳税人、扣缴义务人未缴或者少缴税款的，税务机关在3年内可以要求纳税人、扣缴义务人补缴税款，但是不得加收滞纳金。

4. 经批准延期申报，延期内结算税款，不加收滞纳金。《国家税务总局关于延期申报预缴税款滞纳金问题的批复》（国税函〔2007〕753号）规定，对延期申报纳税人按照规定税额预缴税款，并在核准的延期内办理税款结算，其不适用税收征管法第三十二条关于纳税人未按期缴纳税款而被加收滞纳金的规定。即：当预缴税额大于应纳税额时，税务机关结算退税但不向纳税人计退利息；当预缴税额小于应纳税额时，税务机关在纳税人结算补税时不加收滞纳金。

5. 善意取得虚开增值税专用发票追缴已抵扣税款，不加收滞纳金。《国家税务总局关于纳税人善意取得虚开增值税专用发票已抵扣税款加收滞纳金问题的批复》（国税函〔2007〕1240号）明确，纳税人善意取得虚开的增值税专用发票被依法追缴已抵扣税款的，不属于税收征收管理法第三十二条“纳税人未按照规定期限缴纳税款”的情形，不适用该条“税务机关除责令限期缴纳外，从滞纳税款之日起，按日加收滞纳税款0.5‰的滞纳金”的规定。

6. 清算补缴的土地增值税，不加收滞纳金。《国家税务总局关于土地增值税清算有关问题的通知》（国税函〔2010〕220号）对于土地增值税清算后应补缴的土地增值税加收滞纳金问题明确规定，纳税人按规定预缴土地增值税后，清算补缴的土地增值税，在主管税务机关规定的期限内补缴的，不加收滞纳金。

7. 先核定再结算补缴耕地占用税，不加收滞纳金。国家税务总局公告2016年第2

号第三十七条：纳税人未经批准占用应税土地，应税面积不能及时准确确定的，主管税务机关可根据实际占地情况核定征收耕地占用税，待应税面积准确确定后结清税款，结算补税不加收滞纳金（备注：该公告于 2019 年 9 月 1 日作废）。

8. 纳税人身份变化而补缴税款，不加收滞纳金。财政部、税务总局公告 2019 年第 35 号《关于非居民个人和无住所居民个人有关个人所得税政策的公告》第五条，无住所个人预先判定为居民个人，因缩短居住天数不能达到居民个人条件的，在不能达到居民个人条件之日起至年度终了 15 天内，应当向主管税务机关报告，按照非居民个人重新计算应纳税额，申报补缴税款，不加收税收滞纳金。需要退税的，按照规定办理。

9. 境内居住、停留时间发生变化补缴税款，不加收滞纳金。财政部、税务总局公告 2019 年第 35 号《关于非居民个人和无住所居民个人有关个人所得税政策的公告》第五条，无住所个人预计一个纳税年度境内居住天数累计不超过 90 天，但实际累计居住天数超过 90 天的，或者对方税收居民个人预计在税收协定规定的期间内境内停留天数不超过 183 天，但实际停留天数超过 183 天的，待达到 90 天或者 183 天的月度终了后 15 天内，应当向主管税务机关报告，就以前月份工资薪金所得重新计算应纳税款，并补缴税款，不加收税收滞纳金。

【**晶晶亮提示：**第八条和第九条是 2019 年新增的条款，都是针对无住所个人预判的纳税身份发生变化而导致的补缴税款。】

10. 应扣未扣税款不加收滞纳金。《税收征管法》第六十九条：扣缴义务人应扣未扣、应收而不收税款的，由税务机关向纳税人追缴税款，对扣缴义务人处应扣未扣、应收未收税款 50% 以上 3 倍以下的罚款。

【**晶晶亮提示：**《税收征管法》第六十九条规定，对于应扣未扣税款的扣缴义务人，是不加收滞纳金的。对纳税人也只是追缴税款。实践中，很多税务机关在不加收滞纳金的时候引用的都是国税函〔2004〕1199 号，其实 1199 号文只是一个解释性的规范性文件，效力太低，上位法依据是征管法的第六十九条。

《国家税务总局关于行政机关应扣未扣个人所得税问题的批复》（国税函〔2004〕1199 号）关于应扣未扣税款是否加收滞纳金的问题，明确按照《税收征管法》规定的原则，扣缴义务人应扣未扣税款，无论适用修订前还是修订后的《税收征管法》，均不得向纳税人或扣缴义务人加收滞纳金。但对于纳税人未按规定申报个人所得税，符合《税收征管法》第六十三条、第六十四条第二款情形的，税务机关依照上述条款向纳税人追缴税款，也是要加收滞纳金的。】

11. 双定户申报缴纳高于定额税款不加收滞纳金。国税发〔2006〕183 号《关于个体工商户定期定额征收管理有关问题的通知》规定：定期定额户在定额执行期届满分月汇总申报时，月申报额高于定额又低于省税务机关规定申报幅度的应纳税款，在规定的期限内申报纳税不加收滞纳金。对实行简并征期的定期定额户，其按照定额所应缴纳的税款在规定的期限内申报纳税不加收滞纳金。

12. 缴税凭证上应纳税额和滞纳金1元以下的免收。税务总局公告2012年第25号：主管税务机关开具的缴税凭证上的应纳税额和滞纳金为1元以下的，应纳税额和滞纳金为零。

【**晶晶亮提示：**这是一条基于降低征税成本考虑的政策，1元以下，应纳税款和滞纳金全免。】

13. 系统故障不加收滞纳金。《税款缴库退库工作规程》（国家税务总局令第31号）第十九条：由于横向联网电子缴税系统故障等非纳税人、扣缴义务人原因造成税款缴库不成功的，对纳税人、扣缴义务人不加征滞纳金。

14. 破产受理日之后的欠税不计算滞纳金。《中华人民共和国企业破产法》第四十六条之规定，附利息的债权自破产申请受理时起停止计息；最高人民法院《关于审理企业破产案件若干问题的规定》（法释〔2002〕23号）第六十一条，下列债权不属于破产债权：（二）人民法院受理破产案件后债务人未支付应付款项的滞纳金，包括债务人未执行生效法律文书应当加倍支付的迟延利息和劳动保险金的滞纳金。

【**晶晶亮提示：**这条准确来说不是免收滞纳金，而是停止计算滞纳金。因为破产案件受理后的滞纳金不属于破产债权，如果破产清算完毕，企业注销失去主体资格，计算后期的税款滞纳金没有任何意义，所以滞纳金应该终止计算。不过，如果破产案件最终的结果是该企业破产和解，或者破产重组，企业继续存续，个人理解此时税款滞纳金不应该停止计算。】

第十三章
涉税司法案例

215 《最高人民法院关于德发公司税务行政诉讼判决书》的读后感

最高人民法院关于广州德发房产建设公司与广州市地税第一稽查局的行政诉讼案，是一起关注度极高的税务行政诉讼案件，当它尘埃落定时，我们能得到什么启示呢？

首先，我们来看看案情概要。2004 年，德发公司通过拍卖行拍卖了一座楼房，楼房估值约 5.3 亿港元，拍卖公告中要求缴纳拍卖保证金 6 800 万港币，拍卖时只有一个公司参与了拍卖，并以 1.3 亿港币的底价（按当时银行汇率，兑换人民币为 1.38255 亿元）购买了该房产。随后，德发公司按照人民币 1.38255 亿元计算缴纳营业税及堤围防护费，2006 年，广州税稽一局检查时，经调查认定，该公司拍卖价格不及市场价格的一半，价格严重偏低，于是核定德发公司的交易价格为 3.1 亿元，并以此标准核定其应缴纳的营业税和堤围防护费，并加收滞纳金和罚款。

德发公司不服，申请行政复议，结果是维持；提起行政诉讼一审，结果是维持原判；提起行政诉讼二审，结果是维持原判；向广州高级人民法院申请再审，结果是驳回；提请最高人民法院再审，终于在 2017 年 4 月得到了最终的结果。这份判决书主要解决了以下四个问题。

一、广州税稽一局是否具有独立的执法主体资格？

最高人民法院确认了广州市地税第一稽查局具有执法主体资格。关于稽查主体资格的诉讼，近些年已经发生过多起行政诉讼，多数法院都是认可稽查局的执法主体资格的，即使有不认可的判决，最终也进行了修改。也许最高人民法院这次判决能对这个被反复提起诉讼的问题画上一个句号。

二、稽查局行使核定权是否超越职权？

最高人民法院确认稽查局可以行使税款核定权。按照征管法的要求，税务机关可以在必要的时候行使核定权，而稽查局也属于税务机关，所以行使核定权在法律上应该是很明确的。只是实际工作中，核定权主要是税务管理局使用，而稽查局和管理局的职责是不能交叉的，导致很多人认为核定权只能由管理局行使，而不能由稽查局行使。最高人民法院这份判决，终于澄清了这个认识上的误区。

三、拍卖成交价格作为计税依据申报纳税是否存在“计税依据明显偏低，又无正当理由”情形？

一般来说，税务机关是认可拍卖价格可以作为市场公允价格的，但这个拍卖比较特殊，一个公司参与竞拍，没有形成有效的竞争。而且经过调查，交易双方的法定代表人曾经是夫妻关系，且竞买人曾私下通过拍卖行了解到了底价。即使身处外围，大家也能意识到，本次交易具有明显的避税目的。在此，我特别想说，纳税人即使想避税，也应该掌握好分寸感，过犹不及啊！如果当时把底价提高一些，比如设个 2.6 亿元，也许后面所有的事情都不会发生了。

最终判决是：“税务机关基于国家税收利益的考虑，也可以不以拍卖价格作为计税依据，另行核定应纳税额。同时，‘计税依据明显偏低，又无正当理由’的判断，具有较强的裁量性，人民法院一般应尊重税务机关基于法定调查程序作出的专业认定，除非这种认定明显不合理或者滥用职权。”

看到最高人民法院说，人民法院一般应尊重税务机关的专业认定。作为一个从税 20 年的税务干部，心中居然莫名地有一些感动。

四、核定应纳税款后追征税款和加征滞纳金是否合法？

“在税务机关无法证明纳税人存在责任的情况下，可以参考税收征管法第五十二条第一款关于‘因税务机关的责任，致使纳税人、扣缴义务人未缴或者少缴税款的，税务机关在 3 年内可以要求纳税人、扣缴义务人补缴税款，但是不得加收滞纳金’的规定，作出对行政相对人有利的处理方式。因此，广州税稽一局重新核定德发公司拍卖涉案房产的计税价格后新确定的应纳税额，纳税义务应当自核定之日发生，其对德发公司征收该税款确定之前的滞纳金，没有法律依据。”

评述：如果逾期未缴纳税款，不能证明是纳税人的责任，就不应该加收滞纳金。这对税务机关执法办案提出了更高的要求，无论是罚款还是滞纳金，都需要有充分的证据来证明纳税人的过错和责任。

总之，上万字的判决书，看起来不容易，但收获很多。此文仅作为一个导读，个人观点，有感而发，感兴趣的读者可去看判决书的原文。

216　税款产生的滞纳金是否有优先权？

欠缴的税款在破产企业进行债务清偿的时候，是有优先权的，那么税款产生的滞纳金是否有优先权呢？我们来看看总局的批复和一个法院的判决。

一、国家税务总局批复

国家税务总局关于税收优先权包括滞纳金问题的批复

国税函〔2008〕1084 号

广东省国家税务局：

你局《关于税收优先权是否包括滞纳金的请示》（粤国税发〔2008〕225 号）收悉。现批复如下：

按照《中华人民共和国税收征收管理法》的立法精神，税款滞纳金与罚款两者在征收和缴纳时顺序不同，税款滞纳金在征缴时视同税款管理，税收强制执行、出境清税、税款追征、复议前置条件等相关条款都明确规定滞纳金随税款同时缴纳。税收优先权等情形也适用这一法律精神，《税收征管法》第四十五条规定的税收优先权执行时包括税款及其滞纳金。

国家税务总局

二〇〇八年十二月三十一日

二、法院判决

某市中级人民法院民事判决书

（2021）×02 民初××号

原告：国家税务总局某市税务局

被告：宁某

原告国家税务总局某市税务局与被告宁某破产债权确认纠纷一案，本院于 2021 年 1 月 15 日立案后，依法适用普通程序，于 2021 年 3 月 29 日开庭进行了审理。原告国家税务总局某市税务局的委托诉讼代理人暴某、被告宁某的委托诉讼代理人张某到庭参加诉讼。本案现已审理终结。

国家税务总局某市税务局向本院提出诉讼请求：1. 请求确认将被告自 2013 年 1 月至 2020 年 1 月 8 日欠缴税款和社会保险费的滞纳金 1 711 072.63 元列入优先债权清

偿；2. 请求确认将被告自2020年1月9日（破产案件受理日次日）起至欠缴税款实际缴纳之日止的滞纳金列入破产债权并以优先债权清偿；3. 由被告承担本案诉讼费用。

事实和理由：被告系原告辖区纳税人，2020年1月8日被告经某市中级人民法院裁定受理其破产申请。后原告依法向被告的破产管理人分两次申报了3笔破产债权，被告破产管理人于2020年11月6日及2020年12月25日分别出具了《债权确认通知书》以及《债权不予确认通知书》，两份通知书存在以下问题：《债权确认通知书》将税金及社会保险费债权合计1 711 072.63元的滞纳金列为普通债权；《债权不予确认通知书》对于欠缴滞纳金477 899.73元（2020年1月9日至2020年12月14日）不予认可。根据《中华人民共和国税收征收管理法》第三十二条规定："纳税人未按照规定期限缴纳税款的，扣缴义务人未按照规定期限解缴税款的，税务机关除责令限期缴纳外，从滞纳税款之日起，按日加收滞纳税款0.5‰的滞纳金"以及《中华人民共和国税收征收管理法实施细则》第七十五条规定："税收征管法第三十二条规定的加收滞纳金的起止时间，为法律、行政法规规定或者税务机关依照法律、行政法规的规定确定的税款缴纳期限届满次日起至纳税人、扣缴义务人实际缴纳或者解缴税款之日止。"被告欠缴税款、社会保险费的滞纳金应计算至税款实际缴纳之日止。根据《国家税务总局关于税收优先权包括滞纳金问题的批复》（国税函〔2008〕1084号）的相关规定，滞纳金与税款都具有税收优先权，滞纳金也是优先债权，优先于普通债权清偿，应列入优先债权清偿。为保证国家税款不流失，现提起诉讼，望判如所请。

宁某辩称，依据《最高人民法院关于税务机关就破产企业欠缴税款产生的滞纳金提起的债权确认之诉应否受理问题的批复》之规定，税务机关就破产企业欠缴税款产生的滞纳金提起的债权确认之诉，人民法院应依法受理。依照企业破产法、税收征收管理法的有关规定，破产企业在破产案件受理前因欠缴税款产生的滞纳金属于普通破产债权。对于破产案件受理后因欠缴税款产生的滞纳金，人民法院应当依照最高人民法院《关于审理企业破产案件若干问题的规定》第六十一条规定处理。据此，原告主张2013年1月至2020年1月欠缴税款和社会保险费的滞纳金依据最高法院相关司法解释不应列为优先债权清偿，且破产受理后因欠缴税款产生的滞纳金依据最高人民法院《关于审理企业破产案件若干问题的规定》第六十一条规定，不属于破产债权。管理人向原告作出的债权认定结果符合法律规定。

原告国家税务总局某市税务局、被告宁某围绕诉讼请求向本院提交下列证据，经本院组织质证，被告宁某、原告国家税务总局某市税务局分别发表下列质证意见。

根据采信的上述证据，结合当事人的陈述及庭审情况，本院确认以下事实：

被告系原告辖区的纳税人。2020年1月8日，本院作出（2019）×02破申×号民事裁定书，裁定受理宁某破产清算申请，同日作出（2020）×02破×号决定书，指定宁夏××律师事务所担任宁某管理人。2020年4月10日，原告就被告自2013年1月至2020年1月期间所欠缴的税款及其滞纳金和欠缴的社会保险费及其滞纳金向被告管理人进行了债权申报。2020年11月6日，经被告管理人审核向原告出具了债权确认通知书，内容为：原告向债务人××公司、宁某申报债权共2笔。其中：申报税金债权数额共计1 005 046元，确认税金本金为661 308.40元，清偿顺序为税收债权；滞纳金为343 737.60元，清偿顺序为普通债权；申报社会保险费用债权数额共计3 131 328.29元，确认社会保险费用本金为1 763 993.26元，清偿顺序为职工债权；滞纳金为1 367 335.03元，清偿顺序为普通债权。2020年12月15日，原告就被告自2020年1月9日至2020年12月14日欠缴的税款及其滞纳金向被告管理人进行了债权申报。2020年12月25日，经被告管理人审核向原告出具了债权不予确认通知书，内容为：原告于2020年12月15日向债务人宁某补充申报债权1笔，申报债权数额为507 464.87元，对于原告申报的欠税滞纳金477 899.73元（2020年1月9日至2020年12月14日）不予认可。现原告认为被告管理人对上述3笔债权的确认不符合法律规定，特提起本案诉讼，请求判如所请。

本院认为，破产企业在破产案件受理前因欠缴税款和社会保险费所产生的滞纳金属于普通破产债权，人民法院受理破产案件后债务人未支付应付款项的滞纳金，包括债务人未执行生效法律文书应当加倍支付的迟延利息和劳动保险金的滞纳金不属于破产债权。本案中，本院于2020年1月8日裁定受理宁某破产清算一案，原告所请求的自2013年1月至2020年1月8日欠缴的税款和社会保险费的滞纳金属于被告在破产案件受理前欠缴的税款和社会保险费的滞纳金，参照《最高人民法院关于税务机关就破产企业欠缴税款产生的滞纳金提起的债权确认之诉应否受理问题的批复》（法释〔2012〕9号）中对于“依照企业破产法、税收征收管理法的有关规定，破产企业在破产案件受理前因欠缴税款产生的滞纳金属于普通破产债权”的批复，被告宁某管理人确认被告自2013年1月至2020年1月8日欠缴的税款和社会保险费的滞纳金1 711 072.63元为普通债权并无不当。原告所请求的2020年1月9日起至欠缴税款实际缴纳之日止的滞纳金属于被告在破产案件受理后欠缴的税款滞纳金，依据《最高人民法院关于适用〈中华人民共和国企业破产法〉若干问题的规定（三）》第三条之规定：“破产申请受理后，债务人欠缴款项产生的滞纳金，包括债务人未履行生效法律文书应当加倍支付的迟延利息和劳动保险金的滞纳金，债权人作为破产债权申报的人民法院不予确认。”原告向被告管理人申报债权的该部分滞纳金不属于破产债权，管理人未确认该部分滞纳金为破产债权正确，原告所申报的该部分债权本院不予确认。综上所述，原告的诉讼请求依法不能成立，本院不予支持。依照《中华人民共和国企业破产法》第四十六条、第五十八条第三款、《最高人民法院关于审理企业破产案件若干问题的规定》第六十一条、《最高人民法院关于适用〈中华人民共和国企业破产法〉若干问题的规定（三）》（2020修正）第三条规定，判决如下：

驳回原告国家税务总局某市税务局的全部诉讼请求。

案件受理费100元，由原告国家税务总局某市税务局负担。

如不服本判决，可以在判决书送达之日起15日内，向本院递交上诉状，并按照对方当事人或者代表人的人数提出副本，上诉于宁夏回族自治区高级人民法院。在上诉期限届满后7日内凭本判决书到宁夏回族自治区高级人民法院预交上诉案件受理费，逾期则按放弃上诉处理。

二〇二一年三月二十九日

【晶晶亮评析】

经常看到纳税人起诉税务机关，很少见到税务机关起诉纳税人。

该税务机关应该是认为有胜诉的把握，才会提起诉讼的，因为很多税务人员脑海中，都有根深蒂固的观念，滞纳金是视同税款管理的，具有相同的优先权。

没想到最终结果却是败诉，究其原因，总局的回函在法院是不被认可的。

另外，需要注意的是，总局的回函所说的优先权，只是在税收强制执行、出境清税、税款追征、复议前置这些环节中，这些措施都是税务机关的征管职权范围内。这里并没有包括破产债权清偿顺序，破产清偿顺序不是由税务总局决定的。

但很多税务人员，会不自觉地将优先权的范围扩大，所以才会信心满满地提起诉讼。看来大家需要重新审视一下，很多固有的观念，是否经得起推敲。

重要的事情再说一遍，有关税款滞纳金在破产企业债权的是这样的：

1. 税款是优先债权。

2. 破产案件受理前因欠缴税款产生的滞纳金，是普通破产债权，

3. 破产案件受理后产生的滞纳金，不属于破产债权。

217　退税还是不退税？ 法院与税务局针锋相对

我在网上看到一个有关退税的案例，很有意思，和大家一起学习讨论一下。

一、案件背景

2011年，一个叫刘某秀的女人将私有房产抵债给沈某，在税法上以物抵债属于销

售行为。因过户必须携带纳税证明，她就在当地原地税局缴纳了营业税及附加等4.6万元。没想到，刘某秀的前夫得知消息后，就状告其非法占有房产（双方协议离婚时，明确房产归前夫），后经法院终审判决，撤销了刘某秀与沈某之间的交易行为，并将房产收回确权在前夫名下。

二、纳税人诉求

刘某秀在2011年缴纳了4.6万元税款，直至官司结束后的2016年才到税务局索要该税款。理由是房产交易被法定撤销，就没有纳税义务了，税务局应当无条件退税。

三、税局答复

在经过了基层局和市局的税收复议程序之后，两级税务局均以超过法定期限为由拒绝退税。

税务局的理由是，根据《中华人民共和国税收征收管理法》第五十一条规定，纳税人超过应纳税额缴纳的税款，税务机关发现后应当立即退还；纳税人自结算缴纳税款之日起3年内发现的，可以向税务机关要求退还多缴的税款并加算银行同期存款利息，税务机关及时查实后应当立即退还。

税务部门对条款的解释意思是，纳税人多缴纳的税款，属于税务局发现的，没有年限限制，必须无条件退税；属于纳税人自己发现的，必须在纳税之日起3年以内（即2014年度）申请退税。2016年提起，已经超过3年，过期退税就没有依据了。

这里关键点有两个：一个是谁发现的，另一个是3年期限。刘某秀自己发现的，超过了3年申请期间，就不予退税。

四、行政诉讼

刘某秀房产被收回闹心不说，4.6万元还被没收了，于是将税务局告上法庭。

五、法院观点

一审法院撇开了第五十一条的字面意思，毫不客气地给税务局上了一堂深刻的税法课。火力集中到一点，就是国家为什么要征税，对什么行为要征税，在什么情况下才能征税。法官认为，税法的本质必须是对交易行为或者取得收益行为征税，有行为才征税，无行为不能征税。既然刘某秀抵债行为被法院撤销，所谓产生交易或收益的行为就不存在了，对一个不存在的行为征税缺乏法律基础。没有征税基础作依据，还被税务局以超过3年为由，没收税款而不退，就不能体现法律的公平正义。

二审法院在完全支持一审判决的理论基础上，又给了税务局当头一棒，将计就计地回归到税务局的所谓执法依据第五十一条的立法精神上，即如何理解“纳税人超过应纳税额缴纳的税款”才可以退税问题。法官认为，所谓“超过应纳税额”，其中“应纳”是应该缴纳的意思。即纳税人若想退税，必须是应该纳税而多纳了，才适合五十一条的退税解释。而刘某秀不是应该缴纳而多纳了的问题，其本身就没有纳税义务。虽然当时以税款名义缴纳了，但该交易被法院撤销后，其缴纳的就不是“应纳税额”了。既然不是符合税法精神的税款，就不适用五十一条规定，就必须退。

【晶晶亮评析】

刘某秀申请退税有没有道理？有道理！

税务局作出不予退税的决定，合不合法？合法！这个退税申请放到全国任何一个税务机关，我相信都会是这个结果。

那为什么法院会作出税务局败诉的判决？因为法院判决并不是依据《征管法》第五十一条。

当地人民法院，在审理一起行政上诉案件中，对“3年退税期限”作出以下解读：

《税收征管法》第四条规定“法律、行政法规规定负有纳税义务的单位和个人为纳税人”，第五十一条规定“纳税人超过应纳税额缴纳的税款，税务机关发现后应当立即退还；纳税人自结算缴纳税款之日起3年内发现的，可以向税务机关要求退还多缴的税款并加算银行同期存款利息，税务机关及时查实后应当立即退还；涉及从国库中退库的，依照法律、行政法规有关国库管理的规定退还”。根据前述规定，依法负有应纳税义务的纳税人多缴税款后，应适用第五十一条之规定，对多缴纳的税款予以退还。在税收征缴过程中，当事人缴纳了相关款项，但经查明实际上不负有纳税义务的，以缴纳税款名义实际缴纳的款项，该种情形不属于第五十一条规定的“超过应纳税额缴纳”问题，对该款项的退还，亦不宜适用前述第五十一条的规定。

不得不说，本案法院对于退税期限的解读和适用范围，确实是一个质的突破，之前并没有任何法律解释认定这种退税行为不适用第五十一条。

法院判决税务局败诉依据的是税法的立法精神和行政合理性的原则。可以说，法院的解读确实更人性化，更具有法治光芒。

但税务机关执法的时候，一定是需要依据某个具体规定的条款，在有明确规定的情况下，通过立法精神和行政合理性解读对原有条款进行重新解读和突破，只能说法院可以这么判，税务机关如果主动这么做，执法风险还是挺大的。

希望这个判例，能推动《税收征管法》在修订的时候，把退税的具体情形以及期限，作出更完善的规定，以彻底解决这类退税问题。

218　税务机关到底有没有强制执行权?

本文来讨论一个有关税务机关强制执行权的案例：

一、案件背景

自然人张某霞于 2015 年 5 月 9 日收取某房地产公司支付销售房屋代理佣金 6 091 600 元，未申报缴纳个人所得税。

当地税务稽查局于 2018 年 12 月 28 日作出税务处理决定书，责令张某霞缴纳个人所得税 1 942 312 元。该决定书于 2019 年 1 月 14 日直接送达张某霞。

张某霞未申请行政复议，亦未履行该处理决定。也就是说，纳税人对此事置之不理。

二、税务局申请强制执行

稽查局向人民法院申请强制执行，要求张某霞缴纳个人所得税 1 942 312 元。并自 2019 年 1 月 31 日起至实际履行之日止，按日缴纳滞纳税款 0.5‰的滞纳金。

三、法院观点

根据《税收征管法》的授权，税务机关在征缴税款执法过程中有划拨存款、扣押、查封、依法拍卖或者变卖价值相当应纳税款的商品、货物或者其他财产的强制执行权力。《税收征管法》第四十一条规定，该法第三十七条、第三十八条、第四十条规定的采取税收保全措施、强制执行措施的权力，不得由法定的税务机关以外的单位和个人行使。

《行政强制法》第五十三条规定，当事人在法定期限内不申请行政复议或者提起行政诉讼，又不履行行政决定的，没有行政强制执行权的行政机关可以自期限届满之日起 3 个月内，依照本章规定申请人民法院强制执行。且《税收征管法》第八十八条亦未明确规定对税务处理决定可以申请人民法院强制执行。故在当地税务稽查局具有行政强制执行权的情况下，其向人民法院提出强制执行申请不符合上述法律规定，依法应当裁定不予执行。

四、税务局复议观点

稽查局不服原审裁定，复议称：

1. 根据《税收征管法》第四十一条、《中华人民共和国个人所得税法实施条例》第六条、第八条的规定，劳务报酬所得与经营所得两者所属税目不同，对于非生产、经营行为涉及的税收，法律没有授予复议申请人强制执行权。

2. 根据《税收征管法》第八十八条第三款的规定，税务机关并非对所有的税收行为均具有强制执行权，对其没有强制执行权的税收行为应当申请法院强制执行。

3. 根据《行政强制法》第五十三条的规定，当事人在法定期限内不申请行政复议或者提起行政诉讼，又不履行行政决定的，没有行政强制执行权的行政机关可以自期限届满之日起 3 个月内，依照本章规定申请人民法院强制执行。

×税稽处〔2018〕×号税务处理决定属于行政决定，在复议申请人对此没有强制执行权的情况下，依法应当由人民法院强制执行。

五、复议法院的观点

根据《税收征管法》第三十七条、第三十八条的规定，税务机关对未依法缴纳税款的纳税人具有强制执行权。《行政强制法》第五十三条规定，当事人在法定期限内不申请行政复议或者提起行政诉讼，又不履行行政决定的，没有行政强制执行权的行政机关可以自期限届满之日起 3 个月内，依照本章规定申请人民法院强制执行。《最高人民法院关于适用〈中华人民共和国行政诉讼法〉的解释》（法释〔2018〕1 号）第一百五十五条第三款规定，人民法院对不符合条件的申请，应当裁定不予受理。本案中，税务机关具有强制执行权，其向法院申请强制执行不符合法律规定，应裁定不予受理。

【晶晶亮评析】

这个案件，你来我往两个回合，简单来说可以概括为两句话：

税务局说：有人不缴税，我没有强制执行权，需要法院执行。

法院说：不，你有，你自己办，别来找我。

作为围观的吃瓜群众，看完是什么印象呢？我估计可能有两点：一是税务局推诿工作责任；二是税务局水平有限，无法领会法律精神。

但如果我们愿意再多花一点儿时间精力，探究一下，可能会对这个案情的发生有更深入的理解。

税务局到底有没有征收税款的行政强制权呢？有人说，税务局就是税款征收机关，而且《税收征管法》确实赋予了税务机关强制执行权，那么对纳税人未缴纳税款的行为行使强制执行权，难道不是顺理成章的吗？

我现在特别害怕听到类似“天经地义”“顺理成章”这样的话，因为这些只是一种想当然，但不可能成为执法的依据。“依法行政”，只能依据法律条文，不能凭想当然而为。

当地稽查局之所以会提请法院执行，实属不得已。

没错，征管法是赋予了税务机关强制执行权，但如果你仔细看这些条款，就会发现在所有强制执行的条款中，纳税人的前面都有一个定语，那就是“从事生产、经营的纳税人”。也就是说，纳税人可以分为两类，一类是从事生产经营的纳税人，另一类是非从事生产经营的纳税人。而税务机关的强制执行权只能针对前一种纳税人。

那么，生产经营是什么意思？法律中并没有明确的概念解释。这就是造成争议的源头。

我们国家有一部《中华人民共和国安全生产法》，里面提到“在中国境内从事生产经营活动的单位（称生产经营单位）”，这里对生产经营单位需要遵守哪些法律规定提出了诸多要求，比如应当加强安全生产管理，建立、健全安全生产责任制度，完善安全生产条件，确保安全生产。其主要负责人对本单位的安全生产工作全面负责。

根据上述法律中对生产经营单位的相关要求的理解，我们虽不能严谨准确描述什么是从事生产经营的纳税人，但也能得出一些基本的判断。比如张三在公司上班，取得了工资薪金，需要缴税，张三是纳税人没有问题，但他从事的是受雇劳务，而不是需要《安全生产法》规范的生产经营活动，所以不是从事生产经营的纳税人。

如果张三取得了劳务报酬需要缴税，他属于纳税人，但他从事的是独立劳务服务，也不是生产经营，也不属于从事生产经营的纳税人。

本案中的张某霞，取得的就是劳务报酬所得，她不是从事生产经营的纳税人，所以对其未缴税款的行为的强制执行，不在《税收征管法》给税务机关赋予的权限内。这也就是为什么当地稽查局会申请法院强制执行。

但显然法院并未推敲纳税人的分类问题，大而化之地说“根据《税收征管法》第三十七条、第三十八条的规定，税务机关对未依法缴纳税款的纳税人具有强制执行权。”这是判决书中的原话，但不是法条原文，是法院自己对征管法的理解和解释。

所以呢，要强制，自己去强制，不用来找我。

我不知道《税收征管法》出于什么考虑，把纳税人分成了两类，但只给了税务机关对其中一类纳税人的强制执行权。

我也不知道，是不是任何一级法院对《税收征管法》都有解释权。因为在这个司法案例中，可以看到关于法条的新诠释。

我只知道，面对纷纷扰扰的税事，无可奈何的处理，不明真相的诋毁，只能发出一声叹息，由它去吧！

219　税务机关定性偷税为什么会败诉？

本文将关注一起税务机关定性偷税却败诉的案件。

一、案件背景

某税务局查出某服装厂于2012年至2017年6月累计未缴纳城建税54 514.29元、个人所得税19 058.96元、房产税74 768.4元、土地使用税57 486元、印花税125元。

税务局认定某服装厂的违法行为已构成偷税，于2017年9月14日对该服装厂作出税务行政处罚决定，对其处不缴税款155 254.36元4倍罚款621 017.44元，并于2017年9月18日送达给该服装厂。

纳税人：某服装厂对处罚行为不服，提出上诉。

一审法院：一审法院于2018年3月31日判决，驳回某服装厂的诉讼请求。

二、二审

纳税人：某服装厂不服一审判决，提起上诉。

二审法院：

二审法院认为：该案争议焦点是某服装厂未缴纳税款的行为是否构成偷税。

税务局依据《中华人民共和国税收征收管理法》第六十三条第一款和《最高人民法院关于审理偷税抗税刑事案件具体应用法律若干问题的解释》第二条第一款第（一）项之规定，认为某服装厂已办理税务登记而未缴纳税款，鉴于其已办理税务登记，其不缴纳税款的行为属于“经税务机关通知申报而拒不申报”的情形，已构成偷税。

税务局并未提供证据某服装厂已经办理相关地税登记，其认定税务机关已通知该服装厂进行税款申报，进而认定该服装厂不缴税款的行为构成偷税主要证据不足。属于适用法律错误。

综上，某服装厂所提其行为不构成偷税的理由能够成立，其诉讼请求应予支持。税务局作出的涉案税务处罚决定主要证据不足，法律适用错误，依法应予撤销。

三、再审

税务局申请再审：

税务局申请再审称：服装厂自2012年到2017年6月期间在没有税务登记的情况下进行经营，该行为构成偷税。

再审法院：

本院认为，本案的争议焦点是某服装厂未办理地税登记的情形下，根据已办理的国税登记，能否推定其属于“已办理登记”的情形；对某服装厂未缴纳税款的行为定性为偷税，是否需要履行催缴程序。

税务局认为某服装厂属于已办理税务登记而未缴纳税款的违法情形，鉴于其已办理税务登记，其不缴纳税款的行为属于“经税务机关通知申报而拒不申报”的情形，构成偷税。

经审查，本案中，当时的税务管理法规，国税征收和地税征收由法律授权不同的税务管理主体行使，分别由国税部门和地税部门管理，企业办理税务登记时应当分别办理国税登记和地税登记，适用不同的税种和税率。

根据行政处罚依据的法定性原则，在行政处罚程序中以已办理国税登记等同于办理地税登记的认定结论，税务局没有提交相应的法律法规，就行政处罚程序中直接适用刑事案件的法律规范，亦没有提交相应的依据。该行政处罚属主要证据不足。

综上，税务局的再审理由不成立，本院不予支持。

【晶晶亮评析】

通过法院的二审和再审判决可以得知，稽查查补时并不是发现少缴税款就定性为偷税。一定要有偷税的手段+偷税的结果才能定性。偷税的手段征管法列举了四类：

一是纳税人伪造、变造、隐匿、擅自销毁账簿、记账凭证；

二是在账簿上多列支出或者不列、少列收入；

三是经税务机关通知申报而拒不申报；

四是进行虚假的纳税申报。

该税务机关认定的是第三种手段。根据《最高人民法院关于审理偷税抗税刑事案件具体应用法律若干问题的解释》（法释〔2002〕33号）第二条规定，具有下列情形之一的，应当认定为刑法第二百零一条第一款规定的“经税务机关通知申报”：（一）纳税人、扣缴义务人已经依法办理税务登记或者扣缴税款登记的。

所以，问题转化为该服装厂是否办理了税务登记。这个服装厂真的很滑头，钻了一个空子。他办了国税的税务登记，却没有办理地税的税务登记。

因为这个案子是国地税合并之前的，所以地税的查补税款，不能以国税办了登记为理由定偷税。

你说该服装厂有没有偷税的主观故意？其实是有的，去办国税登记证，但却不办地税税务登记，主观故意很明显。但没办法，严格按法条规定，原地税局定偷税确实证据不足，因此败诉。

当然，即使税务局败诉了，并不意味着纳税人就不用承担责任了，税务机关还是可以重新下达处理、处罚决定，税款肯定会追征的，罚款可以按照《税收征管法》第六十四条第二款处罚，只是不能以偷税的名义去处罚。

国地税合并后，这个漏洞算是堵上了。

220　代理公司少记收入，纳税人是偷税吗？

本文一起来了解一个关于偷税责任主体认定的涉税司法案件。

一、案情概要

某市地税稽查局于2014年11月21日作出《税务行政处罚决定书》，处罚书称：甲能源科技有限公司2011—2012年收取乙实业总公司采暖工程款×××元、收取丙社会居民委员会采暖工程款×××元。除有2 511 600元挂“预收账款——丙”科目外，其余均未入账，以上收入均未申报缴纳营业税、城市维护建设、教育费附加。

根据《中华人民共和国税收征收管理法》第六十三条第一款规定，对甲能源科技有限公司未申报缴纳2011—2012年营业税1 162 339.11元、城市维护建设税81 363.74元的行为，处以未缴税款1倍的罚款，罚款金额为1 243 702.85元。

甲公司对税务行政处罚决定不服，将某市地税稽查局告上法庭。

二、原告观点

原告（纳税人）称：公司成立即委托第三方代理记账及纳税申报，在被告对原告进行税务检查过程中，原告已将与第三方的代理记账协议和相关证据提交被告，足以证明原告没有故意行为。被告应当依据《中华人民共和国税收征收管理法实施细则》的规定对代理方进行处罚，而不是对原告进行处罚。

原告营业期间系全权委托第三方进行记账及纳税申报，没有违法故意。被告应当适用《中华人民共和国税收征收管理法》第六十二条的规定进行处罚，而不应当依第六十三条规定进行处罚，被告适用法律错误。

三、被告观点

被告（税务机关）认为：行政处罚的事实认定清楚，原告确实存在不列、少列收入行为。

根据《中华人民共和国税收征收管理法》第六十三条第一款规定："纳税人伪造、变造、隐匿、擅自销毁账簿、记账凭证，或者在账簿上多列支出或者不列、少列收入，或者经税务机关通知申报而拒不申报或者进行虚假的纳税申报，不缴或者少缴应纳税款的，是偷税。对纳税人偷税的，由税务机关追缴其不缴或者少缴的税款、滞纳金、并处不缴或者少缴的税款50%以上5倍以下的罚款；构成犯罪的，依法追究刑事责任。"

四、法院查明

在被告对原告的行政处罚处理期间，原告向被告陈述其与丁财务管理咨询有限公司曾签订《代理记账协议书》，因双方其他纠纷导致该公司故意未按约定进行纳税申报等事务。

原告向被告工作人员出示其公司于2011年6月17日与丁财务管理咨询有限公司签订的《代理记账协议书》，该协议显示双方曾约定丁财务管理咨询有限公司有关的代理记账、税务申报的合同义务。

原告同时出示其与丁财务管理咨询有限公司发生纠纷、终止上述协议、进行相关诉讼的证据。

五、法院判决

《中华人民共和国税收征收管理法》第八十九条规定："纳税人、扣缴义务人可以委托税务代理人代为办理税务事宜。"《中华人民共和国税收征收管理法实施细则》第九十八条规定："税务代理人违反税收法律、行政法规，造成纳税人未缴或者少缴税款的，除由纳税人缴纳或者补缴应纳税款、滞纳金外，对税务代理人处纳税人未缴或者少缴税款 50% 以上 3 倍以下的罚款。”

因上述《中华人民共和国税收征收管理法》《中华人民共和国税收征收管理法实施细则》的规定，结合原告在被告行政处罚程序中的陈述意见，被告应当根据原告提供的证据、线索进行调查、核实，对纳税人未缴、少缴税款的原因进行甄别、确认。

综上，本案被告的处罚需要确认纳税人未缴、少缴税款的原因和责任主体，现无证据证明被告对此进行了调查，尤其原告提供的证据及线索直接指向上述问题的确认，且考虑到涉案处罚案件的来源，被告当庭陈述对原告证据进行了书面审查，但其未尽到审慎的职责。被告仅凭现有证据，不足以对原告进行处罚，属于行政行为认定事实缺乏证据。

依照《中华人民共和国行政诉讼法》第五十四条第（二）项第 1 目的规定，判决如下：撤销某市地税稽查局 2014 年 11 月 21 日作出的 × 地税稽罚（2014）× × × 号《税务行政处罚决定书》。

【晶晶亮评析】

税务机关作出的这个行政处罚确实是有瑕疵。没有根据相关证据对纳税人少缴税款的原因作进一步深究，仅根据未列少列收入造成了少缴税款就定性了纳税人偷税。

有人会说，也有可能是纳税人授意代理公司少计收入不申报税款。

当然不能否认确实存在这个可能，但是没有证据，不能凭猜测定罪。

纳税人根据提供的记账代理协议声称，少缴税款我是不知情的，不是故意的，是代理公司和我发生纠纷，故意不记收入不缴税造成的，从道理上讲可以说得通。

定性偷税，主观故意的认定是一个很大的难点。我理解，只能从现有证据看哪种行为和说法更具有合理性来判定。

那么，到底谁偷税了？

就本案来看，少缴税款行为，既不能定纳税人偷税，也不可能定税务代理人偷税，因为代理人不是偷税行为的主体。

所以，这里出现一个奇妙的现象，如果纳税人自己记账，少计收入少缴税，定性偷税可以说没有问题。但代理人记账少计收入少缴税，纳税人和代理人都定不了偷税，当然前提是代理人并没有提供证据来证实纳税人授意。

221　发票是什么？相同的事实，相反的判决！

我们一起来看一个关于发票的案例，虽然财税人员每天都在和发票打交道，但开具发票代表了什么意思，恐怕很多人并不一定清楚。

一、案情概述

甲建筑公司起诉乙房地产公司称：2000 年 7 月 31 日，双方签订了《建设工程施工合同》。对工程的开、竣工时间，施工范围，工程款的给付及违约责任等都作了明确约定。

合同签订后，甲建筑公司依约施工，乙房地产公司却违约不按时支付工程款，双方又多次协商签订补充协议，变更付款方式，但乙房地产公司仍不履行付款义务，导致工程多次停工，合同不能继续履行。请求给付工程欠款并赔偿损失。

乙房地产公司答辩称，其中一笔 244 万元款项已经支付，有甲建筑公司出具的发票为证。

甲建筑公司认为 2001 年 6 月 12 日支付工程款 244 万元与事实不符，该 244 万元是乙房地产公司与甲建筑公司协商准备付款，并要求甲建筑公司先出具发票，甲建筑公司于 2001 年 6 月 14 日开具了发票并交付给乙房地产公司，但乙房地产公司既未付款也未退还发票。

二、一审观点

一审某高院认为：发票只是完税凭证，不是付款凭证，不能证实付款的事实，也不能证实收取款项的事实，付款方付款后应当索取并持有收据，以证明收款方已收取该款项。乙房地产公司辩称现金支付 244 万元，又无收款收据证实甲建筑公司已收取该款的事实，乙房地产公司也未提供其他财务凭证或收据等证据印证已付款的事实。故乙房地产公司仅依据发票主张已付工程款 244 万元的理由不能成立，不予支持。

三、最高人民法院观点

最高人民法院在二审查明的事实与一审法院查明的事实相同的情况下，对上述事项的观点是：双方争议的 244 万元应当认定为乙房地产公司已经支付甲建筑公司。

乙房地产公司持有甲建筑公司为其开具的收款发票。发票应为合法的收款收据，是经济活动中收付款项的凭证。双方当事人对 244 万元发票的真实性没有提出异议，乙房地产公司持有发票，在诉讼中处于优势证据地位，甲建筑公司没有举出有效证据证明付款事实不存在。一审法院认为发票只是完税凭证，而不是付款凭证，不能证明付款事实的存在，曲解了发票的证明功能，应予纠正。

【晶晶亮评析】

这个案例，生动诠释了没有客观事实，只有法律事实。客观事实是什么？无人知晓。双方只能拿出证据来证明法律上的事实是什么，证据是什么，只有一张发票。其他的证据双方都没有。

那么这张发票在法律上代表什么意思，就太重要了，对它的解读和理解，决定了案情的走向。

发票是什么？请看《中华人民共和国发票管理办法》第四条："发票，是指在购销商品，提供或者接受服务以及从事其他经营活动中，开具、收取的收付款凭证。"

发票在法律上的定义就是收付款凭证。

这是税法中的解释，最高人民法院对发票的功能有进一步的明确：

《最高人民法院关于审理买卖合同纠纷案件适用法律问题的解释》（法释〔2012〕8号）第八条规定如下：

"出卖人仅以增值税专用发票及税款抵扣资料证明其已履行交付标的物义务，买受人不认可的，出卖人应当提供其他证据证明交付标的物的事实。合同约定或者当事人之间习惯以普通发票作为付款凭证，买受人以普通发票证明已经履行付款义务的，人民法院应予支持，但有相反证据足以推翻的除外。"

人民法院出版社出版的《最高人民法院关于买卖合同司法解释理解与适用》对买卖合同司法解释第八条进行了详细的释义，总结如下：

第一，增值税专用发票与普通发票在买卖合同中的地位是被区别对待的。这是由于增值税专用发票是记载商品销售额和增值税税额的财务收支凭证，是购货方纳税义务和进项税额的合法凭证，对于增值税的计算起着重要的作用而决定的。其本身只是交易双方的结算凭证，能够证明双方存在债权债务的可能性，并不能证明双方存在债权债务的必然性。而普通发票在市场交易中的功能之一是收付款凭证，因此对收付款行为具有一定的证明效力。

第二，关于增值税专用发票的证明作用。增值税专用发票仅是付款的记账凭证，是买受人付款的依据，但不是付款的凭证。增值税专用发票开具只表明买卖双方商品成交，而不能证明买受人已经付清所有货款。仅凭增值税专用发票不能证明标的物已经交付，也不能证明货款已经支付。

第三，关于普通发票的证明作用。对于普通发票来说，买受人以普通发票证明已经履行付款义务的存在一个前提，即"合同约定或者当事人之间习惯以普通发票作为付款凭证"。另外，《解释》也从反方面进行了规定，即"有相反证据足以推翻的除外"。

最高院的解释可以总结为两句话：

第一，对于增值税专票，仅是付款的记账凭证，既不能证明标的物已经交付，也不能证明买受人已经付款。

第二，对于普通发票，在有合同约定或当事人之间交易习惯存在的前提下，可以作为买方已经履行付款义务的证明。但有相反证据足以推翻的除外。

根据上述的解释，就会明白为什么最高人民法院判决会认定乙房地产开发有限公司支付了款项，因为那是2001年，建筑业肯定是营业税普通发票，不会是增值税专用发票。按照对普通发票的解释和理解，这就是收付款凭证。

其实，从我工作经验来判断，我认为是乙房地产公司没有付款，付款前要求先开具发票的情况很常见，甲建筑公司开了票没收到款，起诉后最高院要求他举证对方没付款，真的是太难了。

为什么说甲建筑公司太难了？因为逻辑学上只能证有，不能证无。简单来说就是你可以找证据证明已经存在的事情或动作，但是你很难举证没有发生的事情或动作。所以应该是提出“有”的人来举证。

当然，乙房地产公司并非没有证据，他拿出的这张发票，就是一个有力的付款证据。而且得到了法院的认可和支持，我想在实务中很多人并没有意识到它的威力。

现在虽然都是增值税发票，但依然是区分普通发票和专用发票的。所有以后用普通发票进行大额结算的公司，一定要注意普通发票是收付款凭证这个特质，不要再糊里糊涂掉进坑里。

建议：今后在给付大额普通发票时，请对方在发票签收单上写上“给付发票时款项尚未支付”并由对方签字盖章吧。否则给了发票你就被动了，万一竹篮打水一场空，到时候真的是欲哭无泪啊！

222　法院认可：税收滞纳金可以超过本金！

最近看了一个司法判决案例，令人耳目一新。

一、事由

国家税务总局深圳市税务局稽查局2005年对深圳市某某公司作出《税务处理决定书》，某某公司在指定期限内未履行义务，亦没有提起复议或诉讼。

深圳市稽查局遂于2006年作出《催缴税款通知书》，责令限期缴纳税款，某某公司逾期仍未履行。

深圳市稽查局于2019年作出行政强制执行决定，并书面通知金融机构对税款和滞纳金进行了划扣。

二、诉讼经过

某某公司对上述税收强制行为不服，提起行政诉讼。

一审法院认可了深圳市稽查局的行政强制行为。

某某公司对一审判决不服，继续提出上诉。上诉请求为：

1. 撤销一审判决；

2. 撤销深税稽强扣〔2019〕××号《税收强制执行决定书》；

3. 被上诉人赔偿上诉人损失54 671.45元及利息损失（利息损失以人民币54 671.45元为基础，自2018年3月28日起按照人民银行贷款基准利率计算至被告实际赔偿之日止）；

4. 被上诉人承担一审、二审的诉讼费。

三、二审判决

广东省深圳市中级人民法院行政判决书（2019）粤03行终××号判决有两个值得关注的要点：

（一）关于强制执行是否属于超期执行

上诉人主张被上诉人时隔13年才作出行政强制执行决定，已超过合理期限，税务处理决定书应终止执行。就此，《行政强制法》及《税收征收管理法》对行政机关自行强制执行的期限并未明文限制。

根据双方当事人二审调查中确认，被上诉人于2004年已对上诉人涉案房产予以了查封但因房产系绿本而无法处置。因此被上诉人在发现上诉人账户有资金收入后对其采取强制执行措施，并不违反法律规定。被上诉人对上诉人所欠缴税款并未作出中止执行决定，上诉人有关依据《行政强制法》第三十九条的规定，本案属中止执行满3年未恢复执行从而行政机关不应再执行的主张，本院不予支持。

（二）关于滞纳金是否可以超本金

有关税款滞纳金，《税收征收管理法》第三十二条规定：“纳税人未按照规定期限缴纳税款的，扣缴义务人未按照规定期限解缴税款的，税务机关除责令限期缴纳外，从滞纳税款之日起，按日加收滞纳税款0.5‰的滞纳金。”《中华人民共和国税收征收管理法实施细则》第七十五条进一步明文规定：“税收征管法第三十二条规定的加收滞纳金的起止时间，为法律、行政法规规定或者税务机关依照法律、行政法规的规定确定的税款缴纳期限届满次日起至纳税人、扣缴义务人实际缴纳或者解缴税款之日止。”

上述法条对税款滞纳金的数额、起止时间作了明确规定。《税收征收管理法》是税收征管领域特别法，其实施细则为行政法规。被上诉人依据上述规定对上诉人作出强制执行决定，扣缴滞纳金数额超过税款数额，并不违反法律规定。

上诉人有关违反《行政强制法》第四十五条第二款规定的主张，本院不予支持。

综上，被上诉人作出的被诉税收强制执行决定符合法律规定，本院予以支持。上诉人的上诉请求不能成立，原审判决认定事实清楚、适用法律法规正确，应予维持。

【晶晶亮评析】

这个案子令我耳目一新的地方是判决书第二个要点，也就是税款滞纳金可以超过本金。

自从2012年1月1日《行政强制法》正式实施以来，该法第四十五条和征管法第三十二条有关滞纳金的规定，发生了强烈的碰撞。

行政强制法要求滞纳金不能超过本金，而征管法的滞纳金没有封顶规定，于是在实际征收过程中，产生了一系列的冲突。

两者不一致，实务中如何执行呢？国家税务总局有过相关的答复和文件。

国家税务总局2012年公布的一则网上咨询回复如下。

问题内容：

根据《中华人民共和国税收征收管理法》第三十二条，纳税人未按照规定期限缴纳税款的，扣缴义务人未按照规定期限解缴税款的，税务机关除责令限期缴纳外，从滞纳税款之日起，按日加收滞纳税款0.5‰的滞纳金。

根据《中华人民共和国行政强制法》第四十五条第二款，加处罚款或者滞纳金的数额不得超出金钱给付义务的数额。以上规定，造成在实际工作中不好把握。强制法出台后，滞纳金加收能否超出本金？

回复意见：

您好：

您在我们网站上提交的纳税咨询问题收悉，现针对您所提供的信息简要回复如下：

税收滞纳金的加收，按照征管法执行，不适用行政强制法，不存在是否能超出税款本金的问题。如滞纳金加收数据超过本金，按征管法的规定进行加收。

上述回复仅供参考。有关具体办理程序方面的事宜请直接向您的主管或所在地税务机关咨询。

欢迎您再次提问。

国家税务总局

2012 年 8 月 22 日

《国家税务总局关于贯彻落实〈中华人民共和国行政强制法〉的通知》（国税发〔2011〕120 号）附件《税收征管法等规定与〈行政强制法〉规定不相衔接的问题汇总》：

“（四）关于新增‘滞纳金数额不得超出金钱给付义务的数额’规定。《行政强制法》第四十五条规定，‘行政机关依法作出金钱给付义务的行政决定，当事人逾期不履行的，行政机关可以依法加处罚款或者滞纳金……加处罚款或者滞纳金不得超出金钱给付义务的数额规定’。《税收征管法》没有相应规定。”

法律冲突的解决原则是：新法优于旧法，特别法优于普通法。

但现在遇到的问题是，新的一般法和旧的特别法有冲突，该如何适用呢？

《立法法》第九十四条规定，法律之间对同一事项的新的一般规定与旧的特别规定不一致，不能确定如何适用时，由全国人民代表大会常务委员会裁决。

一直没有裁决……

在没有裁决的日子里，实际工作中经常出现的情形是：

税务局会按照《税收征管法》加收滞纳金，不封顶。

人民法院通常会按照《行政强制法》判决：超过本金的加收滞纳金的税务处理决定违法，应予撤销。

总之是公说公有理，婆说婆有理。

但如果我们认真研究一下这两个“滞纳金”，就会发现，其实用不着裁决，因为它们真的不是一回事，不能混为一谈。就如同我们不能根据两个人名字相同，就认定他们是一个人。

税收上的滞纳金，其实是一种利息性质，实际经济活动中，有哪个条款会规定，银行放贷，最终利息收入不能超过本金？

行政强制法中的滞纳金，是对于行政机关作出罚款决定后，如果延迟缴纳罚款而加收的滞纳金，也就是加罚，不能超过本金。

这两者是有本质区别的。

缴纳税款的义务是法定的，金额大小是依法计算出来的，延迟纳税相当于国家贷款给纳税人，根据滞纳天数长短收取的滞纳金其实质是一种利息。

罚款金额是行政机关根据被查对象违法情节轻重裁量后决定的，罚或者不罚，罚多或者罚少属于行政处罚权自由裁量的范畴，并不是一个板上钉钉的金额，对延迟缴纳罚款的滞纳金作出封顶规定，是对公权的一种限制。

原本这两种滞纳金从加收的原因和性质上看，就不是一回事，本不应该起冲突，只是因为名字撞了，就造成一系列的误解。

深圳中院这个判决，扭转了很多人对税收滞纳金的模糊认识，是一次观念上的更新，值得点赞。

223　公司注销了，税款还能追缴吗？

我看到一份法院判决书，主要围绕公司注销后，向股东追缴税款的问题，这是一个很有代表性的案例，值得参考。

丁某峰与国家税务总局北京市税务局等二审行政判决书

北京市第二中级人民法院

行政判决书

（2020）京02行终××号

上诉人（一审原告）丁某峰，男，1970年5月9日出生，汉族，住江苏省南京市栖霞区。

被上诉人（一审被告）国家税务总局北京市税务局稽查局，住所地北京市西城区车公庄大街××。

上诉人丁某峰因诉国家税务总局北京市税务局稽查局（以下简称“北京税务稽查局”）所作税务处理决定及国家税务总局北京市税务局（以下简称“北京税务局”）所作行政复议决定一案，不服北京市西城区人民法院（以下简称“一审法院”）所作（2020）京0102行初××号行政判决，向本院提出上诉。本院依法组成合议庭，对本案进行了审理，现已审理终结。

2019年12月16日，北京税务稽查局向丁某峰作出京税稽处〔2019〕××号《税务处理决定书》（以下简称“被诉处理决定”），主要内容为：一、违法事实。某顾问咨询（北京）有限公司（以下简称“某公司”）开具领购方与开具方不符的发票，取得收入未按规定申报缴纳企业所得税。（一）2009年7月，某公司向某证券有限责任公司（以下简称“某证券”）提供中介服务，取得收入1 100 000元，使用北京某技术服务有限公司向税务机关领购的发票代码为211000872140，发票号码为10102710的“北京市服务业、娱乐业、文化体育业专用发票”，开具给某证券。（二）2009年11月，某公司向原航某证券有限责任公司（以下简称“航某证券”，该公司于2010年变更为国某证券有限责任公司）提供中介服务，取得收入1 000 000元，使用北京某技术服务有限公司向税务机关领购的发票代码为211000872140，发票号码为10102749的“北京市服务业、娱乐业、文化体育业专用发票”，开具给航某证券。（三）2010年6月，某公司向某信托投资有限责任公司（以下简称“某信托”）提供中介服务，取得收入250 000元，使用北京某信息咨询有限公司领购的发票代码为211000970050，发票号码为213800076的“北京市服务业、娱乐业、文化体育业专用发票”，开具给某信托。(四) 2011年4月至6月，某公司向某信托提供中介服务，取得收入5 546 400.52元，使用北京某安信咨询有限公司领购的发票代码为211000970050，发票号码为21366280、21366284的2份“北京市服务业、娱乐业、文化体育业专用发票”，开具给某信托。某公司通过上述业务共计取得营业收入7 896 400.52元（其中2009年度取得营业收入2 100 000元；2010年度取得营业收入250 000元；2011年度取得营业收入5 546 400.52元），均未按规定申报缴纳企业所得税，定性为偷税。另查明，2012年5月，某公司在未向税务机关如实申报缴纳税款的情况下，向原工商部门提供虚假清算报告等资料，骗取注销登记。二、处理决定。（一）追缴企业所得税。根据《中华人民共和国税收征收管理法》第六十三条、第五十二条和《中华人民共和国企业所得税法》第一条、第四条、第六条、第二十二条、第五十三条、第五十四条之规定，经计算追缴2009年企业所得税496 125元，追缴2010年企业所得税59 062.5元，追缴2011年企业所得税1 308 451.48元，共计追缴税款1 863 638.98元。（二）加收滞纳金。根据《中华人民共和国税收征收管理法》第三十二条、《中华人民共和国税收征收管理法实施细则》第七十五条之规定，对某公司少缴的企业所得税1 863 638.98元从滞纳税款之日起，按日加收滞纳税款0.5‰的滞纳金。鉴于某公司已于2012年5月16日注销登记，其企业法人作为责任承担主体的法律地位已不存在。丁某峰作为公司唯一股东，骗取注销登记，从而逃避缴纳税款，已对国家税收权益造成实质性侵害。根据《中华人民共和国公司法》第二十条、第一百八十九条、《最高人民法院关于适用〈中华人民共和国公司法〉若干问题的规定（二）》（2014年修正）第十九条之规定，决定向丁某峰个人追缴某公司应缴纳的税款及滞纳金。因丁某峰已于2015年12月1日以某公司名义将上述税款、滞纳金解缴入库，且京国税稽处〔2015〕××号《税务处理决定书》被复议机关撤销后，某公司因已注销不能再作为法律主体接收退还的税款、滞纳金，故将上述应退还的税款、滞纳金抵为本处理决定项下丁某峰应纳之税款、滞纳金。丁某峰不服被诉处理决定，向北京税务局提出行政复议申请。2020年3月4日，北京税务局作出京税复决字〔2020〕×号《行政复议决定书》（以下简称“被诉复议决定”），维持了被诉处理决定。

丁某峰向一审法院诉称，被诉处理决定违法，主要理由如下：1. 征收方式违法。“以数代账、查数征收方式”“以票代账、查票征收方式”违反《中华人民共和国税收征收管理法》《中华人民共和国企业所得税法》；为使“查数、查票征收方式”尽量近似于查账征收方式，北京税务稽查局伪造扣除项目，并将“扣除”的时间后移覆盖至“补税”年度，以求形成“有扣除＝已查账”的假象，违反《中华人民共和国企业所得税法》；为证明“查数、查票征收方式”合法，北京税务稽查局篡改税收法规，且该法规已经废止；北京税务稽查局不承认“成本费用税金等扣除项目无法查明”这一基本事实，在“应纳税所得额”无法确认的情况下，作出“几乎就收入全额”征收企业所得税的决定（仅扣除营业税及附加），违反“就所得额征税”这一常识性的企业所得税征税原则，更违反企业所得税法和《税务稽查工作规程》。2. 计税依据违法。以某一两笔收入作为相关年度的应税收入总额，违反《中华人民共和国企业所得税法》，仅查明部分应纳税收入、不查明准予扣除项目，作出的被诉处理决定违反相关法规和规章，相关年度的扣除项目中未包括原北京市国家税务局稽查局已掌握的法定扣除项目，亦违反《中华人民共和国企业所得税法》。综上，北京税务稽查局通过提供虚假证据材料，伪造事实证据，有意曲解税收法规，篡改税收法规，以不道德的方式侵害公民合法权益。诉讼请求为：1. 撤销北京税务稽查局作出的被诉处理决定；2. 撤销北京税务局作出的被诉复议决定。

北京税务稽查局一审辩称，2009 年至 2011 年期间，某公司的企业所得税征收方法为查账征收，根据《中华人民共和国税收征收管理法》第十九条的规定，某公司应按照有关法律、行政法规和国务院财政、税务主管部门的规定设置账簿，根据合法、有效凭证记账，进行核算，某公司未如实办理纳税申报，且在税务机关的释明之下仍未能提供证明实际成本、费用支出的证据材料。某公司提供虚假纳税申报资料，掩盖取得收入的事实，从而逃避申报、缴纳税款，此后该公司又提供内容虚假的资料办理税务、工商登记注销，以逃避纳税义务。根据《中华人民共和国公司法》及司法解释的相关规定，公司（企业）已注销后，在法定情形下对注销公司股东可以追究法律责任，以弥补股东、投资人不正当利用“法人有限责任”逃避法律责任的制度漏洞。由于税款属于税收之债，当纳税人非法注销时，应当根据公司法的制度规定对股东追究纳税责任，从而规制逃避缴纳税款的违法行为。综上，北京税务稽查局所作的被诉处理决定认定事实清楚、证据充分、结果适当，丁某峰的请求不具有事实与法律根据，请求法院依法驳回。

北京税务局一审辩称，被诉复议决定认定事实清楚，证据确凿，适用法律正确，符合法定程序，丁某峰的诉讼请求缺乏事实和法律依据，请求法院判决驳回丁某峰的诉讼请求。

一审法院认为，根据《中华人民共和国税收征收管理法》第十四条及《中华人民共和国税收征收管理法实施细则》第九条的规定，北京税务稽查局具有依法查处涉税违法行为，作出相应行政处理决定的法定职责。根据《中华人民共和国行政复议法》第十二条的规定，北京税务局作为北京税务稽查局的上级主管部门，具有对北京税务稽查局作出的处理决定进行行政复议的职责。

综合考虑庭审情况及相关法律规定，本案争议焦点归纳为：1. 北京税务稽查局认定某公司应当补缴税款的事实是否成立；2. 企业注销后纳税主体的认定。下面分别予以论述。

一、北京税务稽查局认定某公司应当补缴税款的事实是否成立

根据《中华人民共和国税收征收管理法》第六十三条第一款规定，纳税人伪造、变造、隐匿、擅自销毁账簿、记账凭证，或者在账簿上多列支出或者不列、少列收入，或者经税务机关通知申报而拒不申报或者进行虚假的纳税申报，不缴或者少缴应纳税款的，是偷税。某公司应当按照《中华人民共和国税收征收管理法》《中华人民共和国企业所得税法》的相关规定，设置账簿，根据合法、有效凭证记账，进行核算并缴纳相应的企业所得税。根据查明的事实可知，某公司 2009 年至 2011 年间取得的 7 896 400. 52 元营业收入未按规定申报缴纳企业所得税，造成少缴税款的结果，应当依法补缴税款并加收滞纳金。

关于应纳税所得额的计算问题，《中华人民共和国企业所得税法》第五条规定，企业每一纳税年度的收入总额，减除不征税收入、免税收入、各项扣除以及允许弥补的以前年度亏损后的余额，为应纳税所得额。《中华人民共和国企业所得税法》第八条规定，企业实际发生的与取得收入有关的、合理的支出，包括成本、费用、税金、损失和其他支出，准予在计算应纳税所得额时扣除。但丁某峰在税务机关的释明之下仍未提供证明某公司除自行申报的成本费用支出之外的其他成本费用支出的合法有效凭证，故北京税务稽查局按照某公司 2009 年至 2011 年经营期间取得的咨询服务收入调增应纳税所得额 7 896 400. 52 元，并在弥补亏损后确定 2009 年至 2011 年各年度的应补缴企业所得税，该征税行为符合法律规定。

二、企业注销后纳税主体的认定

《中华人民共和国公司法》第二十条规定，公司股东应当遵守法律、行政法规和公司章程，依法行使股东权利，不得滥用股东权利损害公司或者其他股东的利益；不得滥用公司法人独立地位和股东有限责任损害公司债权人的利益。《中华人民共和国税收征收管理法实施细则》第五十条规定，纳税人有解散、撤销、破产情形的，在清算前应当向其主管税务机关报告；未结清税款的，由其主管税务机关参加清算。

丁某峰作为某公司的唯一股东，在公司清算时作为该公司的清算组负责人理应按照《中华人民共和国公司法》的规定，如实进行公司清算，其中当然包括清缴所欠税款以及清算过程中产生的税款，在公司清算结束后，制作清算报告并报送公司登记机关，申请注销公司登记。但丁某峰在《企业注销登记申请书》《注销清算报告》中签字确认“公司债权债务已清理完毕，各项税款及职工工资已结清”，由此致使某公司于 2012 年 5 月 16 日经原工商登记部门核准予以注销。

《最高人民法院关于适用〈中华人民共和国公司法〉若干问题的规定（二）》（2014 年修正）第十九条规定：有限责任公司的股东、股份有限公司的董事和控股股东，以及公司的实际控制人在公司解散后，恶意处置公司财产给债权人造成损失，或者未经依法清算，以虚假的清算报告骗取公司登记机关办理法人注销登记，债权人主张其对公司债务承担相应赔偿责任的，人民法院应依法予以支持。本案中，某公司通

过提供虚假清算资料的方式办理了注销登记，导致其法律主体地位不存在，但丁某峰作为某公司唯一股东，应当对某公司注销后不能承担缴纳税款责任而给国家造成的税款损失承担相应的法律责任，北京税务稽查局将丁某峰作为追缴税款的责任承担主体，在某公司已经注销不能作为法律主体接收退还的税款、滞纳金的情况下，将应退还的税款、滞纳金抵为被诉处理决定项下丁某峰应缴纳之税款、滞纳金符合法律规定。

《中华人民共和国行政复议法》第二十三条规定，行政复议机关负责法制工作的机构应当自行政复议申请受理之日起7日内，将行政复议申请书副本或者行政复议申请笔录复印件发送被申请人。被申请人应当自收到申请书副本或者申请笔录复印件之日起10日内，提出书面答复，并提交当初作出具体行政行为的证据、依据和其他有关材料。第三十一条规定，行政复议机关应当自受理申请之日起60日内作出行政复议决定；但是法律规定的行政复议期限少于60日的除外。情况复杂，不能在规定期限内作出行政复议决定的，经行政复议机关的负责人批准，可以适当延长，并告知申请人和被申请人；但是延长期限最多不超过30日。本案中，北京税务局作出的被诉复议决定在受理、通知答复、延期告知、送达等程序上符合上述法律规定、程序合法。

综上所述，北京税务稽查局所作的被诉处理决定认定事实清楚、适用法律正确、符合法定程序。北京税务局在此基础上依据《中华人民共和国行政复议法》第二十八条第一款第（一）项作出了维持的被诉复议决定，符合《中华人民共和国行政复议法》的相关规定，并无不当。丁某峰的诉讼请求缺乏事实及法律依据，不予支持。一审法院依照《中华人民共和国行政诉讼法》第六十九条、第七十九条之规定，判决驳回丁某峰的诉讼请求。

丁某峰不服一审判决，上诉认为北京税务稽查局作出被诉处理决定时，仅掌握企业银行流水和纳税申报数据，其他必须扣除项目如成本费用等均未查证，无法确定当年收入总额、扣除总额，无法计算企业所得税。涉案计税依据、征收方式均违法。请求确认被诉处理决定在计算2011年度企业所得税时未扣除任何成本费用、弥补以前年度亏损违法；在计算2010年度企业所得税时未扣除其他任何成本费用违法；在计算2009年度企业所得税时未扣除任何成本费用违法；北京税务稽查局在未查看任何账簿、凭证的情况下声称采取了查账征收方式，对不具备查账征收条件的企业不依法采取核定征收方式，违反相关规定；查询申报数字等于查账的做法，无法律依据；撤销一审判决；撤销被诉处理决定。

北京税务稽查局同意一审判决，请求予以维持。

北京税务局同意一审判决，请求予以维持。

在一审诉讼期间，北京税务稽查局提交并在庭审中出示了《税务稽查立案审批表》《税务检查通知书》《税务行政执法审批表》《税务事项通知书》《税务行政执法审批表》《询问通知书》《税务稽查案件提请审理书》《税务稽查审理审批表》《行政判决书》《行政复议决定书》《关于〈税务事项通知书〉的意见》、询问（调查）笔录、发票、证明、咨询服务合同、税务代理业务委托协议、某证券的资金汇划补充凭证、记账凭证、航某证券的记账、资金划拨通知单及某信托的资金划拨通知单、资金汇划补充凭证、记账凭证、报销单、工商银行转账支票存根、民生银行对公分户账对账单、中国人民银行支付系统专用凭证、中国银行北京市分行对账单查询及活期基本账户存款账页、网上银行业务凭证、入账通知书、企业所得税年度纳税申报表（2009—2011 年）、《税务稽查工作底稿（二）》及说明、介绍信、税务和工商登记注销资料、邮单、邮件签收记录、送达回证等证据，用以证明北京税务稽查局所作被诉处理决定的合法性。

在一审诉讼期间，北京税务局提交并在庭审中出示了行政复议申请资料、行政复议申请回执、受理行政复议申请通知书、行政复议答复通知书、行政复议答复书及证据目录、法律依据目录、行政复议延期审理通知书、被诉复议决定、邮寄记录、送达回证等证据，用以证明北京税务局所作被诉复议决定的合法性。

在一审诉讼期间，丁某峰提交并当庭出示计算表格一份，用以证明北京税务稽查局所作被诉处理决定存在问题和错误，应予撤销。

经庭审质证，一审法院对上述证据作如下确认：北京税务稽查局、北京税务局提交的证据符合《最高人民法院关于行政诉讼证据若干问题的规定》中规定的提供证据材料的要求，内容真实、合法，且与本案具有关联性，予以采纳。丁某峰提交的证据是自行计算的材料，未提供其他材料予以佐证，不予采纳。

一审法院已将当事人提交的上述证据随案移送本院。经审查，一审法院对上述证据材料的认证意见符合《最高人民法院关于行政诉讼证据若干问题的规定》，认证意见正确，本院予以确认。

根据上述被认定为合法有效的证据及各方当事人的陈述，本院查明如下事实：2007 年 11 月 9 日，丁某峰出资设立某公司，该公司类型为有限责任公司（自然人独资），丁某峰为某公司的唯一股东。2009 年 7 月，某公司向某证券提供中介服务，取得收入 1 100 000 元，使用北京某技术服务有限公司从税务机关领购的发票开具给某证券。2009 年 11 月，某公司向航某证券提供中介服务，取得收入 1 000 000 元，使用北京某技术服务有限公司从税务机关领购的发票开具给航某证券。2010 年 6 月，某公司向某信托提供中介服务，取得收入 250 000 元，使用北京某信息咨询有限公司从税务机关领购的发票开具给某信托。2011 年 4 月至 6 月，某公司向某信托提供中介服务，取得收入 5 546 400. 52 元，使用北京某安信咨询有限公司从税务机关领购的发票开具给某信托。

2015 年 3 月 25 日，原北京市国家税务局稽查局决定对某公司 2009 年 1 月 1 日至 2011 年 12 月 31 日期间涉税情况进行检查。2015 年 4 月 10 日，丁某峰确认取得上述营业收入未记账、未申报缴纳税款，但认为有关收入非“中介服务取得收入”，系取得税务事项代理服务收入以及顾问咨询服务收入。2015 年 11 月 27 日，原北京市国家税务局稽查局作出京国税稽处〔2015〕××号《税务处理决定书》并送达某公司，认为2009年至2011年期间，某公司共计7 896 400.52元的营业收入未按规定申报缴纳企业所得税，故认定追缴某公司1 863 638.98元税款及相应的滞纳金。丁某峰不服处理决定，于2015年12月2日向原北京市国家税务局申请行政复议。2019年11月15日，北京税务局作出京税复决字〔2019〕××号《行政复议决定书》，认为某公司已于2012年5月16日经公司登记机关注销登记，其企业法人资格消灭，不能再作为行政处理的被处理对象，故撤销原北京市国家税务局稽查局对某公司作出的京国税稽处〔2015〕××号《税务处理决定书》。

2019年12月9日，北京税务稽查局向丁某峰送达京税稽通〔2019〕××号《税务事项通知书》，告知拟向其个人作出处理决定，并告知其享有陈述申辩以及提供相关证据材料的权利，丁某峰提交了书面陈述申辩意见，但未提供相关证据材料。

2019年12月16日，北京税务稽查局作出被诉处理决定并向丁某峰送达。丁某峰不服，于2019年12月19日向北京税务局申请行政复议，北京税务局于2019年12月20日收到丁某峰的行政复议申请。2019年12月26日，北京税务局作出受理行政复议申请通知书及行政复议答复通知书，并分别向丁某峰及北京税务稽查局送达，同时要求北京税务稽查局在10日内提交书面答复及作出被诉处理决定的证据、依据及相关材料。北京税务稽查局于2019年12月31日收到北京税务局的行政复议答复通知，于2020年1月8日提交行政复议答复书及相关证据、法律依据等材料。2020年2月14日，北京税务局作出行政复议延期审理通知书，并向丁某峰及北京税务稽查局送达。北京税务局于2020年3月4日作出被诉复议决定，并向丁某峰及北京税务稽查局送达。

本院认为，根据《中华人民共和国税收征收管理法》第十四条及《中华人民共和国税收征收管理法实施细则》第九条关于涉税案件查处机关及其职责的规定，北京税务稽查局具有依法查处涉税案件并作出相应处理的法定职责。依照《中华人民共和国行政复议法》关于行政复议机关及其职责的规定，北京税务局具有受理丁某峰所提行政复议申请，并根据具体情况作出行政复议决定的法定职责。

根据《中华人民共和国税收征收管理法》第六十三条第一款的规定，纳税人伪造、变造、隐匿、擅自销毁账簿、记账凭证，或者在账簿上多列支出或者不列、少列收入，或者经税务机关通知申报而拒不申报或者进行虚假的纳税申报，不缴或者少缴应纳税款的，是偷税。本案中，根据在案证据证明的事实，某公司自2009年至2011年间通过提供服务取得收入7 896 400.52元，并使用其他公司领购的发票开具给接受服务方，未按规定申报缴纳企业所得税，违反了《中华人民共和国税收征收管理法》《中华人民共和国企业所得税法》中关于纳税人缴纳税款的规定，应当依法补缴税款，并按照《中华人民共和国税收征收管理法》《中华人民共和国税收征收管理法实施细则》的规定加收滞纳金。

根据《中华人民共和国企业所得税法》第五条、第八条关于企业应纳税所得额及相关扣除项的规定，税务机关在计算应纳税所得额时会对企业实际发生的与取得收入有关的成本、费用等支出予以扣除。本案中，税务机关作出要求提交书面陈述申辩意见及相关证据材料的通知后，丁某峰未提交证据材料，故税务机关根据对某公司自2009年1月1日至2011年12月31日的纳税检查结果，依据应纳税所得额、相关扣除项及适用税率等计算并认定自2009年至2011年的追缴税款，并无不当。

根据《中华人民共和国公司法》第二十条的规定，公司股东应当遵守法律、行政法规和公司章程，依法行使股东权利，不得滥用股东权利损害公司或者其他股东的利益；不得滥用公司法人独立地位和股东有限责任损害公司债权人的利益。《中华人民共和国税收征收管理法实施细则》第五十条规定，纳税人有解散、撤销、破产情形的，在清算前应当向其主管税务机关报告；未结清税款的，由其主管税务机关参加清算。《最高人民法院关于适用〈中华人民共和国公司法〉若干问题的规定（二）》（2014年修正）第十九条规定，有限责任公司的股东、股份有限公司的董事和控股股东，以及公司的实际控制人在公司解散后，恶意处置公司财产给债权人造成损失，或者未经依法清算，以虚假的清算报告骗取公司登记机关办理法人注销登记，债权人主张其对公司债务承担相应赔偿责任的，人民法院应依法予以支持。本案中，在案《企业注销登记申请表》等证据能够证明由丁某峰签字确认的“主办单位（主管部门）或清算组织证明清理债权债务情况及同意注销的意见”中载明“公司债权债务已清理完毕，各项税款及职工工资已结清”。后某公司于2012年5月16日被准予注销。在案的发票、证明等证据能够证明某公司在注销前未依法清缴所欠税款。丁某峰作为某公司唯一的股东，应当按照上述规定对某公司欠缴税款及滞纳金承担相应的法律责任。北京税务稽查局将丁某峰作为追缴税款的责任主体，并根据对某公司的查处及解缴情况，与对丁某峰所作追缴处理决定进行相应的退抵，亦无不当。

根据《中华人民共和国行政复议法》第十七条、第二十三条、第三十一条第一款等关于行政复议的受理、审查、程序、时限等相关规定，北京税务局在收到丁某峰所提行政复议申请后，履行了受理、调查、延期、送达等程序，经审查作出被诉复议决定，符合上述法律规定。

综上，一审法院判决驳回丁某峰的诉讼请求正确，本院予以维持。丁某峰的上诉请求无事实及法律依据，本院不予支持。依照《中华人民共和国行政诉讼法》第八十九条第一款第（一）项的规定，判决如下：

驳回上诉，维持一审判决。

一、二审案件受理费各50元，均由丁某峰负担（已交纳）。

本判决为终审判决。

二〇二〇年十二月二十一日

【晶晶亮评析】

《最高人民法院关于适用〈中华人民共和国公司法〉若干问题的规定（二）》（2014年修正）第十九条规定，有限责任公司的股东、股份有限公司的董事和控股股东，以及公司的实际控制人在公司解散后，恶意处置公司财产给债权人造成损失，或者未经依法清算，以虚假的清算报告骗取公司登记机关办理法人注销登记，债权人主张其对公司债务承担相应赔偿责任的，人民法院应依法予以支持。

从纳税人角度看：

千万要注意，不能误以为只要公司注销了就可以一了百了，以前的俗话说，跑了和尚跑不了庙，现在其实是反过来了，毁了庙也跑不了和尚。

不过本案中，丁某峰不服的原因并不是不应该向他追税，而是认为稽查局税款计算得不对。其实税款计算没有任何问题，某公司是查账征收企业所得税，现在被发现有账外收入，肯定是要纳税调增，同时税务机关允许其提供未入账的支出凭证，他提供不出来，所以就用调增的收入弥补某公司申报的亏损，算出应纳税所得额计算税款。

有人提出所得税应该扣减成本费用，既然无法提供成本费用，税务机关就应该核定征收。核定征收是需要满足特定情形的，某公司本身是查账征收方式，没有证据显示其账面混乱无法准确核算所得，不可能因为其隐匿了收入就改变征收方式。

有人奇怪，本案为什么只追缴了企业所得税？其实应该不是只追缴企业所得税了，也追缴营业税和附加税费了，这个在丁某峰上诉时提到了一句，估计是因为对于缴纳营业税及附加，丁某峰没有任何异议，所以没有出现在本案的判决书中。从税务机关的角度看：

最高法的规定想必很多人并不陌生，但在实际中，税务机关运用这个条款追缴税款的案例其实不算多，在实践中需要注意的细节问题有：

第一，注意追征期。少缴税款如果不能认定偷税，很可能会因为超过了追征期而无法追缴。本案不存在这个问题，但实践中有这样的情况。

第二，注意被查主体。切记一定是股东，而不是被注销的公司。本案中，稽查局最开始下达的处理决定的被查主体是公司，导致复议时失败。通常案发是因为某些发票牵扯出了被注销公司少缴税款问题，但一定要注意正式查处的时候，是要对股东立案，否则会白辛苦一场。

参考资料来源

本书中的非原创文章和案例来源于以下媒体，排名不分先后，在此一并致谢！

网站和报刊：

国家税务总局、财政部税政司、中国裁判文书网、中国税务、中国税务报、税屋

微信公众号：

上海税务、北京税务、福建税务、山西税务、潼南税务、铁门关税务、涪陵税务、重庆税务、海南税务、安徽税务、宁德税务、河南税务、山东税务、西城税务、中汇武汉税务师事务所十堰所、正和税参、会计家、建筑业财税快递、浅黑科技、苏州工业园区人民法院、中国财税浪子 小颖言税、言税、图解税收、无法入税、胡晓锋律师、智慧源地产财税、东方税语、税筹圈、华税学院、何博士说税、郝老师说会计、梅松讲税、小陈税务 08、税乎网、税捷、土地增值税金穗源、财税评论、财务经理人、亿企赢、轻松财税、一品税悦、何博士说税、立信永安、品税阁、凡人小站、二哥税税念、建筑财税频道、税海涛声、黎解财税、海湘税语、中汇信达、华税教育、漫谈税、兑诚企业法律顾问、陇上税语、魏言税语、思迈特论坛、金融干货、一叶税舟、每日税讯、深耕税法、土地增值税金税源、金地税务。